Wirtschafts- und Sozialstatistik

Gewinnung von Daten

Von

Prof. Dr. Walter Krug

Universität Trier

Dipl.-Math. Martin Nourney

ehem. Leitender Regierungsdirektor
im Statistischen Bundesamt
Wiesbaden

Dipl.-Math. Jürgen Schmidt

Regierungsdirektor
im Statistischen Bundesamt
Wiesbaden

5., völlig neubearbeitete Auflage

R. Oldenbourg Verlag München Wien

Die Deutsche Bibliothek - CIP-Einheitsaufnahme

Wirtschafts- und Sozialstatistik / von Walter Krug, Martin Nourney und Jürgen Schmidt. – München ; Wien : Oldenbourg
(Oldenbourgs Lehr- und Handbücher der Wirtschafts- und Sozialwissenschaften)

Gewinnung von Daten. – 5., völlig neubearb. Aufl. - 1999
ISBN 3-486-25206-2

Rosenheimer Straße 145, D-81671 München
Telefon: (089) 45051-0, Internet: http://www.oldenbourg.de

Gedruckt auf säure- und chlorfreiem Papier
Gesamtherstellung: Druckhaus „Thomas Müntzer" GmbH, Bad Langensalza

ISBN 3-486-25206-2

*"Das wichtigste sind die Daten,
das zweitwichtigste ist die jeweilige
Sachtheorie
(z.B. Biologie, Wirtschaftswissenschaften),
dann erst kommen die Methoden."*

Aus Menges, G.: Die Statistik. Zwölf Stationen des statistischen Arbeitens. Wiesbaden 1982, S. 15

Inhaltsverzeichnis

Vorwort zur fünften Auflage

Die großen Veränderungen im Text der fünften Auflage beruhen auf einer Erweiterung und Aktualisierung sowie einer Harmonisierung des Inhaltes der vorhergehenden Auflage.

Die langjährige Beschäftigung mit der Wirtschafts- und Sozialstatistik führte dazu, daß eine Einführung in dieses Gebiet vorangestellt wurde. Inhalt und Aufgaben wurden aufgrund der geschichtlichen Entwicklung dieses Faches bestimmt, das den Schwerpunkt in der Datengewinnung besitzt.

Eine Ausweitung des Stoffes dieser Auflage erfolgte auch dadurch, daß bei den sektoralen statistischen Berichtssystemen jene eingearbeitet wurden, die den monetären Sektor betreffen und deren Träger die Deutsche Bundesbank ist. Damit lag es nahe, ein Kapitel über wirtschaftsstatistische Berichtssysteme zu internationalen Verflechtungen aufzunehmen, das neben der Außenhandels- auch die Zahlungsbilanzstatistik enthält. Unter dem Gesichtspunkt der Datengewinnung wurden auch die Volkswirtschaftlichen Gesamtrechnungen betrachtet und neu in das Buch eingearbeitet. Wegen der großen wirtschaftsstatistischen Bedeutung wurde über die Datengewinnung hinaus ein Kapitel über eine besondere Form der Datenverwendung, nämlich den Indizes, aufgenommen.

Die Harmonisierung des Inhaltes bezog sich sowohl auf die Abstimmung des Zusammenhangs und der Symbolik der mehr methodisch-mathematischen Teile sowie auf die Überarbeitung des Inhaltes stichprobenmethodischer Kapitel. Diese Kapitel wurden inhaltlich neu gegliedert, teilweise neu geschrieben und mit neuen Kapitelüberschriften versehen. Die neuen Kapitel 3 bis 7 umfassen inhaltlich den Bereich der bisherigen Kapitel 3 bis 6. Die Änderungen dienten in erster Linie dazu, das Buch noch nutzerfreundlicher und verständlicher zu gestalten.

Eine Aktualisierung des Stoffes wurde in fast jedem Kapitel notwendig. Die Gründe liegen vor allem in dem zunehmenden Einfluß der europäischen Statistik auf die nationale amtliche Statistik und im Einsatz neuer technischer Medien bei der Erhebung und Aufbereitung von Daten.

In dieser Auflage möchten wir den Mitarbeitern des Statistischen Bundesamtes und der Deutschen Bundesbank danken, die uns Einblick in ihre täglichen Arbeiten und Probleme gewährt haben. Die redaktionellen Arbeiten, insbesondere die ständig notwendige Aktualisierung des wirtschaftsstatistischen Textes wären ohne die akribischen und zuverlässigen Arbeiten der Sekretärinnen nicht möglich gewesen, so daß ihnen der große Dank der Verfasser auszusprechen ist. In diesem Zusammenhang danken wir auch Frau Dipl.-Volksw. N. Ernst für die Koordination der redaktionellen Aufgaben.

Auch die fünfte Auflage wurde wieder durch die traditionell gute Zusammenarbeit mit Herrn Dipl.-Volksw. M. Weigert im Oldenbourg Verlag in dankenswerter Weise zur Veröffentlichung gebracht.

W. Krug
J. Schmidt

Vorwort zur dritten Auflage

Seit dem Erscheinen der ersten Auflage sind mehr als zehn Jahre vergangen. Inzwischen hat sich inhaltlich und personell soviel geändert, daß die dritte Auflage eine völlige Neubearbeitung notwendig machte.

Im Gegensatz zu einer Veröffentlichung über formale statistische Methoden, die bei Neuauflagen in der Regel durch neuere Methoden ergänzt wird, ist die Datengewinnung in der Wirtschafts- und Sozialstatistik von der Entwicklung der amtlichen und nicht amtlichen praktischen Statistik abhängig, was Veränderungen sowohl in den Erhebungsmethoden als auch bei den Erhebungen selbst mit sich bringt. Den Wandel stark beeinflußt haben insbesondere zwei Entwicklungen: die zunehmende Auswirkung der Statistik der Europäischen Gemeinschaft auf die nationale amtliche Statistik und der Aufbau der amtlichen Statistik im Beitrittsgebiet. Insofern wurden die Ausführungen zu den konkreten Erhebungen in der Wirtschafts- und Sozialstatistik neu geschrieben (Kapitel 8, 9 und 10), wobei konzeptionell versucht wurde, sie in Berichtssysteme einzuordnen. Außerdem wurde den nicht zufälligen Teilerhebungen wegen ihrer großen praktischen Anwendung ein eigener Abschnitt (Kapitel 2) gewidmet. Neben der Aktualisierung und Ergänzung des Textes wurde versucht, die Übersichtlichkeit und Lesbarkeit der Veröffentlichung dadurch zu erhöhen, daß insbesondere bei den Stichprobenverfahren eine Zusammenfassung der in Frage kommenden Formeln gegeben wird.

Eine Änderung in der Autorenschaft hat sich dadurch ergeben, daß der Koautor, Herr Dipl.-Math. M. Nourney, bereits kurz nach Erscheinen der ersten Auflage verstarb. Den dadurch entstandenen Verlust für die Fortführung und den Ausbau der Veröffentlichung kann man nur ermessen, wenn man Herrn Nourney kannte: Er vereinte methodisches Wissen und Können mit den praktischen Erfordernissen und Zwängen der Anwendbarkeit in einer äußerst vorteilhaften Weise. Obwohl die dritte Auflage zum großen Teil neu geschrieben wurde, ist es nicht nur eine selbstverständliche Gepflogenheit, Herrn Nourney als Autor anzuführen, sondern viele seiner Gedanken sind in der Veröffentlichung richtungweisend erhalten geblieben. Dankenswerter Weise hat sein Nachfolger im Statistischen Bundesamt, Herr Dipl.-Math. J. Schmidt, als Autor bei dieser Auflage mitgearbeitet. Insbesondere die Ausführungen über Hochrechnung, Antwortausfälle und Fehlerrechnung in der Praxis (Kapitel 6) stammen aus seiner Feder.

Beim Entstehen der dritten Auflage haben Kollegen, Studenten und Sekretärin mitgewirkt, für deren Unterstützung ich mich bedanken möchte. Ganz besondere Hilfe erfuhr ich auch in redaktioneller Weise durch den wissenschaftlichen Mitarbeiter Herrn Dipl.-Kfm. R. Meckes. Für die schnelle Veröffentlichung sei wiederum dem Oldenbourg Verlag, insbesondere Herrn Dipl.-Volksw. M. Weigert, gedankt.

W. Krug

Einführung

1 Wirtschafts- und Sozialstatistik

1.1 Geschichtliche und institutionelle Entwicklung

Wirtschafts- und Sozialstatistik ist ein historisch gewachsener, institutionalisierter Zweig der Statistik, der als praktische Statistik eine der vier Wurzeln der heutigen Statistik darstellt. Dabei ist für die moderne Ausrichtung dieses Gebietes charakteristisch, daß auch die anderen Teilgebiete - die Universitätsstatistik, die Politische Arithmetik und die Stochastik - Einfluß auf die praktische Statistik haben. Bevor auf die geschichtliche Entwicklung der praktischen Statistik eingegangen wird, seien deshalb die anderen Statistik-Wurzeln kurz genannt.

Der systematisch-deskriptive Zweig der Statistik - obgleich noch wenig theoretisch ausgerichtet - ist der älteste Beitrag zur theoretischen Statistik, beginnend im 14. Jahrhundert als "Staatenkunde" oder "Lehre von den Staatsmerkwürdigkeiten". Da ihre Hauptvertreter Gelehrte an (vorwiegend deutschen) Universitäten waren, wurde diese Lehre auch **Universitätsstatistik** genannt. Der Staat wurde unter dem Gesichtspunkt seiner Ressourcen, seines Zweckes, seines staatsrechtlichen Aufbaus, seiner Wirtschaft und Wirtschaftspolitik betrachtet. Zahlen wurden relativ selten bei der Beschreibung verwendet.

Zwei Gründe führten zur Ablösung der "Staatenkunde": Die statistische Betätigung verlagerte sich von der privaten ("Gelehrten-") Forschung auf amtliche Institutionen, die nationale Statistiken durchführten. Außerdem vollzog sich ein Richtungswechsel in der Forschungsweise durch die Hinwendung zur naturwissenschaftlichen Methodik, die noch heute den Wissenschaftsbetrieb kennzeichnet.

Die entsprechende analytische Statistik-Wurzel war die **Politische Arithmetik**. Sie geriet in Konflikt mit der amtlichen Statistik; denn diese erfaßte und beschrieb, und jene analysierte und war auf der Suche nach Gesetzmäßigkeiten in den gesellschaftlichen und wirtschaftlichen Erscheinungen. Aus den Bereichen mit zunächst meist angelsächsischen Vertretern entwickelten sich Arbeitsgebiete, die als wirtschafts- und bevölkerungsstatistische Richtungen zu bezeichnen sind.

In England vertrat im 19. Jahrhundert eine Gruppe von Naturwissenschaftlern ein Teilgebiet der Statistik, die **Stochastik,** als Zweig der angewandten Mathematik. Die Wahrscheinlichkeitsrechnung ist die Basis dieses sehr engen Begriffs von Statistik: Inferenz, ergänzt durch Entscheidung. Mit Menges (vgl. Menges 1982, S. 8) ist festzustellen: "Es ist eine historische Kuriosität, daß der

Name Statistik von einem Extrem, der Universitätsstatistik, über die - eine Mittelstellung einnehmende - Politische Arithmetik zum anderen Extrem, der angewandten Wahrscheinlichkeitslehre, gewandert ist (obgleich freilich bis heute die materielle Statistik ihn in einem praktischen Sinn benutzt)."

Der älteste Zweig der Statistik ist die **praktische Statistik**, deren Grundaufgabe - bereits vor viereinhalbtausend Jahren und wohl auch in der Zukunft - in der Gewinnung quantitativer Informationen über gesellschaftliche und wirtschaftliche Sachverhalte besteht. Bei der Bewältigung dieser Grundaufgabe (vgl. Grohmann 1990, S. 11ff.) können geschichtlich drei Abschnitte unterschieden werden: der Aufbau von heterogenen und unkoordinierten Einzelstatistiken, die Gewinnung von "Nationalstatistiken" und die Entwicklung von supra- und internationalen Statistiken.

Die erste Phase beginnt mit der **Volkszählung** schon für das dritte vorchristliche Jahrtausend in Mesopotamien, Ägypten und China, später auch in Palästina und Rom. Auch gab es schon **Landvermessungen**, **Viehzählungen**, **Bürgerregister** (z.B. Athen) aus fiskalischen und kriegerischen Gründen (vgl. Günther 1940, S. 3ff.). Während das Mittelalter relativ unergiebig für die praktische Statistik geblieben ist, setzte um die Mitte des 17. Jahrhunderts in der Etablierung des Absolutismus und der Aufklärung mit dem Merkantilismus eine Epoche ein, in der die praktische Statistik im heutigen Sinne ihre Wurzeln hat (vgl. Ehling 1996, S. 413).

Allerdings wurde die Sammlung statistischer Daten in den einzelnen Staaten sehr unterschiedlich betrieben, was hinderlich für die Entwicklung einer einheitlichen Methodik und vergleichbarer Datenqualität war. Erst um die Mitte des 18. Jahrhunderts wurden aus den zersplitterten und heterogenen Einzelstatistiken **"integrierte" Nationalstatistiken**, was mit der Institutionalisierung der Statistik in statistischen Ämtern einherging. Der Prozeß der Etablierung integrierter Nationalstatistiken dauert bis in die Gegenwart an. Heute gibt es praktisch kein Land mehr, das nicht wenigstens über eine bescheidene statistische Berichterstattung verfügt.

Den Anfang machten Schweden 1756 mit der "Tabellenkommission" und Norwegen 1797 mit dem "Tabellenkontor". In Gesamtdeutschland wurde das 1834 gegründete Statistische Zentralbureau des Deutschen Zollvereins 1871 umgewandelt in das Kaiserliche Statistische Reichsamt und 1920 in das Statistische Reichsamt. Die amtliche Statistik erhielt damals bereits ihren föderativen Charakter, der nach der Gründung des Statistischen Bundesamtes (StBA) im Jahre 1949 und der Einrichtung von Statistischen Landesämtern in jedem Bundesland und kommunalstatistischen Ämtern fortdauert.

Die quantitative und qualitative Entwicklung der amtlichen Statistik und die intensivere gegenseitige wirtschaftliche und soziale Verflechtung der einzelnen Staaten machte eine **Internationalisierung der amtlichen Statistik** notwendig.

Zwar gab es Initiativen zum Ausbau einer internationalen Statistik vom Ende des 19. Jahrhunderts bis zum Zweiten Weltkrieg (vgl. Ehling 1996, S. 415f.), jedoch erreichte die internationale Zusammenarbeit ein ungeahntes Ausmaß seit den fünfziger Jahren (vgl. Bürgin; Moore 1994, S. 25ff.).

Institutionelle Träger der internationalen statistischen Kooperation und Koordination sind:

- die statistische Abteilung (UNSTAT) im Generalsekretariat der Vereinten Nationen (UN) mit den fünf regionalen Unterorganisationen. Im Rahmen der "Economic Commission for Europe" (ECE) der UN wurde außerdem die ständige "Konferenz Europäischer Statistiker" gegründet. Eine weltweite gemeinsame Weiterentwicklung und Vergleichbarkeit der amtlichen Statistik ist ihr Ziel.
- das Statistische Amt der Europäischen Gemeinschaften (Eurostat) der Europäischen Union (EU). Ausgestattet mit größerer juristischer Kompetenz wird eine Vereinheitlichung der amtlichen Statistik auf Unionsebene angestrebt.
- das Statistikdirektorat der Organisation für wirtschaftliche Zusammenarbeit und Entwicklung (OECD), das bereits 1885 errichtete Internationale Statistische Institut (ISI) als wissenschaftliche Fach- und Standesorganisation und die International Association for Research in Income and Wealth (IARIW).

In der amtlichen Statistik Deutschlands wird von **"fachlicher Konzentration"** als Grundprinzip des organisatorischen Aufbaus ausgegangen, was das weltweit vorherrschende Organisationsprinzip der amtlichen Statistik darstellt. Gemäß diesem Prinzip werden die statistischen Arbeiten nicht - wie es z.B. in den USA, Japan oder Großbritannien z.T. der Fall ist - von statistischen Abteilungen innerhalb der Ministerien durchgeführt, sondern von speziellen, eigens für diesen Zweck eingerichteten Fachbehörden, d.h. den **statistischen Ämtern auf Bundes-, Landes- und kommunaler Ebene**. Zu diesen aus der sonstigen Ver waltung herausgelösten, eigenständigen statistischen Behörden, auch als "ausgelöste" Statistik bezeichnet, kommt in der amtlichen Statistik die "nicht-ausgelöste" Statistik (**Ressortstatistik**) hinzu. In der Bundesrepublik Deutschland handelt es sich um die externe Behördenstatistik der Deutschen Bundesbank (BBk), um die Geschäftsstatistik für den Arbeitsmarkt der Bundesanstalt für Arbeit, um die Geschäftsstatistik für die Bereiche Versicherungen und Bausparkassen und um die Geschäftsstatistik für Teile des Verkehrssektors der Bundesanstalt für den Güterverkehr und das Kraftfahrt-Bundesamt.

Bisher wurde auf die geschichtliche und organisatorische Entwicklung des Hauptträgers der Wirtschafts- und Sozialstatistik, der **amtlichen Statistik**, eingegangen. Während an die amtliche Statistik ein Informationsauftrag für alle Teile der Gesellschaft gerichtet ist, haben die Träger der **nichtamtlichen** (privaten) **Statistik** eine auf ihre jeweiligen Aufgaben und individuellen Zweck bezogene Informationsbeschaffung zum Ziel (vgl. Rinne 1994, S. 5f.). Hierbei steht oft nicht die Datengewinnung im Vordergrund, sondern die Analyse von Daten, die meist aus der amtlichen Statistik stammen. Träger der nichtamtlichen Wirtschafts- und Sozialstatistik sind: Unternehmen, Wirtschaftsverbände (z.B. VDA, VDMA), Kammern (z.B. IHK, Handwerkskammern, Landwirtschaftskammern), Wirtschaftsforschungsinstitute, Institute, die Markt- und Meinungsforschung betreiben.

1.2 Inhalt

Die historischen Wurzeln und damit die Träger der Wirtschafts- und Sozialstatistik bestimmen ihre Inhalte, die international im wesentlichen einheitlich sind. Soweit es den Hauptträger der Wirtschafts- und Sozialstatistik in Deutschland, die "ausgelöste" amtliche Statistik betrifft, sind die Aufgaben und Ziele in den Rechtsgrundlagen beschrieben (z.B. BStatG, LStatG, Verordnungen der EU). Daraus lassen sich folgende Inhalte der Wirtschafts- und Sozialstatistik ableiten:

(1) Die **Gewinnung von Daten** ist geschichtlich und zukünftig die Hauptaufgabe der amtlichen Statistik. Sie erfolgt über Durchführung und Aufbereitung von Erhebungen, die methodisch und technisch vorzubereiten und weiter zu entwickeln sind. Zur modernen statistischen Datenproduktion gehört die vielfältige Verwendung von Stichprobenverfahren sowohl bei Unternehmens- als auch bei Bevölkerungserhebungen. Die Entwicklung der Auswahlverfahren, der Hochrechnung und die Beurteilung der Genauigkeit der Daten führt zu einer Sicherung der Qualität der Daten der amtlichen Statistik. Der Prozeß der eigentlichen Datenerhebung durch Einsatz von Zählern und Interviewern wird zunehmend durch eine Phase der stärkeren Automatisierung des Erhebungsprozesses abgelöst. Zwar weist die Datenaufbereitung in den verschiedenen Arbeitsschritten noch verschiedene manuelle Schritte auf (Signieren, manuelle Korrekturen), sie werden jedoch durch den Einsatz neuer Dialog-Anwendungssysteme zunehmend rationalisiert. Lag der Schwerpunkt der statistischen Arbeiten zur Datengewinnung in den früheren Epochen der amtlichen Statistik im Ausbau und in der Verbesserung der Einzelstatistik, so ist jetzt der "Weg von der Einzelstatistik zur Gesamtschau wirtschaftlicher, sozialer und gesellschaftlicher Zusammenhänge" unverkennbar (vgl. Fürst 1972, S. 338). Das heißt: es sind **Be-**

richtssysteme aufzustellen, die dem Datennutzer mit Hilfe der Möglichkeiten des Multimedia-Zeitalters zur Verfügung zu stellen sind.

(2) Eine weitere Aufgabe der amtlichen Statistik besteht nach dem BStatG[1] darin, "Volkswirtschaftliche Gesamtrechnungen und sonstige **Gesamtsysteme** statistischer Daten aufzustellen sowie sie für allgemeine Zwecke zu veröffentlichen und darzustellen". Hier geht es also um die statistische Beschreibung des Wirtschaftsprozesses in makroökonomischen Aggregaten. Es handelt sich um die Inlandsproduktsberechnung, Input-Output-Rechnung und Vermögensrechnung. Hinzu kommen Ergänzungsrechnungen ("Sonstige Gesamtsysteme"), die mit der Volkswirtschaftlichen Gesamtrechnung in Verbindung zu bringen sind. Solche **"Satellitensysteme"** beinhalten z.B. die Umweltökonomische Gesamtrechnung, die Haushaltsproduktion und die Demographische Gesamtrechnung.

(3) Das dritte Gebiet der Wirtschafts- und Sozialstatistik läßt sich nur indirekt aus den Rechtsgrundlagen entnehmen. Dem StBA steht nach § 3 Nr. 4 BStatG die "Darstellung der Ergebnisse für allgemeine Zwecke" zu[2]. Nach Fürst betrifft aber auch eine solche Darstellung der Ergebnisse "zweifellos immer den Boden einer wissenschaftlichen analytischen Auswertung" (vgl. Fürst 1968, S. 164). Hier kann es sich, um die Grenze zur empirischen Wirtschafts- bzw. Sozialforschung nicht zu überschreiten, nur um die Bildung einfacher **Indikatoren** unter Verwendung der gewonnenen Daten handeln. Hierzu zählen die verschiedenen Preis- und Produktionsindizes zur differenzierten Anzeige der Geldwert- und Konjunkturentwicklung. Hierzu gehören auch die Verhältniszahlen, Raten und Quoten aus der Bevölkerungsstatistik und daraus abgeleitete Tafeln (Sterbe-, Erwerbstätigkeits-, Heiratstafel).

(4) Soweit es die Aufgabe der internationalen amtlichen Statistik betrifft, geht es um die **Abstimmung** und **Vergleichbarkeit** von nationalen Statistiken. Hierbei sind verschiedene Phasen zu unterscheiden (vgl. Ehling 1996, S. 418): Zunächst geht es um die Abstimmung von Programmen, um die Auswahl von statistischen Tatbeständen für Maßnahmen internationaler Organisationen oder internationale politische Entscheidungen. Dann werden Begriffe und Klassifikationen angepaßt und aufeinander abgestimmt und einheitliche Periodizitäten geschaffen. Ein weiterer Schritt besteht in der Vereinheitlichung der Datengewinnung in methodischer, inhaltlicher und regionaler Ausrichtung. Es erfolgen Anpassungen bei der Berechnung von Indizes und bei den Gesamtrechnungen. Beispiele sind die Aktivitäten

1 Gesetz über die Statistik für Bundeszwecke (BStatG)

2 In den Aufgaben der Statistischen Landesämter wird teilweise dieser Sachverhalt gesetzlich präzisiert. So findet sich im Landesstatistikgesetz (LStatG) von Rheinland-Pfalz aus dem Jahre 1987 im § 2 (2) Nr. 4 auch die Aufgabe genannt, "Prognose- und Modellrechnungen für Planungs- und Entscheidungszwecke durchzuführen".

der EU zur Harmonisierung der Verbraucherpreisindizes (vgl. 14.2.1) und das neu gestaltete System der UN zu den Volkswirtschaftlichen Gesamtrechnungen (SNA).

Eine eindeutige begriffliche Trennung der Wirtschaftsstatistik von der Sozialstatistik gibt es nicht, da soziale Tatbestände letztendlich auch wirtschaftliche Bedeutung haben und umgekehrt. "Selbstverständlich vermitteln Statistiken, die nicht zur Wirtschaftsstatistik gehören, ebenfalls zahlreiche Informationen, die für die Untersuchung wirtschaftlicher Probleme von Belang sind. Eine solche auch wirtschaftlich bedeutsame Information ist z.B. die Altersgliederung der Bevölkerung, wie sie in der Bevölkerungsstatistik vermittelt wird. Das gleiche gilt für große Teile der Steuerstatistik und Statistik der Sozialleistungen" (vgl. Kunz 1987, S. 12). Umgekehrt ist es schwer, den Begriff Wirtschaftsstatistik abzugrenzen: "Alle Versuche, die Konturen der Wirtschaftsstatistik mit Hilfe ökonomischer oder auch verwaltungsorganisatorischer Kriterien gegenüber den benachbarten gesellschaftsstatistischen Bereichen eindeutig festzulegen, sind unbefriedigend geblieben und werden wohl auch in Zukunft wegen der vielfältigen Verflechtungen sozioökonomischer Erscheinungsformen zum Scheitern verurteilt sein" (vgl. Bihn 1982, S. 293). Wegen des engen Zusammenhangs der Wirtschafts- mit der Sozialstatistik wird manchmal nur von Wirtschaftsstatistik gesprochen, obwohl auch bevölkerungsstatistische Sachverhalte behandelt werden (z.B. Kunz 1987, Schaich; Schweitzer 1995, v.d. Lippe 1996). Auch innerhalb der Sozialstatistik wird manchmal zwischen Bevölkerungsstatistik und Sozialstatistik im engeren Sinne unterschieden (vgl. Vogel; Grünewald 1996).

Dem Aufbau der amtlichen Statistik entsprechend werden zur Wirtschaftsstatistik die Statistiken im Unternehmenssektor und die Wirtschaftsstatistiken der privaten Haushalte gerechnet. Die Finanz- und Steuerstatistik bildet eine Spezialdisziplin, die nicht in die Wirtschaftsstatistik integriert ist (vgl. Kunz 1987, S. 12). Alle außerhalb der Wirtschaftsstatistik und Finanz- und Steuerstatistik liegenden ökonomischen und sozialen Kollektivphänomene werden der Sozialstatistik zugerechnet: Bevölkerung, Bildung, Kultur, Gesundheitswesen, Sozialleistungen, Wahlen und Rechtspflege (vgl. Wagenführ 1970, S. 23ff.).

1.3 Aufgabenstellung

Das vorliegende Buch versucht nicht alle Inhalte der amtlichen und nichtamtlichen Wirtschafts- und Sozialstatistik abzudecken. Der Schwerpunkt liegt auf dem traditionellen Hauptarbeitsgebiet der amtlichen Statistik, der **Datengewinnung**. Dabei wird in Bezug auf wirtschafts- und sozialstatistische Sachverhalte versucht, über Erhebungsart, Konzept und Organisation von Erhebungen

Grundlagen für eine Erhebungslehre auf diesem Gebiet zu schaffen. Entsprechend der modernen Ausgestaltung der amtlichen Statistik liegt dann im folgenden das Hauptgewicht der Datengewinnung auf den wirtschafts- und sozialstatistischen Problemen der Teilerhebung. Dabei spielen auch **(nicht zufällige) Teilerhebungen** eine große Rolle: Die typischen Auswahlverfahren in der Preisstatistik, die Quotenauswahl bei der Einkommens- und Verbrauchsstichprobe der amtlichen Statistik und in der Markt- und Umfrageforschung und das Konzentrationsverfahren vorwiegend in der Wirtschaftsstatistik.

Der Hauptteil der Erhebungen in der Wirtschafts- und Sozialstatistik ist den **Zufallsstichproben** gewidmet, wobei bezüglich der Auswahlverfahren nicht nur die Auswahltechnik, sondern auch die Parameterschätzungen (z.B. Mittelwert und Varianz) angegeben werden. Als Auswahlverfahren werden einfache und systematische Zufallsauswahl, geschichtete Auswahl, größenproportionale Auswahl, Klumpenauswahl und mehrstufige Auswahl in dieser Weise behandelt. Gegenüber Lehrbüchern über Stichprobentheorie unterscheiden sich diese Ausführungen dadurch, daß sie in die Probleme der Praxis der Wirtschafts- und Sozialstatistik eingebettet sind. Auch sind in den Ausführungen über Stichprobenumfang und Auswahlsätze, über die Notwendigkeit, Stichproben auszutauschen (Rotation von Stichproben) bestimmte Verfahren angegeben, die aus den Sachzwängen der Wirtschafts- und Sozialstatistik entstanden sind (z.B. die Aufteilung auf Schichten für "vergleichbare Präzision"). Verfahren der Hochrechnung und Präzisionsschätzungen, Veränderungen in der Zusammensetzung von Stichproben (z.B. durch Antwortausfälle), Anpassung der Ergebnisse von Stichproben werden praxisorientiert dargelegt. Neben der Beurteilung der Präzision von Stichprobenergebnissen, gemessen am Stichprobenzufallsfehler, wird in einem gesonderten Kapitel versucht, den systematischen Fehler in wirtschafts- und sozialstatistischen Erhebungen abzuschätzen.

Der zweite Teil des Buches versucht die gewonnenen Erhebungsergebnisse auf dem Gebiet der Wirtschafts- und Sozialstatistik zu **systematisieren**. Diese Notwendigkeit ergibt sich daraus, daß die Daten bisher weitgehend unsystematisch nach den Anforderungen der "Konsumenten" produziert wurden, die vorwiegend durch die Bedürfnisse der staatlichen und betrieblichen Wirtschaftspolitik bestimmt waren (vgl. Esenwein-Rothe 1969, S. 21). Dabei gibt es zwei Möglichkeiten:

- Die zu erhebenden Daten werden in Berichtssystemen geordnet.

  Unter **statistischem Berichtssystem** soll eine Zusammenfassung von zunächst zeitlich, räumlich und vor allem inhaltlich unkoordinierten Erhebungen zu einem geschlossenen Gesamtbild verstanden werden, das durch einen Merkmalskatalog zu beschreiben ist. Zum Berichtssystem gehört auch, daß die in verschiedenen Erhebungsteilen gesammelten Daten nicht redundant sind und daß Informationen über ein und denselben Merkmalsträger zusammen ausgewertet werden können, auch wenn sie aus verschiedenen Erhebungsteilen stammen. Der zeitliche Aspekt sollte durch ein System aufeinander abgestimmter lang-, mittel- und kurzfristiger Erhebungen beachtet werden. Nur dann, wenn die zeitlich unterschiedliche Nachfrage nach bestimmten Merkmalen berücksichtigt wird, kann das Berichtssystem einer Vielzahl von Erkenntnis- und Verwendungszwecken dienen. Außerdem sollten die Erhebungen eine gewisse Kontinuität aufweisen, so daß sie nicht einmalig erfolgen und die Methode sich laufend ändert, da sonst keine Vergleiche im Zeitablauf möglich sind.

Die Beurteilung, inwieweit sich die gewonnenen Daten zu einem Berichtssystem verbinden lassen, kann anhand von vier Kriterien erfolgen:

- Der quantitative Aspekt gibt wieder, wie umfassend und vergleichbar die Daten den zu untersuchenden Komplex inhaltlich abbilden.
- Der qualitative Gesichtspunkt beinhaltet den Nachweis, ob die Güte der unterschiedlichen Daten vergleichbar ist.
- Unter methodischem Gesichtspunkt ist es wichtig zu wissen, ob die Daten aus verschiedenen Quellen, d.h. aus Erhebungen unterschiedlicher Zielsetzung, Methode, Periodizität usw. miteinander in Verbindung zu bringen sind.
- Der zeitliche Aspekt fordert eine kontinuierliche, abgestufte Periodizität der Erhebungen zu dem untersuchten Bereich.

Ein statistisches Berichtssystem, das Erhebungen beinhaltet, deren Erhebungseinheiten Unternehmen, Betriebe und ähnliche Institutionen (z.B. Behörden) darstellen, sollen als **wirtschaftsstatistische** Berichtssysteme bezeichnet werden. Berichtssysteme, deren Erhebungseinheiten Personen oder Personengruppen (Haushalte, Familien) bilden, gelten als **bevölkerungsstatistische** Berichtssysteme. Es gibt jedoch Gesamtbilder wie Erwerbstätigkeit, Einkommen und Umwelt, die durch Daten aus Erhebungen gewonnen wurden, die beide Arten von Erhebungseinheiten umfassen; es handelt sich dann um **sozioökonomische** Berichtssysteme.

• Die Ergebnisse der Wirtschafts- und Sozialstatistiken sind in Gesamtrechnungen und entsprechende Satellitensysteme einzubeziehen.

Eine weitere Systematisierung und Anwendung praktisch aller laufenden wirtschaftsstatistischen Erhebungen erfolgt in den **Volkswirtschaftlichen Gesamtrechnungen (VGR)**, bestehend aus den Sozialproduktsberechnungen, Input- Output-Rechnungen, Finanzierungs- und Vermögensrechnungen. Hierbei geht es um eine in Geldeinheiten ausgedrückte Totalanalyse des Wirtschaftsprozesses (makroökonomische Kreislaufanalyse) unter Verwendung von statistischen Aggregaten. Zur Berechnung solcher Größen müssen hinsichtlich der Abgrenzung der Erhebungseinheiten und -merkmale sehr unterschiedliche Statistiken herangezogen werden. Größen, für die keine statistischen Nachweise vorliegen, werden aufgrund ihrer Parallelität mit anderen Reihen geschätzt. Solche "fundierte Schätzungen" sind keine Schätzungen im Sinne der Stochastik. Die Bestandteile der Aggregate sind also nicht alleine durch Daten zu gewinnen, die auf Erhebungen beruhen, sondern sie sind zum Teil "hinzuzuschätzen".

Da die Gewinnung von Daten durch Erhebungen im Bereich der Wirtschafts- und Sozialstatistik Hauptgegenstand dieser Veröffentlichung sein soll, werden hierbei die VGR unter dem gewöhnlich wenig behandelten Aspekt der Datengewinnung für ihre Aggregate erörtert, wobei die zu diesem Zweck verwendeten Erhebungen und Methoden "fundierter Schätzungen" angeführt werden[3].

Während die Erhebung der Daten und ihre Systematisierung Hauptgebiete der Wirtschafts- und Sozialstatistik sind, wird in dieser Auflage des Buches ein Kapitel über **Indizes** aufgenommen. Diese Auswertung der Daten in Form von Indikatoren ist ein so bedeutsamer Zweig der amtlichen Statistik geworden, daß sie nicht länger in einer Wirtschafts - und Sozialstatistik fehlen darf.

2 Datengewinnung

2.1 Eigenschaften wirtschafts- und sozialstatistischer Daten

Die Eigenschaften der wirtschafts- und sozialstatistischen Daten erfordern spezifische Verfahren ihrer Erfassung. Mittels **Erhebung** werden die empirischen Realisationen des wirtschaftlichen und sozialen Phänomens systematisch zur Kenntnis gebracht und gesammelt. Sie ist also eine technische-organisatorische Kategorie, während die **Messung** als damit eng verbundener Begriff "die abstrakt-mathematische Isomorphie zwischen den empirischen Ausprägungen des Phänomens einerseits und der reellen Zahlen andererseits" (vgl. Menges; Skala 1973, S. 29) bezeichnet.

Im Gegensatz zu den Naturwissenschaften, deren typische Daten "reine Meßdaten" sind, die teilweise durch maschinelles Ablesen von Instrumenten entstehen, ist zur Erfassung der meisten wirtschafts- und sozialstatistischen Daten die Mitwirkung des Menschen unabdingbar notwendig oder aus technischen Gründen zweckmäßig. Diesem Unterschied tragen die Erfassungsmethoden

[3] Für allgemeine und ausführliche wirtschaftsstatistische Darstellungen der VGR vgl. Rinne 1967 und 1994, Kunz 1987, Brümmerhoff; Lützel 1994 und v.d. Lippe 1996.

Rechnung: Das **Experiment** ist in der Regel die empirische Methode der Naturwissenschaften, die **Beobachtung**, die durch die Erhebung erfolgt, jene der Wirtschafts- und Sozialwissenschaften. Der Experimentator setzt und variiert bestimmte reale Bedingungen und mißt die dadurch entstandenen Phänomene. Durch Beobachtungen im Rahmen von Erhebungen werden Phänomene so erfaßt, wie die Realität sie zeigt; jedoch kann selbst die durch die Anwendung des Wahrscheinlichkeitskalküls stark verbesserte Erfassungstechnik nicht den Mangel an Kontrolle ersetzen, die der Physiker im Experiment besitzt und die die ideale Grundlage der Inferenz bildet. Dem Meßfehler in den Naturwissenschaften entspricht im Rahmen der Wirtschafts- und Sozialstatistik der Beobachtungsfehler der statistischen Erhebung. Die Beteiligung des Menschen als "Berichtspflichtiger" und als "Erheber" verursacht bewußt oder unbewußt fehlerhafte Eintragungen in das Zählpapier, Irrtümer bei der Aufbereitung und jene Abweichungen, die aus Mißverständnissen bei der begrifflichen Abgrenzung hinsichtlich der zu erhebenden Tatbestände entstehen. Auf die Unterschiede zwischen Erhebungen in den Sozialwissenschaften und Messungen in den Naturwissenschaften weist Morgenstern hin: "Fragen zu stellen und Antworten zu erlangen, sind komplizierte psychologische Vorgänge. Abgesehen von Lügen und Antwortverweigerung spielt die Vergeßlichkeit eine Rolle, ferner die Verzerrung, die dadurch entsteht, daß der Fragesteller den Befragten gewissermaßen die Antwort in den Mund legt, das Mißverstehen der Frage und vieles andere mehr" (vgl. Morgenstern 1965, S. 27).

Sowohl in den Natur- als auch in den Wirtschafts- und Sozialwissenschaften entstehen keine Daten ohne Theorie. Sie liefert die Meßvorschrift bzw. Erhebungsrichtlinie für das Phänomen, nachdem sie es vorher identifiziert und definiert hat. Zwar steht der Physiker bei der Planung eines Experiments vor der Notwendigkeit der Ausarbeitung einer Meßvorschrift, die der Theorie "adäquat" sein soll, jedoch ist die Aufgabe der **Adäquation** in den Wirtschafts- und Sozialwissenschaften bedeutsamer. Es handelt sich um eine ".... genuine, nicht stochastische Erkenntnisaufgabe der wirtschafts- und sozialstatistischen Methodologie" (vgl. Hartwig 1956, S. 261). In bezug auf die Wirtschaftsstatistik beinhaltet sie die Aufgabe, die Begriffe und Größen der Wirtschaftstheorie den wirtschaftsstatistischen Begriffen und Größen soweit als möglich anzunähern. Zwar gilt dieser Grundsatz auch für die modellgerechte Verwendung dieser Daten; in diesem Zusammenhang bezieht er sich aber auf die sachliche Entsprechung der Daten auf den Stufen ihrer Gewinnung. Dazu gehören beispielsweise die inhaltlich adäquate Abgrenzung der statistischen Gesamtheiten (vgl. 1.2.1) und die Adäquation des Tabellenprogramms an den Erhebungsplan (vgl. Esenwein-Rothe 1976, S. 32ff.)[4]. Probleme können dabei dadurch auftre-

[4] Zur statistischen Adäquation vgl. auch Menges 1982, S. 289ff., Grohmann 1985, S.1ff., Neubauer 1986, S. 120ff. und Litz 1990, S. 429ff.

ten, daß verschiedene Vereinfachungen am Arbeitssystem von Erhebungen vorgenommen werden müssen (vgl. dazu Strecker; Wiegert 1989, S. 509ff.).

Statistische Erhebungen richten sich auf die Feststellung von Merkmalsausprägungen oder Merkmalswerten der zur Erhebungsgesamtheit gehörenden Merkmalsträger. Die Arten und Eigenschaften der **Merkmale** und ihrer möglichen Ausprägungen sind charakteristisch für wirtschafts- und sozialwissenschaftliche Daten und sollen deshalb im folgenden unter methodischen Gesichtspunkten untersucht werden. Sie haben einen wesentlichen Einfluß auf die Stichprobenplanung sowie auf die sachlich bedingten Grenzen der Genauigkeit repräsentativer Ergebnisse.

Geht es bei der statistischen Aufgabenstellung um die Ermittlung der Zahl der Einheiten, die eine bestimmte Eigenschaft besitzen, dann hat das betreffende Erhebungsmerkmal nur zwei mögliche Ausprägungen, nämlich: zutreffend oder nicht. Je nachdem, ob die Frage nach dem Vorhandensein der Eigenschaft mit ja oder nein zu beantworten ist, wird der Zähleinheit der Merkmalswert 1 oder 0 zugeordnet, so daß die Summe über die Merkmalsausprägungen aller Einheiten auf die Gesamtzahl der Einheiten führt, die die untersuchte Eigenschaft besitzen. Bei diesen **dichotomen** Merkmalen wird nur zwischen "gleich" und "ungleich" unterschieden.

Es gibt zahlreiche Beispiele für solche Merkmale mit zweigliedrigen qualitativen Ausprägungen: das Geschlecht einer Person, die Frage nach der deutschen Staatsangehörigkeit, die Fragen, ob ein Unternehmen in einer bestimmten Zeitspanne eine Investition durchgeführt hat, ob ein Haushalt in einem bestimmten Monat ein bestimmtes Lebensmittel eingekauft hat oder ob eine Person jemals einen Personenkraftwagen besessen oder jemals Diphtherie gehabt hat usw.

Eine Erweiterung dieser einfachsten Merkmalsart entsteht dadurch, daß die Zahl der möglichen Merkmalsausprägungen größer als zwei gewählt wird, ohne daß jedoch eine bestimmte Ordnung damit impliziert wird. Diese Merkmale sind dann **kategorial** gegliedert und haben qualitative Ausprägungen.

Die Frage nach der deutschen Staatsangehörigkeit mit den Antwortmöglichkeiten ja oder nein läßt sich ausdehnen auf das Merkmal Staatsangehörigkeit, für das es zahlreiche Ausprägungen gibt, die sich i.a. gegenseitig ausschließen (Personen mit mehrfacher Staatsangehörigkeit werden dann allerdings entweder in mehreren Kategorien gezählt oder es wird für sie vereinbart, daß sie sich nur einer der zutreffenden Kategorien zurechnen dürfen). Das Merkmal 'Stellung im Beruf' wird in der Sozialstatistik mit den Ausprägungen: Selbständige, Mithelfende Familienangehörige und Abhängige kategorisiert, wobei die letztgenannte Kategorie Arbeiter, Angestellte, Beamte und Auszubildende erfaßt.

Die dargestellten dichotomen und kategorialen Merkmale sind dadurch gekennzeichnet, daß ihre Merkmalswerte lediglich Nummern darstellen, die den Untersuchungseinheiten zugeordnet werden. Reihenfolge und Abstände sind ohne inhaltliche Bedeutung. Merkmale mit diesem Informationsgehalt werden als **nominalskaliert** bezeichnet. Es kann als ein Charakteristikum der wirtschafts- und sozialstatistischen Daten angesehen werden, daß die **meisten** der zu erhebenden Merkmale auf dem nominalen Skalenniveau liegen, wobei oft die Vielfalt der Ausprägungen so groß ist, daß sie in Klassifikationen erfaßt werden (vgl. 1.1.1).

Ordinalskalierte Merkmale sind darüber hinaus dadurch gekennzeichnet, daß sie zahlreiche, ggf. auch ganzzahlige Ausprägungen besitzen, die sich eindeutig in eine Reihenfolge oder Ordnung bringen lassen. Für sie gibt es vergleichende Beziehungen des Größer oder Kleiner, so daß sie bereits eine Vorstufe der quantitativen Merkmale sind, die auf einer Größenskala aufgetragen werden können; hingegen ist der Abstand nicht interpretierbar.

Zu dieser Merkmalsart gehören die Bewertungen nach Skalen von z.B. -5 bis +5 in Meinungsumfragen sowie die Anzahl von Zähleinheiten für jede Erhebungseinheit, wie die Zahl der Personen im Haushalt, die Zahl der Arbeitskräfte in landwirtschaftlichen oder warenproduzierenden Betrieben als Merkmalsträger soweit sie in Kategorien untergliedert sind. Im Haushalt z.B. die Zahl der Personen nach Altersgruppen oder Einkommensklassen, in landwirtschaftlichen Betrieben die Familien- und die (ständigen oder nichtständigen) familienfremden Arbeitskräfte und in warenproduzierenden Betrieben die Arbeitnehmer nach Leistungsgruppen. Diese Beispiele aus der amtlichen Statistik machen deutlich, daß die Merkmalsausprägungen der Erhebungseinheiten ganzzahlige Werte annehmen und dabei auch den Wert 0 einschließen.

Den bisher behandelten Merkmalsarten ist gemeinsam, daß es sich bei ihnen um **diskrete Merkmale** handelt; die ordinalen Merkmale können überdies als **diskontinuierlich** bezeichnet werden. Ein primäres Ziel statistischer Auswertungen besteht in der Ermittlung der Häufigkeiten oder Besetzungszahlen zu jeder diskreten Merkmalsausprägung. Bei diesem Arbeitsgang treten keine Informationsverluste ein.

Eine weitere Stufe von quantitativen Merkmalen stellen diejenigen mit **kontinuierlichen Ausprägungen** dar, zu denen Längen, Flächen, Volumina, Gewichte, Geldmengen und andere **stetige Merkmale** gehören. Statistiken der landwirtschaftlichen Bodenproduktion, Unternehmensumsätze, Arbeitnehmerverdienste und Einkommen arbeiten mit Merkmalen, die beliebige nicht-ganzzahlige positive Werte annehmen können. Bei diesen quantitativen (**metrischen**) Merkmalen sind die Abstände (**Intervallskala**) und die Quotienten (**Verhältnisskala**) der Merkmalswerte sinnvoll interpretierbar. Die statistisch zusammenfassende Aufbereitung solcher Merkmale kann nur in einer Form geschehen, bei der ein mehr oder weniger großer Teil der individuellen Information verlorengeht.

Die Darstellungsformen der Erhebungsmerkmale sind nicht auf die jeweils angegebenen vier Datenniveaus festgelegt. Es ist vielmehr möglich, jedes Merkmal einer bestimmten Art in eine der niederen Arten zu überführen, wobei versucht werden kann, den grundsätzlich damit verbundenen Informationsverlust gering zu halten.

2.2 Primär-, Sekundär- und Registerstatistiken

Zur Gewinnung wirtschafts- und sozialstatistischer Daten gibt es den Weg der **Primärstatistik** die eine speziell zu statistischen Zwecken vorgenommene direkte Befragung der zu beobachtenden Objekte beinhaltet. Noch immer stellt diese Methode die am häufigsten genutzte Möglichkeit dar. Daneben hat auf Grund von automatisierten Verwaltungsunterlagen die **Sekundärstatistik** an Bedeutung gewonnen. Zwar wurde schon seit jeher auf aufwendige originäre Erhebungen verzichtet, wenn die von der amtlichen Statistik benötigten Einzelangaben ohnehin bei den Stellen der öffentlichen Verwaltung in einer Form vorliegen, die den methodischen und technischen Anforderungen der Statistik genügt. Mit dem verstärkten Übergang von manuellen Erfassungsmethoden zur automatisierten Bearbeitung von Verwaltungsvorgängen zeichnen sich für die Sekundärstatistiken Möglichkeiten der Vereinfachung und Beschleunigung ab. Durch die Automation in der öffentlichen Verwaltung, insbesondere durch Einrichtung und Führung von **EDV-gestützten Registern**, Karteien, Dateien und ähnlichem, erleichtert sich für die amtliche Statistik prinzipiell der Zugriff auf weitere Verwaltungsunterlagen; de facto wird diese Möglichkeit jedoch durch juristische Zwänge (z.B. Datenschutz) eingeschränkt.

Als wichtige Statistiken, die bereits seit längerer Zeit aufgrund von Verwaltungsunterlagen zusammengestellt werden, sind zu nennen:

- Die Statistik der natürlichen Bevölkerungsbewegung und die Wanderungsstatistik aufgrund der Unterlagen der Standesämter und der Einwohnermeldeämter (vgl. 12.1.4).
- Die Arbeitsmarktstatistiken aufgrund der Unterlagen der Arbeitsämter (vgl. 13.1.2).
- Steuerstatistiken aufgrund der Unterlagen der Finanzämter (vgl. 9.1.1).
- Die Außenhandelsstatistik aufgrund der Anmeldepapiere für den Zoll (vgl. 10.1.1).
- Die Justizstatistiken aufgrund der Unterlagen der Justizverwaltung.
- Die Statistik des Kraftfahrzeugbestandes aufgrund der Unterlagen des Kraftfahrzeugbundesamtes.

Um durch einen verstärkten Rückgriff auf Verwaltungsunterlagen das Programm der originären Erhebungen einschränken zu können, ist es notwendig, daß die Statistischen Ämter rechtzeitig in die Planung der Automationsvorhaben der Öffentlichen Verwaltung eingeschaltet werden. Die Belange der Statistik bzw. der verschiedenen Benutzer der Statistik sind schon bei der Vorbereitung der Automation von Verwaltungsvorgängen, vor allem bei der Abfassung des Datenkatalogs, zu berücksichtigen. Häufig müssen für die Statistik, besonders wenn sie vielseitig verwendbar sein soll, zusätzliche Daten gespei-

Die Nutzung der Möglichkeit der Datenverknüpfung scheitert im allgemeinen in der amtlichen deutschen Statistik an Datenschutzbestimmungen, die in den gesetzlichen Grundlagen der Erhebungen vorgesehen sind (vgl. 1.1.2), soweit nicht Ausnahmen den Sachverhalt anders regeln. Die prinzipiellen Vorteile von Datenverknüpfungen werden dagegen beispielsweise in der amtlichen Statistik der skandinavischen Länder genutzt, wobei sogar über eine Identifizierungsnummer einkommenssteuerliche Merkmale mit demographischen individuell verknüpft werden. Einen verstärkten Einstieg in **Registerstatistiken** in Deutschland bildet der "gemeinschaftsweite Zensus 2001", der einen Methodenwechsel von der bisher als Totalerhebung durchgeführten Volkszählung zu einem registergestützten Zensus vorsieht (vgl. 12.1.1 Exkurs). Dabei steht für den demographischen Kern des Zensus 2001 die Nutzung des Melderegisters der Kommunen im Vordergrund. Anstatt die benötigten demographischen Daten bei dem Bürger zu erfragen, werden von den in den Melderegistern gespeicherten zensusrelevanten Daten satzweise Kopien gezogen. Außerdem hat der in dieser Weise geplante Zensus Auswirkungen für den Aufbau neuer Register in Deutschland (z.B. Aufbau einer Gebäude- und Wohnungsdatei).

Während die sekundärstatistische Verwendung von Registern für die Wirtschafts- und Sozialstatistik im Rahmen der nationalen amtlichen Statistik zu den oben angeführten Schwierigkeiten führt, gewinnen zunehmend statistikinterne Register an Bedeutung. Diese dienen neben anderen statistischen Zwekken (z.B. als Auswahl- und Rotationsgrundlage in Stichproben, vgl. 1.2.1 und 6.1.2) auch der Datenverknüpfung und schaffen somit neue Daten bzw. Registerstatistiken. Damit ist auch eine grundlegende Voraussetzung zur Entlastung der Befragten geschaffen (vgl. StBA [1.1] 1992).

Zwar erschweren zunächst die Bestimmungen des Datenschutzes die Erstellung statistikinterner Register, aber es existieren bereits in einigen Wirtschaftsbereichen EDV-gestützte Unternehmensregister für bestimmte Bereiche:

- Im Produzierenden Gewerbe dient seit über 20 Jahren eine "Kartei" (KiPG)als Hilfsmittel für Erhebungen und Auswertungen. Sie umfaßte 1987 88% der fast 11 Mill. Beschäftigten dieses Bereichs, was aber nur 45% der Unternehmen dieses Bereichs ausmacht. Vor allem die kleinen Handwerksunternehmen mit weniger als 20 bzw. 10 Beschäftigten (vgl. 2.3.2) werden bisher nicht laufend statistisch erfaßt. In der Land- und Forstwirtschaft werden die Anschriften der in die Erhebungen einbezogenen Betriebe im "Betriebsregister Landwirtschaft" gespeichert. Die an jeden landwirtschaftlichen Betrieb vergebene "Betriebsnummer" ermöglicht die Zusammenführung der Angaben aus den verschiedenen Erhebungen z.B. der Agrarberichterstattung (vgl. 9.1.3).
- Im Bereich des Handels- und Gastgewerbes wurde im Zusammenhang mit der Handels- und Gaststättenzählung (HGZ) 1993 ein Bereichsregister (vgl.

9.1.4) aufgebaut. Zunächst wurden dazu die aus der letzten HGZ und den laufenden Stichprobenstatistiken bekannten Adressen in eine Datei gespeichert. Diese Anschriften werden sodann wegen der hohen Fluktuation in diesem Gewerbe mit Informationen aus der Fachpresse sowie durch die der entsprechenden Betriebe aktualisiert und ergänzt. Im Abschluß wird das so gewonnene Material durch die einzelnen, jeweils zuständigen Industrie- und Handelskammern überprüft und korrigiert.

- Aufgrund der „Registerverordnung" von 1993, die 1998 in Kraft getreten ist, hat Eurostat es übernommen, sich um die innergemeinschaftliche Koordinierung des Aufbaus von Unternehmensregistern für statistische Verwendungszwecke zu kümmern. In den Mitgliedsstaaten sind als Einheiten in das „Unternehmensregister" nicht nur „Unternehmen", sondern auch „rechtliche" und „örtliche Einheiten" gemäß Einheitenverordnung sowie ihnen zugeordnete Merkmale aufzunehmen. Erfaßt werden sollen alle Unternehmen, deren wirtschaftliche Tätigkeit zum Bruttoinlandsprodukt beiträgt; ausgenommen sind lediglich private Haushalte und ihre Produktion zum Eigenverbrauch bzw. ihre Vermietung/Verpachtung von eigenen Immobilien. Die "Strukturverordnung" der EU von 1996 hat zum Ziel, einen einheitlichen Rahmen für die Unternehmensstrukturstatistiken in der EU zu schaffen.

Zum Aufbau und zur Führung eines statistikinternen Unternehmensregisters sind häufig sekundärstatistische Quellen zu verwenden, da dic Angaben aus der Arbeitsstättenzählung - einem Zensus sämtlicher Wirtschaftseinheiten mit Ausnahme der Landwirtschaft - nur in großen Zeitabständen vorliegen. Übersicht E 1 gibt eine Beschreibung von sekundärstatistischen Quellen, die zu diesem Zweck heranzuziehen sind.

In einem ersten Schritt zur Umsetzung der Registerverordnung von 1993 werden die existierenden Leitdateien zu einem Registersystem zusammengefaßt. Dabei werden die vorhandenen Datenbestände auf Mehrfacherfassung von Einheiten untersucht und gegebenenfalls bereinigt, so daß ein einheitlich definierter, dublettenfreier Adreßbestand vorliegt. Als Basis für diese Vorgehensweise wird die KiPG genutzt, da diese über ein Dialogsystem für die Bearbeitung der Registereinheiten verfügt, das relativ breit ausgelegt ist, und sie Ausgangsmaterial für laufende Berichterstattungen ist, deren reibungslose und termintreue weitere Abwicklung gesichert werden muß. Zunächst werden die Daten der Handwerkszählung 1995 in die KiPG aufgenommen, anschließend wird der Datenbestand der KiPG mit demjenigen des Bereichsregisters „Handel und Gastgewerbe" zu einer als „Unternehmensregistersystem 95" (URS 95) bezeichneten Datei verschmolzen. In einem weiteren Schritt werden die Informationen aus der Zählung im handwerksähnlichen Gewerbe 1996 verarbeitet, so daß für die sukzessive Aufnahme von Einheiten weiterer Wirtschaftszweige und die erforderliche Aktualisierung eine bereits konsolidierte Datenbasis entsteht.

Übersicht E 1: *Kurzbeschreibung der wichtigsten Adreßdateien*

Register / Eigenschaften	Finanzverwaltung	Bundesanstalt für Arbeit	Handelsregister	Berufsgenossenschaften	Kammern (IHK u. HwK)	Technische Hilfswerke	Private Adreßanbieter
Umfang	Umsatzsteuerpflichtige Unternehmen (1988 insgesamt rund 1.980.000)	Betriebe mit sozialversicherungspflichtig Beschäftigten (1985 rund 1.365.000)	Alle Vollkaufleute mit kaufmännisch eingerichtetem Geschäftsbetrieb (1989 rund 659.000 Unt.)	Unternehmen mit sozialversicherungspflichtig Beschäftigten und freiwillig versicherten Unternehmen	Mitglieder der Kammern (1986 rund 1.000.000)	Beitragszahler (Wasser, Strom)	Potentielle Kunden (Marktabdeckung 95 - 97%)
Lücken	Umsatzsteuerbefreite Unternehmen. (Freigrenze 25.000,- Umsatz, Banken, Wohnungswirtschaft, etc.)	Inhaberunternehmen, Freie Berufe, kleine Handwerksbetriebe	Kleingewerbetreibende, Handwerker, Freie Berufe	Freie Berufe	Freie Berufe, Kleingewerbetreibende		
Einheiten	Unternehmen	Betriebe	Unternehmen	Unternehmen	Unternehmen	Arbeitsstätte	Betriebe
Wichtige Merkmale	Name, Adresse, Jahresumsatz, Rechtsform, wirtschaftliche Tätigkeit	Name, Adresse, Beschäftigte, Löhne, wirtschaftliche Tätigkeit	Name, Adresse, Rechtsform, Nennkapital, Gründungsdatum, wirtschaftliche Tätigkeit	Name, Adresse, Anzahl, Zweigstellen, Gründungsdatum, wirtschaftliche Tätigkeit	Name, Adresse, Gründungsdatum, Beschäftigte, wirtschaftliche Tätigkeit	Name, Adresse	Name, Adresse, wirtschaftliche Tätigkeit
Verwaltung	Landesfinanzverwaltungen	Zentrale Verwaltung in Nürnberg	Dezentral bei 440 Registergerichten, zentral erhältlich auf maschinellen Datenträgern	Dezentral bei 36 Berufsgenossenschaften	Dezentral bei 69 IHK's und 42 Handwerksollen	Kommunal	Zentral
Aktualität	Monatliche, vierteljährliche Korrespondenz mit aktiven Unternehmen	Berichtsstichtag ist der 30.6., Auszählungstag der 31.12. jeden Jahres	Laufende Aktualisierung	Laufend durch Gewerbemeldungen; zum 31.12. Erhebung bei Mitgliedsunternehmen	Laufend Meldungen durch Handelsregister und Gewerbeämter		Laufende Aktualisierung

Quelle: Schnorr-Bäcker; Schmidt 1992, S. 510

Für den langfristigen Einsatz eines Unternehmensregisters für statistische Zwecke in Deutschland wird ein neues System entwickelt, das den Arbeitstitel „Unternehmensregistersystem 99" (URS 99) trägt. Ziel ist eine enge Verzahnung zwischen Registerführung und Erhebungsunterstützung, so daß es sinnvoll ist, ein integriertes System zu entwickeln, um den Anforderungen an die Qualität des Registers und den erforderlichen Rationalisierungen der Arbeitsabläufe bei der Registerführung und den Erhebungsdurchführungen Rechnung tragen zu können (vgl. Pöschl 1997, S. 218f.). Damit wird die Betrachtungsweise einzelner Wirtschaftsbereiche bei Unternehmens- und Betriebsstatistiken aufgegeben und der Datenanforderung der EU Rechnung getragen (vgl. Angermann; Polte; Dollt 1998, S. 558).

2.3 Voll- und Stichprobenerhebungen

Werden grundsätzlich alle Einheiten der zu untersuchenden Gesamtheit erfaßt und die erhobenen Angaben vollständig aufbereitet (bzw. bei Sekundärstatistiken alle verfügbaren Unterlagen aufbereitet), so liegt eine **Vollerhebung** (Totalstatistik) vor. Bei einer **Stichprobe** (Teilerhebung) wird nur ein Teil der interessierenden statistischen Gesamtheit erfaßt (bzw. aufbereitet). In der Regel haben Stichproben das Ziel, die Gesamtmasse zu repräsentieren. Eine Stichprobe gilt als **repräsentativ**, wenn sie statistisch gesicherte Rückschlüsse auf die Gesamtheit ermöglicht. Repräsentativität beinhaltet, daß die Stichprobe nicht nur die typischen oder wichtigsten Einheiten der Gesamtheit enthält, sondern alle interessierenden Strukturen widerspiegelt, und daß ihr Umfang hinreichend groß ist, um die Präzisionsanforderungen an die Ergebnisse zu erfüllen. Für die Auswahl von Stichproben werden nach der Absicht "pars pro toto" zwei Gruppen von Auswahlverfahren angewandt: die bewußte (gezielte), nicht auf dem Zufall aufgebaute Auswahl (nichtzufällige Auswahl vgl. 2) und die auf dem Zufallsprinzip beruhende Auswahl (Zufallsstichproben vgl. 3 bis 5). Stichprobenerhebungen in der amtlichen Statistik, für die eine Auskunftspflicht festgelegt wurde, werden prinzipiell als Zufallsstichproben konzipiert, denn im streng methodischen Sinne ermöglichen nur Zufallsstichproben statistisch gesicherte Rückschlüsse auf die Gesamtheit, d.h. unverzerrte Ergebnisschätzungen und Abschätzungen der Ergebnispräzision auf der Basis der Wahrscheinlichkeitsgesetze. Viele sogenannte "repräsentative" Umfragen der Markt- und Meinungsforschung erfüllen die wahrscheinlichkeitstheoretischen Voraussetzungen für Repräsentativität nicht, weil ihnen ein subjektives Auswahlverfahren zugrunde liegt oder die Stichprobe zu niedrig dimensioniert ist. Im jeweiligen Anwendungsfall sind Total- und Stichprobenstatistiken in ihren Vor- und Nachteilen gegeneinander abzuwägen; oft sind die Unterschiede nur graduell, häufig sind beide Verfahren nur in der Kombination sinnvoll.

Hinsichtlich der Aussagekraft der Ergebnisse hat eine Vollerhebung dann Vorteile, wenn vorausgesetzt werden kann, daß sie ohne wesentliche Unzulänglichkeiten (systematische Fehler; vgl. 8.1) durchgeführt werden kann, und das Ergebnis in der Beschreibung einer klar abgegrenzten statistischen Gesamtheit (z.B. Altersgliederung der Bevölkerung) besteht. In diesem Fall sind durch die Vollerhebungen die "wahren" Werte ermittelt (vgl. 8.1.2), was mit Hilfe einer ebenfalls einwandfrei durchgeführten Stichprobenerhebung nicht möglich ist, denn die Ergebnisse von Stichproben sind prinzipiell mit stichprobenspezifischen Fehlern behaftet. Allerdings ist der Idealfall einer fehlerfreien Vollerhebung nicht zu erreichen. Vielmehr ist bei Vollerhebungen in stärkerem Maße als bei Stichproben mit Fehlern durch Bearbeitungs- und Datenmängel zu rechnen, da bei Stichproben auf Grund des geringeren Bearbeitungsumfanges mehr Sorgfalt verwandt werden kann, etwa durch Einsatz gut geschulter Interviewer.

Die Vorzüge von Stichproben werden in der Wirtschafts- und Sozialstatistik sowohl bei der Erhebung als auch bei der Aufbereitung genutzt. Da der Umfang der zu bearbeitenden Masse bei Stichproben- gegenüber Totalstatistiken vermindert ist, ergeben sich folgende Konsequenzen:

- Es entstehen **geringere Kosten** bei Erhebung und Aufbereitung der Daten. Ohne Stichprobenstatistiken wäre vom finanziellen Aufwand her das Datenprogramm der amtlichen Wirtschafts- und Sozialstatistiken nicht in gegebenem Umfang durchzuführen. Die Bereitstellung von Finanzmitteln durch die Finanzministerien beruht auf Anmeldungen der Statistischen Ämter zu den Haushaltsplänen für die einzelnen Rechnungsjahre. Da viele Statistiken längere und aufwendigere Vorbereitungsarbeiten erfordern, sind die Anforderungen auf dem Gebiet der Statistik und die finanziellen Möglichkeiten zu ihrer Durchführung frühzeitig abzustimmen. Die entsprechende Kostenverteilung zwischen Bund und Ländern ist im BStaG geregelt. Ein Vergleich der Kosten von ausgewählten Total- und Stichprobenstatistiken der amtlichen Statistik gibt Übersicht E 2.

Übersicht E 2: *Kostenansätze ausgewählter Total- (T) und Stichprobenerhebungen (S)*

Art	Erhebung	Kosten (Mill. DM)		
		personelle	sachliche	zusammen
T	Volks-, Berufs-, Gebäude-, Wohnungs- und Arbeitsstättenzählung;	260,9	14,1	375,0
	darunter: Arbeitsstättenzählung 1987	32,0	8,0	40,0
S	Mikrozensus 1985; darunter:	8,6	5,9	14,5
	Testerhebungen in den Jahren 1985-1987	1,7	1,2	2,9
T	Landwirtschaftszählung 1991	28,2	19,3	47,5
S	1% Gebäude- und Wohnungsstichprobe im gesamten Bundesgebiet 1991	18,7	11,2	29,9
T	Gebäude- und Wohnungszählung in den neuen Bundesländern und Berlin-Ost 1991	53,6	22,6	76,2
T	Handels- und Gaststättenzählung 1979	16,3	5,2	21,5
S	Monatliche und jährliche Stichproben im Handel und Gastgewerbe	4,3	1,3	5,6
S	Statistik des Güterkraftverkehrs 1978	1,1	0,2	1,3
S	Laufende Wirtschaftsrechnungen 1991	20,0	15,3	35,3

Quelle: StBA [1.2] 1992

- Mit Hilfe von Stichprobenstatistiken ist eine schnellere Fertigstellung der Ergebnisse zu erwarten. Eine **Aktualisierung** wird insbesondere auch durch Einsatz von Stichprobenstatistiken zwischen Totalerhebungen erreicht. Als

Beispiele seien der Mikrozensus, die Bodennutzungserhebung und die Umsatzstatistiken im Binnenhandel angeführt. Teilerhebungen wie z.B. die monatliche Berichterstattung im Produzierenden Gewerbe, haben in erster Linie zum Ziel, schnellstmöglich aktuelle Informationen über den Wirtschaftsprozeß zu liefern (z.B. Angaben über Umsätze, Beschäftigte und Auftragseingänge). Die Aktualisierung der Daten durch Stichprobenstatistiken beschränkt sich nicht nur auf die Erhebungsphase, sondern geschieht auch im Zuge der Aufbereitung. Zu einem späteren Zeitpunkt besteht dann die Möglichkeit, ad-hoc Aufbereitungen für spezielle sachliche und/oder regionale Auswertungszwecke auf der Basis des Totalmaterials vorzunehmen. Beispielsweise wird die Vorwegaufbereitung der allgemeinen Viehzählung durch die als Stichprobe konzipierte repräsentative Viehzählung möglich.

- Stichprobenerhebungen erlauben die Ermittlung eines Tatbestandes, der mit Hilfe einer Totalerhebung aus sachlichen Gründen entweder überhaupt **nicht** oder nur **unzulänglich zu erfassen** ist. Bei der Ernteermittlung ist zum Beispiel eine vollständige Erfassung von vornherein ausgeschlossen, was zur Stichprobenerhebung der Besonderen Ernteermittlung (vgl. 9.1.3) führt. Bei komplizierten sozioökonomischen Fragestellungen, zu denen meist Interviewer eingesetzt werden, läßt sich eine größere Anzahl von Merkmalen sorgfältiger und tiefergehend erfassen, und es sind die Ausfälle durch Auskunftsverweigerung, Nichtantreffen von Personen usw. kleiner zu halten, wenn Stichprobenerhebungen zum Zuge kommen. Außerdem sind im Rahmen von komplizierteren Fragestellungen in mehrjährigen Abständen Zusatzerhebungen mit einem variablen Teil an das konstante Grundprogramm der Stichprobe anzuhängen.

  Auch hierfür ist der Mikrozensus (vgl. 12.1.2) ein Beispiel, bei dem als Zusatzerhebung (mit geringerem Auswahlsatz) jeweils folgende Sachverhalte erfragt worden sind: Merkmale der von den Erwerbstätigen ausgeübten Tätigkeiten, berufliche Fortbildung und Umschulung, Sonntags- und Nachtarbeit, Erwerbstätigkeit der Frauen, Mütter sowie Ausländer und anderer Bevölkerungsgruppen, Tourismus usw.

- Zu den genannten Vorteilen der Stichprobenerhebungen - die Möglichkeit der Reduzierung des Nichtstichprobenfehlers, die schnelle Ermittlung und Verfügbarkeit der Ergebnisse, die geringeren Kosten - kommt die Möglichkeit, die Stichproben zur **Nachprüfung** sowohl in der Erhebungs- als auch in der Aufbereitungsphase zu verwenden. Beim Einsatz als Kontrollerhebung ist zu unterscheiden zwischen dem alleinigen Zweck und dem Nebenzweck der Stichprobe. Für letzteren Fall kann unter bestimmten Umständen der Mikrozensus herangezogen werden (vgl. 8.4.2).

Die Nachteile der Stichprobenstatistik sind dort zu suchen, wo die "ewigen" Vorteile der Vollerhebung beginnen:

- Vollerhebungen sind unerläßlich für **Bestandsaufnahmen** von Bevölkerung und Wirtschaft. Die moderne Verwaltung erfordert die Kenntnis aller Elemente, nämlich aller Personen, Haushalte, Betriebe, Unternehmen usw. Die mit Vollerhebungen (auch aus sekundärstatistischen Quellen) gewonnenen strukturierten Anschriftenlisten, Register und Karteien dienen in der Regel als Entscheidungsgrundlage über den erforderlichen Umfang der Teilerhebungen und über zweckmäßige Auswahlsysteme. Sie stellen außerdem die bestmögliche Auswahlgrundlage für Stichproben dar und zwar vor allem dann, wenn sie durch ergänzende Feststellungen und Fortschreibungen auf dem laufenden gehalten werden können.

In der Bevölkerungsstatistik (vgl. 12.1.1) und in der Statistik der Erwerbstätigkeit (vgl. 13.1) stellt die Volkszählung die Auswahlgrundlage für die Repräsentativstatistik (Mikrozensus) über die Bevölkerung und den Arbeitsmarkt dar. Auch im System der Statistiken im Handel und Gastgewerbe (vgl. 9.1.4) fällt den Totalzählungen u.a. die Aufgabe zu, die Auswahlgrundlage und den Hochrechnungsrahmen für die repräsentativen Monats-, Jahres- und Ergänzungserhebungen in den gebotenen Zeitabständen bereitzustellen, so daß diese Stichprobenerhebungen regelmäßig aktualisiert und die jeweils einbezogenen Unternehmen soweit wie möglich ausgetauscht werden können. Das Anschriftenmaterial der Zählung stellt ferner die Grundlage für die in zweijährigen Abständen durchzuführenden Kostenstrukturstatistiken im Großhandel, in der Handelsvermittlung, im Einzelhandel und im Gastgewerbe dar.

- Nur auf dem Wege der Vollerhebung ist die **regionale** und **fachliche** Mannigfaltigkeit in Bevölkerung und Wirtschaft hinsichtlich Umfang und Struktur zu erfassen. Die Gliederung der statistischen Merkmale auf kommunaler, städtestatistischer Ebene sind in der Regel nicht auf Grund von Teilerhebungen möglich; aber auch auf Länderebene sind bestimmte Merkmalskombinationen (z.B. Berufs- und Wirtschaftszweig, Berufsausbildung und Beruf usw.) so selten vertreten, daß die Besetzungszahlen einer Teilstatistik nicht mehr als repräsentativ gelten können. Es besteht zu Recht die Behauptung des antinomischen Verhältnisses zwischen Regional- und Repräsentativstatistik, wobei die Antinomie z.B. durch gute Planung und erhöhten Aufwand gemildert, aber niemals beseitigt werden kann (vgl. Menges; Skala 1973, S. 97).

  Der Nachweis kleinster Merkmalsgruppen (z.B. für ca. 30.000 Berufsbenennungen) und eine lückenlose Regionalisierung ist nur durch eine Vollerhebung zu gewährleisten. Eine solche ist zum Beispiel zur Feststellung von Pendlerströmen notwendig, d.h. der Verflechtungen zwischen Wohnort und Ausbildungs- bzw. Arbeitsort.

Die in der amtlichen Statistik durchgeführten Voll- und Teilerhebungen finden sich im "Arbeitsgebiet der Bundesstatistik" verzeichnet, das in seiner letzten Ausgabe 1998 Angaben hinsichtlich Umfang, Merkmalen und gegebenenfalls Stichprobenplan enthält (vgl. StBA [1.3] 1998).

2.4 Querschnitts-, Verlaufs- (Panel-) Statistiken

Eine **Querschnittserhebung** gibt eine Zustandsbeschreibung der zu erfassenden Tatbestände von Erhebungseinheiten zum Zeitpunkt der Erhebung an. Bezogen auf den Ausbildungsverlauf einer befragten Person (vgl. Übersicht E 3) zeigt die Querschnittserhebung, daß sich die Erhebungseinheit im Zeitpunkt (t_1) auf der Ausbildungsstufe 2 befindet. Neben der Querschnittsanalyse wird in der Bevölkerungsstatistik die **Kohorten-** oder **Längsschnittanalyse** angewandt. Das entsprechende Erhebungsinstrument für eine Verlaufsstatistik ist das **Panel.** Hierbei werden die gleichen Erhebungseinheiten über mehrere Zeitpunkte durch mehrere Befragungen ("Wellen") hinsichtlich der Erhebungsmerkmale um Auskunft gebeten. Die Erhebungseinheit wird außer zum Zeitpunkt (t_1) zu den weiteren Stichtagen (t_2), (t_3) und (t_4) befragt. Sie befindet sich zu den Zeitpunkten (t_1) und (t_3) auf der Ausbildungsstufe 2, ist zum Zeitpunkt (t_2) auf Stufe 1 zurückgefallen und erreicht im weiteren Verlauf (t_4) aber noch Ausbildungsstufe 3.

Neben der Untersuchung bestimmter Kohorten (z.B. Personen bestimmter Geburtsjahrgänge) liefert die Kohortenanalyse Informationen über die demographische Entwicklung, die aus Querschnittserhebungen allein nicht gewonnen werden können. Werden bei Querschnitten jeweils Angehörige mehrerer Jahrgänge zusammengefaßt oder für mehrere Beobachtungsjahre Personen jeweils gleichen Alters, die dann aus verschiedenen Geburtsjahrgängen stammen, betrachtet (sog. **unechte Kohorten**) und diese Zusammenstellung dann so interpretiert, als gäbe sie das Verhalten einer Kohorte wieder, so wird dabei unterstellt, daß sich Personen, die im Beobachtungsjahr ein bestimmtes Alter haben, genauso verhalten wie Personen, die einige Jahre zuvor oder einige Jahre später dieses Alter erreichten bzw. erreichen werden. Nimmt zum Beispiel das durchschnittliche Heiratsalter zu, so unterschätzt die Querschnittsuntersuchung die Wahrscheinlichkeit dafür, überhaupt zu heiraten. In diesem Fall zeigt die Kohortenanalyse, die dem Lebenslauf eines Geburtsjahrganges folgt, daß sich die Eheschließungen zwar auf ein höheres Alter verlagern, aber nicht zurückgehen. Meist reichen Panelstatistiken aus, um quantitative Aussagen über den Verlauf im Rahmen der Kohortenanalyse machen zu können, obwohl genau genommen keine Angaben zwischen den verschiedenen relativ nahe beieinander liegenden Zeitpunkten der "Wellen" vorliegen.

Beim **ereignisorientierten Erhebungsdesign** werden Zustandsänderungen und ihre Zeitpunkte im Sinne des Lebensverlaufs (z.B. retrospektiv) erfragt. Während im Panel der Verlauf zwischen den Erhebungszeitpunkten offen bleibt, wird hier die Rekonstruktion eines kontinuierlichen Prozesses möglich. Bezogen auf Übersicht E 3 zeigt sich im ereignisorientierten Erhebungsdesign, daß der Ausbildungsweg der Erhebungseinheit bereits vor dem Zeitpunkt (t_1) auf den Ausbildungsstufen 1 und 2 begann. Oft erfolgt eine Kombination dieser Erfassungsmethode mit dem Panel. Mit jeder neuen Panelwelle stehen dann nicht nur aktuelle Informationen bereit, sondern durch retrospektive Fragen im Panelbogen werden auch Veränderungen zwischen den "Wellen" erfaßt.

Übersicht E 3: *Erhebungsarten am Beispiel eines Ausbildungsweges*

Querschnittserhebung

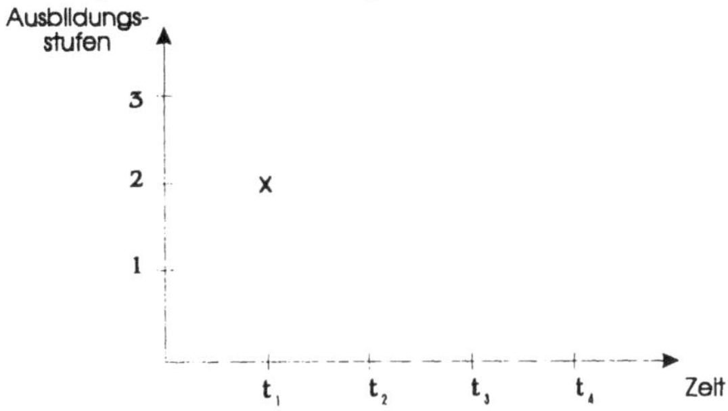

Panel mit vier Wellen

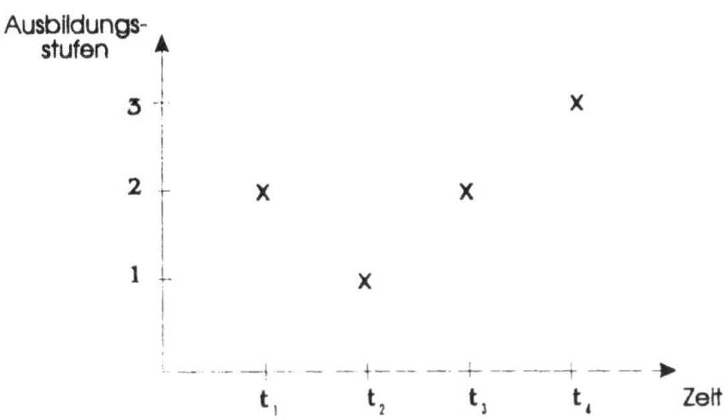

Ereignisorientiertes Erhebungsdesign

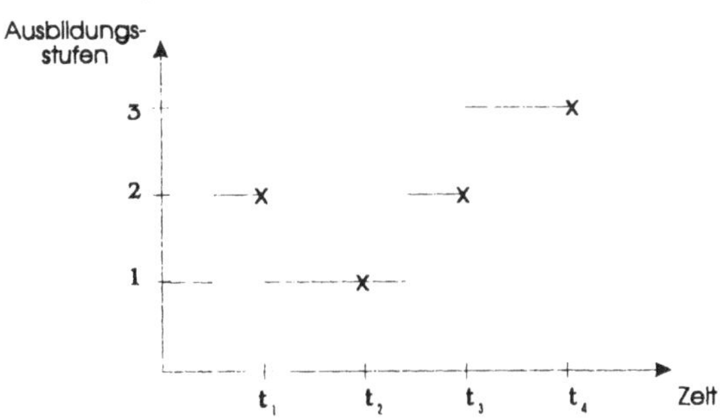

Die Probleme, die bei der Panelstatistik auftreten, sind allgemein zusammenzufassen: "... the analytic potential of panel surveys can only be realized if the surveys are conducted properly. 'Proper' conduct in this case includes a very good initial probability sample, following rules designed to keep the sample representative across time, continuous measurement of phenomena of interest and considerable resources devoted to checking the consistency of data across time" (vgl. Duncan 1992, S. 12). Gelingt es diese hohen Ansprüche an die Erhebungstechnik zu erfüllen, so ist es mit diesem Erhebungsinstrument möglich, nicht nur die Summe der Veränderungen abzubilden, die während der Untersuchungsperiode stattgefunden haben - entsprechend der Information aus Querschnittserhebungen-, sondern die Richtungen der Veränderungen können im einzelnen beobachtet werden. Auch gegenläufige Entwicklungen, die sich bei Querschnittsuntersuchungen aufheben, bleiben beim Panel darstellbar.

Die erste umfassende Verlaufsstatistik in der Bundesrepublik Deutschland, die repräsentative Längsschnittsdaten für Personen und Haushalte zur Verfügung stellt, ist das vom Deutschen Institut für Wirtschaftsforschung (DIW) organisierte Sozio-ökonomische Panel (SOEP), das eine Kombination mit dem ereignisorientierten Erhebungsdesign darstellt. Es stellt eine wichtige Säule des demographischen Berichtssystems dar und wird in diesem Zusammenhang ausführlich dargestellt (vgl. 12.2.2).

Von Eurostat wird in Zusammenarbeit mit mittlerweile 14 nationalen statistischen Ämtern der europäischen Mitgliedsstaaten zunächst für drei Jahre ein Europäisches Haushaltspanel über die Lebens- und Arbeitsbedingungen der Bevölkerung durchgeführt (vgl. 12.1.3). Da dieses Vorhaben im Rahmen eines Forschungsprojektes durchgeführt wird, bildet § 7 Abs. 2 BStatG die Rechtsgrundlage für die amtliche deutsche Statistik, der sich damit die Möglichkeit bietet, Erfahrungen mit dem Panelkonzept und dem daraus resultierenden, über bisherige Datenangebote der amtlichen Statistik hinausgehende Informationsangebot zu sammeln. Seit 1994 haben sich in Deutschland etwa 5.000 Haushalte und in der EU mehr als 60.000 Haushalte beteiligt (vgl. Bechtold; Meyer 1996, S. 296ff.).

2.5 Fehler in statistischen Erhebungen

Es gibt zahlreiche Ursachen dafür, daß statistische Ergebnisse nicht exakt mit dem "wahren" Wert übereinstimmen. Die auftretenden Fehler lassen sich in zwei Fehlerkategorien einteilen:

(1) Stichprobenbedingte Fehler,
(2) Nicht stichprobenbedingte Fehler.

In Vollerhebungen treten nur Fehler der Kategorie (2) auf, in Stichproben Fehler der Kategorie (1) **und** der Kategorie (2).

Die Fehler beider Kategorien lassen sich ihrem Charakter nach unterscheiden in Zufallsfehler und systematische Fehler (Verzerrungen, Bias). Zufallsfehler bei Vollerhebungen basieren im wesentlichen auf "zufälligen" Antworten und sollen hier nicht näher betrachtet werden.

Stichprobenzufallsfehler sind nur für Zufallsstichproben definiert und resultieren daher, daß nur ein Teil der Gesamtheit befragt wird und die Zusammensetzung der Stichprobe vom Zufall abhängt. Die Stichprobenergebnisse können deshalb im allgemeinen nicht exakt mit den Ergebnissen übereinstimmen, die mit einer gleichartigen Erhebung bei sämtlichen Einheiten der Gesamtheit ermittelt worden wären, sondern sie weichen von diesen Total-Ergebnissen zufällig nach oben oder unten ab. Derartige Stichprobenzufallsfehler sind der Preis für die zahlreichen Vorzüge, die die Stichprobenstatistiken hinsichtlich der verminderten Kosten, der Entlastung von Befragten und der zügigeren Ergebniserstellung besitzen.

Die Größe und Richtung des Stichprobenzufallsfehlers für ein bestimmtes Stichprobenergebnis ist unbekannt und kann auch nicht ermittelt werden, so daß die Zufallsabweichungen in den Stichprobenergebnissen rechnerisch auch nicht beseitigt werden können. Stichprobenstatistiken, die auf Zufallsauswahlen beruhen, haben jedoch den entscheidenden Vorteil, daß die Größenordnung ihrer Zufallsfehler zuverlässig **abgeschätzt** werden kann. Die Gesetzmäßigkeiten der Stichprobentheorie erlauben es, anhand der Stichprobenwerte ein Intervall abzuschätzen, das sogenannte Konfidenzintervall, in dem der tatsächliche Wert der Grundgesamtheit mit vorgebbarer Wahrscheinlichkeit liegt.

Als Maß für den Stichprobenzufallsfehler wird meist der sogenannte Relative Standardfehler benutzt. Er definiert ein Intervall, in dem der tatsächliche Wert mit ca. 68% Wahrscheinlichkeit liegt. Als wichtige Eigenschaft des Stichprobenzufallsfehlers ist anzumerken, daß die Vergrößerung des Stichprobenumfangs den Zufallsfehler reduziert.

Würde eine Zufallsstichprobe unter gleichen Bedingungen viele Male wiederholt und die Ergebnisse gemittelt, so würde der Stichprobenzufallsfehler näherungsweise verschwinden.

Den Zufallsfehlern steht eine größere Zahl andersartiger Fehler gegenüber, die unter dem Begriff systematische Fehler zusammengefaßt werden. Sie sind u.a. auf Mängel der Abgrenzung der Erhebungsgesamtheit, der Erhebungs- und Aufbereitungstechnik zurückzuführen und treten sowohl in Stichproben als auch in Totalzählungen auf (vgl. 8.1.1). Systematische Fehler führen zur Verzerrung der Ergebnisse. Sie sind **nicht** aus der Stichprobe abschätzbar. Ihr Nachweis ist in der Regel nur partiell und auch dann nur durch aufwendige Kontrollerhebungen möglich. Außerdem sind systematische Fehler vor allem dadurch gekennzeichnet, daß sie sich im Gegensatz zu den Zufallsfehlern durch eine Vergrößerung der Zahl der einbezogenen Erhebungseinheiten nicht verringern lassen. Sie sind im Gegenteil bei Totalzählungen eher noch höher zu veranschlagen als bei Stichprobenerhebungen, deren geringerer Erhebungsumfang eine gründlichere Durchführung erlaubt. Aus diesem Grund können Stichprobenstatistiken, die zusätzlich mit Zufallsfehlern behaftet sind, den Totalzählungen durchaus ebenbürtig sein. Aber selbst wenn die systematischen

Fehler in beiden Fällen gleich sind, ist vielfach angesichts der Tatsache, daß auch Totalstatistiken (systematische) Fehler enthalten, eine gewisse Vergrößerung der insgesamt zu beachtenden Fehler durch Übergang auf eine repräsentative Erfassung gerechtfertigt oder gar geboten, um Kosten zu sparen.

Von besonderer Bedeutung ist das Zusammenwirken von zufälliger und systematischer Fehlerkomponente zum Gesamtfehler, der als Maß für die Genauigkeit statistischer Ergebnisse dienen kann. Die erstgenannte Fehlerkomponente, ausgedrückt durch den Standardfehler, gibt die **Präzision** (precision) der Stichprobe wieder. Der systematische Fehler gibt die Verzerrung des Stichprobenergebnisses, den sogenannten Bias an und bezeichnet die **Richtigkeit** (accuracy) der Stichprobe. Da beide Fehlerkomponenten als unabhängig voneinander betrachtet werden können, ergibt sich die **Genauigkeit** eines Stichprobenergebnisses in Form des **mittleren quadratischen Gesamtfehlers** (mean square error MSE):

$$\text{MSE} = (\text{Standardfehler})^2 + (\text{Bias})^2$$

Die entscheidende Aussage dieser Formel ist, daß die beiden Fehler quadratisch zusammgefaßt werden müssen und in einem ausgewogenen Verhältnis zueinander stehen sollten. Der größere der beiden Fehler würde nämlich den Wert des Gesamtfehlers weitgehend allein bestimmen. Deshalb lohnt es z.B. nicht, den Standardfehler durch beträchtlichen Mehraufwand beim Stichprobenumfang oder Hochrechnungsverfahren wesentlich zu vermindern, wenn der angenommene systematische Fehler bereits merklich größer ist als der ursprüngliche Standardfehler (vgl. Übersicht E 4).

Übersicht E 4: *Unterschiedliche Zusammensetzung des MSE*

Rel. Standardfehler in %	Bias in %	$\sqrt{\text{MSE}}$ in %
1,0	10,0	10,0
2,0	10,0	10,2
4,0	10,0	10,8
10,0	10,0	14,1
1,0	1,0	1,4

Wegen der Schätzprobleme für den Bias beschränkt sich der **quantitative** Nachweis der Qualität von Stichprobenergebnissen im allgemeinen auf die Präzision, d.h. auf die relativen Standardfehler der Ergebnisse.

Zitierte Literatur (Einführung)

Angermann, O.; Polte, V.; Dollt, A.: Überlegungen zur Durchführung der europäischen Verordnungen über die Unternehmensstatistiken in Deutschland. Wirtschaft und Statistik, 7/1998

Bechtold, S.; Meyer, K.: Das Europäische Haushaltspanel. Wirtschaft und Statistik, 5/1996

Bihn, W.: Wirtschaftsstatistik. In: Albers, W.; u.a. (Hg.): Handwörterbuch der Wirtschaftswissenschaft. Bd. 9 (1982)

Brümmerhoff, D.; Lützel, H.: Lexikon der Volkswirtschaftlichen Gesamtrechnung. München, Wien 1994

Bürgin, G.; Moore, W.: Leitlinien und Koordinierung der supra- und internationalen Statistik. In: Merk, H.G.; Bürgin, G.; u.a. (Hg.): Statistik 2000 - Zukunftsaufgaben der amtlichen Statistik. Festschrift für Hildegard Bartels. Forum der Bundesstatistik. Bd. 27 (1994)

Duncan, G.: Houshold Panel Studies: Prospects and Problems. Paper prepared for the International Conference on Social Science Methodology. Trento 1992 (unveröffentlicht)

Ehling, M.: Historische Statistik - Probleme und Perspektiven der internationalen Zusammenarbeit. Wirtschaft und Statistik, 7/1996

Esenwein-Rothe, I.: Wirtschaftsstatistik. Kategorienlehre. 2. Auflage. Wiesbaden 1969

Esenwein-Rothe, I.: Die Methoden der Wirtschaftsstatistik. Bd. 1 u. Bd. 2. Göttingen 1976

Fürst, G.: Zum Begriff und zur systematischen Ordnung der Wirtschafts- und Gesellschaftsstatistik. Allgemeines Statistisches Archiv. Bd. 52 (1968)

Fürst, G.: 100 Jahre Reichs- und Bundesstatistik. Gedanken und Erinnerungen. Allgemeines Statistisches Archiv. Bd. 56 (1972)

Grohmann, H.: Vom theoretischen Konstrukt zum statistischen Begriff. Das Adäquationsproblem. Allgemeines Statistisches Archiv. Bd. 69 (1985)

Grohmann, H.: Die Entwicklung der statistischen Datenproduktion und der amtlichen Statistik. In: Diederich, M.; Hölder, E.; u.a. (Hg.): Historische Statistik in der Bundesrepublik Deutschland. Forum der Bundesstatistik. Bd. 15 (1990)

Günther, A.: Die Geschichte der Statistik - Historische Statistik. In: Burgdörfer, F. (Hg.): Die Statistik in Deutschland nach ihrem heutigen Stand. Ehrengabe für F. Zahn. Bd. 1. Berlin 1940

Hartwig, H.: Naturwissenschaftliche und sozialwissenschaftliche Statistik. Zeitschrift für die gesamte Staatswissenschaft. Bd. 112 (1956)

Kunz, D.: Praktische Wirtschaftsstatistik. Stuttgart; u.a. 1987

v.d. Lippe, M.: Wirtschaftsstatistik. 5. Auflage. UTB Bd. 209. Stuttgart 1996

Litz, H.P.: Statistische Adäquation und Idealtypus. Allgemeines Statistisches Archiv. Bd. 74 (1990)

Menges, G.: Die Statistik. Zwölf Stationen des statistischen Arbeitens. Wiesbaden 1982

Menges, G.: Die statistische Adäquation. Jahrbücher für Nationalökonomie und Statistik. Bd. 197 (1982)

Menges, G.; Skala, H. J.: Grundriß der Statistik. Teil 2: Daten. Opladen 1973

Morgenstern, O.: Über die Genauigkeit wirtschaftlicher Beobachtungen. 2. Auflage. Wien, Würzburg 1965

Neubauer, W.: Arbeitende Menschen zählen oder menschliche Arbeit messen? Ein Adäquationsproblem. In: Hanau, K.; u.a. (Hg.): Wirtschafts- und Sozialstatistik. Empirische Grundlagen politischer Entscheidungen. Angewandte Statistik und Ökonometrie. Heft 29 (1986)

Pöschl, H.: Unternehmensregistersystem 99. Wirtschaft und Statistik, 4/1997

Rinne, H.: Das Sozialprodukt. Unzulänglichkeiten des Konzepts und Ungenauigkeiten der Schätzung. Diss. Technische Universität Berlin 1967

Rinne, H.: Wirtschafts- und Bevölkerungsstatistik. Erhebungen und Ergebnisse. München, Wien 1994

Schaich, E.; Schweitzer, W.: Ausgewählte Methoden der Wirtschaftsstatistik. München 1995

Schnorr-Bäcker, S.; Schmidt, P.: Rahmenbedingungen für ein umfassendes statistikinternes Unternehmensregister. Wirtschaft und Statistik, 8/1992

StBA [1.1]: Machbarkeitsstudie über Aufbau und Führung harmonisierter umfassender Unternehmensregister für statistische Zwecke in der Bundesrepublik Deutschland. Wiesbaden 1992

StBA [1.2]: Statistische Rechtsgrundlagen. Loseblattsammlung. Stand 1. Januar 1992

StBA [1.3]: Das Arbeitsgebiet der Bundesstatistik 1998. Stuttgart 1998

Strecker, H.; Wiegert, R.: Wirtschaftsstatistische Daten und ökonomische Realität. Jahrbücher für Nationalökonomie und Statistik. Bd. 206 (1989)

Vogel, F.; Grünewald, W.: Kleines Lexikon der Bevölkerungs- und Sozialstatistik. München, Wien 1996

Wagenführ, R.: Wirtschafts- und Sozialstatistik. Bd. 1. Freiburg i. Brg. 1970

1 Grundlagen von Erhebungen

1.1 Arbeitssystem der amtlichen Statistik

1.1.1 Aufstellung von Klassifikationen

In der amtlichen Statistik werden für Zwecke der Erhebung und Darstellung von nominalskalierten Merkmalen mit vielfältigen Ausprägungen **Klassifikationen** verwendet. Art und Tiefe der Klassifikationen hängen von den zu gliedernden Tatbeständen und dem jeweiligen Erhebungs- und Darstellungszweck ab. Die einheitliche Verwendung von Klassifikationen macht es notwendig, daß gleiche statistische Einheiten in allen Statistiken der gleichen Position zugeordnet werden.

Neben dem Gesichtspunkt der Ordnung der Mannigfaltigkeit von Begriffsbestimmungen und Merkmalen mit dem Ziel der Vergleichbarkeit und möglichst lückenlosen Zusammenführung von disparaten Einzelstatistiken im Rahmen der nationalen Statistik, erfolgt ein weiterer Anstoß zur Aufstellung von Klassifikationen durch die internationale Statistik. Aus Gründen der internationalen Vergleichbarkeit werden im breiten Umfang statistische Rahmensysteme und Klassifikationen entwickelt. In diesem Zusammenhang sind Eurostat, die Konferenz Europäischer Statistiker bei der Wirtschaftskommission der Vereinten Nationen für Europa (ECE), das Statistische Amt der Vereinten Nationen (UNSTAT) sowie die autonomen Sonderorganisationen der Vereinten Nationen anzuführen.

Die zur Zeit aktuellen Klassifikationen in der amtlichen deutschen Wirtschafts- und Sozialstatistik sind folgende:

Klassifikationen wirtschaftender Gruppen:

- Klassifikation der Wirtschaftszweige, Ausgabe 93 (WZ 93)
- Systematiken der öffentlichen Haushalte:
  Funktionen- und Gruppierungsplan für die staatlichen Haushalte (Bund, Länder), Gliederungs- und Gruppierungsplan für die kommunalen Haushalte.

Güterklassifikationen:

- Warenverzeichnis für die Außenhandelsstatistik (WA), Ausgabe 95
- Systematisches Güterverzeichnis für Produktionsstatistiken (GP), Ausgabe 95
- Warenverzeichnis für den Material- und Wareneingang im Produzierenden Gewerbe (WE)
- Warenverzeichnis für die Binnenhandelsstatistik (WB)
- Güterverzeichnis für die Verkehrsstatistik (GV)
- Güterverzeichnis für den privaten Verbrauch
- Systematiken der Einnahmen und Ausgaben der privaten Hauhalte
- Systematik der Bauwerke

Personenklassifikationen:

- Klassifizierung der Berufe (KldB)
- Internationale Klassifikation der Krankheiten, Verletzungen und Todesursachen
- Staatsangehörigkeits- und Gebietsschlüssel
- Internationale Standardklassifikation des Bildungswesens (ISCED)

Regionalklassifikation:

- Amtliches Gemeindeverzeichnis für die BRD
- Amtliche Schlüsselnummern und Bevölkerungsdaten der Gemeinden und Verwaltungsbezirke in der BRD
- Systematik der Gebietseinheiten für die Statistik (NUTS)

Aufgrund ihrer Bedeutung für die Wirtschafts- und Sozialstatistik werden folgende Klassifikationen erörtert:

- **Klassifikation der Wirtschaftszweige**

Die Anstrengungen, Entwicklungen der Weltwirtschaft durch statistische Daten auf der Grundlage internationaler Wirtschaftsklassifikationen transparent und vergleichbar zu machen, reichen von der "Genfer Nomenklatur" (1931) und Entwicklung der Internationalen Klassifikationen der Wirtschaftszweige (ISIC) durch die Vereinten Nationen bis zur **Wirtschaftszweigklassifikation in den Europäischen Gemeinschaften (NACE)**. In gemeinsamer Arbeit der Statistischen Ämter der UN und der EU sowie der Mitgliedsstaaten wurde 1989 eine revidierte vierstellige Fassung der ISIC Rev. 3 erstellt, die die Grundlage für die revidierte NACE Rev. 1 bildet. Die ab 1993 gültige Wirtschaftszweigsystematik (WZ) des Statistischen Bundesamtes ist durch eine vollständige Übernahme der NACE Rev.1 sowie durch eine Ergänzung mittels einer fünften Gliederungsebene charakterisiert.

Die Gliederungstiefe der NACE Rev. 1 ist in Übersicht 1.1 dargestellt. Zur Illustration sei aus der Klassifikation der NACE Rev. 1 auszugsweise angeführt:

Die Grundlage der WZ 93 stellt die NACE Rev.1 dar, deren alphanumerisches Kodierungssystem unverändert übernommen wurde, jedoch durch die Gliederungsebene der Unterklassen erweitert wurde.

Die WZ 93 findet u.a. Anwendung in der Statistik im Produzierenden Gewerbe, in den Verdiensterhebungen, in der Statistik über Konkurse und Vergleichsverfahren, in der Bilanzstatistik, in der Statistik der Tariflöhne und -gehälter, im Mikrozensus, in der Statistik der Kapitalgesellschaften, in den Steuerstatistiken sowie in den Großzählungen. Für die Zuordnung statistischer Einheiten zur WZ 93 gilt das Schwerpunktprinzip, d.h. die Einheit wird entsprechend ihrer

Haupttätigkeit - z.B. an der Bruttowertschöpfung zu Faktorkosten gemessen - erfaßt.

Übersicht 1.1: *Gliederung der NACE Rev. 1*

Ebenen		Code	Beispiel
17	Abschnitte	Buchstaben A bis Q	D: Verarbeitendes Gewerbe
31	Unterabschnitte	Zweistellige Buchstabenfolge[1)]	DB: Textil- u. Bekleidungsgewerbe
60	Abteilungen	Zweistellige Codes 01-99	17: Textilgewerbe
222	Gruppen	Dreistellige Codes 01.1-99.0	17.1: Spinnstoffaufbereitung u. Spinnerei
503	Klassen	Vierstellige Codes 01.11-99.00	17.11: Baumwollaufbereitung u. -spinnerei

[1)] Nur 16 dieser Unterabschnitte sind durch einen zweistelligen Buchstabencode besonders gekennzeichnet. Die restlichen Unterabschnitte sind nicht hervorgehoben; Abschnitt A enthält z.B. den Unterabschnitt AA, ohne ihn durch einen Code auszuweisen.

Revisionen der Klassifikationen werden aufgrund von internationalen bzw. europäischen Vorgaben in wesentlich kürzeren Abständen als bisher erfolgen. Ein Nachteil dabei ist, daß die Vergleichbarkeit der Ergebnisse in der Zeit gestört wird. Vorteilhaft dagegen wirkt sich aus, daß ständig aktuelle und nationale Bedürfnisse in die internationalen Fassungen eingebracht werden.

- **Güterklassifikationen**

Die verschiedenen Güterklassifikationen sind vor allem nach der statistischen Erfassung des Warenflusses - z.B. Produktion, Ein- und Ausfuhr, Binnenhandel, Verkehr, Verwendung im privaten Haushalt - gegliedert. Somit sind jeweils produktionswirtschaftliche und zolltarifliche Gesichtspunkte, Sortiments- und Transporteigenschaften der Waren und ihre Verwendungszwecke vorrangig. Besonders bedeutsam, insbesondere auch wegen der internationalen Vergleichbarkeit, sind das

- **Warenverzeichnis für die Außenhandelsstatistik (WA)**. Es stimmt im wesentlichen mit der europäischen Kombinierten Nomenklatur (KN) überein, die ihrerseits auf dem "Harmonisierten System zur Bezeichnung und Codierung der Waren" (HS) der Vereinten Nationen basiert. Das WA 95 enthält 21 Abschnitte, 96 Kapitel, 1.241 Positionen (Viersteller), 5.018 Unterpositionen (Sechssteller) und ca. 10.400 Warennummern (Achtsteller). Es wird in der Außenhandelsstatistik in seiner Gliederung nach achtstelligen Warennummern einheitlich für die Intrahandels- und die Extrahandelsstatistik (vgl. 10.1.1 bzw. 10.1.2) und außerdem in ausgewählten Preisstatistiken verwendet.

- **Systematisches Güterverzeichnis für Produktionsstatistiken (GP).** Es baut auf der "Liste von Produkten für eine europäische Produktionsstatistik" (PRODCOM) auf, gibt zusätzlich eine tiefere Untergliederung und wird durch die Positionen der WA definiert. Damit sind unmittelbare Vergleiche zwischen der Produktion und dem Außenhandel möglich. Unter dem Aspekt der Beschreibungsharmonisierung entspricht die Gliederung der GP 95 bis zur Ebene der Klassen (Viersteller) der WZ 93. In den ersten sechs Stellen sind die Kodierung und auch der Beschreibungstext identisch mit den entsprechenden Positionen aus der "Statistischen Güterklassifikation in Verbindung mit den Wirtschaftszweigen in der Europäischen Wirtschaftsgemeinschaft" (CPA), der EU-verbindlichen zentralen Güterklassifikation für alle Wirtschaftsbereiche. Die GP 95 umfaßt 30 Abteilungen (Zweisteller), 120 Gütergruppen (Dreisteller), 251 Güterklassen (Viersteller), 596 Güterkategorien (Fünfsteller), 1.438 Güterunterkategorien (Sechssteller) und 6.431 Güterarten (neunstellige Meldenummern).

  Anwendungsgebiet dieser Klassifikation ist die Vierteljährliche Produktionserhebung; eine Auswahl und/oder Zusammenfassung von Positionen erfolgt für den monatlichen Produktions-Eilbericht.

- **Systematiken der Einnahmen und Ausgaben der privaten Haushalt.** Beide Systematiken lehnen sich im Aufbau und in der Abgrenzung eng an die in den VGR angewandten Gliederungskriterien an. Die Ausgaben enthalten u.a. die Ausgaben für den Privaten Verbrauch, deren Gruppierung das "Güterverzeichnis für den Privaten Verbrauch" zugrundeliegt.

  Die Systematik der Einnahmen umfaßt 9 Gruppen (Zweisteller), 35 Klassen (Dreisteller) und 92 Arten (Viersteller); die Systematik der Ausgaben ist in 9 Gruppen (Zweisteller), 36 Klassen (Dreisteller) und 81 Arten (Viersteller) gegliedert.

  Anwendungsgebiete dieser Systematiken sind die Laufenden Wirtschaftsrechnungen und die Einkommens- und Verbrauchsstichproben, für die 1993 eine spezielle abgeleitete Fassung erstellt wurde (vgl. Übersicht 2.1).

- **Personenklassifikationen**

Trotz weitgehender Harmonisierung der Klassifizierungen der wirtschaftlichen Tätigkeiten auf internationaler Ebene genießt die **Klassifizierung der Berufe (KldB)** noch immer ihre gliederungsstrukturelle Selbständigkeit. Die KldB, Ausgabe 1992 teilt die Berufe in 6 Berufsbereiche, 33 Berufsabschnitte, 88 Berufsgruppen (Zweisteller), 369 Berufsordnungen (Dreisteller), 2.287 Berufsklassen (Viersteller) ein. Berufsbenennungen bilden die untersten Bausteine, ohne eine eigene Gliederungsebene zu bilden.

Für internationale Vergleiche dient die Internationale Standardklassifikation der Berufe (ISCO-88), wobei ein Vergleich der deutschen Klassifizierung

(Dreisteller) mit der internationalen (Viersteller) dadurch möglich ist, daß beide Klassifikationen als Abgrenzungsmerkmal für die einzelnen Berufe die ausgeübte Tätigkeit verwenden, die eine Person zu einem bestimmten Zeitpunkt verrichtet oder verrichtet hat. Die ISCO-88 bringt allerdings eine Erweiterung durch die Merkmale "skill level" und "skill specialisation". Dabei ist zu beachten, daß "skill level" bereits auf der Ebene der Berufshauptgruppen (Einsteller) zur Anwendung kommt und nicht als personenbezogenes, sondern als berufs- bzw. arbeitsplatzbezogenes Merkmal im Sinne eines Anforderungsniveaus, während "skill specialisation" zur näheren Bestimmung der Art der ausgeübten Tätigkeit innerhalb vorgegebener Qualifikationsebenen dient.

Die KldB findet Verwendung für die Kodierung und Aufbereitung berufsbezogener Fragen in der Volks- und Berufszählung, im Mikrozensus und in der EG-Arbeitskräftestichprobe, in der Berufsbildungs- und Beschäftigtenstatistik sowie in mehreren Arbeitsmarktstatistiken.

Entsprechend internationalen Vereinbarungen wird in allen Mitgliedsländern der Weltgesundheitsorganisation (WHO) für die Morbiditäts- und Mortalitätsstatistiken die vierstellige **Internationale Klassifikation der Krankheiten, Verletzungen und Todesursachen (ICD)** benutzt. Die Ausgabe 1979 der ICD umfaßt 17 Kapitel, 124 Hauptgruppen (zusammengefaßte Dreisteller), 913 Gruppen (Dreisteller) und ca. 8.400 Positionen (Viersteller).

Die Krankenhausstatistik enthält Krankheitsdiagnosen, die nach der dreistelligen ICD verschlüsselt sind. Auch die privaten Krankenversicherungen und die gesetzliche Renten- und Krankenversicherung verschlüsselt nach der ICD die Krankheitsdiagnosen. Auch in der Behinderten- und Rehabilitationsstatistik findet dieser Schlüssel Verwendung.

- **Regionalklassifikationen**

Die wichtigste Gliederung in regionaler Hinsicht sind die "Administrativen Gebietseinheiten" und hier wiederum die nach Gebietskörperschaften, d.h. Gemeinden, Kreisen, Regierungsbezirken und Ländern. Die Systematisierung erfolgt durch eine 8-stellige Gemeindeschlüsselnummer. Sie wird vom Statistischen Bundesamt im Verzeichnis Regionalsystematik - Amtliche Schlüsselnummern und Bevölkerungsdaten der Gemeinden und Verwaltungsbezirke in der Bundesrepublik Deutschland, Ausgabe 1990 - veröffentlicht. Da die Gliederung nach Gebietskörperschaften nicht allen Verwaltungs- und wissenschaftlichen Zwecken gerecht wird, sind weitere administrative Gebietsgliederungen (Postleitbereiche, Arbeitsamtsbezirke, Wahlkreise) und "funktionale" Aufteilungen möglich. Beispielsweise ist das Gebiet der Bundesrepublik Deutschland in 97 Raumordnungsregionen eingeteilt, außerdem gibt es 117 Arbeitsmarktregionen zur Förderung der regionalen Wirtschaftsstruktur.

Von Eurostat wurde in Verbindung mit anderen Kommissionsstellen für die Mitgliedsstaaten der EU die Systematik NUTS (Nomenclature des Unités Territoriales Statistiques) und eine zweistufige subregionale Systematik entwickelt. Bei der dreistufigen NUTS bilden für die Bundesrepublik die Länder die erste, die Regierungsbezirke die zweite und die Kreise die dritte Ebene. Bei der zweistufigen Klassifikation werden auf der zweiten Stufe die Gemeinden zugeordnet, während die erste Stufe von der Bundesrepublik derzeit nicht besetzt ist.

Gegenüber den bisher erwähnten "klassischen" Systematiken weisen die Regionalsystematiken einige Besonderheiten auf:

- Es gibt mehrere Gliederungssysteme, die im Prinzip unabhängig und ohne Mitwirkung der amtlichen Statistik gebildet werden.
- Es besteht auf allen Ebenen der Systematiken eine große Heterogenität. Bei der Gliederung nach Gebietskörperschaften umfaßt die größte Gemeinde Berlin 3,4 Millionen Einwohner und die kleinste Roxförde in Sachsen-Anhalt 2 Einwohner. Diese Sachverhalte führen dazu, daß für viele Zwecke Typisierungen, wie die Bildung von Gemeindegrößenklassen, vorgenommen werden.
- Die gleiche Einheit wird oft verschiedenen Ebenen zugeordnet. Zum Beispiel ist Berlin gleichzeitig Gemeinde, Kreis und Bundesland.

1.1.2 Erhebungsphasen

Die amtliche Wirtschafts- und Sozialstatistik ist in der Bundesrepublik Deutschland ganz überwiegend **Bundesstatistik**. Als "Statistik für Bundeszwecke" hat sie im förderativ gegliederten Gesamtsystem der amtlichen Statistik die gesetzliche Aufgabe (§1 BStatG), laufend Daten über Massenerscheinungen zu erheben, zu sammeln, aufzubereiten, darzustellen und zu analysieren.

Auf Bundesebene wurde als zentrale statistische Fachbehörde das StBA eingerichtet. Auf Landesebene werden die entsprechenden Aufgaben von den Statistischen Ämtern der Länder erledigt. Das StBA ist u.a. federführend für die methodische und technische Vorbereitung der einzelnen Statistiken und zuständig für die Zusammenstellung und Darbietung der Bundesergebnisse, während den statistischen Ämtern der Länder u.a. die Aufgabe der Erhebung und Aufbereitung bis zum Landesergebnis zugewiesen wird. In Ausnahmefällen sind bei sog. zentralen Statistiken (z.B. Einkommens- und Verbrauchsstichprobe, Außenhandelsstatistik) alle Arbeiten - also auch die Erhebung und Aufbereitung - im Statistischen Bundesamt zusammengefaßt.

Einen Überblick über das Arbeitssystem von Bundesstatistiken und die Arbeitsteilung zwischen Statistischem Bundesamt und den Statistischen Landesämtern gibt Übersicht 1.2. Die folgenden Ausführungen über die organisatorischen Arbeiten zur Gewinnung von Daten entsprechen jenen von Großzählungen. Bei der Vielzahl der Erhebungen der amtlichen Statistik weist der methodisch-technische Rahmen unterschiedliche Schwerpunkte auf, so daß bestimmte Vorbereitungs-, Durchführungs- und Aufbereitungsarbeiten teilweise entfallen und andere hinzukommen. Bei Stichprobenerhebungen sind zusätzlich Probleme des Stichprobenplans (Auswahlverfahren, Hoch- und Fehlerrechnung) zu beachten, die in späteren Kapiteln behandelt werden. Um die organisatorischen Probleme bei der Planung, Durchführung und Aufbereitung aufzuzeigen, die bei Großzählungen entstehen können, sei hier exemplarisch die Volkszählung 1987 zugrunde gelegt. Sie umfaßt drei Erhebungsbereiche, nämlich eine Volks- und Berufszählung, eine Gebäude- und Wohnungszählung und eine Arbeitsstättenzählung (vgl. StBA [1.1] 1992).

Die **Vorbereitung** einer Großzählung besteht aus der Erstellung einer Rechtsgrundlage, eines Gesamtplans, eines Fragebogens samt Ordnungspapieren sowie der Durchführung von Testerhebungen. Da das statistische Auskunftsverlangen unter Umständen einen starken Eingriff in die private Rechtssphäre des einzelnen Staatsbürgers darstellt, bestimmt daher das "Grundgesetz der Bundesstatistik"[1] in §6 BStatG daß Bundesstatistiken durch Gesetz anzuordnen sind, soweit nicht Ausnahmen zugelassen werden.

Größere statistische Erhebungen werden grundsätzlich durch **Gesetz** angeordnet. Sachlich zusammengehörige Materien werden dabei nach Möglichkeit in "Sammelgesetzen" zusammengefaßt, was z.B. auf den Gebieten der Finanz- und Steuerstatistiken, der Preis- und Lohnstatistiken, der Statistiken im Produzierenden Gewerbe und der Statistiken im Handel und Gastgewerbe praktiziert wird.

Rechtsgrundlage kann auch eine Rechtsverordnung (§6 Abs. 2 BStatG) mit einer bis zu drei Jahren begrenzten Geltungsdauer sein. Keine Rechtsgrundlage ist erforderlich für "Geschäftsstatistiken", bei denen Daten im Rahmen eines verwaltungsinternen Vorgangs entstehen und für "Erhebungen für besondere Zwecke" (§7 BStatG). Letztere erlauben der amtlichen Statistik mit kleineren (höchstens 10.000 Befragte) Erhebungen ohne Auskunftspflicht flexibel auf ei-

---

1 Aufgrund der Zuständigkeit nach Artikel 73 Nr. 11 GG wurde mit dem Gesetz über die Statistik für Bundeszwecke (BStatG) vom 3. September 1953 erstmalig das gesamte Verfahrens- und Organisationsrecht sowie das materielle Recht der Bundesstatistik zusammenfassend geregelt. Nach mehrmaligen Novellierungen beachtet das Gesetz über die Statistik für Bundeszwecke vom 22. Januar 1989 das Urteil des Bundesverfassungsgerichts zum Volkszählungsgesetz 1987, so daß die bis dahin geltenden Anforderungen an die Durchführung von Statistiken erweitert wurden.

nen kurzfristig auftretenden Datenbedarf und zur Klärung wissenschaftlich-methodischer Fragestellungen zu reagieren.

In der Rechtsgrundlage sind im Interesse des Schutzes der Befragten die zu erfassenden Sachverhalte, die Art der Erhebung, die Berichtszeit und der Kreis der Befragten festzulegen. Außerdem ist anzugeben, ob die Auskunftserteilung auf freiwilliger Basis erfolgen soll, und ob die Statistik zentral vom Statistischen Bundesamt erhoben und aufbereitet wird. Federführend für den Entwurf der Rechtsgrundlage ist das zuständige Ressort, das sich auch hier auf die Mitwirkung des StBA stützt.

In wachsendem Umfang macht die EU von ihrer Möglichkeit Gebrauch, supranationales Recht durch Verordnungen, Richtlinien und Entscheidungen zu setzen. Verordnungen der EU setzen - sofern sie Statistiken anordnen - in den Mitgliedsstaaten geltendes Recht und gehen nationalen Rechtsnormen vor. Die Durchführung der in Richtlinien und Entscheidungen festgelegten Maßnahmen erfolgt nach innerstaatlichem Recht.

Welche zeitlichen Erfordernisse die Erstellung einer Rechtsgrundlage zur Durchführung statistischer Erhebungen beanspruchen kann, zeigt im Extremfall das Volkszählungsgesetz-Das Gesetz über eine Volkszählung im Jahr 1983 wurde in der 9. Legislaturperiode des deutschen Bundestages verabschiedet und 1982 verkündet. Aufgrund von Verfassungsbeschwerden setzte das Bundesverfassungsgericht kurz vor dem Zählungsstichtag durch einstweilige Anordnung die Zählung aus. In dem sich anschließenden Urteil des Bundesverfassungsgerichtes Ende 1983 wurden zur Sicherung des Rechts auf informationelle Selbstbestimmung jedoch ergänzende verfahrensrechtliche Vorschriften zur Durchführung und Organisation der Datenerhebung erforderlich. Nach langer Diskussion des Urteils fanden die Ergebnisse der Beratungen ihren Niederschlag im Volkszählungsgesetz 1987 vom November 1985.

Wenn die Gesetzesgrundlage vorliegt, sind **Tests zur Erhebungsorganisation** durchzuführen und auszuwerten. Anschließend sind Erhebungs-, Organisations- und Informationspapiere in erhebungstechnischer Hinsicht unter Berücksichtigung der Ergebnisse des Organisationstests vorzubereiten. Dazu sind auch Zählungsanleitungen sowie sonstige organisatorische Anweisungen und Hilfsmittel festzulegen. Eine wirksame Öffentlichkeitsarbeit ist konzeptionell zu entwickeln und im Zeitablauf fortschreitend zum Zählungsstichtag hin mit zunehmender Intensität zu leisten. Um bereits in der Vorbereitungsphase der Zählung eine Antwort auf die für die Qualität der Haupterhebung wichtigen Einflußgrößen geben zu können, werden **Probeerhebungen** durchgeführt, die die Überprüfung des gesamten Erhebungsverfahrens und der Erhebungsorganisation umfassen, angefangen von der Stichprobenziehung über die Feldarbeit bis hin zur Datenaufbereitung.[2]

---

[2] Von der Probeerhebung (Piloterhebung) wird im allgemeinen der **Pretest** unterschieden, bei dem die Erhebungspapiere - vor allem der Fragebogen mit Anschreiben und Interviewerhinweisen - an einer kleinen Stichprobe oder im Labor getestet werden (vgl. Ehling 1997, S. 152).

Übersicht 1.2: *Vereinfachte Darstellung des Ablaufs von Bundesstatistiken*

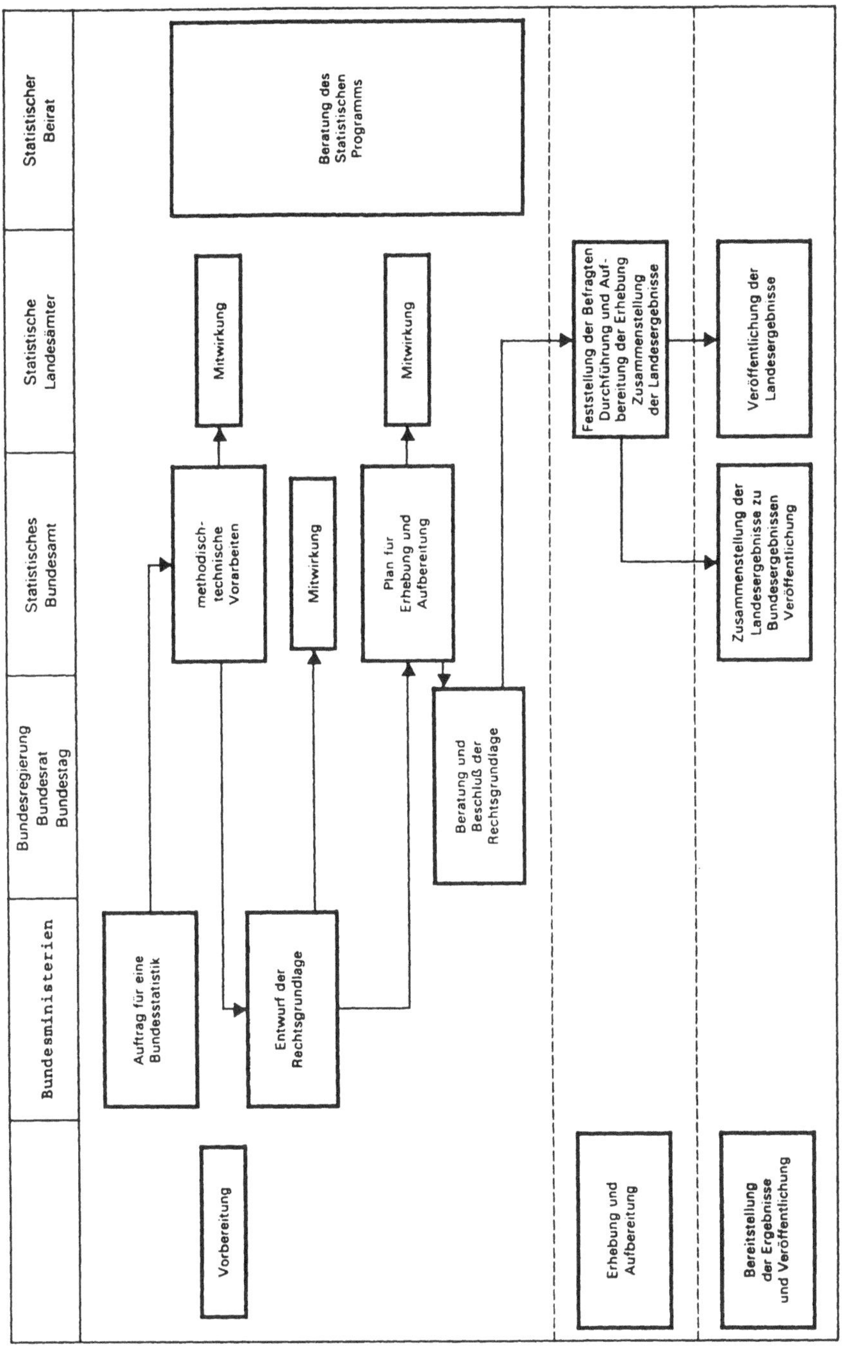

In den freiwilligen Testerhebungen zur Volkszählung 1987 wurde insbesondere die Umsetzbarkeit der neuartigen verfahrenstechnischen Vorgaben überprüft: Arbeiten in den gemeindlichen Erhebungsstellen, Aufgabenverteilung zwischen örtlichen und überörtlichen Erhebungsstellen (Landratsämter), Möglichkeiten einer vollständigen Erfassung der Bevölkerung in Anstalten usw.

Bei den Erhebungsunterlagen der Volkszählung 1987 war zu unterscheiden zwischen den Erhebungsvordrucken, die als Fragebogen vom Auskunftspflichtigen (Selbstzählererhebung) ausgefüllt werden mußten und den Erhebungsvordrucken, die als Organisationspapiere vom Zähler oder der Erhebungsstelle auszufüllen waren (Ordnungspapiere). Zu den erstgenannten Papieren zählten:

- Gebäudebogen der Vorerhebung,
- Haushaltsmantelbogen (Erhebungs-, Kontroll- und Informationsfunktion),
- Haushaltsheft,
- Zählblatt für Gemeinschafts- und Anstaltsunterkünfte.

Die Organisationspapiere enthielten:

- Adressenliste,
- Regionalliste (zur Aufbereitung nach regionalen Einheiten),
- Zählungsanleitungen.

Eine Zusammenfassung der Aktivitäten zur Vorbereitung und Durchführung der Volkszählung 1987 gibt Übersicht 1.3.

Im Rahmen der Vorbereitung einer Erhebung ist ein vorläufiger, im Zuge der Planung und Durchführung häufig überarbeiteter und verfeinerter **Gesamtplan** zu erstellen, der zu einer termingerechten sowie lücken- und reibungslosen Durchführung und Aufbereitung der Zählung beitragen soll. Hierbei ist die organisatorische Verknüpfung von Erhebungen und die Stellung im Gesamtprogramm der amtlichen Statistik zu berücksichtigen. Der Gesamtplan kann graphisch und textlich ausgefertigt werden.

Die graphischen Darstellungen enthalten Datenfluß- und/oder mit Zeitangaben. Datenflußpläne unterscheiden sich von Netzplänen durch die verwendeten Symbole, durch die geradlinige und vertikale Anordnung der Arbeitsgänge, durch die Verzweigungstechnik und nicht zuletzt durch eine stärkere Aufgliederung der Zählungsphasen in einzelnen Arbeitsgängen. Sie haben sich insbesondere dadurch bewährt, daß praktisch unbegrenzt viele Arbeitsgänge in übersichtlicher Form aufgezeigt werden können.

Übersicht 1.3: *Arbeiten zur Vorbereitung und Durchführung der Volkszählung 1987*

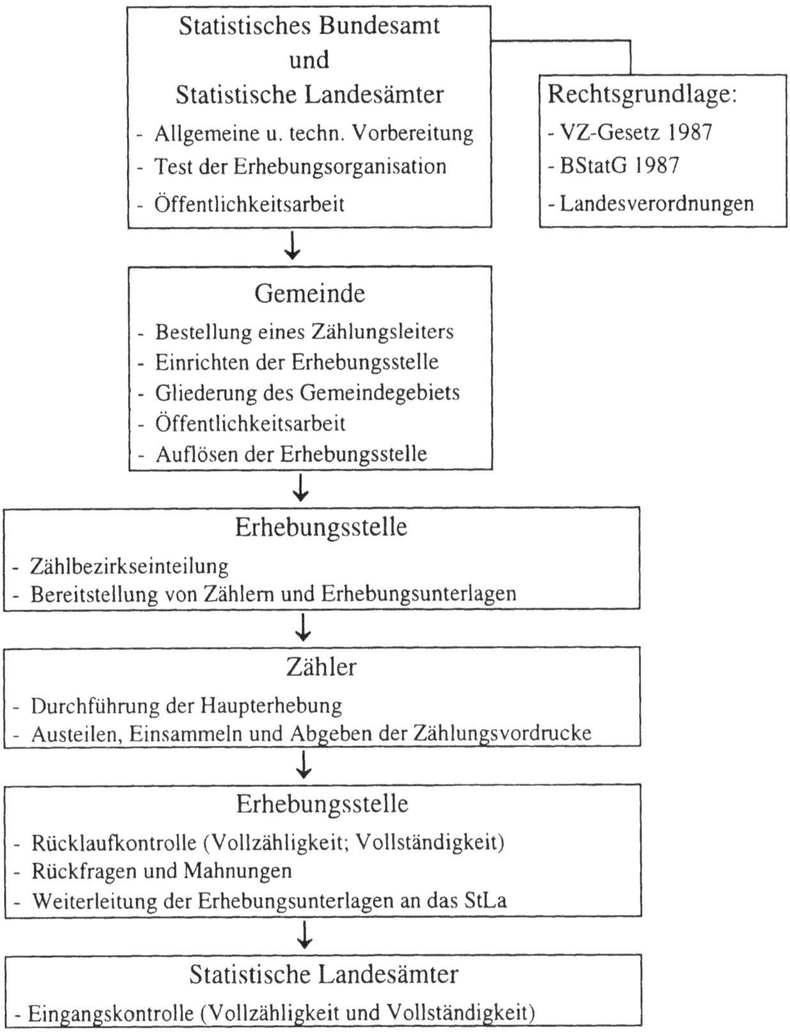

Die textliche Konzeption enthält Vorstellungen über:

– Fragenkatalog und Auswertungsziele, womit eine Vorstellung über Aufbau und Inhalt des Tabellenprogrammes verbunden ist;

– Methodisch-technische Fragen wie Fragebogentechnik, Zählverfahren, Aufbereitungsverfahren (manuelle und maschinelle Arbeitsgänge, Art der maschinellen Verarbeitung, Veröffentlichung usw.).

Die Darstellung des Zählungs- und Aufbereitungsablaufs in einem Gesamtplan dient nicht nur einer sinnvollen Koordinierung aller Arbeitsgänge des Zählungswerks, sie ist auch eine Diskussionsgrundlage für den Auftraggeber (federführendes Ressort bzw. Gesetzgeber), die Benutzer der Daten und alle mit der Zählung betrauten Stellen. Der Gesamtplan stellt auch eine Grundlage für die Kalkulation des Zählungswerks dar, da die anfallenden Kosten sehr stark vom Umfang und der Art der Organisation der Erhebung und Aufbereitung abhängen. Wesentlicher Teil des Gesamtplans sowie der Vorbereitung der Erhebung ist der **Fragenkatalog**, der die Auswertungsziele der "Konsumenten" abdecken soll und sich später im Tabellenprogramm niederschlägt.

Unter den an den Zählungsergebnissen der amtlichen Statistik interessierten nationalen Stellen sind neben den Statistischen Ämtern und Ministerien, der Statistische Beirat sowie dessen Unterorganisationen (Fachausschüsse, Arbeitskreise) zu nennen, die Inhalt und Umfang des Datenprogramms der Erhebung beraten. Auf Grund der internationalen Verflechtungen ist auch eine Abstimmung auf internationaler Ebene notwendig.

Aus dem inhaltlichen Programm der Erhebungen leiten sich Zahl und Art der zu erstellenden Tabellen (**Tabellenprogramm** ab. Grundsätzlich sollte die Entwicklung eines Tabellenprogramms vor der Fragebogengestaltung stehen, da sich die Anforderungen an den Fragebogeninhalt eigentlich erst aus dem auf Grund der Auswertungsvorhaben der Benutzer zusammengestellten Tabellenprogramm ergeben. In der Praxis ist die Reihenfolge, in der Fragebogen und Tabellenprogramme konzipiert werden, aus verschiedenen Gründen oft umgekehrt. Viele "Konsumenten" der Statistik sind sich zwar schon recht früh darüber im klaren, welche Tatbestände in ihren Auswertungen eine Rolle spielen, vielfach sind sie jedoch in der Vorbereitungsphase der Zählung noch nicht in der Lage, alle zu untersuchenden Zusammenhänge, die eine wesentliche Voraussetzung für die Gestaltung eines Tabellenprogrammes sind, zu überschauen. Ferner ist zu bedenken, daß auf Grund der mit der Erhebung verbundenen Kosten und nicht zuletzt auch auf Grund der Tatsache, daß die Erhebungswiderstände mit zunehmender Zahl und zunehmendem Schwierigkeitsgrad der Erhebungstatbestände wachsen, dem Tabellenprogramm von der Erhebungsseite enge Grenzen gesetzt sind. Diese gelten insbesondere bei Totalzählungen.

Im Mittelpunkt der Vorbereitungsarbeiten für die Durchführung der Befragung[3] steht der **Fragebogen**, dessen Gestaltung von großem Einfluß auf die Vollständigkeit und die Qualität der Angaben und nicht zuletzt auch auf die Vollzähligkeit der Erfassung (oder Auskunftsverweigerung) ist. Der Fragebogen enthält neben den Fragen vielfach auch Beantwortungsbeispiele, Erläuterungen und Mitteilungen sowie die Angabe der Rechtsgrundlage und den Geheimhaltungs-

[3] Hinsichtlich den Befragungs- und Datenerhebungstechniken insbesondere in der Umfrageforschung, vgl. Schnell; et al. 1995, S. 299ff. Zur telefonischen Befragung vgl. Schach 1992, S. 377ff. und Groves; et al. 1988.

bestimmungen. Neben der Rücksicht auf die Auskunftspflichtigen wird die Gestaltung des Fragebogens auch von den Anforderungen der Technik der Datenaufnahme (z.B. automatische Beleglesung) beeinflußt. Von den beiden Arten, der schriftlichen und der mündlichen Befragung, wird in der amtlichen Statistik der schriftliche Kontakt zwischen Befragtem und Befrager aus Kostengründen bevorzugt.

Inhaltlich kann beim Fragebogen zwischen den Identifikations-, den eigentlichen Informations- und den Kontrollfragen (vgl. Menges; Skala 1973, S. 132) unterschieden werden. Zur Identifizierung der Erhebungseinheiten, wodurch Nachfragen und eine zutreffende Einordnung ermöglicht werden sollen, werden Angaben zur Individualität der Erhebungseinheiten gemacht, deren Berücksichtigung bei der Aufbereitung von entscheidender Bedeutung ist. Die Informationsfragen betreffen als eigentlicher Gegenstand der Befragung die Ausprägungen der Erhebungsmerkmale. Hinzu kommen bisweilen Fragen, die der Kontrolle während der Erhebung und Aufbereitung dienen.

Hinsichtlich der Beantwortungsqualität, die sich auf Vollständigkeit und Richtigkeit der Angaben bezieht, sind eine Reihe von Gesichtspunkten zu beachten, so z.B. eine bestimmte Reihenfolge der Fragen- und Antwortkategorien, die Formulierung der Fragen, die Festlegung auf geschlossene (d.h. mit vorgegebenen Antwortkategorien versehene) oder offene Fragen sowie das "Layout" in bezug auf Schriftstärke und -größe, Farbgebung, Anordnung der Fragen im Bogen usw. Die Bedingungen der Aufbereitungstechnik, des maschinellen Lesens beeinflussen die Abstände zwischen den Antwortkategorien, die Art der Markierung bei der Beantwortung der Fragen und die Gestaltung der Lesefelder zur Eintragung von Signierschlüsseln für Klartextangaben.

Da „kein anderer Faktor die Erhebungsergebnisse beeinflußt wie der Fragebogen“ (vgl. Noelle-Neumann 1996, S. 65), ist die Notwendigkeit gegeben, **Pretests** durchzuführen. Die klassischen Pretestverfahren sind dadurch gekennzeichnet, daß sie im „Feld“ durchgeführt werden und der Interviewer eine beobachtende Funktion innehat. Eine Ergänzung und Erweiterung dieser Techniken stellen die Meta-Interview-Verfahren dar, in denen Erhebungssituation und -kontext sowie der Ablauf des Frage-Antwort-Prozesses in die Bewertung der Befragungsunterlagen einbezogen werden. Etwa seit Mitte der achtziger Jahre wurden Pretesttechniken entwickelt, die aus dem Bereich der kognitionspsychologischen Forschung stammen. Diese kognitiven Verfahren werden vorrangig in Labors oder geeigneten Räumlichkeiten durchgeführt und sowohl Befragte als auch Interviewer bekommen beim Pretest aktive Rollen zugewiesen. Durch die Beobachtung der kognitiven Prozesse während der Befragung werden Hinweise gesammelt, wie Fragen bzw. bestimmte Elemente davon verstanden und interpretiert werden, um die Erhebungsunterlagen zu überprüfen und weiterzuentwickeln. Schließlich gibt es Verfahren, die praktisch ohne die Mitwirkung von Befragten ablaufen, wie zum Beispiel Expertenbeurteilungen oder Fragebogenkonferenzen. Bei Gruppendiskussionen, die auch in diese Kategorie fallen, können sowohl Befragte als auch Interviewer eingebunden sein (vgl. Ehling 1997, S. 153).

Neben den klassischen Verfahren der **Durchführung** der Erhebung über

- ein persönliches Interview mit schriftlicher Eintragung der Antworten in den Fragebogen,
- eine postalische Erhebung mittels Selbstausfüllung des Fragebogens,

gibt es neuere Wege mittels elektronischen Datenaustausches (Electronic Data Interchange EDI), die in der amtlichen Statistik bereits angewendet bzw. getestet werden:

- Auf Diskette oder Magnetband eingesandte Daten. Die Befragten verfügen in der Regel über EDV, so daß die Daten von dort direkt auf den einzusendenden elektronischen Datenträger übernommen werden können. Die statistische Geheimhaltung muß gewährleistet sein.

  Beispiele für diesen Erhebungsweg sind die Diagnosestatistik im Rahmen der Krankenhausstatistik, bei der Krankenhäuser ihre Angaben nach bestimmten Formatvorgaben den statistischen Landesämtern auf Disketten oder Magnetbändern zuschicken können, ferner Statistiken, bei denen Behörden befragt werden, wie die Sozialhilfe- oder Wohngeldstatistik. Im gesamten Bereich der Außenhandelsstatistik bietet das StBA den auskunftspflichtigen Unternehmen die Möglichkeit, statistische Meldungen auf elektronischen Datenträgern (Magnetband, Magnetbandkassette, Diskette) abzugeben.

- Daten mittels Datenfernübertragung. Hierbei werden die Daten aus der EDV des Versenders an die Empfänger geliefert, so daß keine Übertragungsfehler entstehen und die Übermittlungszeit sehr kurz ist. Zur Zeit wird dieser Übertragungsweg in Nordrhein-Westfalen bei den kurzfristigen Statistiken im Produzierenden Gewerbe (vgl. 9.1.2) getestet.

- Befragungen mit tragbaren Computern (CAPI). Der Fragebogen aus Papier soll durch einen elektronischen ersetzt werden. Jeder Interviewer erhält dann einen tragbaren Computer mit einem speziell für die Erhebung konstruierten Erfassungsprogramm, das den Interviewer durch den Fragebogen führt, wobei Unplausibilitäten in den Antworten angezeigt werden. Die Antworten werden in den Computer eingegeben und können sofort an das Statistische Amt übermittelt werden. Der Einsatz von CAPI ermöglicht eine schnellere Bereitstellung der Ergebnisse und eine Verbesserung der Datenqualität. Positive Ergebnisse brachte eine entsprechende Testerhebung mit dem Fragenprogramm des Mikrozensus (vgl. StBA [1.2] 1998, S. 106).

Neben der Anwendung bei Haushaltsbefragungen ist der Einsatz eines tragbaren Computers auch bei Verbraucherpreiserhebungen (vgl. 2.1.2) in der Testphase. Bisher tragen die Preisberichterstatter der Gemeinden monatlich die aktuellen Verkaufspreise von genau spezifizierten Gütern und Dienstleistungen, insbesondere beim Einzelhandel, in die Erhebungsbögen ein. Die Gemeinden senden diese Bögen an das zuständige Landesamt, das sie auf elektronische Datenträger erfaßt und auswertet. Die zeitaufwendige, fehleranfällige Erfassung im Landesamt kann eingespart werden, wenn die Preise sofort vor Ort in einen tragbaren Rechner eingegeben werden.

- Computergestützte Telefoninterviews (CATI). Hierbei lesen die Telefoninterviewer die Fragen von einem Bildschirm ab. Das Erfassungsprogramm zeigt immer die Fragen an, die aufgrund der bisherigen Antworten der Befragten sinnvoll ist. Die Antworten werden sofort in den Rechner eingegeben und stehen für die Auswertung zur Verfügung. Für den Einsatz von größeren Erhebungen - wie sie in der amtlichen Statistik üblich sind - fallen allerdings relativ hohe Kosten für eine ausreichende Zahl an CATI-Arbeitsplätzen an.

Die **Erhebungsphasen** der Vorbereitung und Durchführung der Volkszählung 1987 sind in Übersicht 1.3 angegeben. Sie enthalten die Arbeiten der Erhebungsstelle und der Zähler. Zur Kontrolle der Vollständigkeit der **Erhebungspapiere** von Großzählungen und zur Übertragung von Regionalangaben dienen Ordnungspapiere, die eine Verteilungs-, Zähler- und Gemeindeliste vorsehen. In der Verteilungsliste gibt die Gemeinde für den Zähler eine Zählbezirksbeschreibung mit Bezeichnung der Straße(n) und Hausnummern. Aufgabe des Zählers ist es, in der Verteilungsliste die ausgehändigten Erhebungspapiere zu Protokoll zu geben und somit eine Unterlage für das Einsammeln der Papiere zu schaffen. Die Zählerliste ist vom Zähler anzulegen, der die Kennziffernnummer der einzelnen Erhebungspapiere protokolliert und der (etwa bei der Volkszählung) die jeweilige Zahl der Personen im Haushalt, die zugehörige Hausnummer usw. in der Liste festhält. Die Kennummern der Individualbögen und die Zählerlistennummern sind für die spätere Zusammenführung der Daten aus den Erhebungs- und Ordnungspapieren von großer Bedeutung. In der Gemeindeliste sind im Rahmen der Volkszählung von der Gemeinde die Nummern der Zählerlisten, Schlüsselnummern für die Straße und die Gemeindekennzahl einzutragen.

Wird die Erhebungsplanung als erste, die Befragung als zweite Phase bezeichnet, so stellt die Aufbereitung des gewonnenen Materials die dritte Phase der Erhebung als Mittel der wirtschafts- und sozialstatistischen Datenproduktion dar.

Die **Aufbereitung** der Erhebungsunterlagen erfolgt meist in zwei Phasen:

- Die **manuelle** Aufbereitung erstreckt sich im wesentlichen auf eine Eingangskontrolle der von den Erhebungsstellen der Gemeinden abgelieferten Erhebungsunterlagen auf Vollzähligkeit und Vollständigkeit. Bei der Volkszählung 1987 kommt noch die nach dem Volkszählungsgesetzvorgeschriebene Trennung der Erhebungsmerkmale von den Hilfsmerkmalen hinzu sowie die Verschlüsselung von Angaben in den Erhebungsvordrucken. Die

Vollzähligkeits- und Vollständigkeitskontrolle umfaßt die entsprechende Überprüfung der Gemeinde- und Regionallisten sowie der Fragebögen. Zur manuellen Aufbereitung gehört, daß die Angaben zu nominal- und ordinalskalierten Merkmalen signiert werden. Unter Signieren (Verschlüsselung) ist die Übersetzung der in der Umgangssprache formulierten Merkmale und Ausprägungen der Erhebungseinheiten in eine symbolische Sprache zu verstehen, damit die maschinelle oder manuelle Auszählung oder Zuordnung ermöglicht bzw. erleichtert wird[4]. Die Signierung erfolgt in der Regel nach dem dekadischen System.

- Die **maschinelle** Aufbereitung beginnt mit dem maschinellen Lesen oder dem Ablochen der Erhebungs- und gegebenenfalls Ordnungspapiere und dem Speichern auf Magnetband, wobei das Lesegerät zweckmäßigerweise mit Anschluß an eine Datenverarbeitungsanlage arbeitet (On-Line-Betrieb). Daran schließt sich die maschinelle Zusammenführung der Angaben aus Erhebungs- und Ordnungspapieren an, was zugleich mit einer maschinellen Vollzähligkeitskontrolle verbunden ist. Die nicht zusammenführbaren, unpaarigen Fälle werden in Fehlerlisten ausgedruckt, anhand derer die zusammengehörigen Teile in einem manuellen Arbeitsgang gesucht und nachträglich zusammengeführt werden.

Die **Kontrolle** und **Bereinigung** geschieht zweckmäßigerweise nicht an den ausgedruckten Tabellen, sondern am Individualmaterial. Im Rahmen von Plausibilitätskontrollen wird eine unstimmige oder fehlende Angabe entsprechend dem Merkmalswert eines vorgegebenen, als richtig erkannten Wertes ersetzt bzw. ergänzt. Im anderen Falle werden die in Fehlerlisten ausgedruckten Fälle mit Hilfe von Korrekturkarten korrigiert. Das bereinigte Material steht dann zur Tabellierung an, deren Grundsätze vom Auswertungsprogramm bestimmt sind.

Manuelle Kontrollen allein reichen hierbei nicht aus, da

- maschinell lesbare Bögen schwer zu übersehen sind,
- die Möglichkeit, logische Zusammenhänge manuell zu prüfen, begrenzt ist,
- die Arbeiten an massenhaft anfallendem Datenmaterial nur relativ langsam erfolgen.

Die Vorzüge maschineller Kontrollen bestehen demgegenüber darin, daß

- die EDV fehlerlose Kontrollen durchführt,
- die Prüfungen einheitlich erfolgen,
- logische Bedingungen abprüfbar sind,
- Fehlerlisten in zweckmäßiger Form erstellbar werden,
- widerspruchsfreies Material geschaffen werden kann.

---

4 Eine Signierung ist auch notwendig, wenn Zahlenangaben in einer nicht auf die Spezifikation des Lesegerätes abgestellten Schrift in Lesezonen des Erhebungsbogens übertragen werden.

1.1.3 Präsentation der Ergebnisse

Die aufbereiteten Daten sind dem Benutzer in einer übersichtlichen, plausiblen und anschaulichen Form zur Verfügung zu stellen, so daß er sie "verstehen" kann. Hinsichtlich des Hauptträgers der Wirtschafts- und Sozialstatistik hat der Gesetzgeber diese Aufgabe zu einer gesetzlichen Verpflichtung erhoben: Nach § 3 Abs. 1 Nr. 1 BStatG ist das StBA verpflichtet, die Ergebnisse von Bundesstatistiken in der erforderlichen sachlichen und regionalen Gliederung für den Bund zusammenzustellen sowie für allgemeine Zwecke zu veröffentlichen und darzustellen - und zwar in einer Weise, die dem vielfältigen Benutzerkreis und den zahlreichen Aufgaben der Bundesstatistik gerecht wird. Dabei bietet die amtliche Statistik neben einem statistischen Auskunftsdienst und einem System gedruckter Veröffentlichungen auch ein elektronisches statistisches Informationssystem (STATIS-BUND) an.

Nach wie vor wichtigste Informationsquelle ist das **gedruckte Veröffentlichungssystem** des StBA. In diesem Rahmen werden jährlich über 600 Einzelpublikationen angeboten, wobei der Schwerpunkt auf den zusammenfassenden tabellarischen Veröffentlichungen und den Fachserien liegt. Aktuelle tabellarische Darstellungen über die erhobenen wirtschafts- und sozialstatistischen Daten der amtlichen nationalen und internationalen Statistik finden sich im **Statistischen Jahrbuch** für die Bundesrepublik Deutschland und im Statistischen Jahrbuch für das Ausland, wobei letzteres seit 1989 vom StBA als Zusammenstellung von internationalen wirtschafts- und sozialwissenschaftlichen Eckdaten herausgegeben wird. Detailliertere nationale Erhebungsergebnisse liefern die **Fachserien** die nach den folgenden Bereichen gegliedert sind:

1. Bevölkerung und Erwerbstätigkeit
2. Unternehmen und Arbeitsstätten
3. Land- und Forstwirtschaft, Fischerei
4. Produzierendes Gewerbe
5. Bautätigkeit und Wohnungen
6. Handel, Gastgewerbe, Reiseverkehr
7. Außenhandel
8. Verkehr
9. Geld und Kredit
10. Rechtspflege
11. Bildung und Kultur
12. Gesundheitswesen
13. Sozialleistungen
14. Finanzen und Steuern
15. Wirtschaftsrechnungen
16. Löhne und Gehälter
17. Preise
18. Volkswirtschaftliche Gesamtrechnung
19. Umwelt

Unter dem Titel "Lange Reihen zur Wirtschaftsentwicklung" werden in zweijährigem Abstand Zeitreihen zur Analyse der Bevölkerungs- und Wirtschaftsentwicklung in der Bundesrepublik Deutschland seit 1950 veröffentlicht, die die Ergebnisse der jeweiligen Erhebungen in mittlerer fachlicher Tiefengliederung darstellen[5].

Hinsichtlich der Veröffentlichung in regionaler Tiefengliederung bestehen Vereinbarungen des StBA mit den Statistischen Landesämtern. Das StBA veröffentlicht die Ergebnisse nur in begrenzter regionaler Differenzierung. Dafür weisen die Statistischen Landesämter das Zahlenmaterial in weitergehender regionaler Gliederung, aber geringerer sachlicher Tiefe aus. Vom Statistischen Bundesamt werden in der Regel nur Ländererergebnisse, gelegentlich Angaben für Regierungsbezirke und in bestimmten Fällen für nichtadministrative Gebietseinheiten veröffentlicht. Nur bei größeren Zählungen und Strukturerhebungen werden vom StBA auch ausgewählte Daten für Kreise erstellt. Die Veröffentlichung von Gemeindeergebnissen bleibt im allgemeinen vollständig den Ländern überlassen.

Eine weitere gedruckte Veröffentlichung von Zahlen und Fakten für die Bundesrepublik Deutschland stellt der **Datenreport** dar, der 1997 in der siebten Ausgabe erschien. Als Gemeinschaftsproduktion des StBA, des Wissenschaftszentrums Berlin für Sozialforschung (WZB), des Zentrums für Umfragen, Methoden und Analysen (ZUMA) und der Bundeszentrale für politische Bildung ist dieser Bericht das Ergebnis der Zusammenarbeit zwischen amtlicher Statistik in Deutschland und den Sozialwissenschaften. Die Daten der amtlichen Statistik werden durch die Umfragedaten und Forschungsperspektiven der Sozialwissenschaften und ihre Erkenntnisse ergänzt und bereichert.

Während wirtschafts- und sozialstatistische Daten durch Erhebungen gewonnen werden, macht die Gewinnung von Informationen weiteres erforderlich: Die Daten sind technisch zu übermitteln und mit Hilfe statistischer Methoden auszuwerten. Hierbei wird ein schneller Zugriff auf die bereits bestehenden Erhebungsergebnisse und die Möglichkeit erneuter Auswertung des Datenbestandes nach individuellen Bedürfnissen vorausgesetzt. Folglich geht der Aufbau von statistischen Informationssystemen einher mit den zunehmenden Möglichkeiten elektronischer Datenverarbeitungsanlagen. Da aber unter Informationen nicht nur organisierte Daten zu verstehen sind, muß die Datenbank durch eine Methodenbank ergänzt sein, um von einem Informationssystem sprechen zu können.

Konzeptionell basieren statistische **Datenbanken** zweckmäßiger Weise auf einer "3M-Architektur" (vgl. Lenz 1993, S. 60ff.): Der gesamte Datenbestand des Systems wird in **Mikro-**, **Makro-** und **Metadaten** gegliedert, wobei der Datenproduktionsprozeß einschließlich Datenverdichtung und Datenbereitstellung für externe und interne Anfrager gesamtheitlich zu modellieren ist. Aus

[5] Ein Nachweis des vollständigen Veröffentlichungsprogramms des StBA findet sich in StBA [1.3] 1996.

einer Erhebung stammende Einzeldaten werden als Mikrodaten bezeichnet, während bei aggregierten bzw. gruppierten Daten wie z.B. Totalwerten, Durchschnittswerten, Anteilen usw. von Makrodaten gesprochen wird. Damit ein statistisches Informationssystem nicht nur Zahlen, sondern auch Informationen darüber, was diese Daten auch inhaltlich aussagen, bereitstellen kann, müssen Fragen der Semantik, häufig in Form textlicher Beschreibung, ebenfalls auf allen Stufen des statistischen Produktionsprozesses vom System beantwortet werden. Diese "Daten über Daten" werden auch als Metadaten bezeichnet.

Ein Anforderungsprofil an ein statistisches Informationssystem (vgl. Appel 1993, S. 68ff.) enthält u.a. die folgenden Grundsätze:

- Angesichts eines nicht überschaubaren Spektrums unterschiedlicher Kombinationserfordernisse der vorhandenen Daten zur Befriedigung der vielfältigen Nutzerwünsche ist dieser angebotsorientierte Ansatz nur auf der Ebene der Mikrodaten, nicht auf der, der bereits vorstrukturierten Aggregate möglich. Damit sind zwangsläufig Fragen des Datenschutzes und der Gewährleistung des Statistikgeheimnisses berührt.
- Unter Nutzen-Kosten-Gesichtspunkten müssen Wege gefunden werden, auch individuelle Anforderungen der Konsumenten unter Wahrung des Statistikgeheimnisses befriedigen zu können.
- Nur bei Vorliegen vollständiger und vereinheitlichter Beschreibungsinformationen in Form einer Metadatenbasis kann eine Daten- und Programmabhängigkeit erreicht werden, die wiederum Voraussetzung ist, um die mit einer Vielfachnutzung verbundenen Vorteile auch erreichen zu können.
- Zur Reduktion der Komplexität des Gesamtsystems ist zu versuchen, die Grobstrukturen des gesamten statistischen Produktionsprozesses in Form eines modularen Konzepts herauszuarbeiten und die Schnittstellen zwischen den einzelnen Komponenten zu definieren. Um dieses abstrakte Konzept praxisnäher zu gestalten, sind bereits für Teilbereiche Prototypen mit für die Praxis verwertbaren Ergebnissen zu entwickeln.

Das StBA ist per Gesetz (§3 Abs. 1 Nr. 8 BStatG) verpflichtet, ein **statistisches Informationssystem des Bundes** aufzubauen und zu führen. Mit der Einrichtung dieses Systems steht dem StBA seit Ende der siebziger Jahre ein modernes EDV-gestütztes Instrument zur Verbesserung und Rationalisierung der Bereitstellung und Auswertung statistischer Ergebnisse zur Verfügung, mit dem das Dienstleistungsangebot der Bundesstatistik beträchtlich erweitert wird. Die technischen Möglichkeiten, welche die automatisierte Datenverarbeitung zur Speicherung und Verarbeitung großer Datenmengen bietet, gestattet einen schnellen und direkten Zugriff auf das gespeicherte Material, die Bereitstellung der benötigten Angaben in problemorientierter Form sowie die flexible Durchführung von Berechnungen. Die Nutzung ist dialogorientiert; es besteht die Möglichkeit, daß die Benutzer mit Datensichtstationen über Datenfernübertragung arbeiten.

Die Datenbasis des STATIS-BUND enthält auch eine Auswahl besonders wichtiger Daten der amtlichen Statistik mit über 250 verschiedenen Statistiken aus allen Bereichen und in begrenztem Umfang auch anderer Träger von wirtschafts- und sozialstatistischen Daten wie der Bundesanstalt für Arbeit, der Deutschen Bundesbank sowie Bundesministerien[6]. Nicht zuletzt aus Datenschutzgründen ist eine Beschränkung auf aggregierte Daten notwendig. Die Anonymisierung ist so durchzuführen, daß in allen statistischen Ergebnissen keine Häufigkeiten kleiner als drei vorkommen (primäre Geheimhaltung) und auch im Wege der Differenzbildung durch Vergleich verschieden gruppierter Daten keine unterschiedlichen Ergebnisse und dadurch neue Geheimhaltungsfälle entstehen können (sekundäre Geheimhaltung[7]). Die Daten werden entweder in **Strukturtabellen** (z.Zt. etwa 1,8 Mill. Daten) oder als **Zeitreihen** (z.Zt. etwa 1 Mill.) abgespeichert.

Alle Ergebnisse sind umfassend nach dem Sachgebiet, der Quelle und hinsichtlich der Vergleichbarkeit im Zeitablauf dokumentiert. Um die gewünschte Aktualität aufrechterhalten zu können, ist das System einem fortwährenden Zwang zur Veränderung und Anpassung unterworfen, da neue Erhebungen hinzukommen, bestehende Statistiken eingestellt werden und Definitionen und Inhalte einzelner Merkmale im Zeitablauf geändert werden.

Auf Landesebene bestehen in den meisten Bundesländern Landesinformationssysteme (LIS) die zunächst einmal den wachsenden Informationsbedarf in Politik und Verwaltung in den Ländern decken sollten. Die Landesinformationssysteme haben eigenständige, unterschiedliche Organisationsstrukturen und sind häufig nicht kompatibel. Die wichtigste Bedeutung für den statistisch interessierten Nutzer der Landesinformationssysteme liegt darin, daß die im Datenbestand aufgenommenen Merkmale für alle in der Datenbank gespeicherten **regionalen** Einheiten abrufbar sind. Bezogen auf die Zahl der Gemeinden in Rheinland-Pfalz lassen sich für jedes Merkmal etwa 2.300 regional differenzierte Informationen unterscheiden. In dem fortschrittlich ausgebauten Informationssystem dieses Bundeslandes sind 1995 über 150.000 Merkmale abrufbar.

Die Nutzung der Informationssysteme des Bundes und des Landes Rheinland-Pfalz (vgl. Übersicht 1.4) zeigt nicht nur die Bedeutung der einzelnen Erhebungen für die Datennutzer, sondern auch die unterschiedliche Angebotsstruktur beider Systeme: Während die Gemeindedatei des LIS regional tief gegliedertes Material für räumliche Strukturanalysen anbietet, enthält STATIS-BUND fast ausschließlich Daten für das Bundesgebiet aus periodisch anfallenden Erhebungen, die in der Regel monatlich bzw. quartalsweise aktualisiert werden. Im ersten Fall handelt es sich meist um bevölkerungsstatistische, im zweiten um wirtschaftsstatistische Daten.

Es gibt verschiedene praktizierte Arten der Bereitstellung der Daten aus den Informationssystemen der amtlichen Statistik: Ein Magnetbanddienst ist für die Übermittlung von größe-

[6] Einen umfassenden Überblick über die abgespeicherten Daten bietet der Datenbestandskatalog (vgl. z.B. StBA [1.4] 1992): Ein Nachweissystem auch der Landesinformationssysteme liegt unter dem Titel „Allgemeiner Katalog der statistischen Informationssysteme des Bundes und der Länder (AKIS)" vor.

[7] Zur Frage der Geheimhaltung bzw. der Auskunftspflicht vgl. Abels 1991, S. 35ff.

ren Liefereinheiten des Datenbestandes eingerichtet; für kleinere Datenbestände (z.B. Zeitreihen) steht der Diskettendienst zur Verfügung. Ein Lieferservice bietet die Übertragung von Daten aus dem Informationssystem über das öffentliche Telefonnetz an solche externe Nutzer (z.B. Studierende, Pressedienste, kleine und mittlere Unternehmen), die kleine Mengen von Daten mit möglichst geringem technischen Aufwand in unregelmäßigen Abständen beziehen möchten.

Übersicht 1.4: *Rangfolge der Statistiken nach Nutzungsfällen*[1)]

Reihenfolge	STATIS-BUND (1993)	LIS-Rheinland-Pfalz (1995)
1	Volkswirtschaftliche Gesamtrechnung	Erwerbstätigkeit
2	Monatsbericht im Bergbau und verarbeitendem Gewerbe	Bevölkerungsstatistiken
3	Daten der deutschen Bundesbank	Fremdenverkehr
4	Außenhandelsstatistik	Ausländerstatistik
5	Indizes des Auftragseingangs/Umsatzes im verarbeitendem Gewerbe	Bildung und Kultur
6	Produktionsindizes	Finanzen und Steuern
7	Vierteljährliche Produktionserhebung	Produzierendes Gewerbe
8	Monatsbericht im Bauhauptgewerbe	Sozialhilfe
9	Index der Erzeugerpreise gewerblicher Produkte	Gebiet und Fläche
10	Preisindizes für Bauwerke	Gebäude u. Wohnungen (ohne GWZ)
11	Beschäftigtenstatistik	Umweltstatistiken
12	Preisindex für die Lebenshaltung	Handel und Gaststätten
13	Statistik der Baugenehmigungen	Infrastruktur
14	Index der Einfuhrpreise	Verkehr
15	Index des Auftragseingangs für das Bauhauptgewerbe	Volkswirtschaftliche Gesamtrechnung
16	Statistik der Arbeitsvermittlung	Öffentliche Sozialleistungen
17	Index der Ausfuhrpreise	

1) Die Übersicht bildet nur einen Ausschnitt der Datennachfrage ab.

Weitere elektronische Informationsangebote finden sich im Bildschirmtext und in Form der CD-ROM. Ersterer ist für die aktuelle Verbreitung statistischer Ergebnisse besonders geeignet, da eingespeicherte Daten sofort nach ihrer Eingabe von den Teilnehmern abgerufen werden können. Die CD-ROM Technik ermöglicht eine Datenauswertung der Statistiknutzer mit eigenen Programmen. Seit 1995 ist die Herausgabe des Statistischen Jahrbuches auch auf einer CD-ROM möglich. Auch Teile des STATIS-BUND werden durch kommerzielle Anbieter auf CD-ROM bzw. auf eigenen Rechnern angeboten.

Auch sieht es das StBA als strategisches Ziel an, die Internet-Basistechnologien für die Bereitstellung aktueller Daten und Fakten und den individuellen Abruf statistischer Informationen zu nutzen. Seit 1996 ist die amtliche Statistik mit einem eigenen Server als Anbieter im Internet vertreten, um ihr Informationsangebot den Statistiknutzern auf der Grundlage der PC-Technologie schnell und komfortabel bereitstellen zu können (vgl. Rahm 1996, S. 475ff.).

Es wird versucht, die gewünschten Ziele durch eine geeignete Festlegung der Einheiten, der Gesamtheit, der Merkmale, der Erhebung und der Auswertungsverfahren zu berücksichtigen.

Die **Erhebungsgesamtheit** (**Grundgesamtheit**) umfaßt sämtliche **Erhebungseinheiten**, auf die sich die statistische Untersuchung erstrecken soll. Sie können natürliche oder juristische Personen, private Haushalte, Gemeinden oder Gemeindeverbände, Unternehmen oder Betriebe der gewerblichen Wirtschaft oder Landwirtschaft sein.

Unternehmen, Betriebe und Arbeitsstätten sind die häufigsten Erhebungseinheiten in der Wirtschaftsstatistik. Als Unternehmen werden kleinste, gesondert bilanzierende, rechtlich selbständige Wirtschaftseinheiten verstanden. Es werden keine größeren Einheiten wie Konzerne oder Organschaften erfaßt. Als Erhebungseinheit "Betrieb" wird eine örtlich getrennte Geschäftseinrichtung des Unternehmens bezeichnet. Als Arbeitsstätte ist dagegen jede örtliche Einheit zu verstehen, in der mindestens eine Person regelmäßig haupt- oder nebenberuflich erwerbstätig ist.

Die Erhebungsgesamtheit wird sachlich-begrifflich, räumlich und zeitlich festgelegt. Während die räumliche und zeitliche Abgrenzung im allgemeinen wenig Schwierigkeiten macht, wirft die sachlich-begriffliche Abgrenzung der Erhebungsgesamtheit in der Wirtschafts- und Sozialstatistik erhebungstechnische Probleme auf:

Die Zuordnung der institutionell definierten Erhebungseinheiten in Wirtschaftsstatistiken zu Erhebungsbereichen nach Maßgabe ihres wirtschaftlichen Schwerpunkts anstelle von fachlichen Betriebsteilen birgt zwangsläufig die Gefahr von Fehlentscheidungen in sich, insbesondere bei Erhebungseinheiten mit häufiger wechselnden Schwerpunkten. Ähnliche Probleme entstehen etwa bei der Frage, wie die Gesamtheit Landwirtschaft gegenüber der Forstwirtschaft, der Binnenfischerei, der gewerblichen Tierhaltung, der nur im Zu- oder Nebenerwerb betriebenen Landwirtschaft abzugrenzen ist, um die der Statistik gesetzten Ziele bestmöglich zu erreichen.

Unterschiedliche Abgrenzungen der Grundgesamtheiten zeigen sich vor allem in der Bevölkerungsstatistik, so daß gleiche Bezeichnungen für eine Grundgesamtheit noch kein Indiz für eine gleiche definitorische Abgrenzung darstellen

So umfaßt z.B. die Grundgesamtheit "Haushalte" entsprechend dem Volkszählungsgesetz 1987, "alle Personen, die gemeinsam wohnen und wirtschaften". Entscheidend hierfür sind die tatsächlichen Verhältnisse, nicht ob eine entsprechende Eintragung im Melderegister zum Zeitpunkt der Erhebung vorliegt. Dagegen wird der Begriff des "Haushalts" in der Einkommens- und Verbrauchsstichprobe (vgl. 2.2.2) als "Gruppe von verwandten oder persönlich verbundenen Personen, die sowohl einkommens- als auch verbrauchsmäßig zusammengehören", abgegrenzt.

In der deutschen Bevölkerungsstatistik wurde in der Nachkriegszeit bis 1985 die Grundgesamtheit nach dem administrativen Konzept der Wohnbevölkerung realisiert, das nach dem "ständigen Wohnsitz" in der jeweiligen Gebietseinheit (Gemeinde, Kreis, Bezirk, Bundesland) ausgerichtet ist. Als ständiger Wohnsitz wurde jene Wohnung angegeben, von der die betreffende Person ihrer Arbeit bzw. Ausbildung nachgeht oder in der sie sich überwiegend aufhält, falls sie nicht im Beruf oder in Ausbildung steht. Aufgrund des Melderechtsrahmengesetzes von 1980 wurde 1985 in den Bevölkerungsbegriff, nach dem gezählt wird, eine familiäre Komponente in das Residenzprinzip eingeführt: "Bevölkerung am Ort der alleinigen Wohnung bzw. der Hauptwohnung". So ist z.B. die Hauptwohnung eines verheirateten Einwohners die in der Regel vorwiegend benutzte Wohnung der Familie.

Zu beachten sind die unterschiedlichen Grundgesamtheiten, die zur Berechnung der Arbeitslosenquote führen, die als Quotient aus "Arbeitslosen" und der "Personen, die im Erwerbsleben stehen" berechnet wird. Als Arbeitslose gelten in der Statistik der Bundesanstalt für Arbeit Personen, die sich beim Arbeitsamt als Arbeitssuchende melden, nicht oder nur kurzzeitig als Arbeitnehmer beschäftigt sind, nicht arbeitsunfähig krank, nicht älter als 65 Jahre sind und im Bundesgebiet wohnen. In die Bezugsgröße "Personen, die im Erwerbsleben stehen" werden lediglich die abhängig Erwerbstätigen einbezogen, d.h. im wesentlichen Arbeiter, Angestellte und Beamte, aber nicht Selbständige und Mithelfende Familienangehörige (vgl. 13.1.2).

Auf weitere unterschiedliche Grundgesamtheiten sei bei Beschäftigten und Erwerbstätigen hingewiesen: Die Beschäftigten werden u.a. in der Arbeitsstättenzählung, also am Arbeitsort erfaßt (vgl. 9.1.1). Sie enthalten somit nicht Erwerbstätige aus der nichtgewerblichen Land- und Forstwirtschaft, Zeit- und Berufssoldaten einschließlich der Wehr- und Ersatzdienstleistenden mit fortdauerndem Arbeitsverhältnis, Erwerbstätige in Privathaushalten und Heimarbeiter. Erwerbstätige, die z.B. in der Volkszählung oder im Mikrozensus erfaßt werden, berücksichtigen dagegen nicht Beschäftigte, die in mehr als einer Arbeitsstätte tätig sind (vgl. 12.1).

Unterschiedliche Abgrenzungen von Grundgesamtheiten lassen sich durch verschiedene inhaltliche Ziele von Erhebungen erklären. So eignet sich die Definition des Haushaltes nach dem Volkszählungsgesetz zur Erfassung von wohnungsstatistischen Angaben, während bei der Einkommens- und Verbrauchsstichprobe der Haushalt nur eine Hilfsgröße darstellt und das Ziel der Nachweis von Entstehung, Verteilung und Verwendung von Einkommen ist.

Die Festlegung der Erhebungsgesamtheit kann auch dadurch beeinflußt werden, daß eine "untere Erfassungsschwelle" im Rahmen von Abschneideverfahren (vgl. 2.3) bestimmt wird. Derartige Abgrenzungen sind auf ständige Überprüfungen angewiesen, weil sonst die Einheiten, die in der Zwischenzeit in den vorgegebenen Erhebungsbereich gelangt sind, möglicherweise nicht erfaßt werden.

Neben den **Erhebungseinheiten**, über die durch die Erhebung Auskünfte eingeholt werden, gibt es noch die **Aufbereitungseinheiten**, die mit jenen übereinstimmen können. Es sind die Einheiten, deren Merkmalswerte bei der Aufbereitung festgestellt werden. Aufbereitungseinheiten können sich aber auch aus Erhebungseinheiten zusammensetzen. So sind beim Mikrozensus beispielsweise Personen und Haushalte sowohl Erhebungs- als auch Aufbereitungseinheit.

Zur Durchführung der Erhebung wird eine geeignete Datenbasis als **Erfassungsgrundlage** benötigt, die die Grundgesamtheit vollständig umfaßt. Hierbei stellen Vollerhebungen - Volkszählung, Arbeitsstättenzählung, Handels- und Gaststättenzählung, Landwirtschaftszählung - noch immer die wichtigste Grundlage dar, die Grundgesamtheit möglichst vollständig zu erfassen. Zunehmend dienen diesem Zweck auch Register, die nach primärstatistischen ("interne" Register) und sekundärstatistischen Zwecken zu unterscheiden sind (vgl. Einführung 2.2). Beispiele für den erstgenannten Zweck stellen die Unternehmensregister in der Landwirtschaft, im Produzierenden Gewerbe und im Handel dar. Einwohnerregister im Einwohnermeldeamt, Ausländerzentralregister des Bundesverwaltungsamtes dienen sekundärstatistischen Zwecken.

Eine wichtige Voraussetzung für eine einwandfreie statistische Erhebung besteht darin, daß die Einheiten der Erfassungsgrundlage die Erhebungsgesamtheit vollständig umschließen, so daß keine Lücken bestehen. Wenn die Grundlage aus z.B. einem Anschriftenverzeichnis von Haushalten oder Betrieben besteht, ist diese Voraussetzung nicht ohne weiteres erfüllt, denn Einheiten, die vor der Erhebung, aber erst nach Erstellung der Erfassungsgrundlage neu entstanden sind, werden von der Erfassung ausgeschlossen; zur Beseitigung derartiger Mängel muß versucht werden, für die in der Zwischenzeit entstandenen Erhebungseinheiten ein möglichst vollständiges und gleichzeitig überschneidungsfreies Zugangsverzeichnis zu beschaffen. In manchen Fällen reicht - auch abgesehen vom Zugangsproblem - der Rückgriff auf eine Grundlage nicht aus, um eine lückenlose Überdeckung der Erhebungsgesamtheit zu gewährleisten. Dann müssen verschiedene Quellen zum Aufbau einer Erfassungsgrundlage herangezogen und miteinander verbunden werden.

Mit der dargestellten Festlegung der Erfassungsgrundlage wird der Rahmen für die statistische Erhebung gesetzt. Bei Stichproben dient die Erfassungsgrundlage als **Auswahlgrundlage**. Von den Erhebungseinheiten sind dabei die **Auswahleinheiten** zu unterscheiden. Sie sind diejenigen Einheiten, die einem Auswahlvorgang zugrunde gelegt werden. Auswahleinheiten, die in eine bestimmte Stichprobe gezogen worden sind, werden **Stichprobeneinheiten** genannt.

Die Auswahleinheiten sind nicht unmittelbar durch das Erhebungsziel einer Statistik vorbestimmt, wie das bei Erhebungs- und Aufbereitungseinheiten der Fall ist. Ihre Festlegung orientiert sich vielmehr an auswahltechnischen und stichprobenmethodischen Erfordernissen und stellt damit einen wichtigen Teil der Stichprobenplanung dar. In der Wirtschafts- und Sozialstatistik kommen folgende Zusammenhänge zwischen Erhebungs- und Auswahleinheiten vor:

- In amtlichen Stichprobenstatistiken ist häufig eine inhaltliche Kongruenz der Auswahleinheiten und Erhebungseinheiten der betreffenden Statistik zu beobachten. Dies gilt insbesondere für jene Wirtschaftsstatistiken, für die entsprechend differenzierte Auswahlgrundlagen durch vorausgehende Totalerhebungen bereitgestellt werden. So sind z.B. in der repräsentativen Agrarberichterstattung (vgl. 9.1.3) die landwirtschaftlichen Betriebe eines abgegrenzten Definitionsbereichs sowohl Erhebungs- als auch Auswahleinheiten. Eine derartige methodische Übereinstimmung besteht auch bei den Betrieben von Industrie und Handel für die Verdiensterhebung (vgl. 13.2) oder für die Handwerksberichterstattung (vgl. 9.1.2) bei den Betrieben von Inhabern, die in die Handwerksrolle eingetragen sind. Die Übereinstimmung von Auswahl- und Erhebungseinheiten ist stichprobenmethodisch vorteilhaft, weil auf diese Weise i.a. die höchste Wirksamkeit der Stichprobe erreicht werden kann.

- Wenn dagegen die Auswahlgrundlage kein Verzeichnis der einzelnen Erhebungseinheiten enthält oder diese Einheiten wegen stärkerer Fluktuationen nicht hinreichend gut zur Auswahl geeignet sind, werden Auswahleinheiten bestimmt, die mehrere Erhebungseinheiten umfassen. Ein Verfahren, das sich auf solche Auswahleinheiten stützt, wird **Klumpenauswahl** (vgl. 5.2) genannt. Sollen bei einer Erhebung z.B. Personen erfaßt werden, so können Haushalte oder auch Wohngebäude als Auswahleinheiten verwendet werden, um dann sämtliche Personen in ausgewählten Klumpen in die Stichprobe einzubeziehen. Die auswahlmethodischen Vorteile einer Klumpenstichprobe liegen in der verringerten Zahl von Auswahleinheiten, in der leichteren Verfügbarkeit von Verzeichnissen und Anschriften sowie in der größeren Sicherheit gegenüber zeitlichen Veränderungen dieser Einheiten. Die Vorteile müssen allgemein mit merklichen Präzisionseinbußen erkauft werden. Der wichtigste Anwendungsfall einer Klumpenstichprobe in der amtlichen Statistik ist der Mikrozensus (vgl. 12.1.2).

- Die Verwendung von Auswahleinheiten, die aus **Teilen von Erhebungseinheiten** bestehen, ist aus stichprobenmethodischer Sicht ungünstig. Die Besonderheit derartiger Auswahleinheiten besteht darin, daß die Erfassungswahrscheinlichkeiten der Erhebungseinheiten bei der Auswahl nicht bekannt sind. Um eine verzerrungsfreie Ermittlung von Ergebnissen sicher zu stellen, muß bei der Erhebung jeweils festgestellt werden, wie viele Auswahleinheiten die befragten Erhebungseinheiten umschließen.

Ein solches Beispiel ist die Auswahl von Personen zur Ermittlung von Familien- bzw. Haushaltsmerkmalen. Im Bereich der amtlichen Statistik gibt es derzeit aber keinen Anwendungsfall dieser Art.

1.2.2 Parameter statistischer Gesamtheiten

Das primäre Ziel statistischer Erhebungen ist die Gewinnung statistischer Informationen über die Grundgesamtheit. Zur Beschreibung der Grundgesamtheit bedient man sich bestimmter Kenngrößen (Parameter) von Merkmalsverteilungen.

Kenngrößen von Merkmalen in der **Grundgesamtheit** sind:

- Gesamtwert (Totalwert) X :
  Werden die Einheiten der betrachteten Gesamtheit mit dem Index i numeriert, der die Zahlen von 1 bis N durchläuft $(i = 1,...,N)$, und werden die Merkmalswerte für diese Einheiten mit X_i bezeichnet, dann ergibt sich der Gesamtwert als Summe der Merkmalswerte X_i:

$$X = \sum_{i=1}^{N} X_i \qquad (1.2.1)$$

- Mittelwert μ (bzw. $\overline{X}$):
  Aus der Summe X läßt sich das arithmetische Mittel $\overline{X}$ der Merkmalswerte der Erhebungseinheiten ableiten:

$$\mu = \frac{X}{N} = \overline{X} \qquad (1.2.2)$$

- Anteilswert π (bzw. P):
  Hat das zu erfassende Merkmal eine dichotome Ausprägung, d.h. ein Merkmalsträger weist ein bestimmtes Merkmal auf oder nicht, so ist der Anteilswert der Einheiten, die diese Ausprägung aufweisen, zu berechnen. Formal handelt es sich um einen Mittelwert für den Fall, daß

$$X_i = \begin{cases} 1, \text{ falls die Einheit } i \text{ das Merkmal aufweist} \\ 0, \text{ sonst} \end{cases}$$

  Der Parameter lautet dann:

$$\pi = \frac{X}{N} = P \qquad (1.2.3)$$

- Varianz σ_X^2 :
  Die Streuung der Verteilung der Merkmalswerte wird gemessen durch:

$$\sigma_X^2 = \frac{\sum_{i=1}^{N}(X_i - \mu)^2}{N} \tag{1.2.4}$$

Im Falle eines dichotomen Merkmals reduziert sich der Ausdruck zu:

$$\sigma_X^2 = \pi(1-\pi) \tag{1.2.5}$$

- Standardabweichung σ_X:
  Sie wird aus der Varianz abgeleitet und hat den Vorteil, daß sie mit dem Mittelwert μ besser vergleichbar und mit ihm von gleicher Dimension ist:

$$\sigma_X = \sqrt{\frac{\sum_{i=1}^{N}(X_i - \mu)^2}{N}} \tag{1.2.6}$$

bzw.

$$\sigma_X = \sqrt{\pi(1-\pi)} \tag{1.2.7}$$

- Variationskoeffizient V_X:

$$V_X = \frac{\sigma_X}{\bar{X}} \tag{1.2.8}$$

Zu Vergleichszwecken wird anstelle der Standardabweichung häufig der Variationskoeffizient benutzt, da er von der Maßeinheit unabhängig ist. Der Variationskoeffizient wird meist in Prozent ausgedrückt.

Entsprechende Kenngrößen ergeben sich für die **Stichprobe**, wenn n Einheiten aus N Einheiten ausgewählt werden und x_i der Merkmalswert der *i-ten* ausgewählten Einheit ist *(i = 1,...,n)*. Die Stichprobenparameter werden zur Unterscheidung von den Kenngrößen der Grundgesamtheit im folgenden durchgängig mit kleinen Buchstaben bezeichnet. Es gilt dann analog zu den Parametern der Grundgesamt:

- Gesamtwert x:

$$x = \sum_{i=1}^{n} x_i \tag{1.2.9}$$

- Mittelwert $\bar{x}$:

$$\bar{x} = \frac{x}{n} \tag{1.2.10}$$

- Anteilswert p:

$$p = \frac{x}{n} = \frac{\sum_{i=1}^{n} x_i}{n} \tag{1.2.11}$$

mit $x_i = \begin{cases} 1, & \text{falls die Stichprobeneinheit } i \text{ das Merkmal aufweist} \\ 0, & \text{sonst} \end{cases}$

- Varianz s_x^2:

$$s_x^2 = \frac{\sum_{i=1}^{n} (x_i - \bar{x})^2}{n-1} \tag{1.2.12}$$

bzw.

$$s_x^2 = \frac{np(1-p)}{n-1} \tag{1.2.13}$$

Zu beachten ist, daß bei der Stichprobenvarianz s_x^2 nicht durch die Anzahl der Summanden *n*, sondern durch *n*-1 dividiert wird. Die so definierte Varianz der Einzelwerte in der Stichprobe ist als Schätzwert für die Varianz σ_X^2 in der Grundgesamtheit geeigneter (vgl. 3.1.2).

- Standardabweichung s_x:

$$s_x = \sqrt{\frac{\sum_{i=1}^{n} (x_i - \bar{x})^2}{n-1}} \tag{1.2.14}$$

bzw.

$$s_x = \sqrt{\frac{np(1-p)}{n-1}} \tag{1.2.15}$$

- Variationskoeffizient v_x:

$$v_x = \frac{s_x}{\bar{x}} \tag{1.2.16}$$

Ziel von Stichproben ist es, anhand der Stichprobenparameter Aussagen über die Parameter der Grundgesamtheit zu gewinnen. Aufschluß über die Eignung eines Stichprobenparameters als Schätzer (Schätzfunktion, Schätzwert) für den entsprechenden Parameter der Grundgesamtheit gibt die Betrachtung der Verteilung des Stichprobenparameters über alle möglichen verschiedenen Stichproben vom Umfang n. Gesicherte Aussagen über diese Häufigkeitsverteilung des Schätzwertes, der sogenannten **Stichprobenverteilung** des Schätzwertes, sind nur bei **Zufallsstichproben** (vgl. 3.1) möglich. Alle Schlußfolgerungen der Stichprobentheorie basieren auf dieser Verteilung, insbesondere auch die statistische Gütebeurteilung des Schätzwertes.

Die Eigenschaften von Stichprobenverteilungen werden durch bestimmte Maßzahlen beschrieben, wobei Erwartungswert und Varianz die wichtigsten sind.

Mit den Bezeichnungen:

S	für die Menge aller möglichen verschiedenen Stichproben vom Umfang n,
s	für eine spezielle Stichprobe aus S ($s \in S$) und
$w(s)$	für die Wahrscheinlichkeit, mit der die Stichprobe s aus der Menge S gezogen wird

werden Erwartungswert und Varianz des Stichprobenparameters u (z.B. $\bar{x}$, p, s_x^2) als Schätzer $\hat{U}$ für den Parameter U der Grundgesamtheit (z.B. μ, P, σ_X^2) wie folgt definiert (Schätzfunktionen bzw. Schätzwerte für Parameter der Grundgesamtheit werden i.a. durch ein ^ über dem zu schätzenden Parameter gekennzeichnet).

- Erwartungswert $E(\hat{U})$:

$$E(\hat{U}) = E(u) = \sum_{s \in S} w(s) u_s \ , \tag{1.2.17}$$

wobei u_s den Wert des Stichprobenparameters u aus der Stichprobe s bezeichnet.

- Varianz $\sigma_{\hat{U}}^2$:

$$\sigma_{\hat{U}}^2 = \sigma_u^2 = E\left((u - E(u))^2\right) = \sum_{s \in S} w(s)\,(u_s - E(u))^2 \tag{1.2.18}$$

  Um den inhaltlichen Unterschied zwischen der Varianz $\sigma_{\hat{U}}^2$ des Schätzers und der Varianz σ_X^2 bzw. s_x^2 der Einzelwerte der Grundgesamtheit bzw. der Stichprobe zu verdeutlichen, bezeichnet man $\sigma_{\hat{U}}^2$ auch als **Fehlervarianz**.

- Standardfehler $\sigma_{\hat{U}}$:

$$\sigma_{\hat{U}} = \sigma_u = \sqrt{\sigma_u^2} \tag{1.2.19}$$

  Die Standardabweichung des Schätzers $\hat{U}$ wird als Standardfehler bezeichnet.

- Relativer Standardfehler $V_{\hat{U}}$:

$$V_{\hat{U}} = \frac{\sigma_u}{\hat{U}} \tag{1.2.20}$$

  Der relative Standardfehler $V_{\hat{U}}$ ist für die Beurteilung der Präzision von Stichprobenergebnissen besonders nützlich und am meisten gebräuchlich.

Ein Schätzer $\hat{U}$ heißt **erwartungstreu**, wenn der Erwartungswert des Schätzers mit dem zu schätzenden Parameter U übereinstimmt, d.h. wenn $E(\hat{U}) = U$ gilt.

Für die Berechnung von Erwartungswert und Varianz eines Stichprobenparameters ist von Bedeutung, ob die Zufallsauswahl ohne Zurücklegen oder mit Zurücklegen der Stichprobeneinheiten durchgeführt worden ist. In der Stichprobenpraxis wird im allgemeinen die Auswahl ohne Zurücklegen angewandt.

Den Schätzwert $\hat{U}$, den der Stichprobenparameter u liefert, bezeichnet man als **Punktschätzung** des Parameters U der Grundgesamtheit.

Da der Wert von $\hat{U}$ zufallsabhängig ist, stimmt er im allgemeinen nicht mit dem tatsächlichen Wert des zu schätzenden Parameters der Gesamtheit überein. Die unbekannte Differenz zwischen Schätzwert und tatsächlichem Wert gibt die Größe des Stichprobenzufallsfehlers wieder. Ein geeignetes Maß für die Beurteilung des Stichprobenzufallsfehlers bei einer erwartungstreuen Schätzfunktion $\hat{U} = u$ sind die Fehlervarianz $\sigma_{\hat{U}}^2$, der Standardfehler $\sigma_{\hat{U}} = \sqrt{\sigma_{\hat{U}}^2}$ und der relative Standardfehler $V_{\hat{U}}$.

Es gilt nämlich:

$$E\left(\left|\hat{U} - U\right|\right) \leq \sigma_{\hat{U}} \, , \qquad (1.2.21)$$

da $\quad E(\hat{U}) \leq \sqrt{E(\hat{U}^2)}$ und folglich $E\left(\left|\hat{U} - U\right|\right) \leq \sqrt{E\left((\hat{U} - E(\hat{U}))^2\right)} = \sigma_{\hat{U}}$.

Um mit Hilfe des Standardfehlers $\sigma_{\hat{U}}$ Aussagen über den Bereich machen zu können, in dem der unbekannte Parameter U der Grundgesamtheit liegt, nimmt man eine sogenannte **Intervallschätzung** des Parameters vor. Dabei wird für das jeweilige Stichprobenergebnis ein sogenanntes **Konfidenzintervall** ermittelt, in dem der zu schätzende Parameter der Grundgesamtheit mit einer bestimmten Wahrscheinlichkeit liegt. Für die Schätzung brauchbarer Konfidenzintervalle wird die Kenntnis der Verteilung des Schätzers $\hat{U}$ benötigt.

Zum Beispiel ist das Stichprobenmittel $\bar{x}$ als Schätzer für den Mittelwert μ der Grundgesamtheit bei normalverteilter Grundgesamtheit ebenfalls normalverteilt. Wegen des zentralen Grenzwertsatzes gilt diese Aussage näherungsweise auch dann, wenn die Grundgesamtheit beliebig verteilt und der Stichprobenumfang n genügend groß ist (Faustregel $n > 30$).

Allgemein können bei normalverteilter oder näherungsweise normalverteilter erwartungstreuer Schätzfunktion $\hat{U}$ Wahrscheinlichkeitsaussagen über die Abweichung des geschätzten Stichprobenergebnisses vom tatsächlichen, aber unbekannten Wert U der Grundgesamtheit gemacht werden.

Ausgehend von der bekannten Merkmalsverteilung der Grundgesamtheit wird zunächst auf die Verteilung der Stichprobenparameter geschlossen (sog. **direkter Schluß**). Mit Hilfe der Standardisierung der Normalverteilung - jede $N(\mu, \sigma^2)$-verteilte Zufallsvariable X kann durch die Standardisierung $Z = \dfrac{X - \mu}{\sigma_X}$ in eine standardnormal $N(0,1)$-verteilte Zufallsvariable Z überführt werden - gilt nämlich:

$$w\left(U - z_{1-\frac{\alpha}{2}} \sigma_{\hat{U}} \leq \hat{U} \leq U + z_{1-\frac{\alpha}{2}} \sigma_{\hat{U}}\right) = 1 - \alpha \qquad (1.2.22)$$

Hierbei ist $z_{1-\frac{\alpha}{2}}$ der Punkt, für den die Verteilungsfunktion $F_N(z)$ der Standardnormalverteilung $N(0,1)$ den Wert $1-\frac{\alpha}{2}$ annimmt. In dem so gefundenen Wahrscheinlichkeitsintervall $\left[U - z_{1-\frac{\alpha}{2}}\sigma_{\hat{U}}, U + z_{1-\frac{\alpha}{2}}\sigma_{\hat{U}}\right]$ liegt $\hat{U}$ mit der Wahrscheinlichkeit $1-\alpha$.

Gesucht ist bei der Schätzung von U durch $\hat{U} = u$ aber ein Konfidenzintervall um $\hat{U}$ für den unbekannten Parameter U, d.h. der **indirekte Schluß** vom Stichprobenparameter $\hat{u}$ auf den unbekannten Parameter U der Grundgesamtheit. Das gesuchte Konfidenzintervall ergibt sich aus Formel (1.2.22) durch einfache Umrechnungen:

$$w\left(\hat{U} - z_{1-\frac{\alpha}{2}}\sigma_{\hat{U}} \le U \le \hat{U} + z_{1-\frac{\alpha}{2}}\sigma_{\hat{U}}\right) = 1-\alpha \tag{1.2.23}$$

Zum Beispiel findet man mit Hilfe der tabellierten Werte der Verteilungsfunktion der Standardnormalverteilung folgende Wahrscheinlichkeitsaussagen:

- $w\left(U \in \left[\hat{U} - \sigma_{\hat{U}}, \hat{U} + \sigma_{\hat{U}}\right]\right) \approx 0{,}68$

  d.h. der gesuchte Parameter U liegt in rund 68 von 100 Fällen innerhalb des einfachen Standardfehlerbereichs.
  Die Gegenwahrscheinlichkeit oder "Irrtumswahrscheinlichkeit" α, daß nämlich die Aussage "U liegt im einfachen Standardfehlerbereich um $\hat{U}$" nicht zutrifft, beträgt folglich rund 32 %.

- $w\left(U \in \left[\hat{U} - 2\sigma_{\hat{U}}, \hat{U} + 2\sigma_{\hat{U}}\right]\right) \approx 0{,}95$,

- $w\left(U \in \left[\hat{U} - 2{,}5\sigma_{\hat{U}}, \hat{U} + 2{,}5\sigma_{\hat{U}}\right]\right) \approx 0{,}99$.

Die Wahl der Irrtumswahrscheinlichkeit α und der damit festgelegten Konstanten $z_{1-\frac{\alpha}{2}}$ ist grundsätzlich beliebig. Die Überlegung, daß die Häufigkeit der möglichen Abweichungen zwischen $\hat{U}$ und U innerhalb des Fehlerbereichs nicht überall gleich ist, sondern daß entsprechend dem Verlauf der Glockenkurve der Normalverteilung geringe Abweichungen viel wahrscheinlicher als große sind und daß diese Tatsache vielen Benutzern der Stichprobenergebnisse nicht geläufig ist, hat die amtliche Statistik seit Jahren dazu bewogen, ausschließlich "einfache Standardfehlerbereiche" zu den Stichprobenergebnissen anzugeben. Lediglich beim Vergleich von Stichprobenergebnissen, die auf signifikante Unterschiede getestet werden, wird die Irrtumswahrscheinlichkeit gewöhnlich niedriger angesetzt.

Zitierte Literatur (Kapitel 1)

Abels, H.: Wirtschafts- und Bevölkerungsstatistik. 3. Auflage. Wiesbaden 1991

Appel, G.: Zum Entwurf eines metadatenbasierten statistischen Informationssystems. Allgemeines Statistisches Archiv. Bd. 77 (1993)

Ehling, M.: Pretest - Ein Instrument zur Überprüfung von Erhebungsunterlagen. Wirtschaft und Statistik, 3/1997

Groves, R.M.; et al.: Telephone Survey Methodology. New York; u.a. 1988

Lenz, H. J.: Zum Entwurf statistischer Datenbanken. Allgemeines Statistisches Archiv. Bd. 77 (1993)

Menges, G.; Skala, H. J.: Grundriß der Statistik. Teil 2: Daten. Opladen 1973

Noelle-Neumann, E.: Die Fragebogenkonferenz. In: StBA (Hg.): Pretest und Weiterentwicklung von Fragebogen. Spektrum Bundesstatistik. Bd. 9 (1996)

Rahm, H.: Statistik im Internet. Wirtschaft und Statistik, 8/1996

Schach, S.: Methodische Aspekte bei der telefonischen Bevölkerungsbefragung - Grundsätzliche Überlegungen und Ergebnisse einer empirischen Untersuchung. In: Schach, S.; Trenkler G.: Data analysis and statistical inference: Festschrift für Prof. Dr. F. Eicker. Bergisch Gladbach 1992

Schnell, R.; Hill, P. B.; Esser, E.: Methoden der empirischen Sozialforschung. 5. Auflage. München, Wien 1995

StBA [1.1]: Volkszählung vom 25. Mai 1987. Vorbereitung, Durchführung und methodische Untersuchungen zur Volkszählung 1987. Fachserie 1. Heft 12 (1992)

StBA [1.2]: Das Arbeitsgebiet der Bundesstatistik 1997. Stuttgart 1997

StBA [1.3]: Verzeichnis der Veröffentlichungen 1996/97. Stuttgart 1996

StBA [1.4]: Statistisches Informationssystem des Bundes. Datenbestand 1992/93. Wiesbaden 1992

2 Nichtzufällige Stichproben

2.1 Typische Auswahl

2.1.1 Begründung nichtzufälliger Stichproben

Den nichtzufälligen Teilerhebungen liegt ein "bewußtes" oder "gezieltes" Auswahlverfahren zugrunde, das an irgendeiner Stelle des Auswahlplans subjektive Entscheidungen erfordert. Im allgemeinen bekommen dabei nicht alle Einheiten der Gesamtheit eine echte Auswahlchance. Als solche nicht auf dem Zufallsprinzip beruhende Auswahlverfahren gelten die **typische Auswahl,** das **Quotenverfahren** und das **Konzentrations- (Abschneide-)verfahren** Von diesen Teilerhebungen sind die monographische Enquête und die "Auswahl auf das Geratewohl" zu unterscheiden, die in Ermangelung eines Auswahlplans die Erhebungseinheiten willkürlich erfassen (vgl. Esenwein-Rothe 1976, S. 39). Sie stellen keine Teilerhebungen im statistischen Sinn dar.

Bei der Planung einer Teilerhebung können verschiedene Gründe zu der Entscheidung, keine Zufallsauswahl zu realisieren, führen:

- Oft ist die Auswahlgrundlage nicht ausreichend, um eine zufällige Stichprobe zu ziehen. Teile der Auswahlgrundlage tragen nur wenig zum erfassenden Sachverhalt bei, so daß es sehr aufwendig wäre, die Zufallsstichprobe auf die gesamte Auswahlgrundlage auszudehnen. In solchen Fällen kann das Abschneideverfahren als Auswahlverfahren geeignet sein. Bei diesem Verfahren wird die Auswahl auf Einheiten mit hohen Merkmalswerten oberhalb eines vorgegebenen Schwellenwertes konzentriert. Ein zuverlässiger Schluß von den Ergebnissen der Teilerhebung auf die Gesamtergebnisse ist im allgemeinen nicht möglich. Insbesondere beim Nachweis von Veränderungen ist nur die Entwicklung der "großen" Einheiten ablesbar.

- Beruht die Erhebung nicht auf Auskunftspflicht der Befragten, sondern ist die Beantwortung freiwillig, so wird es organisatorisch und technisch schwierig, eine Zufallsstichprobe durchzuführen, ohne eine hohe Rate an Antwortverweigerungen zu akzeptieren. Durch non-response wird aber das Zufallsprinzip der Auswahl erheblich beeinträchtigt, so daß bei freiwilliger Auskunftserteilung der entscheidende stichprobenmethodische Vorteil von Zufallsstichproben gegenüber nichtzufälligen Auswahlen an Bedeutung verliert.

- Freiwillige Erhebungen kommen in der amtlichen Statistik insbesondere dann zum Einsatz, wenn der Befragungsaufwand außerordentliche hoch ist und eine Pflichtauskunft für die Befragten nicht zumutbar erscheint, z.B. bei der Einkommens- und Verbrauchsstichprobe (vgl. 2.2.2). Als Auswahlverfahren kommt vor allem die Quotenauswahl in Frage. Bei diesem Verfahren wird die Zusammensetzung der Stichprobe durch Vorgabe von Anteilswerten, den Quoten, für bestimmte Merkmale (Quotierungsmerkmale) gesteuert; zum Beispiel bei Bevölkerungsstichproben die Vorgabe von 40% Männer, 60% Frauen, 10% Einkommensklasse I usw. Dabei geht man von der Annahme aus, daß eine Stichprobe, die in den Quotierungsmerkmalen die Gesamtheit widerspiegelt, dies auch für andere Erhebungsmerkmale tut. Die Auswahl erfolgt im allgemeinen gezielt, z.B. durch Straßenbefragungen, Einschaltung von Medien o.ä. Quotenstichproben können zwar brauchbare Ergebnisse liefern, deren Qualität ist aber nicht objektiv nachprüfbar. Das Verfahren wird vor allem in der Markt- und Meinungsforschung eingesetzt.

- Bei der zufälligen Erfassung von bestimmten wirtschafts- und sozialwissenschaftlichen Tatbeständen kann häufig der Vielfalt an Merkmalskombinationen nicht Rechnung getragen werden. Demgegenüber kann eine sachkundige Auswahl typischer Fälle dann zu einem aussagekräftigen Abbild der Realität führen, wenn sichergestellt ist, daß die als typisch erkannten Erscheinungen mit dem Gewicht in der Auswahl vertreten sind, die dem der Erfahrungswirklichkeit entspricht (vgl. Esenwein-Rothe 1976, S. 38). Die typische Auswahl, bei der sich die Zusammensetzung der Stichproben daran orientiert, was subjektiv für "typisch" gehalten wird, eignet sich aber wegen der Subjektivität der Auswahl nur für wenige Anwendungsfälle.

2.1.2 Typische Auswahl in der Preisstatistik

Das Beobachten und Registrieren sämtlicher Marktvorgänge, bei denen ein Preis entsteht, ist völlig ausgeschlossen. Die Vielgestaltigkeit dieser Vorgänge macht es unmöglich, eine Auswahlgrundlage für das Ziehen einer Zufallsstichprobe zu erstellen, die deren volle Gesamtheit zutreffend widerzuspiegeln imstande wäre. Aus diesem Grund wird eine größere Menge klar definierter, verschiedenartiger typischer Güter (Preisrepräsentanten) bestimmt, deren Preise an typischen Marktorten (Berichtsstellen) regelmäßig festgestellt und mit Hilfe einer die Verkaufs- bzw. Verbrauchsbedeutung der jeweiligen Gruppe charakterisierenden Gewichtung zusammengefaßt werden. Die Preisstatistik ist hauptsächlich auf die Berechnung von Preisindizes[1] und nicht auf die Ermittlung absoluter Durchschnittspreise abgestellt, so daß sich die Auswahl von typischen Berichtsstellen und Preisrepräsentanten vereinfacht, da in die Indexberechnung nur relative Preisänderungen eingehen, die weit weniger streuen als die Einzelpreise zu einem bestimmten Zeitpunkt; es wird also eine weit kleinere Stichprobe benötigt.

[1] Die Vielzahl der Preisindizes der amtlichen Statistik sind zusammengestellt in StBA [2.1] 1994. Der methodische Aufbau von Indizes und von einigen ausgewählten Preis- und Mengenindizes der amtlichen Statistik findet sich in Kapitel 14.

Das Auswahlverfahren der **Verbraucherpreisstatistik** ist - entsprechend der mehrstufigen Zufallsauswahl (vgl. 5.3) - als **vierstufig** zu kennzeichnen: Auf der ersten Stufe erfolgt die Auswahl der Gütergruppen, auf der zweiten unter Berücksichtigung der regionalen Klumpung die Auswahl der Gemeinden; die weiteren Auswahlstufen umfassen die Berichtsstellen und Preisrepräsentanten. Die Auswahl bisher erfolgt auf **allen** Stufen nach der typischen Methode. Da für die zweite und dritte Stufe Auswahlgrundlagen existieren bzw. ohne aufwendige Zusatzerhebungen erstellt werden könnten, steht für diesen Teil des Auswahlverfahrens eine Umstellung auf eine Zufallsstichprobe zur Diskussion.

Die **Güterauswahl** in der Verbraucherpreisstatistik richtet sich in der Regel nach der Verbrauchsbedeutung der einzelnen Gütergruppen, wie sie sich aus den Einkommens- und Verbrauchsstichproben und den Statistiken der Laufenden Wirtschaftsrechnungen ergibt (vgl. 2.2.2). Für das kleinste Aggregat eines Wägungsschemas werden nach der typischen Auswahl Berichtsstellen und Preisrepräsentanten gefunden. Die Erhebung der Konsumgüterpreise wird dadurch erschwert, daß oft viele Varianten eines Gutes existieren, die Zahlungs- und Lieferbedingungen unterschiedlich sind und zusätzliche Nebenleistungen angeboten werden. Zur Auswahl der Preisrepräsentanten werden den Berichtsstellen **Güterbeschreibungen** vorgegeben, die absichtlich nicht allzu eng gefaßt sind, damit in jeder Berichtsstelle diejenige Qualität, Sorte, Menge und Ausführung einer Ware oder Leistung für die laufende Preisbeobachtung ausgewählt werden kann, die dort zur Zeit und voraussichtlich auch künftig am häufigsten gekauft wird. Im Zweifelsfall wird eine mittlere Qualität innerhalb der von der allgemeinen Güterbeschreibung vorgegebenen Grenze gewählt.

Die sonstigen Preisstatistiken umfassen die **Verkaufspreise** (Outputpreise) der institutionell gegliederten Wirtschaftsbereiche wie Land- und Forstwirtschaft, Produzierendes Gewerbe (ohne Bau), Groß- und Einzelhandel sowie der Ein- und Ausfuhrpreise (vgl. 14.2.2). Inputpreise werden für das Produzierende Gewerbe (ohne Bau) sowie für die Landwirtschaft erhoben. Bei den Erhebungen der **Ein- und Verkaufspreise** handelt es sich um ein typisches Auswahlverfahren, wobei zunächst typische Gütergruppen und Berichtsstellen aus dem Gesamtprogramm der Produktion und des Handels durch die amtliche Statistik ausgewählt werden; die Wahl der Preis- bzw. Güterrepräsentanten erfolgt gemeinsam durch die statistischen Ämter und Berichtsstellen. Die Erhebung der **Bauleistungspreise** beschränkt sich auf einzelne Bauwerke, die aber nicht als typisch für die gesamte Bauwirtschaft gelten. Die Preise von aufgrund der Verdingungsordnung für Bauwerke genau beschriebenen, einzelnen Bauleistungen werden (vierteljährlich) seitens der amtlichen Statistik bei als typisch erachteten Bauunternehmern erfragt.

Auch bei der Berechnung der **Kaufkraftparitäten** (vgl. 14.3) durch Eurostat erfolgt die **Auswahl der Erzeugnisse** bei der Preiserhebung nach der typischen

Methode. Hierbei wird die Erfüllung der zwei Forderungen "Charakteristizität" und "Äquivalenz" berücksichtigt (vgl. Eurostat 1994): Die Forderung der **Charakteristizität** ist in dreifacher Hinsicht zu berücksichtigen: Zum einen sollen die ausgewählten Güter und Dienste für die Gesamtzahl, die das Bruttoinlandsprodukt bilden, repräsentativ sein. Die Struktur der Verwendungszwecke soll so genau wie möglich abgebildet werden. Die Charakteristizität bezieht sich weiterhin auf jede einzelne Gruppe der Warensystematik (vgl. 1.1.1) in dem Sinne, daß die ausgewählten Produkte für die Gruppen in ihrer jeweiligen Gesamtheit charakteristisch sein müssen. Schließlich ist Charakteristizität auf der Ebene jedes Einzelerzeugnisses notwendig, d.h. Marke, Modell und Typ müssen für ein gegebenes Erzeugnis typisch sein.

Die Forderung nach **Äquivalenz** beinhaltet, daß die Erzeugnisse in allen Ländern die gleichen Merkmale aufweisen, d.h. daß jene Faktoren, die die aktuelle Preisbildung beeinflussen, identisch sind. Im Hinblick auf dieses Kriterium sind zwei Kategorien von Erzeugnissen zu unterscheiden: einerseits solche, die durch Marke und Modell definiert als identisch betrachtet werden können (z.B. Elektrogeräte) und andererseits jene, die nicht einer derart strikten Definition unterliegen (z.B. Schuhe).

Das Problem, beide Kriterien optimal zu berücksichtigen (**Äquicharakteristizität**), ist um so schwieriger, je weniger die Vergleichsländer in einem Güteraustausch untereinander stehen und je mehr sich die Verbrauchsgewohnheiten und die allgemeinen Lebensbedingungen unterscheiden. Der Ansatz, den Eurostat bei seinen Preiserhebungen anwendet, gibt den Preisverhältnissen den Vorrang, die ausschließlich auf der Grundlage von typischen Erzeugnissen und deren strengen Definitionen für Länderpaare erstellt werden (binärer Effekt). Dieser Ansatz wurde insoweit weiter spezifiziert, als daß jedes Land systematisch angeben muß, welches "seine" typischen Erzeugnisse sind (unilateraler Effekt) und mit welchen anderen Ländern es direkt verglichen werden kann.

Die Preise für bestimmte Arbeitsleistungen werden in der amtlichen Statistik durch die **Statistik der Tariflöhne und Gehälter** erfaßt. Sie stellt eine laufende Auswertung ausgewählter Tarifabschlüsse in der gewerblichen Wirtschaft dar und erfolgt anhand der in den einzelnen Bereichen abgeschlossenen Tarifverträge, die vom Bundesministerium für Arbeit und Sozialordnung und von den Sozialpartnern zur Verfügung gestellt werden. Die daraus berechneten Indizes der Tarifverdienste (vgl. 14.2.2), die die Veränderung der tariflichen Stundenlöhne und der tariflichen Monatsgehälter messen, stützen sich in doppelter Weise auf die typische Auswahl: Es werden soviele Tarifverträge einbezogen, daß sie in jedem Wirtschaftszweig etwa 75% der beschäftigten Arbeitnehmer repräsentieren. Im Rahmen der einbezogenen Verträge werden typische Lohn- und Gehaltsgruppen ausgewählt.

2.2 Quotenauswahlverfahren

2.2.1 Verfahren

Das Verfahren der Quotenauswahl geht von der Annahme aus, daß eine Stichprobe, die in einigen Merkmalen (**Quotenmerkmale**) ein Miniaturbild der Gesamtheit ist, auch für andere Merkmale die Verhältnisse der Gesamtheit unverzerrt widerspiegelt. Die Zusammensetzung der Teilerhebung wird durch Vorgabe von Quoten (Anteilswerten) für bestimmte Merkmale gesteuert. Die Auswahl in den Gruppen, für die die **Erfassungsquoten** vorgegeben werden, vollzieht sich nach gewissen Regeln, die die Willkür einschränken; sie kann jedoch nicht sicherstellen, daß sämtliche Erhebungseinheiten der Gesamtheit eine Chance auf Erfassung haben. Die Quotenauswahl findet häufig Anwendung bei Teilerhebungen ohne Auskunftspflicht der Befragten. In diesem Fall läßt sich eine zufallsgesteuerte Auswahl nur schwer in die Praxis umsetzen, da das Zufallsprinzip durch Antwortausfälle gestört wird.

Bei der Wahl der Quoten sind die folgenden Argumente zu berücksichtigen (vgl. v. Koolwijk 1974, S. 85ff.):

- Die Quotierungsmerkmale sollen möglichst eng mit den zu erhebenden Merkmalen korreliert sein, was in der Praxis häufig bedeutet, daß man Quotierungsmerkmale verwendet, bei denen ein möglichst genereller Einfluß auf eine Fülle von Merkmalen unterstellt wird. Dazu ist zunächst erforderlich, daß überhaupt zuverlässige und aktuelle Daten für die Quotierungsmerkmale vorliegen, so daß nicht durch die Konstruktion des Auswahlplans die Auswahl bereits irreparabel verzerrt ist (vgl. Böltken 1976, S. 381ff.).

- Durch die Quotierung erfolgt eine Schichtung der Grundgesamtheit bzw. der Auswahl, wobei die entstehenden Schichten relativ homogen in bezug auf das Quotierungsmerkmal sind. Das Quotenauswahlverfahren wird auch als proportional geschichtete Auswahl bezeichnet, bei der die Auswahl innerhalb der Schichten nach "Gutdünken" erfolgt (vgl. Moser; Kalton 1971, S. 101). Werden dadurch auch die Erhebungsmerkmale homogenisiert, so ergibt sich hier analog zur geschichteten Wahrscheinlichkeitsauswahl (vgl. 4.1) ein die Genauigkeit steigernder Effekt (Schichtungseffekt). Umgekehrt kann daraus der Vorwurf gegenüber dem Quotenverfahren abgeleitet werden, die Streuung innerhalb der Quoten nicht angemessen zu repräsentieren, da der Interviewer häufig versucht, die "Mitte einer Quote" zu befragen.

- Bei genügender Einengung des Spielraums sind die Interviewer praktisch gezwungen, innerhalb der Quotenvorgabe eine Zufallsauswahl zu treffen. Mit der Verfolgung dieses Ansatzes der Konstruktion einer einfachen Zufallsauswahl, die "quotenkontrolliert" (vgl. Böltken 1976, S. 382) ist, besteht die Gefahr, die Interviewer zu verleiten, ihre Befragten der Quote anzupassen (quota fitting).

2.2.2 Wirtschaftsrechnungen privater Haushalte

Der Einsatz des Quotenauswahlverfahrens in der amtlichen Statistik findet sich bei den Wirtschaftsrechnungen privater Haushalte, bestehend aus Einkommens- und Verbrauchsstichproben und Laufenden Wirtschaftsrechnungen, und bei den Zeitbudgeterhebungen.

Die **Einkommens- und Verbrauchsstichproben (EVS)**, die 1962/63 erstmals durchgeführt wurden und ab 1973 in fünfjährigem Abstand wiederholt wurden, erfassen grundsätzlich sämtliche Einnahmen und Ausgaben von privaten Haushalten (vgl. Übersicht 2.1). Die noch immer gültige Rechtsgrundlage, das Gesetz über die Statistik der Wirtschaftsrechnungen privater Haushalte von 1961 (geändert durch das 1. Statistikbereinigungsgesetz 1980), sieht folgende **Erhebungsmerkmale** vor:

- Einnahmen der Haushalte nach Quellen,
- Verwendung der Einnahmen für den Privaten Verbrauch, der Steuern und Abgaben, für Beiträge zur Sozialversicherung und zu privaten Versicherungen, für Rückzahlungen von Schulden, und für die Vermögens- und Ersparnisbildung,
- Angaben über die Zusammensetzung der Haushalte, ihre wirtschaftlichen und sozialen Verhältnisse, ihre Ausrüstung mit technischen Gebrauchsgütern, ihre Wohnverhältnisse sowie ihre Vermögensbestände und Schulden.

Durch den Nachweis des Vermögens und der Schulden der Haushalte ist eine Lücke im wirtschafts- und sozialstatistischen Informationssystem geschlossen worden. Die Vermögensformen werden nach Sparkonten, Bausparverträgen, Lebensversicherungsverträgen, Wertpapieren, sonstigem Geldvermögen (Festgelder u.ä.) und Haus- und Grundbesitz ausgewiesen. Durch die Aufnahme von Fragen nach Höhe und Art der erhaltenen staatlichen Transferzahlungen in die EVS 1978 ist es erstmalig möglich geworden, detaillierte Aufschlüsse über die Bedeutung staatlicher Transferzahlung und insbesondere von deren Kumulation für den einzelnen Bezieher und für den Haushalt, in dem er lebt, zu geben. Neuerdings werden in Zusammenarbeit mit Eurostat Fragen nach der subjektiven Beurteilung der eigenen ökonomischen und gesamtwirtschaftlichen Situation in das Programm aufgenommen, um Armutsgrenzen und Armutspotential zu ermitteln. Neu in der EVS 1993 ist auch, daß von den Haushalten detaillierte Angaben über Lebensversicherungen erfragt werden, um das angesparte Versicherungsguthaben (Rückkaufswert) als Bestandteil des Geldvermögens privater Haushalte ermitteln zu können. Ferner wird das Grundvermögen über den Einheitswert erstmals nach Verkehrswerten bewertet.

Übersicht 2.1: *Systematische Gliederung der Einnahmen und Ausgaben privater Haushalte (Einkommens- und Verbrauchsstichprobe 1993)*

Einnahmen

Einkommen aus Erwerbstätigkeit
- Bruttoeinkommen aus unselbständiger Arbeit (haupt- und nebenberuflich)
- Bruttoeinkommen aus selbständiger Arbeit

Einnahmen aus Vermögen
- Einnahmen aus Vermietung und Verpachtung von Grundstücken, Gebäuden und Eigentumswohnungen (ohne Untervermietung)
- Einnahmen aus Geldvermögen

Einnahmen aus laufenden Übertragungen

Einkommen aus öffentlichen Transferzahlungen
- Renten der gesetzlichen Rentenversicherung
- Renten der Zusatzversorgung für Angehörige des öffentlichen Dienstes
- Renten der gesetzlichen Unfallversicherung
- Krankengeld der gesetzlichen Krankenversicherung
- Laufende Übertragungen der Arbeitsförderung
- Laufende Übertragungen der Gebietskörperschaften
- Öffentliche Pensionen und Pensionen der öffentlichen Unternehmen
- Einkommen aus nicht öffentlichen Transferzahlungen

Einnahmen aus einmaligen und unregelmäßigen Übertragungen

Einnahmen aus Untervermietung und aus dem Verkauf von Waren

Einnahmen aus Vermögensumwandlung und Kreditaufnahme
- Einnahmen aus der Auflösung von Sachvermögen
- Einnahmen aus der Auflösung von Geldvermögen
- Einnahmen aus Kreditaufnahme

Sonstige Einnahmen

Ausgaben für den Privaten Verbrauch

Nahrungsmittel, Getränke, Tabakwaren
Bekleidung, Schuhe
Wohnungsmieten, Energie
Möbel, Haushaltsgeräte und andere Güter für die Haushaltsführung
Güter für die Gesundheits- und Körperpflege
Güter für Verkehrs- und Nachrichtenübermittlung
Güter für Bildung, Unterhaltung und Freizeit
Güter für die persönliche Ausstattung (Schmuck u.a.)
Dienstleistungen des Beherbergungsgewerbes (ohne Pauschalreisen)
Dienstleistungen der Kreditinstitute und Versicherungen
Dienstleistungen und fremde Reparaturen sonstiger Art

Andere Ausgaben ohne Privaten Verbrauch

Steuern (ohne Grundsteuern)
Beiträge zur Sozialversicherung, Arbeitsförderung
Versicherungsbeiträge
Sonstige Einkommensübertragungen
Rückzahlung von Krediten
Ausgaben für die Bildung von Sachvermögen
Ausgaben für die Bildung von Geldvermögen
Ausgaben für die Unterhaltung von Grundstücken, Gebäuden und Eigentumswohnungen
Sonstige Ausgaben

Die EVS ist zu einem Instrument der amtlichen Statistik ausgebaut worden, das als einziges Aufschluß gibt über die Zusammenhänge zwischen Einkommen, Verbrauch und Ersparnissen einerseits und wichtigen sozioökonomischen Haushaltsmerkmalen, wie soziale Stellung und Alter des Haushaltsvorstandes, Haushaltsgröße und Haushaltstyp, andererseits. Durch möglichst weitgehende Anpassung an begriffliche Abgrenzungen und Systematiken der Volkswirtschaftlichen Gesamtrechnungen und durch die Hochrechnung der Ergebnisse auf die Grundgesamtheit wurde der Aussagewert der Ergebnisse aus gesamtwirtschaftlicher Sicht wesentlich verbessert.

Erhebungseinheit ist in jedem Fall der Haushalt, dessen Mitglieder über ein oder mehrere Einkommen oder Einkommensteile gemeinsam verfügen und voll oder überwiegend im Rahmen einer gemeinsamen Hauswirtschaft versorgt werden. Ab 1993 in die Erhebung einbezogen werden Haushalte mit ausländischem Haushaltsvorstand. Unberücksichtigt bleibt die gesamte in Anstalten lebende Bevölkerung sowie Haushalte mit besonders hohem Haushaltseinkommen (1993 monatlich mehr als DM 35.000).

Bei einem bundesdurchschnittlichen **Auswahlsatz** der EVS 1993 von 0,2% - teilnahmebereite Haushalte: 66.800 - sind die Auswahlsätze auf Länderebene disproportional gewählt, um eine Verbesserung der Ergebnisvergleichbarkeit der Länder zu erreichen. Trotzdem ist bei den gewählten Auswahlsätzen zu erwarten, daß die relativen Standardfehler bei Merkmalen, die einheitliche Mittelwerte und Streuung aufweisen, in kleineren Bundesländern immer noch etwa viermal so groß sind wie in größeren (vgl. StBA [2.2], S.8).

Hinsichtlich des **Auswahlverfahrens** ist zu berücksichtigen, daß der Gesetzgeber die Teilnahme an der Erhebung nicht mit einer Auskunftspflicht verbunden hat. Wie sich bereits bei der ersten Einkommens- und Verbrauchsstichprobe 1962/63 zeigte, war nur etwa ein Viertel der angesprochenen Personen bereit, sich an der Erhebung zu beteiligen. Unter diesen Umständen bleibt keine andere Möglichkeit, als auf eine Zufallsauswahl zu verzichten. Es wird auf das **Quotenverfahren** zurückgegriffen, wobei der Mikrozensus (vgl. 12.1.2) die Grundlage bildet. Es werden aus dem Material der 1%-Mikrozensuserhebung des jeweiligen Vorjahres die dort erfaßten Haushalte nach den Quotierungsmerkmalen (vgl. Übersicht 2.2) geschichtet und mittels der variablen Auswahlsätze das Erhebungssoll für die Stichprobe festgelegt.

Durch persönliche Anschreiben und eine breitgestreute Öffentlichkeitsarbeit wird dann versucht, für jede einzelne Schicht eine dem Erhebungssoll entsprechende Zahl von Haushalten zur Mitwirkung zu gewinnen. Während bei Haushalten von Beamten und Angestellten das Erhebungssoll leicht zu erfüllen ist, können die entsprechenden Werte bei Selbständigen, Arbeitern und Nichterwerbstätigen oft nicht erreicht werden.

Übersicht 2.2: *Quotierungsmerkmale für die EVS 1998*

1. Bundesland

2. Haushaltstyp
- Einpersonenhaushalte
- Ehepaare/Lebensgemeinschaften ohne Kinder
- Alleinerziehende mit mindestens einem Kind unter 18 Jahren
- Ehepaare/Lebensgemeinschaften mit mindestens einem Kind unter 18 Jahren, höchstens ein Partner erwerbstätig
- Ehepaare/Lebensgemeinschaften mit mindestens einem Kind unter 18 Jahren, beide Partner erwerbstätig
- Sonstige Haushalte

3. Stellung im Beruf des Haupteinkommensbeziehers
- Selbständige/Landwirte
- Beamte/Beamtinnen
- Angestellte
- Arbeiter/Arbeiterinnen
- Rentner/Rentnerinnen
- Sonstige Nichterwerbstätige

4. Monatliches Haushaltseinkommen
- unter 1.400 DM
- 1.400 DM bis unter 2.500 DM
- 2.500 DM bis unter 5.000 DM
- 5.000 DM bis unter 7.000 DM
- über 7.000 DM

5. Erhebungsquartal

Die Daten der in der Stichprobe erfaßten Haushalte müssen jeweils an die Grundgesamtheit angepaßt werden, so daß der Mikrozensus als schichtenspezifischer **Hochrechnungsrahmen** dient. Mittels des Quotienten "Mikrozensushaushalte/Erfaßte EVS-Haushalte" wird für jede Schicht ein Hochrechnungsfaktor ermittelt, der für jeden einzelnen Haushalt dieser Schicht gespeichert wird. Regional wird nach Bund, Land, westliche Bundesländer, östliche Bundesländer gesondert hochgerechnet. Für die Hochrechnung der EVS 1998 ist ein neu entwickeltes Verfahren verwendet worden, bei dem die Stichprobenwerte an die Randverteilungen mehrerer Merkmale gemeinsam angepaßt werden (Verfahren von Merz, vgl. 7.2.2).

Um einen Anhaltspunkt für die **Genauigkeit** der Ergebnisse der EVS zu erhalten, versucht das StBA eine fiktive Fehlerrechnung unter der Annahme einer einfachen Zufallsauswahl, wobei eingeräumt wird, daß zum Gesamtfehler ein mindestens ebenso großer systematischer Fehler wie der Zufallsfehler hinzutreten wird (vgl. StBA [2.2], S. 34). Somit finden die in 3.1 angegebenen Formeln Anwendung. Bei Vernachlässigung der Endlichkeitskorrektur (vgl. 3.1.2) gilt für den relativen Standardfehler der Zahl der erfaßten Haushalte n_k im Tabellenfeld k: $v_{\hat{N}_{(k)}} \approx \frac{100}{\sqrt{n_k}}$ (vgl. (3.1.26)).

Empirisch ergibt sich (vgl. Übersicht 2.3): Uneingeschränkt kann die Veröffentlichung für solche Tabellenfelder vertreten werden, denen die (von Null verschiedenen) Angaben von 100 und mehr erfaßten Haushalten zugrundeliegen. Bei 25 bis unter 100 erfaßten Haushalten erscheint ein Nachweis nur noch mit Einschränkungen möglich und bei weniger als 25fach besetzten Merkmalen werden die Ergebnisse als nicht mehr gesichert angesehen, da Standardfehler von mehr als 20% auftreten können.

Übersicht 2.3 *Erfaßte Haushalte n_k und relativer Standardfehler $v_{\hat{N}_{(k)}}$*

n_k	$v_{\hat{N}_{(k)}}$
4	50,0
9	33,3
16	25,0
25	20,0
36	16,7
50	14,2
100	10,0
500	4,5
1.000	3,2

Das **Erhebungsverfahren** der EVS 1993 ist wie folgt zu kennzeichnen:

- Die Erfassung wichtiger Daten über die Zusammensetzung des Haushalts, die Ausstattung mit langlebigen Gebrauchsgütern, die Wohnverhältnisse, die Höhe des Nettohaushaltseinkommens und andere wichtige sozio-ökonomische Merkmale des Haushalts oder einzelner Haushaltsmitglieder zu Beginn der jeweiligen Erhebung erfolgt im sogenannten **Grundinterview**.
- Anschreibungen aller Einnahmen und Ausgaben erfolgen in detaillierter Form in ein Haushaltsbuch für die Dauer eines Monats. Dieser sogenannte **Feinanschreibungsmonat** wird jedem einzelnen Haushalt nach einem Rotationssystem (6.1.2) vorgegeben, das gewährleisten soll, daß für alle Haushalte einer Schicht in jedem der 12 Anschreibungsmonate jeweils etwa ein

Zwölftel der erfaßten Haushalte an den Anschreibungen beteiligt ist. Damit wird sichergestellt, daß auch für stark saisonal geprägte Ausgaben (Nahrungs- und Genußmittel u.ä.) ein gesicherter Nachweis möglich ist.

- In den übrigen Monaten des Kalenderjahres erfolgen ebenfalls detaillierte Anschreibungen aller Einnahmen in Haushaltsbüchern, jedoch beschränken sich die Anschreibungen der Ausgaben auf relativ wenige Ausgabengruppen, die für das Haushaltsbudget größenordnungsgemäß von besonderer Bedeutung sind (Käufe langlebiger Gebrauchsgüter) oder in besonders starkem Maße saisonalen Einflüssen unterliegen (Urlaubsausgaben). Diese Form der **verkürzten Anschreibung** führt zu einer erheblichen Entlastung der Haushalte.
- Am Ende des Kalenderjahres werden im Rahmen eines **abschließenden Interviews** vorhandene Vermögensbestände und Schulden sowie politisch oder wirtschaftlich aktuelle Tatbestände (wie die erwähnten staatlichen Transferzahlungen) erhoben.

Was die Angaben der Befragten betrifft, so ermöglicht die **zentrale Aufbereitung** beim Statistischen Bundesamt (im Gegensatz zu den meisten anderen Erhebungen - vgl. 1.1.2) verbesserte Ergebnisse dadurch, daß bei der Überprüfung auf Plausibilität und Vollständigkeit der Haushaltsbücher Fragen, die erst während der Aufbereitung auftauchen, schnell und einheitlich entschieden werden können. Außerdem ist die Verwendung des Dialogverfahrens für die Bearbeitung der Erhebungsunterlagen zur Zeit nur im Statistischen Bundesamt möglich. Die Fehlerrechnung zur EVS erschöpft sich bisher in der Abschätzung des relativen Standardfehlers in Anlehnung an eine einfache Zufallsstichprobe.

Für die EVS 1998 wird der Zeitraum für die Erhebung der Einnahmen und Ausgaben bei den einzelnen Haushalten von einem Jahr auf drei Monate verkürzt; der Erhebungskatalog wird gestrafft und die Zahl der Erhebungsmerkmale wird verringert. Das Schlußinterview wird eingespart, wobei die bisher dort gestellten Fragen zum Grundvermögen ins Einführungsinterview und die Fragen zum sonstigen Vermögen und zu den Schulden ins Haushaltsbuch integriert werden.

Die Statistik der Wirtschaftsrechnungen privater Haushalte umfaßt nicht nur die EVS, sondern auch die **Laufenden Wirtschaftsrechnungen (LWR)**.

Die LWR wurden in Deutschland für 4-Personen-Haushalte von Arbeitern und Angestellten mit mittleren Einkommen bereits seit 1949/50 durchgeführt. Seit 1954 waren ergänzend 2-Personen-Rentnerhaushalte einbezogen worden. Die LWR waren 1964 durch Hinzunahme von 4-Personen-Haushalten von Beamten und Angestellten mit höheren Einkommen als dritter Haushaltstyp erweitert worden.

Diese Form der LWR, die bis 1998 gültig war und etwa 2.000 Haushalte umfaßte, weist u.a. folgende Mängel auf:

- Der geringe Umfang an beteiligten Haushalten läßt Auswertungen auf Länderebene, soweit überhaupt, nur in äußerst reduziertem Umfang zu.

- Die Ergebnisse sind nur für drei Haushaltstypen aussagefähig, die nicht die Gesamtheit aller Haushalte auch nur annähernd repräsentieren.
- LWR und EVS sind bisher in sehr geringem Maße aufeinander abgestimmt, obwohl sie ähnliche Inhalte haben. Beispielsweise war eine Fortschreibung zwischen zwei EVS anhand der Daten der LWR nicht möglich.

Das neue **Erhebungskonzept** der LWR, das ab 1999 zum Einsatz kommt, wird nach dem **Quotenverfahren** der EVS durchgeführt, wobei in die Auswahl alle privaten Haushalte einbezogen werden, ausgenommen solche mit selbständiger Bezugsperson. Die Quotierung selbst ist insoweit flexibel, als sie sich an den im Mikrozensus angetroffenen Haushaltsverteilungen orientiert. Anstelle der ganzjährigen Führung des Haushaltsbuches tritt ein rollierendes Quartalspanel, das außerdem eine kontinuierliche Erfassung der Einnahmen und Ausgaben gewährleistet. Damit wird der gesetzlich vorgegebene Erhebungsumfang von 2.000 Haushalten eingehalten; die einbezogenen Haushalte werden auf 6.000 erweitert.

Von ihnen führt jeweils ein Drittel im ersten, zweiten oder dritten Monat eines Quartals ein Haushaltsbuch, so daß jeder Haushalt im Verlauf eines Jahres nur noch vier statt bisher zwölf Monate seine Einnahmen und Ausgaben aufzuschreiben braucht. Neben dem Haushaltsbuch werden zu Beginn der Aufzeichnungen die Grunddaten des Haushalts erfaßt. Die Fragen sind denen der EVS bezüglich der Merkmalsausprägung angepaßt.

Insgesamt gibt es nunmehr fünf Haushaltstypen, die jeweils nach mehreren Nettoeinkommensgruppen und dem Einkommensbezug (erwerbstätig bzw. nicht erwerbstätig) untergliedert sind:

- 1-Personenhaushalt,
- Ehe/Lebenspartnerschaft ohne Kinder,
- Alleinerziehende,
- Ehe/Lebenspartnerschaft mit Kindern,
- Sonstige Haushalte.

Parallel zur Einführung der neukonzipierten LWR erfolgt der Übergang in der Erfassung und Darstellung von der nationalen Systematik der Einnahmen und Ausgaben (SEA) auf die europäische (COICOP/HBS[2]). Dadurch wird einerseits die Fortschreibung zur EVS, die bereits ab 1998 mit dieser Systematik arbeitet und andererseits ein internationaler Vergleich sowie eine für die Preisstatistik entsprechend tiefer gegliederte Ergebnisdarstellung (vgl. 14.2.1) ermöglicht.

Damit sind die LWR in ein inhaltlich verzahntes Gesamtkonzept (Berichtssystem) der Statistik der Wirtschaftsrechnungen privater Haushalte integriert worden, das erlaubt, in Zukunft fortlaufend (vierteljährlich, jährlich und in

[2] Classification of Individual Consumption by Purpose / Household Budget Surveys

fünfjährigem Abstand) aktuelle Informationen aus den Wirtschaftsrechnungen bereitzustellen (vgl. Chlumsky; Ehling 1997, S. 461).

2.2.3 Zeitbudgeterhebung

Die **Zeitbudgeterhebung** 1991/92 hat ihre rechtliche Grundlage im §7 (2) BStatG, wonach zur Klärung wissenschaftlich-methodischer Fragestellungen auf dem Gebiet der Statistik, Bundesstatistiken ohne Auskunftspflicht durchgeführt werden können (vgl. 1.1.2). Der Stichprobenumfang solcher Erhebungen ist auf höchstens 10.000 Befragte begrenzt. In der Zeitbudgeterhebung wird ein Umfang von 6.400 Haushalten angestrebt und zwar 4.900 Haushalte im alten Bundesgebiet und 1.500 Haushalte in den neuen Bundesländern. Jede der vier vierteljährlichen "Wellen" umfaßt 1.600 Haushalte. Auswahleinheiten sind Privathaushalte mit deutscher Bezugsperson.

Aufgrund der Ergebnisse eines **Pretests** (vgl. Ehling 1991, S. 124ff.) wird die Entscheidung für das **Quotenauswahlverfahren** vor allem dadurch gestützt, daß hierbei die gewünschte überproportionale Berücksichtigung bestimmter Haushaltstypen einfacher zu realisieren ist als bei einer Zufallsstichprobe. Denn im Rahmen dieser Erhebung interessieren vor allem Arbeitsteilung, Zeitverwendung und zeitliche Belastungen in größeren Haushalten und dort vor allem in Haushalten mit Kindern. Somit sind bei der Auswahl größere Haushalte überproportional zu berücksichtigen. Als **Quotierungsmerkmale** dienen Gemeindegrößenklasse, Stellung der Bezugsperson im Beruf und der Haushaltstyp, wobei sich Art und Zahl der Ausprägungen dieser Merkmale zwischen alten und neuen Bundesländern unterscheiden.

Das **Erhebungsverfahren** besteht aus einem mündlichen Einführungs- und Schlußinterview sowie einem selbstgeführten, schriftlichen Tagebuch. Im Einführungsinterview werden **Grunddaten** über die Haushaltsmitglieder erhoben, die sich beziehen auf: soziodemographische Daten, gegenwärtige und abgeschlossene Ausbildung, Erwerbsbeteiligung, Unterhalt und Einkommen der Haushaltsmitglieder, Ausstattung mit ausgewählten Gebrauchsgütern und Wohnverhältnisse. Im Schlußinterview werden Angaben zu folgenden **Themenbereichen** erhoben: Pflegebedürftigkeit und Krankheit, Hilfeleistungen von und für andere Haushalte, Ehrenamt, Dienstleistungsangebot, Kinderbetreuung, Gemeinde/Stadt und Haushaltstyp. Zwischen den beiden Interviews halten alle Personen (die mindestens 12 Jahre alt sind) des ausgewählten Haushalts in einem "offenen" (d.h. ohne Vorgabe von Aktivitäten) Tagebuch ihrer Zeitverwendung fest. Neben der Erfassung des Zeitaufwandes für alle Aktivitäten wird mit den Anschreibungen auch erhoben, wer Empfänger von unbezahlten produktiven Leistungen der Haushaltsmitglieder ist, um mit dieser Erhebung auch eine Datengrundlage zur Schätzung der Haushaltsproduktion als Ergänzung der Volkswirtschaftlichen Gesamtrechnung (vgl. Lützel 1990, S. 129ff.) zu erstellen.

Für die Fehlerrechnung der Zeitbudgeterhebung wurde unterstellt, daß die Fehlerrechnung der Quotenstichprobe in etwa den Fehlerwerten einer einstufigen geschichteten Zufallsauswahl von Haushalten entspricht, wobei die Schichtungsmerkmale die Quotierungsmerkmale sind. Die Fehlerrechnung wurde nur für eine freie Hochrechnung durchgeführt, da die Anpassung an Mikrozensusergebnisse beim Hochrechnungsverfahren in erster Linie mit dem Ziel erfolgte, Verzerrungen durch die Nichtzufälligkeit der Auswahl und durch Antwortausfälle auszugleichen. Der systematische Fehler konnte mangels Nacherhebung nicht festgestellt werden, jedoch wurde mit Hilfe operativer Kontrollen versucht, den Fehler in der Vorbereitungs-, Durchführungs- und Aufbereitungsphase zu verkleinern (vgl. Bihler, W.; Ehling, M. 1995, S. 433ff.).

2.3 Konzentrations- (Abschneide-)verfahren

2.3.1 Verfahren

Eine weitere Art von Teilerhebungen beruht auf der Überlegung, die Auswahl auf Einheiten mit hohen Merkmalswerten zu konzentrieren und die meist zahlreichen kleineren Einheiten von der Erfassung auszusparen, weil diese vergleichsweise wenig Information zu den Gesamtwerten beitragen. Die Anwendung eines derartigen Konzentrationsverfahrens (Abschneideverfahrens, cut-off-sampling) verfolgt das **Prinzip der Konzentration** einer Erhebung auf die "wichtigen" Einheiten und ist in diesem Sinne durchaus rationell, weil je nach Schiefe der Verteilung der Merkmalswerte mit den größeren (z.B. 50% aller) Erhebungseinheiten 80%, 90% oder gar 95% der Gesamtwerte abgedeckt werden. Ein zuverlässiger Schluß von den Ergebnissen der Teilerhebung auf die Gesamtergebnisse ist jedoch im allgemeinen nicht möglich, denn die Höhe des nicht erfaßten Wertanteils (20%, 10% oder 5%) läßt sich weder aus zurückliegenden Informationen ohne weiteres übertragen noch mit objektiven Mitteln schätzen. Ein annehmbarer Ausweg eröffnet sich durch eine definitorische Beschränkung der Erhebungs- (und Nachweisungs)gesamtheit auf den der Erfassung zugeordneten Teil.

Wenn sich eine Stichprobenerhebung gemäß Definition auf eine Teilgesamtheit oberhalb einer bestimmten Abschneidegrenze beschränkt, dann entsteht ein **Zugangsproblem** besonderer Art. Für die unterhalb dieser Grenze befindlichen, bekannten Einheiten kann unterstellt werden, daß ein mehr oder minder großer Teil von ihnen wegen zeitlicher Veränderung der maßgeblichen Merkmale in den Erhebungsbereich wechselt und als Zugang einbezogen werden müßte. Um festzustellen, für welche der Einheiten dies gilt, müßten alle diese Einheiten - oder eine große Stichprobe von ihnen - nach dem betreffenden Tatbestand befragt werden. Obwohl es sich bei einer solchen Befragung nicht um eine Erhebung im eigentlichen Sinne handelt, läßt sie sich wegen rechtlicher und finanzieller Bedenken gewöhnlich nicht verwirklichen.

Im einzelnen sind die Begründungen für das Abschneideverfahren folgende (vgl. StBA [2.3] 1989, S. 1ff.):

- Das Abschneidemerkmal wird gewöhnlich so gewählt, daß es möglichst eng mit den Erhebungsmerkmalen korreliert. Dadurch enthält die ausgewählte Teilgesamtheit hauptsächlich die Einheiten mit den größeren Ausprägungen, so daß der Informationsgehalt der Teilerhebung wächst. Beispielsweise ist die früher erhobene Beschäftigtenzahl von Unternehmen als Abschneidemerkmal geeignet, um deren aktuellen Umsatz, gegenwärtige Beschäftigtenzahl und Produktion festzustellen. Die Merkmalsanteile in der Stichprobe bezogen auf die Grundgesamtheit werden im Vergleich zu zufällig ausgewählten Stichproben gleichen Umfangs im allgemeinen höher ausfallen. Besonders bei Untersuchungen über zeitliche Entwicklungen wirkt sich dieser Effekt positiv auf die Relation zwischen Informationsgehalt und Kosten der Erhebung aus. Die Wirkung verstärkt sich oft noch durch die Tatsache, daß vielen Einheiten mit niedrigen nur wenige mit hohen Merkmalsausprägungen gegenüberstehen.

- Die Verringerung von Fehlern der Auswahlgrundlage ist bei Unternehmens- und Betriebsstatistiken ein weiterer Vorteil der Abschneideverfahren. Ein Register als Auswahlgrundlage früherer Erhebungen kann zwischenzeitlich durch mehr kleine als große Einheiten lückenhaft geworden sein bzw. erweitert worden sein. Bei Erhebungseinheiten, die unter falscher Adresse oder überhaupt nicht verzeichnet sind bzw. bei den nicht mehr existierenden, aber dennoch enthaltenen Elementen werden die kleinen überproportional vertreten sein. Bei zufälligen Stichprobenverfahren fallen also solche Fehler in der Auswahlgrundlage stärker ins Gewicht als bei den Abschneideverfahren.

- Beim Abschneideverfahren reicht nämlich wegen der Konzentration auf "große" Einheiten und der oft schiefen Verteilung der Einheiten ein deutlich geringerer Auswahlsatz im Vergleich zu einer zufälligen Auswahl aus. Bei kleineren Unternehmen fallen die Kosten für die Auskünfte stärker ins Gewicht, während bei den größeren Unternehmen durch ein besser ausgebautes Rechnungswesen eine bessere Datenqualität zu erwarten ist.

Die Nachteile bestehen in der bereits erwähnten Einschränkung der nicht zufälligen Stichproben in bezug auf Hoch- und Fehlerrechnung auf der Grundlage von Wahrscheinlichkeitsaussagen. Tendenziell empfehlen sich Abschneideverfahren bei der Beurteilung **kurzfristiger zeitlicher** Entwicklungen (z.B. zur Analyse des Konjunkturverlaufs in ausgewählten Wirtschaftszweigen), wenn keine Unterschiede gegenüber den Änderungsraten der Merkmale bei kleinen Einheiten zu erwarten sind. Zur Analyse von Strukturwandlungen in der Grundgesamtheit oder absoluter Merkmalswerte sind Abschneideverfahren nur dann zu empfehlen, wenn die Verzerrungen durch fundierte Schätzungen in engen Grenzen gehalten werden können.

2.3.2 Anwendungen in der amtlichen Statistik

Anwendungen des Abschneideverfahrens in der amtlichen Statistik begegnen dem Problem der Interpretation der Abschneidegrenze: Handelt es sich lediglich um die Festlegung einer unteren Erfassungsgrenze oder ist das Ergebnis "repräsentativ" für die Gesamtheit.

In diesem Zusammenhang werden hier einige Anwendungen für die Festlegung von Abschneidegrenzen angegeben. Sie finden sich z.B. bei allen Erhebungen des **Produzierenden Gewerbes** (vgl. 9.1.2). Gegenwärtig ist hier die Abschneidegrenze für Unternehmen und Betriebe weitgehend einheitlich auf 20 und mehr Beschäftigte festgelegt. In Wirtschaftszweigen mit überwiegend kleinbetrieblicher Struktur liegt die Abschneidegrenze noch bei 10 Beschäftigten. Bei der Anwendung des Abschneideverfahrens im Produzierenden Gewerbe kann es durchaus zu einer Totalerhebung oberhalb der Abschneidegrenze kommen. Vom Gesetzgeber ist jeweils der Erhebungsumfang für verschiedene Stichproben festgelegt worden.

Aufgrund der Anforderungen der EU wurde ab 1995 in den Jahreserhebungen der **Repräsentativerhebungen im Handel und Gastgewerbe** (vgl. 9.1.4) auf die bisherigen Abschneidegrenzen (nach Jahresumsatz) verzichtet. Die Präzision der Totalwerte wird darunter zwar leiden, der Gesamtfehler dürfte aber eher geringer sein, da die durch die Abschneidegrenze verursachte Fehlerkomponente wegfällt. Die Abschneidegrenzen in den Monatserhebungen wurden ab 1995 im Großhandel auf 2 Mill. DM Jahresumsatz und im Einzelhandel auf 500.000 DM festgelegt. Der Anteil der Unternehmen unterhalb dieser Abschneidegrenzen beträgt in beiden Bereichen jeweils 63%, ihr Anteil am Gesamtumsatz jedoch nur 4% im Großhandel bzw. 6% im Einzelhandel (vgl. Bihler 1995, S. 853). Bei der Totalerhebung im Handel und Gastgewerbe, der Handels- und Gaststättenzählung 1993, lag die Abschneidegrenze bei Kleinunternehmen, deren Jahresumsatz weniger als 25.000 DM beträgt.

Ein weiteres Anwendungsfeld des Abschneideverfahrens findet sich in der amtlichen **Agrarstatistik** (vgl. 9.1.3). Hierbei ist meist nach Festlegung der

Abschneidegrenzen eine Zufallsstichprobe vorgesehen. Im Ergänzungsprogramm der Agrarberichterstattung und in der EU-Strukturerhebung werden landwirtschaftliche Betriebe mit einer landwirtschaftlich genutzten Fläche von mindestens 1 ha erhoben. Im Rahmen der Bodennutzungs- und Ernteerhebung werden Mindestflächen für die Auswahl festgesetzt. Beispielsweise gehen in die Obstbaumerhebung nur Baumobstflächen von 15 Ar und mehr ein.

Das aufgrund der dargelegten Vorteile in der Wirtschaftsstatistik häufig angewandte Abschneideverfahren führt dazu, daß der Datenbedarf über kleine und mittlere Unternehmen bislang von der amtlichen Statistik nicht laufend, umfassend und vollständig gedeckt wird.

Nicht zuletzt ist hierin auch ein Grund zu sehen, daß es noch keinen umfassenden statistischen Nachweis des tertiären Sektors gibt, der gekennzeichnet ist durch kleine und mittlere Unternehmen, die raschem Wandel unterliegen. Der Bedarf an (Struktur-)Daten über mittlere und kleine Unternehmen wird auch durch Eurostat sowohl bei der Überarbeitung der Strukturerhebungen in der Industrie als auch bei der Verbesserung der Datenlage im Dienstleistungsbereich berücksichtigt. Wenn es Eurostat gelingt, ein für die Mitgliedsstaaten verbindliches Programm zu entwickeln, dann könnte auf der Basis einer einheitlichen Definition von mittleren und kleinen Unternehmen das diesbezügliche Datenangebot mit dem übrigen Datenangebot der deutschen amtlichen Statistik abgestimmt werden

Zitierte Literatur (Kapitel 2)

Bihler, W.: Neuer Stichprobenplan für die Repräsentativstatistiken im Handel und Gastgewerbe ab 1995. Wirtschaft und Statistik, 2/1995

Bihler, W.; Ehling, M.: Das Stichprobenverfahren in der Zeitbudgeterhebung. Wirtschaft und Statistik, 6/1995

Böltken, F.: Auswahlverfahren. Eine Einführung für Sozialwissenschaftler. Stuttgart 1976

Chlumsky, J.; Ehling, M.: Grundzüge des künftigen Konzepts der Wirtschaftsrechnungen privater Haushalte. Wirtschaft und Statistik, 7/1997

Ehling, M.: Ergebnisse des Pretest der Zeitbudgeterhebung. In: Ehling, M.; u.a. (Hg.): Zeitbudgeterhebungen der amtlichen Statistik. Ausgewählte Arbeitsunterlagen zur Bundesstatistik. Heft 17 (1991)

Esenwein-Rothe, I.: Die Methoden der Wirtschaftsstatistik. Bd. 1. Göttingen 1976

Eurostat: Comparison in real terms of the aggregates of ESA. Results for 1990 and 1991. Brüssel, Luxemburg 1994

v. Koolwijk, J.: Das Quotenverfahren. In: v. Koolwijk, J.; Wieken-Mayser, M. (Hg.): Techniken empirischer Sozialforschung. Bd. 6. München 1974

Lützel, H.: Ergänzungen der Volkswirtschaftlichen Gesamtrechnungen um die Haushaltsproduktion. In: v. Schweitzer, R.; u.a. (Hg.): Zeitbudgeterhebungen. Ziele, Methoden und neue Konzepte. Forum der Bundesstatistik. Bd. 13 (1990)

Moser, C.A.; Kalton, G.: Survey Methods in Social Investigation. 2. Auflage. London 1971

StBA [2.1]: Preise. Informationen über die Preisstatistik der Bundesrepublik Deutschland. Wiesbaden 1994

StBA [2.2]: Wirtschaftsrechnungen. Einkommens- und Verbrauchsstichprobe 1993. Fachserie 15. Heft 7 (1997)

StBA [2.3]: Methoden, Verfahren, Entwicklungen. Ausgabe 2 (1989)

3 Einfache Zufallsauswahl und systematische Auswahl

3.1 Einfache Zufallsauswahl

3.1.1 Auswahltechnik

Als Zufallsstichprobe bezeichnet man eine Stichprobe, die über eine Zufallsauswahl ermittelt worden ist. Eine Zufallsauswahl liegt vor, wenn die Ziehung der Stichprobeneinheiten nach dem Zufallsprinzip erfolgt, und **jede** Auswahleinheit der zugrundeliegenden Gesamtheit eine **echte** (d.h. positive) Auswahlchance besitzt.

Der entscheidende Vorteil von Zufallsstichproben gegenüber anderen Verfahren von Teilerhebungen besteht darin, daß nur Zufallsstichproben statistisch gesicherte Rückschlüsse auf die Gesamtheit ermöglichen, d.h. nur Zufallsstichproben erlauben unverzerrte Ergebnisschätzungen und Abschätzungen der Präzision der Ergebnisse auf der Basis der Wahrscheinlichkeitsgesetze (**Punktschätzungen** der Parameter und der Standardfehler und **Intervallschätzungen**).

Man spricht von einer **einfachen Zufallsauswahl**, wenn die Auswahleinheiten mit den Erhebungseinheiten übereinstimmen und sämtliche Einheiten die **gleiche** Chance haben, in die Stichprobe zu gelangen. Dabei wird zwischen der Auswahl mit Zurücklegen und der Auswahl ohne Zurücklegen unterschieden.

Eine Auswahl **mit Zurücklegen** ist dann gegeben, wenn jede gezogene Einheit nach ihrer Registrierung in die Gesamtheit zurückgeführt wird, so daß diese bei jeder neuen Ziehung vollzählig ist und einzelne Einheiten zufällig auch mehrfach in die Stichprobe gelangen können. Dieses Verfahren ist für die praktische Anwendung - insbesondere im Fall hoher Auswahlsätze - wenig geeignet, weil mehrfach ausgewählte Einheiten nur einmal erfaßt zu werden pflegen und ein entsprechend großer Teil der Stichprobe faktisch nicht wirksam wird.

Zur Behebung dieses Nachteils wird das Verfahren der Auswahl **ohne Zurücklegen** bevorzugt, bei dem bereits gezogene Einheiten nicht wieder in die Gesamtheit zurückgeführt werden, sondern die Auswahl weiterer Einheiten auf die in der Gesamtheit noch verbliebenen Einheiten beschränkt wird. Durch Vergrößerung der Stichprobe wird eine endliche Auswahlgesamtheit allmählich immer mehr ausgeschöpft. Bei jeder der einzelnen Zufallsziehungen ist zwar die Auswahlwahrscheinlichkeit für sämtliche noch in der Gesamtheit verbliebenen Einheiten gleich, doch wächst diese von Ziehung zu Ziehung, weil die der Einzelauswahl zur Verfügung stehende Gesamtheit allmählich immer kleiner wird.

Als Auswahltechniken für die Realisierung einfacher Zufallsauswahlenwerden folgende Verfahren angewendet:

- Auswahl per Los oder per Zufallszahlengenerator,
- Systematische Auswahl mit Zufallsstart,
- Zufallsauswahl mit STIA, dem maschinellen Stichprobenauswahlprogramm der amtlichen Statistik,
- Auswahl nach Namensanfängen,
- Geburtstagsauswahl,
- Telefonnummernauswahl.

Das **Losverfahren,** bei dem die Stichprobeneinheiten nacheinander aus einer Lostrommel gezogen werden, kommt nur dann als Auswahlverfahren in Frage, wenn die Auswahlgesamtheit klein ist und die Repräsentanten aller zugehörigen Einheiten bereits auf Trägern (Karten, Papierröllchen o.ä.) vorliegen und gut gemischt werden können. Bei umfangreicheren Auswahlgesamtheiten bietet sich eher die Verwendung von **Zufallszahlengeneratoren** an, deren Ergebnisse auch in Form von Zufallszahlen-Tabellen aufbereitet werden. Beide Verfahren werden in der Erhebungspraxis selten angewendet.

Für Stichproben aus Gesamtheiten von Personen, die in alphabetisch geordneten Registern oder Karteien verzeichnet sind, kann mit Vorteil eine **Auswahl nach Namensanfängen** verwendet werden. Die Möglichkeit hierzu beruht auf der Tatsache, daß sich für die relativen Häufigkeiten der einzelnen Anfangsbuchstaben der Familiennamen markante Ausprägungen herausgebildet haben, die im Zeitablauf recht stabil sind. Die Stichprobenauswahl wird realisiert durch die Vergabe von Anfangsbuchstaben der Familiennamen, die - gemessen an der relativen Häufigkeit des Vorkommens in der Bevölkerung - dem Auswahlsatz der Stichprobe entsprechen. Wegen regionaler Unterschiede bei den Namensverteilungen sind solche Auswahlen prinzipiell problematisch. Im Zusammenhang mit der Volkszählung 1970 bot sich die Gelegenheit, die Häufigkeitsverteilungen der Namensanfänge repräsentativ - zumindest für die deutsche Bevölkerung in der Bundesrepublik einschließlich Berlin (West) zu ermitteln[1].

Die Stichprobe umfaßt 0,83% der gesamten Wohnbevölkerung bei der Vor- und Familiennamen von Personen mit Geburtstag 31. März, Mai und Juli erfaßt wurden. Es wurden daraus mehrere Gruppen von Anfangsbuchstaben mit ungefähr einheitlicher Häufigkeit gebildet und im Wechsel zwischen verschiedenen Erhebungsteilen parallel herangezogen. Zu den Auswahlsätzen 5% und 6,25% sind in Übersicht 3.1 die nach bis zu drei Anfangsbuchstaben unterschiedlichen Gruppen abgegrenzt. Durch Zusammenfassung können auch die Auswahlsätze 10%, 12,5%, 15%, 20% usw. näherungsweise verwirklicht werden.

[1] Da in der Volkszählung 1987 nicht das exakte Geburtsdatum angegeben werden mußte, kann eine derartige Untersuchung nicht aktualisiert werden.

Übersicht 3.1: *Gruppen von Namensanfängen im Bundesgebiet (Wohnbevölkerung am 27.05.1970)*

Spanne der Anfangsbuchstaben	Bevölkerung (%) einzeln	kumuliert
Aa - Bem	4,93	4,93
Ben - Brk	5,01	9,93
Bro - Doe	5,15	15,08
Dof - Fip	4,92	20,00
Fir - God	4,97	24,93
Goe - Har	5,09	30,05
Has - Hof	5,15	35,20
Hog - Kap	4,75	39,95
Kar - Kok	5,01	44,96
Kol - Lat	4,96	49,92
Lau - Mas	5,07	54,99
Mat - Muf	5,01	60,00
Mug - Pez	4,97	64,97
Pfa - Ric	5,11	70,08
Rid - Schep	4,87	74,96
Scher - Schud	4,92	79,87
Schue - Sta	5,22	85,09
Ste - Tuc	4,91	90,00
Tud - Wep	4,94	94,94
Wer - Zyz	5,06	100,00
Aa - Bie	6,33	6,33
Bif - Com	6,17	12,50
Con - Fab	6,25	18,75
Fac - God	6,21	24,96
Goe - Heh	5,90	30,86
Hei - Jae	6,71	37,57
Jaf - Kno	6,19	43,76
Knu - Lat	6,15	49,92
Lau - Mem	6,29	56,20
Men - Oec	6,30	62,50
Oed - Reh	6,19	68,69
Rei - Schep	6,26	74,96
Scher - Schr	6,11	81,07
Schw - Sub	6,43	87,50
Suc - Weh	6,24	93,74
Wei - Zyz	6,26	100,00

Ein ähnliches Ersatzverfahren für die Zufallsauswahl ist die **Geburtstagsauswahl**. Sie ist nur auf Personengesamtheiten anwendbar und setzt voraus, daß auf Grund von Erhebungen oder in Registern zu jeder Person ihr Geburtstag zuverlässig bekannt ist. Weiter wird davon ausgegangen, daß zwar längerfristige Veränderungen der Geburtenzahl sowie gewisse saisonale und wochentägliche Schwankungen wirksam, im übrigen jedoch nur zufällige Einflüsse vorhanden sind, die mit Erhebungstatbeständen aus dem soziodemographischen Bereich in keiner kausalen Beziehung stehen. Unter diesen Annahmen wird eine Stichprobe von mehreren, über das Jahr verteilten Kalendertagen gezogen;

sämtliche Personen aller Jahrgänge, die an einem dieser Kalendertage geboren sind, bilden die Stichprobe. Je nach der Zahl dieser Tage lassen sich verschiedene Auswahlsätze verwirklichen. Auch eine Beschränkung der Stichprobe auf bestimmte Altersgruppen kann unter Bezugnahme auf die entsprechenden Geburtsjahre verhältnismäßig leicht erreicht werden. Die strukturelle Gliederung der Ergebnisse dürfte im allgemeinen recht zuverlässig sein (vgl. die oben dargestellte Auswertung nach Namensanfängen), während die Nachweisung hochgerechneter Ergebnisse möglicherweise durch eine unzureichende jahreszeitliche Repräsentation beeinträchtigt sein kann.

Mit wachsender Dichte der Telefonanschlüsse nimmt das Telefoninterview (vgl. 1.1.2) als Erhebungstechnik zu. Die üblichen Zufallsauswahlverfahren bei der telefonischen Befragung basieren auf dem Prinzip, daß alle Telefonnummern von Privathaushalten die gleiche Auswahlchance haben. Diese Bedingung ist verletzt, wenn einige Haushalte keinen Telefonanschluß haben und/oder falls einige Haushalte über mehr als eine Nummer erreichbar sind. Die telefonische Erhebungstechnik gestattet die zufällige Bildung von **Telefonnummern** (Random Digit Dialing-Verfahren). Bei diesem Verfahren werden die einzelnen Ziffern der anzuwählenden Telefonnummern entweder aus einer Zufallszahlen-Tabelle oder mit Hilfe eines Zufallszahlengenerators gebildet. Unter der Voraussetzung, daß alle Telefonnummern die gleiche Länge haben, haben alle Telefonbesitzer die gleiche Auswahlchance. Aus Effizienzgründen und weil die Annahme gleicher Länge aller Nummern in den meisten Fällen nicht erfüllt ist, wird man im allgemeinen nicht die volle Nummer zufällig generieren, sondern z.B. die Ortsnetzkennzahlen entsprechend ihren Anteilen in der Grundgesamtheit verteilen und dann nur die eigentliche örtliche Nummer zufällig bilden. Dies entspricht einer geschichteten Erhebung mit proportionaler Aufteilung, in die die Bereiche der Ortsnetzkennzahlen als Schichten eingehen (vgl. Schach 1992, S. 383). Ein Nachteil des RDD-Verfahrens besteht darin, daß viele Nummern gebildet werden, die in Wirklichkeit nicht existieren. Bei dem RLD-Verfahren (Randomize Last Digit), das diesen Nachteil vermeidet, werden aus dem Telefonbuch zufällig Nummern gezogen, wobei die letzte Ziffer der gezogenen Nummern zufällig verändert wird.

3.1.2 Schätzer

Ziel von Stichproben ist es, anhand der Stichprobenparameter Aussagen über die Parameter der Grundgesamtheit zu gewinnen (vgl. 1.2.2).
Bei **einfacher Zufallsauswahl ohne Zurücklegen** gibt es $K = \binom{N}{n} = \frac{N!}{n!(N-n)!}$ mögliche Stichproben von n Einheiten aus einer Grund-

gesamtheit von N Erhebungseinheiten, von denen jede die Auswahlwahrscheinlichkeit $f = n/N$ hat. Diese Rate wird als Auswahlsatz bezeichnet. Anhand der Stichprobenparameter lassen sich folgende erwartungstreue Schätzfunktionen für die Parameter der Gesamtheit und deren Fehlervarianzen ableiten:

- Schätzfunktion für den Gesamtwert (Totalwert) X:

$$\hat{X} = \frac{N\sum_{i=1}^{n} x_i}{n} = \frac{N}{n} x \qquad \mathrm{E}(\hat{X}) = X \tag{3.1.1}$$

Fehlervarianz von $\hat{X}$:

$$\sigma_{\hat{X}}^2 = N^2 \frac{N-n}{N-1} \frac{\sigma_X^2}{n} \tag{3.1.2}$$

Schätzfunktion für die Varianz der Einzelwerte σ_X^2:

$$\hat{\sigma}_X^2 = \frac{N-1}{N} s_x^2 \tag{3.1.3}$$

Die Fehlervarianz $\sigma_{\hat{X}}^2$ bzw. der Standardfehler $\sigma_{\hat{X}}$ werden erwartungstreu geschätzt durch:

$$\hat{\sigma}_{\hat{X}}^2 = s_{\hat{X}}^2 = N^2 \frac{N-n}{N} \frac{s_x^2}{n} = N^2 (1-f) \frac{s_x^2}{n} \tag{3.1.4}$$

bzw.

$$s_{\hat{X}} = \sqrt{s_{\hat{X}}^2} = N\sqrt{1-f}\, \frac{s_x}{\sqrt{n}} \tag{3.1.5}$$

Der Faktor N/n in (3.1.1.) ist der Kehrwert des Auswahlsatzes f und wird **Hochrechnungsfaktor** genannt. Das Schätzverfahren wird als **freie Hochrechnung** bezeichnet, weil außer dem Kehrwert des Auswahlsatzes keine weiteren Informationen zur Hochrechnung herangezogen werden.

Der Ausdruck $\sqrt{1-f}$ heißt Korrekturfaktor für endliche Gesamtheiten (**Endlichkeitskorrektur**). Die Endlichkeitskorrektur kann vernachlässigt werden, wenn der Auswahlsatz genügend klein ist (z.B. $\frac{n}{N} \leq 0{,}05$). Es kann dann näherungsweise von einer Stichprobe mit Zurücklegen ausgegangen werden.

Der relative Standardfehler von $\hat{X}$ wird geschätzt durch:

$$v_{\hat{X}} = \frac{s_{\hat{X}}}{\hat{X}} = \sqrt{\frac{1-f}{n}} v_x \,, \tag{3.1.6}$$

wobei $v_x = s_x / \bar{x}$ den Variationskoeffizienten des Merkmals in der Stichprobe bezeichnet (vgl. (1.2.16)).

Die Formel verdeutlicht, in welchem Maß der relative Standardfehler $v_{\hat{X}}$ durch die Größe der Stichprobe beeinflußt wird. Im maßgeblichen Faktor $\sqrt{(1-f)/n}$ wirkt der Stichprobenumfang n stets unmittelbar fehlermindernd, während der "relative Stichprobenumfang" f erst dann wirksam wird, wenn die Stichprobe einen merklichen Teil der Gesamtheit ausschöpft.

- Schätzfunktion für den Mittelwert μ:

$$\hat{\mu} = \bar{x} = \frac{\sum_{i=1}^{n} x_i}{n} = \frac{x}{n} \tag{3.1.7}$$

Fehlervarianz von $\bar{x}$:

$$\sigma_{\bar{x}}^2 = \frac{N-n}{N-1} \frac{\sigma_X^2}{n} \tag{3.1.8}$$

Die Fehlervarianz $\sigma_{\bar{x}}^2$ bzw. der Standardfehler $\sigma_{\bar{x}}$ werden erwartungstreu geschätzt durch:

$$\hat{\sigma}_{\bar{x}}^2 = s_{\bar{x}}^2 = (1-f) \frac{s_x^2}{n} \tag{3.1.9}$$

bzw.

$$s_{\bar{x}} = \sqrt{s_{\bar{x}}^2} = \sqrt{1-f} \frac{s_x}{\sqrt{n}} \tag{3.1.10}$$

Die Schätzwerte für die relativen Standardfehler von $\hat{X}$ und $\hat{\bar{X}}$ stimmen wegen:

$$v_{\hat{\bar{X}}} = \frac{s_{\hat{\bar{X}}}}{\hat{\bar{X}}} = \frac{\frac{1}{N} s_{\hat{X}}}{\frac{1}{N} \hat{X}} = \frac{s_{\hat{X}}}{\hat{X}} = v_{\hat{X}}$$

überein.

- Schätzfunktion für den Anteilswert P einer Teilmenge an der Gesamtheit:

$$\hat{P} = \frac{x}{n}, \tag{3.1.11}$$

wobei x der Anzahl von Stichprobeneinheiten entspricht, die die Merkmalsausprägung besitzen.

Fehlervarianz von $\hat{P}$:

$$\sigma_{\hat{P}}^2 = \frac{N-n}{N-1} \frac{\pi(1-\pi)}{n} \tag{3.1.12}$$

Die Fehlervarianz $\sigma_{\hat{P}}^2$ bzw. der Standardfehler σ_P werden erwartungstreu geschätzt durch:

$$\hat{\sigma}_{\hat{P}}^2 = s_{\hat{P}}^2 = (1-f)\frac{P(1-P)}{n} \tag{3.1.13}$$

bzw.

$$s_P = \sqrt{s_{\hat{P}}^2} = \sqrt{1-f}\,\sqrt{\frac{P(1-P)}{n}} \tag{3.1.14}$$

Der relative Standardfehler von P wird geschätzt durch:

$$v_P = \frac{s_P}{P} = \sqrt{\frac{1-f}{n}}\,\sqrt{\frac{1-P}{P}} \tag{3.1.15}$$

Die entsprechenden (1-α)% - Konfidenzintervalle sind:

- Gesamtwert: $\left[\hat{X} - z_{1-\frac{\alpha}{2}}\, s_{\hat{X}},\ \hat{X} + z_{1-\frac{\alpha}{2}}\, s_{\hat{X}}\right]$
- Mittelwert: $\left[\bar{x} - z_{1-\frac{\alpha}{2}}\, s_{\bar{x}},\ \bar{x} + z_{1-\frac{\alpha}{2}}\, s_{\bar{x}}\right]$
- Anteilswert: $\left[P - z_{1-\frac{\alpha}{2}}\, s_P,\ P + z_{1-\frac{\alpha}{2}}\, s_P\right]$

Zur Bedeutung der einfachen Zufallsstichprobe in der Wirtschafts- und Sozialstatistik ist festzustellen, daß sie konzeptionell die einfachste Methode der Stichprobenziehung ist, mit der alle anderen Verfahren verglichen werden. Gerade für sehr komplizierte Auswahlverfahren kann die Fehlerrechnung der einfachen Zufallsauswahl als Grundlage dienen und die darüber hinausgehenden Effekte des Stichprobenverfahrens werden oft durch "Designeffekt-Faktoren" berücksichtigt (z.B. Mikrozensus, vgl. 12.1.2).

3.1.3 Schätzer für gegliederte Ergebnisse

In der Stichprobenpraxis, insbesondere auch in der amtlichen Statistik, sind im allgemeinen nicht nur Ergebnisse für die Gesamtheit, sondern auch solche für Teilgesamtheiten nachzuweisen. Bei **Gliederung der Gesamtheit in *K* Nachweisgruppen** lauten die Schätzfunktionen für die Gliederungsgruppe $k\,(k = 1,2,\ldots,K)$ wie folgt:

- Schätzfunktion für den Gesamtwert $X_{(k)}$ der Nachweisgruppe k:

$$\hat{X}_{(k)} = \frac{N}{n}\sum_{i \in k} x_i \qquad k = 1,2,\ldots,K \tag{3.1.16}$$

Summiert werden darf hier nur über diejenigen Stichprobeneinheiten, die der Gruppe k angehören.

Die Standardfehlerschätzung für $\hat{X}_{(k)}$ muß sich wie bei (3.1.5) formal über sämtliche n Stichprobeneinheiten erstrecken:

$$s_{\hat{X}_{(k)}} = N\sqrt{\frac{1-f}{n}}\, s_{x_{(k)}} \tag{3.1.17}$$

mit

$$s_{x_{(k)}} = \sqrt{\frac{1}{n-1}\sum_{i=1}^{n}(x_i - \bar{x})^2}\ , \tag{3.1.18}$$

wobei

$$x_i = \begin{cases} x_i & \text{für } i \in k \\ 0 & \text{sonst} \end{cases} \qquad k = 1,2,\ldots,K$$

Für x_i werden die Werte nur derjenigen Auswahleinheiten eingesetzt, die der jeweiligen Gruppe k angehören; für die übrigen Einheiten ist der Wert 0 zu verwenden. Das gleiche gilt für den Mittelwert $\bar{x}$ in Formel (3.1.18), in dem sämtliche n Einheiten - teilweise mit dem Wert 0 - zu berücksichtigen sind.

Die Summe in Formel (3.1.18) kann je Gruppe k zerlegt werden in die n_k Summanden, die der Gruppe k zuzurechnen und die übrigen Summanden, deren x_i-Werte null zu setzen sind:

$$\begin{aligned}\sum_{i=1}^{n}(x_i-\bar{x})^2 &= \sum_{i\in k}\left[(x_i-\bar{x}_k)+(\bar{x}_k-\bar{x})\right]^2+\sum_{i\notin k}(x_i-\bar{x})^2 \\ &= (n_k-1)s_k^2+n_k(\bar{x}_k-\bar{x})^2+(n-n_k)\bar{x}^2\end{aligned} \tag{3.1.19}$$

Hierin bedeuten $\bar{x}_k$ und s_k^2 den Mittelwert und die Varianz für ausschließlich die Einheiten, die zur Gruppe k gehören:

$$\bar{x}_k=\frac{1}{n_k}\sum_{i\in k}x_i \tag{3.1.20}$$

$$s_k^2=\frac{1}{n_k-1}\sum_{i\in k}(x_i-\bar{x}_k)^2 \tag{3.1.21}$$

Mit $p_k = n_k / n$ ergibt sich damit aus Formel (3.1.17):

$$s_{\hat{X}_{(k)}}=N\sqrt{\frac{1-f}{n}\left[\frac{n_k-1}{n-1}s_k^2+\frac{n}{n-1}p_k(1-p_k)\bar{x}_k^2\right]} \tag{3.1.22}$$

Der Faktor $(n_k-1)/(n-1)$ vor der Varianz s_k^2 kann näherungsweise gleich p_k gesetzt werden, wenn die Gruppe k in der Stichprobe nicht zu schwach vertreten ist.

Unter Berücksichtigung von $\hat{X}_{(k)} = N\cdot p_k\cdot\bar{x}_k$ und $v_k = s_k/\bar{x}_k$ folgt für den geschätzten relativen Standardfehler des hochgerechneten Gruppenergebnisses $\hat{X}_{(k)}$:

$$v_{\hat{X}_{(k)}}=\sqrt{\frac{1-f}{n}\left[\frac{n_k-1}{n-1}\frac{v_k^2}{p_k^2}+\frac{n}{n-1}\frac{(1-p_k)}{p_k}\right]} \tag{3.1.23}$$

Für $n_k\to n$ und $p_k\to 1$ geht diese Formel wieder in die Formel (3.1.6) für nicht untergliederte Schätzwerte über.

Die Unterschiede zwischen beiden Formeln charakterisieren den fehlervergrößernden **Untergruppeneffekt**. Dieser beruht zum einen darauf, daß das Quadrat des Variationskoeffizienten v_k für die zur Gruppe k gehörenden Stichprobeneinheiten um den Faktor $(n_k - 1)/\left((n-1)\ p_k^2\right)$, also näherungsweise um $1/p_k$ vergrößert wird; dabei nimmt die Erhöhung für geringer werdenden Anteil p_k der betreffenden Gruppe progressiv zu. Der zweite Summand in der Klammer von (3.1.23) verursacht eine zusätzliche Vergrößerung des Standardfehlers und ist nicht von der Merkmalsverteilung innerhalb der Gruppe k sondern im wesentlichen nur vom Untergruppenanteil p_k abhängig, wiederum mit progressiver Wirkung bei abnehmenden Werten von p_k. Welcher der beiden Summanden dominiert, kann angenähert aus dem Vergleich von v_k^2 mit $(1 - p_k)$ gefolgert werden: Ist der Variationskoeffizient v_k für die Merkmalswerte in der Gruppe größer als 1 (bzw. 100%), dann überwiegt mit Sicherheit der Fehler-Beitrag aus der Variabilität des betreffenden Merkmals.

Werden der ursprünglich vorhandenen Stichprobe weitere Einheiten aus der Gesamtheit der seit Erstellung der eigentlichen Auswahlgrundlage **neu entstandenen Auswahleinheiten** unter Anwendung des gleichen Auswahlsatzes zugeführt, dann vergrößern sich in der grundlegenden Fehlerformel (3.1.5) die Umfänge N und n, und die Summe über die Abweichungsquadrate vom neuen Mittelwert $\bar{x}$ bezieht die neuen Stichprobeneinheiten mit ein (vgl. 6.2.1). **Einheiten** der Stichprobe, die im Zeitraum zwischen Auswahlgrundlage und Erhebung **geteilt** worden sind, werden bei der Erhebung zwar als selbständige Einheiten getrennt erfaßt, müssen aber für die Durchführung der Fehlerrechnung mit ihren beobachteten Merkmalswerten formal wieder zusammengefaßt werden (vgl. 6.2.2). **Fusionierte Stichprobeneinheiten**, die bei der Erfassung nach Modell 2 in 6.2.2 behandelt werden, schaffen keine besonderen Probleme bei der Fehlerrechnung.

Ein wichtiger Sonderfall ist die Schätzung der Anzahl der Einheiten, die zu einer Untergruppe k gehören:

- Schätzfunktion für die Anzahl der Einheiten $N_{(k)}$ in der Untergruppe k:

$$\hat{N}_{(k)} = \frac{N}{n} n_k \tag{3.1.24}$$

Bei der Schätzung von $\hat{N}_{(k)}$ bzw. des Anteils $\hat{N}_{(k)} / N = n_k / n = p_k$ tragen alle Stichprobeneinheiten der Gliederungsgruppe k mit dem "Merkmalswert" 1 und alle übrigen Einheiten mit dem Wert 0 zum Ergebnis bei. Folglich gilt $v_k = 0$ und die Formel (3.1.23) vereinfacht sich zu:

$$v_{\hat{N}_{(k)}} = v_{p_k} = \sqrt{\frac{(1-f)(1-p_k)}{(n-1)\ p_k}} \tag{3.1.25}$$

Der relative Standardfehler für den geschätzten Anteil p_k - oder allgemeiner: für **Gliederungszahlen** - ist in übersichtlicher Weise abhängig vom Stichprobenumfang n, vom Auswahlsatz f und von der Höhe des Anteils p_k selbst. Die Formel (3.1.25) eignet sich deshalb besonders gut zur Vorausschätzung des relativen Standardfehlers oder des Stichprobenumfangs n, der zur Erreichung einer vorgegebenen Präzision erforderlich ist, weil keine Streuungsschätzungen für verteilte Merkmalswerte gebraucht werden. Für Überschlagsrechnungen gibt es eine noch griffigere Form, wenn - wegen des genügend großen Stichprobenumfangs - $n-1 \approx n$ und $n \cdot p_k = n_k$ gesetzt wird:

$$v_{\hat{N}_{(k)}} = v_{p_k} < \frac{1}{\sqrt{n_k}} \tag{3.1.26}$$

Anhand dieser Formel ist es auf einfache Weise möglich, eine obere Schranke für den relativen Standardfehler zur geschätzten Gesamtzahl $\hat{N}_{(k)}$ der Einheiten in der Gruppe k zu erhalten. Diese Schranke übersteigt den tatsächlichen Wert nur geringfügig, wenn der Auswahlsatz f und der Anteil p_k - wie üblich - klein sind.

Auch wenn die Ergebnisse einer ungeschichteten Stichprobe nicht in Tabellengruppen gegliedert werden, treten Untergruppeneffekte auf, und zwar beim Ausscheiden von Stichprobeneinheiten aus der Erhebungsgesamtheit. Derartige Abgänge (vgl. 6.2.1) vermindern die Zahl derjenigen Stichprobeneinheiten, deren Werte in der Ergebnistabelle nachzuweisen sind. Der Anteil p der in der Stichprobe verbleibenden Fälle an der ursprünglichen Gesamtzahl n von Stichprobeneinheiten ist jedoch gewöhnlich recht hoch, so daß der nach Formel (3.1.23) zusätzlich zu berücksichtigende Untergruppeneffekt entsprechend gering ist.

Bei der Schätzung von arithmetischen Mittelwerten eines Merkmals in einer Gliederungsgruppe k ist auch ein gewisser Untergruppeneffekt vorhanden, der allerdings bei weitem nicht so stark ist wie bei der Schätzung entsprechender Totalwerte. Das liegt im wesentlichen daran, daß bei Mittelwerten die zufällig erfaßte Zahl von Stichprobeneinheiten der Gliederungsgruppe sowohl in den Zähler als auch in den Nenner des Bruches eingeht; dadurch werden die auf dem Untergruppeneffekt beruhenden Schwankungen stark gedämpft.

- Schätzfunktion für den Mittelwert $\overline{X}_{(k)}$ in der Untergruppe k:

$$\hat{\overline{X}}_{(k)} = \frac{\frac{N}{n}\sum_{i \in k} x_i}{\hat{N}_{(k)}} = \frac{1}{n_k}\sum_{i \in k} x_i = \overline{x}_k \tag{3.1.27}$$

Diese Formel ist nicht geeignet für Schätzungen des Gesamtwertes $\hat{X}_{(k)}$, weil der dazu erforderliche Faktor $N_{(k)}$ für den Berichtszeitraum in aller Regel nicht bekannt ist, sondern seinerseits geschätzt werden müßte.

Aus der Multiplikation von $\hat{\overline{X}}_{(k)}$ nach (3.1.27) mit $\hat{N}_{(k)}$ nach (3.1.24) wird ersichtlich, daß die freie Hochrechnung für Teilgesamtheiten nur nach Formel (3.1.16) vorgenommen werden kann. Hinter diesen Regeln steht der methodische Grundsatz, daß im Hochrechnungsfaktor die Umfänge N und n (oder N_k und n_k) für denselben Zeitraum gültig sein müssen (vgl. 6.2.1). Die Schätzfunktion (3.1.27) ist ein Spezialfall der Verhältnisschätzung (vgl. 7.1.1). Im allgemeinen sind Verhältnisschätzer nicht erwartungstreu. Da es sich hier aber um einfache Zufallsauswahl handelt und im Nenner des Schätzers eine Fallzahl steht, liefert (3.1.27) unverzerrte Schätzwerte (vgl. Levy; Lemeshow 1991, S. 54ff.).

Der geschätzte Standardfehler $s_{\hat{\overline{X}}_{(k)}}$ ergibt sich näherungsweise aus:

$$s_{\hat{\overline{X}}_{(k)}} = \sqrt{\frac{1}{n_k} - \frac{1}{\hat{N}_{(k)}}}\, s_k \tag{3.1.28}$$

3.2 Systematische Auswahl

3.2.1 Auswahltechnik

Von wesentlich größerer Bedeutung als die einfache Zufallsauswahl ist für die Praxis die **systematische Auswahl mit Zufallsstart**, die bei zufällig geordneten Gesamtheiten ein gleichwertiger Ersatz für das Verfahren der strengen Zufallsauswahl ist und technisch einfacher realisiert werden kann. Ihre Anwendung setzt voraus, daß die Auswahleinheiten der Gesamtheit in Folge geordnet sind, was in der amtlichen Statistik gewöhnlich immer erfüllt ist, weil die Auswahlgrundlage meistens aus den Daten vorausgehender Totalerhebungen besteht und auf maschinellen Datenträgern vorliegt. Die Stichprobeneinheiten werden in konstanten Zählabständen ("jede *a-te* Einheit") aus der geordnet vorliegenden Gesamtheit der Auswahleinheiten gezogen. Das bei der systematischen Auswahl zu verwendende "Schrittmaß" a ergibt sich aus dem Verhältnis N/n. Um dem Zufallsprinzip Geltung zu verschaffen, wird bei der Bestimmung der ersten Stichprobeneinheit ein Zufallsstart i benutzt, und zwar eine Zahl, die zwischen 1 und a zufällig ausgewählt wird. Mit diesen Regeln ist die Stichprobe durch die Nummern der Auswahleinheiten i, $i+a$, $i+2a$, $i+3a$,..., $i+(n-1)a$ eindeutig festgelegt (vgl. 3.2.2).

In der Praxis bietet die systematische Auswahl ein weites Anwendungsfeld. Sie hat gegenüber der strengen Zufallsauswahl per Los oder Zufallszahlengenerator den großen methodischen Vorteil, daß die Präzision der Schätzwerte durch sogenannte Anordnungseffekte gesteigert werden kann, wenn die Auswahleinheiten der Gesamtheit **nicht** in zufälliger Folge hintereinander geordnet sind. Sektorale und regionale Teile der Auswahlgesamtheit können nämlich in der Stichprobe sicherer repräsentiert werden, wenn die Einheiten vor der systematischen Auswahl nach sektoralen oder regionalen Merkmalen sortiert worden sind. Die Sortierung oder Gliederung nach **Anordnungsgruppen** erlaubt eine nahezu proportionale Wiedergabe der Anzahl der Auswahleinheiten jeder einzelnen Gruppe in der Stichprobe; hierbei wird der vorbestimmte Auswahlabstand gruppenübergreifend, d.h. ohne Beachtung der Grenzen zwischen den Gruppen angewendet (im Gegensatz zur geschichteten Auswahl).

Bei großen Auswahlgesamtheiten ist es bisweilen möglich und sinnvoll, mehrere Merkmale zur Bildung von Anordnungsgruppen heranzuziehen. Dann muß für sie eine Rangfolge festgelegt werden in dem Sinne, daß zunächst Gruppen nach dem ersten Anordnungsmerkmal, innerhalb dieser Gruppen dann solche nach dem zweiten Merkmal gebildet werden, bevor die systematische Auswahl ohne Rücksicht auf die Grenzen zwischen allen Anordnungsgruppen vorgenommen wird. Der Nachteil ist darin begründet, daß der stets vorhandene Randeffekt entsprechend vervielfacht auftritt. Er kommt um so stärker zur Geltung, je kleiner der Umfang einer Anordnungsgruppe im Verhältnis zum Auswahlabstand ist. Dementsprechend findet die Zahl der sinnvoll zu berücksichtigen Merkmale und ihrer Gruppen eine natürliche Grenze.

Das Verfahren der systematischen Auswahl ist allerdings der Gefahr ausgesetzt, zu einseitig verzerrten Ergebnissen zu führen, wenn zyklisch wiederkehrende Regelmäßigkeiten in den Merkmalsausprägungen der Auswahleinheiten vorhanden sind, deren Zykluslänge mit dem Auswahlabstand a in einer ganzzahligen Beziehung steht. Um die systematische Auswahl von solchen und anderen verzerrenden Einflüssen freizuhalten, hat die amtliche Statistik ein **maschinelles Auswahlprogramm (STIA)** entwickelt, das nicht nur die Vorteile der systematischen Auswahl sondern auch die Verwirklichung der Zufallsanforderungen voll gewährleistet. Hierbei wird die Auswahlgesamtheit in aufeinanderfolgende gleich große Zonen mit jeweils m Einheiten $(a \leq m \leq N)$ unterteilt und je Zone unabhängig individuelle Zufallszahlen zwischen 1 und m für die Auswahl der Stichprobeneinheiten verwendet. Dieses Verfahren ermöglicht neben der Umsetzung des Auswahlverhältnisses "1 aus m" (in diesem Fall ist $m=a$) auch die Vergrößerung auf "2 aus m" oder "3 aus m", so daß - mit z.B. "3 aus 17" - auch nicht-ganzzahlige Auswahlabstände in beliebiger Ausformung verwirklicht werden können. Es werden also für jede Schicht Zonen aufeinanderfolgender Auswahleinheiten gebildet, aus denen gemäß vorgegebenen Auswahlabstand die Stichprobeneinheiten per Zufallsgenerator bestimmt werden.

Dieses maschinelle Auswahlverfahren verbindet die Vorzüge der systematischen Auswahl aus angeordnetem Material (wegen der Gruppierung der Auswahleinheiten nach Zonen) mit der echten Zufallsauswahl (innerhalb jeder Zone). Die Wirksamkeit der Anordnung ist dann am größten, wenn in der betreffenden Vorgabe "x aus m" die Zahlen x und m möglichst klein gewählt werden; in zahlreichen Anwendungsfällen (z.B. "2 aus 7", "3 aus 10", ...) läßt sich der allgemein günstigste Ansatz mit $x=1$ jedoch nicht verwirklichen.

Technische Auswahlprobleme sind gewöhnlich am größten bei der Aktualisierung der Stichprobe, um die seit Ermittlung der Auswahlgrundlage neu entstandenen Einheiten (Zugänge) in die Erhebung mit einbeziehen zu können. Damit dieses Ziel wenigstens näherungsweise erreicht werden kann, müssen meist große Anstrengungen hinsichtlich der Beschaffung von ergänzenden Unterlagen und Verzeichnissen (ergänzende Auswahlgrundlage, Zusatzrahmen) unternommen und überdies sichergestellt werden, daß diese Informationen im Verhältnis zu den bereits vorhandenen lückenlos und überschneidungsfrei sind. Technisch einfacher ist die Behandlung von ausgewählten Einheiten, die der Erhebungsgesamtheit nicht angehören (Abgänge), weil sie vor dem Erhebungstermin erloschen sind oder bereits in der Auswahlgesamtheit unzutreffend enthalten waren. Derartige Fälle beeinträchtigen lediglich die Stichprobenzufallsfehler der Ergebnisse; eine Verzerrung ist vermeidbar. Geteilte Stichprobeneinheiten werden sämtlich in der Stichprobe belassen. Für miteinander vereinigte Einheiten gibt es Verfahrensregeln (vgl. 6.2.2), die eine verzerrungsfreie Ergebnisschätzung ermöglichen.

3.2.2 Schätzer

Die systematische Auswahl unterscheidet sich von der einfachen Zufallsauswahl prinzipiell dadurch, daß nicht alle möglichen Stichproben vom Umfang n die gleiche Wahrscheinlichkeit besitzen, gezogen zu werden. Verantwortlich dafür ist die Auswahltechnik, bei der zwar zunächst mit einer zufällig bestimmten Stichprobeneinheit begonnen wird, die weiteren Stichprobeneinheiten dann aber durch den festen Auswahlabstand a als Schrittmaß bestimmt werden, so daß als Ziehungsergebnis nur a verschiedene Stichproben vom Umfang n möglich sind. Übersicht 3.2 beschreibt die möglichen Stichproben.

Übersicht 3.2: *Mögliche Stichproben vom Umfang n bei systematischer Auswahl mit Auswahlabstand a*

Gewählte Zufallszahl	Elemente in der Stichprobe	Merkmalswert
1	$1, 1+a, 1+2a, \ldots, 1+(n-1)a$	$X_1, X_{1+a}, X_{1+2a}, \ldots, X_{1+(n-1)a}$
2	$2, 2+a, 2+2a, \ldots, 2+(n-1)a$	$X_2, X_{2+a}, X_{2+2a}, \ldots, X_{2+(n-1)a}$
.	.	.
.	.	.
.	.	.
i	$i, i+a, i+2a, \ldots \ldots, i+(n-1)a$	$X_i, X_{i+a}, X_{i+2a}, \ldots \ldots, X_{i+(n-1)a}$
.	.	.
.	.	.
n	$a, 2a, 3a, \ldots \ldots, na$	$X_a, X_{2a}, X_{3a}, \ldots \ldots, X_{na}$

In Übersicht 3.2 wurde der Einfachheit halber unterstellt, daß $N / a = n$ ganzzahlig ist, so daß jede der a Stichproben die gleiche Anzahl n von Stichprobeneinheiten enthält.

Jede der Stichproben besteht aus einem "Klumpen" von n Einheiten, die jeweils a "Einheiten" von einander entfernt sind. Somit kann man die systematische Auswahl interpretieren als Zufallsauswahl eines Klumpens von n Einheiten aus a möglichen Klumpen (vgl. Levy; Lemeshow 1991, S. 74 ff). Die systematische Auswahl entspricht damit einer sogenannten einstufigen Klumpenauswahl vom Stichprobenumfang $m = 1$ (vgl. 5.2).

Eine erwartungstreue Schätzfunktion $\hat{X}_s$ für den Totalwert X der Grundgesamtheit bei systematischer Auswahl ist gegeben durch:

$$\hat{X}_s = a\,x \tag{3.2.1}$$

denn es gilt nach (1.2.17) wegen $w(s) = \frac{1}{a}$:

$$E\left(\hat{X}_s\right) = \sum_{s \in S} w(s)\,a\,x = \sum_{s \in S} \frac{1}{a}\,a\,x = \sum_{i=1}^{N} X_i = X$$

Die Schätzfunktion (3.2.1) ist stets erwartungstreu, auch wenn N/a nicht ganzzahlig ist, d.h. wenn - abhängig von der Zufallsstartzahl - der resultierende Stichprobenumfang entweder n oder $n+1$ ist.

Wenn N/a ganzzahlig ist, d.h. wenn $N = n \cdot a$ gilt, dann ist wegen (3.2.1) auch die Schätzfunktion $\hat{X}$ der einfachen Zufallsauswahl erwartungstreu:

$$\hat{X}_s' = \hat{X} = \frac{N}{n} x \qquad (3.2.2)$$

Im Falle $N = n \cdot a + k$ $(0 < k < a)$ ist (3.2.2) nicht erwartungstreu, denn x und n hängen vom Zufall ab und es gilt mit $\hat{N}_s = a \cdot n$:

$$\hat{X}_s' = \frac{N}{n} x = \frac{N \cdot a \cdot x}{a \cdot n} = \frac{N}{\hat{N}_s} \hat{X}_s \qquad (3.2.3)$$

Die Verzerrung ist aber selbst bei geringen Stichprobenumfängen meist unbedeutend, da $N - \hat{N}_s = k$ gilt. In der Stichprobenpraxis empfiehlt es sich deshalb im allgemeinen - trotz der fehlenden Erwartungstreue - bei systematischer Auswahl die Schätzfunktion $\hat{X}_s' = \hat{X}$ anstelle von $\hat{X}_s$ zu verwenden, da $\hat{X}$ bei einer Auswahl aus angeordnetem Material eine meist erheblich kleinere Fehlervarianz (und damit einen kleineren Gesamtfehler) aufweist als die unverzerrte Schätzfunktion $\hat{X}_s$. Mit gleicher Begründung können für die Schätzung des Mittelwertes μ bzw. des Anteilswertes π der Grundgesamtheit der Stichprobenmittelwert $\bar{x}$ bzw. der Stichprobenanteilswert P verwendet werden.

Der Einfachheit halber soll im folgenden stets angenommen werden, daß N/a ganzzahlig ist, d.h. daß $N = n \cdot a$ gilt.

- Schätzfunktion für den Gesamtwert X:

$$\hat{X}_s = a\,x = \frac{N}{n} x \qquad (3.2.2')$$

Fehlervarianz von $\hat{X}_s$:

$$\sigma^2_{\hat{X}_s} = a \sum_1^a \left(X_i - \overline{X}\right)^2 , \qquad (3.2.4)$$

wobei X_i die Summe der Merkmalswerte in der systematischen Stichprobe ist und $\overline{X} = \frac{1}{a} \sum_1^a X_i$ die mittlere Merkmalssumme je Stichprobe, gebildet über alle a möglichen systematischen Stichproben vom Umfang n, bezeichnet.

- Für den Mittelwert μ der Gesamtheit lautet die Schätzfunktion entsprechend:

$$\hat{\mu}_s = \frac{x}{n} = \bar{x} \qquad (3.2.5)$$

Fehlervarianz von $\bar{x}$:

$$\sigma^2_{\hat{\bar{X}}_s} = \frac{a}{N^2}\sum_1^a \left(X_i - \bar{X}\right)^2 \qquad (3.2.6)$$

$$= \frac{1}{a}\sum_1^a \left(\bar{\bar{X}}_i - \bar{\bar{X}}\right)^2,$$

wobei $\bar{\bar{X}}_i = X_i \,/\, n$ den Mittelwert je Erhebungseinheit in der systematischen Stichprobe i und $\bar{\bar{X}} = \sum_1^a X_i \,/\, N$ den Mittelwert des Merkmals je Erhebungseinheit, gebildet über alle a möglichen systematischen Stichproben vom Umfang n, bezeichnet.

Wie bereits angemerkt, entspricht die systematische Auswahl einer Klumpenauswahl vom Stichprobenumfang $m = 1$. Alle Schätzfunktionen lassen sich deshalb auch unmittelbar aus den Formeln für einstufige Klumpenauswahlen (vgl. 5.2.2) ableiten.

Leider ist es bei der systematischen Auswahl nicht möglich, Schätzungen für die Fehlervarianzen aus der gezogenen Stichprobe zu gewinnen, da diese nur aus einem einzigen Klumpen ($m = 1$) besteht. In der Stichprobenpraxis wird im allgemeinen hilfsweise auf die Schätzformeln der Fehlervarianzen bei einfacher Zufallsauswahl zurückgegriffen, obwohl diese - streng genommen - nur angewendet werden dürfen, wenn die Einheiten vor der systematischen Auswahl in zufälliger Reihenfolge liegen. Wichtige Schlußfolgerungen über die Effizienz von systematischen Auswahlen im Vergleich zu einfachen Zufallsauswahlen liefert (5.2.14), denn mit $M = a$ gilt:

$$\sigma^2_{\hat{\bar{X}}_s} = \left(1 + \frac{N-a}{a-1}\delta\right)\sigma^2_{\hat{\bar{X}}} = \left(1 + \frac{n-1}{1-f}\delta\right)\sigma^2_{\hat{\bar{X}}} \qquad (3.2.7)$$

δ bezeichnet hier das in (5.2.11) definierte Homogenitätsmaß, das die Korrelation zwischen Paaren von Einheiten der gleichen systematischen Stichprobe mißt.

Der Wertebereich von δ beginnt gemäß (5.2.12) bei sehr kleinen negativen Werten, wenn die Einheiten in jedem Klumpen sehr unterschiedlich sind ("Heterogenität"), und endet bei einem Maximum von Eins, wenn die Einheiten innerhalb eines Klumpens einheitlich ("Homogenität"), aber unterschiedlich gegenüber den Elementen in anderen Klumpen sind (vgl. 5.2.2).

Für den sogenannten **Designeffekt** der systematischen Auswahl, der definiert ist als Quotient $\sigma^2_{\hat{X}_s} / \sigma^2_{\hat{X}}$, gilt wegen (3.2.7):

$$\frac{\sigma^2_{\hat{X}_s}}{\sigma^2_{\hat{X}}} = 1 + \frac{n-1}{1-f}\delta \tag{3.2.8}$$

Aus (3.2.8) ergibt sich, daß die systematische Auswahl bei positivem δ weniger effizient ist als die einfache Zufallsauswahl. Das ist z.B. dann der Fall, wenn die Einheiten der Erfassungsgrundlage so angeordnet sind, daß sie einen hohen Grad an Periodizität besitzen. Wenn δ Null ist, entsprechen die Fehlervarianzen jenen der einfachen Zufallsstichprobe. Das ist der Fall, wenn die Einheiten der Grundgesamtheit echt zufällig im Hinblick auf das Untersuchungsmerkmal angeordnet sind. In diesem Fall wird die systematische Zufallsauswahl als Ersatzverfahren zur echten Zufallsauswahl verwendet. Schließlich, wenn δ klein und negativ ist, werden die Fehlervarianzen kleiner sein als bei einfacher Zufallsauswahl. Ein solcher präzisionssteigernder Effekt wird im allgemeinen dadurch erreicht, daß die Einheiten der Auswahlgrundlage vor der systematischen Auswahl nach sektoralen oder regionalen Kriterien angeordnet werden, so daß jeweils benachbarte Einheiten Merkmalswerte ähnlicher Größe aufweisen oder derselben Region angehören.

Zitierte Literatur (Kapitel 3)

Levy, P.; Lemeshow, S.: Sampling of Populations: Methods and Applications. New York; u.a. 1991

Schach, S.: Methodische Aspekte bei der telefonischen Bevölkerungsbefragung - Grundsätzliche Überlegungen und Ergebnisse einer empirischen Untersuchung. In: Schach, S.; Trenkler, G.: Data Analysis and statistical Inference. Festschrift für Prof. Dr. F. Eicker. Bergisch Gladbach 1992

4 Geschichtete Zufallsauswahl

4.1 Schichtung

4.1.1 Schichtungsprinzipien

Die Planung von Stichprobenerhebungen beschränkt sich nicht auf die Festlegung von Auswahleinheiten, Stichprobenumfängen und Auswahltechniken. Sie versucht vielmehr, die mit einfachen Zufallsstichproben erreichbare Präzision der Ergebnisse durch wirksame Zusatzverfahren bei der Auswahl (und der Hochrechnung) zu steigern, soweit dies im Hinblick auf die mittleren Gesamtfehler, in denen auch nicht-stichprobenbedingte Fehler enthalten sind, zweckmäßig ist (vgl. Einführung 2). Ein wichtiges Mittel zur Steigerung der Präzision ist die Schichtung der Auswahleinheiten vor der Auswahl.

Als **Schichtung** wird die vollständige Zerlegung der Auswahlgesamtheit in mehrere überschneidungsfreie Gruppen bezeichnet. Die Gruppen heißen Schichten, die zur Gliederung verwendeten Merkmale Schichtungsmerkmale. Jede Auswahleinheit wird genau einer Schicht zugeordnet. Die Schichtung orientiert sich an den Merkmalsausprägungen der Einheiten, wie sie in der Auswahlgrundlage verzeichnet sind. Für den Auswahlvorgang ebenso wie für die Hochrechnung und die Fehlerrechnung besitzen die Schichten die Eigenschaft getrennter (Teil-) Gesamtheiten, deren Ergebnisse bei der Aufbereitung wieder zusammengeführt werden.

Einziges Ziel der Schichtung ist die Steigerung der Präzision der Stichprobenergebnisse gegenüber einfacher Zufallsauswahl. Dieses Ziel kann - je nach Aufgabenstellung der Stichprobenstatistik - durch zwei unterschiedliche Schichtungsprinzipien erreicht werden.

Schichtungsprinzip A besteht darin, die Schichtung ausschließlich zur Reduzierung der Streuung der interessierenden Merkmalswerte in der Auswahlgesamtheit einzusetzen, d.h. die einzelnen Schichten sind so gegeneinander abzugrenzen, daß die Variabilität der Nachweisungsmerkmale in jeder Schicht **geringer** als in der vollen Auswahlgesamtheit ist. Dementsprechend vermindert sich auch die Unterschiedlichkeit der Merkmalsausprägungen in der Stichprobe aus jeder einzelnen Schicht, so daß die strukturierte, aus den Schichten zusammengesetzte Repräsentation der Gesamtheit verringerte zufallsbedingte Schwankungen aufweist. Das Ziel der Schichtung wird in der Regel um so besser erreicht, je **einheitlicher** (homogener) die Merkmalswerte der Einheiten **innerhalb** der Schichten und je **unterschiedlicher** (heterogener) sie **zwischen** den Schichten sind. Zu beachten ist, daß die Schichtungsmerkmale mit den Erhebungsmerkmalen ausreichend eng korreliert sind (vgl. 4.1.2), um den erwünschten Schichtungseffekt zu erzeugen.

Bei **Schichtungsprinzip B** ist die Schichtung in enger Anlehnung an die vorgegebene Ergebnisgliederung der jeweiligen Stichprobenstatistik - günstigstenfalls identisch mit ihr - zu wählen. Dieses Schichtungsprinzip führt zur Steigerung der Präzision der gegliederten Ergebnisse gegenüber einfacher Zufallsauswahl, da der sogenannte Untergruppeneffekt (vgl. 4.1.6) reduziert wird.

Bei Stichprobenstatistiken, die ausschließlich Ergebnisse für die Erhebungsgesamtheit, nicht aber gegliederte Ergebnisse, d.h. Ergebnisse für Teile der Gesamtheit, erbringen sollen, kann man sich auf die Schichtung nach Schichtungsprinzip A konzentrieren. Bei allen anderen Stichprobenstatistiken ist Schichtungsprinzip B ggf. in Kombination mit Schichtungsprinzip A anzuwenden.

In der amtlichen Stichprobenpraxis ist es im allgemeinen üblich und erforderlich, beide Schichtungsprinzipien zu kombinieren. In regionaler Hinsicht erfordert z.B. die Erstellung von Ländererergebnissen immer eine Schichtung nach Bundesländern, in fachlicher Hinsicht sind z.B. zuverlässige Wirtschaftszweigergebnisse nur durch Schichtung nach Wirtschaftszweigen erreichbar. Darüber hinaus wird man aber in der Regel die so gewonnenen Schichten gemäß Schichtungsprinzip A weiter untergliedern (z.B. nach Umsatzgrößenklassen), um die Präzision der fachlichen Teilergebnisse noch weiter zu steigern.

Die Planungselemente der Schichtung sind die Schichtenbildung selbst und die Aufteilung der gesamten Stichprobe auf diese Schichten. Mit der Differenzierung der Auswahlsätze für die einzelnen Schichten ist nämlich eine zusätzliche Möglichkeit der Präzisionsbeeinflussung gegeben. Die Schichtenbildung ihrerseits beinhaltet die Entscheidungen darüber, welche Merkmale dazu herangezogen, wieviele Schichten gebildet und wo oder wie diese gegeneinander abgegrenzt werden.

Grundsätzlich setzt die Anwendung geschichteter Stichproben voraus, daß für jede Auswahleinheit Informationen zur Verfügung stehen, die für Schichtungszwecke nutzbar sind. Diese Voraussetzung ist für amtliche Stichprobenerhebungen meist erfüllt, da als Auswahlgrundlagen im allgemeinen Unterlagen früherer Erhebungen, Karteien oder Register verwendet werden können.

4.1.2 Schichtungsmerkmale

Die Frage, welche Merkmale der Schichtung zugrunde gelegt werden sollen, stellt sich vor allem bei Schichtung gemäß **Schichtungsprinzip A**, bei dem die Schichtung ausschließlich zur Homogenisierung der Merkmalswerte der Einheiten eingesetzt wird. Zunächst ist zu beachten, daß nur solche Merkmale überhaupt in Betracht gezogen werden können, die in der Auswahlgrundlage genügend zuverlässig und für alle Auswahleinheiten verzeichnet sind.

Die Wahl geeigneter Schichtungsmerkmale orientiert sich an den Merkmalen, die mit der vorzubereitenden Stichprobe erfaßt und zu tabellarischen Ergebnissen ausgewertet werden sollen. Stimmen die Merkmale der Stichprobenerhebung mit denen der vorausgegangenen Totalerhebung überein, stellt also die Stichprobe eine zeitliche Überbrückung gleichen Inhalts zwischen zwei Totalzählungen her, dann stehen **sämtliche** Merkmale in der Auswahlgrundlage für die Schichtung zur Verfügung. Da allerdings fast alle Merkmale zeitlichen Veränderungen unterliegen - und diese Tatsache ist ja letztlich die Begründung für wiederholte statistische Feststellungen - können die Merkmalsausprägungen in der Auswahlgrundlage denen der Stichprobenerhebung begrifflich nicht völlig gleichgesetzt werden. Unter ständiger Berücksichtigung dieser Gegebenheit soll im folgenden jedoch vereinfachend von gleichen Merkmalen die Rede sein, falls diese sich nur in zeitlicher Hinsicht unterscheiden.

Abgesehen von den einfachen, aber seltenen Fällen, in denen mit einer Stichprobenstatistik nur ein oder zwei Merkmale ermittelt werden sollen, stellt sich die Frage, ob es möglich, zweckmäßig oder etwa notwendig ist, mehrere Erhebungsmerkmale für die Schichtung der Gesamtheit zu verwenden, sofern alle diese Merkmale auch in der Auswahlgrundlage zu finden sind. Aus praktischen Erwägungen sollte die Zahl der Schichtungsmerkmale jedoch möglichst **klein** gehalten werden. Überdies läßt sich die Wirksamkeit eines Stichprobenplans durch Schichtung nicht beliebig steigern. Diese Gründe lassen es prinzipiell geraten erscheinen, mit der Prüfung zu beginnen, ob die Bezugnahme auf ein einziges Merkmal ausreichen könnte, und erst wenn dieses abgelehnt werden muß, auf ein weiteres Merkmal zurückzugreifen.

Für die Schichtung eignet sich vorrangig ein solches Merkmal, das in der Stichprobenerhebung besonders wichtig ist, an das relativ hohe Genauigkeitsanforderungen oder -erwartungen geknüpft werden und das mit anderen Merkmalen der Erhebung **korrelativ** verbunden ist. Die Wirksamkeit der Schichtung ist für dieses gewählte Merkmal am größten, je höher seine Korrelation zu allen übrigen Erhebungsmerkmalen ist, um so stärker haben diese an der Homogenisierungswirkung beim Schichtungsmerkmal teil, so daß sich ihre Heranziehung zu einer ergänzenden Schichtenbildung erübrigt. Ein zusätzlicher Gewinn durch die Schichtung nach einem zweiten Merkmal ist erst dann zu erwarten, wenn dieses mit dem ersten nur schwach korreliert ist, aber seinerseits mit einer Gruppe anderer Erhebungsmerkmale in genügend enger Korrelation steht. Nach dieser mit der Faktorenanalyse verwandten Vorstellung ist es also zweckmäßig, die Erhebungsmerkmale so zu gruppieren, daß sie innerhalb der Gruppen **eng**, zwischen verschiedenen Gruppen dagegen **schwach** korreliert sind und aus jeder Gruppe einen wichtigen der miteinander konkurrierenden Repräsentanten als Schichtungsmerkmal zu verwenden. Auf diese Weise entsteht eine Einteilung der Auswahlgesamtheit nach Art einer Kreuzgliederung. Im Einzelfall können umfangreiche Korrelationsuntersuchungen erforderlich sein.

Bei der Wahl der Schichtungsmerkmale ist ferner darauf zu achten, daß diese eine möglichst hohe zeitliche Stabilität aufweisen. Der Schichtungseffekt, der durch Reduzierung der Merkmalsvariabilität angestrebt wird und im Rahmen der methodischen Voruntersuchungen zum Auswahlplan anhand zeitlich zurückliegender Daten (in der Regel anhand der Daten der Auswahlgrundlage) kalkuliert worden ist, wird nämlich nur dann näherungsweise erreicht, wenn die zeitlichen Veränderungen der Merkmalsausprägungen der Schichtungsmerkmale gering sind. Der Aspekt der zeitlichen Stabilität der Schichtungsmerkmale spielt insbesondere bei periodisch wiederholten Stichprobenerhebungen eine bedeutsame Rolle.

Mit der Stichprobenerhebung werden vielfach andere, das Informationsfeld erweiternde Merkmale erfaßt, die in der aus einer Totalzählung stammenden Auswahlgrundlage nicht verzeichnet sind. Auch in diesen Fällen ist es unter dem Gesichtspunkt der Wirksamkeit erwünscht, daß unter den Merkmalen der Bezugserhebung ein solches für die Schichtung gewählt wird, das in möglichst enger Beziehung zu den Erhebungsmerkmalen steht. Hierbei kann es sich um ein gemeinsames Merkmal beider Erhebungen handeln, oder es muß die Verwendbarkeit eines **Bezugsmerkmals** auf Grund früherer Erfahrungen über die Beziehungen zwischen Total- und Stichprobenerhebung bestätigt oder erst ermittelt werden. Ersatzweise kann auch eine fachlich begründete Beurteilung der Eignung eines Merkmals für die Schichtung genügen, da die faktische Wirksamkeit einer Schichtung infolge der zeitlichen Merkmalsveränderungen im allgemeinen nicht so groß sein kann, wie sie anhand der Daten in der Auswahlgrundlage berechnet wird. Selbst eine kombinierte Schichtung nach zwei oder drei Merkmalen ist auf Grund fachlicher Überlegungen möglich und zu vertreten.

Wird eine mehrstufige Auswahl durchgeführt (vgl. 5.3), so können die definitorisch unterschiedenen Auswahleinheiten der einzelnen Stufen je für sich nach verschiedenen Merkmalen geschichtet werden. Für die Einheiten erster Stufe (die nicht mit den Erhebungseinheiten übereinstimmen) muß gewöhnlich eine Schichtung nach **übergeordneten** Merkmalen, die eine allgemeine Homogenisierung bewirkt, vorgenommen werden, während sich die Berücksichtigung der Erhebungsmerkmale im wesentlichen auf die Schichtung der Auswahleinheiten letzter Stufe - die meist auch Erhebungseinheiten sind - beschränken wird. Erfahrungsgemäß ist die Schichtung in der ersten Auswahlstufe am wirksamsten. Bei einer einstufigen Auswahl von Klumpen (vgl. 5.2), die jeweils mehrere Erhebungseinheiten umfassen, gilt ebenfalls, daß diese größeren Auswahleinheiten sich einer Schichtung nach verschiedenen Merkmalen, die für Erhebungseinheiten festgelegt sind, weitgehend entziehen.

Bei Schichtung gemäß **Schichtungsprinzip B** ist die Frage nach den Schichtungsmerkmalen meistens einfacher zu behandeln. Zu den betreffenden Stichprobenstatistiken ist gewöhnlich ein Tabellenprogramm vorbereitet, in dem für die Darstellungsmerkmale deren kategoriale Gliederung in regional oder sektoral unterschiedene Teilgruppen der Erhebungsgesamtheit vorgezeichnet ist. Für diese Teilgruppen würde eine einfache, ungeschichtete Zufallsauswahl beträchtliche **Untergruppeneffekte** (vgl. 4.1.6) hervorrufen, die infolge der vom Zufall abhängigen Zahl der Stichprobeneinheiten in den einzelnen Nachweisungsgruppen die Ergebnisgenauigkeit beeinträchtigen. Gerade an dieser Stelle kann die Schichtung - ähnlich wie eine Anordnung vor der systematischen Auswahl - entscheidende Verbesserungen bewirken. Es ist deshalb wichtig, genau diejenigen Merkmale mit ihren Kategorien bzw. Größenklassen zur Schichtung der Auswahlgesamtheit heranzuziehen, nach denen die Stichprobenergebnisse zu **gliedern** sind. Da nämlich sämtliche Schichten bei der Auswahl und Aufbereitung gesondert behandelt werden, ist es dann nicht mehr erforderlich, diese je Schicht gezogenen Stichprobenfälle für die Ergebniserstellung noch in Untergruppen zu gliedern. Aber selbst in dieser günstigen Form läßt sich der Untergruppeneffekt praktisch nicht völlig beseitigen, weil die Einordnung in Gruppen, die anhand der Auswahlgrundlage vorgenommen wird, zeitlichen Veränderungen unterworfen ist. Die Nachweisung der Ergebnisse, deren Gliederung in der Regel nach dem Zustand bei der aktuellen Stichprobenerhebung vorzunehmen ist, muß die Umsetzung einzelner Stichprobeneinheiten in geänderte Gliederungsgruppen berücksichtigen, wodurch ein entsprechender Untergruppeneffekt erzeugt wird. Solche Zuordnungsänderungen betreffen selten die regionalen, häufiger die sektoralen Gliederungen der Ergebnisse und zwar um so stärker, je enger die Gruppen gefaßt sind. Trotz dieser notwendigen Vorbehalte ist eine Schichtung der Auswahlgesamtheit entsprechend der Gliederung des Tabellenprogramms im allgemeinen sehr wirksam und sollte durchgeführt werden, sofern die betreffenden Gliederungsbegriffe in der Auswahlgrundlage verzeichnet sind. Und selbst dann, wenn nicht alle Merkmale oder alle Klassen eines Gliederungsmerkmals vor der Auswahl bereits verfügbar sind, kann die Berücksichtigung der übrigen oder anderer eng verknüpfter Merkmale sehr vorteilhaft sein, weil sie den Untergruppeneffekt merklich vermindern.

4.1.3 Zahl und Grenzen der Schichten

Die gemäß **Schichtungsprinzip A** abgegrenzten Schichten können im Prinzip um so homogener gestaltet werden, je mehr Schichten gebildet werden. Die methodische Prüfung der Frage wird zunächst beschränkt auf ein Schichtungsmerkmal, für das der Mittelwert oder der hochgerechnete Gesamtwert geschätzt werden soll. Dalenius (vgl. Dalenius 1957, S. 187ff.) hat die optimale Schichtung für eine Gleichverteilung und für schiefe (Exponential-)Verteilungen untersucht und festgestellt, daß eine Vergrößerung der Schichtzahl von L-1 auf L Schichten lediglich eine Verkleinerung des Standardfehlers um den Faktor $1/L$ bewirkt. Diese Beziehung läßt sogleich erkennen, daß die Vermehrung der Schichtenzahl zunächst recht wirksam, für eine bereits vorhandene größere Zahl von Schichten jedoch fast unbedeutend ist. Zudem muß bedacht werden, daß die Auswahl und die Aufbereitung durch eine vergrößerte Schichtenzahl arbeitstechnisch erschwert werden. Gegen eine zu große Zahl von Schichten spricht schließlich auch das methodische Argument, daß die Schichtung nicht anhand von Merkmalsausprägungen vorgenommen wird, die bei der Stichprobenerhebung ermittelt werden, sondern von solchen, die mit der Auswahlgrundlage gegeben sind. Infolge von individuellen zeitlichen Veränderungen der Merkmalswerte sinkt die Homogenität der Einheiten in den einzelnen Schichten und damit die Wirksamkeit der Schichtung im Verlauf der Zeit und dies um so stärker, je zahlreicher und schmaler die Schichten abgegrenzt worden sind. In der statistischen Praxis, für die außer der Höhe der zeitlichen Korrelation, die Zahl und Korrelation der mitberücksichtigten Erhebungsmerkmale von Bedeutung sind, hat sich deshalb die allgemeine Regel herausgebildet, die Zahl der Schichten je Merkmal **möglichst klein** - etwa zwischen 3 und 6 - anzusetzen.

Werden mehrere Merkmale parallel nebeneinander zur Schichtung herangezogen, so sind je Merkmal eher die kleineren Anzahlen von Schichten zu wählen, denn diese vervielfachen sich bei ihrer gegenseitigen Durchdringung. Werden hierbei jeweils die Schichten der Auswahleinheiten mit den höchsten Merkmalswerten total erfaßt, dann können diese ohne Nachteil für die Schätzgenauigkeit wieder miteinander vereinigt werden. Für die übrigen Schichten ist eine solche Möglichkeit nicht gegeben.

Bei Anwendung von **Schichtungsprinzip B** kann sich die Festlegung der Zahl der Schichten unmittelbar an der beabsichtigten regionalen und sektoralen Gliederung des Tabellenprogramms ausrichten. Die Zahl der Schichten darf freilich auch niedriger angesetzt werden, indem einige der Gliederungspositionen in jeweils gemeinsamen Schichten zusammengefaßt werden. Selbstverständlich kann die Zahl der Schichten auch größer gewählt werden als die Zahl der regionalen und sektoralen Gliederungspositionen, indem diese - als Schichten - nach anderen qualitativen oder auch quantitativen Merkmalen in weitere Schichten unterteilt werden. Die Bildung von Schichten findet ihre Grenze in dem allgemeinen Erfordernis, daß aus jeder Schicht eine **Mindestzahl** von Einheiten in die Stichprobe gelangen soll, damit selbst dann, wenn jeweils einige Stichprobeneinheiten ausfallen sollten, eine Hochrechnung und eine Fehlerrechnung für jede Schicht möglich bleibt. Dies setzt nämlich voraus, daß die Umfänge der Schichten unter Berücksichtigung der jeweils vorgesehenen Auswahlsätze hinreichend groß bemessen werden. Demnach kann die Zahl der Schichten dann nicht sehr groß gewählt werden, wenn entweder die Gesamtzahl N der Auswahleinheiten oder der insgesamt zugelassene Stichprobenumfang n relativ klein ist.

Zur Einbeziehung von Auswahleinheiten in die Stichprobenerhebung, die seit dem Zeitpunkt der in der ursprünglichen Auswahlgrundlage verwendeten Basiserhebung neu entstanden sind, können ergänzend "Zugangsschichten" gebildet werden, deren Gliederung jedoch meist gröber als für die übrige Gesamtheit gewählt werden muß, weil der Umfang der "Zugangsmasse" in der Regel viel kleiner als der der Basisgesamtheit ist. Methodisch günstiger ist es allerdings, auf solche Zugangsschichten zu verzichten und statt dessen die neuen Einheiten in die bereits vorhandenen Schichten nachträglich einzugliedern und sie dort der (systematisch fortgesetzten) Zufallsauswahl zu unterziehen.

Auch die Festlegung der **Schichtgrenzen** ist bei einer Schichtung gemäß **Schichtungsprinzip B** unproblematisch. Gemeinsam mit der Entscheidung, daß die Zahl der Schichten z.B. gleich der Anzahl der beabsichtigten regionalen und sektoralen Gliederungspositionen der Ergebnisse sein soll, werden die Grenzen zwischen den Schichten genau entsprechend der **Ergebnisgliederung** bestimmt, selbstverständlich unter der Voraussetzung, daß diese qualitativen Bestimmungsgrößen in der Auswahlgrundlage verzeichnet sind. Hierbei muß in Rechnung gestellt werden, daß die Schichtung (etwa nach Wirtschaftszweigen) nicht mit der Gliederung der Ergebnisse (nach Wirtschaftszweigen) gleichzusetzen ist, weil sich die Zugehörigkeiten der einzelnen Erhebungseinheiten zu Nachweisgruppen im Zeitablauf ändern können. Die Schichtzugehörigkeiten der Auswahleinheiten sind dagegen **unveränderlich**.

Die Schichten können auch als Zusammenfassung einiger Gliederungsgruppen festgelegt werden, etwa durch Verzicht auf die Berücksichtigung der letzten Gliederungsstufe bei der Schichtung, wie es zwangsläufig geschehen wäre, wenn in der Auswahlgrundlage keine Informationen über diese Gliederungsstufe vorgelegen hätten. Falls die Stichprobenergebnisse dann jedoch trotzdem bis zur letzten, im Tabellenprogramm vorgesehenen Stufe gegliedert werden sollten, müßten hierfür von vornherein fehlervergrößernde Untergruppeneffekte einkalkuliert werden, die allerdings im Zeitablauf bei weitem nicht mehr so kräftig zunehmen, wie dies bei einer der Nachweisungsgliederung voll entsprechenden Schichtung zu erwarten ist. Auf diesen Vergleich haben der zeitliche Abstand der aktuellen Stichprobenerhebung von der in der Auswahlgrundlage enthaltenen Bezugserhebung sowie das Ausmaß der zeitlichen Stabilität der Auswahleinheiten Einfluß.

Bei **Schichtungsprinzip A** kann die Abgrenzung der Schichten im Prinzip ausschließlich nach methodischen Gesichtspunkten erfolgen. Durch Abgrenzung der Schichten nach subjektiver Einschätzung (z.B. durch die Wahl „glatter" Werte bei quantitativen Merkmalen, wie 10, 20, 50, 100, ...) können bisweilen beträchtliche potentielle Schichtungsgewinne "verschenkt" werden. Der naheliegende Gedanke, in dieser Frage nach einer **optimalen** Lösung zu suchen, ist zuerst von Dalenius theoretisch (vgl. Dalenius 1957, S. 159ff.) und von Strekker (1957, S. 88ff.) empirisch aufgegriffen worden. Dalenius hat 1950 ein Lösungsverfahren entwickelt, das für stetige oder quasi-stetige Verteilungen quantitativer Merkmale die Ermittlung optimaler Schichtgrenzen gestattet. Diese Optimalwerte sind abhängig von der vorgesehenen Struktur der Auswahlsätze in den abzugrenzenden Schichten. Wird eine sogenannte proportionale Auswahl - gleiche Auswahlsätze in alle Schichten - angesteuert, dann lautet die Optimalbedingung für den Merkmalsgrenzwert z_h zwischen den Schichten mit den Nummern h und $h+1$ bei freier Hochrechnung:

$$z_h = \frac{1}{2}(\bar{x}_h + \bar{x}_{h+1}), \qquad h = 1,2,...,L-1 \tag{4.1.1}$$

Die Grenze zwischen je zwei Schichten liegt also in der Mitte zwischen den Mittelwerten der beiden Schichten (zur Definition von $\bar{x}_h, \bar{x}_{h+1}$ vgl. 4.1.4). Die Durchführung der entsprechenden Schichtung einer Gesamtheit ist jedoch nicht so leicht zu bewerkstelligen, wie es diese einfache Formel anzudeuten scheint. Die Mittelwerte $\bar{x}$ der beiden beteiligten Schichten sind nämlich nicht nur von ihrer gemeinsamen Grenze z, sondern auch von den Werten ihrer jeweils anderen, außen liegenden Grenzen abhängig.

Die geschichtete Auswahl eröffnet die Möglichkeit, anstelle einer gleichmäßigen, proportionalen Verteilung der insgesamt verfügbaren Stichprobe auf die Schichten durch eine geeignete Festlegung **unterschiedlicher** Auswahlsätze für die Schichten noch beachtliche Genauigkeitssteigerungen zu erzielen. Auch für die Auswahlsätze gibt es einen Optimalansatz (vgl. 4.2.2), der seinerseits der Festlegung optimaler Schichtgrenzen zugrunde gelegt werden kann. Die ebenfalls auf Dalenius zurückzuführende, hier verallgemeinerte Form der betreffenden Bedingungsgleichung für die Grenzen z_h ($k = 1,2,...,L-1$) lautet:

$$\frac{s_h^2 + (1-f_h)(z_h - \bar{x}_h)^2}{s_h} = \frac{s_{h+1}^2 + (1-f_{h+1})(z_h - \bar{x}_{h+1})^2}{s_{h+1}} \tag{4.1.2}$$

Neben der gemeinsamen Grenze z_h und den Mittelwerten $\bar{x}_h$ und $\bar{x}_{h-1}$ der beiden angrenzenden Schichten sind nunmehr auch deren Standardabweichungen s_h, s_{h+1} und Auswahlsätze f_h, f_{h+1} zu berücksichtigen. Aber insbesondere die letzteren sind zunächst unbekannt und können an sich erst bestimmt werden, wenn die Schichten bereits abgegrenzt sind.

Unter der (häufig anzutreffenden) Voraussetzung, daß sämtliche Auswahlsätze einigermaßen klein sind, können die sog. Endlichkeitsfaktoren ($1-f_h$) und ($1-f_{h+1}$) üblicherweise vernachlässigt werden, so daß iterativ zu findende Lösungen anhand von Arbeitsgängen möglich werden, wie sie für die proportionale Stichprobenaufteilung beschrieben worden sind. Solche Rechnungen führen unter Umständen nicht zum globalen Optimum, weil die Gleichung (4.1.2) in ihrer reduzierten Form:

$$\frac{s_h^2 + (z_h - \bar{x}_h)^2}{s_h} = \frac{s_{h+1}^2 + (z_h - \bar{x}_{h+1})^2}{s_{h+1}}, \quad h = 1,2,...,L - 1 \qquad (4.1.2')$$

nur eine notwendige, keine hinreichende Bedingung darstellt.

Selbst für den Fall, daß die oberste Schicht mit der Nummer L total erfaßt werden soll ($f_L = 1$), ist die allgemeine Bedingungsgleichung (4.1.2) gültig. Da der Endlichkeitsfaktor für diese Schicht zu Null wird, vereinfacht sich die rechte Seite der Gleichung zu s_L.

Nicht nur die reduzierte, sondern auch die allgemeine Bedingungsgleichung unter Einschluß der Endlichkeitsfaktoren ist einer iterativen Bestimmung der Schichtgrenzen zugänglich, falls für die oberste Schicht ein (ggf. vorläufiger) Auswahlsatz festgelegt wird. Unter Bezugnahme auf die Tatsache, daß der optimale Auswahlsatz f_h einer Schicht proportional zur Standardabweichung s_h ist, gilt:

$$f_h = s_h \frac{f_L}{s_L} \qquad (4.1.3)$$

Somit kann die Bedingungsgleichung umgeformt werden in:

$$s_h + \left(\frac{1}{s_h} - f_L \frac{1}{s_L}\right)(z_h - \bar{x}_h)^2 = s_{h+1} + \left(\frac{1}{s_{h+1}} - f_L \frac{1}{s_L}\right)(z_h - \bar{x}_{h+1})^2 \quad (4.1.4)$$

Anhand dieser Formel können nach Vorgabe des Auswahlsatzes f_L und nach provisorischer Festlegung der unteren Grenze z_{L-1} für die oberste Schicht L alle weiteren Schichtgrenzen nacheinander optimal bestimmt werden. Auch hier werden Wiederholungen des Arbeitsganges erforderlich sein, damit die gewünschte Schichtenzahl genau erreicht wird.

Von besonderer praktischer Bedeutung sind die spezifischen Auswirkungen der optimalen Schichtung auf die resultierenden durchschnittlichen Auswahlsätze und die rechnerische Stichprobengenauigkeit. Bei festem Ausgangswert für f_L bewirkt eine Vergrößerung der Schichtenzahl nicht nur die erwartete Reduktion des Standardfehlers sondern auch eine **Verminderung** des durchschnittlichen Auswahlsatzes (vgl. Nourney 1981). Wird die Schichtenzahl konstant gehalten und der Auswahlsatz f_L allmählich verringert, so verändern sich die Schichtgrenzen zu höheren Werten, die durchschnittlichen Auswahlsätze gehen zurück und die Fehlerwerte steigen an. Für die amtlichen Stichprobenstatistiken sind aus Kostengründen gewöhnlich höchstzulässige Stichprobenumfänge oder Auswahlsätze vorgegeben. Diese lassen sich folglich (näherungsweise) einhalten entweder durch Bildung zahlreicher Schichten bei höherem f_L-Wert oder durch weniger zahlreiche Schichten bei niedrigerem f_L-Wert. Die angestrebte

Ergebnisgenauigkeit bietet eine Grundlage für die Entscheidung zwischen diesen Varianten.

Da die Ermittlung optimaler Schichtgrenzen auch bei Verwendung der „reduzierten“ Formel (4.1.2') recht aufwendig ist, werden in der Literatur verschiedene Näherungslösungen vorgeschlagen, zum Teil in Abhängigkeit von Verteilungsannahmen für das Schichtungsmerkmal. Das bekannteste Näherungsverfahren ist wohl die vorgeschlagene $\sqrt{f(x)}$-Kumulierungsregel (vgl. Dalenius; Hodges 1959), wobei $f(x)$ die Häufigkeitsverteilung des Schichtungsmerkmals bezeichnet. Die Regel besagt, daß bei gegebener Häufigkeitsverteilung $f(x)$ zunächst die Werte $\sqrt{f(x)}$ zu berechnen und zu kumulieren sind. Die Schichtgrenzen z_h, $(h = 1,2,...,L - 1)$ sind dann so zu wählen, daß die kumulierte $\sqrt{f(x)}$-Reihe in L gleiche Abschnitte geteilt wird. Beträgt z.B. die Summe der $\sqrt{f(x)}$-Werte 320 und sind 5 Schichten optimal abzugrenzen, so sind die Werte des Schichtungsmerkmals, die zu den Einheiten gehören, die den kumulierten $\sqrt{f(x)}$-Werten 64, 128, 192 und 256 entsprechen, die Näherungslösungen für die optimalen Schichtgrenzen. Diesem Verfahren gleichwertig ist die Regel, das Produkt $N_h \cdot s_h$ für alle Schichten h konstant zu halten, was bei optimaler Stichprobenaufteilung nach Neyman (vgl. 4.2.2) identisch ist mit einheitlichen Stichprobenumfängen $n_h = n / L$ in allen Schichten h (vgl. Cochran 1977).

Aus zwei Gründen ist es allerdings nicht notwendig, die optimalen Schichtgrenzen mit übersteigerter Genauigkeit zu ermitteln. Zum einen darf davon ausgegangen werden, daß der zu minimierende Standardfehler einer geschichteten Stichprobe ziemlich unempfindlich gegenüber leichten Abweichungen von den Optimalwerten für die Schichtgrenzen ist. Daneben gilt es allgemein zu bedenken, daß die Wirksamkeit der Schichtung bei der tatsächlichen Stichprobenerhebung in der Regel geringer ist, als sie anhand der Daten der Auswahlgrundlage berechnet wird, so daß die Bestimmung optimaler Schichtgrenzen faktisch ohnehin - und zwar mit wachsender zeitlicher Entfernung von der Basiserhebung zunehmend - an Wert einbüßt.

Zur simultanen Festlegung optimaler Schichtgrenzen für **mehrere** Merkmale sind ebenfalls Lösungsansätze (vgl. Schneeberger 1973, S.1ff.) entwickelt worden, die unter Verwendung einer verallgemeinerten Streuung durch nichtlineare Programmierung gewonnen werden. Von besonderer Bedeutung ist die Wahl (und die zahlenmäßige Beschränkung) der Schichtungsmerkmale; zu bevorzugen ist die Verwendung solcher Merkmale, die untereinander nur schwach korreliert sind und deren Schichtung andererseits einer größeren Zahl weiterer, jeweils mit ihnen korrelierter Merkmale zugute kommt.

Die Schichtung einer Auswahlgesamtheit kann durch eine **Anordnung** der Einheiten innerhalb der Schichten nach weiteren Merkmalen ergänzt werden (zur Anordnung vgl. 3.2.2). Auf diese Weise werden Merkmale, die bei der Schichtung noch nicht berücksichtigt worden sind, zusätzlich herangezogen, um auch ihre Repräsentation zu verbessern. Durch Vorsortierung der Auswahleinheiten in Gruppen und Untergruppen werden für die meisten geschichteten Stichprobenauswahlen der amtlichen Statistik die methodischen Möglichkeiten zur Steigerung der Präzision und Gliederungsfähigkeit der Ergebnisse ausgenutzt.

4.1.4 Schätzer bei geschichteter Zufallsauswahl

Wird die Grundgesamtheit der N Einheiten in L Schichten vom Umfang N_h (h=1,...,L) aufgeteilt, so daß gilt $N = \sum_{h=1}^{L} N_h$ und werden in jeder Schicht unabhängig voneinander einfache Zufallsauswahlen durchgeführt, so daß gilt $n = \sum_{h=1}^{L} n_h$, so liegt eine **geschichtete Zufallsauswahl** vor.

Mit X_{hi} dem Merkmalswert für die *i-te* Einheit der *h-ten* Schicht (i = 1,2,...,N_h) in der Grundgesamtheit und x_{hi}, (i = 1,2...,n_h), dem entsprechenden Merkmalswert in der Stichprobe, ergeben sich folgende Bezeichnungen für die **schichtspezifischen** Parameter der Grundgesamtheit:

- Gesamtwert des Merkmals in der Schicht h:

Grundgesamtheit
$$X_h = \sum_{i=1}^{N_h} X_{hi} \tag{4.1.5}$$

Stichprobe
$$x_h = \sum_{i=1}^{n_h} x_{hi} \tag{4.1.6}$$

- Mittelwert des Merkmals in der Schicht h:

Grundgesamtheit
$$\overline{X}_h = \frac{X_h}{N_h} \tag{4.1.7}$$

Stichprobe
$$\overline{x}_h = \frac{x_h}{n_h} \tag{4.1.8}$$

- Varianz der Einzelwerte des Merkmals in der Schicht h:

Grundgesamtheit
$$\sigma_{hX}^2 = \frac{1}{N_h} \sum_{i=1}^{N_h} \left(X_{hi} - \overline{X}_h \right)^2 \tag{4.1.9}$$

Stichprobe
$$s_{hx}^2 = \frac{1}{n_h - 1} \sum_{i=1}^{n_h} \left(x_{hi} - \overline{x}_h \right)^2 \tag{4.1.10}$$

- Standardabweichung der Einzelwerte des Merkmals in der Schicht h:

Grundgesamtheit
$$\sigma_{hX} = \sqrt{\sigma_{hX}^2} \tag{4.1.11}$$

Stichprobe
$$s_{hx} = \sqrt{s_{hx}^2} \tag{4.1.12}$$

- Variationskoeffizient des Merkmals in der Schicht h:

Grundgesamtheit
$$V_{hX} = \frac{\sigma_{hX}}{\overline{X}_h} \tag{4.1.13}$$

Stichprobe
$$v_{hx} = \frac{s_{hx}}{\overline{x}_h} \tag{4.1.14}$$

Da in jeder Schicht unabhängig voneinander einfache Zufallsauswahlen (ohne Zurücklegen) durchgeführt werden, können zur Herleitung der Schätzfunktionen $\hat{X}_h$, $\hat{\overline{X}}_h$ und $\hat{\sigma}_{hX}^2$ für Schichtergebnisse die Erkenntnisse von 3.1.2 einfach übertragen werden. Mit ihrer Hilfe lassen sich die **Schätzfunktionen für die Parameter der Gesamtheit** und deren Standardfehler bei geschichteter Zufallsauswahl angeben; der Index str steht für Schichtung (stratification):

- Schätzfunktion den Gesamtwert X:

$$\hat{X}_{str} = \sum_{h=1}^{L} \hat{X}_h = \sum_{h=1}^{L} \frac{N_h}{n_h} x_h \tag{4.1.15}$$

Fehlervarianz von $\hat{X}_{str}$:

$$\sigma_{\hat{X}_{str}}^2 = \sum_{h=1}^{L} N_h^2 \left(\frac{N_h - n_h}{N_h - 1} \right) \frac{\sigma_{hX}^2}{n_h} \tag{4.1.16}$$

Die Fehlervarianz $\sigma^2_{\hat{X}_{str}}$ bzw. der Standardfehler $\sigma_{\hat{X}_{str}}$ werden erwartungstreu geschätzt durch:

$$\hat{\sigma}^2_{\hat{X}_{str}} = s^2_{\hat{X}_{str}} = \sum_{h=1}^{L} N_h^2 \left(\frac{N_h - n_h}{N_h - 1}\right) \frac{\hat{\sigma}^2_{hX}}{n_h}$$

$$= \sum_{h=1}^{L} N_h^2 \left(\frac{N_h - n_h}{N_h}\right) \frac{s^2_{hx}}{n_h} \qquad (4.1.17)$$

bzw.

$$s_{\hat{X}_{str}} = \sqrt{s^2_{\hat{X}_{str}}} \qquad (4.1.18)$$

- Schätzfunktion für den Mittelwert μ:

$$\hat{\mu}_{str} = \hat{\bar{X}}_{str} = \sum_{h=1}^{L} \frac{N_h}{N} \hat{\bar{X}}_h = \frac{1}{N} \sum_{h=1}^{L} N_h \bar{x}_h \qquad (4.1.19)$$

Fehlervarianz von $\hat{\bar{X}}_{str}$:

$$\sigma^2_{\hat{\bar{X}}_{str}} = \frac{1}{N^2} \sigma^2_{\hat{X}_{str}} = \frac{1}{N^2} \sum_{h=1}^{L} N_h^2 \left(\frac{N_h - n_h}{N_h - 1}\right) \frac{\sigma^2_{hX}}{n_h} \qquad (4.1.20)$$

Die Fehlervarianz $\sigma^2_{\hat{\bar{X}}_{str}}$ bzw. der Standardfehler $\sigma_{\hat{\bar{X}}_{str}}$ werden erwartungstreu geschätzt durch:

$$\hat{\sigma}^2_{\hat{\bar{X}}_{str}} = s^2_{\hat{\bar{X}}_{str}} = \frac{1}{N^2} s^2_{\hat{X}_{str}} = \frac{1}{N^2} \sum_{h=1}^{L} N_h^2 (1 - f_h) \frac{s^2_{hx}}{n_h} \qquad (4.1.21)$$

bzw.

$$s_{\hat{\bar{X}}_{str}} = \sqrt{s^2_{\hat{\bar{X}}_{str}}} \qquad (4.1.22)$$

4.1.5 Schichtungseffekt

Um nähere Informationen über die Wirksamkeit der Schichtung durch Reduzierung der Merkmalsvariabilität zu erhalten, werden die Fehlervarianzformeln für den geschätzten Gesamtwert bei einfacher Zufallsauswahl und geschichteter Zufallsauswahl mit gleichen Auswahlsätzen in den Schichten (proportionale Stichprobenaufteilung) miteinander verglichen.

Bei einfacher Zufallsauswahl gilt (3.1.2):

$$\sigma_{\hat{X}}^2 = N^2 \frac{N-n}{N-1} \frac{\sigma_X^2}{n}$$

Die Varianz der Einzelwerte σ_X^2, die durch (1.2.4) definiert ist, läßt sich mit Hilfe der Varianzzerlegung wie folgt umformen:

$$\sigma_X^2 = \frac{1}{N} \sum_{i=1}^{N} \left(X_i - \overline{X} \right)^2$$

$$= \sum_{h=1}^{L} \frac{N_h}{N} \sigma_{hX}^2 + \sum_{h=1}^{L} \frac{N_h}{N} \left(\overline{X}_h - \overline{X} \right)^2 \qquad (4.1.23)$$

Der Ausdruck (4.1.23) kann so interpretiert werden, daß sich die Varianz zusammensetzt aus einem Beitrag, der die Merkmalsvariabilität innerhalb der Schichten widerspiegelt (erster Summenterm) und aus einem Beitrag, der die Streuung der Schichtenmittelwerte darstellt (zweiter Summenterm).

Damit erhält man für die Fehlervarianz bei einfacher Zufallsauswahl den Ausdruck:

$$\sigma_{\hat{X}}^2 = \frac{N^2}{n} \frac{N-n}{N-1} \left(\sum_{h=1}^{L} \frac{N_h}{N} \sigma_{hX}^2 + \sum_{h=1}^{L} \frac{N_h}{N} \left(\overline{X}_h - \overline{X} \right)^2 \right) \qquad (4.1.24)$$

Bei geschichteter Zufallsauswahl gilt (4.1.16). Berücksichtigt man, daß die Stichprobe proportional auf die Schichten aufgeteilt wurde, d.h. daß $N / n = N_h / n_h$ gilt, und beachtet, daß $N - 1 / N_h - 1 \approx N / N_h$ ist, so folgt aus (4.1.16):

$$\sigma_{\hat{X}_{str}}^2 \approx \frac{N^2}{n} \frac{N-n}{N-1} \sum_{h=1}^{L} \frac{N_h}{N} \sigma_{hX}^2 \qquad (4.1.25)$$

Der Vergleich von (4.1.24) mit (4.1.25) zeigt, daß bei geschichteter Zufallsauswahl die Streuung der Mittelwerte der Schichten eliminiert wird. Der **Schichtungseffekt**, d.h. die Reduzierung der Fehlervarianz durch Schichtung gegenüber einfacher Zufallsauswahl, ist - wie man sieht - für Schätzwerte der

Gesamtheit um so größer, je homogener die Werte des zu schätzenden Merkmals innerhalb der Schichten und je heterogener sie zwischen den Schichten sind.

4.1.6 Untergruppeneffekt

Um näheren Aufschluß über die Wirksamkeit der Schichtung bei Nachweis gegliederter Ergebnisse und dem in 3.1.3 beschriebenen Untergruppeneffekt zu bekommen, vergleicht man die Fehlervarianzformeln, die sich für geschätzte Teilergebnisse $\hat{X}_{(k)}$ (k kennzeichnet die Nachweisgruppe) ableiten lassen, und zwar bei einfacher Zufallsauswahl einerseits und bei geschichteter Zufallsauswahl andererseits, wobei Schicht h mit der Nachweisgruppe k übereinstimmen soll und der Stichprobenumfang proportional auf die Schichten aufgeteilt wird, d.h. $N_k / n_k = N / n$ gilt.

Bezeichnet $\hat{X}_{(k)} = \frac{N}{n}\sum_{i \in k} x_i$ den Schätzwert für die Nachweisgruppe k, wobei $i \in k$ bedeutet, daß über alle Einheiten i summiert wird, die zur Nachweisgruppe k beitragen, dann gilt bei einfacher Zufallsauswahl für die Fehlervarianz von $\hat{X}_{(k)}$:

$$\sigma^2_{\hat{X}_{(k)}} = \frac{N^2}{n}\,\frac{N-n}{N-1}\sum_{i=1}^{N}\left(X_i - \overline{X}\right)^2 \qquad (4.1.26)$$

$$\text{mit} \quad X_i = \begin{cases} X_i & \text{falls } i \in k \\ 0 & \text{sonst} \end{cases}$$

Wegen:

$$\sum_{i=1}^{N}\left(X_i - \overline{X}\right)^2 = \sum_{i \in k}\left[\left(X_i - \overline{X}_k\right) + \left(\overline{X}_k - \overline{X}\right)\right]^2 + \sum_{i \notin k}\left(X_i - \overline{X}\right)^2$$

$$\text{mit} \quad \overline{X}_k = \frac{1}{N_k}\sum_{i \in k} X_i$$

und N_k: Anzahl der Einheiten in der Grundgesamtheit, die zur Gruppe k gehören, ergibt sich nach einigen Umformungen aus (4.1.26):

$$\sigma^2_{\hat{X}_{(k)}} = \frac{N^2}{n}\frac{N-n}{N-1}\left(P_k\sigma_k^2 + P_k\left(1-P_k\right)\overline{X}_k^2\right) \tag{4.1.27}$$

mit $P_k = \dfrac{N_k}{N}$ Anteil der Nachweisungsgruppe k an der Gesamtheit

und $\sigma_k^2 = \dfrac{1}{N_k}\sum_{i=1}^{N_k}\left(X_i - \overline{X}_k\right)^2$

Bei geschichteter Zufallsauswahl und proportionaler Stichprobenaufteilung auf die Schichten lautet die Schätzfunktion für $X_{(k)}$:

$$\hat{X}_{str(k)} = \frac{N_k}{n_k}\sum_{i=1}^{n_k} x_i = \frac{N}{n}\sum_{i=1}^{n_k} x_i \tag{4.1.28}$$

mit n_k: Zahl der Stichprobeneinheiten in Schicht k.

Die zugehörige Fehlervarianz lautet:

$$\sigma^2_{\hat{X}_{str(k)}} = \frac{{N_k}^2}{n_k}\frac{N_k - n_k}{N_k - 1}\sigma_k^2 \tag{4.1.29}$$

Wegen $N_k / n_k = N / n$ *und* $\mathrm{N} - 1 / \mathrm{N_k} - 1 \approx N / N_k$ ergibt sich daraus:

$$\sigma^2_{\hat{X}_{str(k)}} \approx \frac{N^2}{n}\frac{N-n}{N-1}P_k\,\sigma_k^2 \tag{4.1.30}$$

Der Vergleich von (4.1.27) mit (4.1.30) zeigt, daß die Fehlervarianz bei einfacher Zufallsauswahl um $\dfrac{N^2}{n}\dfrac{N-n}{N-1}P_k\left(1-P_k\right)\overline{X}_k^2$ größer ist als bei geschichteter Auswahl. Dieser Unterschied beschreibt den **Untergruppeneffekt**. Er verschwindet, wenn Schichtung und Ergebnisgliederung übereinstimmen. Dieser Idealzustand ist in der Stichprobenpraxis aber faktisch nicht erreichbar wegen der Veränderungen der Auswahleinheiten im Zeitablauf zwischen Schichtzuordnung und Erhebung.

Wie die Stichprobenpraxis zeigt, überwiegt bei der Schätzung von Teilergebnissen $\hat{X}_k$ häufig der Fehlerbeitrag des Untergruppeneffekts gegenüber dem auf der Variabilität der Merkmalswerte beruhenden Fehlerbeitrag. Dieser Erfahrungswert läßt sich auch aus dem Quotienten $\sigma^2_{\hat{X}_{(k)}} / \sigma^2_{\hat{X}_{str(k)}}$ ablesen. Mit $V_k = \sigma_k / \overline{X}_k$, dem Variationskoeffizienten in der Nachweisgruppe gilt:

$$\frac{\sigma^2_{\hat{X}_{(k)}}}{\sigma^2_{\hat{X}_{str(k)}}} = 1 + \frac{(1-P_k)\overline{X}^2_k}{\sigma^2_k} = 1 + \frac{1-P_k}{V^2_k} \qquad (4.1.31)$$

Erst ab einem Variationskoeffizienten von 100% (d.h. $V_k^2 = 1{,}0$) überwiegt mit Sicherheit der Fehlerbeitrag aus der Variabilität des Merkmals. Häufig ist die Fehlerkomponente des Untergruppeneffekts um ein Mehrfaches größer als der Fehlerbeitrag aus der Variabilität, z.B. gilt bei einem realistischen Variationskoeffizienten $V_k = 28\,\%$ und einem Anteil der Nachweisgruppe $P_k = 20\,\%$ gemäß (4.1.31): $(1-P_k)/V_k^2 \approx 10$, d.h. die Fehlerkomponente des Untergruppeneffekts ist rund 10 mal so groß wie der Fehlerbeitrag aus der Variabilität.

4.1.7 Schätzer für gegliederte Ergebnisse

Sind die Ergebnisse **geschichteter Stichproben** nach **Nachweisungsgruppen** (Untergruppen) zu **gliedern**, so setzt sich das hochgerechnete Ergebnis einer Gruppe *k* in der Regel aus mehreren am Ergebnis beteiligten Schichten zusammen. Bei Untergliederung der Gesamtheit in *K* Gruppen lauten die Schätzer für die Gliederungsgruppe *k* (*k* = 1,2,...,*K*) wie folgt:

- Schätzfunktion für den Gesamtwert $X_{str(k)}$ in der Nachweisgruppe *k*:

$$\hat{X}_{str(k)} = \sum_{h=1}^{L} \frac{N_h}{n_h} \sum_{i \in k} x_{hi} \qquad (4.1.32)$$

Summiert werden die Erhebungswerte x_{hi} nur über diejenigen Stichprobeneinheiten, die der Gliederungsgruppe k angehören.

Analog zu Formel (3.1.17) gilt für den geschätzten Standardfehler von $\hat{X}_{str(k)}$:

$$s_{\hat{X}_{str(k)}} = \sqrt{\sum_{h=1}^{L} N_h \left(\frac{N_h}{n_h} - 1\right) s^2_{hx_{(k)}}} = \sqrt{\sum_{h=1}^{L} N_h^2 \frac{1-f_h}{n_h} s^2_{hx_{(k)}}} \qquad (4.1.33)$$

mit

$$s^2_{hx_{(k)}} = \frac{1}{n_h - 1} \sum_{i=1}^{n_h} (x_{hi} - \bar{x}_h)^2 \qquad (4.1.34)$$

wobei

$$x_{hi} = \begin{cases} x_{hi} & \text{für } i \in k \\ 0 & \text{sonst} \end{cases} \qquad k = 1,2,\ldots,K$$

und

$$\bar{x}_h = \frac{1}{n_h} \sum_{i \in k} x_{hi}$$

Es empfiehlt sich, für Berechnungszwecke Formel (4.1.34) umzuwandeln in:

$$s^2_{hx_{(k)}} = \frac{1}{n_h - 1} \left(\sum_{i \in k} x^2_{hi} - \frac{1}{n_h} \left(\sum_{i \in k} x_{hi} \right)^2 \right) \tag{4.1.35}$$

Da unter Bezug auf eine bestimmte Gruppe k nur diejenigen x_{hi}-Werte von Null verschieden sind, die zu k gehören, sind die Summen in (4.1.35) faktisch nur über die $i \in k$ zu erstrecken. Die Zahl der Summanden ist somit i.a. kleiner als n_h. Im Extremfall ist die Stichprobe von Schicht h mit keiner Einheit an der Gruppe k beteiligt; dann sind beide Summen in (4.1.35) gleich null, und der betrefende Fehlerbeitrag $s^2_{hx_{(k)}}$ der Schicht h verschwindet, so daß in Formel (4.1.33) auch die betreffende Schicht nicht vertreten ist. Falls dagegen wenigstens eine Stichprobeneinheit aus der Schicht h der Gruppe k angehört, entsteht ein Fehlerbeitrag, der infolge des Untergruppeneffekts vergleichsweise groß ist. Handelt es sich z.B. um genau eine Einheit, deren Nummer i mit 1 bezeichnet werde, dann vereinfacht sich der Ausdruck für $s^2_{hx_{(k)}}$ zu x^2_{h1} / n_h. An die Stelle von Abweichungsquadraten tritt also das Quadrat des Merkmalswertes selbst. Dieselbe Lösung x^2_{h1} / n_h ergibt sich als Sonderfall einer isolierten Einheit (einer Schicht) auch für die eckige Klammer in Formel (3.1.22), wenn dort $n_k = 1$, $p_k = 1/n_h$ und $\bar{x}_k = x_{hi}$ gesetzt wird. Es ist bemerkenswert, daß - im Gegensatz zu Stichproben (in Schichten), die insgesamt nur eine Einheit umfassen - eine Fehlerrechnung für ausgegliederte Einzelbeobachtungen möglich (und erforderlich) ist, solange die Grundvoraussetzung $n > 1$ bzw. $n_h > 1$ erfüllt ist.

- Schätzfunktion für den Mittelwert $\bar{X}_{(k)}$ in der Nachweisgruppe k:

$$\hat{\bar{X}}_{str(k)} = \frac{\hat{X}_{str(k)}}{\hat{N}_{str(k)}} = \frac{\sum_{h=1}^{L} \frac{N_h}{n_h} \sum_{i \in k} x_{hi}}{\sum_{h=1}^{L} \frac{N_h}{n_h} n_{hk}} \tag{4.1.36}$$

n_{hk} ist hier die Zahl der Stichprobeneinheiten, die sowohl zur Schicht h wie zur Gliederungsgruppe k gehören. $\hat{N}_{str(k)}$ bezeichnet die Schätzfunktion für die Zahl der Einheiten N_k in der Gliederungsgruppe k. Es ist zu beachten, daß die naheliegende Formel:

$$\hat{\bar{X}}'_{str(k)} = \frac{1}{N} \sum_{h=1}^{L} N_h \bar{x}_{hk} \qquad (4.1.37)$$

mit $\bar{x}_{hk} = \frac{1}{n_{hk}} \sum_{i \in k} x_{hi}$ nicht zu erwartungstreuen Schätzungen führt.

Im allgemeinen ist die Schätzfunktion (4.1.36) als **kombinierter Verhältnisschätzer** bekannt (vgl. 7.1.1). Damit ergibt sich (vgl. Cochran 1977, S. 179ff.):

$$s_{\hat{\bar{X}}_{str(k)}} = \frac{1}{\hat{N}^2_{str(k)}} \sum_{h=1}^{L} N_h \left(\frac{N_h}{n_h} - 1 \right) \frac{1}{n_h - 1} \left(\sum_{i \in k} \left(x_{hi} - \hat{\bar{X}}_{str(k)} \right)^2 - \frac{n_{hk}^2}{n_h} \left(\bar{x}_{hk} - \hat{\bar{X}}_{str(k)} \right)^2 \right) \qquad (4.1.38)$$

Grundsätzlich gilt, daß in einer Schicht im allgemeinen Einheiten mehrerer Gliederungspositionen enthalten sind, wie umgekehrt zum Ergebnis einer Gliederungsposition mehrere Schichten beitragen können.

Auch wenn die Schichtabgrenzung identisch ist mit der Ergebnisgliederung, genügt es nicht, die Beobachtungswerte x_{hi} der Stichprobe nur nach der Schichtzugehörigkeit zu trennen. Es kann nämlich grundsätzlich nicht davon ausgegangen werden, daß die Gliederungspositionen und die Schichten inhaltlich miteinander übereinstimmen. Während Gliederungsgruppen in der Regel nach dem aktuellen Zustand der Stichprobeneinheiten im Berichtszeitraum bestimmt werden, der vom Zustand in der Auswahlgrundlage wegen der zeitlichen Merkmalsveränderungen abweicht, bleibt die Schichtzugehörigkeit der Einheiten einer Auswahl stets unveränderlich. Dies ist erforderlich, weil bei der freien Hochrechnung der Kehrwert des nach Schichten unterschiedenen Auswahlsatzes zugrundezulegen ist, der von den zeitlichen Veränderungen der Merkmalswerte unbeeinflußt bleibt.

Bei der maschinell durchgeführten Aufbereitung von Stichprobenerhebungen wird gewöhnlich so vorgegangen, daß jeder einzelnen Stichprobeneinheit der betreffende schichtspezifische Hochrechnungsfaktor unmittelbar zugeordnet wird. Die Formel (4.1.32) für den Schätzwert ändert sich zu

$$\hat{X}_{str(k)} = \sum_{h=1}^{L} \sum_{i \in k} \left(\frac{N_h}{n_h} x_{hi} \right) = \hat{X}_{1(k)} + \hat{X}_{2(k)} + \ldots + \hat{X}_{L(k)} \qquad (4.1.39)$$

Die Zahl der erforderlichen Multiplikationen mit den Hochrechnungsfaktoren wird durch diese Modifikation zwar erhöht; ihr entscheidender Vorteil liegt jedoch darin, daß die Stichprobeneinheiten mit ihren individuell hochgerechneten Schätzwerten völlig isoliert voneinander behandelt und nach beliebigen - auch nach zunächst nicht beabsichtigten oder einander überschneidenden - Gruppierungen gegliedert werden können. Seine natürliche Grenze findet dieses Vorgehen in der Zahl der je Gruppe zusammengefaßten Stichprobeneinheiten, die unter Berücksichtigung des Untergruppeneffekts für einen hinreichend zuverlässigen Nachweis erforderlich ist.

4.2 Verfahren der Stichprobenaufteilung

4.2.1 Proportionale Aufteilung

Für die Aufteilung des insgesamt verfügbaren Stichprobenumfangs n auf die einzelnen Schichten können unterschiedliche Verfahren angewendet werden. Die einfachste Lösung, die bisweilen bei mangelnden Zusatzinformationen oder als Kompromiß zwischen einander widerstreitenden Anforderungen gewählt wird, ist die **proportionale Aufteilung**, bei der in jeder Schicht der Stichprobenumfang n_h als fester Anteil der Besetzungszahl N_h bestimmt wird. Somit sind die Auswahlsätze $f_h = n_h/N_h$ für sämtliche Schichten gleich und stimmen mit dem gesamten durchschnittlichen Auswahlsatz $f = n/N$ überein:

$$n_{h\ prop} = \frac{N_h}{N} n \qquad (4.2.1)$$

Eine proportionale Auswahl ist "selbstgewichtend": Die Erhebungsdaten sämtlicher Stichprobeneinheiten können mit dem gleichen Faktor hochgerechnet (und zuvor beliebig gegliedert) werden, weil alle diese Einheiten die gleiche Auswahlchance erhalten hatten. Bei proportionaler Auswahl resultiert der genauigkeitssteigernde Schichtungseffekt allein aus den Mittelwert-Unterschieden der Merkmale in den Schichten (für zusammengefaßte Ergebnisse) oder aus der Verminderung des Untergruppeneffekts (für Ergebnisse, die den Schichten entsprechend zu gliedern sind). Diese Schichtungseffekte können beachtlich sein.

Beim Mikrozensus (vgl. 12.1.2) wird der gesetzlich vorgesehene (durchschnittliche) Auswahlsatz von 1% (oder Bruchteilen davon) auf sämtliche regional und sachlich unterschiedenen Schichten einheitlich übertragen; diese Regelung ist angesichts des vielfältigen Erhebungsprogramms im Sinne einer Mehrzweckstichprobe als brauchbarer Kompromiß anzusehen und kommt vor allem auch einem übersichtlichen, weniger fehleranfälligen Aufbereitungsverfahren zugute.

4.2.2 Optimale Aufteilung für höchstmögliche Präzision

Die Aufteilung der gesamten Stichprobe auf die Schichten kann als ein eigenständiges methodisches Mittel zur Steigerung der Präzision eingesetzt werden. Dies gilt besonders dann, wenn die Merkmalsstreuungen in den einzelnen Schichten größere Unterschiede aufweisen. So kann z.B. eine Aufteilung unter Bezugnahme auf Optimierungsgesichtspunkte vorgenommen werden.

Der Stichprobenzufallsfehler eines aus mehreren Schichten zusammengesetzten Ergebnisses wird nach einer Herleitung von Neyman (vgl. Neyman 1934, S. 558) und Tschuprow (vgl. Tschuprow 1923, S. 461) dadurch minimiert, daß eine **optimale Stichprobenaufteilung** gemäß der Formel:

$$n_{h\,opt} = \frac{N_h \, s_{hx}}{\sum\limits_{h=1}^{L} N_h \, s_{hx}} n \tag{4.2.2}$$

durchgeführt wird.

Die Aufteilungsformel ergibt sich als Lösung der Optimierungsaufgabe:

$$s^2_{\hat{X}_{str}} = \sum_{h=1}^{L} N_h \left(\frac{N_h}{n_h} - 1 \right) s^2_{hx} = \min!$$

unter der Nebenbedingung $\sum n_h = n$. Das Aufteilungsverfahren ist insbesondere für Schichten geeignet, die nach Schichtungsprinzip A (vgl. 4.1.1) abgegrenzt worden sind, um für Ergebnisse, die nicht über mehrere Schichten zusammengesetzt werden, höchstmögliche Präzision zu erzielen. Eine Division beider Seiten der Beziehungsgleichung (4.2.2) durch N_h läßt erkennen, daß die Optimalitätsbedingung eine Proportionalität der Auswahlsätze $f_h = n_h/N_h$ mit den Standardabweichungen s_h für alle Schichten verlangt. Die Auswahlsätze werden sich folglich um so stärker voneinander unterscheiden, je unterschiedlicher die Merkmalsstreuungen in den vorhandenen Schichten sind. Bei einheitlicher Streuung dagegen ist die proportionale Auswahl gleichzeitig optimal. Es leuchtet unmittelbar ein, daß es zweckdienlich ist, den Auswahlsatz einer Schicht gegenüber anderen Schichten um so höher festzusetzen, je stärker die Merkmalsstreuung in dieser Schicht die Streuungen der anderen Schichten übertrifft:

$$\frac{f_{h_1}}{f_{h_i}} = \frac{s_{h_1}}{s_{h_i}} \tag{4.2.3}$$

Das mittlere Niveau der Auswahlsätze wird durch den insgesamt verfügbaren Stichprobenumfang bestimmt.

Ist der Variationskoeffizient V_{hx} für alle Schichten gleich groß, so vereinfacht sich Formel (4.2.2) für die optimale Aufteilung zu:

$$n_h = \frac{X_h}{\sum_{h=1}^{L} X_h} n \qquad (4.2.4)$$

Eine solche Bedingung ist näherungsweise durchaus nicht selten erfüllt (insbesondere in dem oben angeführten Fall, daß die Wertespannen der Schichten in geometrischer Folge zunehmen).

Zur Schichtung gemäß Schichtungsprinzip A wird in der Regel ein wichtiges quantitatives Erhebungsmerkmal herangezogen (vgl. 4.1.2). Anhand der Informationen in der Auswahlgrundlage werden für dieses Merkmal Größenklassen als Schichten gebildet, deren Grenzen aus praktischen Gründen gerundete Werte sind, die gewöhnlich näherungsweise einer geometrischen Folge 1, 2, 5, 10, 20, ... entsprechen, weil die Merkmalsverteilung schief ist: Im unteren und mittleren Wertebereich sind zahlreiche Auswahleinheiten vorhanden, während Merkmalsausprägungen um so seltener auftreten, je höher die Werte sind. Die so entstandenen Schichten sind folglich im allgemeinen dadurch gekennzeichnet, daß sie im unteren und (bereits abgeschwächt) im mittleren Wertebereich relativ schmal abgegrenzt sind (mit entsprechend geringer Merkmalsvariabilität), trotzdem aber ziemlich hohe Besetzungszahlen besitzen; je höher die Merkmalswerte der Auswahleinheiten sind, um so breiter und schwächer besetzt sind die dort vorhandenen Schichten. Die optimalen Auswahlsätze nehmen deshalb mit steigenden Größenklassen monoton zu.

Die Optimalrechnungen setzen voraus, daß neben den Besetzungszahlen N_h auch die Standardabweichungen s_h für die einzelnen Schichten wenigstens näherungsweise bekannt sind. Wird der optimalen Stichprobenaufteilung dasselbe Merkmal zugrunde gelegt, nach dessen Ausprägungen auch die Schichten abgegrenzt worden sind, so ist es unter Bezugnahme auf die Spannweite der Schichten - und ggf. noch unter Hinzunahme der Merkmalsmittelwerte je Schicht (vgl. Schäffer; Nourney 1958, S. 41ff.) - ziemlich einfach, die Größe der Standardabweichungen abzuschätzen. Hierzu ist keine hohe Genauigkeit erforderlich, weil die daraus hergeleiteten Optimallösungen für die Stichprobenumfänge n_h dann ohnehin auf ganzzahlige Werte gerundet werden müssen und der resultierende minimale Standardfehler der Gesamtergebnisse verhältnismäßig unempfindlich gegenüber nur geringfügigen Veränderungen der Stichprobenumfänge ist. Außerdem sind die mit Hilfe der Auswahlgrundlage ermittelten Standardabweichungen nicht mehr gültig zum späteren Zeitpunkt der Stichprobenerhebung, sondern haben sich der Tendenz nach - bestenfalls proportional - vergrößert.

Die Entscheidung für gestaffelte Auswahlsätze nach dem Optimalprinzip kann dazu genutzt werden, bereits die Abgrenzung der Schichten auf dieses Ziel hin auszurichten (vgl. 4.1.3). Auf diese Weise können Schichtung und Auswahlsätze noch wirksamer koordiniert werden.

Die Bestimmung optimaler Stichprobenumfänge kann selbstverständlich auch an einem Merkmal ausgerichtet werden, das nicht zur Schichtenbildung herangezogen worden ist. Über die Wirkungen auf die Güte der Ergebnisse beider Merkmale lassen sich allerdings keine allgemeingültigen Aussagen machen.

Eine weitere Möglichkeit der Modifikation besteht in der Berücksichtigung unterschiedlich hoher Individualkosten c_h für die Erfassung von Einheiten in der h-ten Schicht. Die entsprechende, auf Yates (vgl. Yates 1953, S. 285) zurückgehende Aufteilungsformel lautet:

$$n_h = \frac{N_h s_h / \sqrt{c_h}}{\sum_{h=1}^{L} N_h s_h \sqrt{c_h}} C \qquad (4.2.5)$$

worin $C = \sum_h n_h c_h$ die Summe aller variablen Kosten im Rahmen der festen Etatgröße bedeutet. Sind z.B. die kleineren Auswahleinheiten schwieriger zur Mitwirkung an einer laufenden Stichprobenerhebung zu bewegen, so müssen für die Beschaffung ihrer Erhebungsdaten relativ höhere Kosten aufgewendet werden (Mahnungen, Telefongespräche u.ä.); dann ist es zweckmäßig, die wegen kleiner s_h-Werte ohnehin niedrigen Auswahlsätze f_h entsprechend der Formel noch weiter zu vermindern. Die Formel (4.2.5) ist freilich insoweit als Idealisierung aufzufassen, als sich darin die Individualkosten c_h von Schicht zu Schicht sprunghaft verändern, während sie innerhalb der Schichten als konstant angenommen werden.

Die Planungsaufgaben sind in aller Regel methodisch noch weiter gefaßt, weil mit einer Stichprobenstatistik gewöhnlich **mehrere Merkmale** gleichzeitig erhoben werden und alle diese Merkmale - in abgestuftem Maß - bei der Steuerung ihrer Stichprobengenauigkeit berücksichtigt werden sollten. Wird die Gliederung der Auswahlgesamtheit in Schichten, die ebenfalls auf mehrere Erhebungsmerkmale Bezug nehmen kann (vgl. 4.1.2), als gegeben vorausgesetzt, dann stehen den Genauigkeitserwartungen für die Merkmale zunächst potentielle Standardfehler gegenüber, die sich bei proportionaler Auswahl ergeben würden. Die unterschiedlich hohen Differenzen zwischen den gesteckten Zielen und den provisorisch ermittelten Gegebenheiten sind als erster Hinweis zu deuten, für welche der Merkmale mittels einer geänderten Verteilung der Auswahlsätze (und/oder durch ein genauigkeitssteigerndes Hochrechnungsverfahren) besondere Bemühungen um Verbesserung erforderlich sind.

Die für alle (in der Auswahlgrundlage verfügbaren) Merkmale getrennte Berechnung von Neyman-optimalen Stichprobenumfängen zu den Schichten wird zu Lösungen führen, die mehr oder weniger stark voneinander abweichen und in dieser Form nicht verwendbar sind, weil mit ein und derselben Stichprobe

Ergebnisse für sämtliche Merkmale bereitgestellt werden müssen. Die individuelle Optimalrechnung läßt zunächst jedoch immerhin erkennen, welche Stichprobengenauigkeiten maximal erreichbar sind. Bei Merkmalen z.B. für die sie die Zielwerte merklich übertreffen, können am ehesten Abweichungen von ihren Optimallösungen ins Auge gefaßt werden.

In der Literatur finden sich eine Reihe von Verfahrensansätzen, die teilweise etwas mechanistisch wirken, aber doch relative Vorteile bieten (Bean; Burmeister 1978, S. 3). Die nächstliegende Möglichkeit besteht darin, für jede Schicht den arithmetischen Durchschnitt aus den optimalen Stichprobenumfängen aller zugrunde gelegten Merkmale zu bilden und zu verwenden. Hierdurch werden mindestens für alle diejenigen Merkmale Vorteile gegenüber einer proportionalen Auswahl erreicht, für die in jeder Schicht der Wert des gemittelten Stichprobenumfangs zwischen dem individuell optimalen und dem proportionalen liegt. Eine generelle Verbesserung gegenüber der proportionalen Auswahl ist zu erwarten, wenn und in dem Maße wie die gemittelten Optimalwerte von den Proportionalwerten abweichen; günstig ist die Situation insbesondere dann, wenn die Schichten nach Größenklassen mit in geometrischer Folge wachsenden Wertespannen eines Merkmals abgegrenzt worden sind, weil gleichartig gestaffelte Auswahlsätze dann in der Regel für mehrere Merkmale vorteilhaft sind. Bei der Bildung der Mittelwerte von optimalen Stichprobenumfängen je Schicht können zur Beeinflussung der resultierenden Präzision auch merkmalsspezifische Gewichte verwendet werden, die nach der Wichtigkeit der Merkmale oder dem Bedarf an Genauigkeitssteigerung abgestuft werden.

Nach dem Ansatz von Cochran (vgl. Cochran 1977, S. 121) wird durch geeignete Festlegung der Stichprobenumfänge n_h unter der Nebenbedingung $\Sigma n_h = n$ versucht, die Summe der Fehlervarianzen je Merkmal dividiert durch die bei optimaler Aufteilung erzielbare Fehlervarianz, zu minimieren. Dadurch werden die Genauigkeitsabweichungen vom merkmalsspezifischen Optimum im Mittel minimiert, so daß aus der Stichprobe die im Mittel niedrigsten Standardfehler resultieren. Eine derartige Optimallösung ist möglicherweise aber unbefriedigend, wenn dabei einige Genauigkeitserfordernisse übertroffen, andere jedoch nicht erfüllt werden. Um den Genauigkeitserwartungen möglichst nahezukommen, ist es besser, als Divisoren des Cochranschen Minimalansatzes die anzusteuernden Fehlervarianzen je Merkmal zu benutzen. Die Minimallösung nach Cochran ist naturgemäß um so günstiger, je enger die optimalen Auswahlsätze der Schichten zwischen den betrachteten Merkmalen korreliert sind. Diese Situation gilt nicht ohne weiteres für den modifizierten Ansatz, falls die Verhältnisse zwischen den individuell errechenbaren optimalen Fehlervarianzen und den Genauigkeitsforderungen für die einzelnen Merkmale sehr unterschiedlich sind. Allgemeine Aussagen über umfassende Optimallösungen sind hier kaum möglich.

4.2.3 Aufteilung für vergleichbare Präzision

Bei der Steuerung der Stichprobenaufteilung auf Schichten, die auf die Gliederung der Ergebnisse (Schichtungsprinzig B) ausgerichtet sind, rücken andere

Gesichtspunkte in den Vordergrund. Werden Genauigkeitsanforderungen für jede Gliederungsposition vorgegeben, so können diese einfach durch einen jeweils genügend großen Stichprobenumfang erfüllt werden, wobei eine zusätzliche, der Verminderung der Merkmalsvariation dienende Schichtung den insgesamt erforderlichen Stichprobenumfang zu verringern gestattet. Derartige Präzisionsforderungen würden jedoch tendenziell zu insgesamt hohen Stichprobenumfängen führen. Im Gegensatz zu dieser Gedankenfolge muß sich die amtliche Stichprobenpraxis - wie bereits erwähnt - auf rechtlich vorgegebene höchstzulässige Stichprobenumfänge (oder Auswahlsätze) für die einzelnen Repräsentativstatistiken stützen und hat die Aufgabe, innerhalb dieser Rahmenbedingungen möglichst günstige Stichprobenpläne zu entwickeln[1].

In der amtlichen Statistik wird deshalb bereits seit vielen Jahren das **Prinzip der vergleichbaren Präzision** für gegliederte Ergebnisse angewendet (Schäffer; Konopicky 1971, S. 446ff.). Es beruht auf der Vorgabe einer **Abstufung der relativen Standardfehler** $v_{\hat{X}_h}$ eines Richtmerkmals Abhängigkeit von den geschätzten Werten dieses Merkmals in den einzelnen Nachweispositionen k (hier: Schichten mit dem Index $h = 1,2,...,L$) gemäß der Bezeichnung:

$$v_{\hat{X}_h} = \frac{C}{\hat{X}_h^a} \qquad (0 \leq a \leq \tfrac{1}{2}) \tag{4.2.6}$$

Hierbei ist C eine Konstante und a ein Exponent, der den Grad der Fehlerabstufung steuert. Der Exponent a kann zwischen den Werten 0 und 1/2 beliebig festgesetzt und dabei an den jeweiligen Bedürfnissen einer Stichprobenstatistik ausgerichtet werden. Die Anwendung der Formel bewirkt, daß der resultierende relative Standardfehler einer Ergebnisposition um so kleiner wird, je höher der Merkmalswert dieser Position ist. Der Grenzfall $a = 1/2$ charakterisiert die Forderung, daß die Präzision besonders stark abgestuft werden soll; er entspricht der Wirkung einer proportionalen Auswahl, falls das Richtmerkmal in sämtlichen gliederungsbedingten Schichten völlig gleichartig verteilt ist und diese sich nur durch ihre Besetzungszahlen voneinander unterscheiden. Im anderen Grenzfall $a = 0$ wird dagegen verlangt, daß der relative Standardfehler für alle gegliederten Ergebnisse gleich groß werden soll, denn die rechte Seite der Formel (4.2.6) ist dann nicht mehr von $\hat{X}_h$ abhängig sondern konstant.

Die Beziehung zwischen $v_{\hat{X}_h}$ und $\hat{X}_h$ läßt sich gut in einem doppelt logarithmischen Netz verdeutlichen, in dem $v_{\hat{X}_h}$ als Ordinaten- und $\hat{X}_h$ als Abszissenvariable aufgetragen werden: Sie wird in diesem Netz durch fallende Geraden wiedergegeben, deren Neigung durch den Parameter a bestimmt ist. Für $a = 0$ ist die Steigung null und der Sollwert $v_{\hat{X}_h}$ konstant. Der

[1] Vgl. StBA [4.1] 1960, S. 80ff.

Parameter C kennzeichnet das Fehlerniveau und hängt vom insgesamt verfügbaren Stichprobenumfang, von der Anzahl der Schichten (oder Gliederungspositionen) und von ihren Merkmalsverteilungen ab.

Der Neigungsparameter a wird bei der praktischen Arbeit - je nach den Anforderungen an die betreffende Statistik - gewöhnlich zwischen 0,1 und 0,3 festgelegt; er kann im Verlauf der Voruntersuchungen noch abgewandelt werden. Die Verwendung von Abstufungsregeln ist in der amtlichen Statistik besonders wichtig für Regionalgliederungen. Sollen Stichprobenergebnisse für alle Bundesländer mit vergleichbarer Präzision erstellt werden, dann müssen wegen der starken Größenunterschiede zwischen den Ländern vergleichsweise hohe Auswahlsätze in den kleineren und unterdurchschnittliche Auswahlsätze in den größeren Ländern angesetzt werden; die Stichprobenumfänge dagegen wachsen mit der Größe der Länder nunmehr jedoch unterproportional. Durch eine derartige Regelung rücken die relativen Standardfehler für das größte und das kleinste Bundesland näher zusammen als bei proportionaler Auswahl, wobei nach wie vor die resultierenden Stichprobengenauigkeiten entsprechend der Größe der Länder gestaffelt sind

Aus der Abstufungsformel (4.2.6) und dem Schätzer für die Fehlervarianz $s^2_{\hat{X}_h}$ des geschätzen Schichtwertes $\hat{X}_h$:

$$s^2_{\hat{X}_h} = N_h \left(\frac{N_h}{n_h} - 1 \right) s^2_{hx}$$

ergibt sich die **Aufteilungsformel für vergleichbare Präzision** in den Schichten:

$$n_{h\,präz} = \frac{N_h}{1 + \left(\frac{C}{\hat{X}^a_h} \right)^2 \frac{N_h}{V^2_{hx}}} \qquad (4.2.7)$$

V_{hx} bezeichnet hier den Variationskoeffizienten des Richtmerkmals in Schicht h. Die **rechnerische Durchführung** dieses Aufteilungsverfahrens ist recht mühsam, da es wegen der Bedingung $\sum_h^C n_{h\,präz} = n$ keine geschlossene Lösung gibt, sondern nur eine solche, die mittels gezielter Veränderung des Niveaukoeffizienten C iterativ erreichbar ist.

Die Aufteilungsformel (4.2.7) wird in der amtlichen Statistik gewöhnlich unter Bezugnahme auf nur ein Richtmerkmal angewendet, zu dem ein besonders wichtig erscheinendes Erhebungsmerkmal bestimmt wird. Die Formel läßt sich auf eine Berücksichtigung **mehrerer Merkmale** ausdehnen, indem sie z.B. unabhängig auf diese Merkmale angewandt und anschließend ein ggf. gewogener Durchschnitt der Lösungen für die Stichprobenumfänge je Schicht verwendet.

Die beiden Prinzipien der Stichprobenaufteilung, nämlich nach dem Gesichtspunkt vergleichbarer Präzision und dem höchstmöglicher Präzision für zusammengefaßte Ergebnisse, lassen sich bei folgender allgemeinen Aufgabenstellung sinnvoll miteinander **verbinden**: Die Stichprobenstatistik soll Ergebnisse bereitstellen, die in Klassen zu gliedern sind und sich auf Erhebungsmerkmale mit einer hohen Variabilität beziehen. Bei hinreichend großem Umfang der Auswahlgesamtheit kann diese dann geschichtet werden zuerst unter Bezug auf die gewünschte Ergebnisgliederung und danach zusätzlich nach einem der Merkmale mit hoher Variabilität. Die Stichprobenaufteilung auf die (Teil-) Schichten der letztgenannten Art geschieht unter Verwendung der Neymanschen Optimalformel (4.2.2), die Aufteilung auf die übergeordneten Schichten, die der Ergebnisgliederung entsprechen, nach der Formel (4.2.6) der Fehlerabstufung. Diese Verbindung ist möglich, weil für jede übergeordnete Schicht eine feste funktionale Beziehung zwischen ihrem veränderlichen Stichprobenumfang, der jeweils optimal auf die untergeordneten Schichten verteilt wird, und dem daraus resultierenden Stichprobenzufallsfehler für das gewählte Richtmerkmal besteht. In diese Beziehungen geht somit der jeweilige Schichtungseffekt der Optimalansätze (4.2.2) für die Teil-Schichten je Gliederungsposition bereits mit ein.[2]

Auch unter anderen sachlichen Bedingungen hat die **mehrgliedrige Aufteilung** von Stichprobenumfängen eine große praktische Bedeutung erlangt. Die Gliederung der Stichprobenergebnisse ist nämlich vielfach in mehreren Hierarchiestufen vorgegeben, z.B. nach Bundesländern, nach Wirtschaftsgruppen und -klassen. Eine simultane Stichprobenaufteilung auf sämtliche, durch Kombinationsgliederung entstandenen Schichten nach der Abstufungsformel (4.2.6) ist nicht immer zweckmäßig oder möglich angesichts der großen Zahl solcher Schichten. Die Aufteilung wird dann besser sukzessiv zunächst für die oberen und dann einzeln für die unteren Schichtstufen durchgeführt, wobei die für die Berechnung benötigten Varianzkenngrößen zu den Gliederungseinheiten höherer Stufe behelfsweise geschätzt werden müssen. Überzeugender wären deshalb die Lösungen, wenn die Arbeiten mit den unteren Schichtstufen - in mehreren Parallelgruppen nebeneinander - anhand provisorisch zugeordneter Teil-Stichprobenumfänge begonnen würden und diese Lösungen dann entweder durch iterative Annäherung an einheitliche Konstanten C miteinander abgestimmt oder in die entsprechende Berechnung auf der höheren Stufe einbezogen würden. Die mehrstufige Verfahrensweise erlaubt auch eine für die Schicht-Stufen unterschiedliche Festlegung des Neigungsparameters a.

[2] Zur Anwendung vgl. z.B. 13.2.2.

Zitierte Literatur (Kapitel 4)

Bean, J.A.; Burmeister, L.F.: A Review of Optimal Sample Allocation for Multipurpose Surveys. Biometrical Journal, Bd. 20 (1978)

Cochran, W.G: Sampling Techniques. 3. Auflage. New York; u.a. 1977

Dalenius, T.: Sampling in Sweden. Contributions to the Methods and Theories of Sample Survey Practice. Uppsala 1957

Dalenius, T.; Hodges, J.L.: The Choice of Stratification Points. Skand. Akt. Tidskrift 1957.

Neyman, J.: On the two Different Aspects of the Representative Method: The Method of Stratified Sampling and the Method of Purposive Selection. Journal of Royal Statistical Society. Bd. 97 (1934)

Nourney, M.: Optimum stratification with lognormal distributions. Paper presented to 43rd Session of the International Statistical Institute 1981 (unveröffentlicht)

Schäffer, K.-A.; Konopicky, M.: Planung von Stichprobenstatistiken mit Hilfe elektronischer Rechenanlagen. Jahrbücher für Nationalökonomie und Statistik. Bd. 185 (1971)

Schäffer, K.-A.; Nourney, M.: Abschätzung der Varianz stetiger Merkmale aus Intervallbreite und Mittelwert. Metrika. Bd. 1 (1958)

Schneeberger, H.: Optimale Aufteilung des Stichprobenumfangs bei mehreren Merkmalen. Metrika. Bd. 20 (1973)

StBA [4.1]: Stichproben in der amtlichen Statistik. Stuttgart und Mainz 1960

Strecker, H.: Moderne Methoden der Agrarstatistik. Würzburg 1957

Tschuprow, A.A.: On the Mathematical Expectation of the Moments of Frequency Distributions in the Case of Correlated Observations. Metron. Bd. 2 (1923)

Yates, F.: Sampling Methods for Censuses and Surveys. London 1953

5 Größenproportionale Auswahl, Klumpenauswahl und Mehrstufigkeit

5.1 Größenproportionale Auswahl

5.1.1 Verfahren und Auswahltechnik

Neben der Anwendung geschichteter Auswahlverfahren, bei denen für die einzelnen Schichten ggf. unterschiedliche Auswahlsätze benutzt werden, eröffnet auch die Stichprobenziehung mit **variablen** Auswahlwahrscheinlichkeiten eine Möglichkeit, die Wirksamkeit einer Zufallsstichprobe zu steigern. Ebenso wie für eine Schichtung (oder gebundene Hochrechnung der Stichprobe) wird auch bei diesem Auswahlverfahren vorausgesetzt, daß für alle Auswahleinheiten außer ihren Identifizierungsmerkmalen noch **Informationen** vorliegen, die im Stichprobenplan nutzbar gemacht werden können.

Das Verfahren einer Auswahl mit variablen (oder ungleichen) Wahrscheinlichkeiten ist dadurch gekennzeichnet, daß jeder Einheit der Auswahlgesamtheit eine individuelle, von Null verschiedene Wahrscheinlichkeit zugeordnet wird, in die Stichprobe einbezogen zu werden. Dies kann - vor Durchführung der Auswahl - zwar völlig willkürlich geschehen (unter der Bedingung, daß die Summe der Wahrscheinlichkeiten für die volle Gesamtheit Eins beträgt); Optimalitätsbetrachtungen legen es aber nahe, diese Wahrscheinlichkeiten für die Einheiten so festzulegen, daß sie in einem möglichst guten Ähnlichkeitsverhältnis zur Größe des zu erfassenden Merkmals stehen. Zur Bestimmung der Auswahlwahrscheinlichkeiten wird deshalb nach einem **Bezugsmerkmal** gesucht, das mit dem Erhebungsmerkmal möglichst eng korreliert ist. Die Wahrscheinlichkeit für die Einbeziehung einer Auswahleinheit in die Stichprobe ist dann um so größer, je größer der Wert ihres Bezugsmerkmals ist. Der zunächst noch allgemein gehaltene Begriff der **variablen** Wahrscheinlichkeiten kann deshalb durch die Bezeichnung **größenproportionale** Wahrscheinlichkeiten ersetzt werden.

Bezeichnet Z_i ($i = 1,2,...,N$) den Wert des Bezugsmerkmals für die *i-te* der insgesamt N Auswahleinheiten, so beträgt die größenproportionale Auswahlwahrscheinlichkeit für diese Einheit bei einem einzelnen Zug der Stichprobenziehung $P_i = Z_i / Z$, worin $Z = \sum_{i=1}^{N} Z_i$ den bekannten Totalwert dieses Merkmals für sämtliche Einheiten darstellt. Hieraus leitet sich die Erfassungserwartung $\Pi_i = n \cdot Z_i / Z$ (auch Inklusionswahrscheinlichkeit genannt) ab, wenn die Stichprobe aus insgesamt n Einheiten bestehen soll. Bei nicht zu kleinen Stichprobenumfängen n kann die Erfassungserwartung für Einheiten mit besonders großen Z_i-Werten rechnerisch über eins hinausgehen.

Bei der theoretisch einfacheren Auswahl **mit Zurücklegen** werden stets, d.h. bei jeder einzelnen Stichprobenziehung, die individuellen Wahrscheinlichkeiten verwirklicht. Dies führt - infolge der Wirkung des Zufalls - dazu, daß die resultierende, tatsächliche Häufigkeit der Auswahl für die Einheiten unterschiedlich ist und 0 oder 1 oder 2 oder .... betragen kann. In diesen Häufigkeitsverteilungen, für die zu jeder Auswahleinheit das Poisson-Gesetz mit dem jeweiligen Mittelwert E_i gilt, treten die Ergebnisse 0 um so seltener auf, je höher die betreffende Erfassungserwartung ist. Andererseits ist es möglich, daß selbst Einheiten mit $\Pi_i < 1$ zweimal in die Stichprobe gelangen. Alle derartigen Fälle der Mehrfachauswahl dürfen bei der konkreten Verwendung der gezogenen Stichprobe selbstverständlich nicht einfach ignoriert werden: Eine z.B. zweimal ausgewählte Einheit wird natürlich nicht doppelt befragt und mit ihren Befragungsergebnissen nur einfach in die Aufbereitung einbezogen.

Für die größenproportionale Auswahl **mit Zurücklegen** bietet sich folgende Auswahltechnik an: Jeder Auswahleinheit $i (i = 1,...,N)$ wird ein Intervall zugeordnet, dessen Länge der individuellen Auswahlwahrscheinlichkeit P_i bei einem einzelnen Zug der Stichprobenziehung entspricht. Die Auswahleinheiten werden in einer beliebigen Reihenfolge hintereinander geordnet und ihre Werte P_i Einheit für Einheit kumuliert. Es gilt $\sum_{i=1}^{N} P_i = 1$, da bei jedem Zug eine Einheit ausgewählt werden soll. Es wird nun eine Zufallszahl zwischen 0 und 1 bestimmt und diejenige Einheit gilt als ausgewählt, in deren Intervall die Zufallszahl fällt. Der Vorgang wird n mal wiederholt.

Das Verfahren der Auswahl **ohne Zurücklegen** ist von größerer Bedeutung für die praktische Arbeit. Eine einmal ausgewählte Einheit kann nicht ein zweites Mal gezogen werden, so daß jede der Auswahleinheiten höchstens einmal in der resultierenden Stichprobe vertreten ist. Methodische Probleme entstehen jedoch dadurch, daß die vorbestimmten Auswahlwahrscheinlichkeiten Z_i / Z $(i=1,...,N)$ nicht aufrechterhalten werden können, sondern im Verlauf der Auswahlprozedur für alle noch übrigen Einheiten monoton wachsen, weil die für den jeweils nachfolgenden Auswahlvorgang verbleibende Gesamtheit - gemessen durch die Größe $Z - \sum_{j=1}^{k} z_j$ (z_j: Wert des Bezugsmerkmals der *j-ten* Stichprobeneinheit) in dem Maße geschrumpft ist, wie die ersten k Einheiten bereits ausgewählt sind. Der Nachteil dieser Situation betrifft nicht so sehr die Auswahl selbst, denn die Wahrscheinlichkeiten können vor der jeweiligen Auswahl willkürlich festgelegt und auch verändert werden; er bezieht sich vielmehr auf die daraus resultierenden Schwierigkeiten für die verzerrungsfreie Hochrechnung, die sich nun nicht mehr auf feste Werte z_i / Z für jede erfaßte Einheit $i (i=1,...,n)$ stützen kann, sondern statt dessen bedingte (z_i / Z)-Werte benutzen muß, die je nach der zufällig realisierten Reihenfolge der ausgewählten Einheiten unterschiedlich ausfallen und entsprechend der tatsächlichen Reihenfolge für alle in der Stichprobe vertretenen Einheiten eigens berechnet werden müssen.

Für die praktische Durchführung der Auswahl mit größenproportionalen Wahrscheinlichkeiten ohne Zurücklegen empfiehlt sich das **Kumulationsverfahren** in Verbindung mit einer systematischen Auswahl. Hierzu werden zunächst sämtliche Auswahleinheiten, die ihre Werte Z_i des Bezugsmerkmals mit sich führen, in einer beliebigen Reihenfolge hintereinander geordnet und die Werte Z_i Einheit für Einheit kumuliert, d.h. schrittweise addiert, so daß nach jeder weiteren Einheit eine Zwischensumme erscheint. Anschließend wird eine systematische Auswahl mit Schrittweite $a = Z/n$ und Zufallsstart $b \leq a$ durchgeführt. Diejenigen Einheiten *j*, in deren Wertespanne, die von der kumulierten Bezugswertesumme der $j-ten$ Auswahleinheit $\left(\sum_{i=1}^{j} Z_i\right)$ und der (*j*-1)-*ten* Auswahleinheit $\left(\sum_{i=1}^{j-1} Z_i\right)$ gebildet wird, einer der systematisch bestimmten *n* Stichprobenpunkte $b + k \cdot a$ $(k = 0,1,2,\ldots,n\text{-}1)$ hineintrifft, gehören zur Stichprobe. Hierbei werden Einheiten, deren Spanne größer als das Abstandsmaß Z/n ist, mindestens einmal getroffen, möglicherweise sogar mehrmals; ihre Beobachtungswerte werden entsprechend vielfach aufbereitet. Andererseits wird der ursprünglich angesetzte Stichprobenumfang *n* faktisch dadurch verringert, daß mehrfach ausgewählte Einheiten nur jeweils einmal erfaßt werden.[1]

Ein Vergleich der Auswahlwahrscheinlichkeiten zwischen Bezugs- und Erhebungsmerkmal ergibt: sei X_i bzw. Z_i der Wert des Erhebungs- bzw. Bezugsmerkmals des *i-ten* Elements der Grundgesamtheit und *c* eine Konstante, dann gilt, falls zwischen X_i und Z_i eine lineare Beziehung der Art $Z_i = cX_i$ besteht:

$$\frac{Z_i}{Z} = \frac{cX_i}{cX} = \frac{X_i}{X} \tag{5.1.1}$$

Beide Auswahlwahrscheinlichkeiten sind identisch, so daß die Schätzer für das Bezugsmerkmal ebensogut sind wie bei Kenntnis des Erhebungsmerkmals. Wenn auch in der Praxis keine lineare Beziehung vorliegen wird, so sollten die Quotienten Z_i / X_i nahezu konstant sein.

---

[1] Eine Darstellung der Vielzahl der Verfahren größenproportionaler Auswahl ohne Zurücklegen findet sich bei Brewer; Hanif 1983, S. 20ff. Für eine anwendungsbezogene Darstellung, insbesondere der Schätzverfahren, siehe Foreman 1991, S. 128ff.

Das Verfahren der größenproportionalen Auswahl verspricht dann eine hohe Wirksamkeit, wenn die Bezugsgrößen Z_i der Auswahleinheiten eine große Variabilität besitzen und mit den Erhebungsmerkmalen hinreichend eng korreliert sind. Merkmale, die sich als Bezugsgrößen für eine gebundene Hochrechnung (vgl. 7.1) eignen, können statt dessen auch zur größenproportionalen Auswahl herangezogen werden. Dieses Verfahren ist andererseits mit einer geschichteten Auswahl vergleichbar, bei der die Auswahlgesamtheit nach dem betreffenden Bezugsmerkmal in sehr schmale Schichten gegliedert wird, deren Einheiten dann mit sehr fein abgestuften, an der Merkmalsgröße ausgerichteten Auswahlsätzen erfaßt werden.

5.1.2 Schätzer

Für Stichproben, die durch **Ziehen mit Zurücklegen** gewonnen werden, haben Hansen und Hurwitz (vgl. Hansen; Hurwitz 1943) folgende Schätzer angegeben:

- Schätzfunktion für den Gesamtwert X:

$$\hat{X}_{(HH)} = \frac{N}{n} x' = \frac{1}{n} \sum_{i=1}^{n} \frac{x_i}{p_i} \tag{5.1.2}$$

mit $x' = \sum_{i=1}^{n} \frac{x_i}{Np_i}$

x_i : Wert des Erhebungsmerkmals der $i-ten$ Stichprobeneinheit,

p_i : Auswahlwahrscheinlichkeit der $i-ten$ Stichprobeneinheit bei einem einzelnen Zug der Stichprobenziehung.

Für die größenproportionale Auswahl mit $p_i = Z_i / Z$ ergibt sich damit:

$$\hat{X}_{(HH)} = \frac{Z}{n} \sum_{i=1}^{n} \frac{x_i}{z_i} \tag{5.1.3}$$

Die Anwendung von (5.1.2) für die einfache Zufallsauswahl mit $p_i = \frac{1}{N}$ führt zum bekannten Ausdruck (3.1.1).

Schätzfunktion für die Fehlervarianz $\sigma^2_{\hat{X}(HH)}$:

$$s^2_{\hat{X}(HH)} = \frac{N^2}{n} s^2_{x'} = \frac{N^2}{n} \frac{1}{n-1} \sum_{i=1}^{n} \left(\frac{x_i}{Np_i} - \bar{x}' \right)^2 \tag{5.1.4}$$

mit $$s^2_{x'} = \frac{1}{n-1} \sum_{i=1}^{n} \left(\frac{x_i}{Np_i} - \bar{x}' \right)^2$$

$$\bar{x}' = \frac{1}{n} \sum_{i=1}^{n} \frac{x_i}{Np_i}$$

Die Fehlervarianz ist Null, falls p_i proportional zu x_i ist.

Die Formel (5.1.4) liefert für die größenproportionale Auswahl mit $p_i = z_i / Z$ den Ausdruck:

$$s^2_{\hat{X}(HH)} = \frac{Z^2}{n(n-1)} \left[\sum_{i=1}^{n} \left(\frac{x_i}{z_i} \right)^2 - \frac{1}{n} \left(\sum_{i=1}^{n} \frac{x_i}{z_i} \right)^2 \right]$$

$$= \frac{Z^2}{n} s_t^2 \tag{5.1.5}$$

mit s_t^2: Varianz der Verhältniswerte $t_i = \dfrac{x_i}{z_i}$ $(i = 1,...,n)$.

Beide Schätzer sind unverzerrt. Die Schätzung, basierend auf einer Ziehung der Stichprobe mit Zurücklegen, ist weniger effizient als andere Schätzer für Stichproben ohne Zurücklegen. Trotzdem wird dieser Schätzer wegen seiner Einfachheit gegenüber dem für eine größenproportionale Auswahl ohne Zurücklegen bevorzugt.

Liegt eine größenproportionale **Auswahl ohne Zurücklegen** vor, so können die von Horvitz und Thompson (vgl. Horvitz; Thompson 1952) vorgeschlagenen Schätzer verwendet werden:

- Schätzfunktion für den Gesamtwert X:

$$\hat{X}_{(HT)} = \sum_{i=1}^{n} \frac{x_i}{\pi_i} \tag{5.1.6}$$

mit π_i: Erfassungserwartung (Inklusionswahrscheinlichkeit) für die $i-te$ Stichprobeneinheit.

Dieser Schätzer ist allgemeingültig bei Zufallsstichproben und gilt auch für größenproportionale Auswahl mit Zurücklegen. Mit $\pi_i = np_i$ führt er zum selben Ergebnis wie der Hansen-Hurwitz Schätzer (5.1.2).

Schätzfunktion für die Fehlervarianz $\sigma^2_{\hat{X}(HT)}$ (vgl. Thompson 1992):

$$s^2_{\hat{X}(HT)} = \sum_{i=1}^{n} \frac{1-\pi_i}{\pi_i^2} x_i^2 + \sum_{i=1}^{n} \sum_{j \neq i} \frac{\pi_{ij} - \pi_i \cdot \pi_j}{\pi_{ij} \cdot \pi_i \cdot \pi_j} x_i x_j, \tag{5.1.7}$$

mit π_{ij}: Wahrscheinlichkeit, daß die $i-te$ und $j-te$ Einheit zur Stichprobe gehören.

Beide Schätzer sind erwartungstreu. Der Nachteil des Varianzschätzers liegt darin, daß er schwer handhabbar ist und außerdem negativ werden kann.

Deshalb werden mehrere Approximationen vorgeschlagen (vgl. Wolter 1985), von denen die folgende die einfachste Struktur hat:

$$s^2_{\hat{X}(W)} = (1 - \frac{1}{n} \sum_{i=1}^{n} \pi_i)\, s^2_{\hat{X}(HH)} \tag{5.1.8}$$

Mit $\pi_i = n \cdot z_i / Z$ folgt daraus:

$$s_{\hat{X}(W)} = (1 - \sum_{i=1}^{n} \frac{z_i}{Z}) \frac{Z^2}{n(n-1)} \left[\sum_{i=1}^{n} \left(\frac{x_i}{z_i} \right)^2 - \frac{1}{n} \left(\sum_{i=1}^{n} \frac{x_i}{z_i} \right)^2 \right] \tag{5.1.9}$$

Die häufigste Anwendung findet das Verfahren im allgemeinen im Rahmen von **zweistufigen Auswahlplänen** (vgl. 5.3.2): Die Auswahleinheiten erster Stufe werden mit Wahrscheinlichkeiten proportional zur Anzahl der in ihnen enthaltenen Auswahleinheiten zweiter Stufe in die Stichprobe genommen; in jeder Stichprobeneinheit erster Stufe wird eine konstante Anzahl von Einheiten zweiter Stufe ausgewählt, so daß dann letztere mit gleicher Auswahlwahrscheinlichkeit in der Stichprobe vertreten sind.

In Bezug auf die Anwendung größenproportionaler Auswahlverfahren sei auf eine im Auftrag des Bundesministeriums für Familie und Senioren durchgeführte Studie zur Schätzung der Einkommenssituation von Pflegebedürftigen in Heimen hingewiesen (vgl. Krug; Reh 1992). Auf der ersten Stufe wurden dabei die Pflegeheime nach der Bettenzahl für Pflegebedürftige ausgewählt, so daß "größere" Heime stärker zur Auswahl auf der zweiten Stufe zur Verfügung standen, auf der die Pflegebedürftigen dann nach dem Merkmal Einkommen erfaßt wurden.

Von anderer Art ist die Anwendung größenproportionaler Auswahlwahrscheinlichkeiten im Zusammenhang mit der statistischen Ermittlung von **Verhältniswerten**. In bestimmten Fällen ist es nämlich möglich und zweckmäßig, die Nenner-Variable des Verhältniswertes als Merkmal für die Differenzierung der Auswahlwahrscheinlichkeiten einzusetzen. Der Vorteil eines solchen Verfahrens besteht darin, daß die Verhältniswerte aller ausgewählten Einheiten ungewichtet zusammengefaßt werden können.

Ein gutes Beispiel hierfür ist die repräsentative Ermittlung von ha-Erträgen landwirtschaftlicher Feldfrüchte (vgl. 9.1.3). Für jede beteiligte Getreideart werden gesonderte Stichproben gezogen, so daß deren Anbauflächen als Bezugsmerkmal bei der größenproportionalen Auswahl von landwirtschaftlichen Betrieben Verwendung finden können. Der unmittelbaren Hochrechnung und Zusammenfassung können grundsätzlich nur absolute Werte, hier die betrieblich gemessenen Ertragsmengen, unterzogen werden. Deren individuelle Hochrechnung vollzieht sich mit den Kehrwerten der Auswahlwahrscheinlichkeiten, die proportional zu den betrieblichen Anbauflächen der betreffenden Getreideart sind. Infolgedessen ergeben sich je Stichprobeneinheit die Verhältniswerte von Erntemenge zur Anbaufläche, so daß betriebliche Ertragswerte ohne weitere Gewichtung zusammengefaßt werden dürfen, bevor sie mit konstanten Faktoren versehen werden. Dieses Verfahren, das auswahltechnisch aufwendig ist, kommt dafür auf der anderen Seite einer zügigen Aufbereitung der gemessenen Ertragsdaten sehr entgegen. Es läßt sich überdies veranschaulichen mit Hilfe der Vorstellung, daß die zutreffende Repräsentation durch gleichmäßig über sämtliche Flächen einer Region verteilte Ertrags-Meßstellen gewährleistet wird.

Werden der Stichprobenauswahl z.B. Einheiten zugrunde gelegt, die nur Teile der Aufbereitungs- oder Erhebungseinheiten sind, dann werden letztere in dem Maß mit veränderlichen Wahrscheinlichkeiten erfaßt, wie sie verschieden viele Auswahleinheiten umschließen. So arbeitet z.B. eine repräsentative Statistik der Unternehmen im Güterkraftverkehr mit unterschiedlichen Auswahlwahrscheinlichkeiten, wenn sich die Stichprobenziehung nicht auf ein entsprechendes Unternehmensverzeichnis stützen kann, sondern diejenigen Unternehmen als Erhebungseinheiten behandelt werden, deren Lastkraftfahrzeuge aus einer Kartei zufällig ausgewählt worden sind. Die Wahrscheinlichkeit für ein Unternehmen, an den Stichprobenerhebungen beteiligt zu werden, ist folglich umso größer, je mehr Lastkraftfahrzeuge es besitzt. Diese Tatsache muß bei der Hochrechnung in geeigneter Weise berücksichtigt werden, damit keine verzerrten Ergebnisschätzwerte entstehen. Voraussetzung für die richtige Hochrechnung der Stichprobe ist die Kenntnis der Zahl w der zum Gültigkeitszeitpunkt der Auswahlgrundlage insgesamt vorhandenen Auswahleinheiten für jede mittelbar erfaßte Erhebungseinheit. Wird die Auswahl streng zufällig mit dem Auswahlsatz f durchgeführt, so sinkt die Wahrscheinlichkeit $(1\text{-}f)$, an der Auswahl nicht beteiligt zu sein, mit dem Umfang w von Auswahleinheiten je Erhebungseinheit auf $(1\text{-}f)^w$ so daß die (komplementäre) Erfassungswahrscheinlichkeit $1\text{-}(1\text{-}f)^w$ beträgt. Ihr Kehrwert ist der erforderliche, von der Anzahl w abhängige Hochrechnungsfaktor für die an der Stichprobe beteiligte Erhebungs- und Aufbereitungseinheit.

5.2 Klumpenauswahl

5.2.1 Verfahren

In den bisher dargestellten Auswahlverfahren wurde im allgemeinen angenommen, daß die Erhebungseinheiten, von denen mit der Stichprobenerhebung die gewünschten Informationen eingeholt werden, dem Auswahlvorgang unmittelbar zugrunde gelegt werden und somit gleichzeitig Auswahleinheiten sind. Im Gegensatz hierzu ist die Klumpenauswahl dadurch gekennzeichnet, daß jede Auswahleinheit **zahlreiche** Erhebungseinheiten umfaßt, also ein „Klumpen" von Erhebungseinheiten ist. Die Festlegung einer Klumpenstichprobe dient im wesentlichen dazu, die Auswahltechnik und/oder die Erhebungsorganisation zu erleichtern oder diese überhaupt erst zu ermöglichen.

Fehlt bei der Vorbereitung einer Stichprobenstatistik eine Auswahlgrundlage mit den Namen und Anschriften der Erhebungseinheiten, so können z.B. Gemeinden oder andere administrative Einheiten als Auswahleinheiten festgelegt und der **Zufallsauswahl** unterzogen werden; die Beschaffung der Anschriften kann dann auf die ausgewählten Gemeinden **beschränkt** werden. Die Durchführung der Auswahl erstreckt sich auf verhältnismäßig wenige Einheiten und wird dadurch verbilligt.

Der Arbeitskreis Deutscher Markt- und Sozialforschungsinstitute (ADM) (vgl. 12.2.1) bedient sich z.B. der **Wahlbezirke** als Auswahleinheiten, die von den Gemeinden für die Organisation der Wahlen eingeteilt werden, das gesamte bewohnte Gebiet der Bundesrepublik Deutschland überdecken und jeweils einige hundert Wahlberechtigte und entsprechend viele Personen umfassen. Diese Wahlbezirke werden nach jeder Bundestagswahl im Statistischen Bundesamt auf maschinell lesbaren Datenträgern gespeichert und Interessenten gegen Entgelt zur Verfügung gestellt. Da die Herausgabe ausgewählter Namen und Anschriften von Personen, Haushalten, Unternehmen u.a. aus Gründen der statistischen Geheimhaltung - von gesetzlich ausdrücklich zugelassenen Ausnahmen abgesehen - nicht in Frage kommt, bietet die Bezugnahme auf Wahlbezirke einen vertretbaren Ausweg. Er hat gegenüber der Einheit Gemeinde die Vorzüge einer feineren Differenzierung mit einigermaßen gleich großer Bevölkerungszahl sowie der Möglichkeit, die Feldarbeit in der Gruppierung nach Wahlbezirken zu bündeln.

Der letztgenannte Gesichtspunkt hat auch in der amtlichen Statistik für diejenigen Erhebungen einen bestimmenden Einfluß, bei denen zwecks Erfassung schwieriger Sachverhalte oder zur unmittelbaren Überprüfung von Erhebungsangaben speziell geschulte Erheber oder Interviewer eingesetzt werden müssen.

In der amtlichen Statistik wird die Klumpenauswahl insbesondere bei Bevölkerungs- und Wohnungsstichproben angewendet, um der Problematik relativ starker Veränderungen der Erhebungseinheiten im Zeitablauf sowohl hinsichtlich ihrer Existenz als auch im Hinblick auf die spezifischen Merkmalsausprägungen zu begegnen. Es liegt demnach nahe, solche Auswahleinheiten zu suchen, die als räumlich zusammenhängende Klumpen von Personen, Haushalten oder Wohnungen festgelegt sind. Sie gewährleisten somit eine höhere Stabilität und erlauben die vollzählige Erfassung aller darin enthaltenen, beliebig wechselnden Erhebungseinheiten. Außerdem erlauben Klumpenauswahlen durch die Bündelung der Feldarbeit und die verringerte Zahl an Auswahleinheiten beachtliche Ersparnisse an Wegezeit und -kosten für die Interviewer.

Ein Anwendungsfall sind z.B. Flächenstichproben. Das Gebiet jeder Gemeinde wird dazu unter Bezugnahme auf klare und möglichst unveränderliche Begrenzungslinien vollständig in Flächeneinheiten unterteilt, die gegebenenfalls hinsichtlich bestimmter Kriterien homogen sind und als Auswahleinheiten dienen. Das ständige Problem der Erfassung der Zugänge von Erhebungseinheiten kann auf diese Weise zumindest teilweise gelöst werden. Die beschriebenen Flächeneinheiten sind ein Beispiel für künstliche Auswahleinheiten, für deren Aufbau zunächst lediglich vorausgesetzt wird, daß sie die Erhebungsgesamtheit vollständig einmal überdecken. Im Gegensatz zu natürlichen Einheiten, zu denen auch Verwaltungseinheiten wie Gemeinden und Gemeindeteile zählen, werden ihre Grenzen durch statistische Zwecke bestimmt.

Nach ersten Erfahrungen der deutschen amtlichen Statistik mit künstlich gebildeten Zählflächen bei den repräsentativen Viehzählungen (vgl. Strecker 1957, S. 75ff.) ist der Stichprobenplan zum Mikrozensus 1972 auf künstliche Auswahleinheiten umgestellt worden. Auch im aktuellen Stichprobenplan von 1990 (vgl. 12.1.2) sind auf der Grundlage der Volks- und Berufszählung 1987 als Auswahleinheiten Auswahlbezirke gebildet worden, die aus mehreren räumlich beieinanderliegenden Gebäuden mit Wohnraum bzw. einem einzigen Gebäude bzw. Gebäudeteilen (bei Großgebäuden) bestehen.

Während für die Bevölkerungs- und Sozialstatistiken vor allem wegen der zuverlässigeren Erfaßbarkeit bevorzugt Klumpenstichproben verwendet werden, wird in den repräsentativen Wirtschaftsstatistiken überwiegend mit unmittelbaren Unternehmens- oder Betriebsauswahlen gearbeitet, weil diese den Klumpenstichproben hinsichtlich der Wirksamkeit überlegen und in der Regel auch hinreichend aktuelle Auswahlgrundlagen mit Individualvorgaben vorhanden sind. Die stark verminderte Zahl der Auswahleinheiten kennzeichnet den Hauptnachteil des Verfahrens der Klumpenauswahl. Wird nämlich zum Vergleich mit einer unmittelbaren Auswahl von Erhebungseinheiten der Erhebungsumfang dieser Einheiten konstant gehalten, so ist der Stichprobenumfang - gemessen an der Zahl der gezogenen Klumpen-Auswahleinheiten - relativ klein und der Stichprobenzufallsfehler entsprechend größer. Die relative **Einbuße an Präzision** ist um so größer, je ähnlicher die Erhebungseinheiten untereinander hinsichtlich der beobachteten Merkmale innerhalb der einzelnen Klumpen sind (Nachbarschaftseffekt). Bei zunehmender "Intraklasskorrelation" ist nämlich die Menge an Information aus den Klumpen immer weniger abhängig von der Anzahl der von den Auswahleinheiten umschlossenen Erhebungseinheiten.

Eine weitere, wesentliche Quelle der Vergrößerung des Stichprobenzufallsfehlers liegt in der im allgemeinen **unterschiedlichen** Klumpengröße, d.h. der unterschiedlichen Anzahl von Erhebungseinheiten in den Klumpen. Dieser Effekt läßt sich jedoch durch die Bildung künstlicher Auswahleinheiten oder mittels Schichtung nach der Klumpengröße oder durch das Verfahren der größenproportionalen Klumpenauswahl merklich vermindern.

Die fehlertheoretischen Nachteile von Klumpenauswahlen (vgl. 5.2.3) können vielfach durch ein mehrstufiges, hierarchisches System von Auswahleinheiten gemildert werden. Die Klumpen werden dabei als **Auswahleinheiten erster Stufe** behandelt, von denen eine Zufallsstichprobe gezogen wird. Diese Einheiten bestehen ihrerseits aus einer Menge von hierarchisch untergeordneten Einheiten, die einer Zufallsauswahl **zweiter Stufe** unterzogen werden und entweder bereits mit den Erhebungseinheiten der betreffenden Statistik inhaltlich übereinstimmen oder ihrerseits wieder (kleinere) Klumpen solcher Einheiten darstellen. Nach dieser Art können **Auswahleinheiten für mehrere Stufen** festgelegt sein, wobei jede Einheit einer höheren Stufe mehrere Einheiten der folgenden Stufe enthält und die Auswahleinheiten der letzten Stufe aus den Erhebungseinheiten oder Klumpen von ihnen bestehen. Der Zweck einer mehrstufigen Auswahl (vgl. 5.3) liegt in der starken Verringerung des resultierenden Stichprobenumfangs: Die ausgewählten großen Klumpen müssen nicht mit all ihren Erhebungseinheiten an der Stichprobe beteiligt werden, sondern aus ihnen kann eine Unterstichprobe kleinerer Einheiten gezogen werden. Die Tatsache eines nach diesem Verfahren wesentlich verminderten Stichprobenumfangs kann umgekehrt dazu genutzt werden, die ursprünglich vorgesehene Zahl der auszuwählenden Einheiten erster Stufe zu erhöhen.

5.2.2 Schätzer bei einstufiger Klumpenauswahl

Bei einfacher Zufallsauswahl von m Klumpen aus einer Gesamtheit von M Klumpen gelten folgende Schätzer:

- Schätzfunktion für den Gesamtwert X:

$$\hat{X}_{cl} = \frac{M}{m} \sum_{i=1}^{m} x_i \qquad (5.2.1)$$

mit x_i: Summe der Merkmalswerte im Klumpen i der Stichprobe.

Die Schätzfunktion $\hat{X}_{cl}$ ist erwartungstreu.

Die zugehörige Fehlervarianz lautet:

$$\sigma^2_{\hat{X}_{cl}} = M^2 \left(\frac{M-m}{M-1} \right) \frac{1}{m} \frac{1}{M} \sum_1^M (X_i - \overline{X})^2 \qquad (5.2.2)$$

$$= M \left(\frac{M}{m} - 1 \right) \frac{1}{M-1} \sum_1^M (X_i - \overline{X})^2$$

wobei X_i die Summe der Merkmalswerte im Klumpen i der Gesamtheit und $\overline{X} = \frac{1}{M} \sum_1^M X_i$ die mittlere Merkmalssumme je Klumpen der Gesamtheit bezeichnet.

Ist die Gesamtzahl N der Erhebungseinheiten in der Gesamtheit bekannt, kann auch folgende

Schätzfunktion für den Gesamtwert X verwendet werden:

$$\hat{X}'_{cl} = \frac{N}{\sum_{i=1}^{m} n_i} \sum_{i=1}^{m} x_i \qquad (5.2.3)$$

mit n_i: Anzahl der Erhebungseinheiten im *i-ten* Stichprobenklumpen.

Diese Schätzfunktion ist zwar nicht streng erwartungstreu, für größere Klumpenzahlen ist die Eigenschaft aber näherungsweise erfüllt.

Für ihre Fehlervarianz gilt näherungsweise:

$$\sigma^2_{\hat{X}'_{cl}} \approx M \left(\frac{M}{m} - 1 \right) \frac{1}{M-1} \sum_1^M N_i^2 \left(\overline{\overline{X}}_i - \overline{\overline{X}} \right)^2 \qquad (5.2.4)$$

wobei

$$\overline{\overline{X}}_i = \frac{X_i}{N_i}$$

den Mittelwert des Merkmals je Erhebungseinheit im Klumpen i der Grundgesamtheit und

$$\bar{\bar{X}} = \frac{1}{N} \sum_{1}^{M} X_i$$

den Mittelwert des Merkmals je Erhebungseinheit in der Grundgesamtheit bezeichnet.

Der Formelvergleich der beiden Fehlervarianzen $\sigma^2_{\hat{X}_{cl}}$ und $\sigma^2_{\hat{X}'_{cl}}$ zeigt, daß trotz der nur näherungsweise geltenden Unverzerrtheit die Anwendung der Schätzfunktion $\hat{X}'_{cl}$ sehr sinnvoll sein kann, da der Präzisionsgewinn gegenüber $\hat{X}_{cl}$ groß ist, wenn:

- die Klumpengröße N_i sehr unterschiedlich ist, weil dann auch $\sum(X_i - \bar{X})^2$ groß ist,
- die Klumpenmittelwerte $\bar{\bar{X}}_i$ weniger stark variieren als die Einzelwerte, was im allgemeinen der Fall ist. Wenn etwa näherungsweise gilt $\bar{\bar{X}}_i \approx \bar{\bar{X}}$, so wird $\sigma^2_{\hat{X}_{cl}}$ näherungsweise null, während $\sigma^2_{\hat{X}'_{cl}}$ wegen:

$$\sum_{1}^{M}(X_i - \bar{X})^2 \approx \bar{\bar{X}}^2 \sum_{1}^{M}(N_i - \bar{N})^2$$

näherungsweise proportional ist zu $\bar{\bar{X}}^2 \sum_{1}^{M}(N_i - \bar{N})^2$.

Falls alle Klumpen in der Grundgesamtheit gleich groß sind, führen die beiden Schätzfunktionen $\hat{X}_{cl}$ und $\hat{X}'_{cl}$ wegen $\frac{N}{M} = \bar{N} = \bar{n} = \frac{n}{m}$ zu gleichen Schätzwerten.

Schätzfunktionen für die Fehlervarianzen $\sigma^2_{\hat{X}_{cl}}$ und $\sigma^2_{\hat{X}'_{cl}}$:

$$\hat{\sigma}_{\hat{X}_{cl}} = s^2_{\hat{X}_{cl}} = M\left(\frac{M}{m} - 1\right)\frac{1}{m-1}\sum_{1}^{m}(x_i - \bar{x})^2 \tag{5.2.5}$$

bzw.

$$\hat{\sigma}_{\hat{X}'_{cl}} = s^2_{\hat{X}'_{cl}} = M\left(\frac{M}{m} - 1\right)\frac{1}{m-1}\sum_{1}^{m} n_i^2\left(\bar{\bar{x}}_i - \hat{\bar{\bar{X}}}'_{cl}\right)^2 \tag{5.2.6}$$

$$= M\left(\frac{M}{m} - 1\right)\frac{1}{m-1}\sum_{1}^{m} n_i^2 \left(\bar{\bar{x}}_i - \bar{\bar{x}}\right)^2,$$

wobei

$$\bar{x} = \frac{1}{m}\sum_{1}^{m} x_i$$

die mittlere Merkmalssumme je Stichprobenklumpen,

$$\bar{\bar{x}}_i = \frac{x_i}{n_i}$$

den Mittelwert des Merkmals je Erhebungseinheit im Stichprobenklumpen i und

$$\hat{\bar{\bar{X}}}'_{cl} = \frac{\hat{X}'_{cl}}{N} = \frac{1}{n}\sum_{1}^{m} x_i$$

den Schätzwert für den Mittelwert des Merkmals je Erhebungseinheit in der Grundgesamtheit bezeichnet.

5.2.3 Klumpeneffekt

Im folgenden soll die Effizienz von Klumpenauswahlen genauer untersucht werden. Zu diesem Zwecke wird die Fehlervarianz $\sigma^2_{\hat{X}'_{cl}}$ bei Klumpenauswahl verglichen mit der Fehlervarianz $\sigma^2_{\hat{X}}$ bei einfacher Zufallsauswahl und gleicher Stichprobenzahl von Erhebungseinheiten. Als Maßzahl für den **Klumpeneffekt** ist der Quotient

$$\frac{\sigma^2_{\hat{X}_{cl}}}{\sigma^2_{\hat{X}}}$$

gebräuchlich.

Es ist:

$$\frac{\sigma^2_{\hat{X}_{cl}}}{\sigma^2_{\hat{X}}} = \frac{M\left(\frac{M}{m}-1\right)\frac{1}{M-1}\sum_1^M\left(X_i-\overline{X}\right)^2}{N\left(\frac{N}{n}-1\right)\frac{1}{N-1}\sum_{i=1}^M\sum_{j=1}^{N_i}\left(X_{ij}-\overline{\overline{X}}\right)^2} \tag{5.2.7}$$

X_{ij} bezeichnet dabei den Merkmalswert der *j-ten* Erhebungseinheit im *i-ten* Klumpen, $\overline{X}$ und $\overline{\overline{X}}$ sind definiert wie in 5.2.2.

Mit $n = m \cdot \overline{N} = \frac{m}{M} N$ gilt:

$$\frac{\sigma^2_{\hat{X}_{cl}}}{\sigma^2_{\hat{X}}} = \frac{\frac{1}{M-1}\sum_1^M\left(X_i-\overline{X}\right)^2}{\overline{N}\frac{N}{N-1}\sigma^2_X}, \tag{5.2.8}$$

wobei σ^2_X die Varianz der Merkmalswerte in der geklumpten Auswahlgesamtheit ist.

Um weiteren Aufschluß über den Klumpeneffekt zu bekommen, zerlegen wir σ^2_X gemäß:

$$\begin{aligned}\sigma^2_X &= \frac{1}{N}\sum_{i=1}^M\sum_{j=1}^{N_i}\left(X_{ij}-\overline{\overline{X}}\right)^2\\ &= \frac{1}{N}\left(\sum_i\sum_j\left(X_{ij}-\overline{X}_i\right)^2+\sum_i N_i\left(\overline{X}_i-\overline{\overline{X}}\right)^2\right)\end{aligned} \tag{5.2.9}$$

Der erste Klammerterm ist ein Maß für die Streuung der Merkmalswerte innerhalb der Klumpen, der zweite für die Streuung der Klumpenmittelwerte.

Mit den Bezeichnungen:

$$\sigma_i^2 = \frac{1}{N_i}\sum_{j=1}^{N_i}\left(X_{ij}-\overline{X}_i\right)^2$$

für die **Streuung der Merkmalswerte im Klumpen *i*,**

$$\sigma_w^2 = \frac{1}{N}\sum N_i\sigma_i^2$$

für die durchschnittliche Streuung der Merkmalswerte innerhalb der Klumpen und

$$\sigma_b^2 = \frac{1}{N}\sum N_i\left(\overline{\overline{X}}_i - \overline{\overline{X}}\right)^2$$

für die durchschnittliche Streuung der Klumpenmittelwerte (**Streuung zwischen den Klumpen**) erhält man:

$$\sigma_X^2 = \sigma_w^2 + \sigma_b^2 \qquad (5.2.10)$$

Die Streuungszerlegung ist Grundlage für die Definition eines **Homogenitätsmaßes** δ, das eng mit dem sogenannten Intraklasskorrelationskoeffizienten verwandt ist, der als Maß für die Korrelation zwischen Paaren von Einheiten des gleichen Klumpens interpretiert werden kann:

$$\delta = 1 - \frac{N-1}{N-M}\frac{\sigma_w^2}{\sigma_X^2} \qquad (5.2.11)$$

Der Koeffizient nimmt Werte an im Bereich:

$$-\frac{M-1}{N-M} \leq \delta \leq 1 \qquad (5.2.12)$$

Bei absoluter Homogenität der Merkmalswerte in den Klumpen, d.h. $\sigma_w^2 = 0$, ist $\delta = 1$.

Bei größtmöglicher Heterogenität der Merkmalswerte in den Klumpen, d.h.:

$$\sigma_b^2 = 0, \text{ ist } \delta = 1 - \frac{N-1}{N-M} = -\frac{M-1}{N-M}$$

Die Verwendung von δ und längere Umformungen führen schließlich zu folgendem Ausdruck für den Klumpeneffekt:

$$\frac{\sigma_{\hat{X}_{cl}}^2}{\sigma_{\hat{X}}^2} = 1 + \frac{N-M}{M-1}\delta + \frac{\frac{1}{M-1}\sum_1^M (N_i - \overline{N})N_i\overline{\overline{X}}_i^2}{\overline{N}\frac{N}{N-1}\sigma_X^2} \qquad (5.2.13)$$

Diese Formel erlaubt wichtige Schlußfolgerungen über die Effizienz von Klumpenauswahlen:

- Falls alle Klumpen die gleiche Größe haben (d.h. $N_i = \overline{N}$ für alle i) erhält man für den Klumpeneffekt:

$$\frac{\sigma^2_{\hat{X}_{cl}}}{\sigma^2_{\hat{X}}} = 1 + \frac{N-M}{M-1}\delta \approx 1 + (\overline{N}-1)\delta \tag{5.2.14}$$

Man sieht hier, daß $\sigma^2_{\hat{X}_{cl}}$ nur dann kleiner als $\sigma^2_{\hat{X}}$ werden kann, wenn $\delta < 1$ wird. Wegen des Nachbarschaftseffektes ist das aber im allgemeinen nicht der Fall, d.h. im allgemeinen ist $\delta > 1$ und damit auch $\sigma^2_{\hat{X}_{cl}} > \sigma^2_{\hat{X}}$. Insbesondere bei einer hohen durchschnittlichen Klumpengröße ist dann ein starker Klumpeneffekt zu erwarten.[2]

Bei Klumpen gleicher Größe und vollständiger Homogenität innerhalb der Klumpen (d.h. $\delta = 1$) ist der Klumpeneffekt:

$$\frac{\sigma^2_{\hat{X}_{cl}}}{\sigma^2_{\hat{X}}} = \frac{N-1}{M-1} \approx \overline{N} \tag{5.2.15}$$

Daraus folgt wegen $n = m \cdot \overline{N}$:

$$\begin{aligned} \sigma^2_{\hat{X}_{cl}} &= \frac{N-1}{M-1}\sigma^2_{\hat{X}} = N^2\left(\frac{N}{n}-1\right)\frac{1}{M-1}\sigma^2_X \\ &= N^2\left(\frac{M}{m}-1\right)\frac{1}{M-1}\sigma^2_X \end{aligned} \tag{5.2.16}$$

d.h. die Präzision der Klumpenstichprobe entspricht näherungsweise der einer einfachen Zufallsstichprobe vom Umfang *m*.

- Bei unterschiedlich großen Klumpen sind höhere Klumpenzuschlagsfaktoren zu erwarten als bei gleicher Klumpengröße:

  Die Wirkung unterschiedlicher Klumpengrößen auf den Klumpeneffekt wird am besten sichtbar, wenn minimale Homogenität in den Klumpen unterstellt wird (d.h. $\delta = -\frac{M-1}{N-M}$). In diesem Fall sind alle $\overline{\overline{X}}_i$ mit $\overline{\overline{X}}$ identisch (wegen $\sigma^2_b = 0$) und man erhält:

$$\sigma^2_{\hat{X}_{cl}} = M\left(\frac{M}{m}-1\right)\overline{\overline{X}}^2\frac{1}{M-1}\sum_i\left(N_i-\overline{N}\right)^2 \tag{5.2.17}$$

[2] Selbst für ein nur gering positives $\delta = 0{,}1$ ergibt sich bei $\overline{N} = 30$ ein Klumpenzuschlagsfaktor von 3,9.

Wie die Formel zeigt, ist bei hoher Variabilität der Klumpengröße auch ein hoher Wert für die Fehlervarianz von $\hat{X}_{cl}$ zu erwarten.

Für den Klumpeneffekt ergibt sich:

$$\frac{\sigma^2_{\hat{X}_{cl}}}{\sigma^2_{\hat{X}}} = \frac{N-1}{M-1}\left(\frac{\frac{1}{M}\sum_i (N_i - \overline{N})^2}{\overline{N}^2} \frac{\overline{\overline{X}}^2}{\sigma^2_X}\right) = \frac{N-1}{M-1}\left(\frac{V_N}{V_X}\right)^2 \qquad (5.2.18)$$

mit V_N: Variationskoeffizient der Klumpengröße N_i
und V_X: Variationskoeffizient der Merkmalswerte X_i.

Wie obige Betrachtungen gezeigt haben, ist die Schätzung von Gesamtwerten (bzw. Mittelwerten) über eine einfache Klumpenauswahl meist keine methodisch günstige Stichprobenstrategie. Zur Steigerung der Präzision von Klumpenauswahlen bieten sich folgende Maßnahmen an:

- Schichtung der Klumpen nach ihrer Größe
- Anwendung eines zweistufigen Auswahlverfahrens.

5.2.4 Klumpengröße

Für die Festlegung eines Auswahlplans, der im Hinblick auf die anzustrebende Präzision und die erforderlichen Kosten möglichst günstig gestaltet werden soll, ist es nützlich, die Höhe der Fehlervarianzen auch für Klumpengrößen abschätzen zu können, über die keine unmittelbaren Informationen vorliegen. Für diesen Zweck sind in der älteren Literatur zwei Ansätze vorgeschlagen worden, die auf Beziehungen zwischen der relativen Varianz Var^2 eines Merkmals bei den Erhebungseinheiten, der relativen Varianz Var_b^2 zwischen den Klumpen und der entsprechenden Varianz Var_w^2 der Erhebungseinheiten innerhalb der Klumpen beruhen.

Von Smith (vgl. Smith; 1938, S. 21) stammt der folgende Ansatz :

$$Var_b^2 = Var^2 / N_i^b \qquad (5.2.19)$$

in dem mit N_i die Zahl der Erhebungseinheiten innerhalb des *i-ten* Klumpens (die "Klumpengröße") bezeichnet wird und der Exponent b mit $0<b<1$ "in der Nähe von 1" zu bestimmen ist. Die relative Varianz Var_b^2 stimmt im Grenzfall

$N_i = 1$ (d.h. keine Klumpung der Erhebungseinheiten) mit Var^2 überein und geht mit wachsender Klumpengröße allmählich zurück. Eine andere Möglichkeit der Verknüpfung einer Varianz mit der Klumpengröße gibt Jessen (vgl. Jessen 1942) an:

$$Var_w^2 = a \cdot N_i^b \tag{5.2.20}$$

Die Konstanten $a>0$ und $b>0$ sind von der jeweiligen Klumpengröße N_i unabhängig.

Beide Ansätze sind nicht als Gesetz, sondern als Möglichkeiten für einen funktionalen Zusammenhang zu verstehen. Die Parameter a und b lassen sich - nachdem die Beziehungsgleichungen durch Logarithmieren hinsichtlich der Größen a und b linearisiert worden sind - mit Hilfe eines Regressionsmodells schätzen, in dem N_i die unabhängige und Var_b^2 bzw. Var_w^2 die abhängige Veränderliche ist. Die Schätzungen setzen eine genügend große Zahl von Beobachtungswerten voraus; verschiedene Erhebungsmerkmale können hierbei grundsätzlich nicht als Beobachtungswerte für dieselbe Regressionsgleichung herangezogen werden, solange nicht sichergestellt ist, daß sie jeweils auf eine annähernd gleiche Parameterkonstellation führen.

Um die Anwendbarkeit der Formeln (5.2.19) und (5.2.20) zu prüfen, ist im folgenden ein anderer Weg beschritten worden. Anhand der Befragungsergebnisse des Mikrozensus 1976 für Schleswig-Holstein sind natürliche Klumpen von je 5 und 10 benachbarten Haushalten sowie künstliche Klumpen von je 10 und 20 aufeinanderfolgenden Personen gebildet worden. Für verschiedene Erhebungsmerkmale und Merkmalskombinationen werden die Parameter beider Formeln zu den Klumpengrößen 10 Personen und 10 Haushalte mit Hilfe der zugehörigen Werte der relativen Varianzen unmittelbar berechnet. Die Stabilität und Gültigkeit dieser Parameter wird durch Vergleich der auf die Klumpengrößen von 20 Personen bzw. 5 Haushalten übertragenen Lösungen von Var_b^2 und Var_w^2 mit den tatsächlich bei diesen Klumpengrößen verwirklichten Varianzwerten überprüft. Hierbei ist zu beachten, daß die Übertragung bei den Personen auf vergrößerte, bei den Haushalten auf verkleinerte Klumpengrößen vorgenommen wird.

Einige Ergebnisse dieser Untersuchung sind in Übersicht 5.1 für die künstlichen (Personen-)Klumpen und in Übersicht 5.2 für die natürlichen (Haushalts-) Klumpen als relative Abweichungen der abgeleiteten von den tatsächlichen Varianzergebnissen zusammengestellt. An den ausgewählten Merkmalen des Mikrozensus 1976 zeigt sich, daß der Smithsche Ansatz dann gute Ergebnisse liefert, wenn - wie für Merkmal 1 bei den künstlichen und den natürlichen Klumpen - kein Klumpeneffekt vorliegt. Aber auch dann, wenn der Klumpeneffekt konstant bleibt oder in einem höchstens linearen Verhältnis zur Klumpenvergrößerung ansteigt (für die Merkmale 3 und 4 bei künstlichen und die Merkmale 5 und 6 bei natürlichen Klumpen), bringt der Ansatz von Smith relativ genaue Schätzungen. Dagegen führt dieser Ansatz dann zu ungünstigen Ergebnissen, wenn der "Intraklasskorrelationskoeffizient" negativ ist (wie für Merkmal 6 bei den künstlichen und Merkmal 4 bei den natürlichen Klumpen). Ein negativer Koeffizient bedeutet allerdings einen Exponenten $b>1$ und damit einen Fall, den der Smithsche Ansatz gerade ausschließt.

Übersicht 5.1: *Gütezahlen der Verfahren von Smith und Jessen bei künstlich gebildeten Klumpen (Mikrozensus 1976)*

Nr.	Merkmal	Relative Abweichung (%) des Verfahrens nach	
		Smith	Jessen
1	Deutscher, Deutscher und Ausländer [1]	0	-5
2	Arbeitslos, ohne Arbeitslosengeld/-hilfe	-4	-5
3	Besuch des Kindergartens	-3	-5
4	Fachhoch-(Ingenieur-)schulabschluß	3	-5
5	Nettoeinkommen von DM 3000 und mehr	16	-4
6	Männliche Person	10	-2

1) Deutscher und Ausländer, der männlich ist, dessen Geburtsjahr zwischen 1956 und 1970 und dessen Eheschließungsjahr der jetzigen bzw. der letzten Ehe zwischen 1971 und 1976 liegt.

Übersicht 5.2: *Gütezahlen der Verfahren von Smith und Jessen bei natürlichen Klumpen (Mikrozensus 1976)*

Nr.	Merkmal	Relative Abweichung (%) des Verfahrens nach	
		Smith	Jessen
1	Deutscher, Deutscher und Ausländer [1]	0	-9
2	Arbeitslos, ohne Arbeitslosengeld/-hilfe	7	-12
3	Nettoeinkommen von DM 3000 und mehr	12	-9
4	Hausfrau	20	-2
5	Arbeitslosengeld/-hilfe	-2	-12
6	Tätigkeit gesucht	1	-12

1) Vgl. Fußnote der Übersicht 5.1.

Aber gerade in jenen Fällen, in denen das Verfahren von Smith eine große Über- oder Unterschätzung aufweist, liefert der Jessensche Ansatz geringe Abweichungen. Seine Unterschätzung beträgt nur jeweils 2% für das Merkmal 6 bei künstlich gebildeten und das Merkmal 4 bei natürlichen Klumpen, die einen negativen "Intraklasskorrelationskoeffizienten" besitzen. Auch dann, wenn der Klumpeneffekt mit der Klumpenvergrößerung besonders stark ansteigt (Merkmal 5 in Übersicht 5.1 und Merkmal 3 in Übersicht 5.2), bietet der Ansatz von Jessen die genaueren Ergebnisse.

Werden somit die Nachteile des einen Verfahrens durch die Vorteile des anderen kompensiert, dann sind beide Ansätze unter den jeweils genannten Bedingungen zur Bestimmung der Abhängigkeit zwischen Klumpengröße und relativen Varianzen Var_b^2 bzw. Var_w^2 in der Praxis geeignet. Sind die Größenordnungen der Intraklasskorrelation und des Klumpeneffekts näherungsweise bekannt, so läßt sich mit Hilfe der Smithschen bzw. Jessenschen Formel die günstigste Klumpengröße finden, die den resultierenden Fehlerwert der Stichprobenerhebung bei gegebener Kostenfunktion optimiert (vgl. Weber 1981).

5.3 Mehrstufige und mehrphasige Auswahl

5.3.1 Aufbau der mehrstufigen Auswahl

Die methodisch nachteiligen Wirkungen einer reinen, einstufigen Klumpenauswahl können dadurch weitgehend behoben werden, daß innerhalb der ausgewählten, großen Einheiten (Klumpen) eine **weitere** Auswahl durchgeführt wird, die sich auf **untergeordnete** Auswahleinheiten bezieht. Hierdurch wird der maßgebliche Stichprobenumfang, gemessen an der Zahl der einbezogenen Erhebungseinheiten, im allgemeinen beträchtlich **vermindert**. Die damit verbundene Vergrößerung der zufallsbedingten Fehler ist vielfach recht gering und zwar um so mehr, je homogener die kleineren Auswahleinheiten innerhalb der übergeordneten sind.

Bei einer mehrstufigen Auswahl werden also stets Auswahleinheiten unterschiedlicher Art verwendet, die zueinander in einer absteigenden Ordnung stehen. Die Stufen des Auswahlplans werden in der natürlichen Folge der Auswahlvorgänge, also nach abnehmender Größe der Auswahleinheiten durchnumeriert. In der repräsentativen Lohn- und Gehaltsstrukturerhebung werden in der ersten Stufe Unternehmen und in der zweiten Stufe Arbeitnehmer ausgewählt (vgl. 13.2.2). Zweistufige Auswahlen von Gemeinden und Betrieben sind in Landwirtschaftsstatistiken angewendet worden (vgl. 9.1.3). Für die besondere Ernteermittlung ist ein derartiges Verfahren aus praktischen Gründen sogar bis zu einer vierten Auswahlstufe fortgesetzt worden mit der Auswahlfolge Gemeinde, landwirtschaftlicher Betrieb mit Anbau der betreffenden Fruchtart, Feld oder Parzelle mit dieser Fruchtart und Probestück auf dem ausgewählten Feld. Dank verbesserter maschineller Arbeitstechniken konnte inzwischen auf die ursprünglich erste Auswahlstufe mit der Auswahleinheit Gemeinde verzichtet werden, so daß das Verfahren jetzt nur noch dreistufig durchgeführt wird.

Die Methode der mehrstufigen Auswahl erlaubt einen recht **hohen** Auswahlsatz für die Einheiten der **ersten** Stufe, weil der Befragungsaufwand durch die Unterauswahlen der folgenden Stufen wieder entsprechend stark reduziert werden kann. Die Bestimmung der zu verwendenden Auswahleinheiten richtet sich in erster Linie nach den bereits verfügbaren oder leicht beschaffbaren Unterlagen. Weitere Gesichtspunkte für die geeignete Festlegung mehrstufiger Auswahlpläne sind die zeitliche Stabilität der Auswahleinheiten auf den verschiedenen Stufen sowie die Intraklassenkorrelationen für die Auswahleinheiten, aus denen Unterauswahlen getroffen werden.

Hinzu kommen die Möglichkeiten einer Schichtung und Anordnung der Einheiten auf den verschiedenen Auswahlstufen, wozu dann Merkmale unterschiedlicher Art herangezogen werden. Mit diesen Mitteln können die Nachteile unterschiedlicher Klumpengrößen und -strukturen einer Auswahlstufe vermindert werden. Besondere Überlegungen erfordert die Verteilung der Auswahlsätze auf die Stufen und ggf. die Schichten in den Stufen. Der Gesamtauswahlsatz setzt sich multiplikativ aus den Auswahlsätzen aller Stufen - ggf. in der Gliederung nach Schichten - zusammen.

Erwähnung verdient in diesem Zusammenhang die **Kombination** der zweistufigen Auswahl mit dem Verfahren der veränderlichen Wahrscheinlichkeiten für die Einheiten erster Stufe. Diese Wahrscheinlichkeiten werden proportional zur Zahl der Einheiten zweiter Stufe festgelegt, damit in dieser Stufe die jeweils gleiche Zahl von Einheiten erfaßt werden kann und hierbei jede Einheit zweiter Stufe die gleiche Auswahlchance erhält. Durch die "Selbstgewichtung" der Auswahl (vgl. 5.3.2) wird die Aufbereitung der Stichprobe wesentlich erleichtert.

5.3.2 Schätzer bei zweistufiger Auswahl

Es wird von einem zweistufigen Auswahlverfahren ausgegangen, bei dem auf der ersten Stufe m Primäreinheiten (Klumpen) durch einfache Zufallsauswahl bestimmt werden und aus jedem Stichprobenklumpen i n_i Stichprobeneinheiten der zweiten Stufe (Sekundäreinheiten) ebenfalls durch einfache Zufallsauswahl ausgewählt werden. Die Hochrechnung der Merkmalswerte ist in der der Auswahl entgegengesetzten Reihenfolge, also auf der letzten Stufe beginnend und der ersten Auswahlstufe endend, vorzunehmen.

Die stufenweise Hochrechnung führt zu folgender erwartungstreuen

- Schätzfunktion für den Gesamtwert X:

$$\hat{X}_{st} = \frac{M}{m}\sum_{i=1}^{m}\hat{X}_i = \frac{M}{m}\sum_{i=1}^{m}\frac{N_i}{n_i}x_i \tag{5.3.1}$$

Die zugehörige Fehlervarianz ist:

$$\sigma^2_{\hat{X}_{st}} = \frac{M^2}{M-1}\left(\frac{M}{m}-1\right)\sigma^2_K + \frac{M}{m}\sum_{i=1}^{M}\frac{N_i^2}{N_i-1}\left(\frac{N_i}{n_i}-1\right)\sigma_i^2, \tag{5.3.2}$$

wobei

$$\sigma^2_K = \frac{1}{M}\sum_{1}^{M}(X_i - \overline{X})^2$$

die Varianz der Klumpensummen und

$$\sigma_i^2 = \frac{1}{N_i}\sum_{j=1}^{N_i}\left(X_{ij} - \overline{\overline{X}}_i\right)^2$$

die Varianz der Merkmalswerte im Klumpen i bezeichnet, d.h. die Fehlervarianz der zweistufigen Klumpenauswahl setzt sich zusammen aus der Fehlervarianz der einstufigen Klumpenauswahl (vgl. 5.2.2) und der mit dem Hochrechnungsfaktor der ersten Stufe multiplizierten Summe der Fehlervarianzen der einfachen Zufallsauswahlen in den Klumpen.

Die Fehlervarianzformeln zeigen, daß die Erhöhung der Anzahl der Stichprobenklumpen m die Varianzkomponenten **beider** Stufen reduziert, während die ausschließliche Vergrößerung der n_i nur zu einer Reduktion der Varianzkomponente zweiter Stufe führt. Global betrachtet gilt der Leitsatz: Präzision und Kosten steigen, wenn m wächst, sie sinken, wenn $\bar{n}$ wächst.

Schätzfunktion für die Fehlervarianz $\sigma_{\hat{X}_{st}}$:

Man kann zeigen (vgl. Särndal; u.a. 1992, S. 142), daß die Fehlervarianz $\sigma^2_{\hat{X}_{st}}$ durch:

$$\begin{aligned} s^2_{\hat{X}_{st}} &= M\left(\frac{M}{m}-1\right)\frac{1}{m-1}\sum_{i=1}^{m}\left(\hat{X}_i - \frac{1}{m}\sum_{i=1}^{m}\hat{X}_i\right)^2 \\ &+ \frac{M}{m}\sum_{m}^{M}\left(N_i\left(\frac{N_i}{n_i}-1\right)\frac{1}{n_i-1}\sum_{j=1}^{n_i}\left(x_{ij} - \overline{\overline{x}}_i\right)^2\right) \end{aligned} \tag{5.3.3}$$

unverzerrt geschätzt werden kann.

Wesentlich einfacher kann $\sigma^2_{\hat{X}_{st}}$ erwartungstreu geschätzt werden, wenn auf der **ersten Stufe Auswahl mit Zurücklegen** unterstellt wird; die Schätzformel kann näherungsweise (falls $\frac{m}{M}$ klein) auch für Auswahl ohne Zurücklegen angewendet werden:

$$s^2_{\hat{X}_{st}} = \frac{1}{m} \frac{1}{m-1} \sum_{i=1}^{m} \left(\frac{1}{p_i} \hat{X}_i - \hat{X} \right)^2 \tag{5.3.4}$$

Hierbei bezeichnet p_i die Auswahlwahrscheinlichkeit für den Klumpen i. Bei einfacher Zufallsauswahl auf beiden Stufen ergibt sich wegen $p_i = \frac{1}{M}$ und $\hat{X}_i = \frac{N_i}{n_i} x_i$:

$$\begin{aligned} s^2_{\hat{X}_{st}} &= \frac{M^2}{m} \frac{1}{m-1} \sum_{i=1}^{m} \left(\hat{X}_i - \frac{1}{m} \sum_{i=1}^{m} \hat{X}_i \right)^2 \\ &= \frac{M^2}{m} \frac{1}{m-1} \sum_{i=1}^{m} \frac{N_i^2}{n_i^2} (x_i - \bar{x})^2 \end{aligned} \tag{5.3.5}$$

In der Stichprobenpraxis wird man aus Aufwandsgründen häufig versuchen, ein Stichprobendesign anzustreben, das zu einer **selbstgewichtenden** Stichprobe führt, um klumpenspezifische Hochrechnungsfaktoren zu vermeiden.

Obiges Auswahlkonzept ist selbstgewichtend, wenn gleiche Auswahlsätze auf der zweiten Stufe verwendet werden, wie man durch Einsetzen von $\frac{n_i}{N_i} = \frac{\bar{n}}{\bar{N}}$ in die Schätzfunktion für den Gesamtwert X verifiziert:

$$\hat{X}_{st} = \frac{M}{m} \frac{\bar{N}}{\bar{n}} \sum_i x_i = \frac{N}{n} \sum_i x_i \tag{5.3.6}$$

Die Schätzfunktion für die Fehlervarianz vereinfacht sich in diesem Fall zu:

$$s^2_{\hat{X}_{st}} = \frac{M^2}{m} \frac{\bar{N}^2}{\bar{n}^2} \frac{1}{m-1} \sum_{i=1}^{m} (x_i - \bar{x})^2 \tag{5.3.7}$$

Wenn darüber hinaus alle Klumpen gleiche Größe haben, d.h. $N_i = \bar{N}$ gilt, läßt sich die Schätzfunktion wegen $n_i = \bar{n}$ weiter vereinfachen:

$$s^2_{\hat{X}_{st}} = \frac{N^2}{m} \frac{1}{m-1} \sum_{i=1}^{m} \left(\bar{\bar{x}}_i - \bar{\bar{x}}\right)^2 \qquad (5.3.8)$$

Wegen der fehlenden Variabilität der Klumpengröße reduziert sich die geschätzte Fehlervarianz auf die Streuung der Klumpenmittelwerte.

Die Fehlerquelle "Variabilität der Klumpengröße" kann durch **Schichtung nach der Klumpengröße** erheblich eingeschränkt werden. Bei einfacher Zufallsauswahl je Schicht können die Schätzfunktionen analog zur obigen Betrachtung hergeleitet werden:

$$\hat{X}_{st,str} = \sum_{h=1}^{L} \frac{M_h}{m_h} \sum_{i=1}^{m_h} \frac{N_{hi}}{n_{hi}} \sum_{j=1}^{n_{hi}} x_{hij} \qquad (5.3.9)$$

Da bei einer mehrstufigen Auswahl Zufallsfehler in sämtlichen Auswahlstufen entstehen, empfiehlt es sich, die Fehlerrechnung unter Bezugnahme auf die hochgerechneten Werte für die Stichprobeneinheiten erster Stufe durchzuführen. Der Standardfehler $s_{\hat{X}_{st,str}}$ kann damit wie folgt abgeschätzt werden:

$$s_{\hat{X}_{st,str}} = \sqrt{\sum_{h=}^{L} M_h \frac{M_h - m_h}{m_h} \frac{1}{m_h - 1} \left[\sum_{i=1}^{m_h} \hat{X}^2_{hi} - \frac{1}{m_h} \left(\sum_{i=1}^{m_h} \hat{X}_{hi} \right)^2 \right]} \qquad (5.3.10)$$

Der Unterschied zur Formel (4.1.17) für die einstufige geschichtete Stichprobe besteht darin, daß die Gesamt- und Stichprobenumfänge der L Schichten in der ersten Stufe mit M_h und m_h statt N_h und n_h bezeichnet werden und daß an die Stelle von unmittelbar erhobenen Werten x_{hi} die Schätzwerte $\hat{X}_{hi}$ treten, die aus der Stichprobe der weiteren Stufen hochgerechnet worden sind. In diesen Schätzwerten zur ersten Stufe schlagen sich die Zufallsfehler nieder, die bei der Stichprobenauswahl in den übrigen Stufen entstanden sind. Die Formel (5.3.10) ist nach Srinath und Hidiroglou (vgl. Srinath; Hidiroglou 1980, S. 121ff.) nahezu erwartungstreu, wenn die Auswahlsätze zweiter Stufe und höherer Stufen relativ groß sind; andernfalls werden die Standardfehler unterschätzt. Durch geeignete Verminderung der zur Ermittlung von $\hat{X}_{hi}$ herangezogenen Stichprobeneinheiten der weiteren Stufen läßt sich die Verzerrung beseitigen.

Die Schätzfunktionen für die Mittelwerte $\bar{X}$ bzw. $\bar{\bar{X}}$ ergeben sich durch Division von $\hat{X}$ durch $M = \sum_{h=1}^{L} M_h$ bzw. $N = \sum_{h=1}^{L} \sum_{i=1}^{M_h} N_{hi}$.

Wie bei einstufigen Stichprobenplänen ist auch hier eine Individualisierung der Hochrechnung für die erfaßten Einheiten der letzten Auswahlstufe möglich, indem die jeweils zutreffenden Hochrechnungsfaktoren aller Auswahlstufen diesen Einheiten unmittelbar zugeordnet werden.

Bei **mehrstufigen Auswahlverfahren** besteht generell das Problem, eine geeignete Verteilung der mittleren Auswahlsätze auf die einzelnen Stufen vorzunehmen und zwar gewöhnlich unter der Nebenbedingung, daß die Gesamtzahl der in die Stichprobe gelangenden Auswahleinheiten der letzten Stufe den zulässigen gesamten Stichprobenumfang nicht überschreitet. Die hierzu erforderlichen Entscheidungen sind abhängig zu machen von dem Verhältnis der Merkmalsvariabilitäten der Auswahleinheiten in den verschiedenen Stufen sowie von den je Stufe im allgemeinen unterschiedlichen Arbeitskosten je Auswahleinheit. Diese Kosten schließen die Beschaffung des Anschriftenmaterials, die Ausgaben für den Postversand oder die Feldarbeit mit Interviewern und die Aufbereitungsarbeiten ein. Auf der anderen Seite können die Auswahlsätze in denjenigen Stufen verhältnismäßig gering angesetzt werden, in denen die Merkmale auf die Auswahleinheiten vergleichsweise homogen verteilt sind.

Eine andere, stichprobenmethodisch günstige Möglichkeit, zu einer selbstgewichtenden Stichprobe zu kommen, bietet folgendes Auswahlkonzept:

1. Stufe: Auswahl (mit Zurücklegen) der Klumpen proportional zur Klumpengröße N_i (vgl. 5.2).

2. Stufe: Einfache Zufallsauswahl einer festen Zahl von Erhebungseinheiten (d.h. $n_i = \bar{n}$ für alle Klumpen i).

Die Kombination der Schätzfunktionen der zweiten Stufe $\left(\hat{X}_i = \frac{N_i}{\bar{n}} x_i\right)$ und der ersten Stufe $\left(\hat{X}'_{st} = \frac{M}{m} \sum_{i=1}^{m} \frac{N}{M \cdot N_i} \hat{X}_i\right)$ führt zu folgender

- Schätzfunktion für den Totalwert X:

$$\hat{X}'_{st} = \frac{N}{m \cdot \bar{n}} \sum_{i=1}^{m} x_i = \frac{N}{n} \sum_{i=1}^{m} x_i \tag{5.3.11}$$

Die zugehörige Fehlervarianz von $\hat{X}'_{st}$ lautet:

$$\sigma^2_{\hat{X}'_{st}} = \frac{N}{m} \sum_{i=1}^{M} N_i \left(\bar{\bar{X}}_i - \bar{\bar{X}}\right)^2 + \frac{N}{m} \sum_{i=1}^{M} \left(\frac{N_i}{\bar{n}} - 1\right) \frac{N_i}{N_i - 1} \sigma_i^2 \tag{5.3.12}$$

Für die erwartungstreue Schätzfunktion von $\sigma^2_{\hat{X}'_{st}}$ gilt:

$$s^2_{\hat{X}'_{st}} = \frac{1}{m(m-1)} \sum_{i=1}^{m} \left(\frac{N}{N_i} \hat{X}_i - \hat{X}'_{st} \right)^2 \tag{5.3.13}$$

Wegen $\frac{N}{N_i} \hat{X}_i = N\bar{\bar{x}}_i$ und $\hat{X}'_{st} = N\bar{\bar{x}}$ ist der Ausdruck gleichbedeutend mit

$$s^2_{\hat{X}'_{st}} = \frac{N^2}{m(m-1)} \sum_{i=1}^{m} \left(\bar{\bar{x}}_i - \bar{\bar{x}} \right)^2 \tag{5.3.14}$$

Die Schätzfunktion ist identisch mit der Schätzfunktion, die für die einfache zweistufige Auswahl gilt, wenn alle Klumpen gleiche Größen haben und gleiche Auswahlsätze auf der 2. Stufe realisiert werden (vgl. (5.3.8)).

Das beschriebene zweistufige Stichprobenverfahren kann natürlich nur angewendet werden, wenn die jeweiligen Gesamtzahlen N_i von Auswahleinheiten zweiter Stufe vor der Auswahl der Einheiten erster Stufe nach dem aktuellen Stand bekannt sind.

Unter **Kostengesichtspunkten** kann die Frage, in welchem Verhältnis die Anzahl der Stichprobenklumpen m und der Erhebungseinheiten n gewählt werden sollten, optimal beantwortet werden. Wir betrachten dazu ein Stichprobenkonzept mit einfacher Zufallsauswahl auf beiden Stufen, gleich großen Klumpen $(N_i = \bar{N})$ und fester Zahl von Erhebungseinheiten je Klumpen $(n_i = \bar{n})$. Für die Kosten C der Erhebung gelte die Beziehung:

$$C = c_0 + m\,c_1 + m\,\bar{n}\,c_2$$

wobei c_0 die Festkosten, c_1 die Kosten je Klumpen und c_2 die Kosten je Erhebungseinheit und δ das in (5.2.11) definierte Homogenitätsmaß bezeichnet. Unter diesen Voraussetzungen wird die **Fehlervarianz** $\sigma_{\hat{X}_{st}}$ **minimiert**, wenn m bzw. $\bar{n}$ folgende Werte annehmen:

$$m \approx \frac{C - c_0}{c_1} \left(1 + \left(\frac{c_2 (1-\delta)}{c_1 \delta} \right)^{\frac{1}{2}} \right)^{-1} \tag{5.3.15}$$

$$\bar{n} \approx \left(\frac{c_1 (1-\delta)}{c_2 \delta} \right)^{\frac{1}{2}} \tag{5.3.16}$$

5.3.3 Mehrphasige Auswahl

Eine Stichprobenauswahl **zweiter Phase** ist dadurch gekennzeichnet, daß aus einer vorhandenen Stichprobe, die der ersten Phase zugerechnet wird, nach dem Zufallsverfahren eine **Unterstichprobe** gezogen wird. Die bei dieser Stichprobenziehung verwendeten Auswahleinheiten sind nach ihrer Art und Definition **dieselben** wie für die Auswahl erster Phase - im Unterschied zur mehrstufigen Auswahl, die sich auf ein System hierarchisch gestaffelter Auswahleinheiten bezieht, deren Umfang oder Größe von Stufe zu Stufe abnimmt. Die mehrphasige Auswahl arbeitet dagegen mit stets der gleichen Art von Auswahleinheiten und der Stichprobenumfang geht von Phase zu Phase zurück. Jedem Auswahlvorgang wird die Stichprobe der vorausgehenden Phase zugrunde gelegt, so daß die dabei zur Verfügung stehende Auswahlgesamtheit von Stichprobe zu Stichprobe kleiner wird.

Die zwei- oder mehrphasige Auswahl kann mit den Verfahren der Schichtung und der mehrstufigen Auswahl verknüpft werden. Auf diese Weise läßt sich der Stichprobenumfang auf jeder beliebigen Auswahlstufe und in jeder beliebigen Schicht **verringern**, wobei das Maß dieser Reduktion für die einzelnen Stufen oder Schichten in willkürlicher Abstufung vorgegeben werden kann. Es ist jedoch auch umgekehrt möglich, auf der Grundlage einer Stichprobe erster Phase eine Schichtung zu entwickeln und diese für die Stichprobenziehung der zweiten Phase zu benutzen.

Das mehrphasige Auswahlverfahren bietet eine Reihe von **Vorteilen**. Für die überwiegende Zahl der Stichprobenstatistiken erstreckt sich das Erhebungsprogramm auf mehrere Merkmale, deren Variabilität einerseits und Genauigkeitsbedürfnisse andererseits im allgemeinen recht verschieden sind. Werden sämtliche Merkmale mit derselben Stichprobe erfaßt, dann ergibt sich eine Präzision, die nicht für alle Merkmale den Anforderungen genügt, so daß aus diesem Grund der Stichprobenumfang erhöht werden müßte. Auf der anderen Seite gibt es Merkmale der Erhebung, deren Standardfehler deutlich günstiger ausfallen, als es vom Verwendungszweck her erforderlich ist. In solchen Fällen erscheint es geboten, den Umfang der eingesetzten Stichprobe nicht als feste Größe, sondern den methodischen Bedingungen entsprechend unterschiedlich anzusetzen, damit die finanziellen Mittel der Statistik rationell eingesetzt und die Befragten nur im wirklich notwendigen Umfang belastet werden. Dieses Prinzip, das sich mit einer zwei- oder mehrphasigen Auswahl verwirklichen läßt, wird in der amtlichen Statistik bisher nur recht selten in die Praxis umgesetzt. Neben dem Mangel an hinreichend ausführlichen Fehlerrechnungen ist dafür u.a. die praktische Schwierigkeit verantwortlich, Erhebungspapiere von unterschiedlichem Umfang aufzustellen, einzusetzen und aufzubereiten. Auch die Rechtsgrundlagen müßten einer flexibleren Gestaltung der Erhebungspraxis Raum schaffen.

Die wichtigste Anwendung der mehrphasigen Auswahln der amtlichen Statistik findet sich beim Mikrozensus (vgl. 12.1.2). Diese Stichprobe ist bewußt als Mehrzweckstichprobe angelegt. In einem Grundprogramm werden jährlich mit der vollen 1%-Stichprobe eine größere Anzahl demographischer und sozialstatistischer Daten erfaßt. Daneben werden speziellere Merkmale in zwei- und dreijährigen Abständen mit dem gleichen Auswahlsatz erhoben. Als Unterstichprobe mit einem geringeren Auswahlsatz von 0,5% bzw. 0,25% finden sich in dreijährigem Abstand Fragen zur Gesundheit und Behinderteneigenschaft bzw. zur betrieblichen und privaten Altersvorsorge.

Die Aufgliederung des Erhebungsprogramms auf eine größere Stichprobe erster Phase und eine kleinere der zweiten Phase wird bereits im Planungsstadium vorgenommen, indem die Gewinnung von Informationen allgemeiner oder einfacherer Art der großen Stichprobe zugeordnet wird, während für die Einheiten der durch Unterauswahl bestimmten kleineren Stichprobe umfangreichere Informationen beschafft werden. Die Beschränkung der Ermittlung schwierigerer Fragenkomplexe auf die kleinere Stichprobe erlaubt nämlich eine besonders gründliche Durchführung der Erhebung und Prüfung in diesen relativ wenigen Fällen z.B. durch den Einsatz von Interviewern. Eine solche Konzentration der finanziellen Aufwendungen kann sehr lohnend sein, wenn andernfalls die mangelhafte Qualität der Antworten den Erfolg oder Nutzen der gesamten Erhebung gefährden würde. Diese Erkenntnis wird von der amtlichen Statistik dadurch verwertet, daß z.B. die Großzählungen, die hier als große "Stichproben" aufgefaßt werden können, von möglichst vielen Erhebungsmerkmalen entlastet werden, deren Erfassung auf anschließende Stichproben verlagert wird.

Die Erhebungsangaben aus den verschiedenen Phasen lassen sich bei der **Hochrechnung** miteinander verknüpfen, wobei die Wirksamkeit dieses Ansatzes um so größer ist, je enger die Merkmalswerte der verbundenen Phasen miteinander korreliert sind. Dieses Hochrechnungsverfahren kommt den Merkmalen der jeweils nachgeordneten Phasen zugute, so daß der Nachteil des dort geringeren Stichprobenumfangs dann wenigstens teilweise wieder ausgeglichen wird. Hierbei ist allerdings zu berücksichtigen, daß die Bezugswerte aus der übergeordneten Phase ebenfalls einer - wenn auch größeren - Stichprobe entstammen und deshalb mit ihren Gesamtwerten einen Stichprobenzufallsfehler beisteuern. Bei freier Hochrechnung dagegen sind die Standardfehler für die Merkmale, die mit der Unterstichprobe erfaßt werden, dem Stichprobenumfang entsprechend hoch zu erwarten.

Ein methodisch wichtiges Anwendungsgebiet ist die **repräsentative Nachprüfung** von Stichprobenerhebungen (vgl. 8.2). Aus der Gesamtheit der Stichprobeneinheiten der eigentlichen Erhebung wird eine Zufallsstichprobe zweiter Phase ausgewählt und einer gründlichen Prüfung der ursprünglichen Angaben durch eigens geschulte Erhebungspersonen unterzogen. Dies geschieht zweckmäßig durch eine neue, unabhängige Befragung oder Feststellung bei den Auskunftspflichtigen ohne Rückgriff auf die ursprünglichen Auskünfte. Bei gewissenhafter Durchführung der **Nachbefragung** kann unterstellt werden, daß die neuen Informationen im einzelnen wesentlich zuverlässiger als die früheren sind, so daß sie als Vergleichsmaßstab oder zur globalen Berichtigung der Stichprobenergebnisse der ersten Phase herangezogen werden können. Zur Berechnung der Abweichungen werden die individuellen Erhebungswerte beider Phasen für sämtliche Stichprobeneinheiten der Unterstichprobe einander gegenübergestellt. Da die individuellen Abweichungen normalerweise ziemlich gering sind und die Korrelation der Wertepaare entsprechend hoch ausfällt, ist eine gebundene Hochrechnung gewöhnlich recht wirksam und nützlich, vor allem wenn der Stichprobenumfang in der zweiten Phase vergleichsweise klein ist.

Die repräsentative Aufbereitung der Steuerkarten für die Lohnsteuerstatistik (vgl. 13.2.1) ist ein Beispiel dafür gewesen, daß die Daten der ersten Stichprobenphase zur **Verfeinerung** der Auswahl zweiter Phase verwendet werden können. Die manuelle Aufbereitung sämtlicher an die Finanzämter zurückgegebenen Lohnsteuerkarten in den Statistischen Landesämtern wäre zeitlich kaum zu bewältigen und hinsichtlich der gewünschten Ergebnisgenauigkeit auch nicht erforderlich gewesen. Im Rahmen der statt dessen durchgeführten repräsentativen Aufbereitung ließ eine Schichtung der Einheiten entsprechend der Gliederung des Tabellenprogramms nach Bruttolohn- und Steuerklassen eine hohe Wirksamkeit erwarten, zumal die Schichtungsmerkmale in diesem Falle keinen zeitlichen Veränderungen unterworfen waren. Um die für diese Schichtung erforderliche Sortierung der zahlreichen Lohnsteuerkarten zu vereinfachen und zu beschleunigen, sind die Sortiergruppen (= Schichten) für eine Auswahl erster Phase nur nach wenigen Bruttolohngruppen in Kombination mit fünf (Haupt-)Steuerklassen untergliedert worden. Die reduzierte Menge von Einheiten in der Stichprobe erster Phase konnte nun in feiner unterteilte Schichten nach Bruttolohn- und Steuerklassen unter Berücksichtigung der Kinderzahl sortiert werden, aus denen mit unterschiedlichen Auswahlsätzen die Stichprobe zweiter Phase für die eigentliche Aufbereitung gezogen wurde.

Treten bei einer Stichprobenerhebung **Antwortverweigerungen** in nicht zu geringer Zahl auf, dann ist es unter Verwendung von zweiphasigen Auswahlverfahren methodisch möglich, zu unverzerrten Gesamtergebnissen zu gelangen. Derjenige Teil der Stichprobengesamtheit, für den wegen Antwortverweigerung keine verwertbaren Informationen beschafft werden können, besitzt möglicherweise Merkmalsstrukturen, die von denen des anderen Teils abweichen, so daß eine bloß rechnerische Ergänzung der fehlenden Informationen den Mangel nicht beheben kann. Der fehlende Teil der Stichprobeneinheiten wird dann als neue Auswahlgesamtheit behandelt, aus der eine kleinere Zufallsstichprobe zweiter Phase entnommen wird. Für diese kleine Zahl von Einheiten wird mit allen zu Gebote stehenden Mitteln versucht, die Angaben zum Erhebungsprogramm einzuholen. Die dabei aufzuwendenden Kosten, der Umfang des fehlenden Teils der ursprünglichen Stichprobe und die Genauigkeitsanforderungen an die Ergebnisse bestimmen den geeigneten Auswahlsatz für die Unterstichprobe.

Für regelmäßig wiederholte Stichprobenerhebungen ist es unter gewissen Bedingungen zweckmäßig oder notwendig, einen Teil der Stichprobeneinheiten nach einer gewissen Zeit aus der Berichtspflicht zu entlassen und diese Einheiten durch neue zu ersetzen (vgl. 6.1). Die Austauschquote wird nach praktischen und methodischen Gesichtspunkten festgelegt. Das zufallsgesteuerte Aussondern eines Teils der gesamten Stichprobe für die **wiederholte** Beteiligung an der nächsten Erhebung kann als Auswahl zweiter Phase gedeutet werden. In der Praxis werden derartige zufällige Teilungen von Stichproben einschließlich der Bereitstellung von Ersatzmengen für den Austausch bereits im Rahmen der primären Auswahl aus der total erfaßten Auswahlgrundlage vorgenommen. Als wichtigstes Beispiel gilt die Organisation des Mikrozensus, bei dem ein Viertel der beteiligten Haushalte ausgewechselt wird.

Eine Stichprobe kann statt für Erhebungs- auch für Aufbereitungs- und Analysezwecke unterteilt werden. Hierzu werden die Stichprobeneinheiten i.a. vollzählig und zufällig in Gruppen gegliedert, die - von Teilbarkeitsdifferenzen abgesehen - die gleiche Zahl von Auswahleinheiten umfassen. Die so entstandenen **Serien** (vgl. 7.3.2) können jede für sich als gleichwertige Stichprobe angesehen werden, die sich nur hinsichtlich des Umfangs von der gesamten Stichprobe unterscheiden. Werden sie einzeln hochgerechnet, dann kennzeichnet die Streuung zwischen diesen Ergebnissen die Güte der Gesamtstichprobe. Dieses Vorgehen ist dann besonders vorteilhaft, wenn das Auswahlverfahren sehr differenziert oder/und ein Verfahren der gebundenen Hochrechnung (vgl. 7.1) verwendet worden ist, so daß eine entsprechend strukturierte Fehlerrechnung sehr aufwendig sein würde. In abgewandelter Form ermöglicht die Serienbildung vergleichende Untersuchungen über die Wirksamkeit verschiedenartiger Erhebungstechniken oder unterschiedlicher Hochrechnungsverfahren.

Zitierte Literatur (Kapitel 5)

Brewer, K.R.W.; Hanif, M.: Sampling with Unequal Probabilities. New York; u.a. 1983

Foreman, E.K.: Survey Sampling Principles. New York; u.a. 1991

Hansen, M.H.; Hurwitz, W.N.; Madow, W.G.: Sample Survey Methods and Theory. Bd. 1 u. Bd. 2. New York; u.a. 1953

Horvitz, D.G.; Thompson, D.J.: A Generalization of Sampling without Replacement from a finite Universe. Journal of the American Statistical Association, 47/1952

Jessen, R.J.: Statistical Investigation of a Sample Survey for Obtaining Farm Facts. Iowa Agr. Exp. Stat. Res. Bull. 304 (1942)

Krug, W.; Reh, G.: Pflegebedürftige in Heimen. Statistische Erhebungen und Ergebnisse. Schriftenreihe des Bundesministerium für Familie und Senioren. Bd. 4 (1992)

Särndal, C.-E.; Swensson, B.; Wretman, J.: Model Assisted Survey Sampling. New York; u.a. 1992

Smith, F.H.: An Empirical Law Describing Heterogenity in the Yields of Agricultural Crops. Journal of Agricultural Science. Bd. 28 (1938)

Srinath, K.P.; Hidiroglou, M.A.: Estimation of Variance in Multi-Stage Sampling. Metrika. Bd. 27 (1980)

Strecker, H.: Moderne Methoden der Agrarstatistik. Würzburg 1957

Thompson, S.K.: Sampling. New York; u.a. 1992

Weber, H.: Klumpengröße und Varianz beim Klumpenstichprobenverfahren. Diss. Trier 1981

Wolter, K.M.: Introduction to Variance Estimation. New York; u.a. 1985

6 Umfang und Austausch von Stichproben

6.1 Stichprobenumfang und Rotation von Stichprobeneinheiten

6.1.1 Stichprobenumfang

Eine wichtige Größe bei der Planung von Stichprobenerhebungen ist der eingesetzte **Stichprobenumfang**. Von ihm hängen Schnelligkeit und Kosten der Durchführung einer Statistik ab. Je kleiner die Stichprobe ist, um so mehr Sorgfalt kann auf die Erhebung und Aufbereitung der einzelnen Tatbestände verwendet werden. Auf der anderen Seite wird die erforderliche Größe einer Stichprobe wesentlich bestimmt durch die Art und die Gliederung des Tabellenprogramms, das mit der Stichprobenstatistik erfüllt werden soll, sowie durch die darin enthaltenen Merkmale mit ihrer spezifischen Streuung und den Erwartungen, die auf die Genauigkeit der Ergebnisse gerichtet sind. Die **Interdependenz** dieser verschiedenen Gesichtspunkte wird zusätzlich beeinflußt durch den Einsatz von methodischen Planungselementen bei der Gestaltung der Stichproben wie Schichtung, Mehrstufigkeit und besondere Hochrechnungsverfahren, die sich auf die **Ergebnispräzision** und die **Kosten** auswirken. Die rationelle Durchführung einer Statistik setzt voraus, daß alle diese Elemente in einem ausgewogenen Verhältnis zueinander stehen.

Mit der Aufgabenstellung einer Statistik sind die Erhebungseinheiten und -merkmale, die Erhebungsgesamtheit und das Tabellenprogramm mit der gewünschten sachlichen und regionalen Gliederung vorgegeben. Vom methodischen Standpunkt aus sollte die für die Verwendungszwecke der Ergebnisse erforderliche Genauigkeit ebenfalls vorbestimmt werden, woraus sich - unter Berücksichtigung der Wirkungen der in Betracht kommenden Komponenten des Stichprobenplans - der diesen Forderungen entsprechende Stichprobenumfang ergibt. Dieser wiederum steht mit den Kosten und der Belastung der Befragten in unmittelbarer Beziehung. Aus praktischen und rechtlichen Erwägungen werden jedoch meist abweichend von diesem Prinzip in den Rechtsgrundlagen der amtlichen Statistik der höchstzulässige Umfang und die Kosten einer Stichprobenerhebung festgelegt. Derartigen Festsetzungen gehen allerdings Überlegungen und Abschätzungen darüber voraus, ob und in welchem Maß die mit der Statistik verfolgten Ziele durch den beabsichtigten Umfang erreicht werden können. An der Gliederungstiefe und der Verwendbarkeit der Stichprobenergebnisse müssen dann notfalls Abstriche gemacht werden, wenn die verfügbare Stichprobe trotz Ausschöpfen aller methodisch-planerischen Möglichkeiten nicht ausreicht, um sämtliche ins Auge gefaßten Ergebnisse bereitzustellen.

Für die Ausgestaltung von Stichprobenplänen und die gesamte Durchführung amtlicher Repräsentativstatistiken ist somit der jeweils verfügbare Stichprobenumfang eine fest vorgegebene Größe, die allenfalls bei einer Novellierung der Rechtsgrundlage unter Bezugnahme auf bisherige Erfahrungen oder inhaltlich veränderte Anforderungen abgewandelt werden kann. Anstelle von Stichprobenumfängen n, die überwiegend durch die Anzahl von Auskunftspflichtigen ausgedrückt werden, findet sich in den **Rechtsgrundlagen** der amtlichen Statistik bisweilen auch die Vorgabe eines **Auswahlsatzes** $f=n/N$, der im Mittel über den gesamten Erhebungsbereich (vom Umfang N) nicht überschritten werden darf. Beide Arten rechtlicher Vorschriften lassen sich wechselseitig ineinander überführen und sind im allgemeinen weitgehend gleichwertig. Für Erhebungsgesamtheiten, deren Umfang im Zeitverlauf merklich zurückgeht, erscheint es jedoch angezeigt, bevorzugt den zulässigen Stichprobenumfang festzuschreiben, um eine gleichbleibende Güte der Ergebnisse zu gewährleisten.

Hierin kommt die wesentliche Tatsache zum Ausdruck, daß für die Stichprobengenauigkeit der Ergebnisse die Höhe des Stichprobenumfangs, d.h. die Zahl der erfaßten Einheiten entscheidend ist. Der dabei verwirklichte Auswahlsatz hat als solcher nur dann einen gewissen Einfluß auf den Standardfehler, wenn der sog. **Endlichkeitsfaktor** $\sqrt{(1-f)}$ deutlich kleiner als 1 wird. Diese Zusammenhänge lassen sich durch die Gleichung:

$$v_{\bar{x}} = \sqrt{\frac{1-f}{n}}\ v_x \qquad (6.1.1)$$

charakterisieren, nach der der geschätzte relative Standardfehler $v_{\bar{x}}$ (vgl. (3.1.6)) für den arithmetischen Mittelwert $\bar{x}$ (und gleichzeitig auch für den hochgerechneten Schätzwert $\hat{X}$) bei einstufiger, ungeschichteter Auswahl mit dem geschätzten Variationskoeffizienten v_x (vgl. (1.2.16)) für das betreffende Merkmal verknüpft ist. Eine Veränderung des Stichprobenumfangs n wirkt unmittelbar auf die Ergebnispräzision, allerdings nur mit dem Wert der Quadratwurzel aus n. Eine Vervielfachung des Stichprobenumfangs n hat dagegen nur einen geringen Einfluß auf den Zählerwert $\sqrt{(1-f)}$, solange der Auswahlsatz f hierbei noch ziemlich klein bleibt, z.B. unter 0,2. Der Endlichkeitsfaktor gewinnt erst dann Gewicht hinsichtlich der Verminderung des Standardfehlers v, wenn der Auswahlsatz f größer als z.B. 0,5 ist - eine Größenordnung, bei der ungeschichtete Stichprobenerhebungen gegenüber Totalerhebungen gewöhnlich keine Vorteile mehr bieten würden. Trotzdem bewirkt der Endlichkeitsfaktor einen erheblichen Nutzen: Werden nämlich wenigstens Teile der Erhebungsgesamtheit vollständig in die Stichprobe einbezogen (mit $f_h = 1$), so verschwindet ihr Beitrag zum Zufalls- oder Standardfehler völlig.

Bei der praktischen Arbeit mit amtlichen Stichprobenverfahren sind mehrere Arten von Stichprobenumfängen zu unterscheiden. Um den rechtlich zulässigen Rahmen möglichst weitgehend auszufüllen, wird der dem Auswahlverfahren zugrunde gelegte **theoretische Stichprobenumfang** dem rechtlich zugelassenen in der Regel gleichgesetzt. Infolge von Antwortverweigerungen bei der Durchführung einer Erhebung vermindert sich die Zahl der Einheiten auf den **effektiven Stichprobenumfang**, der die Grundlage für die Hochrechnung und Auswertung bildet. Er schließt auch diejenigen Stichprobeneinheiten ein, die in der Auswahlgrundlage eine Auswahlchance erhalten hatten und tatsächlich ausgewählt worden sind, bei der Erhebung aber nicht oder nicht mehr existieren und deshalb unechte Ausfälle genannt werden (vgl. 6.2.1). Der nach der Erhebung vorhandene **faktische Stichprobenumfang** beschränkt sich auf die restlichen Einheiten. Liegen einigermaßen verläßliche Erfahrungen über den Anteil der Einheiten vor, die während einer bestimmten Zeitspanne regelmäßig aus der Erhebungsgesamtheit ausscheiden, so wird bisweilen bereits der theoretische Stichprobenumfang im Vorgriff und im Ausmaß der zu erwartenden Abgangsmenge gegenüber dem rechtlich zugelassenen Befragungsumfang erhöht mit der Begründung, daß die nicht mehr existierenden, überzählig ausgewählten Einheiten einer echten Auskunftspflicht bei der Erhebung nicht unterzogen werden (können). Gleichwohl wird die Information darüber, daß gewisse ausgewählte Einheiten nicht mehr existieren, für eine korrekte Aufbereitung benötigt.

Bei einfacher Zufallsstichprobe (ohne Zurücklegen) läßt sich aus (6.1.1) der Stichprobenumfang berechnen, der benötigt wird, um für einen gemäß (3.1.1) bzw. (3.1.7) geschätzten Gesamt- bzw. Mittelwert den geschätzten relativen Standardfehler $v_{\hat{X}}$ $(= v_{\bar{x}})$ zu erreichen:

$$n = \frac{1}{\frac{1}{N} + \frac{v_{\bar{x}}^2}{v_x^2}} \qquad (6.1.2)$$

Bei kleinem Auswahlsatz $f = n/N$, d.h. mit $1\text{-}f \approx 1$, gilt näherungsweise:

$$n \approx \frac{v_x^2}{v_{\bar{x}}^2} \qquad (6.1.3)$$

Analoge Berechnungen lassen sich auch für andere Stichprobenverfahren, z.B. geschichtete Zufallsauswahl und Klumpenauswahl, durchführen.

6.1.2 Rotation von Stichprobeneinheiten

Unter den Stichproben der amtlichen Statistik gibt es verschiedene Erhebungen, die sich auf den gleichen - oder teilweise gleichen - Erhebungsbereich erstrecken und in monatlichen, viertel- oder halbjährlichen, jährlichen oder auch mehrjährigen Abständen durchzuführen sind. Hierbei stellt sich die Frage, ob stets dieselben Einheiten zur Auskunft herangezogen werden müssen, oder ob ein Wechsel der in die Stichprobe einzubeziehenden Einheiten erforderlich und vertretbar ist. Die Stichprobenplanung wird in zunehmendem Maß dazu verpflichtet, ausgewogene und begründete Lösungen für diesen Problemkreis zu entwickeln und in die Praxis umzusetzen.

Der Auswahlplan einer laufenden, d.h. periodisch wiederholten Stichprobenerhebung bietet drei voneinander unterscheidbare Möglichkeiten in der Frage des Wechsels der Stichprobeneinheiten. Diese können entweder für alle aufeinanderfolgenden Erhebungen beibehalten oder durch ein zufallsbestimmtes, aber planmäßiges Auswechseln, d.h. durch eine sog. Rotation, ganz oder teilweise in ihrer Zusammensetzung verändert werden. Alle diese Möglichkeiten sind in der amtlichen Statistik bereits verwirklicht worden. Die Entscheidung der Frage, ob und in welcher Weise eine **Rotation** vorzusehen ist, hängt von rechtlichen Grundsätzen, von erhebungs- und aufbereitungstechnischen sowie von stichprobenmethodischen Gesichtspunkten ab.

Bei der **rechtlichen** Beurteilung der Frage, ob die Statistischen Ämter gehalten sind, die Auskunftspflichtigen bei Stichprobenstatistiken nach einer gewissen Zeit durch andere zu ersetzen, ist von dem in Artikel 3 GG niedergelegten "Gleichheitssatz" auszugehen. Dieser verpflichtet Rechtsprechung und Verwaltung, bei der Anwendung der Gesetze, alle Menschen gleichzubehandeln. Nach der Rechtsprechung des Bundesverfassungsgerichts ist der Gleichheitssatz verletzt, "wenn sich ein vernünftiger, sich aus der Natur der Sache ergebender oder sonstwie einleuchtender Grund für die gesetzliche Differenzierung der Gleichbehandlung nicht finden läßt". Artikel 3 Abs. 1 GG stellt somit ein Willkürverbot dar. Die ständige Befragung der gleichen Personen wäre nur dann gerechtfertigt, wenn auf andere Weise der Zweck der statistischen Rechtsvorschrift nicht erreicht werden könnte. Bei Stichprobenstatistiken ist deshalb immer zu prüfen, ob unter den gegebenen technischen und methodischen Voraussetzungen eine Rotation möglich ist. Das Begehren der Auskunftspflichtigen, durch andere ersetzt zu werden, kann rechtlich fundiert nur dann zurückgewiesen werden, wenn eine Rotation den Erhebungserfolg und damit den Zweck der Rechtsvorschrift beeinträchtigen würde.

Unter erhebungstechnischen Gesichtspunkten ist ein nicht zu seltener Wechsel der Stichprobeneinheiten **vorteilhaft**, um eine subjektiv empfundene Benachteiligung der Befragten durch das relativ häufige - im Vergleich zu anderen zur Erhebungsgesamtheit gehörenden Einheiten - Ausfüllen von Fragebögen zu vermeiden. Der daraus folgende Unwille der Befragten kann sich in Routine-Antworten äußern, er kann aber auch zu einem schleppenden Rückfluß der Fragebögen oder zum hartnäckigen Verweigern der geforderten Auskünfte führen. Diese Reaktionen haben regelmäßig **nicht-stichprobenbedingte** Fehler in den Ergebnissen (vgl. 8.1.1) der betreffenden Stichprobenerhebung zur Folge und beeinträchtigen überdies auch andere Statistiken, die etwa für die gleiche Erhebungsgesamtheit durchzuführen sind.

Neben diesen Gesichtspunkten, die eine möglichst vollständige und häufige Rotation der Stichprobe nahelegen, müssen jedoch auch andere erhebungstechnische Überlegungen in Betracht gezogen werden, die gegen die Rotation sprechen:

- Bei einem Wechsel der Stichprobeneinheiten entstehen nicht nur **zusätzliche Kosten** für die neue Auswahl, sondern es muß bei Einheiten, die neu in eine Erhebung einbezogen werden, erfahrungsgemäß mit merklichen Anlaufschwierigkeiten und Mißverständnissen gerechnet werden. Das gilt vor allem dann, wenn besonders viele oder schwierige Fragen gestellt werden müssen, so daß entsprechend begründete Fehler entstehen. Ferner ist das Beschaffen der aktuellen Adressen und die methodische Klärung der Stichprobenzugehörigkeit neu ausgewählter Einheiten in der Regel um so schwieriger, je größer der Abstand zum Bezugsjahr der Auswahlgrundlage wird.

- Bei der **Datenverarbeitung** treten erfahrungsgemäß die Nachteile einer Rotation in den Vordergrund. Für jede neu in die Stichprobe aufgenommene Einheit sind regelmäßig Sonderarbeiten (Anlegen von Kontrollisten, Feststellen der Grundmerkmale usw.) erforderlich, die Zeit und Geld kosten. Außerdem wird bei einem Wechsel von Stichprobeneinheiten der Aufwand für eine gebundene Hochrechnung (vgl. 7.1) vergrößert. Hinzu kommt, daß durch eine Rotation auch Informationen verlorengehen, die auf der zeitlichen Entwicklung der Merkmalsausprägungen der beibehaltenen Einheiten beruhen und vielfach zu Plausibilitätskontrollen der aktuellen Merkmalsangaben herangezogen werden. Auf der anderen Seite kann eine planmäßige Rotation aus aufbereitungstechnischen Gründen empfehlenswert sein, falls die für einen Berichtsmonat ausgefüllten Erhebungspapiere nur kurze Zeit für die Auswertung zur Verfügung stünden und anschließen etwa wieder an die Befragten zurückgeben werden müßten, damit sie darin die Angaben für die nächste Erhebungsperiode eintragen; in solchen Fällen ist ein planmäßiger Wechsel zwischen mehreren Stichprobenserien vorteilhafter.

- Während durch erhebungs- und aufbereitungstechnische Schwierigkeiten zusätzliche Kosten und im allgemeinen auch systematische Fehler hervorgerufen werden, treten unter **stichprobenmethodischen Gesichtspunkten** die auf der Auswahl beruhenden Zufallsfehler der Stichprobenergebnisse in den Vordergrund. Die Frage nach der methodischen Zweckmäßigkeit eines kurzfristigen Wechsels der Stichprobeneinheiten läßt sich nicht einheitlich beantworten. Unter der allgemein erfüllten Voraussetzung, daß zwischen einander entsprechenden Einzelwerten für verschiedene benachbarte Zeitpunkte oder Zeiträume eine positive Korrelation besteht, gelten vielmehr je nach Art der gewünschten Ergebnisse unterschiedliche methodische Regeln:

  - Sollen mit einer Stichprobenstatistik die Veränderungen von Total- oder Mittelwerten von einem Zeitraum zu einem zweiten mit möglichst kleinen Zufallsfehlern gemessen werden (z.B. in Form von Meßziffern), dann müßte die Stichprobe bei allen Erhebungen beibehalten, also ein fester Berichtskreis zugrunde gelegt werden.

  - Summen von Ergebnissen für zwei oder mehr Zeiträume (z.B. die Jahressumme aus 12 Monatsergebnissen) haben dann die kleinsten Zufallsfehler, wenn es möglich ist, die Einheiten in der Stichprobe vollständig auszutauschen, d.h. für jede Erhebung eine neue Stichprobe zu ziehen ("vollständige Rotation").

- Total- oder Mittelwerte für die einzelnen Zeiträume selbst lassen sich - sofern von Schätzverfahren mit gebundener Hochrechnung abgesehen wird - ebenso gut mit einer fest beibehaltenen Stichprobe wie mit Stichproben ermitteln, deren Einheiten jeweils vollständig oder teilweise ausgewechselt werden. Unter Verwendung von Verfahren der gebundene Hochrechnung (vgl. 7.1) kann jedoch ein fester Berichtskreis oder ein planmäßiger Austausch eines Teils der Stichprobe, d.h. die "partielle Rotation" der Einheiten, zu einer erheblichen Verbesserung der Genauigkeit führen.

Der praktische Wert dieser Regeln wird dadurch allerdings merklich eingeschränkt, daß die bei einer laufenden Stichprobenerhebung gesammelten Angaben meist zu mehr als einer der oben genannten drei Arten von Ergebnissen ausgewertet werden müssen. So hat z.B. der Mikrozensus nicht allein das Ziel, für jeden Erhebungszeitpunkt ein möglichst genaues Bild über die Struktur der Bevölkerung und ihre Erwerbstätigkeit zu geben, sondern es sind auch möglichst zuverlässige Vergleiche von einem Zeitpunkt zu einem anderen erforderlich. Die **partielle Rotation** ermöglicht Kompromißlösungen für sämtliche Stichprobenziele. Die Berücksichtigung rechtlicher und technischer Gesichtspunkte kann andererseits zu einer Entscheidung führen, die im Hinblick auf die Zufallsfehler vom Optimum abweicht.

Die Möglichkeiten der Rotation sind bei geschichteten Stichproben für die Schichten der Auswahlpläne getrennt zu bewerten, da die Auswahleinheiten dieser Schichten in der Regel mit unterschiedlichen Auswahlsätzen in die Stichprobe einbezogen werden. Für viele Auswahlpläne - insbesondere im Bereich der Wirtschaftsstatistiken - ist es methodisch geboten, bestimmte Einheiten mit sehr großen oder seltenen Merkmalsausprägungen in besonderen Schichten total zu erfassen und auch die übrigen "großen Einheiten" stärker als die "kleinen Einheiten" heranzuziehen (vgl. 4.2.3). Derartige Ansätze sind nämlich erforderlich, damit bei einem im ganzen sinnvollen und tragbaren Stichprobenaufwand eine ausreichende Ergebnisgenauigkeit erreicht werden kann.

Bei den Auswahleinheiten, die einer total zu erfassenden Schicht angehören, muß auf das planmäßige Auswechseln ganz verzichtet werden. Diese Gruppe sollte im Prinzip so klein wie möglich bemessen werden, damit - komplementär - möglichst viele Einheiten solchen Schichten zugewiesen werden können, für die eine Rotation ohne erhebliche Gefährdung der Präzision der Ergebnisse vorgenommen werden kann. Die Abgrenzung der total zu erfassenden Schicht läßt sich rechnerisch ermitteln, wenn die Häufigkeitsverteilung der Auswahleinheiten nach dem Schichtungsmerkmal sowie der insgesamt verfügbare Stichprobenumfang bekannt sind und die Schichtung der Präzisionssteigerung zusammengefaßter Ergebnisse (vgl. Schichtungsprinzip A, 4.1.1) dienen soll. Stehen im **Planungsstadium** der Statistik jedoch solche Unterlagen für eine methodisch fundierte Abgrenzung noch nicht zur Verfügung, wird man die Spitzengruppe zur Sicherheit allerdings eher etwas zu groß als zu klein wählen. Bei mehrstufigen Auswahlplänen treten die Nachteile mangelnder Austauschbarkeit in stark vermindertem Maß auf, weil nur noch diejenige Teilgesamtheit ständig in der Stichprobe verbleiben muß, die in allen Stufen total zu erfassen ist.

Die Möglichkeiten zur Rotation sind um so größer, je niedriger die Auswahlsätze in den Schichten sind. Diese Tatsache kommt dem Bestreben, vor allen Dingen die zahlreichen kleineren Einheiten von mehrfacher Beteiligung an der Statistik zu verschonen, besonders entgegen. Wenn in einer Schicht ein Auswahlsatz von z.B. 5% angewendet wird, dann verbleibt ein "Vorrat" von 95% noch nicht beteiligter Einheiten, der für ein 19-maliges Auswechseln genutzt werden kann. Um Schwierigkeiten infolge zeitlich veränderter Auswahlgesamtheiten zu vermeiden, sollten die vorgesehenen Austausch-Stichproben bereits gleichzeitig mit der ersten Stichprobe auf Vorrat gezogen und bereitgehalten werden. Dies läßt sich technisch so verwirklichen, daß zunächst eine gesamte, alle Austausch-Serien umfassende Stichprobe gezogen wird, deren Einheiten entsprechend der Zahl der Serien zyklisch durchzunumerieren und den jeweils vorgesehenen Erhebungszeiträumen zuzuordnen sind. Komplizierter wird die Technik der Auswahl (und der Aufbereitung) bei Durchführung einer parallelen Rotation, weil sämtliche Vorratsstichproben bei einer Austauschquote von z.B. 25% in vier gleich stark besetzte Teil-Stichproben untergliedert und unterscheidbar identifiziert werden müssen.

Unter den nicht selten anzutreffenden Voraussetzungen, daß die Auswahlsätze eines geschichteten Auswahlplans sehr unterschiedlich sind und eine große Zahl von Wiederholungsbefragungen bis zur nächsten Auswahl ansteht, bietet sich theoretisch die Möglichkeit, die Auskunftspflichtigen dadurch wirksamer zu entlasten, daß die Austauschquoten für die Schichten differenziert festgelegt werden. Handelt es sich bei einer Erhebung z.B. um insgesamt elf erwünschte Rotationszustände (das bedeutet zehn Stichprobenwechsel), so steht in Schichten mit einem Auswahlsatz von 50% eine weitere Menge von 50% der Einheiten für die Rotation zur Verfügung; bei jeder Rotation kann 1/10 von ihnen, das sind 5% neu herangezogen werden und 5% bisher erfaßte Einheiten ersetzen, so daß deren Austauschquote 10% beträgt. In Schichten mit einem Auswahlsatz von 20% stehen dagegen 80% der Einheiten für eine zehnmalige Rotation zur Verfügung; die bis zu 8% neu einbeziehbaren Einheiten erlauben eine Austauschquote von 40%, die aus Zweckmäßigkeitsgründen auf 1/3 oder 1/4 herabgesetzt werden kann. Bei Auswahlsätzen von bis zu 9% könnte entsprechend die Austauschquote 100% gewählt werden, wenn nicht das Beibehalten eines Teils einer jeden Stichprobe aus Gründen der besseren Vergleichbarkeit der Ergebnisse erwünscht oder erforderlich ist. Würde andererseits jedoch eine für die Schichten einheitliche Austauschquote von z.B. 25% zugrunde gelegt, so müßten mindestens 4 + 10 Serien gleichen Umfangs aus den Einheiten einer Schicht gebildet werden können; somit kommen für die vollwertige Rotation nur Schichten in Betracht, deren Auswahlsatz kleiner als $4/14 \approx 28\%$ ist, während die Einheiten aller übrigen Schichten - und nicht nur derjenigen mit Totalerfassung - jeglicher Rotation entzogen wären oder nach kurzfristiger Entlassung aus der Berichtspflicht wieder neu herangezogen werden müßten. Bei den Schichten mit einem Auswahlsatz $f < 28\%$ beträgt die Ausschöpfungsquote im Beispiel $\psi = \frac{14}{4} f$, so daß z.B. bei $f = 14\%$ bereits mehr als 50% der Einheiten an der Stichprobe überhaupt nicht beteiligt werden.

Das Verfahren der "**internen Rotation**", bei dem die Stichprobeneinheiten einer Erhebung im Verlauf der Gültigkeitsdauer ihres Auswahlplans bis zur Neuauswahl regelmäßig ausgewechselt werden, wird beim Mikrozensus (vgl. 12.1.2) angewendet, der mit seinem relativ einfachen Auswahlplan und niedrigen Auswahlsatz auch vergleichsweise gut dafür geeignet ist. Anstelle der mit diesem Verfahren erreichbaren Entlastungsmöglichkeiten für die Befragten wird gegenwärtig bei den meisten Stichprobenstatistiken eine **Rotation gegenüber früheren Erhebungen** gleicher Art vorgenommen. Auf diese Weise wird der Berichtskreis z.B. einer Monats- oder Quartalsstichprobe wenigstens in mehrjährigen Abständen ausgewechselt, soweit die Einheiten nicht Totalschichten angehören. Um eine solche Rotation durchzuführen, werden die zuvor beteiligten Stichpobeneinheiten in der neuen Auswahlgrundlage mit einem besonderen Kennzeichen versehen und bei der - i.A. maschinellen - Neuauswahl nach Möglichkeit durch andere Einheiten der jeweiligen Schicht ersetzt, falls sie von der Zufallsauswahl getroffen worden sind. Eine derartige Ersetzung tritt um so häufiger auf, je höher die Auswahlsätze eines Erhebungsbereichs in der auslaufenden und in der beginnenden Erhebungsphase sind. In entsprechendem Maße wird die Eigenschaft der Zufälligkeit für die neue Stichprobe beeinträchtigt.

Angesichts der zunehmenden Berichtsmüdigkeit bei den Auskunftspflichtigen gehen die Rotationsanforderungen im Interesse einer Vermeidung von Mehrfachbefragungen in neuerer Zeit noch weit über die bisher behandelten Austauschmodelle hinaus. Für bestimmte Auswahlgesamtheiten sind nämlich gleichzeitig mehrere Stichprobenstatistiken, z.B. über die Umsätze und über die Verdienste der Beschäftigten, durchzuführen. In anderen Fällen stimmen die Erhebungsgesamtheiten mehrerer Stichprobenstatistiken nur in Teilen überein, etwa bei Erhebungen über das Handwerk und den Handel. Auf Grund dieser Gegebenheiten besteht die erweiterte Aufgabe darin, nach Wegen für einen **wechselseitigen Austausch** der Einheiten in parallel durchgeführten Stichproben zu suchen.

Die **Belastbarkeit** der Auskunftspflichtigen mit statistischen Erhebungen ist - z.B. im Bereich der Wirtschaftsstatistiken - unterschiedlich zu bewerten. Unternehmen oder Betriebe mit großen Beschäftigtenzahlen sind wegen ihrer umfassenderen Organisationsstruktur in der Regel besser in der Lage, statistische Aufgaben zu bewältigen als kleinere Einheiten. Die höhere Leistungsfähigkeit größerer Einheiten rechtfertigt ihre relativ stärkere Beteiligung an Stichprobenstatistiken. Diese an praktischen Wünschen oder Bedürfnissen orientierte Sachlage korrespondiert sehr günstig mit den allgemeinen stichprobenmethodischen

Erfordernissen einer nach der Größe der Einheiten gestaffelten Erfassungsidentität.

Diese allgemein gehaltene Feststellung darf allerdings nicht darüber hinwegtäuschen, daß hinsichtlich der Belastung der Auskunftspflichtigen durch Befragungen mit gewissen fachlich-sektoralen **Disparitäten** zu rechnen ist. Sie sind nämlich methodisch unvermeidlich, wenn die Stichprobenergebnisse nach fachlichen Bereichen mit sehr unterschiedlich starker Besetzung gegliedert werden sollen, weil das Erfordernis vergleichbarer Präzision zu entsprechend stark unterschiedlichen durchschnittlichen Auswahlsätzen führt (vgl. 4.2.3). Ähnliche Verhältnisse liegen auch für regionale Gliederungen nach Bundesländern vor, weil diese bei sämtlichen Merkmals-Gesamtwerten beträchtliche Größenunterschiede aufweisen. Das Ziel, unterschiedliche Belastungen der Befragten zu vermeiden, muß dann hinter den stichprobenmethodischen Erfordernissen zurücktreten.

In bestimmten Anwendungsfällen ist es angezeigt, auf eine Rotation bewußt zu verzichten und statt dessen eine Kopplung von Stichprobenplänen herbeizuführen, um gleiche Einheiten zu erfassen.

Gründe der **verknüpften Auswertung** führten zu der Entscheidung, die Kostenstrukturerhebungen im Produzierenden Gewerbe und im Baugewerbe (wegen ihres geringeren Stichprobenumfangs) als Unterstichproben zur repräsentativen Material- und Wareneingangserhebung des Vorjahres festzulegen (vgl. 9.1.2), obwohl letztere für sich genommen die Befragten bereits erheblich beansprucht. Nach der Neukonzeption der Binnenhandelsstatistiken (vgl. 9.1.4) werden die Monats-, Jahres- und mehrjährigen Ergänzungserhebungen auf dieselbe Stichprobe gegründet (im Großhandel nur partiell), um Informationen der einen auf die andere Erhebung übertragen zu können. Die repräsentative Bodennutzungserhebung ist mit der zweijährlichen Agrarberichterstattung verschmolzen worden, weil Daten über die Bodennutzung und die landwirtschaftlichen Arbeitskräfte gemeinsam ausgewertet werden müssen (vgl. 9.1.3); es erwies sich hierbei als stichprobenmethodisch vertretbar, den ursprünglich eigenständigen Auswahlplan der Bodennutzungserhebung dem der Agrarberichterstattung unterzuordnen. Miteinander verknüpfte Stichproben sollten entweder völlig übereinstimmen oder in einem klaren Stichproben-/Unterstichproben-Verhältnis zueinander stehen, da andernfalls zusätzliche methodische und aufbereitungstechnische Schwierigkeiten zu bewältigen sind.

6.2 Veränderungen in der Zusammensetzung von Stichproben

6.2.1 Zu- und Abgänge

Bei jeder statistischen Erhebung muß davon ausgegangen werden, daß **Veränderungen der Ergebnisse** gegenüber früheren Erhebungen eintreten. Derartige Veränderungen sind gerade Anlaß und Berechtigung für wiederholte statistische Feststellungen. Die Veränderungen sind methodisch zu gliedern in solche, die an den Merkmalsausprägungen zu beobachten sind, und andere, die sich auf die Zusammensetzung der betreffenden Untersuchungsgesamtheit beziehen. Die erstgenannte Art ist bereits im Zusammenhang mit den Fragen der Schichtung angesprochen worden (vgl. 4): Infolge der Veränderungen der Merkmalswerte nimmt die Wirksamkeit einer Schichtung im Zeitablauf grundsätzlich mehr und mehr ab; dieser Vorgang verursacht zwar keine systematischen Fehler (vgl. 8.1), läßt aber den stichprobenbedingten Standardfehler wachsen.

Eine stärkere methodisch-technische Beachtung verdienen die Veränderungen hinsichtlich der Existenz der Einheiten, die zu einer klar definierten Erhebungsgesamtheit gehören. Sie können zwar auch bei der Durchführung von Totalerhebungen gewisse Schwierigkeiten bereiten; ganz spezifische Probleme entstehen jedoch bei Stichprobenerhebungen, wenn deren Ergebnisse den Anspruch einer verzerrungsfreien Ermittlung erheben sollen.

Veränderungen der Zusammensetzung der Erhebungsgesamtheit aus Erhebungseinheiten spiegeln sich teilweise in den erfaßten Auswahleinheiten der Stichprobe unmittelbar wider, wenn - wie zunächst unterstellt werden soll - beide Arten von Einheiten übereinstimmen. Ein wichtiger Fall sind die **Abgänge** von Einheiten, die entweder wegen Konkurs, Löschung, Tod überhaupt nicht mehr existieren, oder die infolge einer charakteristischen Änderung ihrer Merkmalsausprägungen definitorisch nicht mehr zur Erhebungsgesamtheit gehören. Auch Einheiten, die schon in der Auswahlgrundlage nicht zur Erhebungsgesamtheit gehört, aber eine Auswahlchance erhalten haben, sind als Abgänge zu werten. Die Zahl der Stichprobeneinheiten mit Merkmalswerten geht entsprechend zurück.

Für Hochrechnungszwecke zählen die Abgänge aber weiter zum Stichprobenumfang. Es wäre methodisch falsch, den Stichprobenumfang im Hochrechnungsfaktor um die Zahl der Abgänge zu vermindern. Auch das Ersetzen der Abgänge durch neue Stichprobeneinheiten ist methodisch unzulässig. Das Auftreten von Abgängen darf nicht zur Abänderung des Stichprobenumfangs n führen, weil die Feststellung, daß bestimmte Stichprobeneinheiten nicht mehr existieren oder nicht zur Erhebungsgesamtheit gehören, als vollgültige Information über diese Einheiten zu werten ist. Die Summation über sämtliche beobachteten Werte läuft formal nämlich nach wie vor über sämtliche Auswahleinheiten der Stichprobe, wobei den abgegangen Einheiten die "Werte" null zugeordnet werden, weil sie zum Gesamtergebnis nicht mehr beitragen. Da weder der Auswahl- noch der Aufbereitungsvorgang von den Abgängen gestört wird und außer ihrer Nullsetzung nichts veranlaßt werden muß, werden die Abgänge auch als **"unechte Ausfälle"** bezeichnet.

Die methodische Begründung für die dargestellte Verfahrensregel geht letztlich auf den Grundsatz zurück, daß die Hochrechnung eine rechnerische Umkehrung der Stichprobenauswahl sein muß und die Faktoren einer freien Hochrechnung deshalb den Kehrwerten der jeweiligen Auswahlwahrscheinlichkeiten gleichzusetzen sind. Bei der einfachen oder geschichteten, mehrstufigen oder mehrphasigen Zufallsauswahl wird nämlich eine Beziehung zwischen dem Gesamtumfang N und dem Stichprobenumfang n der Auswahlgesamtheit (ggf. auch in mehreren Teilgesamtheiten) hergestellt, die für die Hochrechnung maßgeblich ist. Die Beziehung zwischen N und n gilt aus der Natur der Sache für dieselbe Auswahlgesamtheit, und somit dürfen die Größen N und n auch nur für den gleichen Zeitraum gültig sein. Diese Forderung ist in Verhandlungen über Stichprobenverfahren nicht selten der Gefahr ausgesetzt, übersehen oder mißachtet zu werden. Auf die korrekte Nutzung der Kenntnis aktueller Gesamtumfänge wird in 8.2 eingegangen.

Treten in einer Stichprobe Abgänge auf, dann schrumpft die Menge der zu erfassenden Einheiten. Die Auszehrung einer Stichprobe kann lästig werden, wenn für die betreffende Erhebung nicht nur eine höchstzulässige Zahl von Stichprobeneinheiten, sondern etwa auch eine Mindestmenge vorgeschrieben ist. Kritische Verhältnisse können auch dadurch entstehen, daß der nutzbare Stichprobenumfang einzelner Schichten zu schmal oder gar leer wird, so daß die betreffenden Teile der Ergebnisse nur unzureichend oder gar nicht geschätzt werden können. Die durch Abgänge verursachte Fehlervergrößerung ist nicht nur auf die Verminderung des nutzbaren Stichprobenumfangs sondern auch auf den Untergruppeneffekt zurückzuführen, der von der Zufälligkeit der Erfassung der Abgänge herrührt.

Der Begriff der Abgänge läßt sich inhaltlich erweitern auf Stichprobeneinheiten, die zwar nicht aus der Erhebungsgesamtheit ausscheiden, aber in veränderten Teilpositionen dieser Gesamtheit nachzuweisen sind. In einer Stichprobe, die nach Maßgabe der beabsichtigten Ergebnisgliederung geschichtet worden ist (vgl. Schichtungsprinzip B in 4.1.1), werden i.a. einige Einheiten zum aktuellen Zeitpunkt die ursprüngliche Gliederungsgruppe verlassen haben und in anderen Gliederungspositionen nachzuweisen sein. Derartige **"Wechsler"** sind für diejenige Gliederungsposition, der die betreffende Schicht zugeordnet worden ist, bei der Hochrechnung und der Fehlerrechnung als Abgänge zu werten; in anderen Gliederungspositionen treten sie dafür als Zugänge auf. Hierbei werden Untergruppeneffekte sowohl in der ursprünglichen Gliederungsposition (wegen der Abgänge) als auch in den aktuellen Positionen (wegen der entsprechenden Zugänge) wirksam. Immerhin gehen die "Wechsler" - im Gegensatz zu echten Abgängen - der Stichprobe nicht verloren.

Dem Schrumpfen einer Stichprobe durch Abgänge (oder unechte Ausfälle) steht gewöhnlich ein Anwachsen der Erhebungsgesamtheit durch **Zugänge** neu entstandener Erhebungseinheiten gegenüber. Auch diese müssen in der Stichprobe repräsentiert werden. Das praktisch-technische Problem besteht darin, daß diese Fälle in der eigentlichen Auswahlgrundlage noch nicht verzeichnet sind und von daher keine Auswahlchance erhalten. Hier müssen nachträglich -

6.2.2 Teilungen und Vereinigungen

Eine weitere Ursache für Veränderungen in der Zusammensetzung der Erhebungsgesamtheit ist durch **Teilungen** von Erhebungseinheiten gegeben. Sie werden in einer Zufallsstichprobe repräsentativ wiedergegeben. Sämtliche selbständig gewordenen Teile, die aus einer Stichprobeneinheit hervorgegangen sind, werden neben der ursprünglichen Einheit gleichwertig in die Stichprobenerhebung einbezogen und haben eigene Erhebungspapiere auszufüllen. Diese Sorte von "Zugängen" läßt sich mit der Stichprobe folglich ohne methodische Schwierigkeiten qualitativ richtig repräsentieren. Hinsichtlich ihrer zutreffenden Behandlung bei der Hochrechnung (und der Fehlerrechnung) stellt sich die Frage, wie die faktische Vergrößerung der Stichprobe formal zu berücksichtigen ist. Da der Vorgang der Teilung weder den Umfang N der (ursprünglichen) Auswahlgesamtheit verändert noch den Auswahlsatz f oder den Hochrechnungsfaktor N/n berührt, muß auch der Stichprobenumfang n formal unverändert bleiben. Dies bedeutet, daß alle aus einer ausgewählten Einheit hervorgegangenen Teile (einschließlich der ggf. weiterbestehenden "Muttereinheit") bei der Erhebung als selbständige Einheiten zu behandeln sind, bei der Aufbereitung aus methodischen Gründen jedoch nach wie vor als nur eine Einheit gelten.

Das Gegenstück zu den Teilungen stellen die **Vereinigungen** oder Fusionen von Erhebungseinheiten dar. Auch diese werden in einer Zufallsstichprobe zutreffend widergespiegelt, wenngleich mit einer größeren Zahl von unterschiedlichen Situationen zu rechnen ist. Von den an einer Fusion beteiligten ehemals selbständigen Einheiten der Erhebungsgesamtheit kann nämlich eine unterschiedliche Anzahl zufällig in der Stichprobe vertreten sein: keine oder eine Einheit, mehrere oder sämtliche Einheiten. Durch geeignete Regeln für die Hochrechnung können unverzerrte Ergebnisse erzielt werden. Wenn bei einer Stichprobeneinheit eine Fusion gemeldet oder festgestellt wird, muß zuerst stets vollzählig ermittelt werden, welche zuvor selbständigen Einheiten an dieser Fusion beteiligt gewesen sind. Unter den anderen Einheiten können mehrere oder alle ebenfalls der ursprünglichen Stichprobe angehören. Hier sollen drei Hochrechnungsmodelle für Fusionen vorgestellt werden:

- **Modell 1:**
  Das erste, **allgemeine Modell** einer korrekten Hochrechnung beruht auf der Wahrscheinlichkeit, daß die betreffende Fusion durch wenigstens eine, in der Stichprobe vertretene (zuvor selbständige) Einheit erkennbar wird. Bezeichnen $f_1, f_2, \ldots, f_G$ die (ggf. für Schichten unterschiedlichen) Auswahlwahrscheinlichkeiten oder Auswahlsätze für alle G Teil-Einheiten, die sich vereinigen, dann ist die Wahrscheinlichkeit für das gleichzeitige Eintreten der G voneinander unabhängigen Ereignisse, daß nämlich alle Teil-Einheiten nicht zur Stichprobe gehören, gleich dem Produkt:

$$W_o = (1 - f_1)(1 - f_2) \dots (1 - f_G)$$

der entsprechenden einzelnen Wahrscheinlichkeiten. Hieraus wird die Gegenwahrscheinlichkeit, daß die Fusion aus der Stichprobe an mindestens einer der beteiligten Einheiten beobachtet werden kann, abgeleitet:

$$W = 1 - W_o = 1 - (1 - f_1)(1 - f_2) \dots (1 - f_G) \qquad (6.2.1)$$

Diese Formel gilt unabhängig davon, wieviele (> 0) und welche der Teil-Einheiten der ursprünglichen Stichprobe tatsächlich angehören. Die Wahrscheinlichkeit W, daß die Fusion aus der Stichprobe erkennbar wird, ist umso größer, je mehr Teil-Einheiten daran beteiligt und je höher die Auswahlsätze ihrer Schichten sind. Stammt mindestens eine der Teil-Einheiten aus einer total zu erfassenden Schicht, dann ergibt sich $W = 1$.

Die neue, fusionierte Einheit gehört zum Berichtskreis der Stichprobe. Ihre Merkmalswerte werden mit dem Faktor $1/W$ hochgerechnet. Die fusionierte Einheit besitzt damit (abgesehen von $W = 1$) einen **eigenständigen Hochrechnungsfaktor** und muß von der übrigen Stichprobengesamtheit getrennt behandelt werden. Diejenigen Teil-Einheiten, die der ursprünglichen Stichprobe angehört haben, scheiden wie normale Abgänge aus der weiteren Erhebung aus.

- **Modell 2:**
  Beim zweiten Modell wird versucht, die Aufbereitungstechnik zu vereinfachen durch Bezugnahme auf nur eine im vorhinein festgelegte Teil-Einheit. Die fusionierte Einheit soll genau dann in der Stichprobe verbleiben, wenn diese festgelegte Teil-Einheit zur Stichprobe gehört hat. Im Hinblick auf eine möglichst hohe Erfassungswahrscheinlichkeit (und einen entsprechend niedrigen Hochrechnungsfaktor) für die fusionierte Einheit wird in der amtlichen Statistik als maßgebliche Teil-Einheit diejenige vorbestimmt, die unter allen an der Fusion beteiligen Einheiten den höchsten Umsatz, die größte Beschäftigtenzahl oder landwirtschaftliche Nutzfläche oder den größten Wert eines anderen gewählten Merkmals besitzt (**Überwiegungsprinzip**). Hierdurch läßt sich in der Regel genau eine Teil-Einheit eindeutig fixieren. Da eine solche "größte" Teil-Einheit bei geschichteter Auswahl nämlich gewöhnlich mit dem vergleichsweise höchsten Auswahlsatz erfaßt wird, ist auch die darauf bezogene Erfassungswahrscheinlichkeit für die fusionierte Einheit relativ groß. Im ersten Modell ist die betreffende Wahrscheinlichkeit allerdings noch größer, weil dort die fusionierte Einheit z.B. auch dann erhoben wird, wenn etwa zufällig nur eine kleine Teil-Einheit in der Stichprobe vertreten war. Die Tatsache, daß die Erfassungswahrscheinlichkeit der fusionierten Einheit an die ihrer größten Teil-Einheit geknüpft ist und mit ihr übereinstimmt, schafft den Vorteil, daß diese größte, in der Stichprobe enthaltene Teil-Einheit lediglich durch die neue, fusionierte Einheit ersetzt zu

werden braucht unter Beibehaltung des betreffenden Hochrechnungsfaktors. Andere an der Fusion beteiligte Einheiten, die zufällig auch zur Stichprobe gehörten, werden als Abgänge aus der Stichprobe ersatzlos entlassen und zwar selbst dann, wenn die "größte" Teil-Einheit an der ursprünglichen Stichprobe nicht beteiligt war und somit die fusionierte Einheit nicht weiter verfolgt wird.

Eine Fusion kann sich häufig auch in der Weise vollziehen, daß der Besitzer eines Unternehmens andere zuvor selbständige Unternehmen durch Kauf/Abfindung seinem Unternehmen einbezieht. Wie im zweiten Modell liegt auch in diesem Fall genau eine ausgezeichnete Teil-Einheit vor, und es ist zweckmäßig, die Erfassung der fusionierten Einheit (unter demselben Besitzer) an der Stichprobenzugehörigkeit der Teil-Einheit dieses Besitzers auszurichten, selbst wenn sie nach irgendeinem bestimmten Kriterium nicht die "größte" aller fusionierten Einheiten gewesen ist. Beide Verfahren des zweiten Modells dürfen nebeneinander angewendet werden, falls sichergestellt wird, daß in jedem Einzelfall nur eine der beiden Varianten nach einer vorbestimmten Regel zum Zuge kommt. Die Regel könnte darin bestehen, daß die Bezugnahme auf den (gleich gebliebenen) Besitzer immer dann den Vorrang erhält, wenn diese Art der Vereinigung, nämlich die Aufnahme und Einbeziehung anderer Einheiten, gerade vorliegt.

- **Modell 3:**
  Mit einem dritten Modell kann erreicht werden, daß die Ergebnisreihe wiederholter Stichprobenerhebungen für ein vorbestimmtes Erhebungsmerkmal **keine fusionsbedingten Sprünge** aufweist. Hierzu muß die Summe der hochgerechneten Ergebnisse der an der Stichprobe und an der Fusion beteiligten Einheiten im Zeitraum vor der Fusion mit dem hochgerechneten Ergebnis der neuen, fusionierten Einheit (formal für denselben Zeitraum) übereinstimmen. Der erforderliche Hochrechnungsfaktor für die fusionierte Einheit ergibt sich dann aus dem Quotienten der oben genannten Summe für die bereits an der Stichprobe beteiligten Einheiten und der Merkmalssumme sämtlicher an der Fusion beteiligten Einheiten aus der Grundgesamtheit. Die Ergebnisreihe erhält durch die beobachtete Vereinigung jedoch faktisch nur dann keinen Sprung, wenn alle an der Stichprobe beteiligten fusionierten Einheiten und die neu entstandene Einheit derselben Nachweisungsgruppe angehören.

Bei einer **Klumpenstichprobe** umfassen die Auswahleinheiten jeweils mehrere Erhebungseinheiten. Abgänge von Erhebungseinheiten, die aus der Stichprobe ersatzlos ausscheiden, führen nicht sogleich zum Ausscheiden der betreffenden Auswahleinheit aus der Stichprobe; letzteres geschieht nämlich erst dann, wenn sämtliche Erhebungseinheiten einer Auswahleinheit ausgeschieden sind. Für die Erfassung von Zugängen ist eine Klumpenstichprobe insoweit von Vorteil, als die von der Gesamtheit der Klumpen räumlich überdeckten **Zugänge automatisch** einbezogen werden. Teilungen von Erhebungseinheiten verursachen keine Sonderprobleme. Zur geeigneten Behandlung einer Fusion von Erhebungseinheiten, die sich ggf. in verschiedenen Auswahleinheiten befinden, sind lediglich die Auswahlsätze der jeweiligen Auswahleinheiten auf die an der Fusion beteiligten Erhebungseinheiten zu übertragen; nach Modell 1 entstehen isolierte Einheiten, die von der übrigen Stichprobenmenge getrennt zu behandeln sind, während die fusionierten Einheiten nach dem zweiten Modell in der jeweils zutreffenden Auswahleinheit verbleiben.

6.2.3 Antwortausfälle

Neben den bisher behandelten Veränderungen der Zusammensetzung einer Stichprobe ist stets auch mit Antwortausfällen zu rechnen. Sie vermindern in einer gleichsam willkürlichen Weise den Umfang der für die Aufbereitung zur Verfügung stehenden Stichprobe und würden deren Ergebnisse einseitig verzerren (durch Unterschätzung), wenn sie bei der Aufbereitung unberücksichtigt blieben. Da solche Fälle von fehlenden Auskünften geeignete Maßnahmen zur Bereinigung erfordern, werden sie - im Gegensatz zu den Abgängen von Stichprobeneinheiten - als **"echte" Ausfälle** bezeichnet. Zur stichprobenmethodischen Behandlung von Antwortausfällen stehen verschiedene Verfahren zur Verfügung[1]:

- **Auswahl von Ersatzeinheiten:**
  Eine erste Möglichkeit, zu den erforderlichen Ergänzungen der Stichprobe zu gelangen, besteht darin, im vorhinein eine Ersatz-Stichprobe gleichen Umfangs zufällig auszuwählen und je eine Ersatz-Einheit einer primär ausgewählten Einheit fest zuzuordnen. Mit dieser Vorkehrung kann immer dann, wenn eine Stichprobeneinheit wegen Antwortverweigerung ausgefallen ist, auf die zugehörige Ersatz-Einheit zurückgegriffen und die Stichprobe wieder aufgefüllt werden. Dieses Verfahren birgt jedoch die Gefahr, daß auch die Ersatz-Einheiten ausfallen könnten. Außerdem kann es kaum für Stichprobenstatistiken in Betracht gezogen werden, bei denen die Erhebungs- und Aufbereitungsfristen sehr kurz gesetzt sind, um wichtige Informationen rasch bereitzustellen. Und schließlich müssen auch methodische Bedenken gegen dieses Verfahren geltend gemacht werden, weil nicht auszuschließen ist, daß die Verweigerungen durch den Gegenstand der Befragung bedingt und insoweit nicht vollwertig durch andere, zufällig ausgewählte Einheiten ersetzbar sind.

- **Rechnerische Bereinigung:**
  In zahlreichen Anwendungsfällen wird versucht, die echten Ausfälle durch rechnerische Bereinigungen während der Aufbereitung auszugleichen. Hier-

[1] Während es im folgenden nur um die Behandlung von bereits entstandenen "echten" Ausfällen geht, werden die Probleme der Messung und Vermeidung von Antwortausfällen sowie der Einführung von entsprechenden Standards in der amtlichen Statistik (z.B. in Kanada) bei Drew; Hidiroglou (vgl. Drew; Hidiroglou 1995) diskutiert.

bei wird von der (schwer nachweisbaren und meist unbewiesenen) Annahme ausgegangen, daß die **echten Ausfälle** in ihren unbekannten Merkmalsausprägungen die **gleiche Struktur** aufweisen wie die übrigen Stichprobeneinheiten, von denen die Auskünfte vorliegen. Hinter diesem Ansatz verbirgt sich eine Veränderung des allgemeinen Hochrechnungsfaktors.

Bezeichnet n_a die Zahl der Antwortausfälle in einer Stichprobe vom Umfang n, dann werden zur Ermittlung des Hochrechnungsfaktors nur die Beobachtungswerte des **effektiven Stichprobenumfangs** $n - n_a$ herangezogen.

Bei einfacher Zufallsauswahl lautet dann z.B. die Schätzfunktion für den Gesamtwert:

$$\hat{X}_{(a)} = \frac{N}{n - n_a} \sum_{i=1}^{n-n_a} x_i \qquad (6.2.2)$$

Der gegenüber dem allgemeinen Faktor N / n vergrößerte Hochrechnungsfaktor $N / (n - n_a)$ soll die Antwortausfälle rechnerisch kompensieren. Das Ausmaß dieser Kompensation wird in:

$$\hat{X}_{(a)} = \frac{N}{n} \frac{n}{n - n_a} \sum_{i=1}^{n-n_a} x_i \qquad (6.2.3)$$

durch den "**Korrekturfaktor**" $n / (n - n_a)$ wiedergegeben, der zusätzlich zum üblichen Faktor N / n anzuwenden ist. Je nach der technischen Organisation kann die Formel (6.2.2) oder (6.2.3) benutzt werden. Bei geschichteten Stichprobenerhebungen muß die Zahl der echten Ausfälle je Schicht gesondert festgestellt und berücksichtigt werden.

Mit dem dargestellten "**Verfahren der multiplikativen Ergänzung**" wird allerdings nur eine korrekte Bereinigung der geschätzten Gesamtzahl der Einheiten erreicht. Eine gleichartige Aussage läßt sich über die hochgerechneten Merkmalswerte aber nicht machen. Es trifft wohl zu, daß die bei der gewöhnlichen Hochrechnung mit dem Faktor N / n infolge von Antwortausfällen eindeutig unterschätzten Ergebnisse durch eine zusätzliche Anwendung des Korrekturfaktors $n / (n - n_a)$ nach (6.2.3) in der richtigen Richtung verändert werden; das Resultat dieser Veränderung erreicht jedoch im allgemeinen nicht genau das Ergebnis einer vollständigen Stichprobe, sondern liegt in einem gewissen, unbekannten Maß unterhalb oder oberhalb dieses Wertes. Mit anderen Worten: Der durch echte Ausfälle zunächst verursachte **systematische Fehler** wird durch die rechnerische Korrektur zwar verringert, aber in der Regel nicht völlig beseitigt. Die Frage nach dem Ausmaß der verbleibenden Verzerrungen hat sich an der eingangs genannten Annahme zu orientieren, daß die Wertestruktur der ausgefallenen Einheiten mit derjenigen der antwortenden Einheiten im wesentlichen übereinstimmt. Je stärker diese Annahme verletzt ist, umso größere Abweichungen müssen für die korrigierten Ergebnisse unterstellt werden.

Das Prinzip einer rechnerischen Ergänzung fehlender Auskünfte läßt sich verfeinern durch Einbeziehung **früherer Informationen** der ausgefallenen Einheiten unter Berücksichtigung der zeitlichen Werteveränderungen der übrigen Stichprobeneinheiten. Bei diesem Modell der Schätzung, das in (8.2.1) behandelt wird, ist die zugrundeliegende Annahme weniger streng und einschränkend.

Eine den echten Ausfällen von Stichprobeneinheiten (missing units) ähnliche Situation tritt ein, wenn vorhandene Angaben der Befragten auf Grund von Plausibilitätskontrollen zurückgewiesen werden, weil sie unglaubwürdige Werte haben oder mit anderen Angaben nicht in Einklang zu bringen sind (Wahrscheinlichkeits- und Konsistenzprüfung). Derartige Beanstandungen führen selten dazu, daß die ganze Einheit aus der Aufbereitung ausgeschlossen werden muß (dies entspräche einem echten Ausfall), sondern meist werden nur einzelne Merkmale als unverwertbar erklärt (missing items). Es sind Verfahren und Techniken entwickelt worden, solche unbrauchbaren Werte unter Berücksichtigung der übrigen Merkmalskonstellation maschinell plausibel zu ergänzen. Bisweilen werden aber auch ganze Einheiten mit stimmigen Merkmalskombinationen, nach Merkmalstypen gegliedert, einmalig oder immer wieder erneuert für eine Ersetzung unplausibler Fälle bereitgehalten (vgl. Zindler, 1967, S. 206ff.).

- **Unterstichprobe:**
  Für die Ergänzung von Antwortausfällen stehen auch echte **stichprobenmethodische Mittel** zur Verfügung. Falls der Stichprobenumfang einer Erhebung hinreichend groß und die Zahl der echten Ausfälle nicht sehr klein ist, kann die Menge dieser Ausfälle als eine neue Auswahlgesamtheit gewertet werden, aus der eine neue, kleinere Zufallsstichprobe gezogen und mit verstärkter Bemühung um vollständige Auskünfte befragt wird. Aus einem Teil der ursprünglichen Stichprobe wird also eine Unterstichprobe oder "Stichprobe 2. Phase" ausgewählt (vgl. 5.3.3), deren Auswahlsatz sich in erster Linie nach den verfügbaren finanziellen und personellen Möglichkeiten bemißt. Die Erhebungsdaten der Stichproben beider Phasen müssen getrennt aufbereitet werden, weil die Hochrechnungsfaktoren zur 2. Phase größer als die zur 1. Phase sind; letztere werden selbstverständlich nicht mehr mit Korrekturfaktoren versehen. Das dargestellte Verfahren ist allerdings nur dann mit Erfolg einsetzbar, wenn berechtigte Aussicht auf eine wenigstens in der 2. Phase vollständige Erfassung besteht und die Bekanntgabe der Erhebungsergebnisse nicht unter zu engen Terminforderungen gestellt ist.

Ein weiteres Verfahren der Einschätzung von Antwortausfällen kann an die Verwendung des Mahnwesens geknüpft werden. Unter der Annahme, daß verzögert gegebene Auskünfte Werteausprägungen haben, die im Mittel von spontan erteilten Antworten abweichen, werden die Teilgesamtheiten der Stichprobe, die unmittelbar oder auf die 1., 2., 3. Mahnung hin Auskünfte erteilt haben, voneinander getrennt aufbereitet. Ihre Mittelwerte werden sich nicht nur zufällig, sondern möglicherweise auch systematisch voneinander unterscheiden, so daß versucht werden kann, die Reihe dieser Werte auf die noch offene, restliche Menge der hartnäckigen Antwortverweigerer zu extrapolieren, damit auch diese Teilmenge mit Schätzwerten in die Gesamtergebnisse einbezogen werden kann. Das Verfahren ist - vor allem bei einem umfangreichen Tabellenprogramm - recht aufwendig und ermöglicht keine überzeugenden Lösungen, wenn die Zufallsstreuungen für die miteinander zu vergleichenden Teilergebnisse zu groß sind.

Inwieweit die Veränderungen in der Zusammensetzung der Stichprobe mit Einheiten durch die Gesamtheit der Antwortausfälle zutreffend widergespiegelt wird, ist ebenfalls ungewiß. Es ist denkbar, daß Fusionen, Teilungen und Abgänge in den echten Ausfällen anteilig stärker vertreten sind, weil derartige Veränderungen den normalen Berichtsgang stören.

Zitierte Literatur (Kapitel 6)

Drew, D.; Hidiroglou, M.A.: Measuring, Preventing and Treating Survey Nonresponse. Statistics in Transition. Journal of the Polish Statistical Association. Bd. 2, Nr. 5 (1995)

Zindler, H.J.: Die Auswirkungen maschineller Korrekturverfahren. Metrika. Bd. 11 (1967)

7 Verfahren zur Verbesserung der Schätzung

7.1 Gebundene Hochrechnung

7.1.1 Verhältnisschätzung

Bei vielen Stichprobenstatistiken besteht die Möglichkeit, die repräsentativ ermittelten Erhebungsdaten unter Bezugnahme auf **zusätzlich vorhandene Informationen** über ein anderes Merkmal hochzurechnen.

Eine solche **gebundene Hochrechnung** hat das Ziel, die Präzision der Stichprobenschätzungen gegenüber der freien Hochrechnung zu verbessern. Die Wirksamkeit einer gebundenen Hochrechnung hängt im wesentlichen von der Korrelation zwischen Erhebungsmerkmal und Bezugsmerkmal ab. Voraussetzung für die Anwendung ist, daß die Werte des Bezugsmerkmals sowohl für die Stichprobeneinheiten als auch für die Auswahlgesamtheit bekannt sind. Je nach Modellannahme über eine additive und/oder multiplikative Verknüpfung zwischen den Beobachtungswerten x_i $(i = 1, 2, ..., n)$ der Stichprobe und den zugehörigen Bezugswerten y_i $(i = 1, 2, ..., n)$ werden im wesentlichen drei Arten der gebundenen Hochrechnung unterschieden: Die Verhältnisschätzung, die Differenzenschätzung und die Regressionsschätzung.

Die **Verhältnisschätzung** basiert auf der Annahme einer multiplikativen Verknüpfung der Beobachtungswerte mit bekannten Bezugswerten.

- Schätzer für den Gesamtwert X bei einfacher Zufallsauswahl:

$$\hat{X}_V = \frac{\sum_{i=1}^{n} x_i}{\sum_{i=1}^{n} y_i} Y = \frac{Y}{\sum_{i=1}^{n} y_i} \sum_{i=1}^{n} x_i \qquad (7.1.1)$$

  Y bezeichnet den bekannten Totalwert des Bezugsmerkmals. An der Formel wird deutlich, daß das Verhältnis $Y / \sum y_i$ die Funktion des Hochrechnungsfaktors N / n der freien Hochrechnung einnimmt.

  Der zugehörige Standardfehler $s_{\hat{X}_V}$ kann aus der Stichprobe näherungsweise abgeschätzt werden durch:

$$s_{\hat{X}_V} = \sqrt{N\left(\frac{N}{n}-1\right)\frac{1}{n-1}\sum_{i=1}^{n}\left(x_i - \frac{\sum_{i=1}^{n} x_i}{\sum_{i=1}^{n} y_i}\, y_i\right)^2} = \sqrt{N\left(\frac{N-n}{n}\right)\left(s_x^2 + t^2 s_y^2 - 2\,t\,s_{xy}\right)} \tag{7.1.2}$$

mit

$$t = \frac{\sum_{i=1}^{n} x_i}{\sum_{i=1}^{n} y_i} \quad \text{und} \quad s_{xy} = \frac{1}{n-1}\sum_{i=1}^{n}(x_i - \bar{x})\,(y_i - \bar{y})$$

Wie Formel (7.1.2) zeigt, werden bei der Verhältnisschätzung im Gegensatz zur freien Hochrechnung die Abweichungsquadrate der Erhebungswerte x_i nicht von ihrem arithmetischen Durchschnitt, sondern vom individuell umgerechneten Schätzwert $t \cdot y_i$ gebildet. Je mehr sich die x_i-Werte der Proportionalität zu den entsprechenden y_i-Werten annähern, umso höher ist die Korrelation zwischen den Wertepaaren und umso kleiner ist dementsprechend der Standardfehler. Bei Proportionalität zwischen Erhebungs- und Bezugsmerkmal ist der Standardfehler Null. In geometrischer Interpretation handelt es sich um die in der x-Richtung gemessenen Abstandsquadrate der Punkte mit den Koordinaten (x_i, y_i) von denjenigen Punkten auf einer Geraden mit der Steigung t durch den Nullpunkt, die dieselben y_i-Werte haben. Mit s_{xy} wird die Kovarianz zwischen Erhebungs- und Bezugsmerkmal bezeichnet.

Das Verfahren der Verhältnisschätzung ist nicht erwartungstreu; die **Verzerrung** der Ergebnisse nimmt jedoch mit wachsender Stichprobengröße deutlich ab, sie kann näherungsweise geschätzt werden durch:

$$B_{\hat{X}_V} = \frac{N}{Y}\left(\frac{N}{n}-1\right)\left(t\,s_y^2 - s_{xy}\right) \tag{7.1.3}$$

Die Schätzformel wird im Zusammenhang mit der Verhältnisschätzung bei geschichteten Stichproben eingehender diskutiert (vgl. Hansen; u.a. 1953, Bd. 2, S. 112ff.).

Der Verhältnisschätzer für den Mittelwert $\overline{X}$ der Gesamtheit ergibt sich durch Division von $\hat{X}_V$ mit N.

Während der bei einer Zufallsauswahl verwirklichte Stichprobenumfang n eine feste Größe ist, stellt die entsprechende Größe $\sum y_i$ eine echte Zufallsveränderliche dar, deren Wert je nach den an der Stichprobe beteiligten Einheiten schwanken kann. Die Einführung einer solchen **zusätzlichen Zufallsgröße** (neben der Stichprobensumme $\sum x_i$) in die Hochrechnungsformel hat folglich nur dann einen Nutzen, wenn die zugehörige, den Zufallsfehler vergrößernde Wirkung durch eine genügend **hohe Korrelation** zwischen dem Erhebungs- und dem Bezugsmerkmal mehr als ausgeglichen wird. Für eine wirksame Verhältnisschätzung sind somit nur solche Bezugsmerkmale geeignet, die zu den mit der Stichprobe zu erhebenden Merkmalen in einer hinreichend engen Korrelation stehen. Für viele Anwendungsfälle kann als Faustregel gelten, daß der Korrelationskoeffizient nicht kleiner als 0,5 oder 0,6 sein sollte.

Das **Bezugsmerkmal** zur gebundenen Hochrechnung einer Stichprobe wird gewöhnlich aus der Auswahlgrundlage dieser Stichprobe entnommen, weil dort auch die erforderlichen Gesamtwerte Y gewonnen werden können. Am nächstliegenden ist es, das mit dem aktuellen Erhebungsmerkmal identische als Bezugsmerkmal zu wählen, sofern dessen Werte für die Einheiten der Auswahlgesamtheit (z.B. einer früheren Erhebung) vorliegen. Auf diese Weise können oft mehrere Erhebungsmerkmale an ihre entsprechenden Werte in der Basiserhebung gebunden werden. Die Korrelation der individuellen Merkmalswerte ist dann meist recht hoch, sie nimmt aber gewöhnlich mit wachsendem Zeitabstand von der Auswahlbasis ab, so daß der Genauigkeitsvorteil der gebundenen Hochrechnung allmählich verlorengehen kann.

Auch wenn mit der Stichprobenerhebung ein gegenüber der Basiszählung erweitertes oder abweichendes Frageprogramm zu erfassen ist, kann die Anwendung von Verhältnisschätzungen durchaus erwogen werden. Bei einer Verhältnisschätzung dürfen nämlich auch verschiedenartige Merkmale zueinander in Beziehung gesetzt werden. Die entscheidende Voraussetzung für die Wirksamkeit ist stets in der ausreichenden Höhe der Korrelationen zwischen den jeweils aufeinander bezogenen Merkmalen zu sehen. Werden mit einer Stichprobe z.B. fachliche Untergliederungen eines in der Grunderhebung global erhobenen Merkmals erfaßt, dann kann geprüft werden, ob die Teilmerkmale, oder wenigstens die größeren unter ihnen, vielleicht genügend eng mit dem Globalmerkmal korreliert sind. Wenn einschlägige Erfahrungen noch nicht vorliegen, wird sich die Prüfung zunächst an logischen Überlegungen über die sachlichen Zusammenhänge orientieren. Spätestens bei der Aufbereitung der Stichprobendaten ist es grundsätzlich immer möglich, anhand von Genauigkeitsvergleichen für verschiedene Hochrechnungsverfahren eine begründete Entscheidung zu treffen.

Ähnlich wie bei einer freien Hochrechnung können auch mit der Verhältnisschätzung Ergebnisse für einzelne **Gliederungspositionen**, also Teile k (k=1, 2,...,K) der Erhebungsgesamtheit ermittelt werden:

- Schätzfunktion für den Gesamtwert $X_{(k)}$ der Untergruppe k :

$$\hat{X}_{V(k)} = \frac{\sum_{i \in k} x_i}{\sum_{i=1}^{n} y_i} Y = \frac{Y}{\sum_{i=1}^{n} y_i} \sum_{i \in k} x_i \tag{7.1.4}$$

Die Beobachtungswerte x_i werden im Zähler jeweils nur über diejenigen Stichprobeneinheiten zusammengefaßt, die der Gruppe k angehören, während sich die Summe der Bezugswerte y_i im Nenner stets über die gesamte Stichprobe erstreckt. Hierbei wird deutlich, daß die Stichprobeneinheiten im Zähler und im Nenner des Quotienten nicht mehr alle paarig auftreten, sondern daß im Zähler mehr oder weniger große Lücken vorhanden sind. Diese entsprechen dem Untergruppeneffekt bei einer zufallsbedingten Teilung der Stichprobenmenge in die Einheiten, die zur betreffenden Gruppe gehören, und die übrigen Einheiten, deren Daten in $\sum_{i=1}^{n} x_i$ mit null bewertet werden müssen. Die Nullfälle im Zähler der Formel (7.1.4) bewirken - je nach ihrem Anteil am Stichprobenumfang n - eine oft recht erhebliche Verminderung der Korrelation zwischen dem (eingeengten) Erhebungs- und dem Bezugsmerkmal, so daß eine Verhältnisschätzung unter diesen Umständen nicht mehr rationell ist.

Analog zur freien Hochrechnung (3.1.18) kann der Standardfehler $s_{\hat{X}_{V(k)}}$ näherungsweise abgeschätzt werden durch:

$$s_{\hat{X}_{V(k)}} \approx \sqrt{N\left(\frac{N}{n}-1\right)\left(s_{x_{(k)}}^2 + t_k^2\, s_y^2 - 2t_k\, s_{x_{(k)}y}\right)} \tag{7.1.5}$$

mit

$$t_k = \frac{\sum_{i \in k} x_i}{\sum_{i=1}^{n} y_i}$$

und

$$s_{x_{(k)}y} = \frac{1}{n-1} \sum_{i=1}^{n} (x_i - \bar{x})(y_i - \bar{y})$$

wobei

$$x_i = \begin{cases} x_i & \text{für } i \in k \\ 0 & \text{sonst} \end{cases} \qquad k = 1,2,\ldots,K$$

Der arithmetische Mittelwert der Gliederungsgruppe k wird wie bei (3.1.27) durch $\hat{X}_{V(k)} / \hat{N}_{(k)}$ geschätzt.

Die Formel (7.1.4) ist auch dann heranzuziehen, wenn die Stichprobenergebnisse nicht in Gruppen zu gliedern sind, sondern wenn sich die Stichprobe durch **Abgänge** (vgl. 6.2.1) einzelner Einheiten aus der Erhebungsgesamtheit verkleinert. Die Erhebungswerte x_i der Abgänge werden null gesetzt, die zugehörigen Bezugswerte y_i dürfen jedoch nicht aus der Stichprobe entfernt oder null gesetzt werden. Infolgedessen wird die Zahl der paarigen Werte zwar formal nicht geändert, substanziell aber vermindert; die Korrelation geht entsprechend zurück, allerdings nicht in dem starken Maße wie bei einer Gliederung der Gesamtheit in zahlreiche Teilpositionen.

Auch **Zugänge** (vgl. 6.2.1), die nachträglich mit gleichem Auswahlsatz in die Stichprobe gezogen worden sind, können in die Hochrechnung nach Formel (7.1.4) oder (7.1.1) aufgenommen werden. Ihre Erhebungswerte werden im Zähler mitsummiert, ohne daß ihnen individuelle Bezugswerte im Nenner gegenüberstehen. Da der wirksame Stichprobenumfang im Zähler und (formal auch) im Nenner vergrößert ist, die Zugangswerte aber unpaarig sind, nimmt der Korrelationskoeffizient wiederum leicht ab. Im allgemeinen ist es dann zweckmäßiger, die Werte der Zugangsstichprobe, die definitionsgemäß keine Bezugswerte in der ursprünglichen Auswahlgrundlage besitzen, in einem gesonderten Arbeitsgang frei hochzurechnen und anschließend den übrigen Ergebnissen hinzuzufügen. Andererseits ist es methodisch auch erlaubt, die beiden Bezugsgrößen $\sum y_i$ und Y vor Anwendung der Verhältnisschätzung um die betreffenden Daten der Zugangsmasse aufzustocken. **Geteilte Einheiten** der Stichprobe und **Fusionen**, deren Erfassung nach dem zweiten Modell (vgl. 6.2.2) vorgenommen werden, lassen sich nach den in. 6.2.2 behandelten Regeln in den Zählerwert $\sum x_i$ der Verhältnisschätzung gemäß (7.1.1) einbeziehen.

Wenn **Antwortausfälle** (vgl. 6.2.3) auftreten, muß zum Ausgleich der bei der Aufbereitung unberechtigt fehlenden Informationen der Hochrechnungsfaktor geändert werden. Hierzu werden die den fehlenden Erhebungswerten x_j entsprechenden Bezugswerte y_j aus der Summe im Nenner der Formel (7.1.1) herausgenommen, damit nur noch paarige Werte x_i und y_i im Quotienten enthalten sind. Dieser stützt sich folglich auf eine verminderte Zahl von Einheiten und schafft gegenüber der vollen Stichprobe nur dann keine Verzerrung, wenn das x-y-Verhältnis der fehlenden Einheiten im Mittel dasselbe ist wie für die übrigen Einheiten, von denen aktuelle Beobachtungswerte x_i vorliegen. Die hier zugrundeliegende Annahme vergleichbarer Verhältnisse bzw. Veränderungen bei den Antwortausfällen dürfte gewöhnlich eher erfüllt sein als die bei einer Korrektur der freien Hochrechnung nach Formel (6.2.2) gestellte Forderung, daß die ausgefallenen Erhebungswerte x_j selbst mit denen der übrigen Stichprobeneinheiten im Mittel übereinstimmen sollen. Der rechnerisch kompensierenden Verminderung des Stichprobenumfangs n um die Zahl n_a der echten Ausfälle in (6.2.2) entspricht bei der Verhältnisschätzung die Verminderung der Nenner-Summe um die Bezugswerte dieser Einheiten. Die Berücksichtigung von Antwortausfällen ist in laufenden Stichprobenerhebungen relativ mühsam, wenn diese Ausfälle bei wechselnden Einheiten auftreten.

Die Verhältnisschätzung läßt sich vor allem auch bei **geschichteten Zufallsauswahlen** mit Vorteil anwenden. Je nachdem, ob die Erhebungs- und Bezugswerte vor der Verhältnisrechnung über alle Schichten zusammengefaßt werden oder ob die Verhältniswerte schichtweise hochgerechnet und erst dann zusammengefaßt werden, unterscheidet man zwischen **kombinierter** und **separater Verhältnisschätzung**.

- Schätzfunktion für den Gesamtwert X bei kombinierter Verhältnisschätzung:

$$\hat{X}_{V_{komb}} = \frac{\sum_{h=1}^{L} \frac{N_h}{n_h} \sum_{i=1}^{n_h} x_{hi}}{\sum_{h=1}^{L} \frac{N_h}{n_h} \sum_{i=1}^{n_h} y_{hi}} Y \tag{7.1.6}$$

Der geschätzte Standardfehler von $\hat{X}_{V_{komb}}$ beträgt näherungsweise:

$$s_{\hat{X}_{V_{komb}}} = \sqrt{\sum_{h=1}^{L} N_h \left(\frac{N_h}{n_h} - 1\right)\left(s_{hx}^2 - 2t\, s_{hxy} + t^2\, s_{hy}^2\right)} \tag{7.1.7}$$

mit

$$t = \frac{\sum_{h=1}^{L} \frac{N_h}{n_h} \sum_{i=1}^{n_h} x_{hi}}{\sum_{h=1}^{L} \frac{N_h}{n_h} \sum_{i=1}^{n_h} y_{hi}}$$

und

$$s_{hxy} = \frac{1}{n_h - 1} \sum_{i=1}^{n_h} \left(x_{hi} - \bar{x}\right)\left(y_{hi} - \bar{y}\right)$$

Der Wert t stellt den aus der geschichteten Stichprobe ermittelten Veränderungsfaktor des Erhebungsmerkmals gegenüber dem Bezugsmerkmal dar. Die Kovarianz s_{hxy} kann auch geschrieben werden als $s_{hxy} = r_{hxy} \cdot s_{hx} \cdot s_{hy}$, wobei r_{hxy} den Korrelationskoeffizienten zwischen Erhebungs- und Bezugsmerkmal in der Schicht h bezeichnet.

Als Voraussetzung für die Überlegenheit der kombinierten Verhältnisschätzung im Vergleich zur freien Hochrechnung hat für möglichst viele der Schichten zu gelten:

$$r_{hxy} > \frac{1}{2} t \frac{s_{hy}}{s_{hx}} \tag{7.1.8}$$

oder in zusammengefaßter Form:

$$\sum_{h=1}^{L} N_h \frac{N_h - n_h}{n_h} \left(r_{hxy} - \frac{1}{2} t \frac{s_{hy}}{s_{hx}} \right) s_{hx} \, s_{hy} > 0 \tag{7.1.9}$$

Die Bedingung (7.1.8) sollte folglich vor allem in jenen Schichten möglichst gut erfüllt sein, in denen der Gesamtumfang N_h groß gegenüber dem Stichprobenumfang n_h ist oder/und die Standardabweichungen s_{hx} und s_{hy} relativ hoch sind. Im Falle optimaler Auswahlsätze in den Schichten gemäß (4.2.2) ist $N_h s_{hy} / n_h$ in allen Schichten gleich, so daß das Gewicht der Schichtung von $(N_h - n_h) s_{hx}$ bestimmt wird. Hierbei wird nicht unterstellt, daß das Schichtungsmerkmal mit dem Bezugsmerkmal der Verhältnisschätzung übereinstimmt. Sind das Erhebungs- und das Bezugsmerkmal von gleicher Größenordnung und ähnlicher Streuung, dann muß der Korrelationskoeffizient mindestens 0,5 betragen.

Die mit einer kombinierten Verhältnisschätzung verbundene **Verzerrung** beträgt näherungsweise:

$$B_{\hat{X}_{V_{komb}}} = \frac{1}{Y} \sum_{h=1}^{L} N_h \frac{N_h - n_h}{n_h} \left(t s_{hy}^2 - s_{hxy} \right) \tag{7.1.10}$$

Dieser Wert $B_{\hat{X}_{V_{komb}}}$ ist vom gebunden hochgerechneten Schätzwert $\hat{X}_{V_{komb}}$ nach Formel (7.1.6) zu subtrahieren, damit dessen Verzerrung beseitigt wird.

- Schätzfunktion für den Gesamtwert X bei **separater Verhältnisschätzung**:

$$\hat{X}_{V_{sep}} = \sum_{h=1}^{L} \frac{\sum_{i=1}^{n_h} x_{hi}}{\sum_{i=1}^{n_h} y_{hi}} Y_h = \sum_{h=1}^{L} t_h Y_h \tag{7.1.11}$$

Mit Y_h wird der Gesamtwert des Bezugsmerkmals in Schicht h bezeichnet.

Der Standardfehler von $\hat{X}_{V_{sep}}$ läßt sich näherungsweise abschätzen gemäß:

$$s_{\hat{X}_{V_{sep}}} = \sqrt{\sum_{h=1}^{L} N_h \left(\frac{N_h}{n_h} - 1 \right) \left(s_{hx}^2 - 2 t_h s_{hxy} + t_h^2 \, s_{hy}^2 \right)} \tag{7.1.12}$$

An die Stelle von t in Formel (7.1.7) tritt hier der schichtzspezifische Verhältniswert t_h. Die separate Verhältnisschätzung ist der kombinierten vorzuziehen, wenn die Verhältniswerte t_h sich stark voneinander unterscheiden.

Die Darstellbarkeit einer gewöhnlichen Varianz als Differenz zwischen quadratisch summierten und in der Summe quadrierten Einzelwerten mit einem Faktor erlaubt folgende Umformung von Formel (7.1.12), die rechentechnische Vorzüge besitzt:

$$s_{\hat{X}_{V_{sep}}} = \sqrt{\sum_{h=1}^{L} N_h \left(\frac{N_h}{n_h} - 1\right) \frac{1}{n_h - 1} \left(\sum_{i=1}^{n_h} x_{hi}^2 - 2 t_h \sum_{i=1}^{n_h} x_{hi} y_{hi} + t_h^2 \sum_{i=1}^{n_h} y_{hi}^2\right)} \quad (7.1.13)$$

Die mit einer separaten Verhältnisschätzung verbundene Verzerrung beträgt näherungsweise:

$$B_{\hat{X}_{V_{sep}}} = \sum_{h=1}^{L} \frac{N_h}{Y_h} \frac{N_h - n_h}{n_h} \left(t_h s_{hy}^2 - s_{hxy}\right) \quad (7.1.14)$$

Die Bedingung dafür, daß die Verzerrung in einer Schicht h verschwindet,

$$r_{hxy} = t_h \frac{s_{hy}}{s_{hx}} = \frac{v_{hy}}{v_{hx}} (\leq 1) \quad (7.1.15)$$

ist verträglich mit der notwendigen Voraussetzung für die Wirksamkeit der Verhältnisschätzung in dieser Schicht:

$$r_{hxy} > \frac{1}{2} t_h \frac{s_{hy}}{s_{hx}} = \frac{1}{2} \frac{v_{hy}}{v_{hx}} \quad (7.1.16)$$

Wenn der Korrelationskoeffizient von Null an wächst und die Schwelle (7.1.16) überschreitet, nimmt der zunächst relativ hohe positive Wert der Verzerrung nach (7.1.14) um mehr als die Hälfte ab, so daß nicht nur die Fehlervarianz, sondern gleichzeitig auch die Verzerrung günstiger wird. Das positive Vorzeichen der Verzerrung bedeutet, daß das tatsächliche Ergebnis bei dieser gebundenen Hochrechnung tendenziell überschätzt wird. Ein Vergleich der Formel (7.1.12) mit der um den Faktor $\hat{X}_h$ im Zähler und Nenner erweiterten Formel (7.1.14) zeigt ferner, daß die Verzerrung praktisch umso eher gegenüber der Fehlervarianz vernachlässigt werden kann, je größer der Gesamtwert des Erhebungsmerkmals $\hat{X}_h$ in der betreffenden Schicht ist. Daneben ist die Größe der Stichprobe n_h von entscheidender Bedeutung für das Ausmaß der Verzerrung.

Hinsichtlich der Wahl des Bezugsmerkmals ist grundsätzlich zu beachten, daß dieses möglichst nicht mit dem Schichtungsmerkmal übereinstimmen sollte. Da nämlich die Variabilität eines Merkmals durch Schichtung beträchtlich verringert und dadurch auch seine mögliche Korrelation mit anderen Merkmalen (innerhalb von Schichten) deutlich beschränkt wird, ist das Schichtungsmerkmal für eine gebundene Hochrechnung weniger geeignet. Die in der Auswahlgrundlage enthaltenen Informationen über ein Bezugsmerkmal können durch doppelte planerische Nutzung nicht doppelt wirksam gemacht werden. Dies dürfte häufig auch nicht nötig sein, weil der Einsatz eines der beiden Mittel bereits hinreichend große Genauigkeitsverbesserungen herbeiführt. Die freie der beiden Planungskomponenten sollte vielmehr der Genauigkeitssteigerung eines oder mehrerer anderer Erhebungsmerkmale zugute kommen.

Antwortausfälle unter den x_i-Werten werden je Schicht durch Veränderung des Hochrechnungsfaktors N_h / n_h gemäß Formel (6.2.2) berücksichtigt. Die Berechnung des Nenners von (7.1.6) braucht nicht verändert zu werden. Falls die fehlenden Einheiten jedoch ausgefallene, einseitig verteilte Werte (im Vormonat oder Basiszeitraum) besitzen, ist es empfehlenswert, auch die Nennersumme um die y_i-Werte dieser Einheiten zu verringern und dieselbe Korrektur des Hochrechnungsfaktors N_h / n_h vorzunehmen. Die Korrektur könnte im Zähler und im Nenner unterbleiben, wenn für sämtliche Schichten der Anteil der Antwortausfälle einigermaßen einheitlich, d.h. der Korrekturfaktor $n_h / (n_h - n_{ha})$ gemäß Formel (6.2.3) etwa gleich ist, so daß dieser Faktor ausgeklammert und gekürzt werden kann.

Die erheblichen Schwächen, die die Verhältnisschätzung bei der Ermittlung **gegliederter Ergebnisse** aus einer einfachen Zufallsstichprobe gemäß Formel (7.1.4) zeigt, lassen sich weitgehend beheben, wenn die betreffenden Gliederungsbegriffe bereits in der Auswahlgrundlage verzeichnet und die Einheiten im Zeitablauf nur geringen Veränderungen der Gruppenzugehörigkeit unterworfen sind. Damit ist es nämlich möglich, die Präzision der Ergebnisse für die Gliederungspositionen erheblich zu steigern, indem die Schichten zur vorgesehenen Ergebnisgliederung vor der Auswahl identisch abgegrenzt werden.

- Schätzfunktion für den Gesamtwert $X_{(k)}$ der Untergruppe k bei separater Verhältnisschätzung:

$$\hat{X}_{V_{sep}(k)} = \sum_h \frac{\sum\limits_{i \in k} x_{hi}}{\sum\limits_{i=1}^{n_h} y_{hi}} Y_h \qquad (7.1.17)$$

$\sum_{i \in k} x_{hi}$ bezeichnet die Summe der Merkmalswerte der Stichprobeneinheiten, die zur Nachweisungsposition k gehören und aus der Schicht h stammen. Die Gesamtsummation erstreckt sich über alle Schichten h, die zur Gliederungsgruppe k beitragen.

In der Formel wird durch $\sum_h$ unmittelbar hinter dem Gleichheitszeichen zum Ausdruck gebracht, daß die zur Nachweisungsposition k gehörenden Stichprobeneinheiten i im allgemeinen nicht sämtlich der einen Schicht h entstammen, die auf die Position k hin angelegt war, sondern auch aus anderen Schichten kommen, weil sich das die Zuordnung bestimmende Merkmal bei diesen Einheiten geändert hat. An dieser Tatsache zeigt sich wiederum die Wirkung von Untergruppeneffekten, deren Ausmaß allerdings bei weitem nicht so groß ist, wie wenn die Grundgesamtheit vor der Auswahl nicht geschichtet worden wäre. Die Anwendung der Formel (7.1.17) setzt eine Gruppierung der zur Nachweisungsposition k gehörenden Erhebungswerte x_i nach ihrem Gliederungszustand h in der Auswahlgrundlage voraus.

Zur methodischen Deutung dieses Schätzmodells müssen die Summen im Zähler des Quotienten von (7.1.17) auf sämtliche n_h Einheiten der Stichprobe in der Schicht h ausgedehnt werden; die Werte der jeweils nicht angesprochenen Einheiten sind durch null ersetzt. In der Gegenüberstellung einer Gruppe k und derjenigen Schicht h, aus der k hervorgegangen ist, sind grundsätzlich die meisten paarigen Daten vorhanden; lediglich solche Einheiten der Nennersumme zur Schicht h sind im Zähler nicht vertreten, die nicht mehr zur betreffenden Position gehören. Somit sind hier im Zähler wenige Werte durch Null ersetzt. Die Korrelation zwischen Zähler- und Nennerwerten ist gewöhnlich recht hoch, weil die meisten der Ausprägungen einander gut entsprechen. Eine andere Situation ist bei den übrigen - im allgemeinen nur vereinzelten - Stichprobeneinheiten gegeben, die nicht mehr zu ihrer ursprünglichen sondern einer anderen Gruppe k gehören. Für diese x_{hi}-Werte ist die Korrelation sehr niedrig. Für solche Einheiten (Wechsler) ist folglich in der Regel eine freie Hochrechnung vorzuziehen.

Einen approximativen Schätzwert für den Standardfehler von $\hat{X}_{V_{sep}(k)}$ liefert Formel (7.1.12), wenn s_{hx} durch $s_{hx_{(k)}}$, s_{hxy} durch $s_{hx_{(k)}y}$ und t_h durch $t_{h(k)} = \sum_{i \in k} x_{hi} / \sum_{i=1}^{n_h} y_{hi}$ ersetzt wird (vgl. (7.1.5)).

Auch die kombinierte Verhältnisschätzung ist für die Ermittlung gegliederter Ergebnisse anwendbar, obschon nicht sehr wirksam. Die Beschränkung auf die jeweilige aktuelle Gliederungsgruppe k darf nämlich nur für die Erhebungswerte $x_{hi}(i \in k)$ vollzogen werden, grundsätzlich nicht für die Bezugswerte y_{hi}. Somit tritt eine recht große Zahl nicht-paariger Werte in der Stichprobe auf, so daß die x-y-Korrelation stark vermindert wird. Innerhalb der geschichteten Auswahlgesamtheit könnten zwar bereits die Bezugswerte Y und y_{hi} nach Gruppen k' der Auswahlgesamtheit, die den Gliederungspositionen k entsprechen, getrennt werden, wobei dann - unter Wahrung der Hochrechnungsfaktoren N_h / n_h - nur über solche Schichten h summiert wird, an denen k' beteiligt ist. Die vorteilhafte Paarigkeit wird aber gewöhnlich dadurch wieder beeinträchtigt, daß wegen zeitlicher Veränderungen nicht sämtliche Stichprobeneinheiten der Nachweisungsgruppe k auch der Gruppe k' entstammen, sondern z.T. auch aus anderen Gruppen der Basisgliederung hervorgegangen sind, die deswegen bei der Ergebniserstellung mit herangezogen werden müssen. In diesen ist die x-y-Korrelation aber sehr gering, weil nur ganz wenige x_{hi}-Werte der vollen Stichprobenmenge der Basiswerte y_{hi} in der jeweiligen Gruppe gegenüberstehen. Solche Einheiten sollten aus der kombinierten Verhältnisschätzung herausgenommen und unter Berücksichtigung der Schichtung frei hochgerechnet werden.

In der amtlichen Statistik wird bei einer Reihe von Stichprobenstatistiken die Auswahlgesamtheit zunächst unter Bezug auf die beabsichtigte Ergebnisgliederung (Schichtungsprinzip B) und danach zur Präzisionssteigerung der Gesamtwerte solcher Gliederungsgruppen (gemäß Schichtungsprinzip B) geschichtet (vgl. 4.1). Diesen beiden miteinander verknüpften Schichtungsprinzipien lassen sich die separate (gemäß B) und kombinierte Verhältnisschätzung (gemäß A) zuordnen. Das auf der Grundlage einer Verbindung beider Verfahren der Verhältnisschätzung hochgerechnete Gesamtergebnis aller Schichten wird berechnet nach der Formel:

$$\hat{X}_{V_{ks}} = \sum_{h=1}^{L} \frac{\sum_{g=1}^{G_h} \frac{N_{hg}}{n_{hg}} \sum_i x_{hgi}}{\sum_{g=1}^{G_h} \frac{N_{hg}}{n_{hg}} \sum_i y_{hgi}} Y_h = \sum_{h=1}^{L} \frac{\hat{X}_h}{\hat{Y}_h} Y_h \qquad (7.1.18)$$

Zunächst wird für jede Schicht h (Abgrenzung mit Bezug auf die Ergebnisgliederung) eine über alle zugehörigen Schichten g (Abgrenzung gemäß Schichtungsprinzip A) kombinierte Verhältnisschätzung durchgeführt, deren geschätzte Totalwerte sich dann zusammenfassen lassen. Auch hier sind wieder die Ergebnisse für eine Schicht h nicht ohne weiteres mit denen für die Gliederungsposition k gleichzussetzen, weil sich die Gruppenzugehörigkeit $(h \triangleq k')$ einzelner Stichprobeneinheiten im Verlauf der Zeit ändert $(h \neq k)$. Dies sind Vorgänge, die bei freier Hochrechnung geschichteter Stichproben Untergruppeneffekte erzeugen. Bei der Verhältnisschätzung müssen alle Schichten h (und g) herangezogen werden, zu denen Stichprobeneinheiten gehören, die an der

Nachweisungsgruppe k beteiligt sind. Auch dies wiederum führt zu merklichen Verminderungen der Ergebnispräzision, die umso deutlicher hervortreten, je größer der zeitliche Abstand zwischen Stichprobenerhebung und Auswahlgrundlage ist und je stärker die Einheiten generell zwischen den Gliederungsgruppen fluktuieren.

Während die nach Schichten gegliederte Verhältnisschätzung auf Merkmale in der Auswahlgrundlage Bezug nimmt, kann sich eine Hochrechnung statt dessen auch auf aktuelle Daten zum Zeitpunkt der Stichprobenerhebung stützen, falls entsprechend gegliederte Totalwerte dieses Merkmals bekannt sind. Hierbei handelt es sich um ein Verfahren der Anpassung, über das in 7.2.2 genauere Ausführungen gemacht werden.

Besonders nützlich sind Verhältnisschätzungen in Verbindung mit **mehrphasigen Auswahlverfahren** (vgl. 5.3.3). Die Erhebungsdaten einer verhältnismäßig kleinen Stichprobe in der zweiten oder weiteren Phase werden über ein Verknüpfungsmerkmal der Erhebung erster Phase mit den Stichprobenergebnissen dieser Phase verbunden. Die nach den Formeln (7.1.6), (7.1.11), (7.1.18) benötigten Gesamtwerte Y_h und Y müssen zwar aus der Stichprobe erster Phase durch freie Hochrechnung geschätzt werden ($\rightarrow \hat{Y}_h, \hat{Y}$) und sind demgemäß nicht mehr frei von Zufallsfehlern; die Verhältnisschätzung kann dennoch sehr wirksam sein, wenn enge Korrelationen zum Bezugsmerkmal Y vorliegen und die Ergebnisse nicht zu stark gegliedert werden müssen. Ähnliche Schätzmethoden können auch bei partieller Rotation ständig wiederholter Stichprobenerhebungen (vgl. 6.1.2) erwogen und entwickelt werden, um die laufend zu ermittelnden Ergebnisse zu verbessern, falls die Austauschquote zwischen aufeinanderfolgenen Erhebungen nicht zu groß ist.

Bei **mehrstufigen Auswahlverfahren** (vgl. 5.3.1 und 5.3.2) empfiehlt sich eine gebundene Hochrechnung im allgemeinen nur für die größeren Auswahleinheiten in den oberen Stufen, weil bei diesen die zeitliche Stabilität erfahrungsgemäß am größten und der vermehrte Arbeitsaufwand am leichtesten zu bewältigen ist. In Anlehnung an die Formel (5.3.9) der freien Hochrechnung einer zweistufigen, auf der ersten Stufe geschichteten Auswahl gilt:

- Schätzfunktion für den Gesamtwert X bei separater Verhältnisschätzung und auf der ersten Stufe geschichteter Auswahl:

$$\hat{X}_{V_{sep}} = \sum_{h=1}^{L} \frac{\sum_{i=1}^{m_h} \frac{N_{hi}}{n_{hi}} \sum_{j=1}^{n_{hi}} x_{hij}}{\sum_{i=1}^{m_h} y_{hi}} Y_h \qquad (7.1.19)$$

- Schätzfunktion für den Gesamtwert X der Gesamtheit bei kombinierter Verhältnisschätzung und auf der ersten Stufe geschichteter Auswahl:

$$\hat{X}_{V_{komb}} = \frac{\sum_{h=1}^{L} \frac{M_h}{m_h} \sum_{i=1}^{m_h} \frac{N_{hi}}{n_{hi}} \sum_{j=1}^{n_{hi}} x_{hij}}{\sum_{h=1}^{L} \frac{M_h}{m_h} \sum_{i=1}^{m_h} y_{hi}} Y \tag{7.1.20}$$

Die kombinierte Verhältnisschätzung dürfte hier im allgemeinen weniger wirksam sein, weil sie keinen Bezug auf die schichtspezifischen Totalwerte Y_h des Basismerkmals nimmt.

Die zugehörigen komplexen Schätzformeln für den Standardfehler von $\hat{X}_{V_{sep}}$ und $\hat{X}_{V_{komb}}$ bei zweistufigem Auswahlverfahren finden sich bei Särndal (vgl. Särndal; u.a. 1992, S. 303ff.)

Für eine Reihe von Stichprobenstatistiken werden Verhältniszahlen oder **Verhältniswerte** ermittelt. Handelt es sich hierbei um Meßzahlen der jeweils aktuellen Werte im Vergleich zu Basiswerten, die z.B. aus der vorausgehenden Totalerhebung stammen und als Auswahlgrundlage für die Ziehung der laufenden Stichprobe gedient haben, dann ist der Schätzvorgang mit dem der oben beschriebenen Arten von Verhältnisschätzung fast völlig gleich; es unterbleibt nämlich lediglich die abschließende Multiplikation mit den Totalwerten Y aus der Bezugserhebung. In Anlehnung an Formel (7.1.1) gilt bei ungeschichteter Zufallsauswahl:

- Schätzfunktion für den Verhältniswert T der Gesamtheit:

$$\hat{T} = t = \frac{\sum_{i=1}^{n} x_i}{\sum_{i=1}^{n} y_i} \tag{7.1.21}$$

Die Schätzfunktionen für die Standardfehler von geschätzten Verhältniswerten lassen sich einfach aus denen der Verhältnisschätzung ableiten. Wie z.B. der Vergleich der Schätzformeln (7.1.1) und (7.1.21) zeigt, besteht der Unterschied nur im Faktor Y, der frei von Zufallsfehlern ist. Die Standardfehlerformeln der Verhältnisschätzung für Schätzgrößen der Gesamtheit brauchen also nur durch Y dividiert zu werden.

Soll mit einer ungeschichteten Stichprobe dagegen die zeitliche Entwicklung von einzelnen Gliederungspositionen k nachgezeichnet werden, dann gilt:

- Schätzfunktion für den Verhältniswert $T_{(k)}$ der Gliederungsgruppe k:

$$\hat{T}_{(k)} = \frac{\sum\limits_{i \in k} x_1}{\sum\limits_{i \in k'} y_i} \tag{7.1.22}$$

Hier zeigt sich eine markante Abweichung von der entsprechenden Formel (7.1.4) der Hochrechnung. Die Teilsumme der zur Gruppe k gehörigen Stichprobenwerte x_i ist hier nämlich auf die Teilsumme der im Basiszeitraum zur selben Gruppe gehörenden Basiswerte y_i zu beziehen, wobei diese gleich definierte Gruppe k' im Basiszeitraum möglicherweise etwas anders zusammengesetzt ist. Dementsprechend sind auch nicht sämtliche x-y-Werte in $\hat{T}_{(k)}$ paarig, so daß die Korrelation etwas geringer ist als bei vollständiger Paarigkeit.

Um die mit einer geschichteten Stichprobenerhebungen ermittelte Gesamtentwicklung nachzuweisen, empfiehlt sich die Anwendung einer zu (7.1.6) analogen Formel (**kombinierte Verhältniswertschätzung**):

- Schätzfunktion für den Verhältniswert T der Grundgesamtheit bei geschichteter Zufallsauswahl und kombinierter Verhältnisschätzung:

$$\hat{T}_{V_{komb}} = \frac{\sum\limits_{h=1}^{L} \frac{N_h}{n_h} \sum\limits_{i=1}^{n_h} x_{hi}}{\sum\limits_{h=1}^{L} \frac{N_h}{n_h} \sum\limits_{i=1}^{n_h} y_{hi}} \tag{7.1.23}$$

Einen Schätzer für den Standardfehler von $\hat{T}_{V_{komb}}$ erhält man durch Division von Formel (7.1.7) durch Y.

Im Gegensatz hierzu setzt die der Formel (7.1.11) entsprechende **separate Verhältniswertschätzung** die Kenntnis der Totalwerte Y_h je Schicht voraus:

- Schätzfunktion für den Verhältniswert T der Grundgesamtheit bei geschichteter Zufallsauswahl und separater Verhältnisschätzung:

$$\hat{T}_{V_{sep}} = \frac{1}{Y} \sum_{h=1}^{L} \frac{\sum\limits_{i=1}^{n_h} x_{hi}}{\sum\limits_{i=1}^{n_h} y_{hi}} Y_h \tag{7.1.24}$$

Der Standardfehler von $\hat{T}_{V_{sep}}$ läßt sich gemäß (7.1.12) und Division durch Y abschätzen.

Falls mit Antwortverweigerungen zu rechnen ist, könnte die separate Schätzung technische und methodische Vorteile gegenüber der kombinierten Schätzung bieten.

Die allgemeinere Aufgabe, **Meßzahlen** sowohl in **gegliederter** als auch in **zusammengefaßter** Form zu berechnen, ist unter Bezugnahme auf die Formel (7.1.18) zu lösen. Ist die Auswahlgesamtheit entsprechend den Gliederungsbedürfnissen k nach qualitativen h und darüber hinaus nach quantitativen Merkmalen g geschichtet, so können die gegliederten Meßzahlen mit Hilfe der kombinierten Verhältniswertschätzung ermittelt werden; sind jedoch zur Gruppe k gehörende Stichprobeneinheiten auch aus anderen Schichten h hinzugetreten, dann müssen alle an k beteiligten, jeweils kombinierten Verhältniswerte mit den Faktoren Y_h gewichtet zusammengefaßt und durch die Summe der Y_h-Werte dividiert werden. Die Meßzahl für Gesamtwerte ergibt sich nach vollständiger Anwendung der Formel (7.1.18) durch Division mit dem Basis-Totalwert Y. In einer von der Gliederung unabhängigen Berechnung könnte dieses Ergebnis auch unter Verwendung der Formel (7.1.23) ermittelt werden, wenn die Daten im Zähler und im Nenner des Quotienten über sämtliche Schichten h und g zusammengefaßt werden.

Eine gegenüber den Meßzahlen einfachere Situation liegt vor, wenn die gewünschten Verhältniswerte als Beziehungen zwischen zwei mit der Stichprobe erhobenen Merkmalen vorgegeben sind (z.B. Bruttostundenverdienste als Verhältnisse zwischen Verdienstsummen und geleisteten Arbeitsstunden). Sowohl das im Zähler verwendete Erhebungsmerkmal als auch das Bezugsmerkmal stammen aus derselben Stichprobe und sind im Verhältnis zueinander nicht durch etwaige zeitliche Unterschiede gestört. Untergruppeneffekte von der Art, wie sie vor allem bei Verhältnisschätzungen Arbeitserschwernisse verursachen, treten nicht mehr auf. Somit können die Verhältniswerte gemäß Formel (7.1.21) für die Gesamtheit und jede beliebige Teilposition berechnet werden. Sind am Ergebnis mehrere Schichten beteiligt, dann müssen die Stichprobensummen des Zählers und des Nenners je Schicht zunächst frei hochgerechnet werden. Während die Ermittlung der Verhältniswerte selbst für Teilpositionen recht einfach ist, müssen für Zwecke der Fehlerrechnung zu gegliederten Ergebnissen Untergruppeneffekte berücksichtigt werden, die darauf zurückzuführen sind, daß Teile der Stichprobe (ggf. je Schicht) nicht zur betreffenden Gliederungsgruppe gehören. Die entsprechenden Nullfälle treten für beide Merkmale jedoch paarig auf.

Als Gegenstück zur Verhältnisschätzung soll hier der Vollständigkeit halber noch die **Produktschätzung** erwähnt werden, die besonders dann wirksam ist, wenn ein Erhebungs- mit einem Bezugsmerkmal stark negativ korreliert ist.

- Schätzfunktion für den Gesamtwert X bei einfacher Zufallsauswahl:

$$\hat{X}_P = \frac{1}{Y}\frac{N^2}{n^2}\left(\sum_{i=1}^{n} x_i\right)\left(\sum_{i=1}^{n} y_i\right) = \frac{\frac{N}{n}\sum_{i=1}^{n} y_i}{Y}\frac{N}{n}\sum_{i=1}^{n} x_i \tag{7.1.25}$$

Hier wird der durch freie Hochrechnung ermittelte Schätzwert für das Erhebungsmerkmal durch Multiplikation mit dem Quotienten aus frei hochgerechnetem Bezugsmerkmal (zum Basiszeitraum) und dem Totalwert des Bezugsmerkmals korrigiert. Der Zusammenhang mit der Verhältnisschätzung wird deutlich, wenn Formel (7.1.1) wie folgt umgeformt wird:

$$\hat{X}_V = \frac{Y}{\frac{N}{n}\sum_{i=1}^{n} y_i}\frac{N}{n}\sum_{i=1}^{n} x_i$$

Der Schätzwert für den Standardfehler von $\hat{X}_P$ kann aus (7.1.2) abgeleitet werden. Da bei der Produktschätzung die Zufallsgrößen x_i und y_i durch Multiplikation und nicht durch Division miteinander verknüpft sind, tritt an die Stelle des negativen Vorzeichens der Kovarianz s_{xy} das positive Zeichen.

Näherungsweise gilt damit:

$$s_{\hat{X}_P} = \sqrt{N\left(\frac{N}{n}-1\right)\left(s_x^2 + t^2\, s_y^2 + 2\,t\, s_{xy}\right)} \tag{7.1.26}$$

Die Produktschätzung erweist sich also dann als besonders wirksam, wenn der Korrelationskoeffizient r_{xy} gemäß:

$$r_{xy} < -\frac{1}{2}t\frac{s_y}{s_x} \tag{7.1.27}$$

stark negative Werte annimmt.

Eine Ausdehnung der Produktschätzung auf geschichtete Auswahl- und gliedernde Hochrechnungsverfahren ist in enger Anlehnung an die entsprechenden Formeln zur Verhältnisschätzung möglich.

7.1.2 Differenzenschätzung

Anstelle der Verhältnisschätzung, die ihrem Wesen nach auf multiplikative Modelle der Veränderungen oder Beziehungen zwischen den miteinander verknüpften Merkmalen zurückgeht, wird bei additiv begründeten Beziehungen die **Differenzenschätzung** verwendet. Bei ungeschichteter Zufallsauswahl gilt

- Schätzfunktion für den Gesamtwert X:

$$\hat{X}_D = \frac{N}{n}\left(\sum_{i=1}^{n} x_i - \sum_{i=1}^{n} y_i\right) + Y = \frac{N}{n}\sum_{i=1}^{n} x_i + \left(Y - \frac{N}{n}\sum_{i=1}^{n} y_i\right) \tag{7.1.28}$$

Bei der Differenzenschätzung wird die Abweichung zwischen dem Totalwert und dem geschätzten Totalwert des Bezugsmerkmals zur Justierung des frei hochgerechneten Erhebungsmerkmals genutzt. Die Differenzenschätzung ist im Gegensatz zur Verhältnisschätzung erwartungstreu.

Als Bezugsmerkmale kommen nur solche in Betracht, die von gleicher Art, Dimension und Größenordnung wie das Erhebungsmerkmal sind. Somit bietet sich in erster Linie das gleiche Merkmal - jedoch gültig für den Basiszeitraum - zur gebundenen Hochrechnung an. Bei starker Abnahme der Stichprobenwerte gegenüber dem Basiszeitraum kann es geschehen, daß die Differenzenschätzung zu negativen Ergebnissen führt, die in den meisten Anwendungsfällen sachlich nicht zugelassen sind, so daß dann auf eine freie Hochrechnung zurückgegriffen werden muß. Ähnliche Schwierigkeiten sind zu erwarten, wenn das Bezugsmerkmal eine deutlich höhere Größenordnung als das Erhebungsmerkmal hat. Das umgekehrte Größenverhältnis erscheint eher vertretbar, sofern das additive Modell dann noch in hinreichendem Maße gültig ist.

Der Schätzer für den zugehörigen Standardfehler lautet:

$$s_{\hat{X}_D} = \sqrt{N\left(\frac{N}{n} - 1\right)\left(s_x^2 - 2\,s_{xy} + s_y^2\right)} \tag{7.1.29}$$

Der Vergleich von (7.1.29) mit Formel (3.1.5) der freien Hochrechnung zeigt, daß die Differenzenschätzung bei einfacher Zufallsauswahl dann wirksamer als die freie Hochrechnung ist, wenn gilt:

$$2\,s_{xy} > s_y^2 \tag{7.1.30}$$

Diese Bedingung ist identisch mit der Beziehung:

$$r_{xy} > \frac{1}{2}\frac{s_x}{s_y} \tag{7.1.31}$$

7.1.3 Regressionsschätzung

Die **Regressionsschätzung** ist der umfassendste Schätzansatz der gebundenen Hochrechnungsarten. In ihrem Modell finden partiell additive und multiplikative Beziehungen zum Basismerkmal Berücksichtigung. Bei einfacher Zufallsauswahl gilt

- Schätzfunktion für den Gesamtwert X :

$$\hat{X}_R = \frac{N}{n}\sum_{i=1}^{n} x_i + b\left(Y - \frac{N}{n}\sum_{i=1}^{n} y_i\right) \tag{7.1.34}$$

Die Schätzfunktion unterscheidet sich von der Formel (7.1.28) für die Differenzenschätzung lediglich durch den Regressionskoeffizienten b vor der Klammer mit den Bezugsgrößen, in dem die korrelative Beziehung zwischen Erhebungs- und Basismerkmal ihren Niederschlag findet.

$$b = \frac{\sum_{i=1}^{n}(x_i - \bar{x})(y_i - \bar{y})}{\sum_{i=1}^{n}(y_i - \bar{y})^2} = \frac{s_{xy}}{s_y^2} = r_{xy}\,\frac{s_x}{s_y} \tag{7.1.35}$$

Während bei der Differenzenschätzung die Korrektur anhand der in der Klammer zusammengefaßten Bezugsdaten mit dem festen Gewicht 1 zum Ansatz der freien Hochrechnung hinzugefügt wird, ist das Gewicht b bei der Regressionsschätzung veränderlich: Die "Korrektur" der freien Hochrechnung wird umso weniger "in Anspruch genommen", je kleiner der Korrelationskoeffizient r_{xy} ist; der Faktor s_x / s_y bewirkt zudem eine Um-Normierung der Verteilungswerte der Bezugsdaten y_i auf die der Erhebungsdaten x_i, so daß auch Bezugsmerkmale von abweichender Art und Größenordnung zugelassen sind.

Der Koeffizient b, der jeweils eigens berechnet werden muß, ist nach Optimierungsgesichtspunkten festgelegt und führt auf den geringsten Stichprobenfehler, der mit einem linearen Ansatz unter Bezugnahme auf ein Basismerkmal erreichbar ist. Die Schätzergebnisse sind somit mindestens ebenso präzise wie die einer entsprechenden Verhältnis- oder Differenzenschätzung. Wie die Verhältnisschätzung ist auch die Regressionsschätzung nicht erwartungstreu, ihre Verzerrung nimmt aber mit steigendem Stichprobenumfang ab.

Der Standardfehler von $\hat{X}_R$ kann näherungsweise abgeschätzt werden durch

$$s_{X_R} \quad \sqrt{N \quad \frac{N}{n} \qquad s_x(\quad r_{xy})}$$

Diese Schätzformel kann aus (7.1.29) abgeleitet werden, indem die quadratische Form $(s_x^2 - 2s_{xy} + s_y^2)$ aus (7.1.29) entsprechend der Hochrechnungsformel (7.1.34) umgewandelt wird in $(s_x^2 - 2br_{xy}s_xs_y + b^2s_y^2)$ und für b die Optimallösung (7.1.35) eingesetzt wird.

Liegt eine geschichtete Auswahl vor, dann gibt es - wie bei der Verhältnisschätzung - wieder zwei Möglichkeiten für die gebundene Hochrechnung.

- Schätzfunktion für den Gesamtwert X bei **kombinierter Regressionsschätzung**:

$$\hat{X}_{R_{komb}} = \sum_{h=1}^{L} \frac{N_h}{n_h} \sum_{i=1}^{n_h} x_{hi} + b\left(Y - \sum_{h=1}^{L} \frac{N_h}{n_h} \sum_{i=1}^{n_h} y_{hi} \right) \qquad (7.1.37)$$

Der über sämtliche Schichten kombinierte Regressionskoeffizient b ergibt sich gemäß

$$b = \frac{\sum_{h=1}^{L} N_h \left(\frac{N_h}{n_h} - 1 \right) s_{hxy}}{\sum_{h=1}^{L} N_h \left(\frac{N_h}{n_h} - 1 \right) s_{hy}^2} \qquad (7.1.38)$$

Hierbei ist außerdem vorauszusetzen, daß die tatsächlichen Regressionskoeffizienten der einzelnen Schichten nicht zu stark voneinander abweichen. Das Schichtungsmerkmal sollte - wie bei den anderen gebundenen Hochrechnungsarten - möglichst nicht als Bezugsmerkmal gewählt werden.

Zur Abschätzung des Standardfehlers von $\hat{X}_{R_{komb}}$ wird der über alle Schichten gemittelte Korrelationskoeffizient r:

$$r = \frac{\sum_{h=1}^{L} N_h \left(\frac{N_h}{n_h} - 1 \right) s_{hxy}}{\sqrt{\left(\sum_{h=1}^{L} N_h \left(\frac{N_h}{n_h} - 1 \right) s_{hx}^2 \right) \left(\sum_{h=1}^{L} N_h \left(\frac{N_h}{n_h} - 1 \right) s_{hy}^2 \right)}} \qquad (7.1.39)$$

verwendet:

$$s_{\hat{X}_{R_{komb}}} = \sqrt{\left(1 - r^2\right) \sum_{h=1}^{L} N_h \left(\frac{N_h}{n_h} - 1 \right) s_{hx}^2} \qquad (7.1.40)$$

Die Standardfehler vermindern sich bei kombinierter Regressionsschätzung folglich um den Faktor $\sqrt{1-r^2}$ gegenüber der freien Hochrechnung nach Formel (4.1.18).

Sollen die Stichprobenergebnisse nach Gruppen gegliedert werden, so werden im Auswahlplan die Schichten gewöhnlich danach ausgerichtet worden sein. In diesem Fall empfiehlt sich die Anwendung einer **separaten Regressionsschätzung:**

- Schätzfunktion für den Gesamtwert X bei separater Regressionsschätzung:

$$\hat{X}_{R_{sep}} = \sum_{h=1}^{L} \left[\frac{N_h}{n_h} \sum_{i=1}^{n_h} x_{hi} + b_h \left(Y_h - \frac{N_h}{n_h} \sum_{i=1}^{n_h} y_{hi} \right) \right] \tag{7.1.41}$$

Hier werden gegliederte Totalwerte Y_h (anstelle von Y) benötigt sowie eine je Schicht gesonderte Berechnung von:

$$b_h = \frac{\sum_{i=1}^{n_h} (x_{hi} - \bar{x}_h)(y_{hi} - \bar{y}_h)}{\sum_{i=1}^{n_h} (y_{hi} - \bar{y}_h)^2} \tag{7.1.42}$$

Mit dieser Schätzfunktion können sowohl nach einzelnen Schichten h gegliederte als auch über die Schichten zusammengefaßte Ergebnisse ermittelt werden. In keiner der Schichten darf der Stichprobenumfang zu klein sein.

Analog zu (7.1.36) läßt sich der Standardfehler von $\hat{X}_{R_{sep}}$ näherungsweise abschätzen durch:

$$s_{\hat{X}_{R_{sep}}} = \sqrt{\sum_{h=1}^{L} N_h \left(\frac{N_h}{n_h} - 1 \right) s_{hx}^2 \left(1 - r_{hxy}^2 \right)} \tag{7.1.43}$$

Hieraus ist ersichtlich, daß die Regressionsschätzung stets günstigere Ergebnisse als die freie Hochrechnung, aber auch als Verhältnis-, Produkt- und Differenzenschätzung ermöglicht, wenn der Korrelationskoeffizient zwischen Erhebungs- und Bezugsmerkmal nicht gerade Null ist. Merkliche Präzisionsgewinne gegenüber der freien Hochrechnung sind allerdings erst dann vorhanden, wenn die Korrelation einigermaßen hohe positive oder negative Werte annimmt. Ähnliche wie bei der Verhältnisschätzung sind auch die Regressionsschätzwerte $\hat{X}_R$ verzerrt.

Bei der Erstellung gegliederter Stichprobenergebnisse ist wieder zu beachten, daß wegen der zeitlichen Änderung der für die Gruppierung der Stichprobeneinheiten maßgeblichen Merkmalswerte das Stichprobenergebnis für eine Nachweisungsposition k in der Regel nicht allein aus der entsprechenden Schicht h erstellt werden kann. Es müssen auch noch die anderen Schichten herangezogen werden, aus denen Einheiten der Gruppe k hervorgegangen sind. Die Bezugswerte aller beteiligten Schichten müssen vollzählig verwendet werden, während unter den Erhebungswerten x_{hi} ausschließlich diejenigen in Betracht kommen, die zur betreffenden Gruppe k gehören. Dies gilt auch für die Berechnung der Regressionskoeffizienten nach Formel (7.1.42). Für Schichten, aus denen nur ein sehr geringer Anteil von Erhebungswerten zum Ergebnis beiträgt, ist der Regressionskoeffizient b_h sehr klein, so daß nach (7.1.41) auch der "korrigierende" Beitrag vom Bezugsmerkmal niedrig ist und deshalb fortgelassen werden sollte; auf diese Weise ergibt sich eine gleichsam automatische Rückführung auf die freie Hochrechnung. Auch hierin unterscheidet sich die Regressions- von der Differenzenschätzung, bei der in ähnlichen Fällen ein Verzicht auf die Bindung an das Bezugsmerkmal eigens festgesetzt werden muß.

Grundsätzlich gilt, daß die dargestellten Verfahren der gebundenen Hochrechnung beachtliche Präzisionssteigerungen gegenüber der freien Hochrechnung erlauben, falls hohe Korrelationen zum gewählten Bezugsmerkmal vorhanden sind. Diese Erfolge müssen erkauft werden durch vergleichende Voruntersuchungen auf Wirksamkeit, zusätzliche technische Vorkehrungen und erhöhte Fehleranfälligkeit bei der Durchführung. Der Einsatz elektronischer Datenverarbeitungsanlagen gestattet zwar die Aufbereitung auch umfangreicher Tabellenprogramme für Stichprobenerhebungen mit gebundener Hochrechnung, die Laufzeiten und insbesondere der erforderliche Programmieraufwand werden jedoch beachtlich erhöht.

7.2 Anpassung der Ergebnisse

7.2.1 Übertragungs- und Dopplungsverfahren

Unter dem Begriff "**Anpassung**" wird die Anwendung verschiedenartiger Verfahren zusammengefaßt, die im Rahmen der Hochrechnung Erhebungsmängel ausgleichen und/oder die Genauigkeit der Schätzwerte verbessern sollen. Ein wesentlicher Anlaß für Verbesserungen ist das Auftreten von Antwortausfällen, zu deren Bereinigung in 6.2.3 bereits ein einfaches Verfahren angegeben worden ist, das aber meist noch wirksamer gestaltet werden kann. Unter Zuhilfenahme von zusätzlichen Informationen über aktuelle Merkmalsgesamtwerte bietet sich außerdem bisweilen die Möglichkeit, systematische Fehler (vgl. 8.1), aber auch Zufallsfehler in den Stichprobenergebnissen wesentlich zu verringern.

Bei regelmäßig wiederholten Stichprobenstatistiken, deren Ergebnisse für die Beobachtung aktueller Entwicklungen sehr kurzfristig gefordert werden, können die Einzelinformationen von den Befragten zum vorgegebenen, knappen Termin oft nicht vollzählig beschafft werden. Aus unterschiedlichen Gründen ist gewöhnlich mit einigen Nachzüglern zu rechnen, deren Angaben nicht termingerecht bei den Statistischen Ämtern eintreffen. Da weder die Auftraggeber auf die rasche Bereitstellung der verlangten Ergebnisse verzichten, noch Zahlen vorgelegt werden können, die wegen Unvollständigkeit einseitig verzerrt sind, muß ein Verfahren gesucht und angewendet werden, das die Lücken behelfsweise schließt. Beim sogenannten **Übertragungsverfahren** werden die in den vorliegenden aktuellen Meldungen festgestellten zeitlichen (z.B. monatlichen) Merkmalsveränderungen auf die übrigen, fehlenden Stichprobeneinheiten übertragen. Hierzu müssen zunächst die zu den im Berichtsmonat vorliegenden Meldungen paarigen Werte des Vormonats oder mehrerer vorausgehender Monate herausgezogen werden, damit die aktuellen Werte nach Art einer Verhältnisschätzung zu den Basiswerten derselben Einheiten in Beziehung gesetzt werden können. Mit dem so ermittelten Veränderungsfaktor werden schließlich die (vorhandenen) Basiswerte der im Berichtsmonat fehlenden Stichprobeneinheiten einzeln oder zusammen multipliziert, so daß für diese Einheiten **Ersatzwerte** geschaffen sind, die die Erfassungslücke schließen.

Bei Anwendung dieses Verfahrens wird zunächst angenommen, daß die fehlenden Einheiten hinsichtlich ihrer Merkmalsentwicklung als echte Unterstichprobe betrachtet werden dürfen, deren Merkmalsveränderung durch die der meldenden Einheiten zutreffend repräsentiert wird. Neben dieser qualitativen Forderung, deren Erfülltsein wenigstens nachträglich anhand der verspätet eingegangenen Meldungen bestätigt werden sollte, ist die quantitative Voraussetzung zu beachten, daß genügend viele paarige Meldungen vorliegen, auf die sich eine Übertragung stützen kann. Diese quantitative Bedingung gewinnt dadurch eine besondere Bedeutung, daß die Stichprobenergebnisse meist nicht nur in einer Gesamtsumme, sondern in regional und fachlich recht tiefer Untergliederung bereitzustellen sind. Aber selbst wenn nur Gesamtwerte darzustellen wären, könnten Zweifel bestehen, ob die Merkmalsveränderungen bereichsweise nicht zu unterschiedlich sind, so daß entsprechend gegliederte Anpassungen qualitativ vorzuziehen wären, vor allem dann, wenn die Ausfallquoten in den Bereichen verschieden sind. Somit ergibt sich das Problem, zwischen einer hinreichend spezifischen und einer, an der Einheitenzahl gemessenen genügend sicheren Schätzung abzuwägen. Die Lösung wird dadurch erschwert, daß Vorweg-Entscheidungen kaum möglich sind, weil die Zahl der verfügbaren Meldungen in der Regel von Monat zu Monat wechselt.

Bei den monatlichen Umsatzstatistiken im Bereich des Handels ist deshalb z.B. eine schematische Regelung getroffen worden, bei der in Abhängigkeit von der Zahl vorhandener Daten die jeweils feinstmögliche fachliche Gliederung der betreffenden Anpassung zugrunde gelegt wird: Liegen für eine Wirtschaftsklasse, in der Antwortausfälle aufgetreten sind, mindestens zehn Meldungen vor, so können deren Veränderungswerte auf die ausgefallenen Einheiten übertragen werden; andernfalls muß hinsichtlich der Ermittlung von Veränderungsfaktoren ersatzweise auf die übergeordnete Wirtschaftsuntergruppe oder - falls auch für diese weniger als zehn Meldungen vorhanden sind - auf die übergeordnete Wirtschaftsgruppe zurückgegriffen werden. Ähnliche Übertragungsverfahren lassen sich auch bei kurzfristigen Konjunkturstatistiken einsetzen, bei denen z.B. für die Auftragseingänge und Umsätze im Produzierenden Gewerbe zwar eine Totalerfassung vorgesehen ist, diese aber infolge von Antwortausfällen nicht verwirklicht werden kann; derartige Statistiken gewinnen folglich den Charakter von Stichprobenerhebungen, die jedoch nicht auf Zufallsauswahlen beruhen. Da das Übertragungsverfahren bei der Behandlung von nur sporadisch auftretenden Großaufträgen methodisch überfordert wäre, müssen diese vor Anwendung des Verfahrens ausgegliedert werden.

Ein inhaltlich anders gelagertes Problem "fehlender" Daten kann auf ähnliche Weise durch Datenübertragung gelöst werden. Das Problem entsteht, wenn die Erhebungsgesamtheit nur einen Teil der darzustellenden Gesamtheit umfaßt. In die repräsentative Handwerksberichterstattung werden z.B. nur einige wichtigere Wirtschafts- und Gewerbezweige einbezogen, für die gesonderte Ergebnisse erwartet werden. Daneben sollen jedoch auch Zahlen für die jeweils übergeordneten Wirtschafts- und Gewerbegruppen sowie für das gesamte Handwerk veröffentlicht werden, obwohl gewisse Teilbereiche dieser Gesamtheiten mit der Stichprobe nicht beobachtet werden. Die **rechnerische Ergänzung** wird behelfsweise auf die Werteverhältnisse der nicht erfaßten zu den erfaßten Bereichen in der Basiserhebung (Handwerkszählung) gestützt, die auf die Ergebnisse der laufenden Erhebungen übertragen werden, unter der Annahme, daß diese Verhältnisse zeitlich näherungsweise stabil sind. Da die Gewerbe- und die Wirtschaftszweiggliederung nebeneinander für die gleichen Stichprobeneinheiten vorzunehmen sind, müssen die Zwischenergebnisse zusätzlich aufeinander abgestimmt werden, damit die Gesamtzahlen für beide Gliederungssysteme identisch sind.

Zur Ersetzung von Antwortausfällen läßt sich auch das sog. **Dopplungsverfahren** anwenden, bei dem an die Stelle der fehlenden Stichprobeneinheiten andere Einheiten treten, die aus der Gesamtheit der vorhandenen Meldungen zufällig ausgewählt worden sind und ein zweites Mal in die Aufbereitung gelangen. Wie bei den anderen Verfahren der Einschätzung muß auch hier vorausgesetzt werden, daß die fehlenden Einheiten als eine zufällig zustande gekommene Teilmenge der vollen Stichprobengesamtheit angesehen werden dürfen, die eine näherungsweise gleiche Merkmalsstruktur besitzen.

Der Vorteil dieses Verfahrens gegenüber den anderen Anpassungsverfahren besteht vor allem darin, daß die Hochrechnungsfaktoren nicht geändert zu werden brauchen. Dies ist besonders dann günstig, wenn die Stichprobenwerte in vielfältiger Weise nacheinander zu gliedern sind und anschließende Abstimmungen vermeidbar werden, die andernfalls infolge von Rundungsdifferenzen als notwendig gelten.

7.2.2 Anpassung an aktuelle Daten

Gelegentlich kann die Qualität von Stichprobenergebnissen durch sogenannte **Anpassung** an aus anderen Quellen bekannte aktuelle "Eckdaten" der Gesamtheit und Teile der Gesamtheit verbessert werden. Voraussetzung dafür ist, daß die bekannten "Eckdaten" möglichst fehlerfrei sind, d.h. keine oder nur geringe Zufalls- und systematische Fehler aufweisen und die Eck-Merkmale (Anpassungsmerkmale) mit der Stichprobe erhoben worden sind. Das Verfahren kann besonders nutzbringend bei Stichproben mit Freiwilligkeit der Auskunftserteilung angewandt werden, bei denen mit erheblichen Antwortausfällen gerechnet werden muß. Seine Wirkung beruht auf der Annahme, daß durch die Anpassung des Stichprobenschätzwertes für das Anpassungsmerkmal an den nahezu fehlerfreien "Eckwert" die Zufalls- und systematischen Fehler der übrigen Erhebungsmerkmale zwar nicht beseitigt, aber doch merklich vermindert werden. Die günstige Wirkung wird umso höher sein, je enger die Erhebungsmerkmale mit dem Anpassungsmerkmal korreliert sind.

Stehen als "Eckdaten" **Fallzahlen**, d.h. Gesamtwerte qualitativer Erhebungsmerkmale zur Verfügung und ist eine ungeschichtete Stichprobe gezogen worden, dann entspricht die Anpassung formal der freien Hochrechnung bei einer geschichteten Stichprobe gemäß (4.1.15): Bezeichnet N_k die bekannte aktuelle Gesamtzahl der Einheiten in der Anpassungsgruppe k ($k = 1,2,\ldots,K$) und n_k die vom Zufall abhängende Zahl der Stichprobeneinheiten in dieser Gruppe, dann gilt:

- Schätzfunktion für den Gesamtwert X mit Anpassung:

$$\hat{X}_A = \sum_{k=1}^{K} \frac{N_k}{n_k} \sum_{i \in k} x_i = \sum_{k=1}^{K} N_k \bar{x}_k \qquad (7.2.1)$$

Der Hochrechnungsfaktor N_k / n_k setzt sich zusammen aus dem Hochrechnungsfaktor N / n der ungeschichteten Auswahl und dem Anpassungsfaktor $N_k / \hat{N}_k$:

$$\frac{N_k}{n_k} = \frac{N}{n} \frac{N_k}{\hat{N}_k} \qquad (7.2.2)$$

Da die Zähler und die Nenner aus Werten bestehen, die für den gleichen Zeitraum gültig sind, entstehen nach der Hochrechnung unverzerrte Schätzwerte. Wegen der Ähnlichkeit dieses Verfahrens mit der Hochrechnung zu einer geschichteten Stichprobe, bei der auch Ergebnisse je Schicht nachgewiesen werden könnten, wird das Verfahren im angelsächsischen Sprachraum "stratification after sampling" oder "post stratification" (vgl. z.B. Hansen; u.a. 1953) genannt. Da im methodisch strengen Sinn eine Schichtung nur vor der

Auswahl durchgeführt werden kann, soll das beschriebene Verfahren hier als **Gruppierung nach der Auswahl** bezeichnet werden; damit lassen sich unnötige methodische Verwechslungen oder Fehlschlüsse vermeiden.

Die Kenntnis von aktuellen Gesamtzahlen und ihre Verwendung bei der Hochrechnung steigert nicht nur die Güte einer ungeschichteten Stichprobe ganz erheblich, sie ist auch einer Stichprobe überlegen, die nach denselben Gliederungsgesichtspunkten vor der Auswahl geschichtet und proportional ausgewählt worden ist, weil bei der aktuellen Gliederung einer solchen Stichprobe infolge zeitlicher Veränderungen der Gruppenzugehörigkeit der Einheiten störende Untergruppeneffekte zu berücksichtigen sind. Während die aktuelle Gliederung also in der Summe über die zugehörigen Stichprobenwerte in Formel (4.1.32) einen Untergruppeneffekt erzeugt, die Hochrechnungsfaktoren N_h / n_h jedoch frei von Zufallseinwirkungen sind, ist bei der gruppierten Hochrechnung mit Anpassung nach einer ungeschichteten Auswahl jeder Stichprobenumfang n_k im Hochrechnungsfaktor N_k / n_k (N_k bekannt) vom Zufall abhängig, aber mit den Merkmalswerten positiv korreliert.

Der Standardfehler für den angepaßten Gesamtwert $\hat{X}_A$ kann näherungsweise abgeschätzt werden durch:

$$s_{\hat{X}_A} = \sqrt{N\left(\frac{N}{n}-1\right)\left(\sum_{k=1}^{K}\frac{N_k}{N}s_{kx}^2+\frac{1}{n}\sum_{k=1}^{K}\frac{N-N_k}{N}s_{kx}^2\right)} \qquad (7.2.3)$$

mit

$$s_{kx}^2 = \frac{1}{n_k - 1}\sum_{i=1}^{n_k}(x_i - \bar{x})^2$$

Der Standardfehler ist beim Verfahren der Gruppierung nach der Auswahl etwa ebenso groß zu erwarten, wie wenn die Gesamtheit zum aktuellen Zeitpunkt hätte geschichtet werden können (mit proportionaler Auswahl).

Den bekannten aktuellen Gesamtzahlen N_k können allerdings keine Stichprobenzahlen n_k mehr unmittelbar gegenübergestellt werden, wenn die Stichprobengesamtheit vor der Auswahl geschichtet worden ist und an jenen Zahlen n_k jeweils gewöhnlich mehrere Schichten, ggf. auch mit unterschiedlichen Auswahlsätzen, beteiligt sind. Da auch hier nur je Gruppe k eine Anpassungsrechnung möglich ist, die sich nicht nach Schichten differenzieren läßt, werden die zu k gehörenden Stichprobeneinheiten ($x_{hi} = 1$, falls $i \in k$, sonst $x_{hi} = 0$) nach der Formel (4.1.32) frei hochgerechnet und die daraus resultierenden Schätzwerte $\hat{N}_k$ zu den Gesamtzahlen N_k in Beziehung gesetzt. Die Quotienten

$N_k / \hat{N}_k$ dienen als Anpassungsfaktoren für sämtliche Erhebungswerte x_{hi}, die der jeweiligen Gruppe k angehören.

In formal gleicher Weise können Anpassungsrechnungen durchgeführt werden, wenn statt der Zahlen von Einheiten gegliederte **Gesamtwerte quantitativer Erhebungsmerkmale** für den aktuellen Zeitraum zur Verfügung stehen. An die Stelle der Anpassungsfaktoren $N_k / \hat{N}_k$ treten hier die Anpassungsfaktoren $X_k / \hat{X}_{(k)}$ mit denen sämtliche Stichprobenwerte je aktueller Gruppe k zu multiplizieren sind. Mit diesem Verfahren wird sichergestellt, daß die hochgerechneten Ergebnisse von z.B. sämtlichen Teil-Merkmalen in der Summe - von Rundungsdifferenzen abgesehen - mit dem Gesamtwert des übergeordneten Merkmals übereinstimmen, an den die Stichprobe angepaßt worden ist; die Merkmalsstruktur in der Stichprobe bleibt somit erhalten, nur das absolute Niveau aller Merkmalswerte wird durch die Anpassung verändert. Es gelten die Fehlerformeln der Verhältnisschätzung, bei der das Anpassungsmerkmal die Funktion des Bezugsmerkmals übernimmt.

Dem dargestellten Anpassungsverfahren kommt eine besondere Bedeutung zu bei der **Regionalisierung** von Stichprobenergebnissen, für die ein wachsender Bedarf besteht. Die Umfänge amtlicher Stichprobenerhebungen sind im Hinblick auf ihre vorrangigen Ziele in der Regel so knapp bemessen, daß frei hochgerechnete Ergebnisse in feiner regionaler Gliederung nicht ohne unvertretbar hohe Stichprobenfehler bereitgestellt werden können. Hier kann die Tatsache, daß z.B. für Stadt- und Landkreis oder Regierungsbezirke aus den Verwaltungsunterlagen eine größere Zahl aktueller Eckwerte zur Verfügung steht, vorteilhaft zur Anpassung genutzt werden. Die mit einem Merkmal der Erhebung übereinstimmenden Eckwerte der regionalen Einheiten werden zu der Merkmalssumme über die jeweils nur wenigen Einheiten einer selbstgewichtenden Stichprobe in Beziehung gesetzt, um regionale Hochrechnungsfaktoren für die übrigen Erhebungsmerkmale zu gewinnen. Ist aber keins der Erhebungsmerkmale unter den verfügbaren Eckwerten vorhanden, dann sollte ein mit dem Erhebungskomplex verwandtes Eckmerkmal gewählt werden, für das auch in der Stichprobe Informationen beschafft werden müßten. Die Anpassung ist allerdings nur dann genügend wirksam, wenn das Eckmerkmal mit den Erhebungsmerkmalen hoch korreliert ist. Grundlegende Voraussetzung für den fehlervermindernden Effekt der Anpassung ist natürlich, daß die Eckwerte selbst fehlerfrei sind. Beispiele für die Schätzgüte von Stichproben mit Freiwilligkeit der Auskunftserteilung und Anpassung an nicht fehlerfreie Eckwerte finden sich bei Bihler (vgl. Bihler; u.a. 1988).

Liegt eine geschichtete Stichprobe mit unterschiedlichen Auswahlsätzen vor, dann muß die Anpassung wieder unter Verwendung hochgerechneter Stichprobenwerte vorgenommen werden. Verbesserte Schätzwerte lassen sich erwarten, wenn für jede regionale Einheit nach den Schichten des Auswahlplans gegliederte Eckwerte (für den Zeitraum der Auswahlgrundlage) verwendet werden; bei diesem Ansatz ist jedoch mit der Schwierigkeit zu rechnen, daß - wegen des insgesamt geringen Stichprobenumfangs - meist nicht alle in einer regionalen Einheit vorkommenden Schichten auch mit Stichprobeneinheiten besetzt sind, so daß in Regionaleinheiten mehrere "leere Schichten" entstehen, die ersatzweise durch Übertragung von Stichprobenwerten aus benachbarten gleichartig strukturierten Regionaleinheiten aufgefüllt werden müßten.

Die Werte selbstgewichtender Stichproben oder hochgerechnete Stichprobenergebnisse können auch an die Eckwert-Gliederungen **mehrerer Merkmale gemeinsam** angepaßt werden. Ein solches Verfahren kann aber nur iterativ bewältigt werden. Ein, vor allem für Bevölkerungsstichproben geeignetes Verfahren, für das auch die entsprechende Software verfügbar ist, beschreibt Merz (vgl. Merz 1983, S. 342ff. und 1993). Das Verfahren wird als Hochrechnung von Mikrodaten nach dem Prinzip des minimalen Informationsverlustes bezeichnet und ist u.a. bei der Hochrechnung des Europäischen Haushaltspanels (vgl. 12.1.3) und der Einkommens- und Verbrauchsstichprobe 1998 (vgl. 2.2.2) eingesetzt worden.

7.3 Andere Methoden der Präzisionsschätzung

7.3.1 Vereinfachungsverfahren

Die Durchführung einer Fehlerrechnung zur Ermittlung der Präzision der Stichprobenergebnisse stellt bisweilen sehr erhebliche Anforderungen an die Qualifikation der Bearbeiter und verursacht gewöhnlich einen beträchtlichen Aufwand an Zeit und Kosten. Dies gilt insbesondere dann, wenn das Auswahl- oder/und das Hochrechnungsverfahren im Interesse zuverlässiger Ergebnisse nicht sehr einfach gestaltet worden sind oder wenn die Zahl der Einzelergebnisse groß ist. Umso wichtiger ist die Erarbeitung und Anwendung vereinfachter Verfahren, die verläßliche Anhaltspunkte hinsichtlich der Größenordnung der Standardfehler und außerdem in bestimmten Fällen den Vorteil bieten, die Präzision der Ergebnisse einfacher und übersichtlicher darzustellen.

Gewisse erste Anhaltspunkte lassen sich aus Unterlagen gewinnen, die der **Planung** der betreffenden Stichprobenerhebung zugrunde gelegt worden sind. Hierzu gehören Vorinformationen über die Merkmalsverteilungen, die etwa zur Abgrenzung von Schichten und zur geeigneten Festlegung von Auswahlsätzen herangezogen wurden. Die in Merkmalsklassen eingegrenzten Werte haben eine entsprechend beschränkte Streuung, deren Größe sich ziemlich sicher abschätzen läßt.

In früheren Jahren ist nicht selten das Mittel der sog. **Schattenaufbereitungen** benutzt worden, um anhand von simulierten Stichproben aus der Auswahlgesamtheit die relative Wirksamkeit unterschiedlicher Auswahlpläne zu untersuchen. Die resultierenden Fehler und ihre Komponenten sind ein brauchbares Maß für die Präzision der echten Stichprobe, wenn dabei berücksichtigt wird, daß die Wirksamkeit z.B. einer Schichtung infolge zeitlicher Merkmalsveränderungen nachläßt. Ähnliche, meist allerdings nur unvollkommene Informationen sind auch aus vorgezogenen **Probeerhebungen** abzuleiten, sofern deren Stichprobenumfang nicht zu klein bemessen ist.

Ein tragbarer Kompromiß zwischen einer ausführlichen Fehlerrechnung und einem völligen Verzicht auf eine quantitative Abschätzung der Präzision kann oft auch dadurch gefunden werden, daß die Berechnung der Standardfehler auf eine Reihe von wichtigen Stichprobenergebnissen beschränkt wird. Im Falle von Repräsentativerhebungen, die regelmäßig in kurzen Zeitabständen mit stets derselben Stichprobe durchgeführt werden, ist eine ständige Wiederholung der Fehlerrechnung weder erforderlich noch sinnvoll.

Ergebnismerkmale, die lediglich aus **gegliederten Anzahlen oder Anteilen** bestehen, zeichnen sich dadurch aus, daß ihre Standardfehler besonders einfach zu berechnen sind. Zur Ermittlung des relativen Standardfehlers solcher Ergebnisse bei einstufiger ungeschichteter Auswahl gemäß:

$$v_{\hat{N}_{(k)}} = v_{p_{(k)}} = \sqrt{\frac{(1-f)(1-p_k)}{(n-1)p_k}} \qquad \text{(vgl. (3.1.25))}$$

wird neben dem Stichprobenumfang n und dem Auswahlsatz f lediglich das Stichprobenergebnis selbst, der betreffende Anteil p_k benötigt. Die Beziehung zwischen p_k und seinem relativen Standardfehler v_{p_k} kann tabellarisch zusammengestellt werden. Noch nützlicher ist die Verbindung von p_k mit dem Stichprobenumfang n ($\approx n-1$) im Nenner zu der Zahl n_k der Stichprobeneinheiten, die die Ausprägung der betreffenden *k-ten* Gruppe tragen. Für nicht zu große Werte von f und p_k (im Zähler) gilt die Formel:

$$v_{\hat{N}_{(k)}} = v_{p_k} \approx \frac{1}{\sqrt{n_k}} = \frac{1}{\sqrt{f}} \frac{1}{\sqrt{\hat{N}_k}} \qquad \text{(vgl. (3.1.26))}$$

Hiermit ist angenähert eine funktionale Beziehung zwischen dem Stichprobenergebnis $\hat{N}_{(k)}$ und seinem relativen Standardfehler gegeben, in der der zugrundeliegende Auswahlsatz f in bekannter Weise das Größen-Niveau bestimmt. Eine Bezugnahme auf die beobachteten Einzelwerte und die mühsame Berechnung von Quadraten entfallen.

Standardfehler ihrerseits Standardfehler besitzen, die eine leichte Abwandlung der ursprünglichen Ergebnisse erlauben. Die Standardfehler der einzelnen Fehlerwerte sollten zu der Prüfung herangezogen werden, welche Erhebungsmerkmale einer bestimmten Gruppe mit festem Designeffekt-Faktor zugeordnet und welche Gruppen möglicherweise vereinigt werden dürfen.

Die bisher dargestellten Überlegungen und Ansätze gelten für hochgerechnete Anzahlen, aber nicht ohne weiteres für hochgerechnete Ergebnisse **quantitativer Darstellungsmerkmale**. Trotzdem kann versucht werden, mit formal gleichen Methoden auch für diese Merkmale Vereinfachungen und Vereinheitlichungen zu erreichen. An die Stelle des binomial bestimmten Fehlers nach Formel (3.1.26) tritt dann eine allgemeine Fehlergröße der Form:

$$v_{\hat{X}_{(k)}} = \frac{K}{\sqrt{\hat{X}_{(k)}}} \tag{7.3.1}$$

und der resultierende Plan-Faktor K kann nun nicht mehr in der Größenordnung von 1 erwartet werden.

Einen Sonderfall stellen diejenigen Stichprobenpläne dar, deren Auswahlsätze auf regional oder fachlich gegliederte Schichten mit dem Ziel einer vergleichbaren Präzision aufgeteilt worden sind (vgl. 4.2.3). Unter der Annahme, daß diese Plangestaltung auch tatsächlich erfolgreich war, werden die relativen Standardfehler in Anlehnung an die bei der Steuerung der Auswahl verwendete Formel (4.2.6) in der Form:

$$v_{\hat{X}_{(k)}} = \frac{K^*}{\hat{X}^a_{(k)}} \tag{7.3.2}$$

erwartet werden können. Die Niveaukonstante K^* und der Exponent a dürfen allerdings nicht einfach aus dem Ansatz des Auswahlplans übernommen werden. Beide Parameter müssen durch Proberechnungen überprüft und ggf. neu bestimmt werden.

Eine sehr einfache Möglichkeit für die Fehlerabschätzung von quantitativen Merkmalen in Schichten, die nach diesen Merkmalen abgegrenzt worden sind, bietet die **Spannweitenformel**. Die Varianz eines gleichverteilten Merkmals in einem Intervall der Breite D beträgt:

$$s^2_{(D)} = \frac{1}{12} D^2 \tag{7.3.3}$$

Die Werteverteilung des jeweiligen Schichtungsmerkmals innerhalb von nicht zu weit abgegrenzten Schichten kann meist näherungsweise durch eine solche Gleichverteilung wiedergegeben werden. Die Formel (7.3.3) stellt i.a. sogar eher eine obere Schranke dar, weil die meisten Verteilungen im Innern des Intervalls entweder gewölbt oder leicht geneigt (aber nicht U-förmig) sind und ihr Mittelwert nicht ganz in der Mitte des Intervalls liegt (vgl. Schäffer; Nourney 1958, S. 41ff.). Die Anwendbarkeit der Spannweitenformel ist allerdings aus verschiedenen Gründen sehr begrenzt. Sie läßt sich für die oben offene Randklasse (wegen der dort nicht definierten Intervallbreite) nicht benutzen und gilt nicht mehr ohne weiteres für die Verteilung des Schichtungsmerkmals zum Erhebungszeitpunkt, weil die Merkmalswerte einiger Einheiten über die Schichtgrenzen hinausgetreten sind und die Merkmalsvariabilität dadurch zugenommen hat. Vor allem aber ist die Formel für alle die Erhebungsmerkmale nicht brauchbar, die nicht zur Schichtung der Auswahlgesamtheit herangezogen worden sind.

7.3.2 Unterstichprobenverfahren

Im Interesse der Erstellung zuverlässiger Stichprobenergebnisse in Verbindung mit möglichst geringem Erhebungsaufwand ist es in der amtlichen Stichprobenpraxis üblich, die zur Verfügung stehenden stichprobenmethodischen Optimierungsmöglichkeiten so weit wie möglich zu nutzen. Bei gleichzeitiger Anwendung von z.B. Schichtung, Klumpung, Mehrstufigkeit, Anordnung und gebundener Hochrechnung stellt sich verstärkt das Problem, eine Fehlerrechnung zur Ermittlung der Präzision der Stichprobenergebnisse durchzuführen, die alle methodischen Elemente der Stichprobenplanung berücksichtigt. Ein vielseitiger Lösungsansatz gründet sich auf die Zerlegung der Stichprobe in Unterstichproben.

Die Idee der **Unterstichproben** ("Random Groups"-Technik) geht u.a. auf Mahalanobis, Deming sowie Hansen zurück (zur genauen Quellenangabe s. Särndal; u.a. 1992, S. 423ff.). Bei diesen Verfahren werden aus der Stichprobe mehrere Unterstichproben gezogen und aus jeder Unterstichprobe der interessierende Parameter der Grundgesamtheit geschätzt. Der Standardfehler für den Schätzer der Gesamtstichprobe kann dann mit Hilfe der Varianz der Unterstichproben-Schätzwerte berechnet werden. Durch die Verwendung der hochgerechneten Werte fließen alle darin enthaltenen Informationen über das Stichprobendesign in die Standardfehlerschätzung ein.

Beim sog. **Serienverfahren** wird die Stichprobe vom Umfang n zufällig in G Gruppen ("Serien") aufgeteilt, jede vom Umfang $m = n/G$. Bei der Aufteilung ist zu beachten, daß jede Serie dasselbe Stichprobendesign wie die Gesamtstichprobe hat und sich von ihr nur durch den kleineren Stichprobenumfang unterscheidet. Ist z.B. der Gesamtwert X zu schätzen und bezeichnet $\hat{X}$ den Schätzwert aus der Gesamtstichprobe, so kann der Standardfehler von $\hat{X}$ anhand der aus jeder der G Serien hochgerechneten Gesamtwerte $\hat{X}_{(g)}$ abgeschätzt werden durch :

$$s_{\hat{X},1} = \sqrt{\frac{1}{G(G-1)} \sum_{g=1}^{G} \left(\hat{X}_{(g)} - \hat{X}_S \right)^2} \qquad (7.3.4)$$

mit

$$\hat{X}_S = \frac{1}{G} \sum_{g=1}^{G} \hat{X}_{(g)}$$

Als alternativer Schätzer für den Standardfehler von $\hat{X}$ kann auch:

$$s_{\hat{X},2} = \sqrt{\frac{1}{G(G-1)} \sum_{g=1}^{G} \left(\hat{X}_{(g)} - \hat{X} \right)^2} \qquad (7.3.5)$$

verwendet werden. Bei Särndal (vgl. Särndal; u.a. 1992, S. 427) wird gezeigt, daß $s_{\hat{X},2} \geq s_{\hat{X},1}$ gilt. Die Schätzfunktionen sind im allgemeinen nicht erwartungstreu.

Die erkennbaren Vorteile des Fehlerschätzverfahrens müssen damit erkauft werden, daß die so gewonnenen Schätzwerte weniger zuverlässig sind als diejenigen, die sich auf sämtliche Einzelwerte der Stichprobe gründen. Insbesondere versagt das Serienverfahren, wenn der Stichprobenumfang kleiner ist als die Zahl der Serien. Andererseits ist die Schätzgüte (Präzision) der Standardfehler umso höher, je größer die Zahl der Serien ist.

Die **Jackknife-Methode** ist ein Unterstichprobenverfahren, das ähnlich wie das Serienverfahren Parameterschätzer für die Grundgesamtheit aus jeder Unterstichprobe ableitet und mit Hilfe der Streuung dieser Schätzer Standardfehlerschätzungen für die Gesamtstichprobe ermöglicht (vgl. Wolter 1985). Auch hier ist der erste Schritt die Aufteilung der Hauptstichprobe in G Unterstichproben jeweils gleicher Größe $m = n / G$. Als nächstes wird für jede Unterstichprobe g ein Schätzer für die Gesamtheit ermittelt - z.B. $\hat{X}'_{(g)}$ für den Gesamtwert X - indem bei der Hochrechnung die *g-te* Untergruppe aus der Stichprobe weggelassen wird. Weiter wird ein sog. *g-ter* Pseudowert definiert durch:

$$\hat{X}_g = G\,\hat{X} - (G-1)\,\hat{X}'_{(g)} \qquad (7.3.6)$$

$\hat{X}$ bezeichnet den vorliegenden Schätzer aus der Gesamtstichprobe. Der Jackknife-Parameter-Schätzer wird definiert als Mittelwert der Pseudowerte:

$$\hat{X}_{JK} = \frac{1}{G} \sum_{g=1}^{G} \hat{X}_g \tag{7.3.6}$$

Für die Standardfehlerschätzung von $\hat{X}$ gibt es wieder zwei alternative Näherungslösungen:

$$s_{\hat{X}_{JK,1}} = \sqrt{\frac{1}{G(G-1)} \sum_{g=1}^{G} \left(\hat{X}_g - \hat{X}_{JK}\right)^2} = \sqrt{\frac{G-1}{G}\left(\sum_{g=1}^{G} \hat{X}_{(g)}^2 - \frac{1}{G}\left(\sum_{g=1}^{G} \hat{X}_{(g)}\right)^2\right)} \tag{7.3.8}$$

bzw.

$$s_{\hat{X}_{JK,2}} = \sqrt{\frac{1}{G(G-1)} \sum_{g=1}^{G} \left(\hat{X}_g - \hat{X}\right)} \tag{7.3.9}$$

Unter der Voraussetzung, daß die Pseudowerte unkorreliert sind und den gleichen Erwartungswert haben, ist $s_{\hat{X}_{JK,2}}$ ein approximativer Schätzer von $s_{\hat{X}}$ (vgl. Särndal; u.a. 1992, S. 437ff.); auch hier gilt $s_{\hat{X}_{JK,2}} \geq s_{\hat{X}_{JK,1}}$. Es ist allerdings in realen Stichproben nicht anzunehmen, daß die Pseudowerte unkorreliert sind, da Teile des Datenmaterials jeweils zur Berechnung fast aller Pseudowerte benutzt werden. Für Stichproben mit einfachem Design kann unterstellt werden, daß sowohl Verzerrung als auch Fehlervarianz des Schätzers $\hat{X}_{JK}$ abnehmen, wenn G wächst (vgl. Wolter 1985, S. 163ff.).

Das **Bootstrap-Verfahren** der Präzisionsschätzung, das erstmals von Efron (vgl. Efron 1982) beschrieben wurde, geht von G **unabhängig** gezogenen Unterstichproben der gegebenen Stichprobe aus, d.h. es werden zunächst G Unterstichproben (i.a. vom Umfang n der Gesamtstichprobe) **mit Zurücklegen** aus der Stichprobe gezogen. Für jede dieser Stichprobenreplikationen g wird ein Schätzer in der gleichen Weise wie aus der Gesamtstichprobe ermittelt, also z.B. $\hat{X}_{(g)}''$ für den Gesamtwert X, wenn der Standardfehler von $\hat{X}$ geschätzt werden soll. Wie beim Serienverfahren werden die neu gewonnenen Schätzer gemittelt und der Standardfehler von $\hat{X}$ abgeschätzt durch:

$$s_{\hat{X}_B} = \sqrt{\frac{1}{G-1} \sum_{g=1}^{G} \left(\hat{X}_{(g)}'' - \hat{X}_B\right)^2} \tag{7.3.10}$$

mit

$$\hat{X}_B = \frac{1}{G}\sum_{g=1}^{G}\hat{X}''_{(g)}$$

Über die Genauigkeit des Bootstrap-Schätzers in Abhängigkeit von der Anzahl G der Unterstichproben liegen in der einschlägigen Literatur bisher kaum Informationen vor. Über Erwartungstreue und Verzerrung können nur bei einfacher Zufallsauswahl Aussagen gemacht werden (vgl. Särndal; u.a. 1992, S. 442ff.).

Zitierte Literatur (Kapitel 7)

Bihler, W.; Meyer, K.; Schmidt, J.: Zur Zuverlässigkeit von Bevölkerungsstichproben ohne Auskunftspflicht. Ausgewählte Arbeitsunterlagen der Bundesstatistik. Heft 5 (1988)

Efron, B.: The Jackknife, the Bootstrap and other Resampling Plans. Philadelphia 1982

Hansen, M.H.; Hurwitz, W.N.; Madow, W.G.: Sample Survey Methods and Theory. Bd. 1 u. Bd. 2. New York; u.a. 1953

Merz, J.: Die konsistente Hochrechnung von Mikrodaten nach dem Prinzip des minimalen Informationsverlustes. Allgemeines Statistisches Archiv. Bd. 67 (1983)

Merz, J.: ADJUST: Ein Programmpaket zur Hochrechnung von Mikrodaten nach dem Prinzip des minimalen Informationsverlustes. FFB, Universität Lüneburg. Dokumentation Nr. 1 (1993)

Särndal, C.-E.; Swensson, B.; Wretman, J.: Model Assisted Survey Sampling. New York; u.a. 1992

Schäffer, K.-A.; Nourney, M.: Abschätzung der Varianz stetiger Merkmale aus Intervallbreite und Mittelwert. Metrika. Bd. 1 (1958)

Wolter, K.M.: Introduction to Variance Estimation. New York; u.a. 1985

8 Systematische Fehler in Erhebungen

8.1 Qualität statistischer Daten

8.1.1 Fehlerquellen

Um eine Vorstellung davon zu vermitteln, an welchen Stellen der gesamten statistischen Erhebungsarbeit Fehler entstehen können, wird eine Übersicht über die möglichen Fehlerquellen gegeben (vgl. Übersicht 8.1). Sie stützt sich auf Vorarbeiten von Hansen; Hurwitz und Pritzker (vgl. Hansen; Hurwitz; Pritzker 1964, S. 111ff.), Kantorowitz (vgl. Kantorowitz 1969, S. 23ff.), Strekker (vgl. Strecker 1980, S. 389) und Strecker; Wiegert (vgl. Strecker; Wiegert 1989, S. 257).

Bei den ausschließlich für Stichproben in Frage kommenden Fehlern der Hauptgruppe 1 können neben den bereits behandelten **Zufallsfehlern**, deren Größen sich durch Standardfehler abschätzen lassen, auch **systematische Verzerrungen** auftreten. Zu dieser Gruppe gehören die Mängel hinsichtlich der **Erhebungsgesamtheit**, die gewöhnlich dadurch entstehen, daß der Gültigkeitszeitpunkt der Auswahlgrundlage von dem jeweiligen Erhebungszeitpunkt abweicht und die inzwischen neu entstandenen Erhebungseinheiten sämtlich oder mindestens teilweise keine Erfassungschance erhalten; die Klumpenauswahl bietet ein Mittel zur Beschränkung solcher Fehlerquellen. Ausgeschiedene Einheiten dagegen können während oder nach der Erhebung bereinigt werden. Verzerrungen durch die **Auswahlmethode** entstehen dann, wenn kein echtes Zufallsverfahren, sondern z.B. eine willkürliche oder auf "typische Einheiten" beschränkte Auswahl zugrunde gelegt wird. Auch die Methode der systematischen Auswahl birgt die Gefahr von Verzerrungen, wenn in der geordneten Gesamtheit der Auswahleinheiten bestimmte zyklische Besonderheiten vorhanden sind. Die Vermeidung von Verzerrungen durch die **Auswahltechnik** setzt voraus, daß sämtlichen Einheiten der Auswahlgesamtheit eine bekannte, von Null verschiedene Auswahlwahrscheinlichkeit zugeordnet wird; keine dieser Einheiten darf übergangen, vergessen oder im Vorhinein ausgeschlossen werden. Verzerrungen durch das **Schätzverfahren** werden z.B. dadurch hervorgerufen, daß etwa der zugrunde gelegte Auswahlabstand a als Hochrechnungsfaktor benutzt wird, obwohl der Stichprobenumfang n kein ganzzahliger Teiler der Gesamtzahl N ist. Im übrigen müssen die Hochrechnungsfaktoren mit den jeweils gültigen Auswahlwahrscheinlichkeiten stets voll korrespondieren. Dies gilt speziell für die Auswahl mit veränderlichen Wahrscheinlichkeiten; sollten besonders große Einheiten einstufig mehrfach ausgewählt (aber nur einmal erfaßt) worden sein, dürfen deren Erhebungswerte nur mit dem Faktor 1 hochgerechnet werden. Bei der Ermittlung von Verhältniswerten muß z.B. beachtet werden, daß prinzipiell nur absolute Zahlen hochgerechnet werden dürfen.

Übersicht 8.1: *Fehlerquellen bei Stichprobenerhebungen*

Hauptgruppe 1 1. **Stichprobenbedingte Fehler**		**Hauptgruppe 2** **2. Nicht-stichprobenbedingte Fehler**				
1.1 Verzerrungen der Stichprobe	1.2 Zufallsfehler	2.1 Inhaltliche Fehler			2.2 Erfassungsfehler	
1.1.1 Mängel hinsichtlich der Erhebungsgesamtheit		2.1.1 in der Vorbereitungsphase	2.1.2 in der Erhebungsphase	2.1.3 in der Aufbereitungsphase	2.2.1 Mängel der Erfassungsgrundlage	2.2.2 Antwortausfälle
1.1.2 Verzerrung durch die Auswahlmethode		Mängel bei a) der adäquaten Konzeption der Erhebung	Fehler bei a) den Auskunftspersonen	Fehler bei a) dem Verschlüsseln	Einheiten sind a) ausgelassen	Einheiten werden a) nicht aufgefunden
1.1.3 Verzerrung durch die Auswahltechnik		b) der Termin- und Ablaufplanung	b) den Interviewern	b) dem Ablochen	b) mehrfach vertreten	b) nicht angetroffen
1.1.4 Verzerrung durch das Schätzverfahren		c) den Voruntersuchungen, Probeerhebungen	c) dem Ein- und Übertragen	c) der Übernahme auf elektronische Datenträger	c) nicht zur Erhebungsgesamtheit gehörig	c) wegen Verweigerung der Auskunft nicht einbezogen
		d) der Organisation der Erhebung	d) dem Ordnen und der Rückgabe der Erhebungspapiere	d) der Plausibilitätskontrolle		d) verloren
		e) der Fragebogengestaltung		e) dem Berechnen der Ergebnisse		e) zurückgewiesen bei der Aufbereitung
		f) dem Druck der Erhebungspapiere		f) dem Tabellieren		
		g) der Schulung des Personals		g) der Interpretation der Ergebnisse		
		h) der Personal- und Finanzausstattung				

Ein wesentlich breiteres Feld möglicher Fehlerarten findet sich gemäß Übersicht 8.1 bei den **nicht-stichprobenbedingten** Fehlern der Hauptgruppe 2, die für sämtliche amtlichen Statistiken von Bedeutung sind. Diese Hauptgruppe ist zunächst nach **inhaltlichen Fehlern** und nach **Erfassungsfehlern** zu gliedern. Die letzteren können in der Erfassungsgrundlage oder durch Nichtbeantwortung entstehen.

Mängel in der **Erfassungsgrundlage** werden dadurch hervorgerufen, daß einige Einheiten der Erhebungsgesamtheit entweder ausgelassen oder mehrfach vertreten oder nicht zur betreffenden Gesamtheit gehörig sind. Die Aufstellung eines voll zutreffenden Rahmens für eine Erhebung ist meist mit Schwierigkeiten verbunden. Lediglich eine allgemeine Volkszählung, bei deren Durchführung das gesamte bewohnte Erhebungsgebiet von Zählern begangen wird, bietet prinzipiell die Gewähr für eine vollzählige Erfassung aller Erhebungseinheiten; fehlende Gründlichkeit kann den hohen Anspruch allerdings auch hierbei vereiteln.

Bei den meisten Statistiken muß jedoch auf anderweitig vorhandene Unterlagen zurückgegriffen werden, zu denen Register, Karteien und sonstige Verzeichnisse der Verwaltung gehören (vgl. Einführung 2.2). Diese sind vielfach nicht auf dem neuesten Stand und schaffen Probleme, wenn die zur begrifflichen Abgrenzung der Erhebungsgesamtheit benötigten Merkmalskriterien nicht oder nicht zuverlässig in den Unterlagen verzeichnet sind. Falls eine einzige Anschriftenquelle zur Erfassung der Gesamtheit nicht ausreicht und ein weiteres Verzeichnis herangezogen werden muß, entsteht die Gefahr, daß einzelne Einheiten in der aus mehreren Quellen erzeugten Anschriftenliste mehrfach vertreten sind, weil der gegenseitige Abgleich unzulänglich war oder z.B. identische Einheiten unter verschiedenen Bezeichnungen erscheinen.

Allgemein geläufig sind die systematischen Erfassungsfehler auf Grund von **Antwortausfällen**. Vorhandene Einheiten werden vom Zähler, Interviewer oder postalisch z.B. nicht aufgefunden, weil sie in der Zwischenzeit im Erhebungsgebiet umgezogen sind. Eine andere mögliche Fehlerquelle entsteht dadurch, daß die Anschrift zwar zutreffend ist, der Auskunftspflichtige aber vom Zähler nicht angetroffen und deswegen übergangen wird, weil er z.B. täglich nur stundenweise erreichbar oder gerade verreist ist. Schließlich ergeben sich Antwortausfälle, wenn die für die Statistik geforderte Auskunft verweigert wird; hierfür kommen verschiedene Gründe in Betracht: etwaige Verständigungsschwierigkeiten, die fehlende Bereitschaft, eine sachliche Überforderung oder reines Unvermögen. Antwortausfälle im weiteren Sinne treten bisweilen dadurch auf, daß ausgefüllte Fragebogen verlorengehen oder bei der Aufbereitung als unbrauchbar zurückgewiesen werden. Für die Ausfälle muß bei der Aufbereitung ein brauchbarer Ersatz geschaffen werden, damit die Ergebnisse nicht systematisch zu niedrig ausfallen.

Eine verstärkte Beachtung verdienen die inhaltlichen Fehler, die in der Vorbereitungs-, Erhebungs- oder Aufbereitungsphase (vgl. 1.1.2) einer Statistik entstehen können. In der **Vorbereitungsphase** wirft die einer Zielvorstellung adäquate **Konzeption** einer Erhebung nicht selten größere Probleme auf, weil die eigentlichen Informationsziele mit einer Statistik oft nur näherungs- oder behelfsweise erreichbar sind und auf Ersatzmerkmale ausgewichen werden muß, um eine Auskunfterteilung zu ermöglichen. Bisweilen werden Informationen aus verschiedenen Statistiken individuell zusammengeführt, um erweiterte Auswertungsbereiche zu erschließen.

In diesen Zusammenhang gehört auch die Überlegung, wie groß der Erhebungsumfang bei komplizierten Fragestellungen sein kann und ob die Verwendung von Stichproben angezeigt oder zwingend ist. Daneben sind die begriffliche Abstimmung mit anderen Statistiken und die Vergleichbarkeit mit früheren gleichartigen Erhebungen wesentliche Voraussetzungen für eine gründliche statistische Arbeit. Eine realistische **Termin- und Ablaufplanung** hat entscheidende Bedeutung für das Gelingen der Statistik.

Angesichts der Vielfalt der üblicherweise erforderlichen Arbeitsgänge bis hin zur Veröffentlichung der Ergebnisse und ihrer wechselseitigen Verbindungen muß eine gründliche Planung vorgenommen werden, um Auslassungen, ungeeignete oder unzutreffende Arbeitsfolgen und unangemessene Ansätze für die Bearbeitungsperioden zu vermeiden. Wichtige Hilfsmittel zu diesem Zweck sind - neben der Bezugnahme auf alle bisherigen Erfahrungen - **methodische Voruntersuchungen** und konkrete **Probeerhebungen** deren Anlage so gestaltet werden muß, daß die richtigen Schlußfolgerungen für die eigentliche Erhebung gezogen werden können. Auch die **Organisation** der Erhebung könnte Engpässe und Lücken aufweisen, die sich nachteilig auf die Durchführung auswirken. Bei der **Fragebogengestaltung** müssen verschiedene Gesichtspunkte berücksichtigt werden: Die Fragen sollen übersichtlich gegliedert, verständlich formuliert und ggf. mit Begriffsbestimmungen oder Erläuterungen versehen sein, die für die amtliche Statistik typischen Hinweise auf die gesetzlich angeordnete Auskunftspflicht und die Geheimhaltung müssen enthalten sein, und schließlich sollen auch die Belange der späteren Aufbereitung (etwa durch Vordruck der jeweils vorgesehenen Felder der Lochkarte) beachtet werden. In diesem Zusammenhang ist ferner zu prüfen, ob die Merkmalseinstufung in die später vorgesehenen Klassen bereits von den Befragten oder erst bei der Aufbereitung vorzunehmen ist. Beim **Druck** der Erhebungspapiere können sich Fehler einschleichen, vor allem wenn die Vorlagen nicht klar gestaltet und richtig übertragen werden und die Zeilenhöhen zu Mißverständnissen bei der Zuordnung zu den Wertfeldern Anlaß geben. Die **Schulung des Personals** in den Statistischen Ämtern und im Außendienst unterliegt der Gefahr, daß die Inhalte und die arbeitstechnischen Erfordernisse unvollkommen, mißverständlich oder unzutreffend vermittelt werden. Und schließlich darf nicht übersehen werden, daß die Ausstattung des Statistischen Dienstes mit Personal in ausreichender Zahl und Qualifikation sowie mit den erforderlichen **Finanzmitteln** für den gewünschten Erfolg der gesamten statistischen Arbeit einen bestimmenden Einfluß hat.

Eine weitere Gruppe von inhaltlichen Fehlern ist in der **Erhebungsphase** zu suchen. Die **Auskunfts**- oder **Antwortfehler** gehören zu den bekanntesten Fehlerquellen. Die Antwortfehler können durch eine mißverständliche Frageformulierung, durch Oberflächlichkeit oder nicht genügend genaue Kenntnis über den betreffenden Sachverhalt und durch bewußte Fehlinformation seitens der Befragten hervorgerufen werden. Mittels geeigneter Vorkehrungen wie z.B. der Ankündigung einer Befragung, die den Rückgriff auf Unterlagen oder Aufzeichnungen erfordert, können diese Fehlerursachen günstig beeinflußt werden; völlig zu beseitigen sind sie jedoch im allgemeinen nicht. Trotz gründlicher Schulung können den **Interviewern** Formulierungsfehler unterlaufen, die nur von ihnen zu vertreten sind. Das Eintragen der Merkmalswerte und das Übertragen gewisser Daten in weitere Erhebungspapiere sind ebenfalls Quellen möglicher Fehler wie auch das Ordnen dieser Unterlagen und ihre Rückgabe an die Sammelstelle, wobei es in erster Linie auf die Vollständigkeit der Erhebungsunterlagen ankommt.

Schließlich müssen auch die möglichen inhaltlichen Fehler in der **Aufbereitungsphase** beachtet werden. Wenn Erhebungsmerkmale nicht nur in wenige Kategorien zu gliedern und deren Schlüsselnummern nicht bereits auf dem Erhebungsbogen vorgedruckt sind, müssen qualitative Merkmale im allgemeinen und bisweilen auch quantitative Merkmale (nach Größenklassen) **verschlüsselt** werden. Hierbei handelt es sich z.B. um die regionale oder wirtschaftssystematische Kennzeichnung der Daten oder um die Einstufung von Personen in Gruppen oder Klassen auf Grund ihrer Berufsangabe. Gewöhnlich liegen für diese Arbeiten Schlüsselverzeichnisse vor, deren Benutzung Übung und Gewissenhaftigkeit erfordert. Bei der Übertragung der Erhebungsdaten auf elektronische Datenträger können Erfassungsfehler entstehen; dies gilt in höherem Maß für ein Verfahren, bei dem die Angaben auf den Erhebungsbögen durch maschinelles "Lesen" unmittelbar auf elektronische Medien übertragen werden, vor allem wenn die handschriftlichen Daten nicht eindeutig und richtig "lesbar" sind. Einen besonderen Bereich im Rahmen der Aufbereitung stellen die **Plausibilitätskontrollen** dar, die eigens dazu dienen, etwa vorhandene Fehler oder Unstimmigkeiten aufzuspüren und einer manuellen oder maschinellen Bereinigung zuzuführen. Bei den isolierten Wertkontrollen wird z.B. geprüft, ob ausschließlich Schlüsselnummern vorkommen, die zugelassen und gültig sind. Bei Kombinationskontrollen wird die gegenseitige Stimmigkeit und Verträglichkeit mehrerer Merkmale meist unter Verwendung gewisser Toleranzspannen überprüft. Entdeckte Unstimmigkeiten werden als Muß- oder als Kann-Fehler ausgewiesen je nachdem, ob sie zwingend beseitigt werden müssen oder ob die vorliegenden Daten zwar ziemlich unwahrscheinlich, aber doch möglich und schließlich auch vertretbar sind, wenn sie durch eine nochmalige **manuelle**

Sonderprüfung - evtl. mittels Rückfrage bei den betreffenden Auskunftspersonen - bestätigt werden sollten. Anstelle der manuellen Berichtigung können auch maschinelle Korrekturverfahren eingesetzt werden, die meist auf der - nach bestimmten Regeln vollzogenen - Ersetzung unbrauchbarer Werte beruhen. Bei den Schritten zur **Bereinigung**, aber auch bei der Entwicklung und Programmierung von Kriterien für die Korrekturverfahren selbst können eine Reihe von systematischen Fehlern entstehen.

Eine letzte Gruppe von möglichen inhaltlichen Fehlern in der Aufbereitungsphase bezieht sich auf die Ergebnisberechnung, die Tabellierung und die Interpretation der Ergebnisse. Die **Berechnung** der Ergebnisse erfordert ein getestetes Maschinenprogramm mit zutreffender Gliederung und richtigem Inhalt für die Tabellenfelder, den Zugriff auf das zugehörige Material von Einzeldaten mit einheitlichem Satzaufbau und die geeignet dimensionierte Maschinenkapazität. Fehler bei der **Tabellierung** dürften überwiegend auf Unsicherheiten oder Mißverständnissen bei der Programmierung zurückzuführen sein. Die verbale oder bildliche **Interpretation** der Ergebnisse stellt besondere Ansprüche an den Bearbeiter. Neben der gründlichen Kenntnis der inhaltlichen Definition der Merkmalswerte und der Durchführung der betreffenden Erhebung mit ihren Fehlerquellen wird eine verständliche Darstellung dieser Tatbestände erwartet, die einen angemessenen Gebrauch der herausgegebenen Daten ermöglicht.

Der weit überwiegende Teil der hier dargestellten Fehlerarten ist den systematischen Fehlern zuzurechnen, die eine Verzerrung der Ergebnisse bewirken. Diese Fehler sind jedoch nicht so zu verstehen, daß sie je Art in jedem Einzelfall dieselbe Größe hätten, sondern sie wechseln in ihrer Größe und ggf. auch der Richtung, besitzen also eine Variabilität, die teilweise auch zufallsbestimmt sein kann. So ist z.B. die Gesamtheit der Angabefehler der Auskunftspersonen vielfach durch eine **Antwortvariabilität** gekennzeichnet. Die individuellen Angabefehler streuen - zum großen Teil **zufällig** - um einen **Mittelwert**, dessen Größe (= Abweichung von null) den mittleren systematischen Fehler darstellt (vgl. 8.2)[1].

Um die Variabilität der individuellen Angabewerte R der Auskunftsperson bzw. der Erhebungseinheiten i hinsichtlich ihrer Zuordnung zu verschiedenen Größenklassen ($h = 1,2,...,L$) zu messen ist der **Inkonsistenz-Index *I*** ein geeignetes Maß. Seine Berechnung erfordert mindestens zwei Angabewerte der Einheit, eine aus einer Haupterhebung und eine aus einer Wiederholungszählung, beide nach dem Arbeitssystem G durchgeführt. Aus dem einfachen Inkonsistenz-Index von Hansen, Hurwitz und Pritzker (vgl. Hansen; u.a. 1964) entwickelte Strecker (vgl. Strecker 1997) ein Zuordnungsmodell für in Grö-

1 Strecker und Wiegert haben in den letzten Jahren Modelle zur Berechnung der Antwortvariabilität entwickelt und erfolgreich in der amtlichen Statistik Belgiens angewandt (vgl. Strecker; Wiegert 1989, S. 255).

ßenklassen klassifizierte Erhebungen. Für jede Größenklasse *h* wird ein Inkonsistenzindex I_{Gh} als Quotient aus der mittleren individuellen Antwortvarianz $\sigma_R^2 = E(\sigma_{R_i}^2)$ und einer einelementigen Stichproben-Binominalvarianz $P_G(1-P_G)$ geschätzt. $I_{Gh} = \sigma_R^2 / P_G(1-P_G)$ ist der wahre Anteil der Einheiten, die die Eigenschaft haben, der Größenklasse *h* zugehörig zu sein, an der Gesamtzahl der Einheiten. Der Gesamt-Index I_G wird dann als gewogenes Mittel aus den einzelnen Größenklassen-Indizes berechnet. Die Indizes nehmen jeweils Werte zwischen 0 und 1 an (0 keine Varianz der Antworten, 1 totale Unzuverlässigkeit - "zufällige" Verschiedenheiten - der Antworten *R*). An Hand der Werte der Indizes für die einzelnen Größenklassen und des Gesamt-Index kann zusammen mit dem Benutzer der Statistik eine **Beurteilung der Resultate** angestellt werden. Gegebenenfalls ist die Zahl der Größenklassen zu reduzieren oder umgekehrt, deren Zahl zu erhöhen.

Das Modell für die Berechnung der Inkonsistenz-Indizes wurde 1985 mit Erfolg auf eine Erhebung mit einer Wiederholungszählung in der amtlichen Statistik Belgiens angewandt. Der Gesamtschätzwert, gewonnen aus vier Größenklassen der landwirtschaftlichen Nutzfläche, betrug $\hat{I}_G = 0{,}085$ für diese Merkmale.

8.1.2 Konzepte

Während sich die Forscher in den "exakten" Naturwissenschaften von den ersten Anfängen an mit der Frage der "Genauigkeit" von Messungen beschäftigt haben, besteht in den Sozialwissenschaften keine vergleichbare Überlieferung in bezug auf die Erforschung von Fehlern in Erhebungen. Ein Grund liegt darin, daß in den Sozialwissenschaften der spezifische Zusammenhang zwischen der Erstellung von Daten und ihrer Verwendung in Theorien schwach und ungewiß ist. Wirtschafts- und sozialstatistische Daten stellen in der Regel nicht das Ergebnis geplanter Experimente dar, sondern sind häufig das Nebenprodukt oder die Ergebnisse von administrativen Arbeiten wirtschaftlicher Unternehmen und Behörden und sind somit in jener inhaltlichen, örtlichen und zeitlichen Abgrenzung entgegenzunehmen, wie sie diese Träger unter Beachtung der eigenen Anforderungen festlegen. Die häufig aus einem Kompromiß verschiedener Interessenstandpunkte entstehenden wirtschafts- und sozialstatistischen Daten richten sich oft eher nach juristischen als nach wirtschaftlichen bzw. sozialen Gesichtspunkten und weisen dadurch häufig Tatbestände nach, die nicht dem Sachverhalt entsprechen, an dem der Wirtschaftswissenschaftler interessiert ist. Während in den Naturwissenschaften der Ersteller von Meßergebnissen oft gleichzeitig ihr Benutzer ist oder jedenfalls gemäß naturwissenschaftlicher Tradition über den Ursprung und die Gewinnung der verwendeten Daten informiert ist, ist es in den Wirtschafts- und Sozialwissenschaften oft nicht möglich, die Genesis quantitativer Informationen in Einzelheiten zu kennen. Selbst die Zusammenfassung und Verwendung von "Primärdaten" erfolgt oft durch voneinander isolierte Statistiker, die ihrerseits wieder weit von den Problemen späterer Benutzer entfernt sind. Außerdem ist es in den Sozialwissenschaften einfach noch nicht üblich, über Erhebung und Aufbereitung des verwendeten statistischen Materials informiert zu werden.

Diese im allgemeinen gegebene Diskrepanz zwischen Ersteller und Verwender quantitativer wirtschafts- und sozialstatististischer Informationen führt zu einer weiteren Schwierigkeit beim Nachweis der "Genauigkeit". Zur quantitativen Überprüfung einer Theorie sind zahlenmäßige Informationen erforderlich, die so genau wie möglich dem jeweiligen Grad der Feinstruktur der Theorie entsprechen. Eine Aussage über den Fehler sollte sich zweckmäßigerweise nicht auf eine vom Verwendungszweck unabhängige Zahl beziehen, sondern auf einen Nachweis, der auf die jeweils erforderliche Genauigkeitsstufe abgestimmt ist. Da das Zusammenspiel zwischen Theorie und Beobachtung in den Wirtschaftswissenschaften nicht in ähnlicher Weise erreicht ist wie beispielsweise in der Physik, ist es schwierig, in den Wirtschaftswissenschaften eine auf den Verwendungszweck ausgerichtete "Genauigkeit" anzustreben bzw. anzugeben.

Es existieren zwei Konzepte, dem Problem und seiner Lösung näher zu kommen. Einmal geht es um **Indikatoren**, die die Qualität statistischer Daten beschreiben sollen. Hierbei ist für die adäquate Verwendung der Daten durch den "Konsumenten" eine Beschreibung des konzeptionellen Rahmens, der Definitionen und Methoden, äußerer Einflüsse und anderer Aussagen über die Datengewinnung von Bedeutung. Die Konferenz Europäischer Statistiker hat sich 1982 auf folgende Qualitätskriterien geeinigt, die als Minimalforderung für eine "summary quality presentation" gelten (vgl. Särndal; u.a. 1992, S. 640), nachdem bereits vorher Zarkovich bezüglich demographischer Daten ein System von "quality codes" (vgl. Zarkovich 1967, S. 104) vorgeschlagen hat:

- Grundlegende Angaben über Datenquellen und Definitionen (einschließlich Klassifikationen),
- Auswahlrahmen (Coverage) der Daten,
- Kurze Beschreibung der Auswahl- und Schätzmethoden,
- Antwortraten (einschließlich ihrer Definition),
- Stichprobenzufallsfehler und abgeleitete Maße und ihre Interpretation,
- Größenordnung und Richtung der wichtigsten Fehler und ihre Bedeutung für die Statistik,
- Angaben über wichtige Änderungen im Erhebungsverfahren und anderen Faktoren, die die zeitliche Vergleichbarkeit der Statistik beeinflussen,

- Angaben über mögliche Vergleiche mit ähnlichen Statistiken aus anderen Quellen,
- Hinweise auf die Verfügbarkeit differenzierter Beschreibungen zur technischen Durchführung der Erhebung.

Allerdings ist die amtliche und nicht amtliche Wirtschafts- und Sozialstatistik noch weit entfernt davon, einen solchen Qualitätskatalog für das Datenprogramm zu realisieren. Selbst für ausgewählte, besonders wichtige Erhebungen existieren nur Bausteine dieser Kriterien. Noch immer gilt Morgensterns Charakterisierung der Schwierigkeiten: "Jeder der mit Wirtschaftsstatistiken gearbeitet hat, und seien sie von den besten Institutionen erstellt worden, weiß, wie unerhört schwierig es ist, die Bedingungen wiederzugeben, unter denen das Material gesammelt wurde, den Bereich, für den sie gelten, die genaue wirtschaftliche Funktion, die sie betreffen usw., selbst dann, wenn es von entscheidender Bedeutung ist, über diese verschiedenen Stufen genauestens informiert zu sein." (vgl. Morgenstern 1965, S. 13)

Die Angabe von Qualitätskriterien ist bei einigen Daten der Wirtschaftsstatistik, insbesondere solchen, die ihre Quelle im betrieblichen Rechnungswesen haben, problematisch. Solche Angaben enthalten Bewertungen (wie beispielsweise die Bilanzpositionen: Anlagevermögen, Abschreibung, Gewinn, Rücklagen, usw.), deren Größe sich auf Grund von Theorien, Meinungen und Übereinkünften ergibt. In der Regel ist es nicht möglich, auf solche Angaben den hier benutzten Fehlerbegriff anzuwenden. Diese Schwierigkeit zeigt Morgenstern, indem er den einzelnen Bilanzpositionen hypothetische "Realisierungs-Wahrscheinlichkeiten" zuordnet und danach eine Reihenfolge aufstellt, wobei er zu dem Ergebnis kommt, daß die "wirklich verläßlichen" Zahlen nur einen geringen Prozentsatz in der Bilanz darstellen. Der Autor stellt fest, daß es schwierig sein wird, eine statistische Theorie zu entwickeln, die einer solchen Sachlage gerecht wird, nämlich "einer geordneten Mischung oder Folge von sicheren Zahlen mit Mutmaßungen und Schätzungen von wachsender Unsicherheit. Diese Aufeinanderfolge ist nicht zufällig, sondern unterliegt eigenen Regeln und Konventionen sowie einem gewissen Grad von Stabilität. Die Zusammenfassung solcher Zahlen liefert ein gewisses Maß an Information, wenn auch nicht in der üblicherweise erwarteten Art. Es ist auch nicht augenfällig oder intuitiv zu erkennen, wie der gewöhnlich vorkommende Fehlerbegriff hier anwendbar sein sollte (vgl. Morgenstern, 1965, S. 84).

Eine weitere Konzeption, für den Datennutzer verwendungsrelevante Hinweise anzubieten und auch dem Statistiker "internen Einblick" über die Güte der Daten zu geben, besteht darin, den **Gesamtfehler** (vgl. Einführung 2.5) in eine zufällige und systematische Fehlerkomponente aufzulösen und zu **schätzen**.

Als **statistischer Fehler** wird die Abweichung des Ergebnisses einer Beobachtung von dem wahren Wert verstanden, wobei letzterer grundsätzlich unbekannt bleibt, jedoch unter Umständen approximativ in Erfahrung gebracht werden kann. Es wird zwischen zwei Formen, dem zufälligen (random error) und dem systematischen Fehler (bias) unterschieden: Mit der ersten Fehlerart wird die **zufällige** Abweichung, mit der zweiten die nicht-zufällige, **systematische** (verzerrende) Abweichung des Ergebnisses einer Beobachtung von dem wahren Wert bezeichnet.

Sei das aufgrund der Erhebung zu gewinnende Stichprobenmittel mit $\bar{z}$ und der entsprechende wahre Wert mit $\bar{x}$ bezeichnet, so gibt die Differenz zwischen $\bar{z}$ und der mathematischen Erwartung von $\bar{z}$, $E(\bar{z})$ den zufälligen Fehler wieder, während die Differenz aus $E(\bar{z})$ und $\bar{x}$ den systematischen Fehler β bezeichnet. Das Erhebungsergebnis ist **präzise** wenn $\bar{z}-E(\bar{z}) = 0$; es ist **richtig** wenn $E(\bar{z})-\bar{x} = 0$. Die Definition des systematischen Fehlers in Erhebungen (Beobachtungen) gründet sich also auf eine Anwendung der aus der Schätztheorie bekannten Begriffe der Verzerrtheit bzw. Erwartungstreue. Letztere ist gegeben, wenn gilt: $E(\bar{z})-\bar{x} = 0$, woraus folgt: $E(\bar{z}) = \bar{x}$.

Neben der Bestimmung des systematischen Fehlers als Differenz des Erwartungswertes einer Schätzung und dem wahren Wert finden sich Definitionen, die auf seine statistischen Eigenschaften abstellen. Während das Gesetz der großen Zahlen sich als der zentrale Satz über den Zufallsfehler erweist, wonach mit wachsender Zahl von Beobachtungen die individuellen Zufallsabweichungen zum gegenseitigen Ausgleich tendieren, kumulieren sich die individuellen systematischen Abweichungen. Systematische Fehler können deswegen als "Abweichungen gegenüber der Wirklichkeit, die stets in **einer Richtung** auftreten, bezeichnet werden" (vgl. Strecker 1963, S. 133).

Eine weitere Eigenschaft, in der sich beide Fehlerarten unterscheiden, bezieht sich auf die **Meßbarkeit**. Zwar bleibt hinsichtlich dieser Eigenschaft auch der wahre Zufallsfehler unbekannt, jedoch ist die statistische Theorie so weit ausgebaut, daß - sofern der Umfang der Beobachtungen hinreichend groß ist - eine ausreichend genaue Schätzung auf der Grundlage von Wahrscheinlichkeitsgesetzen gefunden werden kann (vgl. 1.2.2). Der erfolgreichen Behandlung des zufälligen Fehlers durch Anwendung der Gesetze der Wahrscheinlichkeitsrechnung steht jene nicht in gleichem Maße befriedigende Situation hinsichtlich des systematischen Fehlers gegenüber, für den noch immer gilt, daß er sich weitgehend einer Meßbarkeit entzieht. Dieser Mangel liegt größtenteils darin begründet, daß eine unter Anwendung des Wahrscheinlichkeitskalküls bestimmbare Approximation für den wahren Wert eines Merkmals in der Regel nicht angegeben werden kann. In diesem Zusammenhang ist auf das Konzept des wahren Wertes in Verbindung mit den Möglichkeiten seiner **Approximation** einzugehen.

Die von Zarkovich (vgl. Zarkovich 1966, S. 53) vorgeschlagene Definition des **wahren Wertes** eines Erhebungsergebnisses, wonach dieser sich ergibt, wenn ein bestimmtes Arbeitssystem ("adopted system of work") konform mit der Zielvorstellung durchgeführt wird, bedarf für die praktische Verwendung einer weiteren Operationalisierung dahingehend, daß ein begründet hohes Maß an

Vertrauen bestehen muß, daß das Arbeitssystem relativ konform zu den Zielvorstellungen funktioniert. Damit wird zum Ausdruck gebracht, daß es sich nicht um ein Verfahren handelt, das exakt oder wahrscheinlichkeitstheoretisch abgesichert einen Näherungswert für den wahren Wert von Erhebungsergebnissen liefert; es kann jedoch ein indirektes Kriterium gefunden werden, das erlaubt, Erhebungsverfahren zu entwickeln, die als Kontroll- oder Standardverfahren anzusehen sind. Eine solche Möglichkeit besteht in der Gewinnung von Informationen beispielsweise darüber, mit welcher Sorgfalt die Kontrollerhebung durchgeführt worden ist, in welchem Umfang die Instruktionen seitens des statistischen Personals befolgt worden sind und welche Schwierigkeiten während der einzelnen Erhebungsphasen aufgetreten sind. Diese auf kleinere, sorgfältige Untersuchungen sich stützenden Hinweise ermöglichen ein (letzten Endes subjektives) Urteil darüber, ob die Ergebnisse des Kontrollverfahrens jenen der Grunderhebung überlegen sind. Dieses Verfahren zur Approximation des wahren Wertes von Erhebungen entspricht jenem in den Naturwissenschaften, bei dem der wahre Wert im Sinne eines **"bevorzugten"** Wertes einen durch Experten zugewiesenen Wert darstellt.

Die Erhebung, die als Kontrollverfahren gegenüber der Grunderhebung eingesetzt wird, ist in der Regel eine Stichprobe (vgl. Einführung 2.3), da die Ergebnisse kurzfristig in bezug auf die zu untersuchende Erhebung (Grunderhebung) vorliegen müssen, und außerdem nur relativ geringe Kosten verursachen dürfen. Unter den Kontrollverfahren in Form der **Nacherhebung** kann unterschieden werden zwischen primären und sekundären Kontrollstichproben; unter den erstgenannten sind solche Stichprobenstatistiken zu verstehen, deren primärer Zweck in der Überprüfung der Grunderhebung besteht. Wird eine bereits vorliegende Stichprobenerhebung, in der zumindest ein Teil der Elemente der zu untersuchenden Erhebung wiederzufinden ist, nachträglich zur Kontrolle der Grunderhebung verwendet, so dient sie als sekundäre Kontrollstichprobe. Bei der Konzeption eines Systems von wirtschafts- und sozialstatistischen Erhebungen sollte darauf geachtet werden, daß Erhebungen in bezug auf wenigstens einige Merkmale als Kontrollerhebungen für andere Zählungen dienen können und somit kostenintensive primäre Nacherhebungen teilweise ersetzen können.

Sowohl bei den primären als auch sekundären Kontrollstichproben werden die Angaben Einheit für Einheit mit denen der Grunderhebung verglichen, um bei der manuellen oder maschinellen "Zusammenführung" der Individualdaten die Summe und Differenz divergierender individueller Angaben festzustellen. Die Summe der positiven Abweichung c und negativen Abweichung b, bezogen auf den verwertbaren Stichprobenumfang n, wird als mittlerer **Bruttofehler** bezeichnet; die entsprechende mittlere Differenz $(c-b)/n$, verstanden als Summe der relativen Abweichung unter Berücksichtigung der Vorzeichen, wird als **Nettofehler** bezeichnet und unmittelbar zur Schätzung des systematischen Fehlers verwendet (vgl. 8.2.1).

Der mittlere Bruttofehler einer Erhebung gilt als Indikator für die Qualität der Daten aus einer Erhebung (vgl. Strecker 1995, S. 403ff.). Es gibt Erhebungen, in denen sich die individuellen Nettofehler exakt oder ungefähr um 0 symmetrisch verteilen, während das Mittel der Bruttofehler größer als 0 ist. Beurteilt man in einem solchen Fall die Datenqualität nur aufgrund des Mittels der Nettofehler, so würde man folgern, daß die Resultate der Erhebung kaum mit Fehlern behaftet sind, während der Mittelwert der Bruttofehler auf Fehler in den Daten hinweist.

8.2 Intervallschätzung des systematischen Fehlers

8.2.1 Schätzwert des systematischen Fehlers

Im folgenden wird ein Modell zur Intervallschätzung des systematischen Fehlers in den Angaben der Befragten angegeben, wobei es sich um den in der empirischen Wirtschafts- und Sozialforschung häufigsten Fall von qualitativen oder kategorisiert quantitativen Merkmalen - etwa für Personen - handelt (vgl. Krug 1976, S. 34ff.). Um den Schätzwert des mittleren systematischen Fehlers in den Angaben einer Grunderhebung anzugeben, wird zunächst davon ausgegangen, daß der wahre Wert x_i der *i-ten* befragten Person ($i= 1,...,N$) auf Grund einer totalen Nacherhebung bekannt ist. Als Ergebnis der Grunderhebung liegen die Antworten z_i ($i= 1,...,N$) vor.

Für den mittleren systematischen Fehlers $\overline{\beta}$ gilt:

$$\overline{\beta} = \frac{1}{N}\sum_{i=1}^{N}(z_i - x_i) \qquad (8.2.1)$$

Da es sich um attributive Merkmale handelt, ist die folgende Zerlegung von Formel (8.2.1) möglich:

$$\overline{\beta} = \frac{1}{N}(\sum_{>0}(z_i - x_i) + \sum_{<0}(z_i - x_i)) \qquad (8.2.2)$$

Für alle Personen, die "positiv gelogen" haben, ergibt sich nämlich:

$$z_i - x_i > 0$$

Und zwar gilt die Zuordnung:

$$c_i = \begin{cases} 1, \text{wenn der } i\text{-te Befragte "positiv gelogen" hat} \\ 0, \text{wenn der } i\text{-te Befragte nicht "positiv gelogen" hat} \end{cases}$$

Eine "positive Lüge" liegt dann vor , wenn der Befragte fälschlicherweise mit "ja" antwortet. Hat der Befragte nicht "positiv gelogen", so schließt dieser Fall zwei mögliche Antworten ein: Der Befragte kann entweder fälschlicherweise mit "nein" antworten, so daß diese Angabe unrichtigerweise von der Zuordnung zu dem betreffenden Merkmal ausgeschlossen wird; oder der Befragte erteilt eine wahre Antwort, so daß $z_i - x_i = 0$.

Analog gilt die Zuordnung:

$$b_i = \begin{cases} 1, & \text{wenn der } i\text{-te Befragte "negativ gelogen" hat} \\ 0, & \text{wenn der } i\text{-te Befragte nicht "negativ gelogen" hat} \end{cases}$$

Im ersten Fall antwortet der Befragte fälschlicherweise mit "nein". Der Befragte hat dann nicht negativ gelogen, wenn er wahre Angabe gemacht oder fälschlicherweise mit "ja" geantwortet hat. Für Gleichung (8.2.2) kann geschrieben werden:

$$\bar{\beta} = \frac{1}{N} \sum_{i=1}^{N} (c_i - b_i) \qquad (8.2.3)$$

Im folgenden wird von der Annahme ausgegangen, daß zur Ermittlung der wahren Werte eine Kontrollstichprobe von Personen gezogen wird, wobei n Erhebungseinheiten mit den Nummern i_k $(k=1,2,...,n)$ in der Weise ausgewählt werden, daß jede Person die gleiche Wahrscheinlichkeit besitzt, in die Auswahl zu kommen. Die wahren Werte der ausgewählten Personen werden mit x_{i_k} bezeichnet. Die entsprechenden Angaben in der Grunderhebung lauten z_{i_k}.

Für die Schätzung des mittleren systematischen Fehlers ergibt sich dann:

$$\hat{\bar{\beta}} = \frac{1}{n} \sum_{k=1}^{n} (z_{i_k} - x_{i_k}) \qquad (8.2.4)$$

Die zu (8.2.2) analoge Zerlegung führt zu:

$$\hat{\bar{\beta}} = \frac{1}{n} \sum_{k=1}^{n} (c_{i_k} - b_{i_k}) \qquad (8.2.5)$$

Werden

$$c = \sum_{k=1}^{n} c_{i_k}$$

und

$$b = \sum_{k=1}^{n} b_{i_k}$$

gesetzt, so kann geschrieben werden:

$$\hat{\bar{\beta}} = \frac{1}{n}(c - b) \qquad (8.2.6)$$

Dieser Sachverhalt läßt sich in der folgenden Vierfeldertafel veranschaulichen:

Ergebnisse der Nacherhebung	Ergebnisse der Grunderhebung		Insgesamt
	$z_i = 1$	$z_i = 0$	
$x_i = 1$	a	b	a + b
$x_i = 0$	c	d	c+d
Insgesamt	a+c	b+d	n

Die Häufigkeit übereinstimmender Angaben identischer Personen in der Totalerhebung und Kontrollstichprobe werden durch *a* und *d*, die entsprechenden Häufigkeiten der Fälle mit den Abweichungen durch *c* und *b* gegeben. Die Summe der Häufigkeiten *a, b, c* und *d* ist identisch mit dem Stichprobenumfang *n*. Die Differenz zwischen den fälschlicherweise als 1 ("positive Lügen") und fälschlicherweise als 0 ("negative Lügen") klassifizierten Werten in Relation zum Stichprobenumfang wird zur Schätzung für den mittleren systematischen Angabefehler nach Gleichung (8.2.6) herangezogen (relativer Nettofehler).

8.2.2 Modell zur Intervallschätzung

Zur Intervallschätzung des systematischen Fehlers sind zwei Einflußgrößen in Betracht zu ziehen:

- Es entsteht ein Stichprobenzufallsfehler dadurch, daß die Nacherhebung auf der Basis einer **Stichprobe** (ohne Zurücklegung) durchgeführt wird. Durch Vergleich der Angaben von identischen Einheiten in der Totalerhebung und der Kontrollstichprobe werden sowohl die fälschliche Zuordnung *c* von Angaben zu bestimmten Merkmalen als auch die fälschliche Nichtzuordnung *b* zu diesen Merkmalen ermittelt, wobei den Größen *c* und *b* der Stichprobe vom Umfang *n* die Größen *C* und *B* in der Grundgesamtheit entsprechen[2].

[2] *B* ist nicht zu verwechseln mit dem vormals eingeführten *B* als (gesamter) systematischer Fehler (bias).

- Es ist die **Antwortvariabilität** zu beachten, die dadurch entsteht, daß den Befragten eine unterschiedliche Wahrscheinlichkeit zukommt, eine falsche Angabe zu machen. (d.h. "positiv" oder "negativ" zu "lügen"). Sie ist auch dann gegeben, wenn Grunderhebung und Kontrollerhebung als Totalzählung durchgeführt werden.

Um bei bestimmter Irrtumswahrscheinlichkeit α den Vertrauensbereich des mittleren systematischen Angabefehlers nach:

$$W(\beta_1 \leq \bar{\beta} \leq \beta_2) \geq 1-\alpha \tag{8.2.7}$$

zu bestimmen, werden zunächst die Konfidenzintervalle von *C/N* und von *B/N* mit den entsprechenden Irrtumswahrscheinlichkeiten α_C bzw. α_B angegeben und anschließend die entsprechende Zusammenfassung der Vertrauensbereiche beider Größen gebildet, für die dann die Wahrscheinlichkeit $\geq 1-\alpha_B-\alpha_C$ gilt.

Ausgehend von den empirisch ermittelten "positiven Lügen" c_{i_k} $(k=1,\dots,n)$ läßt sich eine mittlere empirische "positive Lüge" $\bar{c}$ angeben:

$$\bar{c} = \frac{1}{n}\sum_{k=1}^{n} c_{i_k} \tag{8.2.8}$$

Nicht mehr empirisch zu ermitteln, ist dagegen die "mittlere positive Lüge" $\bar{C}$:

$$\bar{C} = \frac{1}{N}\sum_{i=1}^{N} c_i \tag{8.2.9}$$

Die Gleichung (8.2.8) stellt nur jene Stufe dar, auf der dem Stichprobenzufallsfehler im engeren Sinne Rechnung getragen wird. Die zweite Stufe, charakterisiert durch die Beachtung der Variation der Antworten in der Gesamtheit (Antwortvariabilität), wird durch (8.2.10) ausgedrückt:

$$P = \frac{1}{N}\sum_{i=1}^{N} p_i \tag{8.2.10}$$

Hierin bezeichnet p_i die Wahrscheinlichkeit, eine "positive Lüge" beim *i-ten* Befragten zu erhalten, und *P* gibt die entsprechende mittlere Gesamtwahrscheinlichkeit an. Sie stellt die gesuchte Größe dar.

$\bar{C}$ und *P* liegen in den Intervallen $\bar{C}_1 \leq \bar{C} \leq \bar{C}_2$ bzw. $P_1 \leq P \leq P_2$; P_1 und P_2 hängen von $\bar{C}$ ab (zur Ableitung des Zusammenhangs vgl. Krug 1976, S. 63ff.), so daß gilt:

$$P_1(\bar{C}) \leqq P \leqq P_2(\bar{C}) \text{ und } \bar{C}_1(\bar{c}) \leqq \bar{C} \leqq \bar{C}_2(\bar{c})$$

Der Vertrauensbereich des zweistufigen Modells lautet für *C/N* wie folgt:

$$W\left\{P_1(\overline{C}_1(\overline{c})) \leqq \frac{C}{N} \leqq P_2(\overline{C}_2(\overline{c}))\right\} \geqq 1-\alpha_{C_I}-\alpha_{C_{II}}$$ [3]

Auf der ersten Stufe des Modells errechnen sich die Unter- bzw. Obergrenzen $\overline{C}_{1(2)} = \overline{C}_1$ bzw. $\overline{C}_2(\overline{c}) = \overline{C}_2$ des Vertrauensbereichs mit (vgl. Krug 1976, S. 65):

$$\overline{C}_{1(2)} = \frac{2\overline{c} + \frac{k^2}{n}\left(\frac{N-n}{N-1}\right) (\mp) \sqrt{\frac{k^4}{n^2}\left(\frac{N-n}{N-1}\right)^2 + 4(\overline{c}-\overline{c}^2)\frac{k^2}{n}\left(\frac{N-n}{N-1}\right)}}{2\left(1+\frac{k^2}{n}\left(\frac{N-n}{N-1}\right)\right)} \quad (8.2.11)$$

Bei Einbeziehung der Antwortvariabilität (zweite Stufe) sind die entsprechenden Grenzen $P_1(\overline{C}_1(\overline{c}))$ bzw. $P_2(\overline{C}_2(\overline{c}))$ des Vertrauensbereichs *C/N* gegeben durch:

$$P_{1(2)}\overline{C}_{1(2)} = \frac{2\overline{C}_{1(2)} + \frac{k'^2}{N} (\mp) \sqrt{\frac{k'^4}{N^2} + 4(\overline{C}_{1(2)} - \overline{C}^2_{1(2)})\frac{k'^2}{N}}}{2\left(1+\frac{k'^2}{N}\right)} \quad (8.2.12)$$

In analoger Weise ist der Vertrauensbereich von *B/N* zu bestimmen:

$$W\left\{P_1(\overline{B}_1(\overline{b})) \leqq \frac{B}{N} \leqq P_2(\overline{B}_2(\overline{b}))\right\} \geqq 1-\alpha_{B_I}-\alpha_{B_{II}}$$

Wird beachtet, daß $\alpha_B = \alpha_{B_I} + \alpha_{B_{II}}$ und $\alpha_C = \alpha_{C_I} + \alpha_{C_{II}}$ sowie $\alpha_B + \alpha_C = \alpha$, so ist die Intervallschätzung des systematischen Fehlers nach (8.2.7) durchgeführt.

Aufgrund einiger Abschätzungen anhand der Formeln (8.2.11) und (8.2.12) ergibt sich, daß die Antwortvariabilität und der Stichprobenzufallsfehler die Länge des Konfidenzintervalls etwa im Verhältnis $1 : \sqrt{\frac{N}{n} - 1}$ beeinflussen.

[3] Die aus der standardisierten Normalverteilung abgeleiteten Werte (obere Integrationsgrenzen) für die Irrtumswahrscheinlichkeiten α_{CI} *bzw.* α_{CII} werden mit *k* bzw. *k´* bezeichnet.

8.3 Angabefehler in erwerbsstatistischen Daten

Die Anwendung des in Abschnitt 8.2.2 dargestellten Modells, den systematischen Fehler aus den Angaben der Befragten zu schätzen, erfolgt zunächst für erwerbsstatistische Daten der amtlichen Statistik. Dabei wird auf eine sekundäre Kontrollstichprobe zurückgegriffen. Es kann gezeigt werden, daß die 0,1%-Befragung des Mikrozensus für die Nachprüfung der Volks- und Berufszählung 1961 dann geeignet ist, wenn es um den Nachweis fehlerhafter Zuordnungen der Erwerbs- und Nichterwerbspersonen geht. Es erweisen sich sowohl der kategoriale Inhalt in Form des Erwerbs- und Unterhaltskonzepts als auch die zeitliche und räumliche Abgrenzung der Merkmale in beiden Erhebungen vergleichbar. Außerdem erfüllt der Mikrozensus weitgehend die Erfordernisse, die zur Gewinnung "bevorzugter" Werte notwendig sind.

Im Rahmen des Auswahlverfahrens ist bei der Gemeindeauswahl eine Güteprüfung nach mehreren Merkmalen seitens der amtlichen Statistik durchgeführt worden, um eine möglichst unverzerrte Auswahl zu gewinnen, "... so daß in der Gemeindeauswahl kein wesentlicher systematischer Fehler hinsichtlich der zu kontrollierenden Merkmale sein kann" (vgl. StBA [8.1] 1963, S. 38). Die für die zweite Auswahlstufe relevante Gesamtheit der Wohnungen deckt sich aus verschiedenen Gründen nicht ganz mit der tatsächlichen Bestandsmasse zum Erhebungszeitpunkt, was folglich auch für die einbezogenen Haushalte und Personen gilt. Es darf jedoch angenommen werden, daß systematische Fehler durch mangelnde Repräsentation höchstens im Bereich der Neubaugebiete vorhanden sind.

Während sich also unter Bezug auf das Auswahlverfahren keine Anhaltspunkte für beträchtliche systematische Verzerrungen zeigen, bleibt zu erörtern, ob eine ähnliche Aussage im Hinblick auf die Erhebungsfehler des Mikrozensus gemacht werden kann. Soweit es verzerrende Effekte seitens der Interviewer betrifft, ist im Rahmen der Vorbereitungsarbeit mit Hilfe der Varianzanalyse festgestellt worden, daß vor allem die Anwendung und Abgrenzung von Begriffen wie Wohnung und Haushalt zu solchen Fehlern führte (vgl. StBA [8.2] 1960, S. 173ff.). Es ist anzunehmen, daß bei der Durchführung des Mikrozensus diese Mängel mit Hilfe eines gut geschulten und zuverlässig arbeitenden Interviewerstabes zumindest gemindert worden sind. Diesem vermutlich kleinen "Interviewereffekt" steht die Erhöhung der Antwortbereitschaft und die Reduzierung des Angabefehlers der Befragten gegenüber, etwa durch Wiederholung des Befragungsversuchs bei nicht angetroffenen Haushalten, genaue Formulierungen und Erklärungen der einzelnen Fragestellungen usw. In dieser Hinsicht ist der Mikrozensus der zu kontrollierenden Grunderhebung überlegen. Denn bei der Volks- und Berufszählung 1961 sind die Haushaltslisten grundsätzlich vom Auskunftspflichtigen (Haushaltsvorstand und dessen Vertreter) selbst auszufüllen, während sie vom Zähler lediglich allgemein auf "Vollständigkeit und Richtigkeit" zu überprüfen sind. Diese in den Anleitungsrichtlinien für die Zähler vorgesehene Prüfung ist allerdings häufig unzulänglich realisiert worden.

Zur Intervallschätzung der systematischen Fehler in den erwerbsstatistischen Angaben der Volks- und Berufszählung 1961 wird ein merkmalsspezifischer Vergleich der Individualangaben der Grund- und Kontrollerhebung durchgeführt, wobei Probleme der "Zusammenführung" der Daten beider Erhebungen zu lösen sind. Dem Merkmalsvergleich werden 18.320 Haushalte mit Einzelangaben von 51.520 Personen unterzogen. Die erwerbsstatistischen Merkmale betreffen den überwiegenden Lebensunterhalt, die Stellung im Beruf, die weitere Tätigkeit und die nach entsprechenden Systematiken zusammengefaßten Gruppen der Geschäftszweige und Berufe. Der tabellarische Ausweis von Ergebnissen (vgl. Übersicht 8.2) beschränkt sich auf jene erwerbsstatistischen Merkmale, deren systematische 95%-Fehlerintervalle nicht den Wert Null überdecken. Von den über 90 in die Untersuchung einbezogenen Merkmalen gilt dies demnach nur für 8 Kategorien. Die Vertrauensbereiche, die sich auf gleiche Irrtumswahrscheinlichkeiten bei beiden Intervallgrenzen gründen, werden zunächst unter der Annahme einer einfachen Zufallsstichprobe errechnet und dann mit Hilfe des "Designeffekt-Faktors" (vgl. 12.1.2) von 1,25 korrigiert (vgl. StBA [8.1] 1963, S. 31ff.), um dem Mikrozensus-Stichprobenplan Rechnung zu tragen.

Übersicht 8.2: *95%-Intervalle des systematischen Fehlers in den Angaben zu erwerbsstatistischen Merkmalen in der Volkszählung 1961*[1)]

Gesamtheit[2)]	Merkmal	Systematischer Fehler[3)]		Relativer systematischer Fehler	
		Untergrenze $100\,\beta_1$	Obergrenze $100\,\beta_2$	Untergrenze $100\,(\beta_1/\bar{z})$	Obergrenze $100\,(\beta_2/\bar{z})$
I	Überwiegender Lebensunterhalt Erwerbstätigkeit	0,48	1,10	1,1	2.6
I	Überw. Lebensunterhalt: durch Angehörige	-1,03	-0,42	-2,4	-1,0
I	Stellung im Beruf: Arbeiter	-0,85	-0,29	-4,0	-1,4
I	Stellung im Beruf: Angestellte	0,24	0,71	2,3	6,9
E	Stellung im Beruf: Arbeiter	-1,21	-0,29	-2,7	-0,7
E	Stellung im Beruf: Angestellte	0,50	1,38	2,3	6,4
I	Weitere Tätigkeit: keine	-0,37	-0,04	-0,8	-0,1
I	Weitere Tätigkeit: Landwirtschaft	0,02	0,27	1,0	14,3

1) Vertrauensgrenzen bei Berücksichtigung des "Planfaktors" 1,25 für die 0,1%-Mikrozensus-Befragung.

2) E: Erwerbspersonen, I: Erwerbs- und Nichterwerbspersonen.

3) Nach Formel (8.2.7).

Die empirischen Ergebnisse machen deutlich, daß die Zugrundelegung von 95%-Intervallen nur für die in Übersicht 8.2 angegebenen erwerbsstatistischen Merkmale erlaubt, den systematischen Fehler in Form einer eindeutigen Über-

(positives Vorzeichen) oder Unterschätzung (negatives Vorzeichen der Konfidenzbereiche) zu quantifizieren. Ein rein positiver systematischer Fehlerbereich liegt bei den Angaben der Erwerbs- und Nichterwerbspersonen zum Merkmal "überwiegender Lebensunterhalt durch Erwerbstätigkeit" und zur Frage nach der "Stellung im Beruf als Angestellter" sowie in den Antworten zu einer "weiteren Tätigkeit in der Landwirtschaft" vor. Eine systematische Unterschätzung zeigt sich in den Angaben zur Frage nach dem "überwiegenden Lebensunterhalt durch Angehörige", in der Eingruppierung als "Arbeiter" und bei dem Nachweis "keiner weiteren Tätigkeit".

Hinsichtlich der relativen Größe der systematischen Fehlerbereiche (unter Bezug auf die jeweiligen mit der Grunderhebung geschätzten Anteile der Personen) zeigt sich, daß die Angaben der Erwerbspersonen zur Frage nach der "beruflichen Stellung als Arbeiter" relativ niedrige Werte (-2,7% bis -0,7%) aufweisen, die sich erhöhen, wenn die Grundgesamtheit die Nichterwerbspersonen einschließt. In diesem Fall reicht das Fehlerintervall von -4% bis -1,4%. Auch die Angaben zum "überwiegenden Lebensunterhalt durch Erwerbstätigkeit" bzw. "durch Angehörige" weisen noch relativ bescheidene Fehlerbereiche (1,1% bis 2,6% bzw. -2,4% bis -1,0%) auf. Größere systematische Fehler, die etwa im Bereich zwischen 2,3% und 6,9% liegen, finden sich in den Antworten zur Frage nach der "beruflichen Stellung als Angestellter", und zwar sowohl wenn die Erwerbspersonen gesondert als auch zusammen mit den Nichterwerbspersonen betrachtet werden.

Die Tatsache, daß die untersuchten Vertrauensbereiche in den überwiegenden - hier nicht aufgeführten - Fällen den Wert Null überdecken, ist auf verschiedene Ursachen zurückzuführen: Zum einen erweisen sich die systematischen Fehler in den erwerbsstatistischen Daten als meist tatsächlich relativ niedrig; zum anderen gibt es Merkmale, deren schwache Besetzungshäufigkeit zu einem relativ breiten Vertrauensbereich führt (der beispielsweise zwischen 1,0% und 14,3% liegt), so daß dieser dann keinen Nachweis signifikanter systematischer Fehler erlaubt. Hier zeigen sich die Grenzen von Kontrollstichproben.

Die Vertrauensbereiche sind mit einer Sicherheitswahrscheinlichkeit von 95% berechnet worden. Eine derartige Sicherheit ist auf dem Gebiet der Intervallschätzung der amtlichen Stichprobenergebnisse kaum üblich. Es empfiehlt sich, eine allgemeine Prüfung gegenüber der Nullhypothese, es existiere kein systematischer Fehler, durchzuführen und dasjenige Signifikanzniveau anzugeben, auf dem sich systematische Fehler bei erwerbsstatistischen Merkmalen gerade noch sichern lassen. Bei der Überprüfung der Nullhypothese ist das angegebene Modell zur Intervallschätzung verwendet worden (vgl. Krug 1976, S. 88ff.). Übersicht 8.3 zeigt, bei welcher Sicherheitswahrscheinlichkeit sich systematische Fehler für weitere erwerbsstatistische Merkmale signifikant nachweisen lassen. Zum Beispiel ist die Nullhypothese fehlender systematischer

Fehler für die Angaben zu verschiedenen Wirtschaftsunterabteilungen und Berufsgruppen auf einem durchaus "vertretbaren" Sicherheitsniveau von über 70% abzulehnen. Die Gegenüberstellung der ein- und der zweistufigen Schätzung zeigt den quantitativ bedeutsamen Einfluß der Stichprobenvariabilität.

Übersicht 8.3: *Erwerbsstatistische Merkmale nach der statistischen Sicherheit des Tests gegenüber der Nullhypothese*[1)]

Gesamtheit[2)]	Merkmale	Sicherheitswahrscheinlichkeit (%)	
		einstufig	zweistufig
E	Wirtschaftsunterabteilung 25[3)]	98,0	97,3
I	Wirtschaftsabteilung: Organisation ohne Erwerbscharakter und Private Haushalte	97,0	95,9
I	Wirtschaftsunterabteilung 25[3)]	91,2	88,4
I	Berufsgruppe: Handelsberufe	89,4	86,1
E	Berufsgruppe: Mithelfende Familienangehörige in der Land- und Forstwirtschaft	85,2	80,9
I	Berufsgruppe: Mithelfende Familienangehöriger in der Land- und Forstwirtschaft	77,3	71,4
I	Berufe der Verwaltung, des Rechtswesens und der Sozialpflege	74,4	67,9
E	Berufsgruppe: Handelsberufe	73,8	67,3
E	Berufsgruppen 11, 12[4)]	72,3	65,4
E	Stellung im Beruf: Beamter	72,1	65,2
I	Berufsgruppe: Mithelfende Familienangehörige außerhalb der Land- und Forstwirtschaft	71,1	64,0
I	Weitere Tätigkeit:nicht landwirtschaftlich	68,0	60,4
I	Überwiegender Lebensunterhalt: Arbeitslosengeld usw.	67,1	59,6
I	Stellung im Beruf: Lehrling	67,1	59,2
I	Stellung im Beruf: Beamter	64,7	56,5
E	Stellung im Beruf: Familienangehöriger	63,8	55,4
I	Wirtschaftsunterabteilung: Stahl-, Maschinen- und Fahrzeugbau	62,6	54,0

1) Ohne Berücksichtigung des "Planfaktors" von 1,25.
2) E: Erwerbspersonen, I: Erwerbspersonen und Nichterwerbspersonen.
3) Die Wirtschaftsunterabteilung 25 umfaßt die Gruppen: Elektrotechnik, Feinmechanik und Optik, Herstellung von EBM-Waren, Musikinstrumenten, Sportgeräten, Spiel- und Schmuckwaren.
4) Die Berufsgruppe 11 umfaßt die Berufe: Ackerbauer, Tierzüchter, Gartenbauer; die Berufsgruppe 12 enthält: Forst-, Jagd- und Fischereiberufe.

Darüber hinaus hilft das Prüfverfahren zu entscheiden, inwieweit eine vorhandene Nacherhebung zum Nachweis von systematischen Fehlern bei detaillierteren Merkmalsgliederungen verwendet werden kann, und es gibt Hinweise zur Gestaltung einer für diese Zwecke geeigneten Kontrollstichprobe.

8.4 Kontrollverfahren

8.4.1 Operative Kontrollen

Das zuvor dargelegte Verfahren zur Quantifizierung des Angabefehlers ist eine Möglichkeit, den nicht-stichprobenbedingten Fehler festzustellen. Dieses Verfahren der Merkmalskontrolle gehört zu den deskriptiven Kontrollen, bei denen **nachträglich**, d.h. nach der Erhebung und Aufbereitung die Größenordnung des systematischen Fehlers bestimmt wird, um die Güte der Ergebnisse bei der Verwendung der Daten zu beachten. Dagegen wird mit den operativen Kontrollen die Aufgabe verfolgt, systematische Fehler **während** der Erstellung der Statistik zu ermitteln und die Ergebnisse zu **verbessern**. Die operativen Kontrollen umfassen auch die Korrekturverfahren bei Antwortausfällen.

Bei Großzählungen wie z.B. der Volks- und Berufszählung wird ein Kontrollsystem im Rahmen der Aufbereitung der Erhebung (vgl. 1.1.2) verwendet, bei dem sich die Einsatzstellen der operativen Kontrollen ebenso zu einem geschlossenen Prüfprogramm ergänzen wie die der deskriptiven Kontrollen. Das System der operativen Kontrollen setzt sich aus verschiedenen Phasen zusammen, die bei den Kontrollen von Zählern und Gemeinden beginnen. Zur Aufgabe des Zählers gehört es, die Erhebungseinheiten vollzählig zu erfassen und die Vollständigkeit der gemachten Angaben zu kontrollieren. Die Gemeinden haben nach Ablieferung der Erhebungs- und Ordnungspapiere durch den Zähler die Aufgabe, die Vollzähligkeit der Erfassung anhand der Zählbezirkseinteilung und Ordnungspapiere zu überprüfen. Nach Eingang der Zählpapiere in den für die Aufbereitung zuständigen Ämtern schließen sich die Kontrollen bei der Datenaufnahme (z.B. maschinelles Lesen der Erhebungspapiere) und bei der Zusammenführung der Angaben aus Ordnungs- und Erhebungspapieren an. Von besonderer Bedeutung ist schließlich die maschinelle Plausibilitätskontrolle der Angaben im Erhebungsbogen.

Beispielsweise gliedert sich die Plausibilitätskontrolle des Personenbogens nach folgenden Arbeitsschritten der Volkszählung 1987 (vgl. StBA [8.3] 1992, S. 144ff.):

- Kontrolle unzulässiger Mehrfachmarkierungen,
- Korrektur der beim maschinellen Lesen nicht bereinigten Beanstandungen,
- Signierkontrolle des handschriftlichen Teils,
- Personentypisierung,
- Korrektur bei Personen unter Berücksichtigung des Haushaltszusammenhangs,
- Kontrolle berufsstatistischer Angaben,
- Korrektur der Frage nach der weiteren Wohnung,
- Zuordnung der Auszubildenden zu den Arbeitern/Angestellten,
- Bildung von Merkern für die Typisierung von Gebäuden und Wohnungen im Gebäude und Wohnungszusammenhang.

Es gibt zwei Arten von fehlenden Angaben (missing value) in den Erhebungsergebnissen:

- Es liegen keine Angaben der Erhebungseinheit (unit nonresponse) vor, wenn der ganze Fragebogen wegen Abwesenheit oder totaler Antwortverweigerung der befragten Person fehlt.
- Die Angaben zu den Merkmalen des Fragebogens (item nonresponse) sind lückenhaft, da merkmalsspezifische Antwortverweigerungen und inkonsistente Antworten auftreten.

Durch Antwortausfälle entstehen drei Hauptprobleme:

- Die Erhebungseinheiten mit Antwortausfällen sind in der Regel systematisch verschieden von den Einheiten mit komplettem Datensatz; Analysen, die diesen Unterschied vernachlässigen, können zu verzerrten Ergebnissen führen.
- Die Existenz von Antwortausfällen bewirkt einen Informationsverlust, so daß die Schätzungen weniger effizient sind als geplant.
- Die üblichen statistischen Analysemethoden setzen vollständige Datensätze voraus. Antwortausfälle erschweren den Einsatz solcher Methoden.

Noch immer ist die übliche Behandlung von Antwortausfällen in Statistikpaketen die "complete-case analysis", wobei unterstellt wird, daß der Antwortausfall zufällig erfolgt, so daß die unvollständigen Daten eine zufällige Unterstichprobe der Originalstichprobe darstellen.

Dieses "naive" Verfahren wird dadurch verbessert, daß den antwortenden Befragten ein Nonresponse-Gewicht zugewiesen wird. Das Auswahlverfahren bestimmt die Stichprobengewichte. Werden diese mit Gewichten für die Nichtantworten multipliziert, so ergibt sich dadurch eine Möglichkeit, die Ausfalleinheiten zu berücksichtigen ("adjustments for unitresponse": vgl. Little; Schenker 1995, S. 46ff.). Als Standardverfahren, solche Gewichte zu schätzen, wird die Stichprobe in "adjustment cells" (Klassen) eingeteilt, wobei die Einteilung durch Festlegung geographischer Räume (Klumpen) oder nachträglicher Schichtungen (z.B. nach demographischen Merkmalen) erfolgen kann. Das nonresponse-Gewicht für die Elemente in einer "adjustment cell" ist dann der Kehrwert der Antwortrate in dieser Zelle. Problematisch dabei ist, daß aufgrund gleicher Klassenzugehörigkeit auf gleiche Antworten geschlossen wird.

Weitere "naive" Vorgehen bestehen darin, die fehlenden Werte durch unbedingte Stichprobenmittel und bedingte Mittelwerte (gegeben die beobachteten Werte) zu ersetzen. Ein allgemeineres Ersetzungsverfahren besteht in der "regression imputation", wobei die Regression von X_v auf $X_1,...,X_{v-1}$ aus dem vollständigen Satz geschätzt wird und die sich ergebende Regressionsfunktion verwendet wird, die geschätzten bedingten Mittel für jeden fehlenden Wert X_ν zu liefern. Ausgehend von der Kritik, daß ein Wert als ersetzter Wert nicht die Unsicherheit widerspiegelt, mit der die Verwendung des ersetzten Wertes als beobachteter behaftet ist, entwickelt Rubin (vgl. Rubin 1978) das Verfahren der "multiple imputation". Hierbei wird jeder zu ersetzende Wert durch zwei oder mehr Werte substituiert und jeder daraus resultierende Datensatz vollständig analysiert. Indem die Ergebnisse dieser Analysen kombiniert werden, wird die Unsicherheit bezüglich der fehlenden Werte inferenzstatistisch einbezogen.[4]

In der Praxis werden auch maschinelle Korrekturverfahren (vgl. Zindler 1967) verwendet, die ebenfalls ausgehend von der Annahme, daß die fehlenden Einheiten eine zufällig zustande gekommene Teilmenge der vollen Stichprobe mit gleichen Merkmalsstrukturen darstellt, "Mustersätze" speichern, so daß Korrigieren durch Einsetzen der erforderlichen Werte des "Mustersatzes" erfolgt. Beim "hot-deck"-Verfahren werden die ersetzenden Werte aus der aktuellen Stichprobe entnommen, wobei innerhalb einer Zelle ein "Spender" gesucht wird, der den fehlenden Wert gemäß fester Regeln (z.B. Ersatz durch den benachbarten Wert, zufälliger Ersatz) ersetzt. Werden Werte im "Mustersatz" verwendet, die aus externen Quellen stammen (z.B. frühere Erhebungen), so liegt das "cold-deck"-Verfahren vor.

8.4.2 Deskriptive Kontrollen

Die deskriptiven Kontrollen dienen dem Zweck, im **nachhinein** Vollzähligkeit, Vollständigkeit und Güte der vorliegenden Daten festzustellen, **ohne** daß die Aktivität zur **Korrektur** der Erhebungsergebnisse führt.

Im Rahmen der Volkszählung 1987 wurden die Ergebnisse anhand einer Nacherhebung deskriptiv kontrolliert, die eine Wiederholungsbefragung mit einem Auswahlsatz von 0,1% ist und deren rechtliche Grundlage das Volkszählungsgesetz 1987 bildete (§1, Abs. 4). Es wurde ein zweistufiges Auswahlverfahren gewählt: Die erste Stufe bildeten nach der Einwohnerzahl geschichtete, regional angeordnete Gemeinden; Auswahleinheiten zweiter Stufe waren die Zählbezirke. Mit der Durchführung der Nacherhebung wurde ein halbes Jahr nach dem Stichtag der Volkszählung begonnen.

Aufgabe der Wiederholungsbefragung war es, "Daten bereitzustellen, die Hinweise auf potentielle Über- und Untererfassungen in der Volkszählung geben

[4] Eine Übersicht über die Behandlung von Antwortausfällen in der statistischen Literatur geben Little und Schenker (vgl. Little; Schenker 1995).

können und Aussagen zur Genauigkeit der Angaben bei den erhobenen Merkmalen erlauben" (StBA [8.3] 1992, S. 191). Hinsichtlich der erstgenannten Aufgabe zeigt sich beispielsweise folgendes Ergebnis (Übersicht 8.4), ohne daß der Stichprobenzufallsfehler beachtet bzw. eine Hochrechnung unternommen wird. Diese Prüfung der Über- und Untererfassung wird auch für die Merkmale Geburtsjahr, Geschlecht und Familienstand, Staatsangehörigkeit und Beteiligung am Erwerbsleben ausgewiesen.

Übersicht 8.4: *Über- und Untererfassung (i.v.H.) der wohnberechtigten Personen in der Volkszählung 1987*

Wohnungsstatus	Übererfassung	Untererfassung	Mittlerer Nettofehler	Mittlerer Bruttofehler
Wohnberechtigt	0,58	0,68	-0,10	1,26
am Ort der Hauptwohnung	0,42	0,39	+0,03	0,81
Nebenwohnung	5,02	8,63	-3,61	3,65

Quelle: StBA [8.3] 1992, S. 1993 und eigene Berechnungen

Hinsichtlich der erstgenannten Aufgabe zeigt sich z.B. für die Unter- und Überfassung der wohnberechtigten Bevölkerung folgendes Ergebnis (vgl. Übersicht 8.4), woraus sich ein mittlerer Brutto- und Nettofehler ableitet. Obwohl diese Schätzung aufgrund einer 1%-Nacherhebung gewonnen wurde, werden keine Angaben über den Stichprobenzufallsfehler gemacht; es fehlt sowohl eine Schätzung des Standardfehlers als auch eine Intervallschätzung des mittleren Brutto- bzw. Nettofehlers.

Der Nachweis der Über- und Untererfassung erstreckt sich auch auf die Merkmale Geburtsjahr, Geschlecht, Familienstand, Staatsangehörigkeit und Beteiligung am Erwerbsleben; auch bei diesen Merkmalskontrollen fehlen die Standardfehler der Schätzung.

Übersicht 8.5: *95%-Konfidenzintervalle für den mittleren Angabefehler zur Unfallschwere (i.v.H.)*

Unfallschwere	Untergrenze	Obergrenze
keine Ausfallzeit	15,7	24,1
1-3 Ausfalltage	3,5	11,5
mehr als 3 Ausfalltage	-38,7	-32,4
mit stationärer Behandlung	4,1	12,1

Quelle: Henter 1985, S. 72

Neben dem Nachweis von systematischen Fehlern in erwerbsstatistischen Daten (vgl. 8.3) sei auf eine weitere deskriptive Kontrolluntersuchung hingewiesen, die die Bundesanstalt für Arbeitsschutz in Dortmund im Bereich der AOK Bonn (1983/84) durchgeführt hat und die sich auf Unfälle in Heim und Freizeit bezieht, die während des Erhebungszeitraumes gemeldet wurden. In einer Studie (vgl. Henter 1985) wird der Angabefehler zu den Unfalldaten nach den in Abschnitt 8.2 angegebenen Verfahren berechnet. Der Studie liegt eine zweiphasige Stichprobe zugrunde, wobei die erste Phase die Grunderhebung und die zweite die Nacherhebung auf der Basis von Zufallsstichproben darstellt. Die Datenquellen der beiden Phasen sind nicht identisch. Datenträger der ersten Phase ist der von der verletzten Person ausgefüllte Fragebogen. Die Kontrolldaten stammen vom Unfallbericht, den der behandelnde Arzt ausfüllt.

Als ein Teilergebnis der Untersuchung sind in Übersicht 8.5 Intervallschätzungen für den mittleren systematischen Angabefehler $\overline{\beta}$ zur Unfallschwere angegeben. Es zeigen sich hohe Fehlerintervalle beim Merkmal "keine Ausfallzeit," das überschätzt wird, und bei der Angabe "mehr als 3 Ausfalltage," die unterschätzt wird.

Zitierte Literatur (Kapitel 8)

Hansen, M.H.; Hurwitz, W.N.; Pritzker, L.: The Estimation and Interpretation of Gross Differences and the Simple Response Variance. In: Rao, C.R. (Hg.): Contributions to Statistics. Prof. Mahalanobis on the Occasion of his 70th Birthday. Oxford, Calcutta 1964

Henter, A.: Untersuchung zur Datenqualität und zum Problem der Nichtbeantwortung am Beispiel einer Studie zur Unfallforschung. Diplomarbeit Dortmund 1985

Kantorowitz, M.: Evaluation of the Census Data. State of Israel Central Bureau of Statistics. Bd. 1. Jerusalem (1969)

Krug, W.: Quantifizierung des systematischen Fehlers in wirtschafts- und sozialwissenschaftlichen Daten. Volkswirtschaftliche Schriften. Heft 251 (1976)

Little, R.J.A.; Schenker, N.: Missing Data. In: Arminger, G.; Clogg, C.; Sobel, M.E.: Handbook of Statistical Modeling for the Social and Behavioral Sciences. New York, London 1995

Morgenstern, O.: Über die Genauigkeit wirtschaftlicher Beobachtungen. 2. Auflage. Wien, Würzburg 1965

Rubin, D.B.: Multiple Imputation for Nonresponse in Surveys. New York 1987

Särndal C.-E.; Swensson B.; Wretman J.: Model Assisted Survey Sampling. New York; u.a. 1992

StBA [8.1]: Entwicklung der Erwerbstätigkeit. Methoden und Ergebnisse des Mikrozensus. Fachserie A. Reihe 6 (1963)

StBA [8.2]: Stichproben in der amtlichen Statistik. Stuttgart, Mainz 1960

StBA [8.3]: Volkszählung vom 25. Mai 1987. Vorbereitung, Durchführung und methodische Untersuchungen zur Volkszählung 1987. Fachserie 1. Heft 12 (1992)

Strecker, H.: Zur Genauigkeit wirtschaftsstatistischer Größen. Metrika. Bd. 6 (1963)

Strecker, H.: Modell for Decomposition of Errors in Statistical Data into Components and the Ascertainment of Respondent Errors by Means of Accuracy Checks. Jahrbücher für Nationalökonomie und Statistik. Bd. 195 (1980)

Strecker, H.: Ein Beitrag zu Fehlern in statistischen Erhebungen. Der Netto- und Bruttofehler sowie Beispiele für besondere Fehlerursachen. Allgemeines Statistisches Archiv. Bd. 79 (1995)

Strecker, H.: Der Inkonsistenz-Index - Eine Maßzahl zur Fehlermessung bei nach Größenklassen gegliederten Erhebungsergebnissen - Modell und praktische Bestimmung. Jahrbücher für Nationalökonomie und Statistik. Bd. 216 (1997) sowie eine Berichtigung Bd. 217 (1998)

Strecker, H.; Wiegert, R.: Antwortvariabilität und Adjustierung. Allgemeines Statistisches Archiv. Bd. 73 (1989)

Zarkovich, S.S.: Quality of Statistical Data. Food and Agriculture Organization of the United Nations. Rom 1966

Zarkovich, S.S.: System of Statistical Quality Codes. Bulletin of the International Statistical Institute. Bd. 40 (1967)

Zindler, H.J.: Die Auswirkung maschineller Korrekturverfahren. Metrika. Bd. 11 (1967)

9 Wirtschaftsstatistische Berichtssysteme zu Sektoren

9.1 Berichtssysteme zu Wirtschaftssektoren

9.1.1 Bereichsübergreifende Erhebungen

Die existierenden wirtschaftsstatistischen Berichtssysteme werden durch die Bereichsstatistiken des Produzierenden Gewerbes, der Landwirtschaft und des Handels gebildet. Bevor auf diese eingegangen wird, ist auf Erhebungen hinzuweisen, die in ihren Erfassungsgrundlagen über diese Bereiche hinausgehen. Es handelt sich um die Arbeitsstättenzählung und die Umsatzsteuerstatistik.

Die **Arbeitsstättenzählung**[1] wird als Totalerhebung aus zählungstechnischen Gründen gemeinsam mit der Volks- und Berufszählung - zuletzt 1987 - durchgeführt (vgl. Einführung 2.3). Erhebungseinheiten sind alle Arbeitsstätten[2] in den Bereichen Produzierendes Gewerbe, Gewerbliche Landwirtschaft, Handel und Verkehr, Banken und Versicherung, Reinigung und Körperpflege (z.B. Friseur), Gastgewerbe, Wissenschaft, Bildung, Kultur, Kunst und Publizistik, Gesundheitswesen (z.B. Ärzte), Rechts- und Wirtschaftsberatung (z.B. Anwälte), Kirchen, sonstige Organisationen ohne Erwerbscharakter (z.B. politische Parteien, kulturelle Vereinigungen, Sportverbände), Behörden und Sozialversicherung. Um Unternehmensergebnisse zu gewinnen, wird bei jeder Arbeitsstätte die Niederlassungsart (Haupt- oder Zweigniederlassung eines Unternehmens) festgestellt, so daß sich die Anzahl der Unternehmen aus der Summe der einzelnen Niederlassungen und der Hauptniederlassungen ergibt.

Erfaßt werden insbesondere folgende Merkmale: Rechtsform der Unternehmen, wirtschaftliche Tätigkeit, Eröffnungsjahr, Zahl der tätigen Personen nach Geschlecht und Stellung im Betrieb, Teilzeitbeschäftigte und ausländische Arbeitnehmer nach Geschlecht und Bruttolohn- und Gehaltsumme des Vorjahres. Außerdem werden die regionalen und wirtschaftszweigsystematischen Zusammenhänge zwischen Unternehmen und Niederlassungen nachgewiesen.

Neben den inhaltlichen Aussagen liefert die Arbeitsstättenzählung für die Bereichsstatistiken die Anschriften für die Gesamtheit der einzubeziehenden Einheiten und korrigiert in mehrjährigen Abständen das statistische Unternehmensregister (vgl. Einführung 2.2). Sie stellt damit Auswahlgrundlage und Kontrollerhebung für andere wirtschaftliche Erhebungen dar.

Die **Umsatzsteuerstatistik** ist als Steuerstatistik eine Sekundärstatistik (vgl. Einführung 2.2), die einer Totalerhebung sehr nahekommt. Das Cut-off-Prinzip

[1] Sie ist eine der ältesten Zählungen der Wirtschaftsstatistik: Unter dem Namen "Gewerbliche Betriebszählung" fand sie bereits 1875 statt.

[2] Zum Begriff vgl. 1.2.1.

(vgl. 2.3) beschränkt sich auf die Nichterfassung unterhalb einer niedrigen Grenze bezüglich des steuerbaren Umsatzes bzw. der Steuerschuld. Erhebungsgrundlage sind Überwachungsbögen bzw. Magnetbänder der Finanzämter für die Umsatzsteuer-Voranmeldung. Erfaßt wird der steuerbare Umsatz nach Größenklassen, steuerpflichtiger und nichtsteuerbarer Umsatz (getrennt nach In- und Ausland) und die abziehbare Vorsteuer. Die Umsatzsteuerstatistik ermöglicht somit eine tiefgegliederte Gruppierung der umsatzsteuerpflichtigen Unternehmen und ihrer Umsätze nach Wirtschaftszweigen, Rechtsformen und Regionen. Ein Vorteil gegenüber der Arbeitsstättenzählung, die in sehr großen Zeitabständen stattfindet, liegt in der Periodizität der Umsatzsteuerstatistik, die jährlich aufbereitet wird.

9.1.2 Produzierendes Gewerbe

Zum Produzierenden Gewerbe gehören Verarbeitendes Gewerbe sowie Bergbau und Gewinnung von Steinen und Erden; Baugewerbe, Energie- und Wasserversorgung. Diese Wirtschaftssektoren umfassen auch das produzierende Handwerk. In den Berichtskreis sind im allgemeinen alle Unternehmen mit 20 Beschäftigten und mehr und deren Betriebe sowie produzierende Betriebe mit 20 und mehr Beschäftigten der anderen Unternehmen einbezogen. Die Zuordnung der Unternehmen und Betriebe zu den Wirtschaftszweigen erfolgt nach dem Schwerpunkt ihrer wirtschaftlichen Tätigkeit. Das dem Berichtssystem im Produzierenden Gewerbe zugrundeliegende Erhebungssystem setzt sich aus Betriebs- und Unternehmenserhebungen zusammen.

Betriebserhebungen finden in den einzelnen Wirtschaftssektoren statt:

- Im Verarbeitenden Gewerbe sowie Bergbau und Gewinnung von Steinen und Erden:
  - Monatsbericht mit Auftragseingangserhebung,
  - Monatlicher Produktions-Eilbericht,
  - Vierteljährliche Produktionserhebung,
  - Jahreserhebungen: Investitionserhebung, Erhebung für industrielle Kleinbetriebe.
- Im Baugewerbe:
  - Monatsberichte (im Bauhauptgewerbe),
  - Vierteljahreserhebungen (Statistik des Auftragsbestandes im Bauhauptgewerbe, Produktionserhebungen im Fertigteilbau, Vierteljahresbericht im Ausbaugewerbe),
  - Jahreserhebungen (Totalerhebung im Bauhauptgewerbe, Zusatzerhebung im Ausbaugewerbe).
- Im Bereich der Energie- und Wasserversorgung:
  - Monatsbericht,
  - Jahreserhebung (Investitionserhebung).

Die **Unternehmenserhebungen** umfassen in den Wirtschaftssektoren:

- Verarbeitendes Gewerbe sowie Bergbau und Gewinnung von Steinen und Erden:
  - Monatsbericht,
  - Jahreserhebungen (Investitionserhebung, Kostenstrukturerhebung),
  - Mehrjährliche Statistiken (Statistik über den Material- und Wareneingang)[3].
- Baugewerbe:
  - Jahreserhebungen (Jahreserhebung mit Investitionserhebung, Kostenstrukturerhebung),
  - Mehrjährliche Erhebung in Form des Zensus[3].
- Energie- und Wasserversorgung:
  - Monatsberichte (über die Elektrizitätsversorgung und über die Gasversorgung),
  - Jahreserhebungen (Jahreserhebung, Investitionserhebung, Kostenstrukturerhebung, u.a.)[3].

Ergänzt wird das Berichtssystem im Produzierenden Gewerbe durch Statistiken über das Handwerk, die u.a. auch Angaben für das produzierende Handwerk liefern:

- Handwerkszählung,
- Vierteljährliche Handwerksberichterstattung,
- Kostenstrukturerhebung im Handwerk.

Rein formal ist Handwerk in Deutschland definiert als die Gesamtheit von Einheiten, deren Inhaber oder Leiter in die Handwerksrolle eingetragen sind, unabhängig davon, welchem Wirtschaftszweig die Einheit zuzuordnen ist und wie groß die Zahl der Beschäftigten ist. Im Gegensatz zu den meisten anderen Erhebungen der Wirtschaftsstatistik wird bei den Handwerkszählungen nicht ein bestimmter Wirtschaftsbereich statistisch untersucht. Es handelt sich vielmehr um bereichsübergreifende Erhebungen, wobei die einzelnen Wirtschaftsbereiche nicht vollständig erfaßt werden, sondern nur insoweit, als die zugehörigen Einheiten zum Handwerk zählen.

Das Berichtssystem im Produzierenden Gewerbe erlaubt immer noch die Feststellung: "Für keinen anderen Wirtschaftsbereich gibt es ein auch nur annähernd so komplettes und aufeinander abgestimmtes System von Statistiken" (vgl. Jäger; u.a. 1985, S. 544). Diese Aussage gründet sich vor allem auf folgende Erhebungen:

- Monatsbericht für Betriebe,
- Monatsbericht für Unternehmen,
- Produktionsstatistik,
- Investitionserhebung,
- Kostenstrukturerhebung.

Der **Monatsbericht für Betriebe** des Verarbeitenden Gewerbes sowie des Bergbaus und der Gewinnung von Steinen und Erden liefert Daten, die sowohl

---

[3] Unternehmenszensus ausgesetzt gemäß VO vom 08.10.1985.

der Beurteilung der konjunkturellen Situation im betreffenden Wirtschaftsbereich als auch der Strukturanalyse dienen. Außerdem sind die Daten des Monatsberichts für Betriebe für die Beobachtung der regionalen Entwicklung geeignet, da die Erhebungseinheit die örtliche Niederlassung eines Unternehmens (Betrieb) ist. Darstellungseinheiten sind die Betriebe und die fachlichen Betriebsteile. Entsprechend den Vorgaben des Gesetzes über die Statistik im Produzierenden Gewerbe in der Fassung der Bekanntmachung von 1980, zuletzt geändert durch Verordnung von 1991, melden zu dieser Erhebung alle produzierenden Betriebe von höchstens 68.000 Unternehmen (ohne Baubetriebe und Betriebe der Elektrizitäts-, Gas-, Fernwärme- und Wasserversorgung). Die Auswahl erfolgt nach dem Abschneideverfahren (vgl. 2.3.1). Danach gehören zum Kreis der Befragten alle Betriebe mit Schwerpunkt im Verarbeitenden Gewerbe sowie im Bergbau und in der Gewinnung von Steinen und Erden von Unternehmen des Produzierenden Gewerbes mit im allgemeinen mindestens 20 tätigen Personen. Außerdem gehören auch die entsprechenden Betriebe mit im allgemeinen mindestens 20 tätigen Personen von Unternehmen außerhalb des Produzierenden Gewerbes hinzu. Das Programm des Monatsberichts für Betriebe umfaßt monatlich die Merkmale tätige Personen (darunter: Arbeiter), geleistete Arbeiterstunden, Lohn- und Gehaltssummen, Umsatz, Auftragseingang sowie Bezug und Verbrauch, Erzeugung und Abgabe von Elektrizität. Vierteljährlich werden der Bestand und Verbrauch an Brennstoffen erhoben und nachgewiesen.

Im Rahmen des **Monatsberichts für Unternehmen** des Verarbeitenden Gewerbes sowie des Bergbaus und der Gewinnung von Steinen und Erden können Daten bei höchstens 13.000 Unternehmen dieses Wirtschaftsbereichs erhoben werden. Auskunftspflichtig zu dieser Erhebung sind ausschließlich sog. Mehrbetriebsunternehmen (Unternehmen mit zwei und mehr Betrieben) mit Schwerpunkt ihrer Tätigkeiten im angegebenen Wirtschaftsbereich, die im allgemeinen mindestens 20 Personen beschäftigen. Beim Nachweis der Ergebnisse werden die Daten der Einbetriebsunternehmen aus dem Monatsbericht für Betriebe übernommen. Die Erhebungsmerkmale sind tätige Personen, Lohn- und Gehaltssummen sowie Umsatz.

Die **Produktionserhebungen**, die eine Konjunkturbeobachtung erlauben, sehen eine monatliche und vierteljährliche Berichterstattung vor. Der Berichtskreis der Produktionserhebungen entspricht demjenigen des Monatsberichts für Betriebe. Das Programm der Produktionserhebungen umfaßt drei Erhebungsmerkmale: Menge und Wert (erzielter oder erzielbarer Verkaufspreis ab Werk) der Absatzproduktion sowie Menge der Weiterverarbeitungsproduktion. Darüber hinaus werden die sog. Industriellen Dienstleistungen (Veredlung, Reparaturen und Instandhaltungen, Installationen und Montagen) wertmäßig erhoben. Der monatliche Produktions-Eilbericht weist die produzierten Güter nach einer speziell für diese Erhebung entwickelten Erzeugnisliste aus (vgl. 1.1.1) mit der gesetzlichen Beschränkung auf ca. 1.000 Warenarten. Er liefert die Datenbasis für die Berechnung von monatlichen Produktionsindizes (vgl. 14.4.1).

In der vierteljährlichen Produktionserhebung wird die gesamte Produktion nach rd. 6.400 Güterarten des Systematischen Güterverzeichnisses für Produktionsstatistiken - Ausgabe 1995 (GP 95) erhoben und veröffentlicht. Sie liefert die Grundlage insbesondere für Marktanalysen, aber auch für die Konjunkturbeobachtung.

Die jährliche **Investitionserhebung** bei Unternehmen und Betrieben ist im Rahmen der Abschneidegrenze (im Ausbaugewerbe liegt sie nicht bei 20, sondern bei 10 Beschäftigten; in der Energie- und Wasserversorgung bestehen spezielle Leistungsabgrenzungen) faktisch eine Vollerhebung. Nach Wirtschaftsgruppen/-zweigen, Beschäftigtengrößenklassen werden folgende Merkmale erhoben:

- Investitionen nach Arten, Aufwendungen für gemietete und gepachtete Anlagegüter, Material- und Warenbestände am Anfang und Ende des Jahres sowie Verkaufserlöse aus dem Abgang von Anlagegütern.
- Im Baugewerbe werden die Tatbestände noch erweitert um die Beschäftigten, die Bruttolohn- und Gehaltsumme und den Umsatz.

Die jährliche **Kostenstrukturerhebung** mit Auskunftspflicht erfaßt folgende grundlegende Tatbestände bei den Unternehmen: Anzahl der tätigen Personen, Umsatz nach Arten, selbsterstellte Anlagen, Material- und Warenbestände, Material- und Wareneingang, Kosten nach Arten, Umsatzsteuer, Subventionen.

Hinsichtlich der Umsatzarten wird unterschieden nach:
Umsatz aus eigenen Erzeugnissen und aus industriellen/handwerklichen Dienstleistungen, Umsatz aus Handelsware, Umsatz aus nichtindustriellen/nichthandwerklichen Tätigkeiten.

Die Kosten werden nach folgenden Kostenarten ausgewiesen:
Die Bruttolohn- und Gehaltsumme, die gesetzlichen und sonstigen Sozialkosten, die Kosten für durch andere Unternehmen ausgeführte Lohnarbeiten, die Kosten für sonstige industrielle/handwerkliche Dienstleistungen (nur fremde Leistungen), die Mieten und Pachten, die sonstigen Kosten, die Steuern (ohne Einkommens- und Körperschaftssteuer, ohne Lastenausgleichsabgabe, ohne Umsatzsteuer) sowie die öffentlichen Gebühren und Beiträge, die Abschreibungen auf Sachanlagen, die Fremdkapitalzinsen.

Die einstufige, geschichtete Zufallsauswahl umfaßt ab 1995 im Verarbeitenden Gewerbe, Bergbau, Gewinnung von Steinen und Erden höchstens 18.000 Unternehmen, im Baugewerbe höchstens 6.000 Unternehmen. Die Auswahlgesamtheit stellt die Gesamtheit aller zum Zeitpunkt der Stichprobenziehung im Unternehmensregister (vgl. Einführung 2.2) für den Bereich des Produzierenden Gewerbes verzeichneten Unternehmen mit mindestens 20 tätigen

Personen dar. Die Unternehmen der Auswahlgesamtheit werden geschichtet nach Wirtschaftszweigen und Größenklassen der Zahl der tätigen Personen. Vor der Auswahl werden die Unternehmen innerhalb der Schichten nach Land, Regierungsbezirk/Kreis und Identitätsnummer angeordnet. Es erfolgt eine maschinelle Zufallsauswahl mit systematischer Komponente (STIA-Programm; vgl. 3.1.1). Die Aufteilung des Stichprobenumfangs auf Schichten erfolgt nach dem Prinzip der Genauigkeitsabstufung (vgl. 4.1.3), d.h. der relative Standardfehler der Schichten wird gemäß der Gleichung (4.1.12) festgelegt, wobei als Richtmerkmal der Gesamtumsatz und als Exponent 0,2 verwendet wird. Der Wert der Konstanten wird durch den Gesamtumfang der Stichprobe bestimmt. Schwachbesetzte Schichten und aus fachlicher Sicht besonders wichtige Schichten werden total erfaßt. Es erfolgt eine freie Hochrechnung, verbunden mit einer Angleichung an Eckwerte aus der Investitionserhebung für das Berichtsjahr der Kostenstrukturerhebung. Die Angleichung wird auf der Ebene von Kombinationen aus Wirtschaftszweigen und Größenklassen nach der Zahl der tätigen Personen des Berichtsjahres durchgeführt. Merkmale, bezüglich derer die Angleichung erfolgt, sind die Anzahl der Unternehmen, die Anzahl an tätigen Personen sowie der Gesamtumsatz. Die Angaben über die beiden letztgenannten Merkmale stammen aus dem Monatsbericht.

In der Energie- und Wasserversorgung wird die Kostenstrukturerhebung bei höchstens 1.400 Unternehmen durchgeführt, und zwar mit einer Abschneidegrenze von 10 und mehr Beschäftigten.

Entgegen den bisher erwähnten Kostenstrukturerhebungen erfolgt jene im Handwerk in vierjährlichem Turnus (zuletzt 1991 für 1990) und freiwilliger Teilnahme abwechselnd mit ähnlichen Kostenstrukturerhebungen bei verschiedenen Dienstleistungsunternehmen (Handel, Verkehrsgewerbe, Handelsvertreter, Handelsmakler u.a.) und Freien Berufen. Der Repräsentationsgrad von durchschnittlich 5% aller Unternehmen der gewerblichen Wirtschaft variiert je nach sachlichen Erfordernissen in den einzelnen Wirtschaftszweigen und Größenklassen.

Die vierteljährliche **Handwerksberichterstattung** liefert Daten zu Beschäftigten und Gesamtumsatz nach ausgewählten Wirtschafts- und Gewerbezweigen. Erhebungseinheiten sind höchstens 50.000 in die Handwerksrolle eingetragene Unternehmen selbständiger Handwerker. In die Stichprobe einbezogen werden dabei nur die Handwerksunternehmen, deren Daten nicht bereits durch Statistiken im Produzierenden Gewerbe oder im Handel erfaßt werden.

Der Auswahlplan für die vierteljährliche Handwerksstichprobe gestaltet sich unterschiedlich für die zum Stichtag der **Handwerkszählung** (zuletzt 1995) bestehenden Unternehmen und für die nach diesem Stichtag gegründeten. Im ersten Fall dienen die Ergebnisse der Handwerkszählung als Auswahlgrundlage. Es erfolgt für diese Unternehmen eine Schichtung nach Bundesländern, Teilgesamtheiten, Wirtschaftszweigen und Größenklassen der Beschäftigten. Im zweiten Fall werden die Unternehmen aufgrund der Neueintragungen in die Handwerksrolle erfaßt. Auch hier erfolgt die Schichtung nach den gleichen Merkmalen.

Die Aufteilung des Gesamtstichprobenumfangs auf die Länder erfolgt wie die der Länderstichprobenumfänge auf die Wirtschaftszweige nach dem Prinzip einer Genauigkeitsabstufung (vgl. 3.2.1). Letztere ist in den Teilgesamtheiten der Handwerkszählung mit einer optimalen Aufteilung der Wirtschaftszweigstichprobenumfänge auf die Größenklassen der Wirtschaftszweige verbunden. Richtmerkmal ist der Gesamtumsatz.

9.1.3 Landwirtschaft

Im Bereich der Land- und Forstwirtschaft ist ein Berichtssystem vorhanden, durch das die amtliche Statistik ein fachlich, zeitlich und regional vielseitig verwendbares Gesamtbild der Landwirtschaft entwickelt. Es werden die funktionellen, institutionellen und sozialen Verhältnisse dieser Wirtschaftssektion ermittelt, aus denen sich nicht nur die Höhe und Zusammensetzung der tierischen und pflanzlichen Produktion und ihrer Bestände ergibt, sondern aus dem sich auch das Leistungsvermögen der Landwirtschaft und der in ihr Tätigen bei sich ändernden Rahmenbedingungen über die Jahre hinweg verfolgen läßt.

Kern des Erhebungssystems ist die zweijährliche **Agrarberichterstattung** die eine Integration der meisten Agrarfachstatistiken erlaubt (vgl. Übersicht 9.1). Sie besteht aus einem Grund-, Ergänzungs- und Zusatzprogramm, wobei die Programmteile mit Abwechslung von repräsentativen und totalen Erhebungen mit unterschiedlicher Periodizität verbunden sind.

Im **Grundprogramm** werden die Bodennutzungshaupterhebung und Viehzählung jedes zweite Berichtsjahr (d.h. alle vier Jahre) total (1995, 1999 in Verbindung mit der Landwirtschaftszählung), in den dazwischenliegenden Berichtsjahren (1993, 1997) repräsentativ durchgeführt. Die Merkmale der zweijährlichen Arbeitskräfteerhebung in der Landwirtschaft werden in jedem Berichtsjahr, d.h. jedes zweite Kalenderjahr, repräsentativ in das Grundprogramm übernommen.

Im **Ergänzungsprogramm** werden die Merkmale zu den sozioökonomischen Verhältnissen der Betriebe, die Buchführung, die tierischen Exkremente jedes zweite Berichtsjahr, d.h. jedes vierte Kalenderjahr, (ab 1995) total in den dazwischenliegenden Berichtsjahren repräsentativ erhoben. Eigentums- und

Pachtverhältnisse, Pachtentgelte, sonstige Unterhaltsquellen, Wirtschaftsdünger werden jedes Berichtsjahr; die Ausstattung und der Einsatz von landwirtschaftlichen Maschinen jedes zweite Berichtsjahr repräsentativ erhoben[4].
Die in die Agrarberichterstattung integrierten Fachstatistiken setzen sich aus den folgenden Erhebungen zusammen:

- Bodennutzungserhebung,
- Viehzählung,
- Arbeitskräfteerhebung in der Landwirtschaft.

Die **Bodennutzungserhebung** besteht aus folgenden Einzelerhebungen: Flächen- (vgl. 13.3.2), Bodennutzungshaupt-, Gemüseanbau- und Zierpflanzen-, Baumschul- und Obsterhebung. Die erhobenen Merkmale der Bodennutzungshaupterhebung sind die Betriebsfläche sowie die landwirtschaftlich genutzte Fläche und die Waldfläche nach Größenklassen. Hinzu kommt die Nutzung der Betriebsfläche nach Hauptnutzungs- und Kulturarten sowie die Nutzung des Ackerlandes nach Fruchtarten.

Die **Viehzählung** erfaßt bei Rindern, Schafen und Geflügel Zahl, Alter, Geschlecht und Nutzungszweck der Tiere und bei Schweinen außerdem Lebendgewichtklassen. Die Daten über Viehbestände und tierische Erzeugungsleistungen werden zu den Berechnungen des Produktionswertes und der Verkaufserlöse der Landwirtschaft verwendet. Auch in diesem Bereich gibt es in Anlehnung an die VGR (vgl. 11.1) eine spezielle Gesamtrechnung der Landwirtschaft (vgl. Kunz 1987, S. 157ff.).

Die **Arbeitskräfteerhebung** sieht folgendes Merkmalsprogramm vor:

- beim Betriebsinhaber und seinen Angehörigen: Geschlecht, Geburtsjahr, Verwandtschaft, Betriebsleitereigenschaft, Arbeitszeiten im Betrieb, Haushalt, andere Erwerbstätigkeit;
- bei anderen ständig Beschäftigten: zusätzlich noch Bezeichnung der Tätigkeit, Stellung im Beruf, Kost und Wohnung, im Jahr der Landwirtschaftszählung auch Entlohnung sowie landwirtschaftliche und außerlandwirtschaftliche Berufsbildung;
- bei nicht ständig Beschäftigten: Geschlecht und geleistete Arbeitszeit.

Hinsichtlich des **totalen** Zählungsteils der Agrarberichterstattung werden rd. 740.000 Betriebe (1995) erfaßt, davon rd. 590.000 landwirtschaftliche Betriebe mit einer Fläche von mindestens 1 ha oder mit natürlichen Erzeugungseinheiten, die mindestens dem durchschnittlichen Wert einer jährlichen Markterzeu-

[4] Die erfaßten Tatbestände sind teilweise so detailliert, daß auf die Zusammenstellungen im Katalog der Statistiken zum Arbeitsgebiet der Bundesstatistik verwiesen sei (vgl. StBA [9.1] 1992, S. 45ff.).

gung von 1 ha landwirtschaftlich genutzter Fläche entsprechen und rd. 150.000 Forstbetriebe mit einer Waldfläche von mindestens 1 ha.

Übersicht 9.1: *Agrarfachstatistiken und deren Integration in die Agrarberichterstattung*

Bodennutzungs-erhebung	Viehzählung	Arbeitskräfteerhebung in der Landwirtschaft	Ernteerhebung
Flächenerhebung	im April und August (Schweine)	Betriebsinhaber u. Familienangehörige, ständig sowie nicht ständig im Betrieb Beschäftigte, die keine Familienangehörige sind	Erntevorausschätzung
Gemüseanbau- und Zierpflanzenerhebung	im Juni (Rinder u. Schafe)		Ernteberichterstattung
Baumschulerhebung			Besondere Ernteermittlung
Obstanbauerhebung			
Bodennutzungshaupterhebung: - Feststellung der betrieblichen Einheiten - Nutzung der Boden flächen	im Dezember (Rinder, Schweine Schafe, Pferde, Geflügel)		

↓ ↓ ↓

Agrarberichterstattung:		Landwirtschaftszählung
Grundprogramm	←	Haupterhebung
Ergänzungsprogramm	←	Angaben zum Grundprogramm und zum Ergänzungsprogramm der Agrarberichterstattung
Zusatzprogramm		
		Weinbauerhebung Gartenbauerhebung Binnenfischereierhebung

Der **repräsentative** Zählungsteil der Agrarberichterstattung, der annähernd 100.000 landwirtschaftliche Betriebe umfaßt, enthält folgenden Stichprobenplan:

- Auswahlgrundlage für die **Bodennutzungshaupterhebung** und die **Arbeitskräftestichprobe** stellt das Datenband mit den einzelbetrieblichen Angaben des totalen Zählungsteils der Agrarberichterstattung der vorhergegangenen Erhebungen dar. Die Anschriften der einbezogenen Betriebe werden dabei dem "Betriebsregister Landwirtschaft" entnommen, in dem diese für die in den einzelnen Agrarstatistiken erfaßten Betriebe und Einheiten gespeichert werden. Die an jeden Betrieb vergebene "Betriebsnummer" ermöglicht die Zusammenführung der Angaben aus den verschiedenen Erhebungen (vgl. Einführung 2.2).

Das Schema der Schichtung sieht bis zu 20 Schichten je Bundesland vor. Dabei dient die Schichtung nach Größenklassen der landwirtschaftlich genutzten Fläche (9 Schichten) als wichtigstes Merkmal. Die zusätzlich gebildeten Schichten umfassen die relativ geringe Zahl von Betrieben, die durch ihre einseitige Produktionsrichtung (Betriebe mit großem Viehbestand, Betriebe mit überwiegender Ausrichtung auf Gartenbau) oder durch besondere Bedeutung ihrer Produktion (Betriebe mit Sonderkulturen) sich wesentlich aus der Masse der Produktionsbetriebe hervorheben.

Die Aufteilung des vorgegebenen Stichprobenumfangs von maximal 100.000 landwirtschaftlichen Betrieben auf die Bundesländer orientiert sich daran, daß sowohl die Ergebnisse der Bundesländer als auch diejenigen für die "Erhebungsbezirke" ("Regierungsbezirke") hinsichtlich ihrer Zuverlässigkeit jeweils hinreichend vergleichbar sind. Die Aufteilung auf die sachlich unterschiedenen Schichten in jedem Bundesland stellt eine Kompromißlösung dar zwischen dem Optimalitätsprinzip nach Neyman-Tschuprow, das als Aufteilungsmerkmal das Standardbetriebseinkommen verwendet, und der Berücksichtigung der Zahl der Betriebe je Schicht. Die Aufteilung proportional zur Quadratwurzel der Zahl der Betriebe ist deswegen noch zusätzlich eingeführt worden, um vor allem die Ergebnisgenauigkeit für den Nachweis der Zahl der Betriebe insbesondere nach landwirtschaftlich genutzten Flächen zu steigern.

Die Fehlerrechnung der Stichprobe, die aus Kapazitätsgründen z.Zt. nur für die Ergebnisse der Arbeitskräfteerhebung und für die Ergebnisse der EG-Strukturerhebung durchgeführt wird, weist den relativen Standardfehler auf der Basis der Einzelwerte (Standardverfahren) für jedes Tabellenfeld nach. Aus Gründen der Übersichtlichkeit werden die Fehlerrechnungsergebnisse in komprimierter Form (5 Fehlergrößenklassen) zum Beispiel für die Arbeitskräfte in der Landwirtschaft veröffentlicht.

- Die **Viehzählungen** gehören mit zu den ersten statistischen Erhebungen, die nach dem zweiten Weltkrieg mit großem Erfolg als Stichprobenerhebungen durchgeführt wurden. Schon im Jahre 1952 erfolgte eine repräsentative Zählung mit der Auswahleinheit Betrieb, die dann seit dem Jahre 1954 aus Gründen einer besseren Vergleichbarkeit mit anderen Vollzählungen auf eine eigens neu geschaffene statistische Stichprobenflächeneinheit "Zählfläche" als Auswahleinheit umgestellt wurde (vgl. Strecker 1957). Durch den anhaltenden Strukturwandel in der Landwirtschaft, die fortschreitende Spezialisierung der Betriebe auf wenige Tierarten und die zunehmende Konzentration auf größere Tierbestände machte im Jahre 1974 eine Umstellung auf eine Betriebsstichprobe notwendig.

Beim Stichprobenkonzept handelt es sich um ein System von fünf unabhängigen, für einzelne Tierarten und Nutzungskategorien ausgewählten Einzelstichproben mit unterschiedlichen Auswahlsätzen (vgl. Übersicht 9.2). Das Verfahren der Einzelstichprobe ermöglicht eine optimale Schichtung für einzelne Tierarten. Grundlage für die Auswahl der Einzelstichproben bildet jeweils die letzte allgemeine Dezember-Viehzählung. Erfahrungsgemäß sind etwa 10 bis 15% der Betriebe an zwei oder mehreren Stichproben gleichzeitig beteiligt.

Übersicht 9.2: *Auswahlsätze der repräsentativen Dezember-Viehzählung 1995[1] laut Auswahlplan*

Stichprobe	Halter		Anzahl der Schichten	Durchschnittlicher Auswahlsatz %
	im Dezember 1994 insgesamt	ausgewählt		
Zuchtschweine	77.028	10.106	5	13,1
Sonstige Schweine	236.505	22.082	5	9,3
Milchkühe	209.266	11.263	5	5,4
Sonstige Rinder	308.149	20.100	5	6,5
Schafe	77.048	6.691	5	8,7

[1] Die Länder Hamburg, Bremen und Berlin sind nicht beteiligt.

Für die Hochrechnung der Ergebnisse werden parallel die Verfahren der freien Hochrechnung, der Verhältnisschätzung und der Regressionsschätzung angewendet; dabei wird im Prinzip jeweils das Ergebnis mit dem niedrigsten Zufallsfehler zur Darstellung ausgewählt. Für die Verfahren der gebundenen Hochrechnung wird zuvor geprüft, ob die stichprobenmethodischen Voraussetzungen für eine unverzerrte Schätzung erfüllt sind.

Zur Abschätzung der Zufallsfehler der Stichproben wird eine Fehlerrechnung für die Merkmale Bestand und Halter durchgeführt, deren Ergebnis für das Bundesgebiet für Dezember 1995 in Übersicht 9.3 angegeben ist.

In den neuen Bundesländern werden die repräsentativen Viehzählungen ebenfalls mit einem System von Einzelstichproben durchgeführt, allerdings als Klumpenstichprobe mit Gemeinden als Auswahleinheiten. In den ausgewählten Gemeinden werden die entsprechenden Viehbestände total erfaßt. Außerhalb dieses Systems werden die Viehbestände in großen Betrieben ebenfalls total erfaßt.

Übersicht 9.3: *Einfacher relativer Standardfehler der repräsentativen Dezember-Viehzählung 1995*

Tierart	Halter (±%)	Bestand (±%)
Rinder insgesamt	0,34	0,15
Milchkühe	0,38	0,19
Schweine insgesamt	0,82	0,25
Zuchtsauen zusammen	0,58	0,25
Zuchtsauen trächtig	0,60	0,28
Schafe	1,12	1,78

Seit Einführung der Agrarberichterstattung im Jahre 1975 wird der Bedarf an landwirtschaftlichen Strukturdaten über Produktionsgrundlagen und Betriebsverhältnisse zu einem großen Teil aus dieser Quelle gedeckt. **Landwirtschaftszählungen** die es auch als allgemeine Erhebungen weiterhin gibt, können sich deshalb auf die Erhebung solcher Merkmale beschränken, deren Beobachtungen auch in längeren Zeitabständen (zehnjähriger Turnus) erfolgen können (vgl. StBA [9.2], 1992, S. 47). Außerdem erlaubt die totale Erhebung für einige Merkmale, die in der Agrarberichterstattung lediglich repräsentativ erhoben werden, fachlich und regional tiefergegliederte Ergebnisse. Die Angaben des Grund- und Ergänzungsprogramms der Agrarberichterstattung werden betriebsweise mit den im Rahmen der Haupterhebung der Landwirtschaftszählung erfragten Merkmale zusammengeführt.

Die **Ernteerhebung** hat mehrere Bestandteile: die Ernteberichterstattung sowie die Besondere Ernteermittlung und Erntevorausschätzung. Die **Ernteberichterstattung** erfaßt den Wachstumsstand und die Erträge der landwirtschaftlichen Feldfrüchte und des Grünlandes, von Gemüse, Erdbeeren und Obst sowie den Wachstumsstand der Reben und Weinmosterträge. Die **Besondere Ernteermittlung** erfolgt für bestimmte Getreidearten und Kartoffeln. Zusätzlich werden **Erntevorausschätzungen** auf der Grundlage von Witterungsdaten für Getreide, Raps, Zuckerrüben und Kartoffeln durchgeführt.

Um in der unmittelbaren Nachkriegszeit zuverlässige Daten über Erntemengen zu erhalten, wurde 1948 von den U.S. Statistikern W.A. Hendricks und P. Koenig (U.S. Department of Agriculture, Washington D.C.) in Zusammenarbeit mit deutschen Statistikern die laufende Repräsentativstatistik der sog. **Besonderen Ernteermittlung** entwickelt. Im Gegensatz zu den bisherigen amtlichen Ernteschätzungen wurde diese als ein international verbreitetes Stichprobenverfahren mit Hilfe der physikalischen Methode ("Maß und Waage") durchgeführt (vgl. Strecker, 1957). Nach dieser Methode werden seit Ende der vierziger Jahre die Ernteerträge in der Bundesrepublik Deutschland mathematisch-statistisch geschätzt. Die Stichprobe hat die Aufgabe, jährlich zu einem möglichst frühen Zeitpunkt (Juni bis Oktober) Angaben über den Umfang und die Qualität der Ernte von Getreide und Kartoffeln zu liefern. Es geht hierbei um die Feststellung der durchschnittlichen Hektarerträge für die Getreidearten Winterweizen, Roggen, Gerste, Hafer und für die Spätkartoffel. Erhebungseinheit ist das Feld bzw. Probestück eines Feldes der jeweiligen Fruchtart. Der Auswahlplan beruht grundsätzlich auf einer dreistufigen Zufallsauswahl mit Auswahlwahrscheinlichkeiten proportional zur Fläche der jeweiligen Fruchtart. Die Stufen umfassen die Betriebe (mit Anbau der jeweiligen Fruchtart), das Feld der jeweiligen Fruchtart und auf der letzten Stufe das Probestück des ausgewählten Feldes. Zur realistischen Ertragsfeststellung gehört in diesem Auswahlrahmen u.a. auch die Berücksichtigung von Ernteverlusten; zu diesem Zwecke werden Korrektivfaktoren je Getreideart ermittelt, mit denen die Stichprobenerträge korrigiert werden. Die Schätzung der Korrektivfaktoren basiert auf Volldruschen, die für einen Teil der Stichprobenfelder durchgeführt werden: Für eine Unterauswahl der Probestücke wird das gesamte Feld gedroschen.

In einigen Bundesländern wird bei einigen Fruchtarten ein nur zweistufiges Auswahlverfahren angewendet. Dabei werden auf den ausgewählten Feldern der zweiten Stufe Volldruschen durchgeführt. Eine Korrektivermittlung ist hierbei nicht erforderlich.

Die gesetzliche Vorgabe sieht einen Stichprobenumfang von höchstens 14.000 Feldern bzw. Probestücken im Bundesgebiet vor. Zur Zeit ist ein Stichprobenumfang von ca. 8.500 Feldern bzw. Probestücken vorgesehen.

Das Auswahlverfahren ist geschichtet. Die Schichtung erfolgt regional nach Bundesländern und fachlich nach den Fruchtarten. Die Aufteilung des Stichprobenumfanges auf die Bundesländer und die Getreidearten erfolgt gemäß einer Abstufung der relativen Standardfehler in Abhängigkeit von den jeweiligen Anbauflächen. Für Kartoffeln erfolgt die Stichprobenaufteilung von ca. 1.100 Feldern separat.

Als Auswahlgrundlage dient die alle 4 Jahre durchgeführte Bodennutzungserhebung, die dann Gelegenheit zur Rotation gibt. Die Auswahl erfolgt proportional zur Anbaufläche der jeweiligen Fruchtart nach dem Kumulativverfahren (vgl. 5.1.1). Zu jedem Stichprobenbetrieb wird auf der ersten Auswahlstufe ein Ersatzbetrieb in derselben Gemeinde zufällig ausgewählt. Die Messung vor Ort übernimmt eine amtliche Kommission.

Der durchschnittliche Hektarertrag der Probeschnitte bzw. Proberodungen ergibt sich als ungewogener Durchschnitt aus den einzelnen Hektarerträgen der Probestücke. Der endgültige Hektarertrag je Bundesland wird dann durch Multiplikation mit einem Korrektivfaktor je Fruchtart errechnet. Das Bundesergebnis wird aus den Landesergebnissen als Durchschnitt - gewichtet mit den Anbauflächen der jeweiligen Fruchtart - ermittelt.

Die Bestrebungen zur Rationalisierung der Agrarstatistik führen zu folgendem Ergebnis:

Angaben zur Bodennutzungshaupterhebung, Viehzählung und Agrarberichterstattung, die zukünftig als Agrarstrukturerhebung bezeichnet wird, werden ab 1999 zum gleichen Zeitpunkt erhoben. Durch die Einführung dieser "Integrierten Erhebung" brauchen die Auskunftspflichtigen zukünftig nur noch einmal im Jahr statistische Angaben zu machen. Die Erhebungssstellen treten damit in der Regel nur noch einmal im Jahr an die Betriebe heran und müssen nur noch für einen Erhebungsbogen eine Eingangs- und Vollzähligkeitskontrolle durchführen. Im Zuge der Integrierten Erhebung konnte ferner die Zahl der Viehzählungen von vier auf zweit reduziert werden.

Hierzu gehören insbesondere Merkmale wie Sortimentszusammensetzung oder Bezugs- und Absatzwege nach Lieferanten bzw. Abnehmergruppen.

Übersicht 9.4: *Erhebungsbereiche, Erhebungen und Erhebungsumfang im Handel und Gastgewerbe*

Erhebungsbereich	Unternehmen (in 1000)			
	Handels- und Gaststätten-zählung	Monats-erhebung	Jahres-erhebung	Mehrjähr-liche Erhebung
	Total[1)]	Stichprobe		
Großhandel	118	9	13	13
Handelsvermittlung	60	-	-	-
Einzelhandel	388	23	32	32
Gastgewerbe	223	11	-	11

1) Ergebnis HGZ 1993. Hinzu kommen noch 55.000 Unternehmen im Kraftfahrzeughandel und Tankstellenbereich.

Für die Repräsentativstatistiken im Handel und Gastgewerbe gilt ab 1995 ein einheitlicher Stichprobenplan für ganz Deutschland (vgl. Bihler 1995, S. 833ff.). Mit der Handels- und Gaststättenzählung 1993 steht dafür eine entsprechende Auswahlgrundlage zur Verfügung. Die Stichproben werden als einstufig geschichtete Zufallsauswahl von Unternehmen durchgeführt. Bei Jahreserhebungen wird - nicht wie bei den Monatserhebungen - auf eine Abschneidegrenze verzichtet (vgl. 2.3.2). Entsprechend dem Ziel, nach Ländern und Wirtschaftszweigen (WZ 93) gegliederte Ergebnisse mit ausreichender Genauigkeit (vgl. Schichtungsprinzip B 4.1.1) wird die Auswahlgesamtheit vor der Auswahl in regionaler Hinsicht nach Bundesländern und in fachlicher Hinsicht nach Wirtschaftszweigen (fachliche Schichtgruppen) geschichtet. Um die Präzision der Ergebnisse zusätzlich zu steigern, wird innerhalb der Wirtschaftszweige nach bis zu fünf Umsatzgrößenklassen geschichtet. Die Abgrenzung der Umsatzgrößenklassen wird für jedes Land und jede fachliche Schichtgruppe gesondert vorgenommen. Dabei wird versucht, eine Optimierung der Standardfehler für den Umsatz je Land und je fachlicher Schichtgruppe zu erreichen.

Die Aufteilung des Stichprobenumfangs auf die Schichten vollzieht sich in drei Stufen:

(1) Zunächst wird der Gesamtstichprobenumfang nach dem Verfahren der Präzisionsabstufung (Vgl. Schichtungsprinzip B 4.1.1) auf die Bundesländer aufgeteilt. "Umsatzstärkere" Länder erhalten präzisere Umsatzergebnisse als "umsatzschwächere" nach der Formel (4.2.6). Der Exponent a steuert den Grad der Abstufung der Fehler zwischen den einzelnen Positionen in Abhängigkeit von den Totalwerten des Umsatzes. Je höher dieser Exponent ist, um so stärker ist die Abstufung der Zufallsfehler. Er wird an den jeweiligen Bedürfnissen der Statistik ausgerichtet und gewöhnlich zwischen 0,1 und 0,3 festgelegt. Im Einzelhandel und im Gastgewerbe sind Ergebnisse auch für kleinere Bundesländer von hoher Bedeutung, deswegen wurde in diesen beiden Bereichen mit $a = 0{,}1$ eine rela-

tiv schwache Abstufung angestrebt. Im Großhandel als zentral durchgeführte Statistik wurde mit $a = 0{,}25$ eine stärkere Abstufung gewählt. In der Handelsvermittlung konnte eine an sich wünschenswerte ebenso starke Abstufung wegen des geringen Gesamtstichprobenumfangs nicht realisiert werden; demgemäß wurde $a = 0{,}15$ festgelegt.

(2) Innerhalb eines jeden Landes wird der errechnete Stichprobenumfang wiederum gemäß einer Präzisionsabstufung auf die fachlichen Schichtgruppen aufgeteilt mit dem Ziel, daß für umsatzstärkere Schichtgruppen präzisere Umsatzergebnisse als für umsatzschwächere erreicht werden. Hier wird mit $a = 0{,}3$ eine relativ starke Abstufung realisiert.

(3) Der innerhalb jeder fachlichen Schichtgruppe (Wirtschaftszweig) ermittelte Stichprobenumfang wird nach dem Optimalprinzip von Neyman-Tschuprow (vgl. (4.2.2)) auf die Umsatzschichten verteilt.

Die Ziehung der Stichprobenunternehmen erfolgt mit Hilfe des Standardprogramms STIA (vgl. 3.2.1). Vor der Ziehung wird innerhalb jeder Schicht nach Wirtschaftsklassen und Umsatz in der HGZ-Auswahlgrundlage angeordnet.

Als Hochrechnungsverfahren wird die kombinierte Verhältnisschätzung (vgl. (7.1.23)) angewandt. Die Erhebungsmerkmale Umsatz und Beschäftigte der Monats- und Jahreserhebungen werden an die entsprechenden Merkmale der HGZ gebunden. Je Land und Schichtgruppe (Wirtschaftszweig) werden vor der Verhältnisschätzung Erhebungen und Bezugswerte über alle Umsatzschichten zusammengefaßt. Die kombinierte Verhältnisschätzung bewirkt, daß der HGZ-Gesamtwert eines Merkmals für eine fachliche Schichtgruppe um eine aus der Stichprobe durch freie Hochrechnung ermittelte Veränderungsgröße fortgeschrieben wird.

Zusammenfassend kann dieses Berichtssystem der amtlichen Statistik als ein Verbund von Erhebungen gekennzeichnet werden, die im Merkmalsprogramm und Datenaustausch sehr eng miteinander verknüpft sind. Durch dieses interdependente System von Total- und Repräsentativstatistiken ist es gelungen, eine möglichst optimale Befriedigung des Datenbedarfs zu erbringen. Durch die einzelnen gut koordinierten Erhebungen wird den fachlichen, regionalen und zeitlichen Anforderungen ebenso entsprochen, wie deren methodisches Konzept den Kriterien der Kontinuität und Einheitlichkeit genügt.

Neben den entsprechenden Aktivitäten der nationalen amtlichen Statistik entwickelt Eurostat gegenwärtig ein Aktionsprogramm zur statistischen Erfassung des Handels in den EU-Mitgliedsstaaten. So sieht ein Verordnungsentwurf die monatliche bzw. vierteljährliche Erhebung von Konjunkturdaten (Umsatz, Beschäftigte) sowie die Erhebung von Strukturdaten (Angaben für Unternehmen und örtliche Einheiten; Merkmale für Unternehmen sind u.a. Umsatz, Waren- und Dienstleistungskäufe, Vorräte, Personalaufwendungen, Investitionen, Beschäftigung und wirtschaftliche Bedingungen) in jährlichem bzw. mehrjährigem Abstand auf repräsentativer Basis für alle Bereiche der privaten Wirtschaft (ohne Landwirtschaft) vor. Diese Erhebungen sollen in einem Übergangszeitraum ab 1997 in den Mitgliedsstaaten eingeführt werden. Außerdem gehören zum Berichtskreis des Europäischen Haushaltspanels (vgl. 12.1.3) rund 50.000 Unternehmen, wovon 1.200-1.500 im Handelssektor tätig sind.

Auf Deutschland bezogen werden derzeit zur Vorbereitung der obigen Maßnahmen aus den monatlichen Repräsentativerhebungen im Einzelhandel regelmäßig Konjunkturdaten an Eurostat übermittelt. Zudem werden in periodischen Abständen auch Strukturdaten über den Handel, die dem Berichtssystem des Handels oder der Umsatzsteuerstatistik entstammen, in die von Eurostat eingerichtete Datenbank übernommen (vgl. Klitsch 1992, S. 343ff.).

Mit dem System monatlicher, jährlicher und mehrjährlicher Unternehmensstatistiken folgt die EU der Grundidee des heutigen Berichtssystems im Handel und Gastgewerbe, allerdings mit einem entscheidenden Unterschied: Totalerhebungen im Stile der HGZ sind nicht vorgesehen. Statt dessen soll auf ein Register von Unternehmen und örtlichen Einheiten zurückgegriffen werden, das als Auswahl- und Hochrechnungsgrundlage dient.

Die amtliche Statistik „steht mit ihrer Datenfülle, dem Erhebungs- bzw. Stichprobenumfang, der Methodik und der Länge ihrer Zeitreihen in Deutschland konkurrenzlos da. Die sich zwangsläufig ergebenden Lücken können und müssen durch ergänzende Datenangebote geschlossen werden" (vgl. Müller-Hagedorn; Schuckel 1997, S. 138).

Für die Analyse der Zusammenhänge von sich rasch ändernden Marktvorgängen im Handelssektor (Absatzmengen, Preise, Distribution) leisten Marktforschungsinstitute[5] einen unersetzlichen Beitrag in der Form des **Handelspanels**. Es ist das bevorzugte Instrument für die Beobachtung des Warenabflusses vom Großhandel zum Einzelhandel in einem **Großhandelspanel** bzw. vom Einzelhandel zum Endverbraucher im **Einzelhandelspanel**. Daneben können jedoch eine Vielzahl anderer Daten wie Einkaufsquellen, Lagerhaltung, Einkaufsfrequenz, Alter der Ware, Restbestände ermittelt werden, so daß die Ergebnisse eines Handelspanels eine große Menge an Daten generieren, die insbesondere für die praktische Marketingpolitik der Handels- und Konsumgüterfirmen von großem Wert sind (vgl. Ruppe 1989, S. 3ff.). Neben der Durchführung von relativ wenigen Panelprojekten für kleinere regionale und lokale Einheiten erfassen die meisten Panelstudien das gesamte Bundesgebiet, wobei die Zahl der regionalen Untergliederungen vom Bedarf der Nutzer und der daraus resultierenden Stichprobengröße abhängt. Besonders praxisrelevant sind die in den Standardinformationsmaterialien enthaltenen Ergebnisgliederungen nach den sogenannten "Nielsen-Gebieten". Diese Systematik wurde in Absprache mit der Markenartikelindustrie vereinbart und baut im wesentlichen auf der Regionalstruktur der amtlichen Statistik auf, so daß auch die Vergleichbarkeit mit Daten der Bundesstatistik weitgehend gewährleistet bleibt.

Die Stichprobenpläne der Handelspanel folgen dem **Quotenverfahren** (vgl. 2.2.1) unter Verwendung von Schichtung und disproportionaler Aufteilung.

---

[5] Im Handelssektor ist weltweit die A.C. Nielsen Company (Frankfurt) führend, die in Deutschland am stärksten mit der Gesellschaft für Konsum-, Markt- und Absatzforschung (GfK, Nürnberg) konkurriert.

Um eine entsprechend geschichtete Stichprobe handelt es sich dann, wenn vor der Auswahl der Geschäfte die Grundgesamtheit eine Reihe möglichst intern homogener Teilgruppen (Schichten) nach bestimmten Kriterien (Gebieten, Geschäftstypen, Umsatz) zerlegt wird. Von einer disproportionalen Aufteilung wird dann gesprochen, wenn die Stichprobenauswahl nicht proportional zum zahlenmäßigen Anteil der einzelnen Schichten erfolgt. In der Praxis wird die Aufteilung der Gesamtstichprobe auf die einzelnen Schichten entsprechend einem Faktor gestaltet, der Anzahl und Umsatzbedeutung der Geschäfte berücksichtigt, wobei der Umsatz jedoch stärker in die Gewichtung einfließt als die Anzahl. Die Stichprobe wird deshalb nach dem Quotenprinzip durchgeführt, weil zum einen das für eine echte Zufallsauswahl benötigte exakte Adressenmaterial häufig fehlt und zum anderen mit erheblichen Verweigerungsquoten gerechnet werden muß. Als Quotierungsmerkmale werden insbesondere im Lebensmitteleinzelhandel der Betriebsstandort (Nielsen-Gebiet), die Geschäftsart, die Verkaufsfläche sowie der Umsatz herangezogen. Die ausgewählten und zur Mitarbeit bereiten Handelsfirmen verpflichten sich im Rahmen einer vertraglichen Bindung zur Mitwirkung und zur Bereitstellung der zur Datenerhebung benötigten Unterlagen, während das Institut als Gegenleistung dem Unternehmen spezifische Untersuchungsergebnisse anbietet.

Gegenwärtig werden die meisten Paneldaten noch nach dem herkömmlichen Erhebungsverfahren (manuelle Datenerfassung durch Institutsmitarbeiter nach dem Inventurprinzip) gewonnen. Doch die jüngste Entwicklung im Bereich der Computer-Kassen (Checkouts mit Scannern und EDV-Systemen), die die auf den Produktverpackungen aufgedruckte Artikelkennung (EAN-Code) identifizieren können sowie die elektronische Aufzeichnung von Einkaufsvorgängen ermöglichen, lassen für die Zukunft eine neue Variante des Handelspanels, das sogenannte Scanner-Panel erwarten.

Zur Datensituation im Handel und Gastgewerbe ist festzustellen, daß alleine durch das erhobene Merkmalsprogramm in der Bundesstatistik der bestehende Datenbedarf für den Bereich Handel weitgehend abgedeckt werden kann. Zudem wird das Datenangebot durch die oftmals unterschätzten privaten Institutserhebungen (vorrangig Paneluntersuchungen) sinnvoll erweitert, insbesondere dann, wenn spezielle Datenanalysen über die üblichen Standardtabellierungen hinaus gewünscht werden. In diesem Sinne gewährleisten amtliche und nichtamtliche Datenangebote eine optimale Befriedigung des im Handelssektor anfallenden Datenbedarfs [6].

---

[6] Von einem Berichtssystem im oben definierten Sinne kann jedoch für den nichtamtlichen Bereich nicht gesprochen werden. Hier werden zwar in den verschiedenen Panels vielfältige Daten erhoben, jedoch weitgehend ohne die Koordinierung und Abstimmung der Einzelerhebungen anzustreben, so daß ein einheitlich geschlossenes Statistiksystem nicht vorliegt, sondern lediglich eine Vielzahl einzelner getrennter Erhebungen.

9.1.5 Sonstige Dienstleistungen

Neben dem Handel- und Gastgewerbe zählen zum Dienstleistungsbereich nach der Systematik der Wirtschaftszweige (z.B. NACE, Rev.; 1 vgl. 1.1.1) die Sektoren:

- Verkehr und Nachrichtenübermittlung,
- Kreditinstitute und Versicherungsgewerbe,
- Dienstleistungen von Unternehmen und Freien Berufen,
- Organisationen ohne Erwerbszweck und private Haushalte,
- Gebietskörperschaften und Sozialversicherung.

Das Datenangebot der amtlichen Statistik zum Dienstleistungssektor wird meist bestimmt durch bereichsübergreifende Statistiken. Das StBA hat das Datenangebot nach folgenden Merkmalsgruppen zusammengefaßt (vgl. StBA [9.2] 1990, S. 11ff.): Einheiten der Dienstleistungserzeugung, Daten über Kapital und Arbeit, Nachweis über Preise und Kostenarten. Dazu werden jeweils nach Dienstleistungsbereichen entsprechend der Wirtschaftszweigklassifikation die bereichsübergreifende Erhebung angegeben. Während im Bereich Kreditinstitute und Versicherungen (vgl. 9.2.1), in dem Lücken bei den Investitionen und Beschäftigten vorliegen und im Bereich Verkehr und Nachrichten, bei dem zum Teil Nachweise der Unternehmen und Umsätze fehlen, nur einige Datenlücken vorliegen, sind die statistischen Angaben zu dem Bereich Dienstleistungen, soweit sie von Unternehmen und Freien Berufen erbracht werden, ("sonstige Dienstleistungen") mit einigen Ausnahmen (Gastgewerbe, Dienstleistungshandwerk, und Pressegewerbe) als sehr lückenhaft anzusehen. Unbefriedigend ist vor allem der Nachweis für die "modernen", besonders innovativen Leistungsbereiche (Datenverarbeitung, Unternehmensberatung, Leasing u.a.), für die sich nur wenig Anhaltspunkte aus den bereichsübergreifenden Erhebungen wie z.B. der Umsatzsteuer-, der Beschäftigtenstatistik oder dem Mikrozensus ableiten lassen.

Zum besseren Ausbau des Datenangebots im Dienstleistungssektor sind von der amtlichen Statistik folgende Maßnahmen ergriffen worden und geplant:

- **Erfassung von modernen unternehmensbezogenen Dienstleistungen:** Ein Datenangebot der amtlichen Statistik zum Bereich der "modernen" Dienstleistungen ist nur ansatzweise gegeben. Zur Vorbereitung einer solchen Dienstleistungsstatistik hat das StBA 1989 und 1992 zwei Testerhebungen in speziellen Dienstleistungsbereichen nach § 7 BStatG durchgeführt. Hauptzielsetzung war die Gewinnung methodischer Erkenntnisse für zukünftige Erhebungen, z.B. über die zweckmäßige Erhebungseinheit, die anzuwendenden Klassifikationen sowie die Erfaßbarkeit der vorgesehenen Merkmale. Diese Erkenntnisse waren eine der Grundlagen für den Entwurf eines Dienstleistungsstatistikgesetzes.

tur des Bereichs zuverlässig nachgewiesen werden können, insbesondere im Hinblick auf ihren Beitrag zum Bruttoinlandsprodukt und zur Beschäftigung.

Exkurs: Registergestützte Datengewinnung im wirtschaftsstatistischen Berichtssystem.

Die oben zitierte Unternehmensstrukturverordnung und Konjunkturverordnung der EU bringen Datenanforderungen mit sich, die es notwendig machen, die Datengewinnung im wirtschaftsstatistischen Berichtssystem zu vereinheitlichen und registergestützt durchzuführen (vgl. Lützel 1999).

Im einzelnen sieht die Unternehmensstrukturverordnung die Datenlieferung (bis spätestens 1999) für alle Wirtschaftsbereiche (ausgenommen: Land- und Forstwirtschaft, Fischerei; Öffentliche Verwaltung und Verteidigung; Öffentliche und persönliche Dienstleister) zu folgenden Bausteinen (Modulen in einem jährlichen und vierteljährlichen Lieferprogramm) vor:

- Gemeinsames Modul (12 Merkmale):
  - Zahl der Unternehmen und Betriebe,
  - Umsatz und Produktionswert,
  - Bruttowertschöpfung,
  - Personalaufwendungen,
  - Kauf von Vorleistungen und von Handelsware,
  - Bruttoinvestitionen,
  - Zahl der Beschäftigten und Arbeitnehmer.

  <u>für Regierungsbezirke:</u>
  - Löhne und Gehälter,
  - Bruttoinvestitionen,
  - Zahl der Beschäftigten.
- Handelsmodul:
  - 28 Merkmale jährlich,
  - 12 Merkmale mehrjährlich.

Die Anforderungen der Konjunkturverordnung enthalten ein monatliches oder vierteljährliches Lieferprogramm (bis spätestens 2003) bei einer analogen Abgrenzung der Wirtschaftsbereiche für:

- Dienstleister: Umsatz vj., Beschäftigte vj.
- Einzelhandel: Umsatz und Preise mtl., Beschäftigte vj.
- Baugewerbe: 14 Merkmale vj.
- Industrie: 10 Merkmale mtl., 3 Merkmale vj.

Zur Gewinnung registergestützter jährlicher Strukturdaten ist die Verwendung folgender Register notwendig:

- Unternehmensregister, das zum sachgerechten Einsatz die (auch vierteljährliche) Zuordnung der Steuerpflichtigen und Betriebe und eine einheitliche Wirtschaftszweigverordnung zur Voraussetzung hat.
- Umsatzsteuerdatei mit der Aktualisierung der Unternehmen im Register und der Speicherung des Jahresumsatzes der Unternehmen und monatlicher/vierteljährlicher Umsatzsteuervoraussetzungen.

- Betriebsdatei der Bundesanstalt für Arbeit unter Verwendung aktualisierter Betriebe im Register, die jährliche Zahl der Arbeitnehmer und die vierteljährliche Zahl der sozialversicherungspflichtig Beschäftigten.

Die Zusammenführung der Dateien wird dadurch erschwert, daß bisher keine einheitliche Unternehmensnummer existiert.

9.2 Berichtssysteme zum monetären Sektor

9.2.1 Banken

Der monetäre Sektor umfaßt die Bereiche Bankwesen, Finanzmärkte und die außenwirtschaftlichen Beziehungen, soweit es um Zahlungsströme und Vermögenspositionen geht. Träger der statistischen Erhebungen im monetären Sektor ist die **Deutsche Bundesbank**, die zur Erfüllung ihrer Aufgaben nach § 18 BBankG Statistiken auf dem Gebiet des Banken- und Geldwesens bei allen Kreditinstituten anordnen und durchführen kann. Die Anordnung erfolgt in Form einer "Mitteilung der Bundesbank", die im Bundesanzeiger veröffentlicht wird. Daneben gelten § 9 BStatG zum Inhalt der Anordnung, § 15 BStatG zur Auskunftspflicht der Befragten und § 16 BStatG zur Geheimhaltungspflicht der erhebenden Stelle. Das Recht der BBk, statistische Erhebungen auf dem Gebiet des Bank- und Geldwesens anordnen und durchführen zu dürfen, steht gleichrangig neben dem Recht zur Notenausgabe, zur Diskontpolitik oder zur Mindestreservenpolitik (vgl. Dandorfer 1997). Soweit es die außenwirtschaftlichen Beziehungen (vgl. 10.2.3) betrifft, ist eine weitere gesetzliche Grundlage für Statistiken der BBk im § 26 Abs. 2 des Außenwirtschaftsgesetzes (AWG) und in den entsprechenden Verordnungen (AWV) enthalten.

Der Berichtsweg beginnt durch entsprechende Datenmeldungen der Kreditinstitute als Erhebungseinheiten bei den jeweiligen Zweigstellen der Landeszentralbanken, die die Daten nach erster Prüfung an die Hauptverwaltungen der jeweiligen Landeszentralbank weiterleiten. Nach Prüfung auf Plausibilität und Erfassen auf elektronische Datenträger werden die Daten zu Bankgruppen[9] zusammengefaßt, an die BBk übermittelt und dort zu Bundesergebnissen zusammengefaßt. Um den 18. Kalendertag nach dem Meldestichtag liegen die Ergebnisse der Erhebung vor; sie werden im Rahmen der Monatsberichte der Deutschen Bundesbank in dem statistischen Anhang und in den einzelnen statistischen Beiheften zum Monatsbericht veröffentlicht.

---

[9] Als Bankengruppen gelten: Kreditbanken (Großbanken, Regionalbanken, Zweigstellen ausländischer Banken, Privatbankiers), Girozentralen, Sparkassen, Genossenschaftliche Zentralbanken, Kreditgenossenschaften, Realkreditinstitute, Kreditinstitute mit Sonderaufgaben und Auslandsbanken (Kreditinstitute im Mehrheitsbesitz ausländischer Banken und Zweigstellen ausländischer Banken), daneben gesondert Bausparkassen. Nicht als Kreditinstitute mit Meldepflicht gelten: Sozialversicherungen, die privaten und öffentlichen Versicherungsunternehmen, Unternehmen des Pfandleihgewerbes und die Unternehmen, die als Unternehmensbeteiligungsgesellschaften anerkannt sind.

Erhebungseinheiten der bankenstatistischen Erhebungen sind „inländische Kreditinstitute“, d.h.:

- alle Banken, die ausschließlich eine oder mehrere Niederlassungen in Deutschland besitzen,
- die inländischen Niederlassungen derjenigen deutschen Institute, die sowohl Inlands- als auch Auslandsniederlassungen unterhalten,
- die rechtlich unselbständigen Niederlassungen (Filialen) ausländischer Kreditinstitute in Deutschland.

Die bankenstatistischen Erhebungen sind in der Regel Vollerhebungen, da die Geschäftsstruktur in den einzelnen Bankengruppen so heterogen ist, daß sich via Stichprobe keine repräsentative Auswahl finden läßt (vgl. Dandorfer, S. 3). Ein weiterer Grund für die Vollerhebung in Deutschlands Bankenstatistik liegt darin, daß die Meldungen gleichzeitig als Monatsausweis für die Zwecke der Bankenaufsicht herangezogen werden.

Hauptteil der Bankenstatistik (vgl. BBK [9.1] 1996) ist die **Monatliche Bilanzstatistik** als Vollerhebung bei 3.500 inländischen Kreditinstituten. Sie besteht aus einem Status in Form einer Bilanz mit Gesamtpositionen und der Untergliederung dieser Positionen nach Fristigkeiten und Wirtschaftssektoren, bei Wertpapieren auch nach der Art der Papiere. Vorrangiger Zweck dieser Statistik liegt in der Beobachtung der Geldmengenentwicklung, so daß die Ergebnisse der Bilanzstatistik in geldpolitisch relevante Größen umzuformen sind, was mit Hilfe einer konsolidierten Bilanz des Bankensystems geschieht. Alle Forderungen von inländischen Banken an inländische Banken (einschließlich BBk) und die entsprechenden Verbindlichkeiten gegenüber inländischen Banken werden saldiert. Nach Ausschaltung dieser Interbankbeziehungen werden die Forderungen und Verbindlichkeiten nach bestimmten wirtschaftlichen Sachverhalten gruppiert.

Im einzelnen handelt es sich um:

- sog. Geldvolumen, d.h. um liquide Mittel in der Hand von Nichtbanken. Je nach Abgrenzung (M1, M2, M3)[10] fallen darunter das Bargeld außerhalb des

[10] Es beinhalten:
M1: Bargeldumlauf (ohne Kassenbestände der Kreditinstitute) und Sichtguthaben inländischer Nichtbanken bei Banken (ohne Guthaben der Geschäftsbanken und der öffentlichen Haushalte bei der BBk).
M2: M1 + Termingelder inländischer Nichtbanken mit Befristung unter 4 Jahren.
M3: M2 + Spareinlagen inländischer Nichtbanken mit gesetzlicher Kündigungsfrist.
M3 erweitert: M3 + Einlagen inländischer Nichtbanken bei Auslandsfilialen und Auslandstöchter inländischer Kreditinstitute und Inhaberschuldverschreibungen im Umlauf bei inländischen Nichtbanken.

inländischen Bankensystems, Sichteinlagen, kurz- und mittelfristige Termineinlagen und Spareinlagen mit dreimonatiger Kündigungszeit. Ausgenommen sind die Bankguthaben des Bundes.

- Geldkapital der inländischen Nichtbanken. Darunter sind die langfristigen Einlagen der Wirtschaft bei den Banken (Termineinlagen, Sparbriefe, Spareinlagen, an Inländer ausgegebene Bankschuldverschreibungen) und das Kapital zusammengefaßt.
- Kredite der Banken an die inländische Wirtschaft, d.h. alle Aktiva der Banken, die Ansprüche an inländische Nichtbanken-Schuldner (Buchforderungen, Wechselkredite, Wertpapiere, Schatzwechsel und Geldmarktpapiere).
- Nettoauslandsforderungen des deutschen Bankensystems. Alle Forderungen und Verbindlichkeiten der BBk und der Kreditinstitute gegenüber Ausländern werden saldiert.

Weitere bankenstatistische Erhebungen sind:

- **Kreditnehmerstatistik**, sie wird vierteljährlich bei allen inländischen Instituten erhoben. Die in der Monatlichen Bilanzstatistik gemeldeten Kredite der inländischen Unternehmen und Privaten werden zu jedem Quartalstermin weiter nach Wirtschaftszweigen untergliedert. Gesondert nachgewiesen werden die Kredite für den Wohnungsbau sowie die sonstigen Kredite an die „wirtschaftlich unselbständigen Privatpersonen" (Konsumentenkredite).
- **Kreditzusagenstatistik** als eine weitere monatliche Meldung von allen inländischen Banken an die inländischen Unternehmen und Privatpersonen gegebenen Kreditzusagen und deren Inanspruchnahme. Die noch nicht erledigten Zusagen gelten als Frühindikator im monetären Bereich analog der Auftragseingänge im güterwirtschaftlichen Bereich.
- **Zinsstatistik** als monatliche Teilerhebung bei 480 Kreditinstituten aus allen Bankengruppen Deutschlands. Sie gibt einen Überblick über die Zinskonditionen einiger besonders wichtiger Kredit- und Einlagearten (Zinsen für Kontokorrentkredite, Wechsel-, Hypotheken- und langfristige Unternehmenskredite, Termingelder, Spareinlagen und Sparbriefe, Sichteinlagen von Privatkunden). Bei der Aufbereitung dieser Meldungen werden zum einen Streubreiten ermittelt, wobei jeweils 5 % der Meldungen mit den höchsten und niedrigsten Sätzen ausgesondert werden, zum anderen Durchschnittssätze errechnet als ungewichtete arithmetische Mittel aus den innerhalb der Streubreite liegenden Zinsmeldungen (Dandorfer 1997, S. 6).
- **Statistik der Gewinn- und Verlustrechnungen der Kreditinstitute** als sekundärstatistische Auswertung der mit dem Jahresabschluß aufgestellten Gewinn- und Verlustrechnungen. Es werden die einzelnen Komponenten des

Aufwandes und des Ertrages analysiert und Größen wie Zins- und Provisionsüberschuß, Betriebsergebnis und Jahresüberschuß in Relation zum jahresdurchschnittlichen Gesamtvolumen gesetzt.

Die Harmonisierung der Geld- und Bankenstatistik auf EU-Ebene wird seit Anfang der neunziger Jahre mit Nachdruck durch das Europäische Währungsinstitut (EWI) und die Nachfolgeorganisation, die Europäische Zentralbank (EZB), betrieben, die Statistiken auf gesetzlicher Grundlage bei den nationalen Zentralbanken (NZB) anordnen können. Unter den Anforderungen der EZB an die Statistik (vgl. Fecht 1997, S. 10ff) fällt auch die Anpassung bzw. Neugestaltung der Monatlichen Bilanzstatistik für die Berichterstattung der NZB an die EZB. Dabei geht es um die Erstellung einer konsolidierten Bilanz des Bankensystems im Euro-Währungsraum, die dazu notwendigen Daten (implementation package) und die Festlegung des Berichtkreises der Monetären Finanzinstitute (vgl. Kleinjung 1999).

Andere bankenstatistische Erhebungen (Zinsstatistik, Emissions- und andere Kapitalmarktstatistiken) werden bis zum Zusammenwachsen der nationalen Finanzmärkte zunächst auf sachlicher Ebene nicht harmonisiert.

9.2.2 Finanzmärkte

Die **Finanzmärkte** setzen sich aus Geld- und Kapitalmarkt zusammen. Für die auf dem **Geldmarkt** abgewickelten Geschäfte, den Austausch von Zentralbankguthaben der Banken untereinander, werden die entsprechenden **Geldmarktsätze** (Tagesgeld- und Dreimonatsgeldmarktsatz) durch **telefonische Abfrage** bei einer Anzahl namhafter Frankfurter Banken erhoben. Desweiteren werden die Angaben über den Handel in **Geldmarktpapieren** und die **Wertpapierpensionsgeschäfte** von den entsprechenden Abteilungen in der BBk dokumentiert.

Zum einen fehlen bei den Informationen über den Geldmarkt die Umsätze. Zum anderen stellt die Methode der Auswahl der "namhaften", nur in Frankfurt ansässigen Banken ein Problem dar, da somit die Güte der erhobenen Daten im Berichtssystem nicht vergleichbar ist. Damit ist sowohl das Quantitäts- als auch das Qualitätskriterium eines Berichtssystems (vgl. Einführung 1.3) nicht erfüllt. Die erhobenen Zinssätze hingegen lassen sich miteinander und für weiterführende Zinsanalysen auch mit denen aus der Zinsstatistik vergleichen.

Den **Kapitalmarkt** betreffend werden folgende Erhebungen durchgeführt:

- Die jährliche **Depotstatistik** der Kreditinstitute erfaßt als Vollerhebung Höhe und Zahl der Wertpapierkundendepots, gegliedert nach Deponentengruppen und Wertpapierarten.

- Die **Emissionsstatistik** der Kreditinstitute erhebt total in bezug auf die festverzinslichen Wertpapiere Auflegung, Erstabsatz, Tilgung, Umlauf, Eigenbestand, Emissionsbedingungen und Käufergruppen.

- Die **Statistik über die Kapitalanlagegesellschaften** ist eine Vollerhebung, deren Erhebungseinheiten die Kapitalanlagegesellschaften sind, die das bei ihnen eingelegte Geld in Form von Geldmarkt-, Wertpapier-, Beteiligungs- und Grundstücks-Sondervermögen anlegen. Monatlich erfolgen Angaben über die Höhe und Zusammensetzung des Fondsvermögens und der Verbindlichkeiten sowie Angaben zu den Anteilsscheinen und den Ertragsausschüttungen sowie den Bankguthaben bei ausländischen Kreditinstituten und spezielle Angaben für Geldmarkt- und Wertpapierfonds.

An der Börse, der ausgeprägtesten Form des Kapitalmarktes, werden Aktien, Rentenwerte, Investmentzertifikate und Derivate gehandelt. Die Notierungen (Kurse) an den verschiedenen Börsen in der Bundesrepublik Deutschland und die Angaben zu den Emissionen von **Aktien** werden von der Frankfurter Börsen AG zur Verfügung gestellt und in den Abteilungen der Bundesbank aufbereitet. Zu bestimmten festverzinslichen Wertpapieren (**Rentenwerte**), darunter auch Commercial-Papers, werden die Emissionsangaben durch die Emissionsstatistik erfaßt, während die Daten über die Ausgabe von **Investmentzertifikaten** aus der Statistik über Kapitalanlagegesellschaften entnommen werden.

Die Informationen über die **Erwerber** der obigen Wertpapiere sind in verschiedenen Erhebungen enthalten. Die jährliche Depotstatistik erfaßt alle Erwerber, die ihre Papiere in einem inländischen Bankdepot verwahren. Ergänzend werden die Daten aus der monatlichen Bilanzstatistik der Banken über deren Eigenbestand von Wertpapieren verarbeitet. Für den Erwerb von Investmentzertifikaten existiert keine eigene Erhebung, jedoch ergeben sich aus den Fondsarten, die in der Statistik über Kapitalanlagegesellschaften enthalten sind, Hinweise auf die sektorale Zugehörigkeit der Erwerber. Ausländische Erwerber von Wertpapieren werden aus der Auslandszahlungsverkehrsstatistik ermittelt. Nach einer Untersuchung der BBk, in der die Informationen aus den verschiedenen Erhebungen verglichen wurden, waren 1994 bei inländischen Schuldverschreibungen 8%, bei Aktien 37% und bei Investmentanteilen 8% nicht näher zurechenbar[11]. Zwar ist eine Verknüpfung der verschiedenen Erhebungen gegeben, aber es zeigen sich statistische Lücken in der Beschreibung der Erwerberseite.

Die geforderten Kriterien eines Berichtssystems werden vor allem bezüglich der Geldmarktdaten nicht befriedigend erfüllt. Auch die statistischen Lücken in den Kapitalmarktdaten können nur zu dem Ergebnis führen, daß hier kein vollständiges Berichtssystem vorliegt. Im Bereich des Geldmarktes wären die Mängel durch die Berücksichtigung der Geschäftsumsätze und einer repräsentativen Auswahl der befragten Kreditinstitute, d.h. ohne Beschränkung auf die am Bankplatz Frankfurt ansässigen Institute, zu beheben. Außerdem wäre die Lücke auf der Erwerberseite von Wertpapieren, die hauptsächlich durch deren Eigenverwahrung entsteht, mit einer generellen Einführung der Girosammelverwahrung, wie dies bereits bei öffentlichen Schuldtiteln Standard ist, zu

[11] Vgl. BBk [9.2] 1995, S. 6.

schließen. Zusätzlich würde eine international einzuführende Depotstatistik den Nachweis vervollständigen.

9.2.3 Außenwirtschaftliche Beziehungen

Die Beziehungen zum Ausland betreffend werden folgende Erhebungen der inländischen Banken durchgeführt:

- Der **monatliche Auslandsstatus** der inländischen Kreditinstitute und ihrer Auslandsfilialen ist eine Teilerhebung, die als Erhebungseinheiten Kreditinstitute umfaßt, deren Auslandsaktiva und -passiva den Wert 20 Mill. DM überschreiten und außerdem Kreditinstitute einbezieht, die eine Zweigstelle im Ausland (Auslandsfiliale) haben. Es werden fast 98% der Gesamtbeträge erfaßt. Es wird der Stand der Auslandsaktiva und -passiva in der geforderten Gliederung erhoben; die Statistik enthält Angaben über Eventualverbindlichkeiten gegenüber Ausländern und den Stand der Fremdwährungsaktiva und -passiva gegenüber inländischen Geschäftspartnern, gegliedert nach Währungen.

- Die **monatliche Bilanzstatistik der Auslandstöchter** ist eine Vollerhebung inländischer Kreditinstitute, die direkt oder indirekt über Beteiligungsgesellschaften im Besitz der Mehrheit der Anteile an einem ausländischen Kreditinstitut sind und erfaßt Aktiva und Passiva der Auslandstöchter in der geforderten Gliederung und Eventualverbindlichkeiten der Auslandstöchter, von diesen abgeschlossene Finanzswaps und die Beteiligung der inländischen Kreditinstitute an Auslandstöchtern.

- Der **monatliche Auslandsstatus der Auslandstöchter** ist eine Teilerhebung, die Aktiva und Passiva der Auslandstöchter gegenüber Geschäftspartnern außerhalb Deutschlands in der geforderten Gliederung, Eventualverbindlichkeiten sowie Fremdwährungsaktiva und -passiva gegenüber deutschen Geschäftspartnern, gegliedert nach Währungen, enthält.

Statistiken, deren gesetzliche Grundlage das Außenwirtschaftsgesetz (AWG) bzw. die entsprechende Verordnung (AWV) darstellen, sind:

- **Statistik der Vermögensanlagen in Unternehmen:**
  Die monatliche Teilerhebung enthält Gebietsansässige mit einem Wert an Leistung im Einzelfall über 100.000 DM und Leistungen, die sich auf Anlage oder Auflösung von Vermögen in Unternehmen beziehen, an denen Aus- bzw. Inländer oder ein von ihnen abhängiges Unternehmen über 20% der Anteile besitzt. Sie erfaßt somit Leistungen, die der Gebietsansässige an bzw. von Gebietsfremde(n) oder für deren Rechnung an bzw. von Gebiets-

ansässige(n) erbringt oder entgegennimmt und die eine Direktinvestition oder deren Auflösung darstellen.

- **Statistik des Vermögens in Unternehmen (Kapitalverflechtung mit dem Ausland**
  Die jährliche Teilerhebung umfaßt
  (a) inländische Unternehmen und Privatpersonen, die am Meldestichtag mehr als 20% der Kapitalanteile oder Stimmrechte an einem Unternehmen im Ausland direkt oder indirekt besitzen, dessen Bilanzsumme mehr als 1 Mill. DM beträgt; inländische Unternehmen mit Zweigniederlassungen oder auf Dauer angelegte Betriebsstätten (im Ausland) mit einem Bruttobetriebsvermögen über 1 Mill. DM. Erhobene Merkmale sind die Bestände der direkten und indirekten Beteiligungen inländischer Unternehmen und Privatpersonen im Ausland; für jedes einzelne Unternehmen im Ausland die Bilanz und weitere Angaben.
  (b) inländische Unternehmen mit einer Bilanzsumme über 1 Mill. DM, falls ein Ausländer oder mehrere wirtschaftlich miteinander verbundene Ausländer am Bilanzstichtag über 20% der Kapitalanteile oder Stimmrechte an dem inländischen Unternehmen besitzt(en); inländische Zweigniederlassungen und auf Dauer angelegte inländische Betriebsstätten von Ausländern mit einem Bruttobetriebsvermögen über 1 Mill. DM. Erhobene Merkmale sind: Bestände ausländischer direkter und indirekter Beteiligungen in Deutschland; jeweils in der geforderten Gliederung für jeden Ausländer, der am meldepflichtigen Unternehmen beteiligt ist; für jedes inländische Unternehmen mit einer ausländischen direkten oder indirekten Beteiligung.

- **Auslandszahlungsverkehrsstatistik:**
  Da diese Statistik die wichtigste Datenquelle zur Aufstellung der Zahlungsbilanz darstellt, wird sie auch dort (vgl. 10.2.2) behandelt.

Zur Würdigung der Erhebungen der außenwirtschaftlichen Beziehungen als Berichtssystem ist zunächst festzustellen, daß sowohl Bestände als auch Transaktionen erfaßt werden. Dazu gehören ein- und ausgehende Zahlungen zwischen allen inländischen Sektoren und dem Ausland, die über gebietsansässige Kreditinstitute bzw. Postanstalten und über Konten im Ausland durchgeführt werden. Dabei bilden Zahlungen im Rahmen des kurzfristigen Kapitalverkehrs eine Ausnahme. Sie werden lediglich als Saldo der Veränderungen der Forderungen und Verbindlichkeiten erfaßt; letztere werden den Bestandsmeldungen der inländischen Sektoren über ihre Forderungen und Verbindlichkeiten gegenüber Gebietsfremden entnommen. Zusätzlich werden Zahlungen im Zusammenhang mit Transportleistungen der inländischen Seeschiffahrtsunternehmen erfaßt. Daneben sind grenzüberschreitende Transaktionen zwischen den inländischen Kreditinstituten und dem Ausland zu nennen. Sie enthalten folgende

Positionen: Ankauf/Verkauf von Zahlungsmitteln im Reiseverkehr, Zins- und Dividendenzahlungen an Gebietsfremde auf inländische Wertpapiere, Zinseinnahmen und -ausgaben für eigene Rechnung der Kreditinstitute sowie Zahlungen für eigene und fremde Wertpapiergeschäfte mit Gebietsfremden. Alle genannten Bestände (mit Ausnahme der Forderungen und Verbindlichkeiten der Kreditinstitute) und Transaktionen werden in der Auslandszahlungsverkehrsstatistik erfaßt.

Außerdem werden die finanzwirtschaftlichen Beziehungen zwischen inländischen Kreditinstituten und dem Ausland berücksichtigt, die den Stand der Auslandsaktiva und -passiva der inländischen Kreditinstitute, ihrer Auslandsfilialen und Auslandstöchter wiedergeben. Sie sind den Erhebungen der Auslandsstatusstatistik der Kreditinstitute und der monatlichen Bilanzstatistik der Auslandstöchter zu entnehmen. Transaktionen im Zusammenhang mit Direktinvestitionen zwischen allen inländischen Sektoren und dem Ausland werden in der "Statistik der Vermögensanlagen in Unternehmen" aufgeführt, während die Bestände an Direktinvestitionen in der "Statistik des Vermögens in Unternehmen" zu finden sind. Damit werden zwar viele der möglichen finanzwirtschaftlichen Beziehungen berücksichtigt, jedoch zeigt die Höhe des Saldos der nicht aufgliederbaren Transaktionen, daß die Systematisierung der Erfassung des Außenwirtschaftsverkehrs überarbeitet werden müßte.

Zitierte Literatur (Kapitel 9)

BBk [9.1]: Statistisches Beiheft zum Monatsbericht Nr. 1. Bankenstatistik. Frankfurt 1996

BBk [9.2]: Statistische Sonderveröffentlichung Nr. 9. Wertpapierdepots. Frankfurt 1995

Bihler, W.: Neuer Stichprobenplan für die Repräsentativstatistiken im Handel- und Gastgewerbe ab 1995. Wirtschaft und Statistik, 2/1995

Dandorfer, E.: Die monetären Statistiken der Deutschen Bundesbank. Vortrag auf der STAT-EXPO 1997 (Manuskript unveröffentlicht)

Fecht, R.: Anforderungen der Europäischen Zentralbank an die Statistik. Erscheint voraussichtlich im Allgemeinen Statistischen Archiv 1999

Jäger, M.; u.a.: Gedanken zur Weiterentwicklung der Statistik des Produzierenden Gewerbes. Wirtschaft und Statistik, 7/1985

Kleinjung, G.: Die Umstellung der nationalen Bankenstatistiken auf ein einheitliches europäisches Konzept. Erscheint voraussichtlich im Allgemeinen Statistischen Archiv 1999

Klitsch, W.: Das Europäische Statistische System am Vorabend des Großen Binnenmarktes. Wirtschaft und Statistik, 6/1992

Kunz, D.: Praktische Wirtschaftsstatistik. Stuttgart; u.a. 1987

Lützel, H.: Registergestützte Datengewinnung - Überlegung zur Umsetzung der EU-Unternehmensstatistik. Vortrag auf dem 7. Wissenschaftlichen Kolloquium des StBA1998. Erscheint demnächst in: Forum der Bundesstatistik. Bd. 33 (1999)

Müller-Hagedorn, L.; Schuckel, M.: Der Handel in der amtlichen Statistik. In: v.d. Lippe, P.; Rehm, N.; Strecker, H.; Wiegert, R. (Hg.): Wirtschafts- und Sozialstatistik heute. Theorie und Praxis. Festschrift für W. Krug. Sternenfels, Berlin 1997

Ruppe, H.: Handelspanel. Marketing. Bd. 11 (1989)

StBA [9.1]: Katalog der Statistiken zum Arbeitsgebiet der Bundesstatistik. Wiesbaden 1992

StBA [9.2]: Zum Datenangebot über Dienstleistungen. Ausgewählte Arbeitsunterlagen zur Bundesstatistik. Heft 3 (1990)

Strecker, H.: Moderne Methoden der Agrarstatistik. Würzburg 1957

10 Wirtschaftsstatistische Berichtssysteme zu internationalen Verflechtungen

10.1 Grenzüberschreitender Warenverkehr (Außenhandelsstatistik)

10.1.1 Extrahandelsstatistik

Die Außenhandelsstatistik hat national und international eine lange Tradition mit Anfängen im Merkantilismus. In Deutschland hat sie sich aus den sog. Kommerzialnachweisungen des Deutschen Zollvereins entwickelt und wurde 1879 im Deutschen Reich durch das "Gesetz über die Statistik des Warenverkehrs des deutschen Zollgebietes mit dem Ausland" geregelt. Seit dem 01.01.1993 besteht die deutsche Außenhandelsstatistik aus der Extrahandels- und der Intrahandelsstatistik. Erstere beschreibt den grenzüberschreitenden Warenverkehr Deutschlands mit nicht zur EU gehörenden Staaten (Drittländer); die Intrahandelsstatistik informiert über den Warenverkehr Deutschlands mit den EU-Ländern.

Gegenstand der Außenhandelsstatistik ist der grenzüberschreitende **Warenverkehr** zwischen dem Erhebungsgebiet und dem Ausland. Erhebungsgebiet ist das Hoheitsgebiet der Bundesrepublik Deutschland abzüglich der Zollexklaven.

Es gibt verschiedene, statistisch relevante Möglichkeiten der Ein- und Ausfuhr von Gütern: Eine Ware kann direkt in den freien Verkehr eingeführt werden und wird dann zollrechtlich nicht mehr beaufsichtigt. Sie kann aber auch zunächst auf einen Freihafen (Freizone) oder Zollager gehen (Einfuhr auf Lager). Von dort kann sie wieder in das Ausland (Ausfuhr aus Lager) oder in das Zollinland verbracht (Einfuhr aus Lager) werden.

Der **Generalhandel** enthält auch solche Waren, die im Import zunächst nur auf Freihafen (Freizone) und Zollager gehen sowie solche, die im Export vom Lager ausgeführt werden. Im **Spezialhandel** sind Einfuhr auf Lager und Ausfuhr aus Lager nicht eingeschlossen; enthalten ist die Einfuhr aus Lager in den inländischen Wirtschaftsverkehr. Der Spezialhandel enthält damit im wesentlichen die Waren, die zum Gebrauch, zum Verbrauch und zur Be- und Verarbeitung in das Bundesgebiet eingehen bzw. aus der Erzeugung oder der Be- und Verarbeitung des Bundesgebietes stammen und ausgeführt werden (vgl. Rinne 1994, S. 373). Die deutsche Außenhandelsstatistik beruht vorwiegend auf dem Konzept des Spezialhandels mit starker Untergliederung nach Waren und Ländern. Der Generalhandel liegt dagegen dem Außenbeitrag der VGR (vgl. 11.1.3) und der Zahlungsbilanz (vgl. 10.2) zugrunde.

Hinsichtlich der erfaßten Merkmale wird aufgrund der Vielzahl der Waren und der Länder auf Klassifikationen zurückgegriffen, die eigens für die Außenhandelsstatistik entwickelt wurden. Warenverzeichnisse bauen auf der EU-einheitlichen achtstelligen KN (vgl. 1.1.1) auf. Die ca. 10.300 Warenarten werden auch zu speziellen Gruppierungen zusammengefaßt (z.B. Gliederung der Waren der Ernährungswirtschaft und der gewerblichen Wirtschaft und die Standard International Trade Classification der UN).

Die verwendeten Länderkonzepte beziehen sich bei der Einfuhr auf das Herstellungsland (Ursprungsland) und Versendungsland (Einladeland) und bei der Ausfuhr auf das Bundesland (Ursprungsbundesland) und Bestimmungsland (Empfangs- und Ausladeland). Dabei werden insbesondere folgende Wirtschaftsräume berücksichtigt: Europäische Freihandelszone (EFTA), Nordamerikanische Freihandelszone (NAFTA), Vereinigung Südostasiatischer Staaten (ASEAN).

Die Gliederung nach Warenarten und Ländern bezieht sich auf Mengen und Werte der ein- und ausgeführten Waren. Der erhobene Warenwert ("Statistischer Wert") stellt den Wert frei Grenze des Erhebungsgebietes dar. Bei der Einfuhr ist das in der Regel der cif-Wert[1], bei der Ausfuhr der fobWert[2]. Zölle, Steuern oder andere Abgaben, die anläßlich der Ein- und Ausfuhr erhoben wurden, sind also nicht im Statistischen Wert enthalten. Der Warenwert enthält also insbesondere bei der Einfuhr bestimmte Dienstleistungskosten, die bei der Zahlungsbilanz in der Dienstleistungsbilanz enthalten sind (vgl. 10.2).

Die auf dem "Einheitspapier" enthaltenen statistischen Merkmale sind: Versender/Ausführer, Empfänger/Einführer, Nachweis der fremden Länder (Versendungs-, Bestimmungs-, Ursprungsland), Regionalnachweis (Ursprungsbundesland, Zielbundesland), Nachweis des Verkehrsweges und des Verkehrszweiges (Ausgangs-/Eingangszollstelle, inländischer Verkehrszweig, Staatszugehörigkeit des grenzüberschreitenden aktiven Beförderungsmittels, Behälter-(Container)-eigenschaften, Art des Geschäftes, Warennummer, Mengenangabe (Eigenmasse, besondere Maßeinheit), Wertangaben/Wertstellung (Statistischer Wert), Lieferbedingungen, Währung, Verfahren (Versendung/Ausfuhr, Besteuerung/Einfuhr).

Das Erhebungsverfahren der Extrahandelsstatistik beruht weitgehend auf einer Totalerhebung auf sekundärstatistischer Grundlage. Die Sicherung der Vollständigkeit der Meldungen ist verbunden mit dem Zollverfahren: Das "Einheitspapier" wird für die gemeinsame Zoll- und Statistikanmeldung ausgefüllt. Zur Vereinfachung des Verfahrens sind jedoch Warensendungen mit einem Wert unter 1.600 DM nicht zu melden. Es erfolgt eine kontinuierliche Erfassung der meldepflichtigen Warensendung (Erhebungseinheit) uno acto mit dem Zollverfahren, wobei die Datenübermittlung zum StBA über Vordrucke, Sammelanmeldung und elektronischen Datenträgern erfolgen kann[3] (vgl. StBA [10.1] 1996, S. 5).

---

[1] cif: cost, insurance, freight

[2] fob: free-on-board

[3] Es ist beabsichtigt, schrittweise eine vollständige EDV-mäßige Abwicklung einzuführen. Die Pilotphase für ein neues Einfuhrverfahren war für 1996 und für die anderen Bereiche für 1997 vorgesehen (vgl. Engelhardt 1995, S. 759).

10.1.2 Intrahandelsstatistik

Bei der Intrahandelsstatistik (INTRASTAT) geht es um die Erfassung des Handels von Waren, die sich innerhalb des EU-Binnenmarktes im freien Verkehr befinden (Gemeinschaftswaren). Dazu gehören auch Waren, die in Drittländern erzeugt wurden, aber von einem anderen EU-Land importiert und dort verzollt wurden, bevor sie nach Deutschland gelangten.

Die maßgeblich auf einer Rechtsverordnung der EU basierende Intrahandelsstatistik ist eine primärstatistische Teilerhebung mit Auskunftspflicht. Erhebungseinheiten sind grundsätzlich alle wirtschaftenden Einheiten, die der Umsatzsteuerpflicht unterliegen und (bei ihren jährlichen Versendungen in andere Mitgliedsstaaten der EU bzw. ihren jährlichen Bezügen von dort) die sog. Assimilations-/Vereinfachungsschwelle von 200.000 DM nicht unterschreiten (vgl. Mai 1995, S. 109). Der Verkehr mit den Gemeinschaftswaren ist monatlich direkt dem StBA zu melden. Hierbei können sowohl spezielle Erhebungsvordrucke als auch magnetische Datenträger verwendet werden.

Seit 1996 bietet das Statistische Bundesamt auskunftspflichtigen Unternehmen zur Erstellung der Meldung zur Intrahandelsstatistik ein Dialogdatenerfassungsprogramm an (CBS-IRIS). Im Rahmen des Programms können vom Anwender die Daten der meldepflichtigen Warenbewegungen im Dialogverfahren eingegeben werden. Das Programm ist für den Mehrplatzbetrieb (Netzlauffähigkeit) ausgelegt, so daß mehrere Benutzer gleichzeitig damit arbeiten können, und mandantenfähig, d.h. es kann auch von Drittanmeldern zur Erstellung der Meldungen für mehrere Auskunftspflichtige eingesetzt werden.

Zur Überwachung und Aktualisierung des Berichtskreises wurde ein Unternehmensregister der innergemeinschaftlichen Marktteilnehmer eingerichtet. Es wird aufgebaut und aktualisiert vom StBA in Zusammenarbeit mit den Steuerverwaltungen (vgl. Müller 1994, S. 270ff.).

Die auf der Grundlage von EU-Rechtsnormen erhobenen Tatbestände sind neben den einordnenden Hilfsmerkmalen (Name, Anschrift, Steuernummer und Meldeperiode) das Partnerland (bei der Versendung der Bestimmungsmitgliedsstaat, beim Eingang der Versendungsmitgliedsstaat), die Menge und der Wert der gehandelten Ware, die Art des Geschäftes sowie der mutmaßliche Verkehrsträger, mit dem die gehandelte Ware aus dem bzw. in das Erhebungsgebiet verbracht wurde. Auf der Grundlage des nationalen Rechts werden zusätzlich das Ursprungsland (aber nur bei dem Bezug von Waren), die beteiligte inländische Region (bei der Versendung das Herkunfts-Bundesland, beim Eingang das Bestimmungs-Bundesland), das statistische Verfahren sowie der Einlade- bzw. Entladehafen bei der Versendung bzw. beim Eingang von Waren über See oder Luft erhoben. Die erfragten Tatbestände sind fachlich nach der 8-stelligen KN (vgl. 1.1.1) und regional nach dem EG-Länderverzeichnis für die Außenhandelsstatistik gegliedert.

Die **Intrahandelsstatistik** weist also den Warenaustausch zwischen den Mitgliedsstaaten der EU monatlich in tiefster regionaler und fachlicher Gliederung nach. Die **Extrahandelsstatistik** erfaßt ebenso tief gegliedert monatlich den grenzüberschreitenden Warenverkehr der EU-Mitgliedsstaaten mit Staaten außerhalb der EU. Als Erhebungskriterium gilt in beiden Statistiken die Verbringung einer Ware über die Staatsgrenzen. Der regionalen und fachlichen Gliederung liegt in beiden Statistiken dasselbe Länderverzeichnis bzw. dieselbe Güterklassifikation zugrunde. Außerdem unterscheiden sich die beiden Statistiken in ihrem Merkmalskatalog nur unwesentlich voneinander. Diese Gemeinsamkeiten haben sowohl bei den Ergebnisproduzenten (Statistische Ämter) als auch bei den Statistiknutzern (Regierungsstellen, Wirtschaftsverbände, Unternehmen, Institute u.a.) die Forderung aufrechterhalten, daß beide Statistiken die Fortführung der herkömmlichen **Außenhandelsstatistik** sind (vgl. Mai 1998, S. 327). Unterschiedlichkeiten bestehen:

- im Berichtsweg (Intrahandelsstatistik: Außenhändler → Statistisches Amt; Extrahandelsstatistik: Außenhändler → Zoll → Statistisches Amt)
- in der Auskunftspflicht (Intrahandelsstatistik: Umsatzsteuerpflichtiger; Extrahandelsstatistik: Aus- bzw. Einführer)
- im Erfassungsmittel (Intrahandelsstatistik: Umsatzsteuervoranmeldungen; Extrahandelsstatistik: Zollanmeldungen.

10.2 Zahlungsbilanz

10.2.1 Aufbau

Die Zahlungsbilanz ist eine systematische Darstellung (doppelte Verbuchung) aller wirtschaftlichen **Transaktionen** in einer abgelaufenen Periode zwischen den Inländern des berichtenden Landes und der übrigen Welt. Sie ist keine Bestandsbilanz, sondern eine Stromgrößenrechnung mit Aggregaten - ähnlich den VGR - und besteht aus Teilbilanzen. Neben dem Austausch von Gütern oder finanziellen Ansprüchen gegen Geld schließt der Begriff der wirtschaftlichen Transaktion auch Vorgänge ein, die nicht in der gleichen Periode oder aber überhaupt nicht zu Zahlungen führen (vgl. Steger 1991, S. 62). Eine echte Bilanz ermittelt die BBk im sogenannten Auslandsvermögensstatus der Bundesrepublik Deutschland (vgl. 10.2.5) (vgl. BBk [10.1] 1992).

Die Gliederung der Zahlungsbilanz der BBk entspricht seit 1995 der 4. Revision der IWF-Richtlinien (vgl. Internationaler Währungsfonds 1993). Die Gründe für die Änderung der Systematik der Zahlungsbilanz liegen in einer besseren Verzahnung mit den VGR und eine von den Nutzern gewünschte tiefere Gliederung der Positionen (z.B. wachsende Bedeutung des Kapitalverkehrs und der Dienstleistungen). Die Zahlungsbilanz der BBk (vgl. BBk [10.2] 1995, S. 42) enthält folgende Teilbilanzen:

- Leistungsbilanz
- Bilanz der Vermögensübertragungen
- Kapitalbilanz (lang- und kurzfristiger Kapitalverkehr)
- Statistisch nicht aufgliederbare Transaktionen
- Veränderung der Netto-Auslandsaktiva der BBk.

Die Leistungsbilanz umfaßt die Positionen:
- Außenhandel
- Ergänzungen zum Warenverkehr
- Dienstleistungen
- Erwerbs- und Vermögenseinkommen
- Laufende Übertragungen.

Die Kapitalbilanz enthält die Positionen:
- Direktinvestitionen
- Wertpapiertransaktionen
- Übriger Kapitalverkehr.

In der Leistungsbilanz werden alle Waren und Dienstleistungen, die an das Ausland geliefert bzw. aus dem Ausland bezogen werden, die Erwerbs- und Vermögenseinkommen sowie die laufenden unentgeltlichen Leistungen (Übertragungen) nachgewiesen. Die Vermögensübertragungen umfassen im Gegensatz zu den laufenden Übertragungen diejenigen unentgeltlichen Leistungen, die nicht direkt das Einkommen und den Verbrauch der beteiligten Länder (z.B. Schuldenerlaß) beeinflussen. Kapitalbilanz und Veränderung der Auslandsaktiva der BBk umfassen alle Transaktionen, bei denen sich grenzüberschreitende Finanzpositionen verändern (z.B. Guthaben, Wertpapiere). Ein Überschuß (Defizit) von Leistungsbilanz und Vermögensübertragungen geht mit einem Nettozuwachs (Nettoabnahme) an Forderungen oder einer Nettoabnahme (Nettozuwachs) an Verbindlichkeiten einher. Der Saldo der Kapitalbilanz und die Veränderung der Netto-Auslandsaktiva der BBk sind zusammen definitionsgemäß ebenso groß wie der Saldo der Leistungsbilanz zuzüglich des Saldos der Vermögensübertragungen. Da aber eine periodengerechte Zuordnung der Transaktionen nicht immer möglich ist und zudem in allen Teilbilanzen (mit Ausnahme der Auslandsposition der BBk) statistische Erfassungslücken bestehen, ist diese Übereinstimmung in der Praxis nicht gegeben. Alle Abweichungen schlagen sich in dem "Saldo der statistisch nicht aufgliederbaren Transaktionen" (Restposten) nieder.

Die angenäherten Konzepte von Zahlungsbilanz und VGR erleichtern deren Nutzung, auch wenn in beiden Rechnungen nicht immer alle Salden explizit ausgewiesen werden. Grundsätzlich gilt in der Dokumentation der jeweiligen „Außenkonten“ folgender Zusammenhang:

Übersicht 10.1: *Salden in der Zahlungsbilanz und in den VGR*

Nr.	Salden in der Zahlungsbilanz	Salden in den VGR
(1) + (2)	Warenhandel und Dienstleistungen Erwerbs- und Vermögenseinkommen (Faktoreinkommen)	Außenbeitrag zum BIP Erwerbs- und Vermögenseinkommen (Faktoreinkommen)
= (3) - (4)	- Laufende Übertragungen an das Ausland	Außenbeitrag zum BSP Laufende Übertragungen an die übrige Welt
= (5) - (6)	Leistungsbilanz Vermögensübertragung an das Ausland	Saldo aus Ersparnis und Nettoinvestition Vermögensübertragung an die übrige Welt
= (7)	-	Finanzierungssaldo
	identisch mit der transaktionsbedingten Veränderung des Netto-Auslandsvermögens	

Quelle: BBk [10.2] 1992, S. 37

10.2.2 Datenquellen

Zur Gewinnung der Daten für die deutsche Zahlungsbilanz (vgl. Übersicht 10.2) dient bei der Leistungsbilanz die Außenhandelsstatistik des StBA und die Statistik des Auslandszahlungsverkehrs der BBk, fußend auf dem AWG bzw. der AWV. Letztere ist neben dem Auslandsstatus der Kreditinstitute und der Statistik der Auslandsforderungen und -verbindlichkeiten der Nichtbanken auch Datenquelle für die Kapitalbilanz.

Eine Charakterisierung der Statistik des Auslandszahlungsverkehrs erfolgt in Übersicht 10.3.

Übersicht 10.2: *Datenquellen der Zahlungsbilanz*

Zahlungsbilanzposten	Datenquelle	Art der primären Daten
A. Leistungsbilanz		
1. Warenhandel Ausfuhr/Einfuhr	Amtliche Außenhandelsstatistik	Güterbewegungen über die Grenze
Ergänzungen zum Warenverkehr	Statistik des Auslandszahlungsverkehrs (§ 59 AWV), Ergänzende Berechnungen / Schätzungen	
2. Dienstleistungen		
3. Erwerbs- und Vermögenseinkommen		Zahlungen
4. Laufende Übertragungen		
B. Vermögensübertragungen		
C. Kapitalbilanz		
1. Direktinvestitionen	1., 2., 4.: Statistik des Auslandszahlungsverkehrs (§ 59 AWV),	Zahlungen
2. Wertpapieranlagen		
3. Kreditgewährung a) langfristig b) kurzfristig	3. a) und 3. b): Auslandsstatus der Kreditinstitute, Statistik der Auslandsforderungen und -verbindlichkeiten der Nichtbanken (§ 62 AWV)	Bestände
4. Sonstige Kapitalanlagen		Bestände
D. Saldo der statistisch nicht aufgliederbaren Transaktionen (Restposten)	Als Rest errechnet	
E. Veränderung der Netto-Auslandsposition der Deutschen Bundesbank	Informationen aus dem internen Rechenwerk der Deutschen Bundesbank	Bestände und Transaktionen

Übersicht 10.3: *Statistik des Auslandszahlungsverkehrs*

Gesetzliche Grundlage	Periodizität	Erhobene Merkmale	Erhebungsumfang/ Erhebungseinheiten
§ 26 Abs. 2 AWG §§ 59-69 AWV			Teilerhebung,
§§ 59-61 AWV	Zeitpunkt der Zahlung	1. Gruppe: ausgehende Zahlungen über gebietsansässige Institute	Auftraggeber oder durchführendes Institut; Betrag über 5.000 DM
	monatlich oder halbjährlich	2. Gruppe: über gebietsfremde Institute durchgeführte Zahlungen	Teilerhebung, Kontoinhaber; Betrag über 5.000 DM
	Zeitpunkt der Zahlung	3. Gruppe: sonstige Zahlungen	Teilerhebung, Auftraggeber oder durchführendes Institut; Betrag über 5.000 DM
§ 62 AWV	monatlich	Forderungen und Verbindlichkeiten	Gebietsansässige, deren Auslandsforderungen und -verbindlichkeiten je 500.000 DM am Monatsende überschreiten
§ 66 AWV	Zeitpunkt der Umstellung	Umstellung des Transithandels auf Wareneinfuhr und umgekehrt	Teilerhebung, Auftraggeber oder durchführendes Institut für Zahlungen gemäß §§ 59-61
§ 67 AWV	monatlich	Zahlungen im Zusammenhang mit dem Betrieb der Seeschiffahrt	Teilerhebung, inländische Seeschiffahrtsunternehmen
§ 69 AWV	monatlich bzw. halbjährlich (bei Zinsen im Kontokorrent- und Sparverkehr sowie auf Sparbriefe und Namensschuldverschreibungen)	Zahlungen zur Veräußerung oder zum Erwerb von Wertpapieren, Zinseinnahmen (-ausgaben) und zinsähnliche Erträge (Aufwendungen) im Außenwirtschaftsverkehr, ein- bzw. ausgehende Zahlungen der in bzw. aus fremde(n) Wirtschaftsgebiete(n) versandten bzw. Eingegangenen auf D-Mark lautenden Noten und Münzen	Teilerhebung, inländische Kreditinstitute; die Meldefreigrenze von 5.000 DM gilt nur für Zinseinnahmen und -ausgaben für eigene Rechnung und für Zahlungen für eigene und fremde Wertpapiergeschäfte mit Gebietsfremden

10.2.3 Datengewinnung zur Leistungsbilanz

Nach den Regeln des IMF bildet im **Warenkonto** der Zahlungsbilanz der Eigentumswechsel das grundlegende Erfassungskriterium; dabei sind die Warenströme mit ihrem Wert an der Grenze des Ausfuhrlandes anzusetzen, so daß es einer Reihe von Korrekturen des Spezialhandels (vgl. 10.1.1) bedarf (vgl. Steger 1991, S. 49ff.). Die erforderlichen Ergänzungen in Form der „Zu- und Absetzungen“ werden mit Hilfe der Außenhandelsstatistik, der Auslandszahlungsverkehrsstatistik und durch fundierte Schätzungen der BBk vorgenommen.

Relativ komplizierte Schätzungen sind für die sachgerechte Trennung von Warenhandel und Frachtleistungen erforderlich. Anders als in der Außenhandelsstatistik, die Ein- und Ausfuhren prinzipiell mit ihrem Wert an der Grenze des berichtenden Landes erfaßt, sind in der Zahlungsbilanz die Warenströme stets mit ihrem Wert an der Grenze des exportierenden Landes zu verbuchen. Bei benachbarten Ländern ergibt sich hieraus kein Unterschied, aber z.B. deutsche Einfuhren aus den USA werden in der Außenhandelsstatistik cif, d.h. mit ihrem Wert an der deutschen Grenze verbucht, in der Zahlungsbilanz dagegen fob, also mit ihrem Wert bei Verlassen des Exportlandes. Die Transportleistungen bis zur deutschen Grenze, sofern sie nicht von einem gebietsansässigen Unternehmen erbracht werden, sind dagegen aus Ausgaben in der Dienstleistungsbilanz zu berücksichtigen. Da zudem die Zahlungen für Transportleistungen je nach den Lieferbedingungen im Einzelfall im Rechnungspreis enthalten sein können oder nicht, ergeben sich für die Erfassung der Transportleistungen eine Reihe schwieriger Schätzprobleme, die hier nicht im einzelnen behandelt werden können.

Datenquelle der **Dienstleistungsbilanz** ist überwiegend die Auslandszahlungsverkehrsstatistik. Folgende Positionen werden damit erfaßt: Transithandel, Transportleistungen, Leistungen im Reiseverkehr, Finanzdienstleistungen wie Einnahmen und Ausgaben für Bankprovisionen (ohne Wertpapiergeschäfte), übrige Dienstleistungen wie Lizenzen, Patente, Bauleistungen, Ingenieurleistungen, EDV-Leistungen, Regiekosten, kaufmännische Dienstleistungen, Werbe- und Messekosten, Filmgeschäfte, Regierungsleistungen u.a. Hinsichtlich der Wertschöpfung von Versicherungsleistungen werden fundierte Schätzungen vorgenommen.

Beispielsweise wird bei Versicherungen wie folgt vorgegangen:
Die gezahlten Prämien werden nur z.T. unter den Dienstleistungen als Versicherungseinnahme verbucht. Dabei handelt es sich um die durch eine Schätzung ermittelten Verwaltungsleistungen und eine Ertragskomponente. Auf Basis von Informationen aus den Gewinn- und Verlustrechnungen der Versicherungsunternehmen werden die Prozentsätze für die Ermittlung des Dienstleistungsanteils abgeleitet und auf die Prämienzahlungen angewendet. Für Rückversicherungen werden 20% der Prämienzahlungen und für alle übrigen Versicherungsarten 25% der Prämienzahlungen als Dienstleistungen in Rechnung gestellt.

Die **Bilanz der Erwerbs- und Vermögenseinkommen** enthält die Einkommen aus unselbständiger Arbeit, Erträge aus Direktinvestitionen (einschließlich reinvestierter Gewinne), Erträge aus Wertpapieren, Miete und Pacht aus Grundbesitz, Zinsen für Kredite. Datengrundlage stellt für diese Positionen auch die Statistik des Auslandszahlungsverkehrs dar. Einige Positionen (insbesondere Erträge aus den Wertpapieren aus dem Ausland) werden durch fundierte Schätzungen ergänzt.

Bei den Einkommen aus unselbständiger Tätigkeit werden Schätzungen über das Einkommen von Ein- und Auspendlern addiert. Diese Schätzungen basieren für die Seite der Einpendler auf Angaben über rentenversicherungspflichtige Grenzgänger, auf durchschnittlichen Abgabensätzen und durchschnittlichen Verdiensten. Für die Auspendler werden die Schätzungen vom StBA auf der Grundlage von Zahlen aus Partnerländern oder von Angaben aus der Volkszählung durchgeführt.

Die **laufenden Übertragungen** setzen sich aus folgenden privaten Übertragungen zusammen: Überweisungen der ausländischen in der Bundesrepublik lebenden Arbeitnehmer, Renten und Pensionen, Unterstützung und Unterhaltszahlungen, Entschädigungszahlungen. Die öffentlichen Übertragungen umfassen: Zahlungen an bzw. vom EU-Haushalt, Leistungen von bzw. an sonstige(n) internationale(n) Organisationen, Wiedergutmachungen an das Ausland, staatliche Renten und Pensionen, staatliche Unterstützungszahlungen, Steuererstattungen bzw. -einnahmen. Soweit die Auslandszahlungsverkehrsstatistik nicht ausreicht, werden fundierte Schätzungen vorgenommen.

Basierend auf den Informationen über die Zahl der ausländischen Arbeitnehmer (Gastarbeiter) und auf einer jährlichen Umfrage eines privaten Institutes unter den Gastarbeitern über deren Einkommen, die Höhe ihrer Überweisungen und des Bargeldtransfers wird zu den in der Auslandszahlungsverkehrsstatistik erfaßten Überweisungen ein Wert hinzugeschätzt. Die Umfrage der privaten Institute bezieht sich auf die vier wichtigsten Herkunftsländer Spanien, Griechenland, Italien und Türkei. Die Einkommenstransfers der übrigen Gastarbeiter werden in Anlehnung hieran geschätzt. Die Entschädigungszahlungen stellen Einnahmen der Versicherungsnehmer dar und gehen komplett in die laufenden Übertragungen ein. Gleiches gilt für alle Schadenszahlungen der Versicherungen.

Von den Prämienzahlungen, welche für die Versicherungsnehmer Ausgaben darstellen, werden die bereits unter den Versicherungsleistungen näher beschriebenen Prozentsätze als Wertschöpfung der Versicherungen in der Dienstleistungsbilanz verbucht. Die verbleibende Nettoprämie wird, außer bei den Lebensversicherungen, in die laufenden Übertragungen eingestellt. Meldungen für die Zahlungen an bzw. vom EU-Haushalt stammen vom Bundesfinanzministerium.

Datenquelle für die **Bilanz der Vermögensübertragungen**, bestehend aus Schuldenerlassen, Gewinne aus Spielen (z.B. Lotterien), Erbschaften und Schenkungen, Vermögensmitnahmen der Ein- und Auswanderer ist ausschließlich die Statistik des Auslandszahlungsverkehrs.

10.2.4 Datengewinnung zur Kapital- und Devisenbilanz

Die Kapitalverkehrsbilanz enthält:

- Direktinvestitionen: Erwerb und Veräußerung von Beteiligungskapital, reinvestierte Gewinne, grenzüberschreitender Erwerb und Veräußerung von Immobilien, langfristige Darlehen. Datenquelle ist weitgehend die Auslandszahlungsverkehrsstatistik.

  Die reinvestierten Gewinne - als Erträge aus Direktinvestitionen - sind einbehaltene Gewinne. Ihre Verbuchung in den Kapitalerträgen und ihre Gegenbuchung in der Kapitalverkehrsbilanz unter Direktinvestitionen erfolgt aufgrund fiktiver Zahlungen. Es wird dabei unterstellt, daß die reinvestierten Gewinne zunächst ausgeschüttet und dann wieder reinvestiert werden, wobei in beiden Fällen kein Zahlungsstrom fließt. Als Berechnungsgrundlage dienen Angaben aus der jährlichen Statistik der Kapitalverflechtung mit dem Ausland. Dabei werden die - aus den einzureichenden Bilanzen ersichtlichen - offenen Rücklagen (freie Reserven) und die Gewinnvorträge addiert, während die Verlustvorträge sowie die im folgenden Jahr ausgeschütteten (nicht reinvestierten) Teile des Gewinns subtrahiert werden.

- Wertpapieranlagen: Anlagen in Dividendenwerte, Investmentzertifikate, Geldmarktpapiere und in langfristige festverzinsliche Wertpapiere. Außerdem sind Finanzderivate wie Anlagen in Optionsscheine und Zahlungen in Optionen und Finanztermingeschäften enthalten. Die Angaben entstammen der Statistik des Auslandszahlungsverkehrs. Die Meldungen werden von den deutschen Kreditinstituten erstattet, soweit die Transaktionen über sie abgewickelt werden. Führt der deutsche Anleger Wertpapiergeschäfte über ausländische Banken durch, ist er selbst meldepflichtig.

- Kreditverkehr: Buchkredite und Schuldscheindarlehen, Einlagen bei Kreditinstituten, Erwerb und Veräußerung von langfristigen Forderungen im Wege der Abtretung und Handelskredite. Zahlungen, die langfristige Kreditbeziehungen betreffen, sind der Statistik des Auslandszahlungsverkehrs zu melden. Bei den kurzfristigen Krediten einschließlich Einlagen werden lediglich die Änderungen aus den Bestandsmeldungen (Auslandstatus der Kreditinstitute, Meldungen der Unternehmen und Privatpersonen) erfaßt. Gleiches gilt für die Handelskredite.

- Sonstiger Kapitalverkehr: Beteiligung des Bundes an internationalen Organisationen, Zahlungen im Zusammenhang mit Lebensversicherungen. Meldungen der öffentlichen Hand, Auslandszahlungsverkehrsstatistik und fundierte Schätzungen der BBk sind Datenquellen.

Neben Leistungs-, Vermögensübertragungs- und Kapitalverkehrsbilanz enthält die Zahlungsbilanz auch die **Veränderung der Netto-Auslandsaktiva** der BBk (Devisenbilanz). Sie setzt sich zusammen aus:

- Währungsreserven: Gold, Devisen und Sorten, Reservepositionen im IWF, Sonderziehungsrechte, Forderungen an das EWI/EZB.
- sonstige Auslandsaktiva: Kredite an die Weltbank, sonstige Forderungen an das Ausland.
- Auslandsverbindlichkeiten der BBk: laufende Verbindlichkeiten aus Einlagegeschäften mit Ausländern, Anlage von Geldern einiger ausländischer Währungsbehörden und internationalen Organisationen, gegenüber dem EWI/EZB auslaufende, noch nicht abgerechnete Interventionen zugunsten der DM.

Datenquelle ist für die Veränderung der Netto-Auslandsaktiva der BBk der Wochenausweis der BBk, d.h. die Bilanz der BBk am 7., 15., 23. und am letzten Tag des Monats.

10.2.5 Auslandsvermögensstatus

Ergänzend zur Zahlungsbilanz wird eine Auslandsvermögensrechnung, der **Auslandsvermögensstatus** der Bundesrepublik, erstellt. Der Zusammenhang zwischen der Zahlungsbilanz und dem Auslands(vermögens)status besteht darin, daß der Leistungsbilanzsaldo zuzüglich der Vermögensübertragung zeigt, in welchem Umfang sich die Bestände an Nettoforderungen und -verbindlichkeiten durch Auslandstransaktionen verändert haben. Daneben schlagen sich im Auslandsvermögen bewertungsbedingte Änderungen nieder. Der Auslandsstatus dient dazu, Fragen über die Liquiditätsstruktur der Forderungen und Verbindlichkeiten bzw. darüber, welche Sektoren überwiegend zu einer Schuldner- oder Gläubigerposition eines Landes beitragen, zu klären. Ein Auslandsstatus enthält nur **finanzielle** Aktiva und Passiva und spiegelt somit nur die Formen wider, in denen Geldvermögen im Ausland gehalten wird. Sachvermögen kann ex definitione nur im Inland gebildet werden. Deshalb wird mit der Konvention gearbeitet, daß der Erwerb von Grundbesitz im Ausland als Direktinvestition verbucht wird[4]. Berücksichtigt werden alle Vermögenswerte, die durch wirtschaftliche Transaktionen zwischen In- und Ausländern im Sinne der Zahlungsbilanz entstehen oder sich verändern, aber auch Vermögensänderungen durch andere Prozesse, wie z.B. durch Kriegsfolgen oder infolge von Migrationen, durch den Untergang von Aktiva in Form von Abschreibungen und bewertungsbedingte Veränderungen. Erstellt wird der Auslandsstatus von der BBk, wobei zunächst eine Sektorengliederung in Bun-

[4] Wenn ein Inländer Grundbesitz im Ausland erwirbt, wird er als Gläubiger (nicht als Eigentümer) einer fiktiven ausländischen Wirtschaftseinheit betrachtet, die ihrerseits Eigentümer des Grundstücks ist.

desbank, Kreditinstitute, Wirtschaftsunternehmen und private Haushalte sowie öffentliche Hand erfolgt. Innerhalb dieser vier Sektoren wird nach Vermögensarten untergliedert und innerhalb der Kredite nach der Fristigkeit (kurz- oder langfristig) unterschieden. In Übersicht 10.4 sind die Transaktionen, die zur Erstellung des Auslandsvermögensstatus beitragen, dargestellt.

Übersicht 10.4: *Transaktionen des Auslandsvermögensstatus*

Sektor/Position	Forderungs- bzw. Verbindlichkeitsart (Vermögensart)
Deutsche Bundesbank	Währungsreserven
Kreditinstitute	Finanzkredite, aus- und inländische Wertpapiere, Direktinvestitionen, Beteiligungen
Wirtschaftsunternehmen und private Haushalte	Finanz-, Handelskredite, Portfolioinvestitionen, Direktinvestitionen, Beteiligungen, Grundbesitz
Öffentliche Hand	Finanzkredite, inländische Wertpapiere, Beteiligungen
Sonstige Auslandspassiva	DM-Noten im Ausland, Gegenposten für zugeteilte Sonderziehungsrechte

Die zukünftige Zahlungsbilanzstatistik wird geprägt von den Anforderungen der EU. Anders als bei den EWU-Bankenstatistiken, für deren harmonisierte Erstellung die EZB verantwortlich ist, sind die Kompetenzen zur Zahlungsbilanzstatistik in der EU zwischen Eurostat und EZB aufgeteilt. Danach ist Eurostat für die vierteljährlichen und jährlichen Daten zur Leistungsbilanz, den Vermögensübertragungen, der Kapitalbilanz und den Direktinvestitionen (Transaktionen und Bestände) zuständig. Diese Institution trägt auch die methodische Verantwortung für die Leistungsbilanz (ohne Vermögenseinkommen), Vermögensübertragungen und Direktinvestitionen (Transaktionen und Bestände). Andererseits ist die EZB verantwortlich für monatliche Daten („monthly key items“), Daten zur Leistungsbilanz, Vermögensübertragungen, Kapitalbilanz und Auslandsvermögensstatus. Die methodische Verantwortung trägt die EZB für Vermögenseinkommen, Kapitalbilanz, Auslandsvermögensstatus (vgl. Steger 1999).

Zitierte Literatur (Kapitel 10)

BBk [10.1]: Die Zahlungsbilanzstatistik der Bundesrepublik Deutschland. Sonderdruck Nr. 8 der BBk. 2. Auflage. Frankfurt 1992

BBk [10.2]: Monatsberichte. Änderungen in der Systematik der Zahlungsbilanz. 47. Jg. Nr. 3 Auszug. Frankfurt 1995

Engelhardt, B.: Verbesserungsmaßnahmen bei der Erstellung und Verarbeitung von Datenträgern in der Außenhandelsstatistik. Wirtschaft und Statistik, 10/1995

Internationaler Währungsfonds: Balance of Payments Manual. 5. Auflage. Washington D.C. 1993

Mai, H.: Intrahandelsstatistik - Eine kritische Betrachtung zu ihrer Entwicklung. Wirtschaft und Statistik, 7/1995

Mai, H.: Intrastat nach 2000 - Optionen und Ausblicke. Wirtschaft und Statistik, 4/1998

Müller, K.: Das Unternehmensregister als Instrument der Intrahandelsstatistik. Wirtschaft und Statistik, 4/1994

Rinne, H.: Wirtschafts- und Bevölkerungsstatistik. Erhebungen und Ergebnisse. München, Wien 1994

StBA [10.1]: Außenhandel. Informationen über die Außenhandelsstatistik der Bundesrepublik Deutschland. Wiesbaden 1996

Steger, A.: Die Zahlungsbilanzstatistik der Deutschen Bundesbank. In: Grohmann, H. (Hg.): Außenhandels- und Zahlungsbilanzstatistik. Sonderhefte zum Allgemeinen Statistischen Archiv. Heft 27 (1991)

Steger, A.: Perspektiven einer künftigen Zahlungsbilanzstatistik in der EU. Erscheint voraussichtlich in Allgemeinen Statistischen Archiv 1999

11 Datengewinnung in den Volkswirtschaftlichen Gesamtrechnungen

11.1 Datenbasis der Aggregate der Sozialproduktsberechnungen

11.1.1 Aggregate

Das wichtigste Ziel der VGR besteht in der Berechnung des **Inlandsprodukts** als Indikator für die wirtschaftliche Leistung einer Volkswirtschaft. Analog zu den gebildeten Sektoren kann bei seiner Berechnung und Darstellung unterschieden werden zwischen:

- Entstehungsrechnung
- Verteilungsrechnung
- Verwendungsrechnung

Die **Entstehungsrechnung** geht aus von der Ermittlung des **Produktionswertes**, der bei Unternehmen einerseits und bei Staat und privaten Organisationen ohne Erwerbszweck andererseits unterschiedlich berechnet wird. Bei den Unternehmen besteht der Produktionswert aus Verkäufen von Waren und Dienstleistungen aus eigener Produktion und Handelsware zuzüglich der Bestandsveränderungen von Halb- und Fertigerzeugnissen und selbsterstellten Anlagen. Da der Staat und die privaten Organisationen ohne Erwerbszweck ihre Leistungen ohne Entgelt zur Verfügung stellen, wird der Produktionswert aufgrund der Aufwandsposten dieser Institutionen ermittelt. Dazu zählen die Einkommen aus unselbständiger Arbeit, die diese Institutionen an die Beschäftigten leisten, die von ihnen gezahlten Produktionssteuern, Abschreibungen und Vorleistungen.

Wird vom so ermittelten Produktionswert der Wert der Waren und Dienstleistungen abgezogen, die Wirtschaftseinheiten von anderen bezogen haben und im Berichtszeitraum in der Produktion verbraucht haben (Vorleistungen), so ergibt sich die **Bruttowertschöpfung**, die für sämtliche Wirtschaftsbereiche ermittelt wird. Die **Vorleistungen** umfassen: Rohstoffe, sonstige Vorprodukte, Hilfs- und Betriebsstoffe, Brenn- und Treibstoffe und andere Materialien, Handelsware, Leistungen für laufende Reparaturen, Transportkosten, gewerbliche Mieten, Benutzungsgebühren für öffentliche Einrichtungen u.a. Auch ist die Mehrwert- und Einfuhrumsatzsteuer in den Vorleistungen enthalten, so weit sie das verbrauchende Unternehmen aufgrund gesetzlicher Regelungen nicht als Vorsteuer abziehen kann.

Das **Bruttoinlandsprodukt (BIP)** ergibt sich aus der Bruttowertschöpfung durch Addition der nicht abziehbaren Umsatzsteuer, Einfuhrabgaben (Zölle, Abschöpfungsbeiträge usw.). Wird die Wertminderung des reproduzierenden

Anlagevermögens durch Abschreibungen zu Wiederbeschaffungspreisen zum Abzug gebracht, so wird das Ergebnis als **Nettoinlandsprodukt** bezeichnet.

Übersicht 11.1: *Berechnungsarten des Inlands- bzw. Sozialprodukts*

Entstehungsrechnung

	Produktionswert
-	Vorleistungen
=	Bruttowertschöpfung
-	Unterstellte Entgelte für Bankdienstleistungen
=	Bruttowertschöpfung (bereinigt)
+	Nichtabzugsfähige Umsatzsteuer
+	Einfuhrabgaben

Verwendungsrechnung

	Privater Verbrauch
+	Staatsverbrauch
+	Bruttoinvestitionen
=	Letzte inländische Verwendung von Gütern und Diensten
+	Ausfuhr
=	Letzte Verwendung von Gütern
-	Einfuhr

=	Bruttoinlandsprodukt zu Marktpreisen
±	Saldo der Erwerbs- und Vermögenseinkommen aus der übrigen Welt
=	Bruttosozialprodukt zu Marktpreisen
-	Abschreibungen
=	Nettosozialprodukt zu Marktpreisen
-	Indirekte Steuern
+	Subventionen
=	Nettosozialprodukt zu Faktorkosten
=	Volkseinkommen

↕

Verteilungsrechnung

Volkseinkommen

	Bruttoeinkommen aus Unternehmertätigkeit und Vermögen
-	Öffentliche Abgaben auf Einkommen aus Unternehmertätigkeit und Vermögen (direkte Steuern u.ä.)
±	Sonstige Zu- und Absetzungen
=	Nettoeinkommen aus Unternehmertätigkeit und Vermögen

	Bruttoeinkommen aus unselbständiger Arbeit
-	Tatsächliche Sozialbeiträge der Arbeitgeber
-	Unterstellte Sozialbeiträge (Beamtenversicherung, Betriebsrente u.ä.)
=	Bruttolohn- und gehaltssumme
-	Lohnsteuer
-	Tatsächl. Sozialbeiträge der Arbeitnehmer
=	Nettolohn- und gehaltssumme

Beide Aggregate, das Brutto- und Nettoinlandsprodukt, können zu **Marktpreisen** oder zu **Faktorkosten** bewertet werden, d.h. entweder einschließlich oder ohne indirekte Steuern (abzüglich Subventionen). Zu den indirekten Steuern werden alle Steuern und Abgaben gerechnet, die bei der Gewinnermittlung abzugsfähig sind. Das sind Produktionssteuern (Verbrauchssteuern, Realsteuern, Verwaltungsgebühren), nichtabziehbare Umsatzsteuer und Einfuhrabgaben (Zölle, Verbrauchssteuern, Abschöpfungsbeträge).

Die **Verteilungsrechnung** der VGR macht sich den Kreislaufgedanken zunutze, indem das Nettoinlandsprodukt zu Faktorkosten als die Summe der in den Sektoren entstandenen **Einkommen aus unselbständiger Arbeit** und der **Einkommen aus Unternehmertätigkeit und Vermögen** angesehen wird, wobei letztere als Residuum ermittelt werden. Die von den Arbeitgebern gezahlten Einkommen aus unselbständiger Arbeit beinhalten die Bruttolöhne und -gehälter, tatsächliche Arbeitgeberbeiträge zur Sozialversicherung, zur Lebensversicherung, Pensionskassen u.ä. sowie unterstellte Sozialbeiträge der Arbeitgeber. Die Einkommen aus Unternehmertätigkeit und Vermögen ergeben sich dann nach Abzug der Einkommen aus unselbständiger Arbeit vom Nettoinlandsprodukt zu Faktorkosten (Nettowertschöpfung). Aus dem Inlandsprodukt ergibt sich das **Sozialprodukt**, wenn die Erwerbs- und Vermögenseinkommen abgezogen werden, die an die "übrige Welt" geflossen sind und die entsprechenden Einkommen hinzugefügt werden, die von inländischen Personen bzw. Institutionen aus der "übrigen Welt" bezogen werden. Das Nettosozialprodukt zu Faktorkosten, auch als **Volkseinkommen** bezeichnet, ist die zentrale Größe der Verteilungsrechnung des Sozialprodukts. Sie umfaßt, nach den genannten Sektoren gegliedert, die Summe aller Erwerbs- und Vermögenseinkommen, die Inländer bezogen haben.

Die **Verwendungsrechnung** der VGR besteht aus der Addition von Privatem Verbrauch, Staatsverbrauch, Anlageinvestitionen, Vorratsveränderung und Außenbeitrag. Der **Private Verbrauch** umfaßt Waren- und Dienstleistungskäufe (auch unterstellte Käufe wie Eigenverbrauch der Unternehmer, den Wert der Nutzung von Eigentümerwohnungen) der inländischen privaten Haushalte für Konsumzwecke und Eigenverbrauch der privaten Organisationen ohne Erwerbszweck. Der **Staatsverbrauch** beinhaltet Aufwendungen des Staates für Verwaltungsleistungen, die der Allgemeinheit ohne spezielles Entgelt zur Verfügung gestellt werden und wird errechnet aus dem Produktionswert, abzüglich der Verkäufe sowie der selbsterstellten Anlagen. In die **Anlageinvestitionen** gehen die Käufe von neuen Anlagen (einschließlich selbsterstellter Anlagen) sowie die Käufe abzgl. Verkäufe von gebrauchten Anlagen und Land ein, wobei unter Anlagen alle dauerhaften reproduzierbaren Produktionsmittel (Nutzungsdauer länger als 1 Jahr) angesehen werden. Die **Vorratsveränderung** ergibt sich als Differenz zwischen Anfangs- und Endbestand von Vorräten zu konstanten Preisen, die anschließend mit jahresdurchschnittlichen Preisen bewertet wird. Der **Außenbeitrag** stellt den Saldo zwischen Ausfuhr und Einfuhr von Waren und Dienstleistungen dar, wobei die Umsätze mit Wirtschaftseinheiten erfolgen, die ihren Wohnsitz im Ausland haben.

In Übersicht 11.1 sind die Berechnungsarten der Aggregate der VGR zusammenfassend angegeben.

In der VGR kommt sowohl das Inlands- (Arbeitsort-) als auch das Inländer- (Wohnort-)konzept zur Anwendung. Nach dem Inlandskonzept wird die in einem Wirtschaftsgebiet (Inland) erbrachte wirtschaftliche Leistung erfaßt, einschließlich der Arbeitsleistungen der Einpendler, aber ausschließlich der Leistungen der Auspendler, sowie einschließlich der Nutzung der aus der übrigen Welt stammenden finanziellen Mittel, aber ohne die Nutzung der in der übrigen Welt angelegten finanziellen Mittel. Das Inländerkonzept stellt dagegen auf die wirtschaftlichen Leistungen der inländischen Wirtschaftseinheiten ab, unabhängig, ob diese im Inland oder in der übrigen Welt erbracht werden. Dem Bruttoinlandsprodukt liegt das Inlands-, dem Bruttosozialprodukt das Inländerkonzept zugrunde. Beide Aggregate unterscheiden sich um die grenzüberschreitenden Erwerbs- und Vermögenseinkommen. Die Entstehungsrechnung wird nach dem Inlandskonzept, die Verteilung und Verwendung der Einkommen sowie die Finanzierungsvorgänge jedoch nach dem Inländerkonzept. Im Kontensystem der VGR wird im Einkommensverteilungskonto vom Inlands- auf das Inländerkonzept übergegangen. Die Verwendungsrechnung kann sowohl nach dem Inlands- als nach dem Inländerkonzept dargestellt werden: der Unterschied betrifft nur die Ausfuhr und Einfuhr von Waren und Dienstleistungen, die nach dem Inlandskonzept (Verwendung des BIP) nicht die grenzüberschreitenden Einkommen enthalten.

Die Ergebnisse der VGR werden als geschlossenes Kontensystem mit doppelter Verbuchung aller nachgewiesenen Vorgänge dargestellt. Die Erfassung erfolgt in der amtlichen Statistik auf 9 Konten, wobei Konto 1-7 jeweils in die Sektoren Unternehmen (Produktionsunternehmen, Kreditinstitute, Versicherungsunternehmen), Staat (Gebietskörperschaften, Sozialversicherung) und Private Haushalte (Private Haushalte, Private Organisationen ohne Erwerbszweck) gegliedert werden. Die konsolidierten Konten mit den wechselseitigen Buchungen sind im Anhang (vgl. Anhang A1) dargestellt.

Seit der Verwendung des Bruttosozialprodukts als eine Art internationale Besteuerungsgrundlage für die Festlegung des Gesamtvolumens des EU-Haushaltes und für die Bemessung eines Teils der EU-Eigenmittel nehmen die Ergebnisse der VGR für die EU-Entscheidungen einen wichtigen Platz ein. Die Vollständigkeit und internationale Vergleichbarkeit der Sozialproduktberechnungen wird dadurch wesentlich gefördert. Das Europäische System der VGR (ESVG) gibt im einzelnen vor, wie und in welcher Form die VGR aufzustellen und die Ergebnisse an Eurostat zu liefern sind. Es handelt sich dabei um einen allgemeinen Rahmen, der Empfehlungen gibt und der auch auf dem System der Vereinten Nationen, Systems of National Accounts (SNA), basiert. Die konkrete Ausgestaltung der Berechnungen in den einzelnen Mitgliedsstaaten hängt primär von den verfügbaren Basisdaten ab und kann somit unterschiedlich sein.

11.1.2 Entstehungsrechnung

Bei der Sektorenabgrenzung (Unterteilung in Unternehmen, Staat, private Haushalte und private Organisationen ohne Erwerbszweck, übrige Welt) besteht eine konzeptionelle Besonderheit des deutschen Systems darin, daß - anders als im ESVG - der Sektor Private Haushalte in der Entstehungsrechnung ohne jede unternehmerischen Tätigkeiten dargestellt wird. Die in diesem Bereich nachgewiesene Produktion umfaßt nur die Entgelte für das bei privaten Haushalten beschäftigte Personal. Einzelunternehmen und Personengesellschaften ohne eigene Rechtspersönlichkeit werden also nicht als private Haushalte, sondern im Unternehmenssektor nachgewiesen. Auch die nichtmarktbestimmte Produktion privater Haushalte wie Wohnungsnutzung, Eigenleistungen im Wohnungsbau, Kleintierhaltung oder Obst- und Gemüseanbau, wird entsprechend der Tätigkeit anderen Wirtschaftsbereichen zugeordnet. Die eigentliche hauswirtschaftliche Tätigkeit wird gemäß internationalen Konventionen derzeit nicht in die Sozialproduktberechnung einbezogen.

Die **Produktionswerte** werden nach drei Verfahren berechnet:

- Bei der Umsatzmethode wird der Produktionswert als Summe aus Umsatz (ergänzt um Entnahmen für den Eigenverbrauch), Bestandsveränderungen an Erzeugnissen aus eigener Produktion und selbsterstellten Anlagen ermittelt; dies ist das gebräuchlichste Berechnungsverfahren für den Unternehmenssektor.

- Als Differenzmethode lassen sich die Sonderregelungen bei den finanziellen Unternehmen (Kreditinstitute und Versicherungsunternehmen) bezeichnen. Der Produktionswert der Kreditinstitute umfaßt neben den tatsächlichen Einnahmen aus Gebühren u.ä. nur noch die Zinsspanne in Höhe der Differenz zwischen Ertrags- und Aufwandszinsen als sog. unterstellte Entgelte für Bankdienstleistungen. Als Produktionswert der Versicherungsunternehmen gilt nur der in den Bruttoprämien enthaltene Dienstleistungsanteil, der im Prinzip als Differenz aus Beitragseinnahmen und Versicherungsleistungen der gleichen Periode ermittelt wird.

- Bei der Bewertungsmethode werden die Produktionswerte durch Bewertung von Mengenangaben berechnet. Dieses Berechnungsverfahren wird nur ausnahmsweise angewandt, z.B. in den Bereichen Land- und Forstwirtschaft sowie Wohnungsvermietung.

Wichtigste Datenquelle der Produktionswertermittlung bilden die jährlichen Unternehmenserhebungen in den meisten Wirtschaftsbereichen. Dies gilt insbesondere für das Produzierende Gewerbe, den Handel sowie die meisten Verkehrsbereiche. Auch für Kreditinstitute und Versicherungsunternehmen stehen

Jahresangaben aus Unternehmensabschlüssen zur Verfügung. Die Berechnungen für die Landwirtschaft stützen sich auf umfangreiches Datenmaterial der Agrarstatistik. In den restlichen Bereichen des Unternehmenssektors wird meistens die Umsatzsteuerstatistik als Datenquelle zur Ermittlung der Produktionswerte herangezogen, also vor allem im Bereich der "Sonstigen Dienstleistungsunternehmen" (ausgenommen z.B. das Gesundheitswesen). Einen Sonderfall stellt der Bereich "Wohnungsvermietung" dar, dessen Produktionswert (Mietwert) anhand von Angaben über den Wohnungsbestand und die Durchschnittsmieten bestimmt wird. Für den Sektor "Staat" kann bei der Berechnung von Bruttowertschöpfung und Produktionswert auf Angaben der Finanzstatistik zurückgegriffen werden, für die "Privaten Organisationen ohne Erwerbszweck" stehen vor allem Angaben aus der Beschäftigten- und Entgeltstatistik zur Verfügung.

Übersicht 11.2: *Ausgangsstatistiken zur Vorleistungsberechnung*

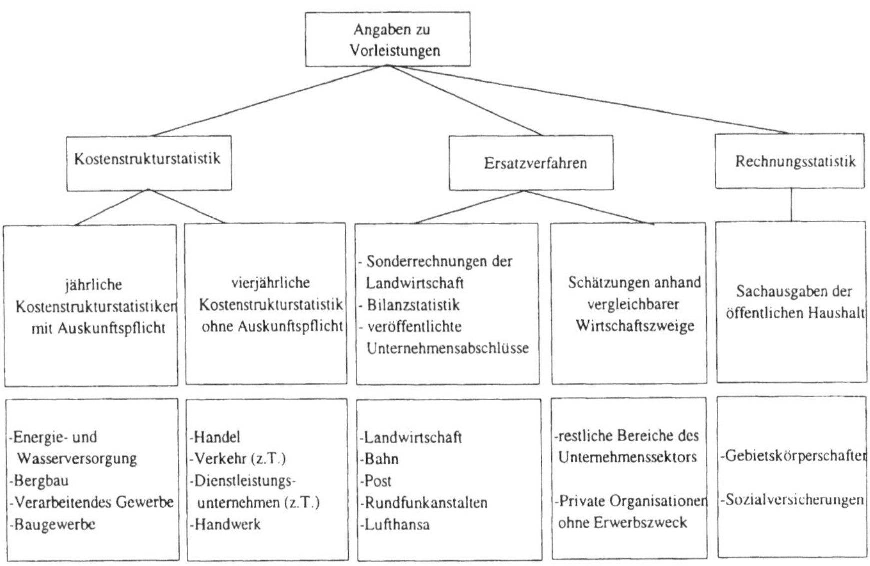

Quelle: Bolleyer R.; u.a. 1992, S. 30

Die **Vorleistungen** werden in der Regel mit Hilfe von Angaben aus Kostenstrukturstatistiken berechnet. Sie erlauben eine tiefgegliederte Darstellung der Kostenarten und Leistungen auf der Grundlage des betrieblichen Rechnungswesens. Aus diesen Kostenstrukturstatistiken (und ähnlichen Angaben) werden meist sogenannte Vorleistungsquoten (Relation aus Vorleistungen und Produktionswerten) ermittelt, aus denen dann - bezogen auf die in absoluten Werten zu bestimmenden Produktionswerte - die Vorleistungen als Wertgröße berechnet werden.

zur Berechnung des Privaten Verbrauchs nicht verwendet werden. Nach der Reform der Wirtschaftsrechnungen privater Haushalte im Jahre 1998 (vgl. 2.2.2) werden der Repräsentationsgrad (nunmehr 6.000 Haushalte ohne Beschränkung auf spezielle Haushaltstypen) und die entsprechende Berichterstattung (quartalsweise) der laufenden Wirtschaftsrechnungen verbessert, so daß auch diese Erhebung zur Ermittlung des privaten Verbrauchs herangezogen wird (vgl. Chlumsky; Ehling 1997, S. 461). Für den Bereich Wohnungsvermietung liegen mit den Gebäude- und Wohnungszählungen, den Wohnungsstichproben und den Zusatzerhebungen zum Mikrozensus Haushaltsbefragungen vor, die in die Berechnungen einfließen.

- Erfassung des Absatzes der unmittelbaren Lieferanten der privaten Haushalte und der privaten Organisationen ohne Erwerbszweck.

  Dieser Absatz wird bestimmt, indem der Anteil an den Umsätzen geschätzt wird, den die Lieferanten mit privaten Haushalten erzielen. Angaben über Umsätze bzw. Indikatoren und über deren Entwicklung liegen weitgehend aktuell, vollständig und detailliert vor, während Angaben über den Anteil der Verkäufe an private Haushalte nicht für alle Bereiche verfügbar sind, so daß auch auf Schätzungen zurückgegriffen werden muß. Der Private Verbrauch als Sozialproduktsaggregat wird nach dieser Methode berechnet.

Die Berechnung des Privaten Verbrauchs erfolgt zunächst nach dem Inlandskonzept. Dabei handelt es sich um die Käufe privater Haushalte bei inländischen Wirtschaftseinheiten, unabhängig davon, ob die Käufer in- oder ausländische Haushalte sind. Ausgangspunkt der Berechnung sind im allgemeinen die Umsätze der einzelnen Wirtschaftsbereiche. In der Regel liegen diese nicht unmittelbar aus Fachstatistiken vor, sondern es muß auf Umsatzeckwerte aus Jahren, in denen eine entsprechende Totalerhebung durchgeführt wurde, zurückgegriffen werden, die dann teilweise mittels kurzfristiger Indikatoren der Umsatzentwicklung in diesem Wirtschaftsbereich bis zum Berechnungszeitraum fortgeschrieben werden. Wenn für einen Wirtschaftsbereich keine kurzfristigen Umsatzindikatoren vorliegen, werden für die Fortschreibung Ersatzindikatoren aus anderen Wirtschaftsbereichen verwendet, deren Auswahl auf Plausibilitätsüberlegungen beruht. Von den sich so ergebenden Umsätzen werden jeweils die Anteile der Verkäufe an private Haushalte (Absatzquoten) bestimmt. Im Rechengang erfolgt als nächster Schritt die Aufteilung der Käufe in den einzelnen Wirtschaftsbereichen auf Verwendungszwecke nach der Systematik der Einnahmen und Ausgaben der privaten Haushalte (SEA). Durchbrochen wird das Prinzip der lieferbereichsorientierten Berechnung dann, wenn der Private Verbrauch eines bestimmten Gutes aus anderen Quellen sicherer bestimmbar ist (Sonderrechnungen). Die Summe der privaten Käufe in den einzelnen Lieferbereichen einschließlich der Sonderrechnungen spiegelt die Käufe der privaten Haushalte im Inland wieder. Um zu den Käufen der inländischen privaten Haushalte im In- und Ausland zu gelangen, wird der Private Verbrauch von Inländern im Ausland addiert und der Private Verbrauch von Ausländern im Inland subtrahiert. Den größten Teil dieser grenzüberschreitenden Transaktionen machen der private Reiseverkehr sowie der Private Verbrauch von Angehörigen der alliierten Streitkräfte in der Bundesrepublik aus. Angaben zu den beiden genannten Saldierungspositionen werden im Rahmen der Zahlungsbilanzstatistik von der Deutschen Bundesbank zur Verfügung gestellt.

- Ermittlung der Käufe der privaten Haushalte und privaten Organisationen ohne Erwerbszweck auf der Grundlage von Unterlagen der Warenproduktion und des Außenhandels; Verfolgung des Weges der Güter von ihrem Aufkommen über die verschiedenen Produktions- und Handelsstufen zum privaten Endverwender.

  Diese Methode wird im Rahmen der Input-Output-Rechnung angewandt. Für rund 3.000 Güterarten wird das Aufkommen an Gütern, insbesondere anhand der Produktions- und der Außenhandelsstatistik, bestimmt und mit Hilfe weiterer Statistiken (insbesondere Wareneingangsstatistik, Kostenstrukturstatistik) auf die einzelnen Verwendungskategorien Vorleistungen, Investitionen, Letzter Verbrauch und Ausfuhr aufgeteilt. Allerdings ist diese Rechnung später abgeschlossen als die Rechnung über die Lieferanten der privaten Haushalte, so daß sie erst bei in größeren zeitlichen Abständen stattfindenden Revisionen Einfluß auf die Höhe und Struktur des Privaten Verbrauchs als Sozialproduktsaggregat nehmen kann.

Der **Staatsverbrauch** setzt sich aus der Summe der Bruttowertschöpfung (geleistete Einkommen aus unselbständiger Arbeit, Abschreibungen, Produktionssteuer) und der Vorleistungen zusammen, abzüglich der Verkäufe von Waren und Dienstleistungen und selbsterstellten Anlagen.

Zur Ermittlung der geleisteten Einkommen aus unselbständiger Arbeit der Gebietskörperschaften und der Sozialversicherung dienen die Sekundärstatistiken, nämlich die Rechnungsstatistik der öffentlichen Haushalte und die Rechnungsergebnisse der Sozialversicherungsträger. Die Berechnung der Abschreibungen erfolgt im Rahmen der Anlagevermögensrechnung nach der Perpetual-Inventory-Methode (vgl. Lützel 1971, S. 593ff.), wobei jener Betrag ermittelt wird, der im Berichtsjahr zu zahlen wäre, wenn die reale Substanz der Produktionsanlage erhalten bleiben soll. Die von den Einrichtungen des Staates gezahlten Produktionssteuern (z.B. Grundsteuer) sind zum Beispiel in den Aufwendungen für die Bewirtschaftung der Grundstücke und Gebäude ("Sachaufwand") enthalten, so daß ihr Wert geschätzt wird. Der Berechnung der übrigen Komponenten des Staatsverbrauchs liegt das gleiche Ausgangsmaterial wie bei der Ermittlung der Bruttowertschöpfung zugrunde.

Die **Bruttoinvestitionen** umfassen die Bruttoanlageinvestitionen und die Vorratsveränderung; die Bruttoanlageinvestitionen gliedern sich in Ausrüstungs- und Bauinvestitionen.

Ausrüstungsinvestitionen werden zunächst nach zwei voneinander unabhängigen Methoden berechnet:

- Eine Investorenrechnung erfaßt direkt beim Endverwender von Investitionsgütern die Ausrüstungsinvestitionen. Die Praxis dieser Erhebungen hat drei Nachteile:
  - Es gibt nur Jahresergebnisse, keine unterjährige Periodizität.
  - Es mangelt an aktuellen Ergebnissen.
  - Es fehlen zum Teil Dienstleistungsbereiche.
- Eine Commodity-Flow-Rechnung verfolgt die Güter von ihrem Ursprung (Aufkommen) über die verschiedenen Produktions- und Handelsstufen und nimmt einen indirekten Schluß auf die Verwendung der Güter vor. Schwachpunkte dieses Verfahrens liegen in der Unterschiedlichkeit der vielfältigen statistischen Ausgangsdaten und den dabei auftauchenden inhaltlichen und zeitlichen Zuordnungsproblemen. Weitere Unsicherheit liegt in der Entscheidung, ob ein neues Gut später konsumtiv, investiv oder intermediär verwendet wird, was im frühen Stadium weitgehend spekulativ ist.

Eine Abstimmung der beiden Verfahren erfolgt in den "Investitionskreuzmatrizen" (vgl. Cruse 1992, S. 14ff.), in der im Idealfall die Ergebnisse beider Methoden die beiden Randverteilungen bilden.

Zur Berechnung der **Bauinvestitionen**, die aus dem Zugang an neuen Bauten und den Käufen (abzüglich Verkäufen) von gebrauchten Bauten und Land ermittelt wird (vgl. Mohr; Bolleyer 1992, S. 12ff.), werden analog zwei Verfahren angewandt:

- Die direkte Berechnung erfolgt aufgrund von Daten aus Unternehmensbilanzen über Zugänge auf Anlagekonten, von Kassenausgaben für Baumaßnahmen des Staates, von Bestandsveränderungen aus der Vermögensrechnung der Sozialversicherungsträger sowie sonstiger Unterlagen der Investoren.
- Die indirekte Ermittlung basiert auf Angaben der Unternehmen und Betriebe, die Bauleistungen und sonstige den Bauinvestitionen zuzurechnende Leistungen (Commodity-Flow-Methode) erbringen.

Die Berechnungen des StBA gehen zunächst von der indirekten Methode aus, da das Ausgangsmaterial vollständiger und schneller zur Verfügung steht als bei der direkten. Liegen die Ergebnisse beider Verfahren vor, so erfolgt eine gegenseitige Abstimmung und Kontrolle.

Um die **Vorratsveränderungen** im Rahmen der VGR zu ermitteln, werden die Vorräte untergliedert nach Rohstoffe, Halberzeugnisse, angefangene Arbeiten und Fertigerzeugnisse nach Input-Vorräte einerseits und Output-Vorräte andererseits aufbereitet. Ausgangspunkt der Berechnungen sind Anfangs- und Endbestände, die institutionell nach Wirtschaftsbereichen gegliedert sind. Bei den "Buchwerten" handelt es sich um Mengen, die von den Erhebungseinheiten Unternehmen zu bilanziellen Zwecken bewertet wurden, was vielfach nicht dem Konzept der VGR entspricht. Es erfolgt eine Umbewertung der Buchwerte.

Die geschätzten Bewertungsdifferenzen zwischen den Zu- und Abgängen von Lagergütern sind bei der Abstimmung von Vorratsveränderungen im Zusammenhang mit der Abstimmung von Entstehungs- und Verwendungsrechnung zu berücksichtigen (vgl. Cruse 1992, S. 85).

Der **Außenbeitrag** als Differenz zwischen Aus- und Einfuhr enthält die grenzüberschreitenden Warentransaktionen, die in den Generalhandelsergebnissen der Außenhandelsstatistik (vgl. 10.1) nachgewiesen werden, und die grenzüberschreitenden Dienstleistungstransaktionen, die sich aus der Leistungsbilanzstatistik im Rahmen der Zahlungsbilanzstatistik der BBk (vgl. 10.2) ableiten. Die Angaben in diesen Basisstatistiken entsprechen nicht vollständig den Abgrenzungen der VGR, so daß Modifikationen notwendig sind.

11.2 Datenbasis für weitere Teile der Volkswirtschaftlichen Gesamtrechnungen

11.2.1 Input-Output-Tabellen

Detaillierte Darstellungen des Güterkreislaufs einschließlich der in der Entstehungs- und Verwendungsrechnung des Inlandsprodukts nicht enthaltenen Vor- und Zwischenprodukte zeigen die Input-Output-Tabellen (IOT). Sie stellen die Verflechtung des Absatzes (Output) und des Bezugs (Input) von Gütern und Dienstleistungen zwischen den Sektoren einer Volkswirtschaft dar. Das StBA geht bei den Sektoren von Produktionsbereichen aus, die durch Güterarten gebildet werden. Ähnliche Konzepte liegen den IOT des Rheinisch-Westfälischen Instituts für Wirtschaftsforschung (RWI) und Ifo-Instituts (Information und Forschung) zugrunde. Möglich ist auch, anstelle der Produktionsverflechtung die Lieferverflechtung nach Wirtschaftszweigen darzustellen, was zum Nachweis der Marktverflechtung führt. Das DIW berechnet solche IOT, die in der Abgrenzung der Transaktionen und der Sektoren den Konzepten der Entstehungs- und Verwendungsrechnung der VGR entsprechen.

Schematisch ist eine Input-Output-Tabelle, die dem Produktionsverflechtungskonzept des StBA (vgl. Bleses 1994, S. 197ff.) entspricht, in Übersicht 11.3 dargestellt.

Übersicht 11.3: *Schematischer Aufbau einer Input-Output-Tabelle*

Empfangender Bereich / Liefernder Bereich	Produktionsbereiche			Endnachfrage				Gesamt Output
	Prim. Bereich	Sek. Bereich	Tert. Bereich	Priv. Verbr.	Staats-verbr.	Invest-itionen	Aus-fuhr	
Vorleistungs-verbrauch Erzeugnisse des primären Bereichs sekundären Bereichs tertiären Bereichs	**I** *Matrix der Vorleistungsverflechtung*			**II** *Matrix der Endnachfrage*				
Primärinputs Wertschöpfung Abschreibung Prod. Steuern Subventionen Einkommen aus unselbst. Tätigkeit Einkommen aus Unternehmertätig-keit und Vermögen	**III** *Matrix der Primärinputs*			**IV** *Matrix der Außenströme*				
Gesamt-Input (einschl. Einfuhr)								

Die Input-Output-Tabelle setzt sich aus vier Matrizen (Quadranten) zusammen: Matrix der Vorleistungsverflechtung (I. Quadrant), Matrix der Endnachfrage (II. Quadrant), Matrix der Primärinputs (III. Quadrant), Matrix der Außenströme. Dabei beschreiben bereits die ersten drei Matrizen eine vollständige Tabelle, die aber durch einen IV. Quadranten ergänzt werden kann, der die Beziehung zwischen den Primärinputs und der Endnachfrage beschreibt.

In einer Spalte des I. Quadranten (Zentralmatrix) wird dargestellt, wieviel Vorleistungsgüter aus welchen liefernden Bereichen in einem Produktionsbereich im Zuge der Produktion eingesetzt werden. Die Zeile der Matrix gibt an, wieviel Vorleistungsgüter eines liefernden Bereichs in den verschiedenen Produktionsbereichen zum Einsatz kommen.

Der II. Quadrant beschreibt die direkte Verflechtung der produzierten Sektoren mit den Endnachfragebereichen. Zeilenweise wird für jeden Produktionssektor die Verteilung seiner Endprodukte auf die Nachfragebereiche Privater Verbrauch, Staatsverbrauch, Anlageinvestitionen, Vorratsveränderung, Ausfuhr nachgewiesen. Spaltenweise wird die inländische sektorale Herkunft der von jedem Endnachfragebereich bezogenen Outputs angegeben.

Die Entstehung der primären Inputs in den einzelnen Produktionssektoren wird im III. Quadranten dargestellt. Zeilenweise wird die Verteilung der Wertschöpfung und ihrer Bestandteile auf die Produktionsbereiche angegeben; spaltenweise sind die von jedem Produktionssektor eingesetzten verschiedenen primären Inputs zu entnehmen.

Die drei Quadranten stellen zwar eine vollständige IOT dar; sie können jedoch durch einen IV. Quadranten erweitert werden, der die Beziehungen zwischen Endnachfrage und Primärinput beschreibt. Zeilenweise wird die Verteilung der primären Inputs auf die Endnachfragebereiche und spaltenweise die Art der von jedem Endnachfragebereich eingesetzten primären Inputs gezeigt.

Zusammenfassend beschreiben die Spalten des I. und III. Quadranten die Input-Strukturen, nämlich welche und wieviel Input für die Produktion der Produktionsbereiche notwendig ist. Die Outputstruktur wird durch die Zeilen des I. und II. Quadranten angegeben, indem dargestellt wird, wie das gesamte Aufkommen an Gütern, das ihrer gesamten Verwendung entspricht, in der Volkswirtschaft und der übrigen Welt (Ausfuhr) verwendet wird.

Ausgangsdaten, um IOT aufzustellen, sind die endgültigen Ergebnisse der Entstehungs- und Verwendungsrechnung. Diese Daten werden auf die Konzepte der IOT umgestellt, von institutionellen Wirtschaftsbereichen auf homogene Produktionsbereiche umgeschlüsselt und nach Art der Waren und Dienstleistungen tiefer untergliedert.

Für die Aufgliederung der Produktionswerte und Vorleistungen der Wirtschaftsbereiche nach Gütergruppen werden zunächst folgende Statistiken herangezogen:

- jährliche Kostenstrukturerhebungen im Produzierenden Gewerbe und die alternierenden Kostenstrukturerhebungen in ausgewählten Dienstleistungsbereichen (vgl. 9.1.2),
- jährliche Sonderaufbereitung der Produktionsstatistik,
- Jahreserhebungen im Handels- und Gastgewerbe und die Handels- und Gaststättenzählung (vgl. 9.1.4),
- jährliche Umsatzsteuerstatistik (vgl. 9.1.1).

Wichtigste statistische Quelle für die Berechnung der **Vorleistungen** in tiefer Gliederung nach Gütergruppen und Wirtschaftsbereichen im Bergbau und Verarbeitenden Gewerbe sind die vierjährlich durchgeführten **Material- und Wa-**

reneingangserhebungen, die den Material- und Wareneingang in tiefer Gütergliederung für Unternehmen mit 20 und mehr Beschäftigten erfassen. Verschiedene Kostenarten werden in unterschiedlicher Gliederungstiefe erhoben: Roh- und Hilfsstoffe (einschließlich Handelsware); Brenn- und Treibstoffe sowie Energie; Küchen und Kantinenwaren (einschließlich Handelsware). Die Roh- und Hilfsstoffe werden nach der Systematik des Warenverzeichnisses für den Material- und Wareneingang im Produzierenden Gewerbe unterteilt, das auf der untersten Gliederungsebene 584 fünfstellige Positionen umfaßt.

Bei den Berechnungen von IOT nach der Güterstrommethode geht man von den Angaben in der Aufkommensberechnung aus: Wichtigste Quelle für die **Inlandsproduktion** ist die vierteljährliche **Produktionsstatistik** für produzierende Betriebe von Unternehmen des Bergbaus und des Verarbeitenden Gewerbes sowie für produzierende Betriebe anderer Unternehmen (mit mehr als 20 Beschäftigten). Hier werden die Produktion mengen- und wertmäßig nach ca. 6.000 Güterarten sowie der Wert der geleisteten Reparatur-, Montage- und Lohnveredelungsarbeiten erfaßt. Für einige Güterarten werden besondere Fachstatistiken (Eisen- und Stahlstatistik, Nichteisen- und Edelmetallstatistik, Mineralölstatistik, Textilfachstatistik) herangezogen. Bei der Berechnung der Produktionswerte der übrigen Bereiche in tiefer Gütergliederung werden ebenfalls die bereits erwähnten Statistiken verwendet. Die Berechnung der **Ein- und Ausfuhr** geht von den Ergebnissen des Spezialhandels im Rahmen der **Außenhandelsstatistik** (monatliche und jährliche Ergebnisse) und der **Intrahandelsstatistik** aus (vgl. 10.1.1 und 10.1.2). Für die Dienstleistungsbilanz wird die **Statistik des Auslandszahlungsverkehrs** im Rahmen der Zahlungsbilanzstatistik ausgewertet (vgl. 10.2).

11.2.2 Finanzierungs- und Geldvermögensrechnung

Der gesamtwirtschaftlichen Finanzierungsrechnung sind die Angaben über die Sachvermögensbildung und Ersparnisse vorangestellt, die den Ergebnissen im Vermögensänderungskonto 6 der VGR (vgl. Anhang A1) des StBA entsprechen. Die Sachvermögensbildung der einzelnen Sektoren setzt sich aus den Bruttoinvestitionen abzüglich der verbrauchsbedingten Abschreibungen zusammen. Die Finanzierungssalden der einzelnen Sektoren ergeben sich aus der Sachvermögensbildung einerseits und der laufenden Ersparnis sowie den geleisteten und empfangenen Vermögensübertragungen andererseits. Sie geben an, in welchem Umfang die einzelnen Sektoren Mittel zur Verfügung gestellt oder in welchem Umfang sie sich netto gegenüber anderen Sektoren neu verschuldet haben. Die gleichen Salden müssen sich (rein rechnerisch) ergeben, wenn von der Geldvermögensbildung die statistische Differenz[1], die Kreditaufnahme und die Aktienemission subtrahiert werden. Die Salden der Bestandsgrößen aus der Geldvermögensrechnung und der Verpflichtungen sowie des Aktienumlaufs ergeben das Nettogeldvermögen der Sektoren.

Die **Finanzierungsrechnung** der BBk ermöglicht Aussagen darüber, zwischen welchen Gläubigern und Schuldnern Beziehungen entstehen, und welche Art von Finanzierungsmitteln zur Sach- und Geldvermögensbildung verwendet werden, also wie die Finanzierungsstruktur und ihre Veränderung aussieht. Die Gliederung der Forderungs- und Verbindlichkeitsarten erlaubt es weitgehend, darauf zu schließen, zwischen welchen Sektoren die Ströme geflossen sind, so daß begrenzt eine Kreislaufdarstellung der finanziellen Ströme möglich ist (flow-of-funds analysis). Zunächst werden allerdings lediglich in einer Tabelle die jedem Sektor (Spalte der Tabelle) zugeflossenen Forderungen und Verpflichtungen nach Finanzierungsarten (Zeile der Tabelle) ausgewiesen. Somit ergänzt sie als Stromgrößenrechnung das Bild der VGR um die Finanztransaktionen (vgl. BBk [11.1] 1995, S. 7ff.).

Die Finanzierungsrechnung der BBk weist 8 Sektoren auf:

Die nichtfinanziellen Sektoren beinhalten:
- Private Haushalte und private Organisationen ohne Erwerbscharakter,
- Produktionsunternehmen (darunter Wohnungswirtschaft),
- Öffentliche Haushalte (Gebietskörperschaften, Sozialversicherung).

Die finanziellen Sektoren umfassen:
- Banken (BBk, Kreditinstitute),
- Bausparkassen,
- Versicherungen,
- Investmentfonds.

Einen weiteren Sektor bildet das Ausland.

Die BBk unterscheidet 11 Forderungs- und Verpflichtungsarten einschließlich des Aktienbesitzes/-umlaufs nichtfinanzieller Sektoren (vgl. Übersicht 11.4).

Diese Gliederung der finanziellen **Transaktionen** der Finanzierungsrechnung ist identisch mit der der finanziellen Aktiva bzw. Verpflichtungen, also der **Bestände** der Geldvermögensrechnung der BBk, die die Bestände an Forderungen und Verbindlichkeiten zu einem bestimmten Zeitpunkt darstellt. Die Finanzierungsrechnung der BBk zeigt dagegen die **Veränderungen** zwischen zwei Zeitpunkten durch die finanziellen Transaktionen in dieser Periode. Diese

[1] Die statistische Differenz ergibt sich als Restposten im Finanzierungskonto des Auslands aufgrund statistisch nicht aufgliederbarer Vorgänge im Zahlungsverkehr mit dem Ausland.

Transaktionen werden in der statistischen Erfassung weitgehend aus den Bestandsangaben der Geldvermögensrechnung abgeleitet. Die in der Periode entstandenen und die in der Periode erloschenen Forderungen werden gegeneinander aufgerechnet. Das gleiche Verfahren gilt für die Verbindlichkeiten.

Übersicht 11.4: *Gliederung der „Instrumente" der Finanzierungs- und Geldvermögensrechnung*

Nr.	Forderungen und Aktienbesitz nichtfinanzieller Sektoren	Verpflichtungen und Aktienumlauf nichtfinanzieller Sektoren
1	Geldanlage bei Banken (Bargeld, Sicht-, Termin-, Spareinlagen)	Bankkredite nach Fristigkeit
2	Auslandposition der BBk	Auslandsposition der BBk
3	Geldanlage bei Bausparkassen	Darlehen der Bausparkassen
4	Geldanlage bei Versicherungen	Darlehen der Versicherungen
5-8	Geldanlage in Geldmarktpapieren, festverzinslichen Wertpapieren, Aktien, Investmentfonds (einschl. Immobilienfonds)	Verpflichtungen aus Geldmarktpapieren, festverzinslichen Wertpapieren, Aktienumlauf, Investmentfonds
9	Sonstige Forderungen	Sonstige Verpflichtungen
10	Innersektorale Forderungen	Innersektorale Verpflichtungen

Quelle: v.d. Lippe 1996, S. 222

Ein wichtiger Unterschied zwischen der Geldvermögens- und der Finanzierungsrechnung besteht in der Bewertung. Die Geldvermögensrechnung enthält die Bestände an Forderungen und Verbindlichkeiten mit dem Wert am Stichtag. In der Finanzierungsrechnung werden daraus zwar die Veränderungen ermittelt, doch geschieht dies - soweit möglich - unter Ausschaltung der Veränderungen, die nicht auf Transaktionen beruhen, insbesondere also der Veränderungen durch Neubewertungen. Die Bestandsveränderungen, die sich aus den veröffentlichten Resultaten der Geldvermögensrechnung durch Differenzbildung ergeben, stimmen daher mit den entsprechenden Transaktionen der Finanzierungsrechnung nicht immer überein (vgl. Kunz 1987, S. 87).

Die statistischen Erhebungen reichen für einige „Instrumente" aus, die vorkommenden Transaktionen etwa in Form einer Verflechtungsmatrix darzustellen. Während die Daten zur Aufstellung der Geldvermögensrechnung für den finanziellen Sektor aus den **Statistiken der Kreditinstitute** (vgl. 9.2) und **Versicherungsunternehmen** stammen, fehlt es weitgehend an originären Daten für die Finanzaktiva und -passiva inländischer nicht finanzieller Sektoren. Dabei mangelt es an einer umfassenden Unternehmensbilanzstatistik sowie an vollständigen Übersichten über das Vermögen bzw. die Schulden öffentlicher und privater Haushalte. Die BBk gewinnt die Daten zu diesen Sektoren aus den

Bilanzen der finanziellen Mittler, bei denen spiegelbildlich die finanziellen Engagements der Sektoren ihren Niederschlag finden. Die auf dieser Basis abgeleiteten Finanztransaktionen, die aufgrund eines Bestandsvergleiches von (bereinigten) nominal bewerteten Aktiva und Passiva durchgeführt wird, stellen konsolidierte Nettogrößen dar, die nichts über Bruttoumsätze oder Finanzbeziehungen von Sektoren untereinander aussagen. Weitere Daten liefern (vgl. Heinelt 1994, S. 134ff.) die Wertpapierstatistik, die Depotstatistik, der Auslandsstatus inländischer Nichtbanken über deren Finanz- und Handelskreditbeziehungen zu ausländischen Partnern, die Statistik der Kapitalverflechtung deutscher Unternehmen mit dem Ausland, die Zahlungsbilanzstatistik, der Vermögensstatus der Bundesrepublik mit dem Ausland (vgl. 9.2.2 und 9.2.3) und verschiedene Statistiken der öffentlichen Haushalte.

Mit Ausnahme der Wertpapier- und der Zahlungsbilanzstatistik, aus denen Umsätze zu Transaktionswerten zur Verfügung stehen, handelt es sich bei den übrigen Quellen wiederum um Bestandsstatistiken, aus denen die Transaktionen ebenfalls erst durch Bestandsvergleich nach Vornahme etwaiger Bereinigungen abgeleitet werden können (vgl. 9.2 und 10.2).

Gegenüber den VGR weist die Finanzierungsrechnung der BBk folgende Unterschiede auf:

- Während die Finanzierungsrechnung die transaktionsbedingten Veränderungen des Geldvermögens über Transaktionen und über Bestandsveränderungen ermittelt, werden in den VGR Stromgrößen erfaßt.
- Leistungstransaktionen, wie sie in der VGR nachgewiesen werden, führen zwar immer zu Einnahmen und Ausgaben und damit auch zu Veränderungen von Forderungen und Verbindlichkeiten; es gibt jedoch „reine" Finanztransaktionen, die sich nur in der Finanzierungsrechnung niederschlagen, z.B. Kauf eines Wertpapiers auf Kredit.
- Während aus der Kontengruppe 7 Finanzierung (vgl. Anhang A1) nur hervorgeht, wie sich Forderungen und Verbindlichkeiten eines Sektors insgesamt verändert haben, zeigt die Finanzierungsrechnung die Struktur der Veränderung sowohl hinsichtlich der Sektoren als auch der Forderungen und Verbindlichkeiten auf.
- Die Finanzierungsrechnung enthält nicht die Zahlung oder Kreditierung laufender Käufe im Sinne der VGR und sie enthält nicht die Finanzierung von Investitionen aus eigenen Mitteln (Selbstfinanzierung).

Zitierte Literatur (Kapitel 11)

BBk [11.1]: Statistische Sonderveröffentlichung Nr. 4. Ergebnisse der gesamtwirtschaftlichen Finanzierungsrechnung für Deutschland 1990-1994. Frankfurt 1995

Bleses, P.: Stichwort „Input-Output-Tabellen des StBA". In: Brümmerhoff, D.; Lützel, H. (Hg.): Lexikon der Volkswirtschaftlichen Gesamtrechnungen. München, Wien 1994

Bolleyer, R.; Räth, M.; Kreitmair, S.: Methoden und Grundlagen der Sozialproduktsberechnungen - Entstehungsrechnung. Ausgewählte Arbeitsunterlagen zur Bundesstatistik. Heft 23 (1992)

Chlumsky, J.; Ehling, M.: Grundzüge des künftigen Konzepts der Wirtschaftsrechnungen privater Haushalte. Wirtschaft und Statistik, 7/1997

Cruse, G.: Methoden und Grundlagen der Sozialproduktsberechnungen. Ausrüstungsinvestitionen, Vorratsveränderungen. Ausgewählte Arbeitsunterlagen zur Bundesstatistik. Heft 24 (1992)

Heinelt, P.: Stichwort "Finanzierungsrechnung". In: Brümmerhoff, D.; Lützel, H. (Hg.): Lexikon der Volkswirtschaftlichen Gesamtrechnungen. München, Wien 1994

Kunz, D.: Praktische Wirtschaftsstatistik. Stuttgart; u.a. 1987

v.d. Lippe, P.: Wirtschaftsstatistik. 5. Auflage. UTB Nr. 209. Stuttgart 1996

Lützel, H.: Das reproduzierbare Anlagevermögen in Preisen von 1962. Wirtschaft und Statistik, 10/1971

Mohr, D.; Bolleyer, R.: Methoden und Grundlagen der Sozialproduktsberechnungen - Bauinvestitionen. Ausgewählte Arbeitsunterlagen zur Bundesstatistik, 22/1992

12 Bevölkerungsstatistisches Berichtssystem

12.1 Erhebungen der amtlichen Statistik

12.1.1 Volks- und Berufszählung

Erhebungen zur Gewinnung bevölkerungsstatistischer Daten in der amtlichen Statistik umfassen zum einen die Primärerhebungen Volks- und Berufszählung und Mikrozensus und zum anderen eine nicht geringe Anzahl von Sekundärstatistiken, die auch zur Fortschreibung des Bevölkerungsbestandes herangezogen werden. Dazu zählen die Statistik der natürlichen Bevölkerungsbewegung, die Wanderungs-, Einbürgerungs- und Ausländerstatistik. Die Erhebungen von teils staatlich, teils privat finanzierten Instituten und anderen Forschungseinrichtungen bereichern das Angebot an soziodemographischen Daten. Ein fester Bestandteil des vielfältigen Datenangebots stammt dabei aus der Allgemeinen Bevölkerungsumfrage der Sozialwissenschaften (ALLBUS) und dem Sozio-ökonomischen Panel (SOEP).

In Übereinstimmung mit den Vereinten Nationen und der EU werden Volkszählungen in der Bundesrepublik Deutschland in ungefähr zehnjährigen Abständen durchgeführt. Nach den Zählungen von 1950, 1961 und 1970 erfolgte die jüngste Zählung nach Verabschiedung des Volkszählungsgesetzes von 1987 erst zum Stichtag 1987.

Die Volkszählung 1987 wurde aus fachlichen, organisatorischen und nicht zuletzt aus Kostengründen als **Mehrzweckerhebung** mit den folgenden Erhebungsbereichen durchgeführt:

- Volks- und Berufszählung als Einwohnerzählung mit bevölkerungs-, berufs- und erwerbsstatistischen Angaben,
- Gebäude- und Wohnungszählung als Bestandsaufnahme und zur Gewinnung grundlegender Strukturdaten zur Wohnungssituation sowie der
- Arbeitsstättenzählung zur Erfassung von Daten über Zahl, Größe und Struktur der nichtlandwirtschaftlichen Arbeitsstätten und Unternehmen in tiefer fachlicher und regionaler Gliederung.

Für eine gemeinsame Durchführung aus **fachlichen** Gründen spricht, daß der einheitliche Zählungsstichtag den direkten Vergleich der bevölkerungs- und erwerbsstatistischen mit den gebäude- und wohnungsstatistischen Sachverhalten als auch die Verbindung mit den Ergebnissen der Arbeitsstättenzählung ermöglicht. Ein weiterer wichtiger Faktor sind die durch gemeinsame Nutzung der bestehenden **Zählorganisation** reduzierten Kosten sowie die geringere **Belastung** der Befragten. Da nur die Volks- und Berufszählung Personen und Haushalte als Erhebungseinheiten umfaßt, bleiben Gebäude- und Wohnungszählung sowie die Arbeitsstättenzählung (vgl. 9.1) beim bevölkerungsstatistischen Berichtssystem außer Betracht. Nachdem die Volks- und Berufszählung bereits als Prototyp einer Totalstatistik in den **Erhebungsphasen** behandelt wurde (vgl. Einführung 2.2), ist im Rahmen des bevölkerungsstatistischen Berichtssystems nur auf das **Erhebungsprogramm** dieser Zählung einzugehen.

Eine der herausragenden Aufgaben der Volkszählung ist, die amtliche Einwohnerzahl für Bund, Länder und Gemeinden zum Zählungsstichtag zu liefern und der Bevölkerungsfortschreibung, die diese Aufgaben für die zwischen den Volkszählungen liegenden Jahre wahrnimmt, neue Basiszahlen zu geben. Nicht minder bedeutungsvoll ist die Aufgabe, stichtagsbezogene Ergebnisse für Erwerbstätige, Gebäude und Wohnungen zu liefern, die entsprechenden Fortschreibungen zu korrigieren und ihnen eine neue Basis zu geben.

Zudem stellen Volkszählungen Strukturergebnisse in tiefer regionaler und fachlicher Gliederung zur Verfügung und liefern die Auswahlgrundlage für nachgehende bevölkerungs- und wohnungsstatistische Stichprobenerhebungen wie Mikrozensus sowie Gebäude- und Wohnungsstichproben. Über die Hochrechnung des Mikrozensus bzw. der Gebäude- und Wohnungsstichprobe mittels der fortgeschriebenen Bevölkerungs- bzw. Wohnungszahlen werden Volkszählung, Bevölkerungsfortschreibung, Mikrozensus einerseits sowie Volkszählung, Wohnungsfortschreibung, Gebäude- und Wohnungsstichprobe andererseits verbunden. Außerdem nutzen die empirische Sozialforschung und die Markt- und Meinungsforschungsinstitute die aktuellen Daten aus der Volkszählung für ihre Auswahlpläne sowie zur Anpassung und Hochrechnung ihrer Stichprobenergebnisse.

Zu der Merkmalsgruppe **"allgemeine demographische Merkmale"** gehören Geburtsjahr, Geschlecht und Familienstand sowie Staatsangehörigkeit und Religion. Diese Angaben liefern die Basis für die Bevölkerungsfortschreibung, für Bevölkerungsvorausschätzungen und im Zusammenhang mit anderen Merkmalen für die Abschätzung der Entwicklung bestimmter Bevölkerungsgruppen wie die Zahl der künftigen Schüler oder der künftigen Rentenbezieher. Ebenso werden Heirats- und Sterbetafeln auf der Basis der letzten Zählungsergebnisse aufgestellt.

Der Merkmalsgruppe **"Haushalt und Familie"** liegt die Definition des Volkszählungsgesetzes von 1987 bezüglich "Haushalt" (vgl. 1.2.1) zugrunde: Wer allein wirtschaftet, bildet einen eigenen Haushalt. Personen mit mehreren Wohnungen sind in jeder Wohnung einem Haushalt zuzuordnen. Fragen zur Familienstruktur sind im Gegensatz zu früheren Zählungen nicht in den Fragenkatalog aufgenommen worden, da familienbezogene Nachweise in der Regel auch auf der Basis der Ergebnisse des Mikrozensus zu beziehen sind und sich durch Auswertung personenbezogener Merkmale ebenfalls Aussagen zur

Familienstruktur treffen lassen. Durch die Abgrenzung der verheirateten Paare konnten weitere Gruppen von Lebensgemeinschaften extrahiert werden, bei denen es sich um Mehrpersonenhaushalte ohne verheiratete Paare handelt, die aufgrund der Angaben zum Haushaltszusammenhang, Familienstand, Alter und Geschlecht ermittelt werden.

Die Merkmalsgruppe "**Erwerbstätigkeit**" umfaßt Merkmale zur Feststellung der Erwerbstätigkeit und zur Klassifizierung der Erwerbstätigen nach Wirtschaftszweigen sowie zur fachlichen Stellung der Erwerbstätigen in den Betrieben. Hierbei ist die Volks- und Berufszählung die einzige Erhebung, die Erwerbstätige und Erwerbslose in fachlicher und regionaler Gliederung am Wohnort erfaßt, während die Arbeitsstättenzählung sich den Beschäftigungsfällen am Arbeitsort widmet (vgl. 9.1.1). Erwerbstätige mit mehr als einer Tätigkeit werden so mehrfach gezählt. Zu erfassen ist, wer in irgendeiner Form zum Sozialprodukt beigetragen hat, wobei geringfügige Beschäftigungen mit zu berücksichtigen waren, um Aussagen über Höhe und Umfang des Arbeitskräftepotentials machen zu können. So zielte die Frage nach der Beteiligung am Erwerbsleben auf den Gesamtumfang der Arbeitssuchenden ab, unabhängig davon, ob Personen als arbeitslos oder arbeitssuchend gemeldet waren. Die Volkszählung ist somit die einzige Quelle, die einen vollständigen Überblick über das Ausmaß der Arbeitslosigkeit zum Erhebungsstichtag gibt. Zum Merkmalsprogramm der Erwerbstätigkeit gehören auch die Angaben zum ausgeübten Beruf, die nach der Klassifizierung der Berufe, Ausgabe 1975 (vgl. 1.1.1) aufbereitet werden.

Die Merkmalsgruppe "**Unterhaltsquellen** ist getrennt von der Gruppe Erwerbstätigkeit aufgeführt, da hier auch Nichterwerbstätige nach dem Unterhaltskonzept entsprechend untergliedert werden konnten und es so möglich wird, wirtschaftlich eigenständige Personen von wirtschaftlich abhängigen (Personen mit überwiegendem Lebensunterhalt durch Eltern, Ehegatte) zu trennen. Beim Erwerbskonzept werden alle Personen erfaßt, die zum Sozialprodukt beitragen, unabhängig davon, ob das so erzielte Einkommen auch zugleich Lebensgrundlage darstellt, während es durch das Unterhaltskonzept möglich ist, davon die Erwerbstätigen mit nur geringem Einkommen oder auch mithelfende Familienangehörige zu trennen.

Zu der Merkmalsgruppe "**Ausbildung**" sind nur Personen zwischen 15 und unter 65 Jahren befragt worden. Die Antwortvorgaben der Frage nach dem höchsten Schulabschluß werden zur Vergleichbarkeit der Bevölkerung nach grundlegenden Bildungsstufen der internationalen Standardklassifikation für das Bildungswesen (ISCD) entsprechend abgestimmt.

Pendlereigenschaften sind in den zur Merkmalsgruppe "**Pendelwanderung**" zusammengefaßten Merkmalen erfragt worden. Hierbei ist jene Bevölkerungsschicht der Erwerbstätigen sowie der Schüler und Studenten von Interesse, die sich arbeitstäglich zu gleichen Tageszeiten, zwischen gleichen Ausgangs- und Zielpunkten, auf gleichen Strecken unter der Benutzung gleicher Verkehrsmittel, bewegt. Erfragt wird der genaue Standort der Arbeits- bzw. Ausbildungsstätte (Straße, Hausnummer, Gemeinde) sowie das benutzte Verkehrsmittel und der benötigte Zeitaufwand. Durch die genaue Ortsangabe kann zum einen festgestellt werden, ob eine Pendlereigenschaft vorliegt, zum anderen wird es möglich, zwischen Tages- und Wochenendpendlern zu unterscheiden. Außerdem können die Angaben zur Frage nach dem Wirtschaftszweig der Arbeitsstätte (Angabe der Branche, Behörde) kontrolliert werden.

Exkurs: Zensus 2001

Aufgrund der Aufgabe von Eurostat, die nationalen statistischen Erhebungen zu synchronisieren, harmonisierte Konzepte und Definitionen zu verwenden, größere Flexibilität und kürzere Fristen in der Verfügbarkeit der Daten bei den statistischen Ämtern der EU-Mitgliedsländer zu erreichen, legte Eurostat 1996 "Leitlinien für das gemeinschaftliche Programm der Volks- und Wohnungszählungen im Jahre 2001" vor. Die Erhebung soll statistische Daten auf gemeinschaftlicher, nationaler, regionaler und lokaler Ebene zu den demographischen, wirtschaftlichen und sozialen (einschließlich Bildungs- und Weiterbildungs variablen) Merkmalen der Einzelpersonen, privaten Haushalte und Familien sowie zu Merkmalen von Gebäuden und Wohnungen umfassen. Die Gewinnung der Daten soll in jedem Mitgliedsstaat durch eine Vollerhebung oder durch die Nutzung von Verwaltungsregistern oder durch eine Kombination beider Verfahren erfolgen.

Zum gegenwärtigen Planungsstand (Mitte 1998) der Erhebung in Deutschland ist zunächst festzustellen, daß sich die Datenproduzenten einig sind, daß es eine Vollerhebung im Stile der Volks- und Berufszählung 1987 aus organisatorischen und finanziellen Gründen nicht mehr geben wird, sondern daß ein registergestützter Zensus durchzuführen sein wird. Mit dem Methodenwechsel sind folgende Forderungen zu erfüllen:

- Es ist der nationale Datenbedarf und möglichst auch jener der EU zu decken.
- Trotz der Abkehr von der primärstatistischen, flächendeckenden Vollerhebung ist ein hohes Maß an Information zu erreichen.
- Die finanzielle Belastung der Haushalte von Bund, Ländern und Gemeinden ist deutlich geringer zu halten.
- Die Belastung der Bürger darf die Akzeptanz des Zensus nicht gefährden.

Die Statistischen Ämter des Bundes und der Länder haben hierzu zwei Modelle, ein Bundesmodell und ein Ländermodell, entwickelt (vgl. Übersicht Ex.1).

Das Bundesmodell setzt sich zusammen aus einem demographischen Modul, mit dem aus Melderegistern die demographischen Grunddaten gewonnen werden, einem erwerbsstatistischen Modul, das den Großteil der Daten für Erwerbstätige und Pendler liefert, sowie dem Modul eines erweiterten Mikrozensus. Die Module werden nicht, auch nicht personenbezogen, verknüpft.

Das Ländermodell setzt sich aus zwei Modulen zusammen. Durch das Grundmodul mit den Komponenten postalische Gebäude- und Wohnungszählung, Melderegister der Gemeinden und deren Zusammenführung werden u.a. die demographischen und gebäude- sowie wohnungssstatistischen Grunddaten einschließlich Struktur der Haushalte und Wohnungsversorgung gewonnen. Im Ergänzungsmodul mit den Komponenten Dateien der Bundesanstalt für Arbeit sowie anderer Behörden und Gebietskörperschaften, einer postalischen Ergänzungsstichprobe im Erwerbsbereich und Zusammenführung mit den Dateien des Grundmoduls werden die erwerbsstatistischen Daten einschließlich Pendlerdaten sowie Ergebnisse, wie sie von einer Volkszählung erwartet werden, gewonnen.

Übersicht Ex. 1: *Module und Komponenten im Bundes- und Ländermodell*

Bundesmodell	**Ländermodell**
Demographisches Modul mit der Komponente: Melderegisterauszählung	Grundmodul mit den Komponenten: Melderegisterauszählung, postalische Gebäude- und Wohnungszählung, Zusammenführung/Haushaltegenerierung
Erwerbsstatistisches Modul mit den Komponenten: Dateien der Bundesanstalt für Arbeit, Dateien und Statistiken anderer Behörden (z.B. Personalstandstatistik) Ergänzendes Modul mit der Komponente: Erweiterter Mikrozensus	Ergänzungsmodul mit den Komponenten: Dateien der Bundesanstalt für Arbeit, Dateien anderer Behörden und Gebietskörperschaften, Postalische Ergänzungsstichprobe im Erwerbsbereich, Zusammenführung

12.1.2 Mikrozensus

Beginnend mit der Repräsentativerhebung im Jahre 1957 enthält das Mikrozensusgesetz vom 17.01.1996 die aktuell gültige Version einer Repräsentativstatistik über die Bevölkerung und den Arbeitsmarkt sowie die Wohnsituation der Haushalte. Die mehrphasige Stichprobe (vgl. 5.3.3), deren Erhebungseinheiten Personen, Haushalte und Wohnungen darstellen, erfaßt Tatbestände, die in einem Grund-, Ergänzungs- und Zusatzprogramm zusammengefaßt werden können, mit unterschiedlichen Auswahlsätzen und Periodizitäten. Erhebungstermine und Auswahlsätze des Mikrozensus sind in Übersicht 12.1 nach den erfaßten Tatbeständen aufgelistet. Außerdem ist dort angegeben, bei welchen Tatbeständen die sonst vorgeschriebene Auskunftspflicht durch eine freiwillige Auskunftserteilung ersetzt ist.[1]

[1] Zur Untersuchung der Frage der Auskunftspflicht bzw. Freiwilligkeit beim Mikrozensus vgl. Arminger 1990, S. 161ff. und Esser; et al 1989.

Übersicht 12.1: *Erhebungstermine und Auswahlsätze der Tatbestände im Mikrozensus 1996 - 2004*[1)]

Tatbestand	Erhebungsjahr und Auswahlsätze (in %)								
	1996	1997	1998	1999	2000	2001	2002	2003	2004
1 GRUNDPROGRAMM									
1.1 Merkmale d. Person, Familien-, Haushaltszusammenhang, Staatsangehörigkeit, Haupt- u. Nebenwohnung[2)]	1	1	1	1	1	1	1	1	1
1.2 Angaben zur gesetzl. Rentenvers.	1	1	1	1	1	1	1	1	1
1.3 Angaben zur Pflegeversicherung	1	1	1	siehe Position 3.9					
1.4 Quellen des Lebensunterhalts, Höhe des Einkommens	1	1	1	1	1	1	1	1	1
1.5 Allgemeine und berufliche Ausbildung, Besuch von Kindergarten, Schule, Hochschule[3)]	1	1	1	1	1	1	1	1	1
1.6 Erwerbstätigkeit, Arbeitslosigkeit und -suche, Nichterwerbspersonen	1	1	1	1	1	1	1	1	1
2 ERGÄNZUNGSPROGRAMM[4)]									
2.1 Berufl. Und allgemeine Aus- und Fortbildung	0,5	0,5	0,5	0,5	0,5	0,5	0,5	0,5	0,5
2.2 Ergänzende Angaben zur Erwerbstätigkeit	0,5	0,5	0,5	0,5	0,5	0,5	0,5	0,5	0,5
2.3 Frühere Erwerbstätigkeit	0,5	0,5	0,5	0,5	0,5	0,5	0,5	0,5	0,5
2.4 Situation ein Jahr vor der Erhebung*	0,5	0,5	0,5	0,5	0,5	0,5	0,5	0,5	0,5
2.5 Pflegebedürftigkeit, Leistungen einer Pflegeversicherung*	0,5	0,5	0,5	siehe Position 3.11					
3 ZUSATZPROGRAMM									
3.1 Zusatzangaben zur beruflichen Ausbildung*	1	-	-	-	1	-	-	-	1
3.2 Pendlereigenschaft, -merkmale*	1	-	-	-	1	-	-	-	1
3.3 Zusatzangaben für Ausländer*	1	-	-	-	1	-	-	-	1
3.4 Zusatzangaben zur Erwerbstätigkeit	1	-	-	-	1	-	-	-	1
3.5 Zusatzangaben zur Erwerbstätigkeit[4)]		0,5				0,5			
3.6 Private u. betriebl. Altersvorsorge[4)]*	-	0,5	-	-	-	0,5	-	-	-
3.7 Fragen zur Wohnsituation	-	-	1	-	-	-	1	-	-
3.8 Angaben zur Krankenversicherung	-	-	-	1	-	-	-	1	-
3.9 Angaben zur Pflegeversicherung	-	-	-	1	-	-	-	1	-
3.10 Angaben zur Gesundheit[4)]*	-	-	-	0,5	-	-	-	0,5	-
3.11 Pflegebedürftigkeit, Leistungen einer Pflegeversicherung[4)]*	-	-	-	0,5	-	-	-	0,5	-

1) Die Erhebungsmerkmale des Mikrozensus beinhalten seit 1996 vollständig auch die Erhebungsmerkmale der Arbeitskräftestichprobe der EU.

2) Die Angaben zum Eheschließungsjahr, zur Wohn- und Lebensgemeinschaft und zur Aufenthaltsdauer (für Ausländer) sind freiwillig.

3) Die Angabe zum allgemeinen und beruflichen Ausbildungsabschluß ist für Personen ab dem 51. Lebensjahr freiwillig.

4) In Anlehnung an die Genauigkeitsanforderung für die Arbeitskräfteerhebung der EU ist der Auswahlsatz des Ergänzungsprogramms sowie der Zusatzprogramme 3.5, 3.6, 3.10 und 3.11 auf Regierungsbezirksebene unterschiedlich (0,4%, 0,6%, 0,8% oder 1%). Im Bundesdurchschnitt kann er bis zu 0,5% betragen.

* Auskunftserteilung freiwillig.

Quelle: Emmerling; Riede 1997, S. 167

Der **Stichprobenplan** des Mikrozensus 1972 wurde nach achtzehnjähriger Gültigkeit durch einen neuen ersetzt, der den Mikrozensus seit 1990 charakterisiert. Während früher das einzige regionale Schichtungsmerkmal das Bundesland darstellte, wurde bei der Neugestaltung des Auswahlplans eine **regionale** Repräsentation durch Schichtung und Anordnung nach Regierungsbezirk, Kreis, Gemeinde usw. erreicht, um so wenigstens summarische Ergebnisse unter der Landesebene darstellen zu können. Um der Forderung nach regional tiefer gegliederten Mikrozensusergebnissen Rechnung zu tragen, mußte der neue Auswahlplan vor allem die Präzision der Ergebnisse verbessern. Dieses Ziel wurde insbesondere durch eine deutliche Reduzierung der Klumpengröße und eine erheblich strengere Beachtung der Richtwerte für die Klumpengröße erreicht. Die durchschnittliche Größe eines Auswahlbezirks (Klumpen von Haushalten) wurde von etwa 22 auf 9 Wohnungen verringert, was zu einem deutlichen Anstieg der Zahl der Auswahleinheiten und zu einer stärkeren regionalen Streuung der Bezirke führte. Die Anzahl der Auswahlbezirke hat sich damit bundesweit von rund 12.000 auf rund 30.000 erhöht. Zur Sicherung der angestrebten regionalen Repräsentation wurde die Schichtung nach der Gebäudegröße kombiniert mit einer tiefen regionalen Schichtung mit Raumeinheiten von durchschnittlich etwa 350.000 Einwohnern.

Eine wesentliche Rolle für die Qualität der Mikrozensusergebnisse spielt eine aktuelle Auswahlgrundlage, die für die alten Bundesländer die Volkszählung 1987 darstellt; in den neuen Bundesländern wurde behelfsweise das zentrale Einwohnerregister verwendet, dessen Angaben bezüglich der Zahl der Personen und der Zahl der Familienhaushalte verdichtet wurde (vgl. Einführung 2.2). Als Ersatz für die Zahl der Wohnungen diente die Zahl der Familienhaushalte je Hausnummer.

Im einzelnen gilt für den **Auswahlplan** des Mikrozensus ab 1990:

- Als Auswahleinheiten sind sog. Auswahlbezirke vorgeschrieben. Es handelt sich um künstlich abgegrenzte Flächenstücke (Klumpen) die mehrere räumlich beieinanderliegende Gebäude mit Wohnraum umfassen; bei größeren Gebäuden ist nur ein Gebäude ganz oder teilweise enthalten; für Gemeinschaftsunterkünfte gilt eine Sonderregelung.

- Die Zuordnung der Auswahlbezirke zu den einzelnen fachlichen Schichten erfolgt nach der Gebäudegröße.

  Die Schichten bestehen aus:

  Schicht (1): Gebäude mit 1 bis 4 Wohnungen (durchschnittlich 12 Wohnungen je Auswahlbezirk)

  Schicht (2): Gebäude mit 5 bis 10 Wohnungen (durchschnittlich 7 Wohnungen je Auswahlbezirk)

Schicht (3): Gebäude mit 11 und mehr Wohnungen (durchschnittlich 6 Wohnungen je Auswahlbezirk)

Schicht (4): Gemeinschaftsunterkünfte (Sonderschicht mit durchschnittlich 15 Personen je Auswahlbezirk). Die Abgrenzung gegenüber den Schichten (1) bis (3) erfolgt mit Hilfe des Verhältnisses der Zahl der Wohnungen und der Personen im Gebäude.

- Zusätzlich werden kleinere regionale Schichten und Schichtuntergruppen als regionale Nachweispositionen im Vergleich zum vorhergehenden Stichprobenplan gebildet.

So können Großstädte ab 200.000 Einwohnern und andere Regionen ab 250.000 Einwohnern regionale Schichten bilden. Regionale Schichtuntergruppen mit mindestens 100.000 Einwohnern werden durch entsprechende regionale Anordnung der Auswahlbezirke vor der Auswahl berücksichtigt. Um jedoch Verzerrungen bei der Hochrechnung der Stichprobe zu vermeiden, werden die regionalen Schichten zu sog. Anpassungsschichten von durchschnittlich mindestens 500.000 Einwohnern zusammengefaßt. Über die Meldungen zur Bautätigkeitsstatistik erfolgt die jährliche Aktualisierung der Auswahlen, wobei die gemeldeten Gebäude den bereits erwähnten Schichten zugeordnet werden. Als Modifikationen ergeben sich jedoch:

- Auswahlbezirke der 1. Schicht haben als Richtgröße nur noch 6 anstelle von 12 Wohnungen,
- die 3. Schicht beginnt bereits ab 9 Wohnungen,
- die Zugehörigkeit eines Gebäudes zur Sonderschicht kann der Meldung direkt entnommen werden.

Da so die Auswahlbezirke aus allen Gebäudegrößenklassen annähernd gleich groß sind, werden sie je regionaler Schicht in einer einzigen, der sog. Neubauschicht zusammengefaßt.
Für alle Schichten wird ein einheitlicher Auswahlsatz bezüglich der Zahl der Auswahlbezirke verwendet. Dieser Auswahlsatz ist abhängig von den Erhebungsmerkmalen: Es werden als Auswahlsätze je nach Erhebungsmerkmal 1%, 0,5%, 0,25% verwendet.

Zur Verminderung des Klumpeneffektes, insbesondere mit Blick auf die Verbesserung der Regionalisierbarkeit der Mikrozensusergebnisse, liegt diesem Auswahlplan eine Senkung der durchschnittlichen Größe der Auswahlbezirke von bisher rund 23 auf rund 9 Wohnungen zugrunde.

Der Auswahltechnik (STIA-Programm vgl. 3.2.1) liegt eine Sortierung der Auswahlbezirke nach regionaler Schichtuntergruppe, Kreis, Gemeindegrößenklassen Gemeinde und Auswahlbezirksnummer zugrunde. Je 100 aufeinanderfolgende Auswahlbezirke bilden eine "Zone". Mit Hilfe eines Zufallsgenerators werden die Auswahlbezirke von 0 bis 99 numeriert. Anschließend erfolgt die Zusammenfassung aller Auswahlbezirke mit gleicher "Stichprobennummer" zu einer 1% Stichprobe, um so die Gesamtheit in 100 1%-Stichproben zerlegt zu haben. Je 4 aufeinanderfolgende Zonen werden zufällig von 1 bis 4 numeriert, wobei Auswahlbezirke mit gleicher Zonennummer zum gleichen Rotationsviertel gehören. Auf diesem Weg erfolgt eine Zerlegung der 1%-Stichprobe in 4 Rotationsviertel zu je 0,25%. Um die Gesamtheit der Vorratsstichprobe von 20 mal 1% zu erhalten, wird zufällig eine Gruppe der Stichprobennummern 0 bis 19, 20 bis 39, 40 bis 59, 50 bis 79, 80 bis 99 über Ziehung aus einer Urne bestimmt. Die erste, für den Mikrozensus 1990 zu verwendende Stichprobe wurde anschließend ebenfalls durch Ziehung bestimmt.

Die Erhebungstechnik sieht grundsätzlich den Einsatz von Interviewern vor, wobei die Beantwortung schriftlich oder mündlich erfolgen kann. Gleichzeitig sind jedoch Recherchen beispielsweise bei Nachbarn untersagt. Neuerdings sind Testerhebungen mit Hilfe von CAPI (vgl. 1.1.2) erfolgt, die eine schnellere Bereitstellung der Ergebnisse und eine Qualitätsverbesserung der Daten erbrachten.

Für die Zwecke der Rotation werden mehrere volle 1%-Stichproben "auf Vorrat" gezogen, die jeweils in Viertel-(0,25%)Stichproben aufgeteilt werden. Jedes Jahr wird ein bisher verwendetes Viertel gegen ein noch nicht verwendetes Viertel aus einer (anderen) "Vorratsstichprobe" ausgetauscht, ausgewählte Auswahlbezirke verbleiben so maximal vier Jahre in der Stichprobe.

Die frei hochgerechneten Stichprobenwerte werden an Eckzahlen der laufenden Bevölkerungsfortschreibung angepaßt. Aus dem Verhältnis der Sollzahl aus der laufenden Bevölkerungsfortschreibung und der Istzahl des Mikrozensus (nach erfolgter Kompensation der bekannten Ausfälle) errechnet sich der (Personen-) Anpassungsfaktor einer Anpassungsklasse. Aus der Multiplikation des haushaltsbezogenen Kompensationsfaktors und des personenbezogenen Anpassungsfaktors ergibt sich der endgültige Personenfaktor. Da der Personenfaktor für Haushalts- und Familientabellen zu unbefriedigenden Ergebnissen führt, wird der sog. Haushaltsfaktor, der dem Durchschnittswert aller in einem Haushalt auftretenden Personenfaktoren entspricht, gebildet.

Der Stichprobenzufallsfehler des Mikrozensus 1990 hängt neben dem Auswahlsatz und den Hochrechnungsverfahren von den "Designelementen" Schichtung und Anordnung der Auswahlbezirke und Klumpung der Erhebungseinheiten in den Auswahleinheiten ab. Mit Hilfe des "Designeffekt-Faktors" wird der Einfluß dieser Faktoren auf die Präzision des Erhebungsergebnisses gemessen. Er gibt das Verhältnis des Standardfehlers für ein Tabellenfeld k unter Berücksichtigung von Schichtung und Klumpung zu einem Standardfehler an, wie er sich ergeben würde, wenn eine einfache Zufallsauswahl vorläge. Bezeichnet $v_{\hat{N}_{(k)}}^{(cl,str)}$ den geschätzten relativen Standardfehler für die geschätzte Besetzungszahl $\hat{N}_{(k)}$ einer Nachweisgruppe k unter Berücksichtigung der Klumpung *(cl)* und Schichtung *(str)* und $v_{\hat{N}_{(k)}}$ den entsprechenden relativen Standardfehler bei einfacher Zufallsauswahl, so ergibt sich der Zuschlagsfaktor („Designeffekt-Faktor“) mit:

$$D_k = \frac{v_{\hat{N}_{(k)}}^{(cl,str)}}{v_{\hat{N}_{(k)}}} \qquad (12.1.1)$$

Der geschätzte relative Standardfehler $v_{\hat{N}_{(k)}}$ ist bei ungeschichteter Zufallsauswahl nach (3.1.25) anzugeben mit:

Für die in Übersicht 12.2 angegebenen Gruppen von Erhebungseinheiten ergeben sich gegenüber dem relativen Standardfehler bei einfacher Zufallsauswahl die zugeordneten Korrekturfaktoren.

Übersicht 12.2: *"Designeffekt-Faktor" für einzelne Gruppen im Vergleich*

GRUPPEN	MZ 1978	MZ 1990
Erwerbstätige	3,1	1,9
Ausländer	3,9	2,9
Haushalte mit 1 Person	2,4	1,6

Die Zuschlagsfaktoren D_k nehmen innerhalb bestimmter Klassen von Merkmalen mit dem Anteilswert p_k näherungsweise linear zu. Auf der Basis von rund 300 verschiedenen Nachweisgruppen k wurden für folgende Klassen von Nachweisungsgruppen Regressionsgeraden zwischen den Zuschlagsfaktoren D_k und den Anteilswerten p_k der Nachweisgruppen an der Gesamtheit geschätzt:

B/E: Bevölkerung, Erwerbstätige (ausschließlich Land- und Forstwirtschaft und Ausländer)

A/L: Land- und Forstwirtschaft und Ausländer

H: Haushalte

Diese Klassen haben die Eigenschaft, daß die Auswirkung der Schichtung und Klumpung der Erhebungseinheiten für eine solche Klasse ähnlich ist. Für ein Nachweismerkmal einer Klasse kann dann der relative Standardfehler bei Schichtung und Klumpung über $v_{\hat{N}_{(k)}}^{(cl,str)} = v_{\hat{N}_{(k)}} D_k$ in Abhängigkeit von der hochgerechneten Fallzahl graphisch dargestellt werden.

Die Ergebnisse dieses Verfahrens sind in bezug auf den Mikrozensus 1978 in Übersicht 12.3 dargestellt. Die analoge Fehlerrechnung zum Mikrozensus 1990 zeigt in Übersicht 12.4 deutliche Präzisionsgewinne bei Personengruppen, deren Anteil an der jeweiligen Gesamtpopulation bei 20% und mehr liegt. Hier sind Präzisionssteigerungen im Durchschnitt von 35% festzustellen.

Übersicht 12.3 *Fehlerabschätzung beim Mikrozensus*

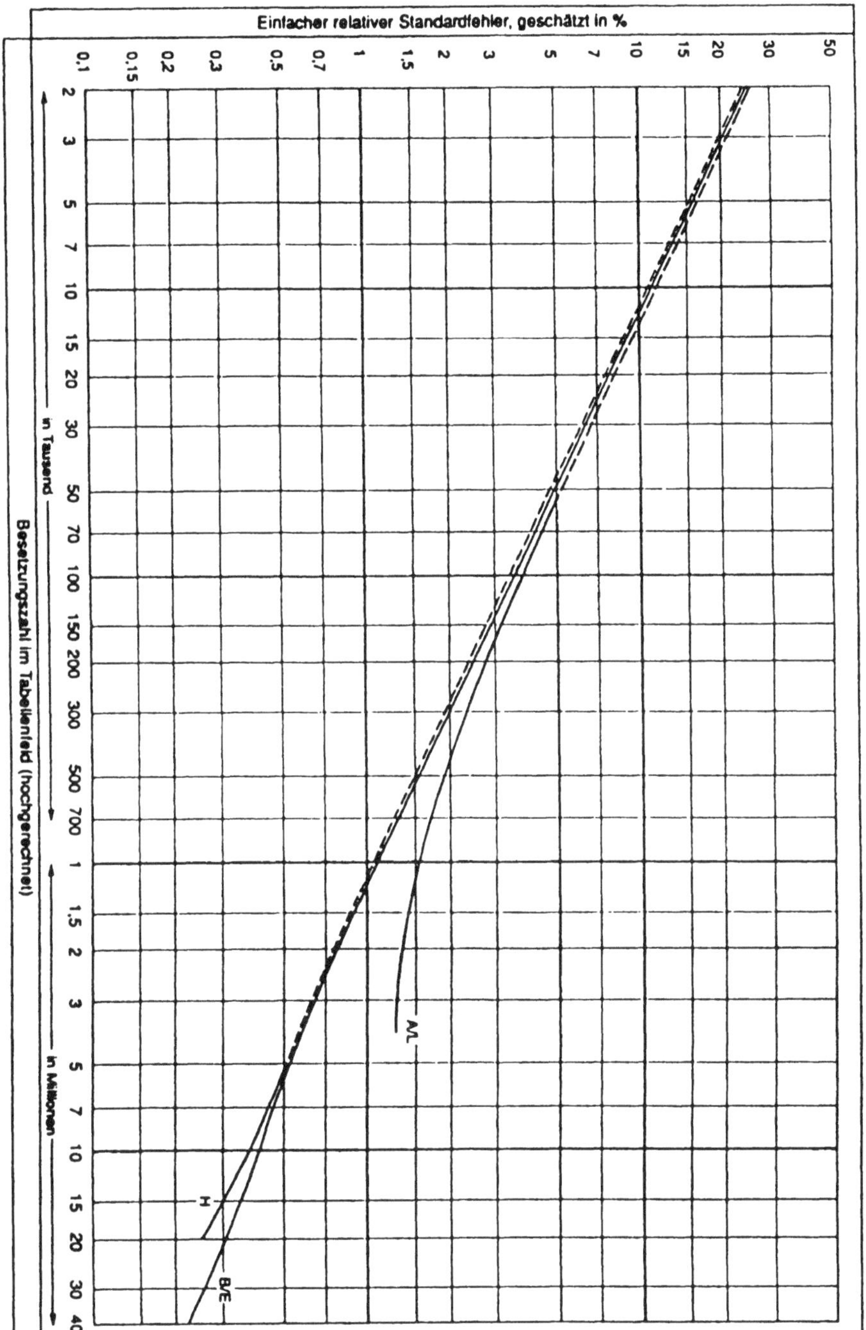

Übersicht 12.4 *Mikrozensus-Fehlerrechnungen 1978 und 1990*

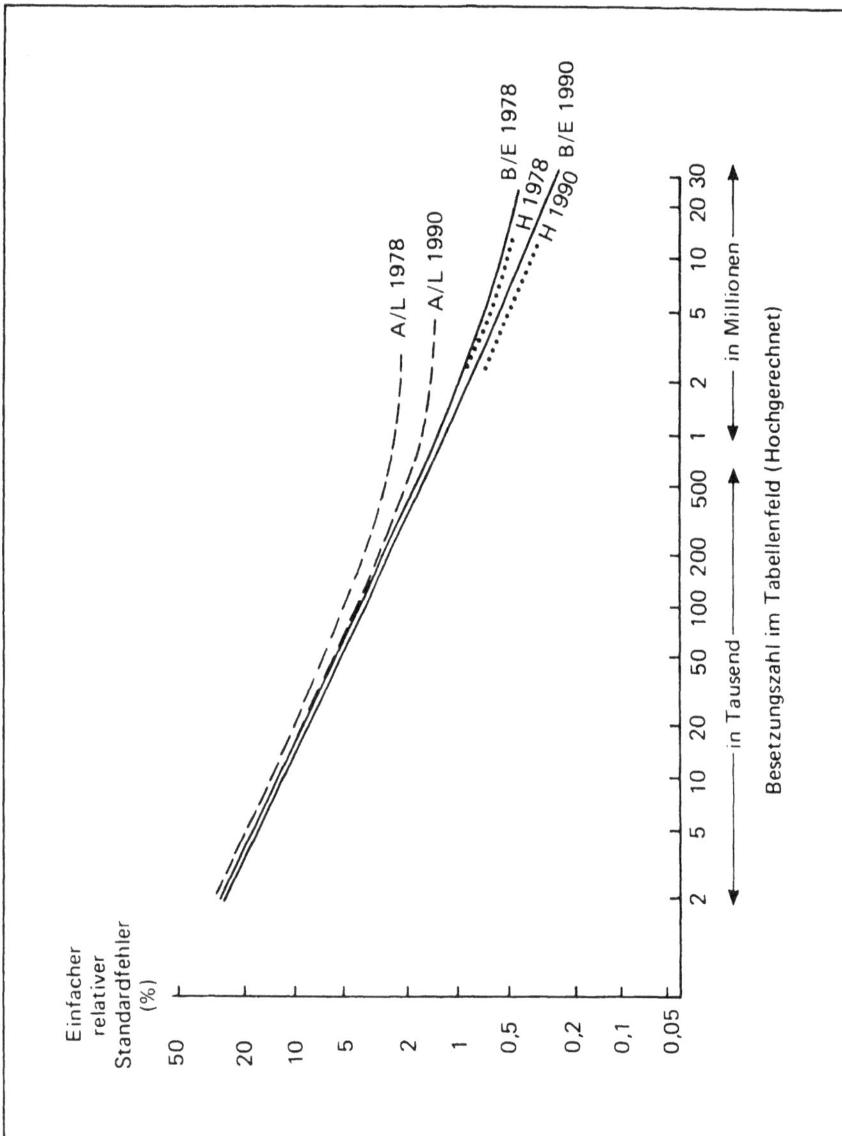

12.1.3 Europäisches Haushaltspanel

Auf Veranlassung von Eurostat wurde in Zusammenarbeit mit den nationalen Ämtern von 14 Mitgliedsländern der EU eine Panelerhebung (vgl. Einführung 2.4) in Form eines dreijährigen Forschungsprojektes durchgeführt, um Lebens- und Arbeitsbedingungen der Bevölkerung in den EU-Mitgliedsstaaten zu erfassen (vgl. Bechtold; Meyer 1996, S. 296ff.). Um vergleichbare Ergebnisse zu erhalten, war eine entsprechende Arbeitsteilung zwischen Eurostat und den nationalen statistischen Ämtern notwendig.

Eurostat harmonisierte für alle Erhebungsbereiche Ziele, Definitionen, Variablenlisten und Fragebogen. Für die Aufbereitung stellte Eurostat Datenerfassungs- und Plausibilitätsprogramme zur Verfügung. Datenimputationen für die missing values (vgl. 8.4.1) wurden ebenfalls zentral von diesem Amt durchgeführt.

Hinsichtlich der zu erfassenden Merkmale gab es folgende Vorgaben:

- Das Haushaltsregister erfaßt die Haushaltsstrukturen und dokumentiert die Ergebnisse der Haushaltsbefragung.
- Der Fragebogen für die Haushalte ermittelt die Wohn- und Wirtschaftssituation des Haushalts.
- Der Fragebogen für Personen im Mindestalter von 16 Jahren erfaßt gegenwärtige und frühere Erwerbstätigkeit, Einkommen aus Erwerbstätigkeit, aus sozialen Leistungen und aus anderen Quellen, Aus- und Fortbildung, Gesundheit, familiäre und soziale Einbindung sowie den demographischen Hintergrund.

Nach Durchführung einer zweiwelligen Piloterhebung fand 1994, 1995 und 1996 die erste, zweite bzw. dritte Welle der Haupterhebung statt, die in der Verantwortung der nationalen statistischen Ämter lag.

Als Stichprobenplan wurde in Deutschland ein zweistufiges Auswahlverfahren gewählt, das auf der ersten Stufe Gemeinden und auf der zweiten Haushalte als Auswahleinheiten enthält. Auf der ersten Stufe wurden 640 Gemeinden (einschließlich aller Großstädte) mit Startpunkten für die Auswahl der Haushalte auf der zweiten Stufe ausgewählt. Insgesamt wurden 1.250 Startpunkte festgelegt, abhängig von der Größe der Gemeinde. Pro Startpunkt waren vier Haushalte im Rahmen einer Random-Route im Abstand von durchschnittlich 10 Haushalten als Erhebungseinheiten zu gewinnen. Die Startpunkte wurden durch eine Vorratsstichprobe bestimmt, deren Stichprobeneinheiten Auswahlbezirke sind. Für jeden zu gewinnenden Startpunkt in einer ausgewählten Gemeinde wurde ein Auswahlbezirk auf Zufallsbasis ermittelt. Jeder ausgewählte Bezirk lieferte als Startpunkt den letzten Haushalt des letzten - ggf. einzigen Gebäudes des Auswahlbezirkes bzw. des Gebäudes, zu dem der Auswahlbezirk gehörte.

Die ausgewählten Haushalte waren auf ihre Teilnahmebereitschaft an der Panelerhebung zu befragen. Von 10.216 Haushalten erklärten sich 49% (5.054 Haushalte) zur Teilnahme bereit. Europaweit wird nach Angaben von Eurostat eine Quote von 80% erreicht, was nicht nur auf die höhere Antwortbereitschaft, sondern auch auf die Integration des Europäischen Haushaltspanels in bereits bestehende Panels (Belgien, Niederlande) zurückgeht. Hinsichtlich der "item-nonresponse" (vgl. 8.4.1) gelten gewöhnlich Fragen zum Einkommen als problematisch. Entgegen dieser Erwartung konnte bei der deutschen Stichprobe des Haushaltspanels eine recht hohe Antwortbereitschaft bei Fragen zum Jahreseinkommen des Vorjahres beobachtet werden. Hauptsächlich erwerbstätige Personen machten nur in 10% der Fälle dazu keine Angaben, wobei die Nonresponse-Rate bei den abhängig Erwerbstätigen nur 5% betrug. Bei dem aktuellen Haushaltseinkommen lag eine Antwortbereitschaft von 97% vor.

Neben der Nonresponse-Rate ist zur Beurteilung der Daten der Panelerhebung (eine Präzisionschätzung ist nicht bekannt) eine externe Validierung (vgl. 12.2.2) gegenüber dem Mikrozensus 1994 durchgeführt worden. Während beim Geschlecht die Verteilung der Personen jenen des Mikrozensus entspricht, hatten beim Panel vergleichsweise zu viele junge und zu wenig ältere Menschen teilgenommen; ebenso ist der Anteil der erwerbstätigen Panelteilnehmer höher als der der Erwerbstätigen im Mikrozensus. Analog sind die Validierungen auf Haushaltsebene. Die Anteile der alleinlebenden Panelpersonen liegen unter den entsprechenden Mikrozensusanteilen, wobei der Unterschied bei den älteren alleinlebenden Personen besonders deutlich ist. Dagegen sind Ehepaare/Nichteheliche Lebensgemeinschaften mit Kindern um 7% im Panel stärker vertreten als im Mikrozensus. Diese Ergebnisse der Validierung sind durch Anpassungen im Rahmen der Hochrechnung (vgl. 7.2.2) zu korrigieren.

12.1.4 Registerstatistiken

Die Primärstatistiken im System der amtlichen Statistik der Bevölkerung sind durch viertel-, halb- und jährliche Daten über den Stand der Bevölkerung zu ergänzen, die auch in kleinräumiger Gliederung vorliegen.

In der **Statistik der Bevölkerungsfortschreibung** wird der Bevölkerungsstand ermittelt, indem die Daten der Statistik der natürlichen Bevölkerungsbewegung (Geburten, Sterbefälle, Eheschließungen und Ehescheidungen), die Wanderungsstatistik (Zu- und Fortzüge bei Binnen- und Außenwanderung) sowie die Einbürgerungs- und Ausländerstatistik herangezogen werden und zur Ausgangsbevölkerung addiert bzw. von ihr subtrahiert werden. Grundlage dieser Sekundärstatistiken sind Register, die in Übersicht 12.5 angeführt werden.

Übersicht 12.5: *Sekundärerhebungen in der Bevölkerungsstatistik*

Statistik	Register
Statistik der natürl. Bevölkerungsbewegung: Geburten, Sterbefälle, Eheschließungen, Scheidungen	Standesämter, Familiengerichte bei den Amtsgerichten
Wanderungsstatistik	Einwohnermeldeämter, Bundesausgleichsamt (für Aus- und Übersiedler), Bundesamt für Anerkennung ausländ. Flüchtlinge
Einbürgerungsstatistik	Einbürgerungsbehörden, Einwohnermeldeamt, Bundesausgleichsamt, Bundesamt für Anerkennung ausl. Flüchtlinge
Ausländerstatistik	Ausländerbehörden, Bundesverwaltungsamt, Ausländerzentralregister

Übersicht 12.6: *Statistik zur Fortschreibung des Bevölkerungsstandes*

Regionaler Nachweis	Periodizität	Merkmal
Bund, Länder	monatlich	Gesamtzahl (inkl. Ausländer), Geschlecht
Bund, Länder, Kreise	vierteljährlich	Gesamtzahl, Geschlecht
Bund, Länder, Regierungsbezirke, Kreise	jährlich (Stichtag 31.12.)	Gesamtzahl, Geschlecht, Altersgruppen
Bund, Länder	jährlich (Stichtag 31.12.)	Gesamtzahl nach: Geschlecht, Geburtsjahr, Altersjahr, Familienstand
Gemeinden mit ≥ 10.000 EW	jährlich (Stichtag 31.12.)	Gesamtzahl, Geschlecht
Gemeinden	jährlich (Stichtag 31.12.)	Gesamtzahl, Geschlecht
Bund, Länder	jährlich (Stichtag 30.06.)	Gesamtzahl nach Gemeindegrößenklassen
Gemeinden mit ≥ 20.000 EW	jährlich (Stichtag 30.06.)	Gesamtzahl

Quelle: StBA [12.1] 1992, S. 18ff.

Die erhobenen Merkmale aus den Registerstatistiken sind in ihrer Differenzierung recht unterschiedlich, so daß sich in der Bevölkerungsfortschreibung nur die in Übersicht 12.6 angegebene Merkmalsausprägungen erfassen lassen. Der Vorteil liegt aber im regionalen und zeitlichen Nachweis der Bevölkerung.

12.2 Erhebungen der nichtamtlichen Statistik

12.2.1 ADM-Ziehungsband

Im Rahmen der nichtamtlichen Statistik tragen zwei Stichproben zum bevölkerungsstatistischen Berichtssystem bei, die beide auf dem ADM-Stichprobensystem basieren: das SOEP und der ALLBUS.

Unter den ADM-Stichproben wird ein Stichprobensystem verstanden, das von einer Reihe von Instituten[2] für repräsentative Bevölkerungsstichproben benutzt wird. Dieses System besteht gegenwärtig aus einer Hauptstichprobe von Wahlbezirken der Bundestagswahl 1987, die in systematischer Zufallsauswahl mit größenproportionalen Auswahlwahrscheinlichkeiten und "Schichtung durch Anordnung" gezogen wird. Die **Hauptstichprobe** wird systematisch auf einzelne **Teilstichproben** aufgeteilt, so daß jede Teilstichprobe nach denselben Verfahren mit entsprechend größerem Auswahlabstand erstellt werden könnte ("Subsysteme"). Die einzelnen Teilstichproben ("Netze") werden den verschiedenen Instituten nach Anforderung in unterschiedlicher Zahl zur Verfügung gestellt, so daß jedes Institut für sich ein eigenes Subsystem von Netzen erhält.

Die originären und synthetischen[3] Stimmbezirke stellen die Auswahleinheiten auf der **ersten** Stufe (Hauptstichprobe) dar. In weiteren Auswahlstufen werden dann anhand der Stimmbezirksbeschreibungen der Gemeinden auf unterschiedliche Weise die Privathaushalte auf der **zweiten** Stufe und die zu befragende Person auf der **dritten** Stufe ausgewählt. Die Auswahl der Stimmbezirke erfolgt proportional zu der geschätzten Anzahl ihrer Haushalte. Auf diese Weise erhält man eine selbstgewichtende Stichprobe, so daß bei einer Auswertung auf Haushaltsebene (Auswahleinheit zweiter Stufe) für die Addition von Einzelwerten und für die Hochrechnung keine Umgewichtung erfolgen muß. Durch die Ermittlung der Anzahl von Haushalten pro Gemeinde und ihre Aufteilung proportional zur Anzahl der Wahlberechtigten auf die Stimmbezirke ist

---

[2] Im Arbeitskreis Deutscher Markt- und Sozialforschungsinstitute e.V. (ADM) hat sich eine Gruppe von 12 Instituten gebildet, die im Rahmen der Auftragsforschung in größerem Umfang repräsentative Bevölkerungsstichproben einsetzen.

[3] Die Wahlbezirke mit weniger als 400 Wahlberechtigten werden mit in der Sortierung benachbarten, aus derselben Schicht stammenden, zu sogenannten synthetisierten Wahlbezirken zusammengefaßt, deren Größe dann mindestens 400 Wahlberechtigte erreicht.

das Bedeutungsgewicht der Stimmbezirke bei der Stichprobenziehung festgelegt.

Für die Befragung in den neuen Bundesländern wurden von Infratest ein Mastersample erstellt, welches annähernd dem gewohnten Aufbau des ADM-Designs entspricht. Da es weder ADM-Netze noch eine der Boustedt-Klassifikation entsprechende Typisierung der Gemeinden gab, mußten einige Modifikationen durchgeführt werden. Im Unterschied zum Auswahlverfahren West ist das Mastersample Ost mit Hilfe einer Zufallsauswahl von Personenadressen aufgebaut worden. Die Schichtung erfolgte nach 217 Stadt- oder Landkreisen und 7 Gemeindegrößenklassen, so daß die rund 7.500 Gemeinden in 600 nicht leere Schichten unterteilt wurden. Die Schichtgewichte sind von Infratest aus der Haushaltsverteilung 1981 und der Bevölkerungsverteilung 1988 geschätzt worden. Die systematische, entsprechend dem Schichtgewicht größenproportionale Ziehung von Mastersample-Gemeinden erfolgte aus der Grundgesamtheit der Gemeinden. Weiter werden aus den Mastersample-Gemeinden die Adressen von Personen ab 14 Jahren anhand des Zentralen Einwohnermelderegisters der ehemaligen DDR gezogen. Die Adressen bildeten einen Pool von Startadressen, die jedoch selbst von der Befragung ausgeschlossen waren.

Die **Vorzüge** des ADM-Designs in Form des mehrstufigen Flächenstichprobenverfahrens sind folgende (vgl. Rösch 1984, S. 160ff, Särndal; u.a. 1992, S. 80):

- Es wird keine aktuelle und vollständige Auswahlgrundlage benötigt, die alle Aufbereitungseinheiten enthält, sondern es genügt in der ersten Stufe eine Auswahlgrundlage mit Informationen über Gruppen von Aufbereitungseinheiten. In den weiteren Auswahlstufen werden dann nur noch die Informationen über die vorher ausgewählten Einheiten benötigt. Außerdem ist die Auswahlgrundlage der ersten Stufe meist länger aktuell als z.B. die Adressenliste, weil Zu- und Abgänge innerhalb der Flächen nicht unbedingt sofort eine Strukturverschiebung bedeuten müssen.
- Durch die "Selbstklumpung" bei der Auswahl von kleinen Flächen (Wahlbezirke) sind die Wege der Interviewer relativ gering, um die Zielhaushalte zu erreichen.
- Durch die prinzipiell überschneidungsfreie Aufteilung der bewohnten Fläche auf die einzelnen Institute wird verhindert, daß die verschiedenen Institute die einzelnen Wahlbezirke mehrmals befragen.
- Das systematische Ziehungsverfahren verringert den Stichprobenzufallsfehler, da die Auswahl direktbenachbarter Einheiten mit vermutlich weitgehend identischen Merkmalen ausgeschlossen wird.

Die **Nachteile** dieses Designs sind in folgendem zu sehen (vgl. Rösch 1984, S. 160ff., Kirschner 1984, S. 114ff., Särndal; et al 1992, S. 83):

- Eine Schichtung durch Anordnung mit mehreren Schichtmerkmalen ist bei einer systematischen Zufallsauswahl nur für das Sortierkriterium der obersten Hierarchiestufe annähernd äquivalent mit echter Schichtung. Die Sortierfolge im ADM-System ist hierbei: Bundesländer, Regierungsbezirke, Gemeindegrößenklassen nach Boustedt, Boustedt-Zonen, Kreise, Gemeinden, gegebenenfalls Stadtteile. Die Schichtungsbesetzungen z.B. des Kriteriums Gemeindegrößenklassen weisen von Netz zu Netz große Schwankungen auf, die im allgemeinen von der Zahl der ausgewählten Einheiten unabhängig sind. Damit sind die relativen Abweichungen dieser Besetzungen gegenüber einer haushaltsproportionalen Aufteilung beim Gesamtsystem oder einem großen Subsystem gering, für das einzelne Netz aber u.U. groß.

- Aufgrund der Zuweisung der Netze an die einzelnen Institute in Subsystemen auf der Basis von 2er-Potenzen (2, 4, 8 oder 16 Netze pro Institut) kann beispielsweise kein Institut ein Subsystem mit 3 Netzen aus eigenem Subsystem bilden. Damit könne sich im Falle von nicht optimal zusammenpassenden Netzen Abweichungen vom "Soll" in den Schichtbesetzungen ergeben, die größer als die Zahl der zusammenhängenden Teile der jeweiligen (Schicht) Merkmalsausprägung sind.

- Aus der Beschränkung der Grundgesamtheit auf "Deutsche in Privathaushalten" ergibt sich, daß für Untersuchungen, in denen Ausländern und/oder der Anstaltsbevölkerung eine gesonderte Bedeutung zukommt, andere Stichproben notwendig sind.

- Das Design schätzt die Anzahl der Haushalte der Primäreinheit proportional zu der Anzahl der Wahlberechtigten im Wahlkreis. Damit haben Primäreinheiten, bei denen überdurchschnittlich viele Haushalte mit derselben Anzahl von Wahlberechtigten gebildet werden, eine Auswahlchance, die nicht proportional zu der Anzahl der Haushalte ist. Dies ist gerade in Wahlkreisen mit vielen Ein-Personen Haushalten der Fall. In der Tendenz werden damit Ein-Personen Haushalte vom ADM-Design untererfaßt.

- Es existieren keine erwartungstreuen Varianzschätzer für das systematische Ziehungsverfahren.

12.2.2 SOEP

Das Sozio-ökonomische Panel (SOEP) ist als jährliche Wiederholungsbefragung in privaten Haushalten konzipiert, bei der alle erwachsenen Personen (im Alter von mindestens 16 Jahren) befragt werden; es umfaßt die Teilstichproben A (West-Deutsche), B (Ausländer), C (Ost-Deutsche), D (Zuwanderer) und E (Ergänzungs- und Kontrollstichprobe), die beim Start folgenden Umfang hatten:

- Stichprobe A (seit 1984) enthält Personen in 4.500 Privathaushalten mit einem Haushaltsvorstand, der nicht zu der „Gastarbeiter"-Gruppe von Stichprobe B gehört (also weit überwiegend West-Deutsche). Der Auswahlsatz ist um 0,0002.

- Stichprobe B (seit 1985) beinhaltet 400 türkische, jeweils 300 jugoslawische und italienische sowie jeweils 200 griechische und spanische Haushalte. Der Auswahlsatz beträgt etwa 0,0008.

- Stichprobe C (seit 1990) umfaßt Personen in 2.200 Privathaushalten, deren Haushaltsvorstand Einwohner der DDR gewesen ist. Der Auswahlsatz liegt bei 0,0004.

- Stichprobe D (seit 1994/95) enthält 520 Haushalte, in denen mindestens eine Person lebt, die nach 1984 in die Bundesrepublik gezogen ist. Der Auswahlsatz ist um 0,0002.

- Stichprobe E (seit 1998) weist rund 1000 Haushalte in West- und Ostdeutschland mit einem Auswahlsatz von 0,00003 auf.

Das **Auswahlverfahren** der Teilstichproben ist zweistufig, wobei sowohl die Primäreinheiten (Sample Points) als auch die Sekundäreinheiten (Haushalte) größenproportional systematisch ausgewählt werden. Für die vier Teilstichproben A, B, C und D sieht der Auswahlplan folgendes vor[4]:

Teilstichprobe A: Die Auswahl der Primäreinheiten ist zweiphasig. Die erste Phase ist mit der Ziehung von 16 Netzen des 82-er ADM-Master Samples identisch: Anordnung aller Wahlkreise der (alten) Bundesrepublik nach regionalen Kriterien (Bundesland, Regierungsbezirk, Gemeindetyp, Wahlkreisnummer). Größe der Primäreinheiten ist die geschätzte Anzahl der Privathaushalte im Wahlkreis. Insgesamt werden 16 x 210 = 3.360 Wahlkreise gezogen.

In der zweiten Phase wird aus den Wahlkreisen des Master-Samples eine geschichtete Stichprobe von 563 Sample Points gezogen. Die Schichten (Regionalzellen) werden durch die Merkmale Bundesland, Regierungsbezirk und Gemeindetyp definiert. Die Schichtgröße ist proportional zur geschätzten Anzahl der Privathaushalte in der Schicht. Innerhalb jeder der 148 Regionalzellen wurden die Wahlkreise ihrerseits angeordnet. Ihre Größe ist wiederum durch die geschätzte Anzahl der Haushalte des Wahlkreises gegeben. Innerhalb jeder Schicht wird systematisch größenproportional ausgewählt.

Die Auswahl der Sekundäreinheiten (Haushalte) erfolgt nach dem **Random-Route-Verfahren** (vgl. Infratest Sozialatlas 1983/84, S. 336): Zunächst liegen

---

[4] Zu den Teilstichproben A, B und C vgl. Rendtel 1995; zur Teilstichprobe vgl. Schupp; Wagner 1995, S. 16ff.

vorab erhobene Startadressen aus den Sample-Points vor. Daraus wird eine Adresse in einfacher Zufallsauswahl (maschinell) bestimmt und dem Interviewer als Startpunkt eines durch allgemeine Anweisung eindeutig festgelegten Zufallsweges vorgegeben, wodurch die Folgehaushalte ebenfalls eindeutig festgelegt sind. Diese werden aufgelistet und bilden die Zielhaushalte (z.B. jeder 7. Haushalt), zu denen der Starthaushalt nicht gehört. Der realisierte Umfang der Stichprobe A beträgt 4.554 Haushalte. In diesen Haushalten werden jeweils ein sogenanntes Haushaltsinterview und zusätzlich mit jedem Haushaltsmitglied (ab 16 Jahren) ein sogenanntes Personeninterview durchgeführt. Eine rechnerische Transformation der Haushalts- in eine Personenstichprobe ist in diesem Fall daher nicht nötig. Das Auswahlverfahren führt zu repräsentativen Ergebnissen auf der Haushalts- und der Personenebene. Das Verfahren kann als systematisches Ziehen interpretiert werden.

Teilstichprobe B: Die „Ausländerstichprobe" wird geschichtet gezogen, d.h. sie besteht aus eigenständigen Stichproben der fünf Nationalitäten. Für Griechen, Italiener, Jugoslawen und Spanier wird eine Schichtgröße (Kreise bzw. kreisfreie Städte) von 40, für Türken eine Schichtgröße von 80 festgesetzt. Die Bestimmung der Schichtgrößen soll eine Mindestgröße der Ausländer-Stichprobe für die genannten Nationalitäten gewährleisten. Innerhalb jeder Schicht werden die Primäreinheiten regional angeordnet (Bundesländer, Regierungsbezirk) und es wird eine systematische Auswahl mit Intervall und zufälliger Startzahl durchgeführt. Die Größe der Primäreinheiten ist durch die Anzahl der Ausländer der jeweiligen Nation aufgrund des Ausländerzentralregisters gegeben. Die Auswahl der Sekundäreinheiten erfolgt zunächst dadurch, daß systematisch pro Sample-Point die Adressen von 14 Personen ausgewählt werden. Die Adressen dieser Personen werden unter regionalen Gesichtspunkten zu zwei Klumpen mit 7 Adressen geordnet. Einer der beiden Klumpen wird zufällig ausgewählt.

Teilstichprobe C: Die Auswahl der Primäreinheiten erfolgt in der ersten Phase über eine geschichtete Auswahl von 753 Sample Points nach Land-/Stadtkreisen und Gemeindegrößenklassen. Die Schichtgröße wird proportional der Einwohner festgelegt. In der zweiten Phase werden von den Sample-Points 360 Primäreinheiten nach den gleichen Merkmalen geschichtet ausgewählt, wobei die Schichtgröße proportional zur Anzahl der Haushalte bestimmt wird. Die Begehung der Gemeinden erfolgt wieder nach dem Random-Route-Verfahren, was zur Auswahl der Sekundäreinheiten führt: Auswahl von 10 Adressen pro Sample Point.

Teilstichprobe D: Für die "Zuwanderer" existieren keine vollständigen behördlichen Register, aus denen Adressen gezogen werden können. Zwar werden ausländische, nicht aber deutschstämmige „Zuwanderer" im Ausländerzentralregister erfaßt. Zunächst werden Erfahrungen mit der Methode der

Adressenkumulation (adress-screening) in einer Sub-Stichprobe D1 gesammelt: Aus Adressen-Erhebungen im Jahre 1992 sind 195 Adressen gespeichert; von den davon erfolgreich befragten Haushalten werden 141 „Schneeballadressen" von weiteren Zuwanderern, die den Befragten bekannt sind, ermittelt. Das Gesamtbrutto für D1 (1994) umfaßt 449 Fälle mit einer Ausschöpfung von 53% in der ersten Welle. Die zusätzliche Erhebung von Schneeball-Adressen führt zu einer starken Überrepräsentation von Aus- und Übersiedlern in D1, da diese im Verband immigriert sind und überdurchschnittlich viele Schneeball-Adressen nennen können. In einer Substichprobe D2 wird auf Schneeball-Adressen verzichtet. Statt dessen wird die doppelte Anzahl von Haushalten auf Zuwanderer hin gescreent, so daß ausländische Zuwanderer durch einen höheren Auswahlsatz als Aus- und Übersiedler repräsentiert werden. Zu den in D1 enthaltenen 236 Haushalten kommen mit D2 295 Haushalte, was 1995 eine Gesamtzahl von 522 Haushalten in D ausmacht.

Die Durchführung der Erhebung erfolgt überwiegend als Face-to-Face-Interview, wobei speziell geschulte Interviewer entweder ein mündliches Interview führen oder die Befragten die Fragebogen selbst ausfüllen lassen. In Althaushalten, die schon mehrere Jahre an der Erhebung teilnehmen finden in geringerem Umfang auch schriftliche Erhebungen ohne Interviewer-Einsatz statt. In einigen wenigen Ausnahmefällen finden auch telefonische Befragungen statt. Für jeden Haushalt sind dabei vier Arten von Fragebogen vorgesehen (vgl. Übersicht 12.7).

Das Adressenprotokoll dient zur Steuerung der Erhebung und wird vom Interviewer ausgefüllt. Der Haushaltsfragebogen enthält Angaben über den gesamten Haushalt, die, um Doppelerfassungen zu vermeiden, nur von einer Person erhoben werden. Jedes Haushaltsmitglied über 16 Jahre erhält einen Personenfragebogen. Dieser umfaßt die individuellen sozio-ökonomischen Merkmale sowie eine Vielzahl subjektiver Einschätzungen. Für die Zeit vor dem Eintritt in die SOEP-Befragung wird für jede Person retrospektiv die Familien- und Erwerbsbiographie erhoben. Diese Biographie-Fagen werden einmalig von sämtlichen Befragungspersonen beantwortet, die erstmals am SOEP als neue Befragungspersonen teilnehmen.

Neben diesen Fragen ist jede Befragung zudem durch einen theoretischen Schwerpunkt gekennzeichnet, der zu den erhobenen Standardfragen auch subjektive Einstellungen und Werte zu den Schwerpunktthemen (vgl. Übersicht 12.8) umfaßt. Bei den Schwerpunktfragen handelt es sich um thematische Vertiefungen einzelner Fragekomplexe des SOEP, die in sinnvoller Weise zum Standarderhebungsprogramm stehen und auch einen Längesschnittaspekt aufweisen müssen. In der Regel werden diese Schwerpunkte in einem Wiederholungsintervall von vier bis sechs Jahren erneut befragt.

Übersicht 12.7: *Aufteilung der Fragebogen nach Befragungspersonen und Themen*

Adressenprotokoll	Name, Adresse des Haushalts, Art und Häufigkeit der Kontakte, demographische Merkmale aller Haushaltsmitglieder.
Haushaltsfragebogen (Haushaltsvorstand)	Basisinformationen zu den nicht befragten Kindern, Fragen zum Einkommen und Vermögen des Haushalts, Fragen zur Wohnung mit objektiven wie subjektiven Indikatoren.
Personenfragebogen (alle Personen des Haushalts)	Einkommen, personengebundene Transferzahlungen, Erwerbsbeteiligung, berufliche Plazierung, Aus- und Weiterbildung, Zeitverwendung, Gesundheit Zufriedenheit mit bestimmten Lebensbereichen, Politik und Gesellschaft, Demographie und familiäre Ereignisse, Indikatoren der Eingliederung (nur bei Zuwanderern und Ausländern).
Für Erstbefragte	Individuelle Erwerbsbiographie, Familienbiographie, Soziale Herkunft, Wanderungsbiographie (nur bei Zuwanderern und Ausländern).

Die **Hochrechnung** der Panelergebnisse reduziert sich auf die Berechnung der Auswahlwahrscheinlichkeit des Starts und der bedingten Bleibewahrscheinlichkeit im Panel. Auf der Basis der Haushalts- bzw. Ausländerzahlen in den jeweiligen Primäreinheiten werden die Designwahrscheinlichkeiten für die Startwelle bestimmt, die aufgrund des Auswahldesigns für die Teilstichproben annähernd gleich sind. Die Kontakt- und Antwortwahrscheinlichkeiten der anderen Stufen können, mit Ausnahme der ersten Stufe, über Logit-Modelle geschätzt werden, wobei die soziodemographischen Angaben der vorherigen Befragungen als erklärende Variablen der Ausfallneigung dienen (vgl. Rendtel 1991, S. 232).

Der **Stichprobenzufallsfehler** beim SOEP wird über die Varianz der Hochrechnungsergebnisse von Teilpanels gleicher Größe abgeschätzt, die als unabhängige und identische Wiederholungen der ursprünglichen Ziehungsvorschrift aufgefaßt werden können. Die Einteilung in Teilpanels kann auf einfache Weise unter Verwendung von Ordnungsstatistiken dazu genutzt werden, Konfidenzintervalle für Populationsschätzungen zu bestimmen (vgl. Rendtel 1991, S. 241ff.).

Übersicht 12.8: *Befragungsschwerpunkte der Wellen 1 bis 13 des SOEP*

Jahr	Schwerpunkt
1984	Erwerbsbiographie seit dem 15. Lebensjahr
1985	Ehe- und Familienbiographie
1986	Soziale Herkunft, Wohnumfeld und Berufseinstieg
1987	Soziale Sicherung, Übergang in den Ruhestand, Wohnumfeld
1988	Vermögen und Vermögensbildung
1989	Weiterbildung und Qualifizierung im Beruf
1990	Zeitverwendung und Zeitpräferenzen
1991	Familie und soziale Dienste
1992	Soziale Sicherung, Ruhestand, Kinderbetreuung
1993	Weiterbildung und Qualifizierung im Beruf
1994	Erwartungen und Wohnumfeld
1995	Zeitverwendung, Lage der Arbeitszeit, Arbeitsbedingungen
1996	Familie und soziale Dienste
1997	Soziale Sicherung
1998	Umweltrelevantes Verhalten
1999	Zukunftserwartungen und Wohnumfeld

Zusätzlich zur Fehlerrechnung gewinnt im SOEP die Ausschöpfung und Validierung der Stichproben als Indikatoren für die Datenqualität an Bedeutung. Das Problem der **Ausschöpfung** der Stichprobe entsteht vor allem dadurch, daß Auskünfte in der Umfrageforschung im Gegensatz zur amtlichen Statistik immer freiwillig sind und keine per Gesetz angeordnete Auskunftspflicht besteht[5]. Unter Ausschöpfung der Stichprobe wird die Relation verstanden, die aus der Bruttostichprobe und der Nettostichprobe gebildet wird, die aus den in die Stichprobe gelangenden Haushalten besteht, in denen die geforderten Interviews realisiert werden können. Von der Teilgesamtheit A gehen nach allen Feldphasen und Datenprüfungen 4.554 Haushalte in die Nettostichprobe ein, so daß bei einem bereinigten Brutto von 7.519 Adressen eine Stichprobenausschöpfung von etwa 61% vorliegt. Bei den Ausländerhaushalten der Teilgesamtheit B sind die Verweigerungsraten deutlich niedriger als bei den deutschen Haushalten. Von 2.080 Adressen gelangen 1.415 in die Nettostichprobe, so daß 68% ausgeschöpft werden (vgl. Übersicht 12.9). Die Panelmortalität zeigt sich in der Abnahme des Umfangs der Querschnittsdatensätze von 12.245 (5.921) Personen (Haushalte) in der ersten Welle auf 8.606 (4.445) Personen (Haushalte) in der 13. Welle des SOEP (West).

Für das SOEP sind keine „Auffrischungsstichproben" zum Ausgleich der erhebungsbedingten Ausfälle während des Panels vorgesehen. Die Behandlung dieser Ausfälle geschieht im SOEP durch die Bereitstellung geeigneter Gewich-

---

5 Zu den Antwortausfällen in Panelerhebungen und Möglichkeiten ihrer Behandlung vgl. Ghellini; Panuzzi 1995, S. 739ff.

tungsvariablen, wobei zwischen Quer- und Längsschnittgewichtung unterschieden wird (vgl. Pischner 1994, S. 166ff.).

Um den Grad der Übereinstimmung der Merkmalsverteilung in der Nettostichprobe mit jenen in der Grundgesamtheit messen zu können, um die Stichprobe also "validieren" zu können, sind Informationen über die Grundgesamtheit notwendig. In der Umfrageforschung unterscheidet man zwei Methoden der **Stichprobenvalidierung** (vgl. Infratest 1985, S. 71): Bei einer "internen" Validierung werden nur Strukturinformationen zugrundegelegt, die im Erhebungsprozeß selbst gewonnen werden. Eine "externe" Validierung wird durchgeführt, wenn die Stichprobenstruktur mit Ergebnissen anderer Statistiken, wobei in der Regel solche der amtlichen Statistik zur Verwendung gelangen, verglichen wird.

Übersicht 12.9: *Brutto- und Nettostichproben der ersten Welle des SOEP*

Qualitätskriterien	Stichprobe			
	A		B	
	Fälle	%	Fälle	%
eingesetzte Adressen	7979	-	2659	-
qualitätsneutrale Ausfälle[1)]	460	-	579	-
bereinigtes Brutto, insgesamt	7519	100	2080	100
Ausfälle wegen				
-Verweigerung	2403	32	452	22
-Haushalt nicht erreichbar	243	3	148	7
-sonstige Ausfallgründe	319	4	65	3
Summe Ausfälle	2965	39	665	32
befragte Haushalte				
-vor Bereinigung	4554	61	1415	68
-nach Bereinigung[2)]	4528	60	1393	67

1) Fälle mit falscher Adresse, Haus/Wohnung unbewohnt, kein Privathaushalt oder falsche Nationalität des Haushaltsvorstandes.

2) Erst im Zuge der Feldarbeit und Datenprüfung von Welle 2 aufgedeckte Fehler bzw. Fälschungen.

Quelle: Rendtel 1995, S. 132

Eine **interne** Validierung wird im vorliegenden Fall dadurch möglich, daß für die meisten Haushalte der Bruttostichprobe, die an der Befragung nicht teilgenommen haben (Ausfälle), zumindest gewisse Grunddaten vorliegen. Diese werden z.B. durch telefonische Kurzinterviews erhoben. Die Struktur der Ausfälle kann nun mit der Struktur der Nettostichprobe verglichen werden. Als Ergebnis dieser internen Validierung ergibt sich (vgl, Infratest 1985, S. 82): Die Abweichungen in der Struktur der realisierten Stichprobe von den Schätzwerten für die Struktur der Grundgesamtheit halten sich quantitativ in engen Grenzen. Die Strukturanalyse kann daher als Beleg dafür gelten, daß die Ausgangsstichprobe des SOEP von außergewöhnlich guter Qualität ist.

Unabhängig davon wurde zusätzlich eine **externe** Validierung der Stichprobe vorgenommen. Infratest hat die externe Validierung routinisiert und in Standardgewichtungsprogramme für alle Bevölkerungsfragen umgesetzt. In eine entsprechende Prüfung bzw. Gewichtung wird die regionale Verteilung der Haushalte nach Bundesländern, Regierungsbezirken und Gemeindetypen sowie die demographische Verteilung der Personen nach Geschlecht, Altersgruppen und Familienstand einbezogen. Der Effekt der Personengewichtung wird dann wiederum auf die Haushaltsebene übertragen, indem der Personenfaktor des Haushaltsvorstands als Haushaltsfaktor interpretiert wird. Diese "indirekte" Haushaltsgewichtung führt dazu, daß die Verteilung wichtiger Haushaltsmerkmale - wie z.B. Haushaltsgröße - korrigiert wird, ohne daß diese Merkmale selbst in das Gewichtungsmodell einbezogen werden. Ein Vergleich der Haushaltsstrukturdaten (nach Gewichtung) mit entsprechenden Daten aus dem Mikrozensus 1982 zeigt eine weitgehende Übereinstimmung (Übersicht 12.10).

Übersicht 12.10: *Externe Validierung für einige demographische Merkmale*

	Vor Gewichtung %	Nach Gewichtung %	Zum Vergleich: MZ 82[1)]
Haushaltsgröße			
1 Person	25,5	31,4	31,7
2 Personen	31,6	31,1	29,4
3 Personen	19,3	17,1	17,6
4 Personen	16,7	14,4	13,9
5 Personen	6,9	6,0	7,4
	100,0	100.0	100,0
Geschlecht des Haushaltsvorstandes			
Männlich	75,6	70,8	70,7
Weiblich	24,4	29,2	29,3
	100,0	100,0	100,0

1) Haushalte mit deutschem Haushaltsvorstand.
Quelle: Infratest 1985, S. 89

Eine externe Validierung der Ausländerstichprobe B ist erheblich schwieriger, weil über die Struktur der Grundgesamtheit - also die in der Bundesrepublik lebenden Ausländernationalitäten - aus der amtlichen Statistik kaum zuverlässige Daten vorliegen. Die Stichprobengewichtung beschränkt sich im vorliegenden Fall daher auf eine Anpassung der regionalen Verteilung und eine Korrektur des disproportionalen Auswahlsatzes für die verschiedenen Nationalitäten.

12.2.3 ALLBUS

Im Rahmen der Allgemeinen Bevölkerungsumfrage der Sozialwissenschaften (ALLBUS), die in Zusammenarbeit vom Zentrum für Umfragen, Methoden und Analysen (ZUMA), Mannheim und dem Zentralarchiv für empirische Sozialforschung der Universität zu Köln (ZA) durchgeführt wird, wird seit 1980 alle zwei Jahre eine Zufallsstichprobe der Bevölkerung der Bundesrepublik mit einem teils konstanten, teils variablen Fragenprogramm gezogen.

Zwischen 1980 und 1990 umfaßte die Stichprobe jeweils ungefähr 3.000 Personen. Die Grundgesamtheit bildeten die wahlberechtigten Personen in Privathaushalten der alten Bundesrepublik incl. West-Berlins. Aus Anlaß der deutschen Vereinigung wurde 1991 zusätzlich eine Umfrage außerhalb des zweijährigen Turnus durchgeführt. Dabei wurden erstmals auch Bürger der neuen Bundesländer - in einer getrennten Stichprobe - befragt. Die Stichprobengröße betrug in Ost- und Westdeutschland jeweils ca. 1.500 Personen. Außerdem wurde in dieser Erhebung zum ersten Mal die Beschränkung auf die deutsche Bevölkerung aufgegeben, indem auch deutschsprechende Ausländer in die Stichprobe aufgenommen wurden. Beim ALLBUS 1992 wurde analog verfahren, allerdings betrug die Stichprobengröße ca. 2.400 Personen im Westen und 1.100 im Osten.

Die Grundgesamtheit des ALLBUS 1994 bilden - wie bei den beiden vorangegangenen Erhebungen 1991 und 1992 - die in der Bundesrepublik Deutschland in Privathaushalten lebenden erwachsenen Personen (Deutsche und Ausländer). Im Unterschied zu den bisherigen ALLBUS-Umfragen erfolgt die Stichprobenziehung nicht nach dem ADM-Verfahren, sondern durch eine zweistufige, disproportional geschichtete Zufallsauswahl (vgl. ZA 1994, Anhang S. 57ff.). In der ersten Stufe werden 104 Gemeinden in Westdeutschland und 47 in Ostdeutschland ausgewählt. Vier Großstädte in Westdeutschland und zwei in Ostdeutschland gelangten aufgrund ihrer Größe mehrmals in die Stichprobe, d.h. auf sie entfallen jeweils mehrere Sample Points. In der zweiten Stufe werden aus den Einwohnermelderegistern der ausgewählten Gemeinden pro Sample Point 40 Personen zufällig gezogen. Die Bruttostichprobe des ALLBUS 1994 umfaßt damit die Adressen von insgesamt 6.480 Personen: 111 Sample Points à 40 Adressen im Westen und 51 Sample Points à 40 Adressen im Osten.

Die Auswahleinheiten auf der ersten Stufe, die Gemeinden, werden nach Bundesländern, Regierungsbezirken, Kreisen und Stadtregionen geschichtet. Innerhalb jeder Schicht werden die Gemeinden nach der Bevölkerungsgröße (Gemeindegrößenklassen) angeordnet.

Auf der zweiten Auswahlstufe werden die gleich großen Personenklumpen (Sample Points) aus dem Melderegister gezogen. Die Allokation der Zahl der Sample Points auf die einzelnen Zellen erfolgt proportional zum Schichtgewicht. Man normiert dabei so, daß die Summe der Gewichte gerade die Zahl der Sample Points ergibt. Dieses Vorgehen führt zu Dezimalbrüchen als Auswahlwahrscheinlichkeit von Gemeinden in einer Zelle. Eine kontrollierte Zufallsauswahl sorgt dafür, daß beispielsweise in einer Schicht mit Schichtgewicht 0,4 entweder eine oder keine Gemeinde ausgewählt wird. Entsprechend gelangen bei einem Schichtgewicht von 1,7 entweder eine oder zwei Gemeinden in die Stichprobe. Wieviele Gemeinden tatsächlich ausgewählt werden, wird über ein Computerprogramm gesteuert, das sicherstellt, daß nach der Auswahl die Verteilung der Gemeinden in der Stichprobe hinsichtlich Bundesland, Regierungsbezirk und Stadtregion mit der in der Gesamtheit praktisch übereinstimmt.

Die beiden primären Ziele des ALLBUS-Programms sind die Untersuchung des sozialen Wandels und die Datengenerierung für Sekundäranalysen. Durch die regelmäßige Erhebung von sozialstrukturellen Merkmalen, Einstellungen und Verhalten der Bevölkerung wird die Bildung von langen Zeitreihen für soziologisch relevante Variablen und damit die Dauerbeobachtung des sozialen Wandels ermöglicht. Zur Verbesserung der Infrastruktur in den Sozialwissenschaften werden die erhobenen Daten sofort nach der Datenaufbereitung interessierten Forschern und Studenten für Sekundäranalysen zur Verfügung gestellt.

Neben der Untersuchung sozialen Wandels und der Datengenerierung für Sekundäranalysen sollen mit dem ALLBUS auch international vergleichende Analysen ermöglicht sowie Beiträge zur Methodenentwicklung geleistet werden. Um eine Datenbasis für internationale Vergleiche zu schaffen, fanden bereits bei den ersten ALLBUS-Umfragen bilaterale Kooperationen mit Forschungsinstituten anderer Länder statt. 1985 erhielten diese Aktivitäten mit der Gründung des International Social Survey Programme (ISSP) einen eigenen institutionellen Rahmen. Seit dem Jahr 1986 ist die jeweilige Umfrage des ISSP ein schriftlicher drop-off Bestandteil der ALLBUS-Erhebung.

Zur Ausschöpfung des ALLBUS 1994 ist folgendes festzustellen:
Das Stichprobenbrutto beträgt 4.847 Adressen in West- und 2.174 in Ostdeutschland. Es setzt sich zusammen aus den 4.440 bzw. 2.040 Adressen der ursprünglichen Bruttostichprobe und den 407 bzw. 134 Adressen, die im Verlaufe der Nachbearbeitung als Ersatz für stichprobenneutrale Ausfälle zusätzlich eingesetzt wurden. An stichprobenneutralen Ausfällen sind insgesamt 445 Adressen (9,2%) in Westdeutschland und 167 (7,7%) in Ostdeutschland zu verzeichnen. In beiden Teilen Deutschlands resultierte etwas mehr als die Hälfte der stichprobenneutralen Ausfälle aus dem Umzug der ausgewählten Befragungsperson.

Die realisierten 2.342 bzw. 1.108 Interviews entsprechen einer Ausschöpfungsquote von 53,2% in Westdeutschland und 55,2% in Ostdeutschland. Nominal liegt die Ausschöpfung damit 1994 nur geringfügig höher als 1992 mit 51,9% und 54,7%.

12.3 Zusammenfassung

Im Erhebungssystem der amtlichen Bevölkerungsstatistik, das aus zahlreichen Primär- und Sekundärerhebungen besteht, ergeben sich zahlreiche methodische und organisatorische Verbindungen. Zum einen werden die in größeren Abständen erhobenen Merkmale der Volkszählung unter Berücksichtigung der Statistik der natürlichen Bevölkerungsbewegung und der Wanderungsstatistik in geringerer Anzahl von Merkmalen fortgeschrieben. Mit der Fortschreibung können so die großen zeitlichen Abstände der Großzählung auch auf regionaler Ebene in einigen Hauptmerkmalen überbrückt werden. Zum anderen stellt die Volkszählung die Auswahlgrundlage für den jährlich erhobenen Mikrozensus dar, der seinerseits an Volkszählungsergebnisse und die laufende Fortschreibung angepaßt wird. Darüber hinaus liefert das Ausländerzentralregister in regionaler Gliederung Ergebnisse über Änderungen im Bestand und in der Struktur von Ausländern, die durch die Daten der Einbürgerungsstatistik ergänzt werden. Eine Bereicherung des bevölkerungsstatistischen Erhebungssystems stellt sowohl in methodischer als auch in inhaltlicher Hinsicht das Europäische Haushaltspanel dar. Es ist die erste umfassende Panelerhebung der amtlichen Statistik und zeigt im dreijährigen Verlauf die Lebens- und Arbeitsbedingungen der Bevölkerung von 14 EU-Mitgliedsstaaten.

Die amtlichen Primärstatistiken werden durch nichtamtliche Erhebungen ergänzt, deren Schwerpunkt in der Erfassung sozialer Variablen liegt, die größtenteils durch amtliche Statistiken nicht abgedeckt werden. Insbesondere beim SOEP liegt das Interesse der Untersuchung auf der Darstellung der Entwicklung von personenbezogenen Merkmalen im Zeitablauf. Den subjektiven Merkmalen wird im ALLBUS ein großer Stellenwert eingeräumt. Da die Erfassung auf Stichproben mit relativ geringem Umfang beruht, ist eine Regionalisierung dieser Daten nicht vertretbar.

Werden im bevölkerungsstatistischen Berichtssystem den Erhebungen die durch sie erfaßten Merkmale gegenübergestellt, so ergibt sich Übersicht 12.11. Dabei werden die Merkmale nach folgenden Gruppen systematisiert: Standarddemographie, Erwerbstätigkeit, Ausbildung, Haushalt und Familie, Finanzielle Vorsorge, Gesundheit, Pendelwanderung, Ausländer, Haltung und Einstellung.

Übersicht 12.11: *Merkmale und Erhebungen zum bevölkerungsstatistischen Berichtssystem*

Merkmalsgruppe	Merkmale	Primärstatistik					Sekundärstatistik				
		VZ	MZ	ALLBUS	SOEP	EHP	a	b	c	d	e
Standarddemographie	Geschlecht	♦	♦	♦	♦	♦	♦	♦	♦	♦	♦
	Alter bzw. Geburtsjahr	♦	♦	♦	♦	♦	♦	♦	♦	♦	♦
	Religionszugehörigkeit	♦		♦						♦	♦
	Staatsangehörigkeit	♦	♦	♦	♦	♦		♦	♦	♦	♦
	Familienstand	♦	♦	♦	♦	♦			♦	♦	♦
	Eheschließungsjahr		♦							♦	
Erwerbstätigkeit	Überwiegende Unterhaltsquelle	♦	♦								
	Beteiligung am Erwerbsleben	♦	♦	♦	♦	♦		♦			♦
	Wirtschaftszweig	♦	♦	♦	♦	♦					
	Ausgeübte Tätigkeit	♦	♦	♦	♦	♦					
	Stellung im Beruf	♦	♦	♦	♦	♦					
	Nebenerwerbstätigkeit	♦	♦		♦	♦					
	Einkommensarten und -höhe		♦	♦	♦	♦					
	Arbeitszeit und Beschäftig.dauer		♦	♦	♦	♦					
	Arbeitslosigkeit und Arbeitssuche		♦	♦	♦	♦					
	Besondere Arbeitsbedingungen		♦		♦						
	Sozialleistungen		♦		♦	♦					
Ausbildung	Gegenwärtiger Schulbesuch	♦	♦		♦						
	Höchster allgemein. Schulabschluß	♦	♦	♦	♦						
	Höchster Abschluß an berufsbildenden Schulen bzw.Hochschulen	♦	♦	♦	♦	♦					
	Hauptfachricht. d. letzten Abschl.	♦	♦		♦						
	Zeitpunkt des höchsten Berufs- oder Bildungsabschlusses		♦		♦	♦					
	Praktische Berufsausbildung	♦	♦		♦	♦					
	Berufliche Fortbildung bzw. Umschulung		♦		♦	♦					
Haushalt und Familie	Zahl d. Haushalte in der Wohnung		♦								
	Name/Anzahl d. Pers. im Haushalt	♦	♦	♦	♦	♦				♦	
	Zahl der Kinder im Haushalt			♦	♦	♦				♦	
	Stellung innerhalb des Haushalts	♦			♦	♦					
	Art des Zusammenlebens		♦	♦	♦					♦	
	Wohnstatus		♦	♦	♦	♦					
	Finanzielle Situation				♦	♦					
Finanzielle Vorsorge	Art des Versicherungsverhältnisses		♦		♦	♦					
	Rentenversicherung		♦		♦	♦					
	Pflegeversicherung		♦			♦					
	Lebensversicherung		♦								
	Krankenversicherung		♦		♦	♦					
	Betriebliche Altersversorgung		♦		♦	♦					
	Vermögensarten		♦		♦	♦					

Fortsetzung Übersicht 12.11

Merkmalsgruppe	Merkmale	Primärstatistik					Sekundärstatistik				
		VZ	MZ	ALLBUS	SOEP	EHP	a	b	c	d	e
Gesundheit	Krankheitsdauer/Krankenhausaufenthalt		◆		◆	◆					
	Art/Anzahl der Behandlungen		◆		◆	◆					
	Gesundheitsvorsorge		◆								
	Krankheitsrisiken		◆								
	Gesundheitszustand/Erwerbsminderung		◆		◆	◆					
Pendelwanderung	Anschrift der Arbeits- oder Ausbildungsstätte	◆	◆								
	Arbeitsweg	◆	◆		◆						
	Pendlerhäufigkeit				◆						
	Verkehrsmittel	◆	◆		◆						
Ausländer	Aufenthaltsdauer		◆			◆					
	Kinder im Ausland		◆		◆						
	Ehegatte o. Eltern im Ausland		◆		◆						
	Zahlg. an Angehörige im Ausland				◆						
	Determinanten der Eingliederung				◆						
Haltung und Einstellung	Subjektives Wohlbefinden			◆	◆	◆					
	Werte				◆						
	Politisches Interesse			◆	◆						
	Teiln. in gesellschaftl. Bereichen			◆	◆	◆					
	Soziale Kontakte/Distanz			◆	◆	◆					

VZ: Volkszählung, MZ: Mikrozensus, ALLBUS: Allgemeine Bevölkerungsumfrage der Sozialwissenschaften, SOEP: Sozio-ökonomisches Panel, EHP: Europäisches Haushaltspanel

a: Statistik zur Fortschreibung des Bevölkerungsstandes, b: Einbürgerungsstatistik, c: Ausländerzentralregister, d: Statistik der natürlichen Bevölkerungsbewegung, e: Wanderungsstatistik.

Zitierte Literatur (Kapitel 12)

Arminger, G.: Pflicht- versus Freiwilligenerhebung im Mikrozensus. Allgemeines Statistisches Archiv. Bd. 74 (1990)

Bechtold, S.; Meyer, K.: Das Europäische Haushaltspanel. Wirtschaft und Statistik, 5/1996

Braun, M.; Eilinghoff, C.; Gabler, S.; Wiedenbeck, M.: Methodenbericht zur "Allgemeinen Bevölkerungsumfrage der Sozialwissenschaften" (Allbus 1992). ZUMA-Arbeitsbericht Nr. 93/01 (1993)

Emmerling, D.; Riede, T.: 40 Jahre Mikrozensus. Wirtschaft und Statistik, 3/1997

Esser, H.; Grohmann, H.; Müller, W.; Schäffer, K.-A.: Mikrozensus im Wandel. Forum der Bundesstatistik. Bd. 11 (1989)

Ghellini, G.; Panuzzi, N.: Nonresponse in Panel Surveys: a Review of Adjustment Techniques. Statistics in Transition. Journal of the Polish Statistical Association. Bd. 2, Nr. 5 (1995)

Infratest Sozialatlas: Bundesrepublik 1983/84. Bevölkerung und Haushalte. München 1984

Infratest Sozialforschung: Das Sozio-ökonomische Panel. Welle 1. Methodenbericht zur Haupterhebung. München 1985

Kirschner, H.-P.: Zu Stichprobenfehlerberechnungen im Rahmen des ADM-Stichprobenplans. ZUMA-Nachrichten, 15/1984

Pischner, R.: Quer- und Längsschnittgewichtung des Sozio-ökonomischen Panels. In: Gabler, S.; et al. (Hg.): Gewichtung in der Umfragepraxis. Opladen 1994

Rendtel, U.: Die Schätzung von Populationswerten in Panelerhebungen. Allgemeines Statistisches Archiv. Bd. 75 (1991)

Rendtel, U.: Lebenslagen im Wandel: Panelausfälle und Panelrepräsentativität. Frankfurt a.M., New York 1995

Rösch, G.: ADM-Design und Einwohnermelderegister. ZUMA-Kolloquium 1984

Särndal, C.-E.; Swensson, B. Wretman, J.: Model Assisted Survey Sampling. New York; u.a. 1992

Schupp, J.; Wagner, G.: Die Zuwandererstichprobe des Sozio-ökonomischen Panels (SOEP). Vierteljahreshefte zur Wirtschaftsforschung. Heft 1 (1995)

StBA [12.1]: Katalog der Statistiken zum Arbeitsgebiet der Bundesstatistik. Wiesbaden 1992

Zentralarchiv für empirische Sozialforschung an der Universität zu Köln (ZA): ALLBUS 1994. Codebuch ZA-Nr. 2400

13 Sozioökonomische Berichtssysteme

13.1 Erwerbstätigkeit

13.1.1 Erwerbspersonen

Unter dem Gesamtsystem der Erwerbstätigkeitsstatistik werden Daten über **Erwerbspersonen**, **Arbeitsmarkt** und **Beschäftigung** verstanden. Während bei der Datengewinnung zu den ersten beiden Teilbereichen die Einzelpersonen die Erhebungseinheiten darstellen, gehen die Statistiken zur Beschäftigung vom Betrieb als Erhebungseinheit aus.

Unter **Erwerbspersonen** versteht man Personen mit Wohnsitz im Bundesgebiet (Inländerkonzept), die eine unmittelbar oder mittelbar auf Erwerb gerichtete Tätigkeit ausüben oder suchen, unabhängig von der Bedeutung des Ertrages dieser Tätigkeit für ihren Lebensunterhalt und ohne Rücksicht auf die von ihnen tatsächlich geleistete oder vertraglich zu leistende Arbeitszeit (vgl. StBA [13.1] 1990, S. 3). Nichterwerbspersonen sind alle Personen, die keine auf Erwerb ausgerichtete Tätigkeit ausüben oder suchen.

Erwerbspersonen setzen sich statistisch somit aus Erwerbstätigen und Erwerbslosen zusammen. Als **Erwerbstätige** gelten alle Personen, die in einem Arbeitsverhältnis stehen (Beamte einschließlich Soldaten, Angestellte, Arbeiter und Auszubildende), als Selbständige ein Gewerbe bzw. eine Landwirtschaft betreiben, einen freien Beruf ausüben oder als mithelfende Familienangehörige tätig sind. Dabei spielt der zeitliche Umfang der Tätigkeit keine Rolle. Die **Erwerbslosen** umfassen nach dem Erwerbskonzept (vgl. Abels 1991, S. 105ff.) alle Personen, die nach eigenen Angaben zum Stichtag der Erhebung keine auf Erwerb ausgerichtete Tätigkeit ausübten, jedoch auf der Suche nach einer abhängigen oder selbständigen Arbeit waren.

Nachweise über Erwerbspersonen liefern der Mikrozensus, die EU-Arbeitskräftestichprobe und die Volkszählung. Die mit Hilfe dieser Statistiken erhobenen Merkmale der Erwerbspersonen sind in Übersicht 13.1 zusammengestellt. Diese Statistiken ergänzen sich inhaltlich und zeitlich. Sie gehen alle vom Wohnortkonzept (vgl. 1.2.1) aus, d.h. die Merkmale werden bei den einzelnen Personen an ihrem Wohnort erhoben. Außerdem werden die erwerbsstatistischen Merkmale nach gleichen Definitionen durch die amtliche Statistik erhoben. Es liegt somit im Hinblick auf die Erfassung der Erwerbspersonen ein (Teil-) Berichtssystem vor. Während auf die Volkszählung und den Mikrozensus bereits im Rahmen des bevölkerungsstatistischen Berichtssystems (vgl. 12.1.1 bzw. 12.1.2) eingegangen wurde, bleibt in diesem Zusammenhang auf die **Arbeitskräftestichprobe** hinzuweisen.

Übersicht 13.1: *Merkmale der Statistiken über Erwerbspersonen*

Merkmale	Mikro-zensus	Arbeitskr.-stichprobe	Volks-zählg.
Demographische Merkmale			
Alter, Geschlecht, Staatsangehörigkeit, Familienstand	♦	♦	♦
Geburtsland			♦
Eheschließungsjahr, Familienzusammenhang	♦	♦	
Lebenspartner		♦	
Haupt-/ Nebenwohnung	♦	♦	♦
Aufenthaltsdauer in der BR Deutschland		♦	
Erwerbs- und wirtschaftsstatistische Merkmale			
Art des überwiegenden Lebensunterhalts	♦	♦	♦
Beteiligung am Erwerbsleben	♦	♦	♦
Bei Erwerbstätigen			
Regelmäßige oder gelegentliche Tätigkeit	♦		
Arbeitszeit (Voll-, Teilzeit)	♦	♦	
Ursachen für Teilzeittätigkeit	♦	♦	
Art des Arbeitsvertrages, Befristung des Vertrages	♦	♦	
Vereinbarte und tatsächliche Arbeitszeit	♦	♦	
Stellung im Beruf	♦	♦	♦
Wirtschaftszweig des Betriebes	♦	♦	♦
Wochenend-, Nacht,- und Schichtarbeit	♦	♦	
Tatsächlich ausgeübte Tätigkeit			♦
Ausgeübter Beruf	♦	♦	
Merkmale des ausgeübten Berufs	♦		
Stellung im Betrieb	♦		
Berufs,- und Betriebswechsel	♦		
Nebenerwerbstätigkeit			♦
Zeitpunkt des Arbeitsbeginns		♦	
Suche und Grund der Suche nach einer anderen Tätigkeit	♦	♦	
Angaben über eine zweite Erwerbstätigkeit			
Stellung im Beruf			
Wirtschaftszweig des Betriebes	♦	♦	
Vereinbarte und tatsächliche Arbeitszeit	♦	♦	
Bei Arbeitslosen und Arbeitsuchenden			
Bezug von Arbeitslosengeld, -hilfe	♦	♦	
Anlaß und Dauer der Arbeitsuche	♦	♦	
Art und Umfang der gesuchten Tätigkeit	♦	♦	
Verfügbarkeit für eine neue Arbeitsstelle	♦	♦	
Gründe für die Nichtverfügbarkeit	♦	♦	
Zeitpkt. d. letzten Kontakts mit einer öff. Arbeitsvermittlung		♦	
Wunsch nach einer Erwerbstätigkeit		♦	

Fortsetzung Übersicht 13.1

Merkmale	Mikro-zensus	Arbeitskr.-stichprobe	Volks-zählg.
Einschreibung bei einer öffentlichen Arbeitsvermittlung		♦	
Situation unmittelbar vor Arbeitsuche		♦	
Methode der Arbeitsuche	♦	♦	
bei Nichterwerbstätigen			
Frühere Erwerbstätigkeit	♦	♦	
Zeitpunkt u. Beendigungsgrund für die letzte Tätigkeit	♦	♦	
Wirtschaftszweig u. Stellung im Beruf der letzten Tätigkeit	♦	♦	
Ausgeübter Beruf während der letzten Tätigkeit	♦	♦	
Bildungsstatistische Merkmale			
Erlernter Beruf			♦
Allgemeiner Schulabschluß	♦	♦	♦
Berufsbildender Schulabschluß	♦	♦	♦
Umschulung/ Fortbildung	♦	♦	
Zahl der wöchentlichen Ausbildungsstunden		♦	
Zweck der Aus- oder Fortbildung		♦	
Hochschulabschluß und Hauptfachrichtung	♦	♦	♦
Dauer d. schulischen u. praktischen Berufsausbildung	♦	♦	♦
Sonstige Merkmale			
Zugehörigkeit zur gesetzlichen Krankenversicherung	♦		
Art der privaten Krankenversicherung	♦		
Sonstiger Anspruch auf Krankenversorgung	♦		
Art der betrieblichen u. privaten Altersversorgung	♦		
Höhe des Nettoeinkommens	♦		
Retrospektive Merkmale			
Erwerbstätigkeit vor einem Jahr		♦	
Stellung im Beruf vor einem Jahr		♦	
Wirtschaftszweig vor einem Jahr		♦	
Wohnsitzwechsel im letzten Jahr		♦	
Regionalstatistische Merkmale			
Benutztes Verkehrsmittel	♦		♦
Entfernung und Zeitaufwand für den Weg	♦		♦
Bund/ Land/ Regierungsbezirk	♦	♦	♦
Kreis, Gemeinde, Nichtadministrative Gemeinde			♦

Hauptziel der für alle Länder der EU durchgeführten Stichprobenerhebungen über Arbeitskräfte ist es, die arbeitsfähige Bevölkerung (im Alter von 15 und darüber) in drei sich gegenseitig ausschließende und jeweils erschöpfende

Gruppen - Erwerbstätige, Arbeitslose und nicht aktive Personen - einzuteilen und beschreibende Daten zu jeder der Gruppe jährlich zu liefern. Im Fragenkatalog sind folgende Merkmalsgebiete enthalten: demographischer Hintergrund, Erwerbstätigkeit, Merkmale der ersten und zweiten Erwerbstätigkeit, frühere Erwerbstätigkeit von Personen, die nicht mehr erwerbstätig sind, Arbeitsuchende, Situation der Nichterwerbspersonen, schulische und berufliche Bildung und die Situation ein Jahr vor der Erhebung. Die jährlichen Fragen der EU-Arbeitskräftestichprobe wurden ab 1992 erheblich (um 27 Merkmale) erweitert.

Die nationalen statistischen Ämter führen aufgrund der Verordnung des Rates der Europäischen Gemeinschaften die Stichprobe im Rahmen der nationalen Erhebungen durch. In Deutschland hat das StBA diese Erhebungen in den Mikrozensus (vgl. 12.1.2) aus zwei Gründen integriert:

- Die Nutzung von gemeinsamen, sich ergänzenden Erhebungsunterlagen führt zu einer deutlich geringeren Belastung der Befragten.
- Die Vermeidung einer doppelten Erhebung identischer Merkmale reduziert den Aufwand sowohl bei der Durchführung der Erhebung als auch bei der Aufbereitung erheblich.

Nach der EU-Verordnung ist die Stichprobe in den Mitgliedsstaaten so zu konzipieren, daß sie denselben Umfang hat wie die Stichprobe für die nationale Erhebung. Hiervon abweichend wurde für Deutschland ein Auswahlsatz von 0,4% vereinbart, sofern die Mindestanforderungen an die Genauigkeit der Ergebnisse erfüllt sind. Danach soll der relative Standardfehler auf Regierungsbezirksebene für Merkmale, die 5% der Bevölkerung im erwerbsfähigen Alter betreffen, 8% nicht überschreiten. Daraus resultiert, daß die Stichprobe seit 1992 als **disproportionale** Stichprobe auf Regierungsbezirksebene durchgeführt wird, und zwar aus Gründen der praktischen Umsetzbarkeit mit je nach Größe der Regierungsbezirke unterschiedlichen Auswahlsätzen von 0,4%, 0,6%, 0,8%, und 1%.

13.1.2 Arbeitsmarkt

Von anderen Definitionen geht die **Arbeitsmarktstatistik** aus: sie erfaßt als **Arbeitslose** jene Personen, die vorübergehend nicht in einem Arbeitsverhältnis (abgesehen von einer geringfügigen Beschäftigung) stehen und die sich unter Einschaltung des Arbeitsamtes um eine Vermittlung in eine abhängige Beschäftigung (von 18 Wochenstunden für mehr als drei Monate) bemühen. Sie dürfen noch nicht das 65. Lebensjahr vollendet haben.

Übersicht 13.2: *Merkmale der Arbeitsmarktstatistik*

Merkmale	I	II	III	IV	V	VI	VII
Demographische Merkmale							
Alter, Geschlecht, Staatsangehörigkeit	♦	♦			♦	♦	♦
Erwerbs- u. wirtschaftsstatistische Merkmale							
Gewünschte / angebotene Arbeitszeit	♦	♦	♦	♦			
Dauer der Beschäftigung			♦	♦			
Erwerbstätigkeit vor Arbeitslosenmeldung	♦	♦					
Beendigung des letzten Beschäftigungsverhältnisses		♦					
Wirtschaftsklasse der letzten Erwerbstätigkeit	♦						
Wirtschaftsklasse des Herkunftsberufs		♦					
Datum des letzten Kontakts zum Arbeitsamt	♦						
Rehabilitant	♦						
Berufswunsch, Arbeitslos seit....		♦					
Berufsklasse und Wirtschaftsklasse			♦	♦			
Altersbegrenzung			♦				
Kurzarbeitende Betriebe / Kurzarbeiter nach WZ							♦
Dauer der Kurzarbeit und Umfang des Arbeitsausfalls							♦
Art des Abgangs an Arbeitslosen, offene Stellen		♦		♦			
Bildungsstatistische Merkmale							
Schulbildung	♦						
Letzte abgeschlossene Berufsausbildung	♦	♦					
Gewünschte Berufsausbildung			♦	♦			
Teilnehmer an Maßnahmen zur berufl. Fortbildung						♦	
Teilnehmer an Deutschsprachlehrgängen						♦	
Umschulung und betriebliche Einarbeitung						♦	
Empfänger von Berufsausbildungshilfen						♦	
Berufsvorbereitende Bildungsmaßnahmen						♦	
Berufsberatung / Arbeitsvermittlung					♦	♦	
Gemeldete / noch nicht besetzte Berufsausb.-stellen					♦		
Gemeldete / noch nicht untergebrachte Bewerber					♦		
Sonstige Merkmale							
Gesundheitliche Einschränkungen	♦	♦					
Stellen für Schwerbehinderte und Erwerbsgeminderte			♦				
Übersiedler, Asylbewerber	♦	♦					
Zahl der Vermittlungsvorschläge		♦					
Laufzeit des Vermittlungsauftrags			♦	♦			
Finanzierte Maßnahmen der BA abgeschlossen	♦	♦					
Regionalstatistische Merkmale							
Wohnortkonzept	♦	♦					
Arbeitsortkonzept			♦	♦	♦	♦	♦

I/ II: Statistik der Arbeitslosen (Bestand / Bewegung)
III/ IV: Statistik der offenen Stellen (Bestand / Bewegung)
V: Statistik der Berufsberatung
VI: Statistik der Förderung der beruflichen Bildung
VII: Statistik der Kurzarbeiter

Die Arbeitsmarktstatistik ist eine **Sekundärstatistik**, eine auf spezielle Verwaltungserfordernisse der Arbeitsförderung zugeschnittene Geschäftsstatistik der Bundesanstalt für Arbeit und der ihr unterstehenden Arbeitsämter. Rechtsgrundlage ist dafür § 6 des Arbeitsförderungsgesetzes. Ausgewertet werden hierbei monatliche und vierteljährliche Zahlen über Zugänge und Bestände an Arbeitslosen, offenen Stellen sowie Angaben über Arbeitsvermittlungen. Diese Zahlen beruhen auf der laufenden Auswertung von Geschäftsunterlagen der Arbeitsämter.

Die mit den Sekundärstatistiken erfaßten Merkmale sind in Übersicht 13.2 angegeben. Es liegen somit Daten über Arbeitslose, offene Stellen, Kurzarbeiter und die verschiedenen Maßnahmen der Bundesanstalt für Arbeit auf dem Gebiet der Berufsberatung beziehungsweise der Förderung der beruflichen Bildung vor. Die Gruppe der "Bildungsstatistischen Merkmale" ist besonders ausgeprägt, was auf die zahlreichen Aktivitäten der Bundesanstalt für Arbeit auf dem Gebiet der Aus- und Fortbildung sowie der Umschulung hinweist. Zeitlich gesehen werden die Statistiken laufend erhoben, zusammengestellt und ausgewertet. Zudem gehen sie alle, mit Ausnahme der Statistik der Arbeitslosen, vom Arbeitsortkonzept aus. Die Statistik der Arbeitslosen basiert wie die Statistiken über Erwerbspersonen auf dem Wohnortkonzept; das heißt die Arbeitslosen müssen sich bei dem Arbeitsamt melden, in dessen regionalem Zuständigkeitsbereich die Wohnung des Betroffenen liegt. Sie müssen zudem verschiedene Kriterien erfüllen, um von der Bundesanstalt für Arbeit als registrierter Arbeitsloser erfaßt zu werden. Trotz dieser Unterscheidung von Arbeits- und Wohnortkonzept stellt die Übersicht ein Gesamtbild des Arbeitsmarktes dar; es liegt somit ein weiteres Teilberichtssystem zur Erwerbstätigkeit vor.

13.1.3 Beschäftigung

Um die Beteiligung am Erwerbsleben nachzuweisen, erfaßt die **Statistik der Beschäftigung**über eine Befragung der Betriebe, Unternehmen, Arbeitsstätten - vereinfachend wird hier vom Betrieb gesprochen - alle beschäftigten Personen in abhängiger Stellung sowie die tätigen Inhaber und mithelfenden Familienangehörigen. Es ist zu berücksichtigen, daß eine Person nebeneinander oder während eines bestimmten Beobachtungszeitraumes nacheinander in mehreren Betrieben arbeiten kann. In der statistischen Zusammenfassung sämtlicher Betriebsmeldungen über die Beschäftigten wird diese Person dann bei verschiedenen Betrieben gezählt. Angaben über Beschäftigte sind also, sofern sie von Betriebsmeldungen stammen, Beschäftigungsfälle oder besetzte Arbeitsplätze, ohne Rücksicht auf die in den einzelnen Beschäftigungsfällen geleistete Arbeitszeit.

Übersicht 13.3: *Merkmale der Beschäftigungsstatistik*

Merkmale	I	II	III	IV	V	VI	VII	VIII	IX	X	XI	XII	XIII
Demographische Merkmale													
Alter		♦	♦	♦									♦
Geschlecht	♦	♦	♦	♦									♦
Staatsangehörigkeit	♦											♦	♦
Verwandtschaftsverhältnis		♦	♦	♦									♦
Erwerbs- u. wirtschafts-statistische Merkmale													
Betriebsgröße	♦	♦	♦	♦	♦	♦	♦	♦	♦	♦	♦	♦	
Beruf													♦
Stellung im Beruf		♦	♦	♦									♦
Sonstige Tätigkeitsmerkm.													
Arbeitszeit/Arbeitsstunden	♦	♦	♦	♦	♦		♦		♦				♦
Weitere Tätigkeit		♦	♦	♦									
Überwieg. Lebensunterhalt													
Individualeinkommen			♦	♦									♦
Stellung im Betrieb	♦	♦	♦	♦			♦		♦			♦	
Bildungsstatistische Merkmale													
Allg. Schulabschluß													♦
Berufsbildender Schulab.		♦											♦
praktische Ausbildung				♦									
schulische Ausbildung				♦									
Hochschulausbildung				♦									
Umschulung, Fortbildung													
Fachrichtung													
Regionalstatistische Merkmale													
Arbeitsortkonzept	♦	♦	♦	♦	♦	♦	♦	♦	♦	♦	♦	♦	♦
Pendlereigenschaft													
Benutztes Verkehrsmittel													
Zeitaufwand													

I: Arbeitsstättenzählung
II: Arbeitskräfteerhebung in der Landwirtschaft
III: Agrarberichterstattung
IV: Landwirtschaftszählung
V: Monatsberichte im Prod. Gewerbe
VI: Erhebung für Kleinbetriebe (Bergbau/ VerarbeitendesGewerbe)
VII: Totalerhebung im Bauhauptgewerbe
VIII: Zensus im Produzierenden Gewerbe
IX: Erhebung im Handel- und Gastgewerbe (monatlich u. jährlich)
X: Handels- u. Gaststättenzählung
XI: Monatliche Handwerksberichterstattung
XII: Handwerkszählung
XIII: Beschäftigten- und Entgeltstatistik

Die Vielzahl von Erhebungen, die Daten zur Beschäftigung liefern, bestehen in der bereichsübergreifenden Arbeitsstättenzählung und den Bereichsstatistiken (Produzierendes Gewerbe, Landwirtschaft, Handel und Gastgewerbe), wozu auch die Personalbestandsstatistik des öffentlichen Dienstes zu zählen ist, sowie in der Sekundärerhebung der Beschäftigten- und Entgeltstatistik.

Während die Arbeitsstättenzählung und die Bereichsstatistiken größtenteils bereits in den wirtschaftsstatistischen Berichtssystemen (vgl. 9) dargestellt wurden, ist hier noch auf die Personalbestandsstatistik im öffentlichen Dienst, und die Beschäftigten- und Entgeltstatistik einzugehen.

Die Mitarbeiter im öffentlichen Dienst werden jährlich auf der Grundlage des Gesetzes über die Statistiken der öffentlichen Finanzen und des Personals im öffentlichen Dienst durch die **Personalbestandsstatistik** erfaßt. Auskunftspflichtig sind der Bund, die Länder, die Gemeinden/ Gemeindeverbände, die kommunalen Zweckverbände, und das Bundeseinbahnvermögen, sowie die Bundesanstalt für Arbeit, die BBk, die Sozialversicherungsträger, die mittelbarer öffentlicher Dienst sind. Neuerdings werden auch die Soldaten (Berufs- und Zeitsoldaten) der Bundeswehr in die Erhebung einbezogen. Bei den Auskunftspflichtigen werden Angaben über Art, Umfang und Dauer des Dienstverhältnisses, Aufgabenbereich, Geschlecht, Laufbahngruppe, Einstufung und Alter der Beschäftigten erhoben. Maßgebend für die Einbeziehung in die Statistik sind das Vorliegen eines unmittelbaren entgeltpflichtigen Dienst- und Arbeitsvertrages und die Bezahlung der Bezüge aus den Haushaltsmitteln der auskunftspflichtigen Dienststellen.

Die **Beschäftigten- und Entgeltstatistik** der Bundesanstalt für Arbeit ist eine seit 1973 eingeführte Sekundärstatistik, die auf einem integrierten und automatisierten Meldeverfahren zur Sozialversicherung basiert, das zwischen Arbeitgeber, Krankenkasse, Rentenversicherung und Bundesanstalt für Arbeit abläuft. Dabei fallen Daten im Vierteljahres- ("Stichtagsmaterial") oder Jahreszeitraum an. Das Stichtagsmaterial dient der laufenden und kurzfristigen Beobachtung der Beschäftigungsentwicklung sozialversicherungspflichtiger Arbeiter und Angestellte in tiefer wirtschaftlicher und regionaler Gliederung.

Die vierteljährlichen Stichtagsauswertungen ermitteln den Beschäftigtenbestand und erfolgen sechs Monate nach dem Berichtsstichtag. Für jeden Versicherten wird einzeln festgestellt, ob ein Beschäftigungsverhältnis besteht oder nicht. Dabei werden alle Arten von Meldungen (An- und Abmeldung, Jahres- und Unterbrechungsmeldung) berücksichtigt, um zu prüfen, ob sich hieraus das Bestehen oder Nichtbestehen eines Beschäftigungsverhältnisses am Stichtag ergibt.

Die Jahreszeitraumergebnisse hingegen umfassen Daten über den Beschäftigungsverlauf der Arbeitnehmer innerhalb eines Jahres sowie Beschäftigungszeiten und -dauer je Kalenderjahr. Dabei wird nur auf die Jahresmeldungen beziehungsweise auf die Abmeldungen mit den Angaben über das Entgelt und die Beschäftigungsdauer für das betreffende Jahr zurückgegriffen.

In den Anmeldungen sind diese Angaben nicht enthalten. Der Personenkreis ist auf Arbeiter und Angestellte beschränkt, die der Sozialversicherungspflicht unterliegen. Somit erfaßt die Beschäftigtenstatistik rund 80% der Erwerbstätigen im Bundesgebiet. Rechtsgrundlage der Beschäftigtenstatistik ist § 6 des Arbeitsförderungsgesetzes.

Die im Rahmen der Beschäftigungsstatistik erhobenen Merkmale und durchgeführten Erhebungen sind in Übersicht 13.3 dargestellt und zeigen somit ein statistisches Gesamtbild über die Beschäftigung. Die Erhebungen sind außerdem innerhalb der einzelnen Bereiche aufeinander abgestimmt. In der Land- und Forstwirtschaft gehen sie sogar ineinander über: Angaben über Beschäftigte werden in der Arbeitskräfteerhebung in der Landwirtschaft erhoben und in die Agrarberichterstattung sowie in die Landwirtschaftszählung übernommen. Im Produzierenden Gewerbe ergänzen sich die Erhebungen. Das gleiche gilt für das Handwerk und das Handels- und Gastgewerbe. Die langfristigen Erhebungen bilden die Auswahlgrundlage für die kurzfristigen Erhebungen, die zumeist als Stichproben oder als Erhebungen mit Abschneidegrenzen durchgeführt werden.

Eine Zusammenführung der einzelnen Teilberichtssysteme findet im Rahmen der Schätzungen jahresdurchschnittlicher Beschäftigungszahlen auf Bundes-, Länder und Kreisebene statt. Mit Hilfe eines integrierten Schätzmodells werden unter Berücksichtigung einer Vielzahl erwerbsstatistischer Quellen jahresdurchschnittliche Angaben nach wirtschaftsfachlichen Gliederungen und z.T. Stellung im Beruf bis zur Ebene der Landkreise und kreisfreien Städte berechnet. Die Ausgangswerte werden dabei auf der Basis der Ergebnisse der Volkszählung und Arbeitskräfteerhebung ermittelt (vgl. Schoer; Winter 1992, S. 365ff.).

13.2 Einkommen

13.2.1 Erhebungssystem

Erhebungen der amtlichen Statistik, die das Merkmal Einkommen erfassen, sind Gegenstand eines sozio-ökonomischen Berichtssystems, da nach Erhebungen unterschieden werden kann, deren Einheiten einerseits Personen bzw. Personengruppen und andererseits Betriebe bzw. Unternehmen darstellen. Dabei gibt es sowohl Primär- als auch Sekundärstatistiken (vgl. Übersicht 13.4).

Übersicht 13.4: *Erhebungen zum Merkmal Einkommen*

Erhebungssystem

Erhebungseinheit Person / Haushalt		Erhebungseinheit Arbeitsstätte / Betrieb / Unternehmung	
Primärstatistik	**Sekundärstatistik**	**Primärstatistik**	**Sekundärstatistik**
Einkommens- und Verbrauchsstichp.	Beschäftigten- und Entgeltstatistik	Arbeitskosten-erhebung	Lfd. Tariflohn-statistik
Europäisches Haushaltspanel	Lohn- und Einkom-mensteuerstatistik	Arbeitsstättenzählung	Lohn- und Einkom-mensteuerstatistik
Mikrozensus		Lohn- und Gehalts-strukturerhebung	Körperschaftsteuer-statistik
Wohnungsstichp.		Kostenstruktur-erhebung	
ALLBUS (ZUMA) ASID (Infratest) SOEP (DIW)		Lfd. Verdienst-erhebung	

Innerhalb des einkommensstatistischen Berichtssystems, in dem unterschiedliche Einkommensbestandteile erfaßt werden, kann von einem lohnstatistischen (Teil-) Berichtssystem (vgl. Dresch; Kaukewitsch 1993, S. 879) gesprochen werden, das dadurch gekennzeichnet ist, daß vierteljährliche, jährliche und mehrjährliche Erhebungen der Bruttolöhne und -gehälter in Industrie bzw. Produzierendem Gewerbe, im Handel, bei Kreditinstituten und im Versicherungsgewerbe stattfinden. Hinzu kommen entsprechende Erhebungen in der Landwirtschaft und im Handwerk (Hoch- und Tiefbau). Die regelmäßigen Einkommenszahlungen der Betriebe/Unternehmen werden gewöhnlich in der vierteljährlichen Erhebung, auch laufende Verdiensterhebung bezeichnet, erfaßt, während die Bruttojahresverdiensterhebung in der Industrie, im Handel, bei Kreditinstituten und im Versicherungsgewerbe zusätzlich die unregelmäßig geleisteten Sonderzuwendungen (13. Monatslohn bzw. -gehalt, Weihnachtsgratifikation, Erfolgsprämien, Abfindungen, Jubiläumszuwendungen) ausweist.

Erhebungen haben vor allem die Aufgabe, die Entwicklung der effektiven Bruttoverdienste vollzeitbeschäftigter Arbeitnehmergruppen nach Wirtschaftszweigen und Geschlecht in regelmäßigen, kurzfristigen Zeitabständen darzustellen. Dabei werden die aus der betrieblichen Abrechnung anfallenden Lohnsummen für bestimmte Arbeitnehmergruppen und Zeiträume aggregiert, so daß nur Durchschnittsangaben - z.B. Bruttomonatsverdienst je Angestellten, Bruttostunden- und Bruttowochenverdienste je Arbeiter - ermittelt werden können.

Übersicht 13.5: *Struktur der Erhebungen zum Einkommen*

Erhebungen	Einkommensart	Einkommensquellen	Erhebungsbereich	Erhebungsumfang	Periodizität
Einkommens- und Verbrauchsstatistik	brutto, netto, Individual- und Haushaltseinkommen	nach allen Quellen	Personen mit Haupt- und Nebenwohnsitz	Stichprobe (50.000 Haushalte)	fünfjährlich
Mikrozensus	netto, Individual- und Haushaltseinkommen nach Größenklassen	Gesamteinkommen nach überwiegendem Lebensnterhalt	Personen mit Haupt- und Nebenwohnsitz	1% Stichprobe (370.000 Haushalte)	jährlich
Europäisches Haushaltspanel	brutto, netto, Individual- und Haushaltseinkommen	Gesamteinkommen	Personen mit Haupt- und Nebenwohnsitz	Stichprobe (5.000 Haushalte) Verlaufsstatistik	1993, 1994, 1995, 1996
Wohnungs-stichprobe	Haushaltsnettoeinkommen	Gesamteinkommen	Personen mit Haupt- und Nebenwohnsitz	Stichprobe	unregelmäßig
Laufende Verdiensterhebung	brutto, Individual-einkommen	Einkommen aus unselbständiger Arbeit (Verdienst)	Arbeitnehmer in Industrie, Handel, Handwerk, Landwirtschaft	Stichprobe	laufend
Lohn- u. Gehalts-strukturerhebung	brutto, netto, Individual-einkommen	Einkommen aus unselbständiger Arbeit (Verdienst)	Arbeitnehmer im Prod. Gewerbe, Handel, Banken, Versicherungen (mit Rentenpf.)	Stichprobe	bisher alle 5 Jahre
Arbeitskosten-erhebung	brutto, Lohnsumme, Lohnnebenkosten	Einkommen aus unselbständiger Arbeit	Produzierendes Gewerbe, Dienstleistungsbereich	Stichprobe	vierjährlich
Arbeitsstätten-zählung	brutto, Lohn- und Gehaltsumme	Einkommen aus unselbständiger Arbeit	Produzierendes Gewerbe, Dienstleistungsbereich	Totalerhebung	mehrjährlich
Kostenstruktur-erhebung	brutto, Lohn- und Gehaltsumme	Einkommen aus unselbständiger Arbeit	Produzierendes Gewerbe Dienstleistungsbereich	Stichprobe	jährlich bzw. vierjährlich

Fortsetzung Übersicht 13.5

Erhebungen	Einkommensart	Einkommensquellen	Erhebungsbereich	Erhebungsumfang	Periodizität
Monatsberichte im Bergbau u. Verarbeitendes Gewerbe	brutto, Lohn- und Gehaltsumme	Einkommen aus unselbständiger Arbeit	Bergbau, Verarbeitendes Gewerbe	Stichprobe	monatlich
Tariflohnstatistik	Tarifliche Lohn- und Gehaltssätze des Arbeitnehmers	Tarifl. Einkommen aus unselbständiger Arbeit	Arbeitnehmer nach Wirtschaftszweigen und Arbeitnehmergruppen	Stichprobe	laufend
Beschäftigten- und Entgeltstatistik	Brutto, vers. pflichtiges Individualeinkommen	Einkommen aus unselbständiger Arbeit	Arbeitnehmer mit sozialvers. pflichtiger Beschäftigung	Totalerhebung	jährlich
Lohn- und Einkommensteuerstatistik	Brutto, Individualeinkommen, Einkommen von Ehepaaren	Steuerpflichtige Einkünfte nach 7 Arten	Natürliche Person[1], Personengesellschaft/ -gemeinschaft[2]	Totalerhebung	dreijährlich
Körperschaftsteuerstatistik	Einkommen aus Gewerbebetrieb	Einkommen aus einer Quelle	Körperschaften, Personen vereinigungen und Vermögensmassen	Totalerhebung	dreijährlich
ASID	Netto, Alleinstehende und Ehepaare	aus allen Quellen	Personen 55 Jahre und älter	Stichprobe	1988, 1993
ALLBUS	Haushaltsnettoeinkommen	aus allen Quellen	Bevölkerung mit Haupt- und Nebenwohnsitz	Stichprobe	zweijährlich
SOEP	Brutto, netto, Individual- und Haushaltseinkommen	nach allen Quellen	Bevölkerung mit Haupt- und Nebenwohnsitz	Stichprobe	jährlich, Verlaufsstatistik

1) Einkommensbezieher, die zur Einkommensteuer veranlagt worden sind bzw. ihre Lohnsteuerkarte beim Finanzamt abgegeben haben.

2) Mit Gewinnfeststellung.

Mit Hilfe der laufenden Tariflohnstatistiken werden die Entwicklung der Tariflohn- und Tarifgehaltssätze nach Wirtschaftszweigen und Arbeitnehmergruppen und weitere tarifvertragliche Regelungen (Zuschläge, Arbeitszeit, Urlaubsdauer, Urlaubsgeld usw.) nachgewiesen (vgl. auch 2.1.2).

In den Arbeitskostenerhebungen werden neben den Bruttolöhnen und -gehältern alle zusätzlichen Aufwendungen ("Lohnnebenkosten") der Unternehmungen erfaßt, die durch die Beschäftigung von Arbeitnehmern entstehen: Arbeitgeberbeiträge zur Sozialversicherung, Sonderzahlungen, Aufwendungen für die Berufsausbildung usw. Eine vergleichbare Erfassung der Arbeitskosten erfolgt in allen Mitgliedsländern der EU in vierjährlicher Periodizität (zuletzt 1992). Neben der Erfassung der Arbeitskosten im Produzierenden Gewerbe werden auch 1992 die Arbeitskosten in ausgewählten Dienstleistungsbereichen (Datenverarbeitung, Forschung und Entwicklung, Dienstleistungen für Unternehmen) erhoben.

Die Individualangaben der mehrjährlichen Lohn- und Gehaltsstrukturerhebung ermöglichen Aussagen über die Verdienstunterschiede nach Wirtschaftszweigen, Arbeitnehmergruppen und sozialen Merkmalen und deren Gründe. Insbesondere lassen sich die Verdienste nach der Höhe schichten und Aussagen über Faktoren gewinnen, die die Höhe der Verdienste beeinflussen, da die Bruttoverdienste der Arbeitnehmer nach Alter, Dauer der Unternehmenszugehörigkeit, Leistungsgruppen und Ausbildung ausgewiesen werden. Mit Hilfe dieser Erhebung sind auch die gesetzlichen Abzüge und damit die Nettoverdienste feststellbar.

Wie bereits in der Einführung dargelegt, wird unter einem statistischen Berichtssystem eine Zusammenfassung von zunächst zeitlich, räumlich und vor allem inhaltlich unkoordinierten Erhebungen zu einem geschlossenen Gesamtbild - hier Einkommen - verstanden, das durch einen zu erhebenden Merkmalskatalog beschrieben wird. Um diesen Anforderungen auf die Einkommensstatistiken anzuwenden, werden in Übersicht 13.5 diese Erhebungen nach erfaßter Einkommensart, Einkommensquellen, Erhebungsbereich, Erhebungsumfang und Periodizität aufgeteilt.

Hinsichtlich der Vollständig- und Vergleichbarkeit ist zunächst festzustellen, daß jene Erhebungen, deren Erhebungseinheit Person/Haushalt ist, Individual- bzw. Haushaltseinkommen oder meistens beides erheben, in einigen Fällen ebenfalls Brutto- und Nettoeinkommen, doch meist nur eine der beiden Kategorien. Sie unterscheiden sich nach Art und Zahl der Einkommensquellen oder geben nur das Gesamteinkommen aus allen Quellen an.

Aber auch der Erhebungsbereich ist unterschiedlich: Bei einigen Erhebungen wird die Bevölkerung mit Haupt- und Nebenwohnsitz repräsentiert, bei anderen beschränkt sich der Erhebungsbereich auf Arbeitnehmer mit sozialversicherungspflichtiger Beschäftigung und auf Ehepaare.

Während innerhalb der Erhebungen mit der Erhebungseinheit Person/Haushalt aus den genannten Gründen eine Vergleichbarkeit der Daten erschwert ist, ist sie gegenüber jenen Erhebungen, deren Erhebungseinheit die Arbeitsstätte, der Betrieb, die Unternehmung ist, unmöglich - es sei denn, es werden noch zusätzliche Berechnungen angestellt wie z.B. die Ermittlung des Durchschnittseinkommens/Person. Mit solchen Erhebungen wird die Lohnsumme erfragt, in der Regel die Bruttolohnsumme aus unselbständiger Tätigkeit entweder als Verdienst (d.h. aus einer Quelle) oder als sogenannte „Lohnnebenkosten" (d.h. aus mehreren Quellen). Ausnahme bildet hierbei die Lohn- und Gehaltsstrukturerhebung, die Individualeinkommen der Arbeitnehmer in bestimmten Wirtschaftszweigen erfragt (auf der zweiten Stufe der Stichprobe).

Nimmt man zu diesen Unterschieden noch den Repräsentationsgrad der Daten hinzu - der MZ leitet seine Ergebnisse aus 370.000 Haushalten in der 1%-Stichprobe ab, die EVS bezieht 50.000 Haushalte ein, das EHP und das SOEP befragen ca. 5.000 Haushalte - und berücksichtigt man die unterschiedliche nicht abgestufte Periodizität der Erhebungen, die von monatlichen (Monatsberichte) über laufende (Verdiensterhebungen), mehrjährigen (EVS, Lohn- und Gehaltsstrukturerhebungen usw.) bis hin zu unregelmäßigen Erhebungen (z.B. Wohnungsstichprobe) reichen, so kommt man zu dem Ergebnis, daß auf dem Gebiet des Einkommens kein Berichtssystem vorliegt; bestenfalls kann man entsprechend den beiden Gruppen von Erhebungseinheiten von Teilberichtssystemen sprechen.

Bevor auf einzelne Erhebungen der amtlichen Statistik zum Einkommen näher eingegangen wird, ist neben dem SOEP (vgl. 12.2.2) und dem ALLBUS (vgl. 12.2.3) auf eine nicht-amtliche Studie Alterssicherung in Deutschland (ASID) über das **Alterseinkommen** hinzuweisen, die Infratest Burke Sozialforschung 1995 zum dritten Mal nach 1986 und 1992 im Auftrag des Bundesministeriums für Arbeit und Sozialordnung durchgeführt hat. Auswahleinheiten sind Personen ab 55 Jahren (alleinstehende Personen und Ehepaare), davon 24.500 in den alten und 12.600 in den neuen Bundesländern. Es wurde die Höhe der Nettoeinkommen aus über 20 Quellen und eine Vielzahl von soziodemographischen und berufsbezogenen Merkmalen erfragt. Es handelt sich um eine zweistufige, geschichtete Stichprobe mit Gemeindeauswahl auf der ersten Stufe; die Personenauswahl auf der zweiten Stufe erfolgt nach systematischer Auswahl in Kombination mit Buchstabenauswahl.

thodisch günstige Stichprobenverteilung der **Beschäftigten** auf der zweiten Stufe.

Für die Auswahl der Stichprobenbetriebe wird das maschinelle Stichprobenauswahlverfahren STIA (vgl. 3.2.1) verwendet; dabei werden die Auswahlabstände je Schicht in der Form "*x/m*" (d.h. wähle *x* Stichprobenbetriebe aus *m* Betrieben der Auswahlgrundlage aus) vorgegeben. Die Auswahlvorschrift wird realisiert, indem zunächst je Schicht die ersten *m* Betriebe (in der Reihenfolge auf Datenträger) zu einer sogenannten "Zone" zusammengefaßt werden; mit Hilfe eines Zufallzahlengenerators werden dann die *x* Stichprobenbetriebe aus den *m* Betrieben der "Zone" zufällig bestimmt. Der Auswahlvorgang wird so oft wiederholt, bis das Material abgearbeitet ist. Die Auswahl auf der zweiten Stufe erfolgt in den Betrieben. In den ausgewählten Betrieben der Größenklasse 1 sind sämtliche Beschäftigte zu erfassen. Die Auswahl der Beschäftigten in den übrigen Größenklassen erfolgt durch die Betriebe systematisch mit rotierender Zufallsstartzahl, d.h., wenn z.B. in der Größenklasse 3 mit dem Auswahlabstand 4 die Zufallsstartzahl 3 vergeben worden ist, so ist mit 3 beginnend der 7.,11., 15. usw. Beschäftigte in die Stichprobe einzubeziehen. Die Zuordnung der Startzahl (z.B. 1, 2, 3 oder 4) bei einem Auswahlabstand von 4 erfolgt maschinell, und zwar so, daß sowohl innerhalb einer Größenklasse als auch fortlaufend über die Wirtschaftszweige (zu gleichem Auswahlabstand auf der 2. Stufe) rotiert wird. Wenn z.B. in einem Wirtschaftszweig in der Größenklasse 3 dem letzten Betrieb die Startzahl 3 zugeordnet wurde, beginnt im nächstfolgenden Wirtschaftszweig in der Größenklasse 3 die Zuordnung mit 4 usw.

Die Auswahlsätze auf der zweiten Stufe (vgl. Übersicht 13.6) werden fest vorgegeben, so daß in Kombination mit den Auswahlsätzen der ersten Stufe je Schicht eine stichprobenmethodisch günstige Aufteilungslösung erreicht wird. Die Auswahl der **Beschäftigten** erfolgt in den Größenklassen (ausgenommen Klasse 1) systematisch mit vorgegebenem Auswahlabstand.

Übersicht 13.6: *Schichtung und Auswahl bei der Lohn- und Gehaltsstrukturerhebung 1990*

Beschäftigten-größenklasse	Beschäftigte	Auswahlsatz % 2. Stufe
1	10 - 19	100,00
2	20 - 99	50,00
3	100 - 499	25,00
4	500 - 999	12,50
5	1000 - 4999	6,25
6	5000 u. mehr	6,25

Die Gesamtwerte werden durch multiplikative Verknüpfung der Hochrechnungsfaktoren der ersten Stufe (Betriebe je Schicht) und der zweiten Stufe (Beschäftigte je Schicht) durch freie Hochrechnung geschätzt. Dabei werden die "echten" und "unechten" Ausfälle (vgl. 6.2.3) berücksichtigt. Zur Abschätzung des Standardfehlers wird ein vereinfachtes Schätzverfahren angewandt (vgl. Dresch; Söll 1995, S. 374).

In den neuen Bundesländern ist 1992 im Produzierenden Gewerbe eine Lohn- und Gehaltsstrukturerhebung durchgeführt worden. Auswahlgrundlage bildet die Kartei im Produzierenden Gewerbe und die Berufstätigenerhebung 1990. Auf der ersten Stufe werden von rd. 16.000 Betrieben rd. 5.000 (31%), auf der zweiten Stufe von rd. 3.562.000 Arbeitnehmern rd. 318.000 (9%) in die Stichprobe systematisch gewählt.

- **Arbeitskostenerhebung**

Die Arbeitskostenerhebung 1992 ist als einstufige, geschichtete Stichprobenerhebung mit Unternehmen als Auswahl- und Erhebungseinheiten konzipiert. Als Auswahlgrundlage werden die Kartei des Produzierenden Gewerbes sowie die Ergebnisse der Arbeitsstättenzählung 1987 für das frühere Bundesgebiet und die Ergebnisse der Berufstätigenerhebung 1990 für die neuen Länder und Berlin-Ost herangezogen. Während in den alten Bundesländern von den rund 175.000 Unternehmen mit 10 und mehr Arbeitnehmern rd. 27.000, d.h. durchschnittlich rund 15%, ausgewählt werden, beträgt der Auswahlsatz in den neuen Ländern durchschnittlich etwa 58%: von 19.000 in der Auswahlgrundlage verzeichneten Unternehmen werden rund 11.000 Stichprobenunternehmen ausgewählt. Der Gesamtauswahlsatz für das Bundesgebiet beträgt somit rund 20%.

Bei der Aufteilung des Stichprobenumfangs auf die Länder und die fachlichen Schichten wird wie folgt verfahren: um Unterschiede der Arbeits- und Personalnebenkosten zwischen den Bundesländern signifikant nachweisen zu können, werden unterschiedliche Auswahlsätze angewandt und zwar werden kleinere Länder mit einem im Mittel höheren und größere Länder mit einem im Mittel niedrigeren Auswahlsatz beteiligt. Je Bundesland werden die Unternehmen nach 89 nachzuweisenden Wirtschaftsgruppen und innerhalb der Wirtschaftsgruppen nach sieben Beschäftigtengrößenklassen geschichtet. Die Auswahlabstände je fachlicher Schicht wurden so bestimmt, daß für die Schichtergebnisse des Aufteilungsmerkmals "Personalnebenkosten" und damit für korrelierte Merkmale vergleichbar große relative Standardfehler zu erwarten waren (vgl. Kaukewitsch 1995, S. 400ff.).

Zur Arbeitskostenerhebung kommen Betriebe und Unternehmen als Erhebungseinheit in Betracht. Betriebsbefragungen ermöglichen zwar eine genaue regionale und fachliche Zuordnung der Angaben von Mehrbetriebsunternehmen, haben jedoch den Nachteil, daß die Betriebe die Arbeitskosten ihrer Buchhaltung meist nicht vollständig bzw. detailliert entnehmen können. Im Produzierenden Gewerbe sind die Arbeitskostenerhebungen in den Mitgliedsstaaten EU überwiegend wegen des auch auf Betriebsebene gut entwickelten Rechnungswesens als Betriebsbefragung angelegt, in den Dienstleistungsbereichen werden dagegen wegen der starken Zentralisierung des Rechnungswesens Unternehmensangaben erhoben. Abweichend hiervon werden in Deutschland wegen der bei Betriebsbefragungen zu erwartenden starken Untererfassung der Aufwendungen für zentrale Einrichtungen auch im Produzierenden Gewerbe die Unternehmen befragt und zugleich gebeten, für jeden Betrieb einen gesonderten Fragebogen auszufüllen, um Eurostat die gewünschten Betriebsdaten liefern zu können.

- **Laufende Verdiensterhebung**

In den alten Bundesländern dient als Auswahlgrundlage der Betriebe in der Industrie, einschließlich der Handwerksbetriebe im Hoch- und Tiefbau, die Kartei im Produzierenden Gewerbe. Für die Auswahl der Betriebe im Handel, Kredit- und Versicherungsgewerbe können nur Ergebnisse der Arbeitsstättenzählung 1987 verwendet werden. Ab 1992 kann sich in den neuen Bundesländern die Auswahl der Betriebe für den Bereich Industrie auf die Kartei im Produzierenden Gewerbe stützen; Datengrundlagen zum Handelsbereich werden für diese Region aus der HGZ 1983 aktualisiert. Für das Kreditgewerbe stellt die BBk ein Sonderverzeichnis der berichtenden Kreditinstitute für die neuen Bundesländer zur Verfügung; im Versicherungsgewerbe werden die größeren Unternehmen unter Mithilfe des entsprechenden Arbeitgeberverbandes in einer Vorbefragung, die die Auswahlgrundlage darstellt, um Auskunft gebeten.

Die Festlegung des Stichprobenumfangs resultiert u.a. aus der Vorgabe, daß der einfache relative Standardfehler der durchschnittlichen Stundenverdienste für die einzelnen Wirtschaftszweige im früheren Bundesgebiet nicht größer als 1% sein sollte. In den alten Bundesländern gelangen rd. 30.000 (10%) Betriebe in die Stichprobe; in den neuen Bundesländern und Berlin-Ost handelt es sich um rd. 11.000 (66%) Stichprobenbetriebe.

Der Auswahlplan sieht eine geschichtete, systematische Zufallsauswahl vor, wobei zunächst nach Wirtschaftszweigen je Bundesland und dann nach 6 Beschäftigtengrößenklassen je Wirtschaftszweig geschichtet wird. Sowohl die Aufteilung des Gesamtstichprobenumfangs auf die Bundesländer als auch die Aufteilung der je Bundesland resultierenden Stichprobenumfänge auf die Wirtschaftszweige erfolgt nach dem Prinzip der vergleichbaren Präzision für gegliederte Ergebnisse nach Formel (4.2.7). Für die Aufteilung des Umfanges auf die Bundesländer wird ein fiktives Richtmerkmal mit einheitlichen Mittelwerten und einheitlichen relativen Streuungen unterstellt; für die Aufteilung auf die Wirtschaftszweige wird als Richtmerkmal der Bruttomonatsverdienst eines Arbeitnehmers verwendet. Der Exponent der regionalen Fehlerabstufung wird mit 0,3 festgelegt. Dieser Ansatz führt zu dem Ergebnis, daß kleinere Länder mit einem niedrigeren Auswahlsatz zu beteiligen waren. Als Exponent der Fehlerabstufung bei den Wirtschaftszweigen wird 0,25 festgelegt - ein Kompromiß, der sowohl für die Darstellungen einzelner Wirtschaftszweige als auch eine für Zusammenfassungen angemessene Präzision der Stichprobenergebnisse erwarten läßt (vgl. Heinlein; Söll 1994, S. 196).

- **Lohn- und Einkommensteuerstatistik**

Die Lohn und Einkommensteuerstatistiken werden im Dreijahresturnus als dezentrale totale Sekundärstatistiken durchgeführt.[2] Erhebungseinheit ist der Steuerfall. In der Lohnsteuerstatistik werden alle veranlagten und nicht veranlagten lohnsteuerpflichtigen Arbeitnehmer erfaßt, wobei der Grad der Erfassung vom Rückfluß der ausgefüllten Lohnsteuerkarten an das Finanzamt abhängt. Nach der Splitting-Tabelle werden Ehegatten mit gemeinsamem Lohnsteuer-Jahresausgleich als ein Steuerpflichtiger betrachtet.

Seit 1986 besteht aber die Möglichkeit, Ehegatten mit eigenen Einkünften gesondert auszuweisen. Somit ist der Nachweis einer personellen Einkommensschichtung der Lohnsteuerpflichtigen möglich, wobei die Zahl der ausgewiesenen Lohnsteuerpflichtigen nicht mit der Zahl der Arbeitnehmer übereinstimmt. Die Einkommensteuerstatistik enthält die steuerlichen Einkünfte unbeschränkt und beschränkt steuerpflichtiger natürlicher Personen, die in einem bestimmten Zeitraum veranlagt wurden.

In der Einkommensteuerstatistik sind all diejenigen nicht erfaßt,

- deren maschinelle Einkommensteuer-Veranlagung sich über einen bestimmten Bereich hinausgezogen hat,
- die nicht maschinell veranlagt wurden
- die keine Einkommensteuererklärung abgegeben haben
- die wegen Geringfügigkeit ihrer Bezüge nicht veranlagt worden sind.

Der Gesamtbetrag der ermittelten steuerlichen Einkünfte ist geringer als das in den VGR (vgl. 11.1) ermittelte verfügbare Einkommen, da zum einen nur steuerliche Einkommen erfaßt werden und zum anderen nur ein Teil aller privaten Haushalte eine Einkommensteuererklärung abgibt. Obwohl für mittlere und höhere Einkommen eine einheitliche Schichtung der Lohn- und Einkommensteuerpflichtigen, die einen weit größeren Personenkreis darstellen als bei den Verdiensterhebungen (Arbeiter und Angestellte) möglich ist, ist für die Aussagefähigkeit zu bedenken, daß häufig Steuerrechtsänderungen, Erfassungslücken wegen Steuerbefreiungen, Bewertungsprobleme und Verzögerungen in der Aktualität auftreten.

Im einzelnen handelt es sich um folgende Statistiken über die Steuer vom Einkommen bzw. Vermögen:

- Die dreijährliche **Lohnsteuerstatistik** wird überwiegend anhand von Magnetbändern mit Daten aus der maschinellen Arbeitnehmer-Veranlagung durchgeführt, die den statisti-

[2] Zur Durchführung der Steuerstatistiken ermächtigt die Abgabenordnung, die auch die Aufnahme von rein statistisch relevanten Merkmalen in den Steuererklärungen und Jahresausgleichsanträgen erlaubt.

schen Ämtern der Länder von den Finanzämtern zur Verfügung gestellt werden. Sie berichtet über Bruttolohn und Lohnsteuer der Lohnsteuerpflichtigen nach Steuerklassen (-kombinationen), sozialer Gliederung, Größenklassen des Bruttolohns, der Einkünfte aus nichtselbständiger Arbeit und des zu versteuernden Einkommens sowie über Steuerfälle und Bruttolohn nach den gleichen Merkmalen (zuzüglich Geschlecht und Alter) gegliedert.

- Die **Einkommensteuerstatistik**, basierend auf einer Auswertung von Magnetbändern mit Daten aus der maschinellen Einkommensteuerveranlagung, erbringt in dreijährlicher Periodizität für unbeschränkt Steuerpflichtige, darunter veranlagte Lohnsteuerpflichtige, für beschränkt Steuerpflichtige sowie für Personengesellschaften/Gemeinschaften Angaben über Einkünfte sowie über zahlreiche andere steuerrechtlich relevante Merkmale.

- Die **Statistik der steuerlichen Einkommensentwicklung** wird jährlich - im gleitenden Zweijahresvergleich - vom Bundesamt für Finanzen anhand von Magnetbändern aus der Einkommensteuerveranlagung aufbereitet und vom Statistischen Bundesamt ausgewertet. Sie enthält Nachweise über unbeschränkt Steuerpflichtige, Einkünfte, zu versteuernde Einkommensbeträge, festgesetzte Einkommensteuer und Steuerabzugsbeträge.

- Die **Körperschaftsteuerstatistik** greift z.T. noch auf die Durchschriften der Körperschaftsteuerbescheide und deren Anlagen sowie z.T. auf Magnetbänder aus der maschinellen Körperschaftsteuerveranlagung zurück. In der Differenzierung nach unbeschränkt und beschränkt Körperschaftsteuerpflichtigen fallen aus dieser Quelle dreijährlich u.a. Angaben über die Rechtsform, über Einkünfte, Einkommen und festgesetzte Körperschaftsteuer sowie über die Entwicklung des zu versteuernden Einkommens aus dem Bilanzgewinn/-verlust an. Besondere Nachweisungen werden für Organgesellschaften getroffen.

- Die **Vermögensteuerstatistik**, basierend auf Durchschriften der Vermögensteuerbescheide bzw. Magnetbändern (bei maschineller Veranlagung), erbringt diese in der Regel dreijährliche Statistik für unbeschränkt bzw. beschränkt vermögensteuerpflichtige natürliche und nichtnatürliche Personen Angaben über Vermögensarten, Rohvermögen, Schulden und sonstige Abzüge, Gesamtvermögen, steuerpflichtiges Vermögen, Steuerschuld usw. Die Vermögensteuerstatistik wurde letztmalig zum 01.01.1995 (nur früheres Bundesgebiet) aufgestellt; sie entfällt wegen fehlender Rechtsgrundlage für die Besteuerung.

13.3 Umwelt

13.3.1 Statistiken des Umweltschutzes

Unter **Umwelt** wird die Gesamtheit der Lebensbedingungen verstanden, die direkt oder indirekt auf den Mensch einwirken und von ihm gestaltet werden können. Die Umweltstatistik fand lange Zeit keine mächtigen Interessenvertreter in den Gremien, die für die statistische Gesetzgebung zuständig sind (vgl. 1.1). Sie ist deshalb ein junger Zweig der amtlichen Statistik.

Übersicht 13.7: *Umweltschutz in der amtlichen Statistik*

Bereich	Erhobene Merkmale	Erhebungseinheit/ Rechtsgrundlage	**Erhebungsart/** Erhebungsumfang/ Periodizität
	Statistiken des Abfallaufkommens und der Abfallbeseitigung		
Öffentlicher Bereich	Zahl der von der öffentlichen Abfallbeseitigung erfaßten Einwohner; Angaben über das erfaßte Gebiet; Angaben über die Art des Einsammelns und Beförderns der Abfälle; Art und Ort der Abfallbeseitigungsanlagen mit Art, Menge und Behandlung der Abfälle	Die zur Beseitigung Verpflichteten und Dritte, deren sie sich bedienen. (Kreis, Gemeinde, Privater Betreiber) § 3 UStatG	Primärstatistik Totalerhebung alle vier Jahre
Produzierendes Gewerbe; Krankenhäuser	Abfallarten und -mengen; Vorbehandlung der Abfälle; inner-/ außerbetriebliche Beseitigungs- bzw. Verwertungsarten; Angaben über Beseitigungsanlagen	Unternehmen der Energiewirtschaft, Wasserversorgung, Bergbau, verarbeitendes Gewerbe, Baugewerbe, Krankenhäuser, privater Betreiber von Behandlungs- und Beseitigungsanlagen § 4 UStatG	Primärstatistik Teilerhebung bei max. 90.000 Betrieben, Auswahl erfolgt nach Betriebsgröße alle vier Jahre
Zusatzerhebungen	Abhängig vom Bedarfsfall	Nach Bedarf § 7 BStatG	Primär- oder Sekundärstatistik Teilerhebung bei maximal 10.000 Befragten
	Statistiken der Wasserversorgung und Abwasserbeseitigung		
Öffentlicher Bereich	Gewinnung, Bezug und Beschaffenheit von Grund-, Quell- und Oberflächenwasser; Abgabe von Wasser (Menge und Güte); Zahl der versorgten Einwohner; Menge und Herkunft des Abwassers; Art und Wirkungsgrad der Abwasserbehandlung; Angaben über Sammlung und Ableitung; Menge, Behandlung, Verwendung des Klärschlamms; Angaben über die Anzahl der an das Abwassernetz angeschlossenen Nutzer	Private oder kommunale Betreiber von öffentlichen Wasserversorgungs- und Abwasserbeseitigungsanlagen §5 UStatG	Primärstatistik Totalerhebung alle vier Jahre

Fortsetzung Übersicht 13.7

Bergbau und Verarbeiten-des Gewerbe	Gewinnung, Bezug, Abgabe, Gebrauch und Verbrauch von Wasser; Angaben über Kreislaufwasser und Mehrfachnutzung; Menge und Schädlichkeit des Abwassers; Art und Wirkungsgrad der Abwasserbehandlung; Sammlung und Ableitung des Abwassers; Menge, Behandlung, Verwendung und Beseitigung des Klärschlamms	Betriebe des Bergbaus und des Verarbeitenden Gewerbes §6 UStatG	Primärstatist-ik Teilerhebung Bei maximal 70.000 Betrieben, Auswahl nach Betriebsgröße alle vier Jahre
Wärmekraft-werke	Gewinnung und Bezug des Wassers, Angaben über Kreislaufwasser und Mehrfachnutzung; Menge und Behandlung des Abwassers	Wärmekraftwerke für die öffentliche Elektrizitätsversorgung § 7 UStatG	Primärstatistik Totalerhebung alle vier Jahre
Unfälle bei Lagerung u. Transport wassergefähr-dender Stoffe	Art und Menge der wassergefährdenden Stoffe, Ursache bzw. Folge der diesbezüglichen Unfälle	für die Überwachung zuständigen Dienststellen §§ 9, 10 UstatG	Primärstatistik Totalerhebung jährlich
	Statistiken der Umweltschutzinvestitionen		
Produzieren-des Gewerbe	Zugänge zu Sachanlagen, die dem Umweltschutz dienen; d.h. für Abfallbeseitigung, Gewässerschutz, Lärmbekämpfung und Luftreinhaltung	Produzierendes Gewerbe § 11 UStatG	Primärstatistik Teilerhebung bei max. 100.000 Betrieben jährlich
Öffentlicher Sektor	Erfassung der Ausgaben und Einnahmen; allgemein unterteilt nach den Bereichen Abwasserbeseitigung, Abfallbeseitigung, Straßenreinigung, Reinhaltung von Luft, Wasser, Erde, Forschung über Reinhaltung von ...; Naturschutz und Landschaftspflege	Haushalt des Bundes, Länder, der Gemeinden und der Gemeindeverbände Gesetzliche Vorschriften sind den Vorschriften über die Finanzstatistik zu entnehmen	Sekundärstatistiken Totalerhebung hier: Auswertung. von Haushaltsaufstellungen, Angaben über den Haushalts-vollzug, abgeschlossene Jahres-rechnungen alle vier Jahre

In diesem Zusammenhang wird der Frage nachgegangen, in welchem Umfang die amtliche Statistik Daten zur Umwelt bereitstellen kann, die in (Teil-)berichtssystemen und einer Umweltökonomischen Gesamtrechnung zu systematisieren sind. Obwohl die Erhebungseinheiten für die in diesem Bereich durchgeführten Erhebungen gegenwärtig weitgehend Institutionen sind, wird die Umweltstatistik unter sozioökonomischen Berichtssystemen geführt, da zunehmend auch die privaten Haushalte in ihren Umweltaktivitäten einbezogen werden.

Datengrundlagen für den **Umweltschutz** bieten zunächst die **Statistiken des Abfallaufkommens und der Abfallbeseitigung** (vgl. Übersicht 13.7). Mit Hilfe der Statistik der öffentlichen Abfallbeseitigung (§ 3 UStatG) werden alle drei Jahre bei den zur Abfallbeseitigung verpflichteten Körperschaften (Kreise und Gemeinden) bzw. bei den durch sie beauftragten Unternehmen mittels Totalerhebungen sowohl die Menge und die Art der eingesammelten Abfälle als auch der eingeschlagene Entsorgungsweg erhoben. Auf diese Weise werden Hausmüll, hausmüllähnliche Gewerbeabfälle und Sperrmüll erfaßt, der von der öffentlichen Müllabfuhr eingesammelt wird.

Ergänzt wird die Statistik für den öffentlichen Bereich durch die **Erhebung im Produzierenden Gewerbe und in Krankenhäusern** (§ 4 UStatG). Diese Ergänzung ist besonders wichtig, da das Abfallaufkommen im Produzierenden Gewerbe das Abfallaufkommen der privaten Haushalte wesentlich übersteigt. Die beiden Statistiken beziehen sich jeweils auf das gleiche Berichtsjahr. Die Statistik der Abfallbeseitigung im Produzierenden Gewerbe und in Krankenhäusern erfaßt bei maximal 90.000 Betrieben Art und Menge des entstandenen Abfalls und die inner- bzw. außerbetrieblichen Beseitigungs- und Verwertungsarten.

Die Abfallstatistik betrifft also die Entstehungs- und Beseitigungsseite des Abfallaufkommens. In einer **Abfallbilanz** ist es möglich, für die jeweiligen Abfallarten einen mengenmäßigen Vergleich von Abfallerzeugung und Abfallentsorgung durchzuführen. Dabei ergeben sich jedoch folgende Mängel:

- Erhebliche Differenzen zwischen Entstehungs- und Entsorgungsseite können dadurch auftreten, daß ein großer Teil des Materials nicht wirklich entsorgt werden muß, sondern dem Recycling zugeführt wird.
- Ungleichgewichte können auch oft erhebungslogischen Ursprungs sein, wenn z.B. zwischen dem Zeitpunkt der Abfallentstehung (Erfassung) und dem der Abfallentsorgung (erneute Erfassung) ein natürlicher Gewichtsverlust eingetreten ist, der statistisch kaum zu erfassen ist. Als Beispiel seien Klärschlämme genannt, die bis zu ihrer endgültigen Entsorgung einen großen Teil ihres Gewichtes durch Wasseraustritt verlieren können.

- Eine weitere erhebungstechnische Differenz kann dann auftreten, wenn Abfälle nicht in der gleichen Erhebungsperiode entstehen und entsorgt werden, z.B. bei betrieblicher Zwischenlagerung.
- Eine wesentlich bedenklichere Möglichkeit besteht darin, daß der Abfall nicht auf dem Gebiet der Bundesrepublik entsorgt wird, sondern auf offiziellem Wege aus der Bundesrepublik zur Endbehandlung exportiert wird. Für solche Müllexporte (wie auch Müllimporte) besteht z.Zt. noch keine Möglichkeit der Erfassung (Auswertung von Verwaltungsunterlagen in Form von Abfallbegleitscheine) im Rahmen der amtlichen Abfallstatistik. Dieser Umstand scheint aber weniger ein statistisches als vielmehr ein administratives Problem zu sein. Müllexporte sind nur aufgrund ausdrücklicher Genehmigung gestattet, weshalb bei den hierfür zuständigen Stellen umfangreiche sekundärstatistisch auswertbare Verwaltungsunterlagen vorhanden sein sollten, die durch entsprechende Zolldokumente ergänzt werden könnten.

Das Problem der statistischen Erfassung von Stoffen zum Recycling wird zwar grundsätzlich erkannt, weshalb seit dem Berichtsjahr 1987 im Zuge der Statistik der öffentlichen Abfallbeseitigung erstmals Angaben über die Getrenntsammlung von wiederverwertbaren Abfällen und deren Entsorgungsweg erhoben werden, aber bis dato noch nicht zufriedenstellend gelöst.

Da diese Statistik keinen umfassenden Überblick über die gesamte recycelte Abfallmenge schaffen kann, die Erhebungen beziehen sich nur auf die in §3 UStatG genannten Auskunftspflichten (das Produzierende Gewerbe wird vernachlässigt), wird von der Möglichkeit einer **Zusatzerhebung nach § 7 BStatG** Gebrauch gemacht. Mit Hilfe dieser Erhebung, für die keine Auskunftspflicht bestand, wurden bei maximal 10.000 Betrieben der gewerblichen Altstoffsammlung und bei gemeinnützigen Sammelorganisationen die von ihnen gesammelten Altpapier- und Altglasmengen erfaßt. Die Aussagekraft der ermittelten Ergebnisse sollte jedoch nicht all zu hoch eingeschätzt werden, da es sich hierbei ausschließlich um Reststoffe handelt, die sonst im Rahmen der öffentlichen Müllbeseitigung anfallen. Die Betriebe des Produzierenden Gewerbes hingegen werden nicht berücksichtigt, weshalb die innerbe trieblich recycelten Stoffe (z.B. das erneute Einschmelzen von Metallabfällen aus der Pr duktion) noch nicht statistisch dargestellt werden. Die in diesem Wirtschaftszweig anfallenden Reststoffe werden erst dann erfaßt, wenn sie an Altstoffsammelbetriebe übergeben und damit aus der Sicht des Abfallerzeugers "außerbetrieblich" recycelt werden.

Zur Beurteilung des Teilberichtssystems der Abfallbeseitigung ist festzustellen, daß die entsprechenden Statistiken bisher keinen erschöpfenden Überblick über den Abfallbereich ermöglichen und daß die erhobenen Daten die qualitativen Anforderungen an ihre Genauigkeit nicht erfüllen. Hierzu fehlen ergänzende Statistiken zum Recycling wiederverwertbarer Stoffe, die über die Bereiche Altpapier und Altglas hinausgehen. Auch auf dem Gebiet der Müllexporte und -importe sind Nachweislücken dadurch zu schließen, daß ggf. bereits dezentral vorliegende Verwaltungsunterlagen sekundärstatistisch genutzt und in ein Berichtssystem eingebunden werden. Trotzdem ist festzustellen, daß die praktisch durchgeführten Erhebungen (aufgrund §§ 3, 4 UStatG) gut aufeinander abgestimmt sind, da sie auf dem gleichen Grundgedanken aufbauen und zum Zwekke der gegenseitigen Ergänzung konzipiert wurden. Der Überblick über den Abfallbereich ist somit weit besser, als dies für die anderen Umweltbereiche der Fall ist. Dieser Umstand ist auch dadurch bedingt, daß die Müllentsorgung der Haushalte Aufgabe öffentlicher Einrichtungen ist, wodurch die Daten bereits aus dem Betriebsablauf zentral und in regionaler Gliederung generiert werden. Auch auf der Seite des Produzierenden Gewerbes scheint eine Erfassung unproblematisch, da auch hier betriebliche Unterlagen genutzt werden können. Eine Subsumierung der Abfallmengen des tertiären Sektors unter die Rubrik Hausmüll erweist sich jedoch als äußerst problematisch, da die Bedeutung dieses Sektors ständig zunimmt und gerade in diesen Unternehmen enorme Potentiale zum Recycling wiederverwertbarer Stoffe vorliegen dürften.

In den Bereich des Umweltschutzes fallen auch die Wasserversorgung und Abwasserbeseitigung. Für den Bereich der öffentlichen Wasserwirtschaft betrifft die **Statistik der öffentlichen Wasserversorgung und der öffentlichen Abwasserbeseitigung** (§ 5 UStatG) als Totalerhebung alle Betreiber von Wasserversorgungs- und -gewinnungsanlagen sowie von öffentlichen Abwasseranlagen (Kanalisation und Abwasserbehandlungsanlagen). Sie erfragt auf der Entstehungsseite Angaben über Menge und Beschaffenheit des gewonnenen Wassers. Auf der Entsorgungsseite erhebt sie sowohl Angaben über Sammlung, Menge und Beschaffenheit des angefallenen Abwassers als auch spezielle Informationen über die jeweils durchgeführten Abwasserbehandlungsmethoden.

Die **Statistik der Wasserversorgung und Abwasserbeseitigung im Bergbau und Verarbeitenden Gewerbe** (§ 6 UStatG) basiert hingegen auf einer Teilerhebung, zu der maximal 70.000 Betriebe, im allgemeinen mit 20 Beschäftigten und mehr, herangezogen werden. Die erhobenen Merkmale sind denen der Statistik im öffentlichen Bereich sehr ähnlich (vgl. Übersicht 13.7).

Ein abschließendes Bild der Statistik der Wasserwirtschaft wird durch den Bereich der Wärmekraftwerke geschaffen, die rein rechnerisch die größten Wasserverbraucher und Abwassereinleiter sind. Die Statistik basiert auf einer Totalerhebung, die bei allen Wärmekraftwerken für die öffentliche Elektrizitätsversorgung die Wasser- und Abwassermengen erfaßt (vgl. §7 UStatG).

Eine Sonderstellung in der Statistik der Wasserwirtschaft nimmt der Bereich der **Statistik der Unfälle bei Lagerung und Transport wassergefährdender Stoffe** (§§9, 10 UStatG) ein. Als jährliche Totalerhebungen bei allen für die Überwachung zuständigen Dienststellen werden u.a. die Art/Menge der betroffenen wassergefährdenden Stoffe und die Ursachen bzw. Folgen der Unfälle erhoben.

Der Vorteil bei der Erstellung von Wasserstatistiken besteht, wie auch beim Teilberichtssystem Abfall darin, daß durch die Erhebungen in dieser Sparte entweder öffentliche Institutionen oder kaufmännisch eingerichtete Betriebe betroffen sind. Insofern können die Daten aus den betrieblichen Aufzeichnungen entnommen werden und liegen aufgrund der Organisation der öffentlichen Wasserversorgung disaggregiert bis auf Gemeindeebene vor. Es bleibt aber zu bedenken, wie zweifelhaft die Aussagen im Wasserbereich sein können, wenn nicht gleichzeitig quantitative und qualitative Informationen zur Verfügung stehen. Die Wärmekraftwerke z.B. stellen de facto die größten Wasserverbraucher und Abwassereinleiter dar. Da der überwiegende Teil dieses Wassers aber zu Kühlzwecken genutzt wird, ist deren Abwasser kaum verschmutzt und belastet die Umwelt weit weniger als Industrieabwässer mit undefinierbaren Produktionsrückständen.

Den Hauptmangel des Systems stellt der Umstand dar, daß ausschließlich das Wasser und Abwasser in die Betrachtung einbezogen wird, das direkt in beliebigen Prozessen verwendet wird. Über die nicht direkt genutzten Wassermengen (in Flüssen, Seen, Grundwasserreserven) sind weder qualitative noch quantitative Informationen in ausreichendem Maße auffindbar.

Bei **Umweltschutzinvestitionen** ist der Nachweis für das Produzierende Gewerbe durch das Umweltstatistikgesetz (§11 UStatG) geregelt. Die Erhebungen über Umweltschutzinvestitionen des Produzierenden Gewerbes (Übersicht 13.7) werden zusammen mit den jährlich stattfindenden **allgemeinen Investitionserhebungen** in diesem Bereich durchgeführt (vgl. 9.1.2). Insofern ist der Umstand, daß die Erhebung der Umweltschutzinvestitionen im Zusammenhang mit den jährlichen Investitionserhebungen durchgeführt wird, ein willkommenes Beispiel für die Möglichkeit, Umwelt- und Wirtschaftsstatistiken miteinander zu kombinieren. Durch diese Vorgehensweise können die Daten mit akzeptablem erhebungstechnischen Aufwand gesammelt werden. Die somit im Verbund durchgeführten Primärerhebungen erfassen jährlich bei maximal 100.000 Betrieben alle Zugänge an Sachanlagen, die dem Umweltschutz dienen. Für die Berechnungen von Umweltschutzanlagen wird davon ausgegangen, daß die heute vorhandenen Anlagen (Bestandsgrößen) die kumulierten Nettozugänge (Stromgrößen) der Vergangenheit (Perpetual-Inventory-Methode) sind. Die Differenzierung, welche Tätigkeiten statistisch unter den Begriff Umweltschutz fallen, wird durch das Umweltstatistikgesetz vorgegeben. Im einzelnen sind Investitionen gemeint, die die Bereiche Abfallbeseitigung, Gewässerschutz, Lärmbekämpfung und Luftreinhaltung betreffen.

Für den Bereich der öffentlichen Umweltschutzausgaben stellen die jährlichen **Haushaltsrechnungen der öffentlichen Haushalte** die verläßlichste Quelle dar. Eine statistische Zusammenfassung dieser Zahlungen von mehreren Stellen für einzelne Bereiche wird dann unmöglich, wenn nur eine Transparenz nach Institutionen, jedoch keine Transparenz nach Funktionen vorliegt. Folglich erlangt ein Funktionenplan, der die einzelnen Ausgaben ihrer Verwendung nach ordnet, besondere Bedeutung.

Bei der Beurteilung der Aussagefähigkeit des Systems bleibt weiterhin zu berücksichtigen, daß auch sog. "integrierte Investitionen" vorgenommen werden, die nur zu einem gewissen Teil Umweltschutzmaßnahmen darstellen und somit diesen nicht uneingeschränkt zugeordnet werden können. Als Beispiel sei der Aufbau einer neuen Produktionsstraße genannt, die zwar ökonomische Vorteile verspricht, aber eben auch weniger umweltbelastend arbeitet. Der Investitionsbetrag ist demgemäß auch unter dem Gesichtspunkt der Umweltschutzausgaben zu betrachten. Für das Produzierende Gewerbe wird versucht, diese Beträge aufgrund betrieblicher Schätzungen anteilsmäßig in die Erfassung einfließen zu lassen. Im Bereich der öffentlichen Verwaltung hingegen werden sie gänzlich vernachlässigt. Keine Erfassungen der Aufwendungen für Umweltschutz existieren bisher im Handel, Verkehr und bei sonstigen Dienstleistungen und im Sektor der privaten Haushalte.

13.3.2 Statistiken zur Nutzung der Umwelt

Im Bereich des **Bestandes** und der **Nutzung** der Umwelt geht es um die Rohstoffgewinnung, Bodennutzung und den Zustand der Luft. Die **Rohstoffaufkommen** stellen den einzigen Umweltbereich dar, für den die statistischen Nachweise sowohl real als auch monetär erfolgen. Dadurch können **Rohstoffbilanzen** erstellt werden, die auf nationaler Ebene die Förderung und den Verbrauch an Rohstoffen vergleichend gegenüberstellen.

Eine Unterscheidung in **biotische** (nachwachsende) und **abiotische** Rohstoffe folgt der Auffassung, die Gewinnung von Rohstoffen stelle einen Produktionsvorgang dar und könne somit mit den bewährten Mitteln der Wirtschaftsstatistik erfaßt werden. Als Konsequenz hieraus steht eine Reihe von Erhebungen zur Verfügung, die den agrarstatistischen Bereich (vgl. 9.1.3) und das Produzierende Gewerbe (vgl. 9.1.2) weitgehend abdecken.

Für den Teil der pflanzlichen Produktion kommen hauptsächlich Angaben aus den Bodennutzungs- und den Ernteerhebungen in Betracht. Angaben über die tierische Produktion können den **Agrarberichterstattungen** entnommen werden. Darüber hinaus werden monatlich Angaben zur Fleischerzeugung ermittelt. Die vierteljährlich erstellte Holzstatistik berichtet über den Holzeinschlag und den Bestand an Rohholz. Für den Bereich des Fischfangs werden monatlich die Fangergebnisse der Hochsee- und Küstenfischerei erfragt.

Die Darstellung der Ergebnisse erweist sich aufgrund des gut ausgebauten Berichtssystems der Landwirtschaft als sehr detailliert. Allerdings werden die restlichen biotischen Stoffe, die keiner wirtschaftlichen Nutzung unterworfen sind, nicht erhoben.

Bei der Erfassung abiotischer Rohstoffe, die sich auf die Entnahme fossiler Energieträger (Erdgas, Erdöl und Kohle) und den Abbau von Erzen, Salzen und Steinen bezieht, kann ebenfalls auf ein gut ausgebautes Berichtssystem, nämlich das des **Produzierenden Gewerbes** zurückgegriffen werden. Es bleibt gleichwohl festzustellen, daß **kein** regelmäßiger Nachweis über die vorhandenen Rohstoffe (**Rohstoffbestände**) vorliegt. Auch hinsichtlich der **Sekundärrohstoffe** bestehen, wie bereits dargelegt, Lücken in der statistischen Erfassung. Es werden nur erste Versuche unternommen, die Menge der recycelten abiotischen Rohstoffe (Glas, Metall, Papier) zu erfassen.

In bezug auf die Bodennutzung werden in der Agrarstatistik zwei Erhebungen zur Nutzungsart und zum Umfang der Flächennutzung durchgeführt, die **Bodennutzungshaupterhebung** und die **Flächenerhebung**. Bei der erstgenannten Erhebung ist die Erhebungseinheit der Betrieb, weshalb die genutzte Fläche, ungeachtet weiterer geographischer Strukturen, in die Betrachtungen als eine Einheit eingeht (Betriebsprinzip). Eine tiefere regionale Gliederung ist damit nur noch indirekt, d.h. durch Sortieren der Flächendaten nach dem Niederlassungsort des Betriebes möglich. Im Gegensatz dazu stellen bei der Ermittlung der Bodennutzungsdaten im Rahmen der Flächenerhebung die einzelnen Gemeinden die Erhebungseinheiten dar. Dadurch kann die Statistik Auskunft darüber geben, innerhalb welcher Gemeinde eine untersuchte Fläche jeweils liegt (Belegenheitsprinzip). Die Flächenerhebung besteht aus zwei Erhebungsteilen, die sich zum einen auf die tatsächliche und zum anderen auf die geplante Bodennutzung bezieht. Um Angaben über die tatsächliche Bodennutzung zu gewinnen, werden die Liegenschaftskataster der Vermessungsverwaltungen der Bundesländer sekundärstatistisch ausgewertet. Im Zuge der Erfassung der Daten über die geplante Bodennutzung erfolgt eine Auswertung der Flächennutzungspläne der Gemeinden, die die Träger der Bauleitplanung darstellen. Ein Mangel liegt darin begründet, daß bei der Erhebung der tatsächlichen Bodennutzung das AdV[1]-Nutzungsverzeichnis zugrundegelegt wird, während bei der Erstellung der Planungsdaten über die Bodennutzung im Rahmen der Flächennutzungspläne eigene Nutzungsartenkataloge Verwendung finden. Trotzdem gilt, daß die neue Art der Flächenerhebung einen deutlichen Informationszuwachs aufweisen und eine Verbesserung der Datenqualität und Datenvielfalt bewirken wird. Sie stellt letztlich die einzige bundesweit verfügbare Datenquelle über die gesamte Flächeninanspruchnahme und die kommunale Bauleitplanung dar.

---

1 Arbeitsgemeinschaft der Vermessungsverwaltungen

In bezug auf ein umweltstatistisches Berichtssystem ist jedoch festzustellen, daß die Aussagekraft der amtlichen Statistik für den Bodenbereich, gemessen am Informationsbedarf, der sich aufgrund siedlungsstruktureller und landschaftsökologischer Entwicklungen ergibt, als unzureichend bezeichnet werden kann (vgl. Beuerlein 1991, S. 430). Anhand der bereitgestellten Daten können beispielsweise keine Informationen gewonnen werden, aus denen sich Angaben über die Zersiedlung der Landschaft, das Potential an Flächenreserven oder das Ausmaß potentieller Emissionsgefährdungen ableiten lassen. Darüber hinaus muß es möglich sein, Flächendaten nicht nur auf der Basis administrativer Einheiten zu extrahieren, sondern die Informationen in einen konkreten Flächenbezug zu bringen, so daß sich je nach individueller Problemstellung neue, künstliche Einheiten durch Kombination abbilden lassen bzw. eine Aggregation des Merkmalsträgers Bodenfläche nach eigenen Bedürfnissen möglich wird.

In diesem Zusammenhang erlangt das **Statistische Informationssystem zur Bodennutzung (STABIS)** als modernes Verfahren der Erhebung und computergestützten Verarbeitung raumbezogener Daten über die Bodennutzung, eine besondere Bedeutung. Bei diesem Ansatz werden Luftbilder und topographische Karten ausgewertet. Der so entstehende Basisdatenbestand über die Bodennutzung erlaubt beliebige Kombinationen mit zusätzlich erhobenen Meß- und Beobachtungsdaten. Bei Verwirklichung dieses Vorhabens würden die Bodennutzungsdaten nicht mehr primär auf der Ebene administrativer Einheiten ausgewiesen, sondern mit konkretem geographischen Bezug für kleinräumige Bereiche (Verortung) (vgl. Radermacher 1991, S. 61ff.). Es wird das Endziel verfolgt, durch Fernerkundung Bodennutzungsdaten zu gewinnen, die die Realnutzung der Bodenfläche in tiefer sachlicher Gliederung ausweisen.

Die im Rahmen der Pilotstudie STABIS gewonnenen Erfahrungen gehen auf höherem Aggregationsniveau in ein europaweites Umweltinformationssystem CORINE Land Cover ein, das 1985 ins Leben gerufen wurde. Der Datenerhebung eines europaweiten Basisdatenbestandes über Bodenbedeckung und -nutzung liegen Satellitenbilder, topographische Karten und panchromatische Luftbilder zugrunde. Die zum Teil unterschiedlichen Eigenschaften von STABIS und CORINE Land Cover sind in Übersicht 13.8 angegeben.

Die digital vorliegenden Satellitenbildszenen werden unter Bezugnahme auf die topographischen Karten im Maßstab 1:100.000 (TK100) geokodiert, fotografisch ausgegeben und orientiert an Blattschnitt und Maßstab der TK100 vergrößert[3]. Die Bodennutzungsdaten werden anschließend durch eine visuelle Satellitenbildinterpretation ermittelt - unterstützt durch die Auswertung der darüber hinaus genannten Datenquellen und den Einsatz von Verfahren zur automatisierten Bildklassifikation. Die geographische Lage der Erhebungseinheiten und die festgestellten Bodennutzungsarten werden dabei in einer transparenten maßhaltigen Deckfolie zu den erwähnten Satellitenbildvergrößerungen dokumentiert. Diese sogenannte Interpre-

[3] In STABIS 25 werden bei höherer räumlicher Auflösung auch funktionale Elemente der Bodennutzung in den Siedlungs- und Verkehrsflächen berücksichtigt.

tationsfolie, die man auch als grafischen Erhebungsbogen bezeichnen könnte, bildet die Grundlage für die sich anschließende Digitalisierung der Daten.

Übersicht 13.8: *Eigenschaften von STABIS und CORINE Land Cover*

Charakteristische Eigenschaften	STABIS 25	STABIS 100 (CORINE Land Cover)
Informationsquellen	Luftbilder, topographische Karten	Satelliten- und Luftbilder, topographische Karten
Auswertungsmethode	visuelle Interpretation	computer-unterstützte visuelle Interpretation
Maßstab	1 : 25.000	1 : 100.000
kleinste erfaßte Fläche	1 ha	25 ha
unterschiedliche Klassen	etwa 70	etwa 40
Erhebungsdauer	5 Jahre	2,5 Jahre
Periodizität	5 Jahre	10 Jahre
Verhältnis der Kosten	10 zu	1
Anzahl der Objekte (Verhältnis)	10 zu	1

Die Datengewinnung zum Bereich **Luft** macht im allgemeinen am Umfang der Luftverschmutzung **(Immissionen)** und an den durch menschliche Aktivitäten freiwerdenden Schadstoffmengen **(Emissionen)** fest. Hinsichtlich der Gewinnung von entsprechenden Daten ist festzustellen, daß die amtliche Statistik keine regelmäßigen, auf Dauer angelegten Erhebungen durchführt. Lediglich auf der Ebene der Bundesländer existieren regionale Immissionsmeßnetze, deren Aufgabe darin besteht, die Luftqualität zu überwachen. Daneben gelten ergänzend einige emissionsschutzrechtliche Bestimmungen, die die Betreiber stark luftgefährdender Anlagen dazu verpflichten, in regelmäßigen Abständen Emissionserklärungen abzugeben. Die praktische Überwachung der Vorschriften fällt allerdings in den Zuständigkeitsbereich der Bundesländer, wodurch in den meisten Fällen eine sekundärstatistische Auswertung der Verwaltungsunterlagen durch das Umweltbundesamt bzw. durch das Statistische Bundesamt an Zuständigkeitsproblemen scheitert. Nichtsdestoweniger veröffentlicht das StBA Daten über den Umweltbereich "Luft". Dabei handelt es sich meistens um Schätzgrößen, die sich aufgrund von fundierten Annahmen über das Ausmaß der emissionsfördernden Aktivitäten unter Zuhilfenahme empirisch gewonnener Emissionskoeffizienten berechnen lassen. Die eigentliche Bestimmung der Schadstoffmengen erfolgt mittels der Verflechtungsanalyse im Sinne einer Input-Output-Rechnung (vgl. 11.2.1). Als zu berücksichtigende Emissionsursache ist beispielsweise der gesamte Brennstoffverbrauch anzusehen, der anhand von Energiebilanzen und ergänzenden Statistiken zur Energieverwendung aus amtlichen Quellen sowie von Verbänden und Forschungseinrichtungen abgeleitet werden kann.

13.3.3 Umweltökonomische Gesamtrechnung

Zusammenfassend ist zur Datensituation im Bereich Umwelt festzustellen, daß zum Umweltschutz und zur Umweltnutzung versucht wird, Teilberichtssysteme aufzubauen, die aber noch lückenhaft sind. Von einem Gesamtberichtssystem Umwelt, das auch Bestände an Rohstoffen erfaßt, kann jedoch keine Rede sein. Trotzdem wird national und international an einer Systematisierung und Quantifizierung der Beziehungen zwischen wirtschaftlichen Aktivitäten und der Entwicklung des Umweltzustandes gearbeitet, um sie in eine **Umweltökonomische Gesamtrechnung (UGR)** einzubeziehen. Dabei wird auf zwei wirtschaftsstatistische Instrumente, die VGR (vgl. 11.1.1) und die IOT (vgl. 11.2.1), zurückgegriffen; daneben verfolgt die UGR ein pluralistisches Konzept, um die erforderlichen Daten zu beschaffen, so daß auch Geoinformationssysteme und Indikatorenansätze einbezogen werden.

Die Verbindung mit den Volkswirtschaftlichen Gesamtrechnungen führte zu der internationalen Empfehlung, das traditionelle Gesamtrechnungssystem unverändert zu lassen und die Wechselbeziehungen zwischen Wirtschaft und natürlicher Umwelt in eigenständigen Datenwerken, Satellitensystemen zu den VGR, zu erfassen und darzustellen. Dabei ist einerseits ein engerer Zusammenhang mit den VGR möglich, andererseits können Konzeptionen Verwendung finden, die auf umweltökonomische Fragestellungen zugeschnitten sind.

Umweltbezogene Erweiterungen der VGR folgen dabei den Konzepten des „System for Integrated Environmental and Economic Accounting“ (SEEA) der Vereinten Nationen, die an die traditionellen VGR (SNA) anknüpfen und dann schrittweise zusätzliche Informationen einführen (vgl. Übersicht 13.9), was zu verschiedenen Ausbaustufen führt (vgl. Radermacher; Stahmer 1994, S. 533ff.):

- Ausbaustufe A beschränkt sich auf eine umweltbezogene Disaggregation der im SNA bereits vorgesehenen Informationen. Dazu gehört die Erweiterung von monetären Angaben durch den Umweltbezug (z.B. Umweltschutzausgaben oder Ausgaben im Zusammenhang mit Rückwirkungen einer geschädigten Umwelt auf die Bevölkerung wie zusätzliche Gesundheitsausgaben). Ferner wird in Ausbaustufe A auch das produzierte und nicht-produzierte

Naturvermögen im Rahmen von gesamtwirtschaftlichen Sachvermögensbilanzen in größerem Detail dargestellt.

- In der Ausbaustufe A + B werden die monetären Angaben aus den traditionellen VGR, die teilweise im Hinblick auf die Analyse der Wechselbeziehungen zwischen Umwelt und Wirtschaft disaggregiert wurden (Baustein A), mit physischen Informationen über die ökonomische Umweltnutzung und den Zustand der natürlichen Umwelt (Bausteine B) verknüpft.
- Werden zusätzliche monetäre Bewertungen der ökonomischen Umweltnutzungen und -belastungen einbezogen, so kann die Ausbaustufe A + B + C erstellt werden, die bereits ein recht umfassendes Bild der ökonomisch-ökologischen Wechselbeziehungen vermitteln kann.
- Der Baustein D liefert eine umfassende Analyse der Aktivitäten der privaten Haushalte, die Behandlung von ökonomischen Umweltnutzungen als Lieferung von Umweltdienstleistungen und die vollständigere Erfassung von Umweltschutzaktivitäten als Produktionsaktivitäten.

Die verschiedenen Teilbereiche des SEEA sind in der deutschen UGR integriert, die aus verschiedenen „Themenbereichen" bestehen:

- Investitionen und Ausgaben für Umweltschutz gehören zu den Daten (vgl. 13.3.1), die eine Disaggregation der traditionellen VGR erlauben, die den Bereich A des SEEA beinhaltet.
- Der Bereich Material- und Energieflußrechnungen, Rohstoffverbrauch, Emittentenstruktur enthält Daten, die im Baustein B des SEEA vorgesehen sind. Sie sind mit Hilfe von IOT zu systematisieren.
- Die Nutzung von Fläche und Raum, Bodennutzung werden mit speziellen Erhebungen nachgewiesen, aber im zweiten Schritt mit den Angaben in der VGR verbunden. Hierbei werden Konzepte von Geographischen Informationssystemen bzw. Umweltindikatorensysteme verwendet - was eine Ergänzung der SEEA-Konzeption darstellt.

Was die Datengewinnung zum **Umweltschutz** im Rahmen des Satellitensystems als monetäre Strom- und Bestandsgröße betrifft, so führen Investitionsreihen und die Schätzungen der Nutzungsdauer zur Berechnung des Anlagevermögens für den Umweltschutz, wobei auf die Statistik der Umweltschutzinvestitionen im Produzierenden Gewerbe und auf die Ergebnisse der Finanzstatistik zurückgegriffen wird. Für die Berichtsjahre 1980, 1985 und 1990 werden Ausgaben und Aufwendungen für den Umweltschutz in IOT gütermäßig aufgegliedert dargestellt. Außerdem werden in letzter Zeit Studien über Umweltschutzaktivitäten des Dienstleistungsgewerbes und der privaten Haushalte durchgeführt; für den letzteren Fall sind auch die Ergebnisse der Zeitbudgeterhebung (vgl. 2.2.2) hilfreich.

Übersicht 13.9: SEEA als Umwelt-Satellitensystem zu den Volkswirtschaftlichen Gesamtrechnungen der Vereinten Nationen

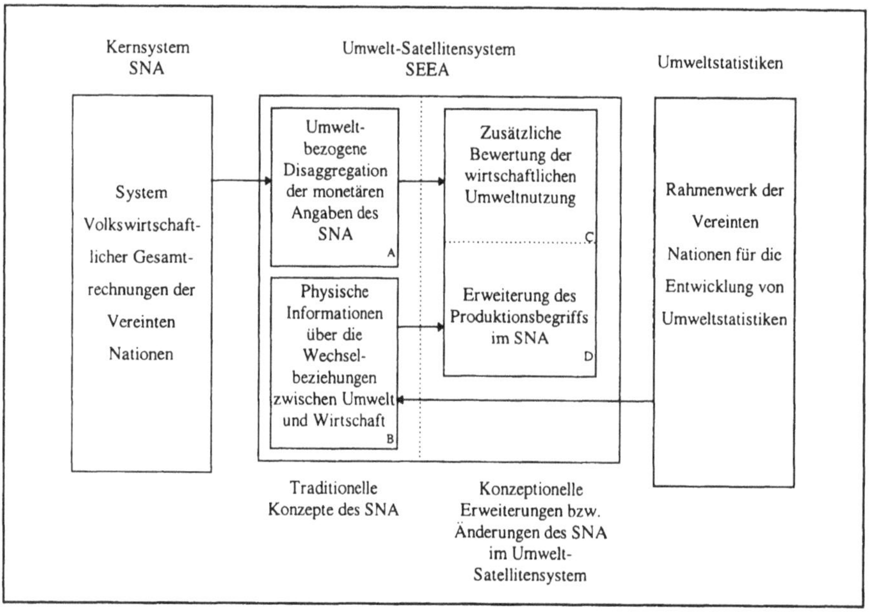

Erweiterte IOT mit detailliertem Nachweis von **Energieaufkommen** und **-verwendung** ermöglichen eine kombinierte Analyse von monetären und physischen Größen (z.B. Kilowattstunden, Kubikmeter, Tonnen, Joule). Die Differenzierung erfolgt nach 29 Energieträgern und 58 Produktionsbereichen. Die Information über die Verwendung von Energieträgern werden verwendet, um die mit dem Energieverbrauch verbundenen Luftemissionen abzuschätzen und zwar aufgeteilt nach Gütergruppen. Bei der Beurteilung der Umweltbelastung von Gütern wird damit deutlich, daß auch die vorgelagerten Produktionsstufen mit einbezogen werden müssen. Die Verknüpfung von Emissionskoeffizienten mit IOT für Produktionsbereiche ist Inhalt einer Datenbank zur Emittentenstruktur.

Die traditionellen Rohstoffbilanzen münden unter Erweiterung des Konzeptes in eine **Materialflußrechnung**, die schematisch in Übersicht 13.10 dargestellt ist. Zum einen ist nicht nur die Giftigkeit eines Stoffes, sondern auch die Menge seines Einsatzes, zum anderen die Verbindung zwischen Rohstoffentnahme und Emissionen, Abfällen usw. ins Blickfeld gelangt. In der Materialflußrechnung wird die Entnahme von Materialien aus der Natur der Rückgabe von Rest- und Schadstoffen an die Natur in einer Mengenbilanz gegenübergestellt (vgl. Kuhn; Radermacher; Stahmer 1994, S. 661).

Übersicht 13.10: *Schema einer Materialflußrechnung*

Entnahme	Abgabe
Feststoffe, Energieträger	
Rohstoffentnahme	Stoffausbringung
Verwertbare Entnahme	Wirtschaftsdünger
Biotische Rohstoffe	Handelsdünger
Abiotische Rohstoffe	Pestizide, Klärschlamm
Nichtverwertbare Entnahme	Nichtverwertbare Entnahme
(Abraum)	(Abraum)
Bodenaushub	Bodenaushub
	Abfälle
Eingeführte Güter	Ausgeführte Güter
Wiederverwendung	Wiederverwendung
Sauerstoffverbrauch und Luftemissionen	
Sauerstoffverbrauch in	Luftemissionen
Verbrennungsprozessen	(SO_2, CO, CO_2)
(CO_2, CO)	
	Materialverbleib (Saldo)
Wasser	
Wasserentnahme	Abwassereinleitung
Niederschlags- / Fremdwasser	Ungenutzt abgeleitetes Wasser
	Wasserverbrauch

Das umweltstatistische Datenbanksystem MEFIS (Material- und Energiefluß-Informationssystem) als organisatorisches Hilfsmittel hat die Zielsetzung, Daten der Material- und Energieflußrechnungen aufzubereiten und den vielfältigen Nutzergruppen zur Verfügung zu stellen. Die Material- und Energieflußrechnungen der UGR sind nach der Nomenklatur der Input-Output-Tabellen der VGR (vgl. 11.2.1) gegliedert, d.h. nach homogenen Produktionsbereichen. Dadurch können die bei der Produktion von Vorleistungen entstandenen Emissionen den Verwendern der Erzeugnisse zugeordnet werden. Auf der Output-Seite unterscheiden die Material- und Energieflußrechnungen drei Kategorien von Umweltbelastungen: Luftemissionen, Abfälle und Abwasser. Die Berechnungen für die Luftemissionen basieren einerseits auf Energiebilanzen und andererseits auf den technischen Emissionsfaktoren. Die Darstellung umfaßt zur Zeit die direkten und indirekten (aus der Produktion der Vorleistungen) Luftemissionen der Produktionsbereiche für acht Emissionsarten. Außerdem werden aggregierte Belastungsindikatoren für den Treibhauseffekt und für den Versauerungseffekt angegeben. Die Kategorien Abfälle, Abwasser befinden sich derzeit noch im methodischen Entwicklungsstadium (vgl. Heinze 1998, S. 346 ff.).

Hinsichtlich der **Bodennutzung** im Rahmen der UGR geht es darum, den Übergang von STABIS zur Gesamtrechnung zu schaffen. Im Rahmen der Arbeitsgruppe "Physical Environmental Accounting" der Konferenz Europäischer Statistiker hat das StBA das dort ausgearbeitete Konzept einer Gesamtrechnung für Bodennutzung und -bedeckung getestet (vgl. Krack-Roberg; Riege-Wcislo; Wirthmann 1995). Es kann durch ein Kontensystem, bestehend aus Kern- und Ergänzungskonten, dargestellt werden.

Die **Kernkonten** beschreiben die Bodennutzung (gegliedert nach Wohnen, Industrie und Gewerbe, Wohnen und gewerbliche Nutzung, Private und öffentliche Verwaltung/Kultur/Erziehung/Gesundheit, Öffentliche Versorgung, Entsorgung, Lagerstättenabbau, Transport, Freizeit und Erholung, Landwirtschaft, Forstwirtschaft, Gewässer, Brachflächen und Baustellen, Naturbelassene Flächen) und die Bodenbedeckung (gegliedert nach Künstliche Bodenbedeckung, Gehölzvegetation, Gras und andere Nichtgehölz-Vegetation, Wasserflächen) für verschiedene Zeiträume. Die **Ergänzungskonten** werden gebildet, um die Struktur sowie das Ausmaß der menschlichen Eingriffe in die Umwelt zu analysieren und lassen sich in Akteur- sowie Wirkungskonten unterteilen. In den **Akteurkonten** wird die Bodennutzung nach wirtschaftlichen Aktivitäten untergliedert dargestellt. Die **Wirkungskonten** untergliedern die Bodenbedekkung zur Darstellung ausgewählter Umweltprobleme; hierbei werden vorerst strukturelle Umweltthemen behandelt wie Versiegelung von Bodenfläche, Zerschneidungseffekte durch Verkehrstraßen und der Einfluß der menschlichen Kulturwirkung.

In oben angegebener Pilotstudie werden die Konten für ein Beispielgebiet (Main-Taunus-Kreis in Hessen) aufgestellt und dabei Ergebnisse auf zwei Maßstabsniveaus erarbeitet und verglichen. Einerseits belegen diese Ergebnisse, daß die Verknüpfung zwischen ökonomischen Aktivitäten (Akteurkonten) und den Daten zum Umweltzustand (Wirkungskonten) über die Kernkonten noch nicht in allen Bereichen voll zufriedenstellend ist. Beispielsweise war es nicht möglich, die Zuordnung von ökonomischen Aktivitäten zu bestimmten Umweltveränderungen durchzuführen, da die Erfassung einzelner struktureller Umweltveränderungen aufgrund von Gliederungsproblemen, unterschiedlichen Aufnahmezeitpunkten sowie unterschiedlicher technischer Verarbeitung von Satellitenbildern und fehlender Daten an ihre Grenzen gestoßen ist. Andererseits ergibt sich, daß es trotz der Schwierigkeiten möglich ist, mit Hilfe physischer Daten eine Gesamtrechnung für den Bereich Bodennutzung und -deckung aufzubauen.

Zitierte Literatur (Kapitel 13)

Abels, H.: Wirtschafts- und Bevölkerungsstatistik. 3. Auflage. Wiesbaden 1991

Beuerlein, I.: Flächennutzung in Deutschland - Überblick über die Datenlage. Wirtschaft und Statistik, 7/1991

Dresch, A.; Kaukewitsch, P.: Methode und Organisation der Gehalts- und Lohnstrukturerhebung 1990. Wirtschaft und Statistik, 12/1993

Dresch, A.; Söll, H.: Stichprobenverfahren und Ergebnisse der Gehalts- und Lohnstrukturerhebung 1990. Wirtschaft und Statistik, 5/1994

Heinlein, D.; Söll, H.: Austausch der Berichtsbetriebe bei der laufenden Verdiensterhebung in Industrie und Handel. Wirtschaft und Statistik, 3/1994

Heinze, A.: Material- und Energiefluß-Informationssystem. Wirtschaft und Statistik, 4/1998

Kaukewitsch, P.: Arbeitskosten im Produzierenden Gewerbe. Wirtschaft und Statistik, 5/1995

Krack-Roberg, E.; Riege-Wcislo, W.; Wirthmann, A.: Konzept einer Gesamtrechnung für Bodennutzung und -bedeckung. UGR-Materialien-Beiträge zur Umweltökonomischen Gesamtrechnung. Heft 4 (1995)

Kuhn, M.; Radermacher, W.; Stahmer, C.: Umweltökonomische Trends. Wirtschaft und Statistik, 8/1994

Radermacher, W.: Das Statistische Informationssystem zur Bodennutzung (STABIS) als Instrument einer Umweltökonomischen Gesamtrechnung. In: Hölder, E.; u.a.: Wege zu einer Umweltökonomischen Gesamtrechnung. Forum der Bundesstatistik. Bd. 16 (1991)

Radermacher, W.; Stahmer, C.: Vom Umwelt-Satellitensystem zur Umweltökonomischen Gesamtrechnung. Zeitschrift für angewandte Umweltforschung. 7. Jg. (1994)

Schoer, K.; Winter, H.: Regionale Erwerbstätigkeitszahlen. Wirtschaft und Statistik, 6/1992

StBA [13.1]: Bevölkerung und Erwerbstätigkeit. Erwerbstätigkeit und Arbeitsmarkt. Fachserie 1. Reihe 4.3 (1990)

14 Indizes[1]

14.1 Aufbau von Indizes und Rechenoperationen

14.1.1 Indexbildung

Eine Bewertung von Gütern mit den jeweiligen Preisen ergibt eine Wertgröße (z.B. Umsatz), so daß sich in der Wirtschaftsstatistik häufig die Frage nach der rechnerischen Zerlegung in eine summarische Aussage über die Veränderung der in der statistischen Masse enthaltenen Gütermengen ("reale" Entwicklung) und in die Veränderung der entsprechenden Güterpreise (Geldwertveränderungen) stellt.

Angenommen die statistische Masse bestehe nur aus einer Güterart; zur Berichtsperiode t liegen q_t Mengeneinheiten zum Preise von p_t DM je Mengeneinheit vor, was einen Wert W_t dieser Güterart von $p_t q_t$ in der Berichtsperiode ergibt. Für die Basisperiode 0 gilt analog: $W_0 = p_0 q_0$. Somit ergibt sich die Wertmeßzahl:

$$W = \frac{W_t}{W_0} \tag{14.1.1}$$

Besteht die statistische Masse aus verschiedenen Güterarten i (i=1,...,n), so ergibt sich als Wertmeßzahl:

$$W = \frac{\sum_{i=1}^{n} p_{it}\, q_{it}}{\sum_{i=1}^{n} p_{i0}\, q_{i0}} \tag{14.1.2}$$

Bei Konstanz der Gütermengen in der Berichts- und Basisperiode ($q_{it} = q_{i0}$) mißt der gebildete Quotient die Preisänderung von der Basisperiode zur Berichtsperiode. Hierbei gibt es zwei Möglichkeiten: Werden die konstanten Mengen aus der Basisperiode genommen, so liegt ein **Preisindex nach Laspeyres** ^{L}P vor:

$$^{L}P = \frac{\sum_{i=1}^{n} p_{it}\, q_{i0}}{\sum_{i=1}^{n} p_{i0}\, q_{i0}} \tag{14.1.3}$$

[1] Zur Vertiefung der Ausführungen sei auf die umfassenden und kritischen Darstellungen in Neubauer 1996 verwiesen.

Stammen die Mengen aus der Berichtsperiode, so ergibt sich ein **Preisindex nach Paasche**

$$^{P}P = \frac{\sum_{i=1}^{n} p_{it}\, q_{it}}{\sum_{i=1}^{n} p_{i0}\, q_{it}} \tag{14.1.4}$$

Bei Konstanz der Preise ergibt sich analog der **Laspeyres-Mengenindex**:

$$^{L}Q = \frac{\sum_{i=1}^{n} q_{it}\, p_{i0}}{\sum_{i=1}^{n} q_{i0}\, p_{i0}} \tag{14.1.5}$$

und der **Paasche-Mengenindex:**

$$^{P}Q = \frac{\sum_{i=1}^{n} q_{it}\, p_{it}}{\sum_{i=1}^{n} q_{i0}\, p_{it}} \tag{14.1.6}$$

Zu beachten ist, daß die Indizes hypothetische Größen darstellen: Ein Faktor wird konstant gehalten, der in Wirklichkeit variiert. In der Realität bestehen Wechselbeziehungen zwischen Preisen und Mengen.

Ein Preisindex für die Lebenshaltung auf der Grundlage konstanter Mengen eines früheren Jahres (Typ: Laspeyres) vernachlässigt damit Substitutionsvorgänge bei den Gütern, die die Budgets der Käufer entlasten. Er wird daher u.U. die Preisentwicklung etwas übertrieben darstellen. Ein Preisindex auf der Grundlage konstanter Mengen des Beobachtungsjahres (Typ: Paasche) läßt dagegen die Preisentwicklung etwas zu gering ausfallen, da der "Warenkorb" der Berichtsperiode nicht ohne weiteres auf die Basisperiode zu übertragen ist. So kann der technische Fortschritt Güter zu Konsumgütern machen, die in der Basisperiode keinesfalls zum "Warenkorb" eines durchschnittlichen Haushaltes zu rechnen waren. Ein "wahrer" Preisindex müßte also zwischen diesen beiden Indizes liegen.

Formal wird dieser Nachteil dadurch ausgeglichen, daß man den "idealen" **Index nach Fisher** berechnet, der das geometrische Mittel aus den Indizes vom Typ Laspeyres und Paasche bildet:

$$^{F}P = \sqrt{^{L}P\ ^{P}P} \tag{14.1.7}$$

Da in der Praxis die Daten für die Gewichtung aus Mengen bzw. Preisen, die aus der Berichtsperiode stammen, kurzfristig nicht zur Verfügung stehen, wird in der Regel ein Preisindex nach Laspeyres berechnet. Es empfiehlt sich als Kontrollrechnung, von Zeit zu Zeit (etwa nach 5 Jahren) trotz der bestehenden Schwierigkeiten einen Paasche-Preisindex zu berechnen, um die Größenordnung der Abweichungen vom gewöhnlich berechneten Laspeyres-Preisindex festzustellen. Ist die Abweichung relativ groß, so ist es angebracht, den Laspeyres-Index auf eine neue Basisperiode umzustellen.

Die Laspeyres- und Paasche-Indizes sind als Quotient von zwei Wertsummen ("Summenvergleichsverfahren") dargestellt worden. Sie können aber auch als gewogene Mittelwerte von Mengen- bzw. Preismeßzahlen ("Meßzahlenverschmelzungsverfahren") gebildet werden. Dieser Aufbau entspricht besser den verfügbaren Daten.

Es sei das Gewicht der Basisperiode:

$$g_{i0} = \frac{p_{i0}\, q_{i0}}{\sum_{i=1}^{n} p_{i0}\, q_{i0}} \tag{14.1.8}$$

Dann ergeben sich der Preis- und Mengenindex nach Laspeyres als gewogenes arithmetisches Mittel:

$$^{L}P = \sum_{i=1}^{n} \frac{p_{it}}{p_{i0}}\, g_{i0} = \frac{\sum_{i=1}^{n} p_{it}\, q_{i0}}{\sum_{i=1}^{n} p_{i0}\, q_{i0}} \tag{14.1.9}$$

$$^{L}Q = \sum_{i=1}^{n} \frac{q_{it}}{q_{i0}}\, g_{i0} = \frac{\sum_{i=1}^{n} q_{it}\, p_{i0}}{\sum_{i=1}^{n} q_{i0}\, p_{i0}} \tag{14.1.10}$$

Es sei:

$$g_{it} = \frac{p_{it}\, q_{it}}{\sum_{i=1}^{n} p_{it}\, q_{it}} \tag{14.1.11}$$

das Gewicht aus der Berichtsperiode; dann ist das gewogene harmonische Mittel aus den Meßzahlen:

$$^{P}P = \frac{1}{\sum\limits_{i=1}^{n} \frac{1}{p_{it} \,/\, p_{i0}} g_{it}} = \frac{\sum\limits_{i=1}^{n} p_{it}\, q_{it}}{\sum\limits_{i=1}^{n} p_{i0}\, q_{it}} \tag{14.1.12}$$

$$^{P}Q = \frac{1}{\sum\limits_{i=1}^{n} \frac{1}{q_{it} \,/\, q_{i0}} g_{it}} = \frac{\sum\limits_{i=1}^{n} q_{it}\, p_{it}}{\sum\limits_{i=1}^{n} q_{i0}\, p_{it}} \tag{14.1.13}$$

der Preis- und Mengenindex nach Paasche.

In der Praxis werden aus folgenden Gründen Laspeyres-Indizes berechnet:

- Da die Aufstellung der Gewichtung (Wägungsschema) zumindest eine zeitraubende und mühsame Kleinarbeit erfordert, häufig jedoch kurzfristig die notwendigen Informationen gar nicht verfügbar sind, scheidet eine originäre Berechnung des Paasche-Index meist aus. Da die Gewichtung des Laspeyres-Index den Verhältnissen der Basisperiode entspricht, kann das Wägungsschema in diesem Fall über längere Zeit verwendet werden.

- Die Einzelwerte der Laspeyres-Indizes bleiben im Zeitverlauf unmittelbar miteinander vergleichbar, da sie alle den gleichen Nenner haben. Die Preis- bzw. Mengenentwicklung von der Periode m zur Periode r ergeben sich aus:

$$\frac{^{L}P_{0,m}}{^{L}P_{0,r}} = \frac{\sum\limits_{i=1}^{n} p_{im}\, q_{i0}}{\sum\limits_{i=1}^{n} p_{ir}\, q_{i0}} \tag{14.1.14}$$

$$\frac{^{L}Q_{0,m}}{^{L}Q_{0,r}} = \frac{\sum\limits_{i=1}^{n} q_{im}\, p_{i0}}{\sum\limits_{i=1}^{n} q_{ir}\, p_{i0}} \tag{14.1.15}$$

Ein entsprechend einfaches Rechenergebnis erhält man mit Paasche-Indizes nicht.

Besonderes Interesse gilt der Änderungsrate R des Preisniveaus, wobei in der Regel die Änderungsrate des Preisniveaus eines Monats t auf den entsprechenden Vorjahresmonat $t-1$ (Bezugsperiode) bezogen wird (z.B. als Indikator für das Ausmaß an Inflation). Die absolute Veränderung, ausgedrückt in Prozentpunkten, wird dann durch $(P_{0,t} - P_{0,t-1})$ 100% erfaßt. Die relative Veränderung wird angegeben durch:

$$R_{t-1,t} = \frac{P_{0,t} - P_{0,t-1}}{P_{0,t-1}} 100\% = \left(\frac{P_{0,t}}{P_{0,t-1}} - 1 \right) 100\% \qquad (14.1.16)$$

Dabei ist zu beachten, daß in jedem Fall der Warenkorb der Basisperiode 0 eingeht, nicht der der Bezugsperiode $t-1$.

14.1.2 Rechenoperationen

Folgende Rechenoperationen von Indizes sind in der Wirtschaftsstatistik von praktischer Bedeutung:

(1) Bei der wirtschaftsstatistischen **Deflationierung** (vgl. Neubauer 1994, S. 69ff.) sind zu unterscheiden:

- Deflationierung einer Wertmeßzahl $W = \frac{W_t}{W_0}$:

  Es gilt:

  $$W = {}^{L}P \; {}^{P}Q = {}^{P}P \; {}^{L}Q \qquad (14.1.17)$$

  Daraus ergibt sich der Mengenindex nach Paasche bzw. Laspeyres:

  $${}^{P}Q = \frac{W}{{}^{L}P} \qquad (14.1.18)$$

  bzw.

  $${}^{L}Q = \frac{W}{{}^{P}P} \qquad (14.1.19)$$

- Deflationierung einer Wertgröße W_t:

  Eine nominale Wertgröße W_t (z.B. BIP) wird deflationiert, um die Wertgröße in konstanten Preisen V_t zu erhalten:

$$V_t = \frac{W_t}{{}^P P_t} = \sum_{i=1}^{n} p_{it}\, q_{it} : \frac{\sum_{i=1}^{n} p_{it}\, q_{it}}{\sum_{i=1}^{n} p_{i0}\, q_{it}} = \sum_{i=1}^{n} p_{i0}\, q_{it} \qquad (14.1.20)$$

Die Gütermengen der Periode t sind mit den Preisen der Periode 0 bewertet ("reale" Wertgröße).

Da es einen Paasche-Preisindex für die Aggregate der VGR originär gewöhnlich nicht gibt, wird wie folgt verfahren: Die Summe der mit Laspeyres-Preisindizes deflationierten Teilaggregate k (z.B. privater Verbrauch nach Gütergruppen) ist eine Approximation an das mittels eines Paasche-Preisindex deflationierte Gesamtaggregat (z.B. privater Verbrauch):

$$\sum_{k=1}^{l} \frac{W_{kt}}{{}^L P_{kt}} = V_t' \approx V_t \qquad (14.1.21)$$

Der "implizite" Preisindex $\frac{W_t}{V_t}$ kommt also dem Preisindex nach Paasche für das Aggregat V_t nahe ("verpaaschter" Laspeyres-Preisindex).

- Doppelte Deflationierung:

  Das Wertaggregat W_t stellt in den VGR häufig die Differenz aus zwei Wertaggregaten W_{t_1} und W_{t_2} dar. So ergibt sich z.B. die Bruttowertschöpfung aus Bruttoproduktionswert abzüglich der Vorleistungen. Das "reale" Aggregat V_t errechnet sich mit Hilfe der "doppelten" Deflationierung:

$$V_t = \frac{W_{t_1}}{{}^P P_{t_1}} - \frac{W_{t_2}}{{}^P P_{t_2}} = V_1 - V_2 \qquad (14.1.22)$$

(2) Als **Verkettung** von Indexwerten wird in der Praxis die Bildung der Reihe mit Basisperiode 0 nach:

$$P_{0,t}^{*} = P_{0,1} P_{1,2} P_{2,3} \cdots P_{t-1,t} \qquad (14.1.23)$$

bezeichnet. Dieser rechnerisch erzeugte Index $P_{0,t}^{*}$ stimmt im allgemeinen nicht mit dem tatsächlichen Indexwert $P_{0,t}$ nach Laspeyres oder Paasche überein. Verkettbar heißt ein Index dann, wenn für die drei Perioden 0, s, t mit $0<s<t$ gilt:

$$P_{0,t} = P_{0,s}\ P_{s,t} \tag{14.1.24}$$

Aus zwei Indexwerten, die die Preisniveauentwicklung aufeinanderfolgender Zeiträume beschreiben, wird der Indexwert für den gesamten Zeitraum durch Multiplikation der beiden Indexwerte ermittelt.
Der Index nach Laspeyres ist nicht verkettbar, da ${}^{L}P_{0,t}$, ${}^{L}P_{0,s}$ den Warenkorb q_0 benutzen, ${}^{L}P_{s,t}$ jedoch den Warenkorb q_s verwendet. Dasselbe Ergebnis gilt für den Index nach Paasche, da ${}^{P}P_{0,t}$ und ${}^{P}P_{s,t}$ als Warenkorb q_t verwenden, ${}^{P}P_{0,s}$ jedoch q_s benutzt.

Im Gegensatz dazu ist der **Kettenindex** $K_{0,t}$ offensichtlich schon nach seiner Definition verkettbar, da gilt:

$$K_{0,t} = \prod_{k=1}^{t} {}^{L}P_{k-1,k} = \prod_{k=1}^{s} {}^{L}P_{k-1,k} \prod_{k=s+1}^{t} P_{k-1,k} = K_{0,s} K_{s,t} \tag{14.1.25}$$

Der Vorteil des Kettenindex liegt darin, daß aus mehreren Subperiodenindizes ohne größeren Aufwand ein Index über alle Perioden gebildet werden kann.

- Zur Ermittlung des Kettenindex werden zwei Schritte benötigt:
  Von der ursprünglichen Basisperiode 0 bis zur Berichtsperiode t werden t verschiedene Indizes benötigt, z.B. ${}^{L}P_{0,1}$, ${}^{L}P_{0,2}$,....,${}^{L}P_{t-1,t}$ oder anders:

$$ {}^{L}P_{k-1,k} = \frac{\sum_{i=1}^{n} p_{ik}\, q_{ik-1}}{\sum_{i=1}^{n} p_{ik-1}\, q_{ik-1}} \quad \text{für } k = 1,....,t \tag{14.1.26}$$

  Für jede Periode k ergibt sich ein Index, der die Preisänderung zur Vorperiode mißt, wobei aber in jedem Schritt ein neuer, angepaßter Warenkorb, nämlich q_{k-1}, eingeht (Index auf gleitender Basis).

- Im zweiten Schritt werden die berechneten Teilindizes multipliziert:

$$K_{0,t} = \prod_{k=1}^{t} {}^{L}P_{k-1,k} = \prod_{k=1}^{t} \frac{\sum_{i=1}^{n} p_{ik}\, q_{ik-1}}{\sum_{i=1}^{n} p_{ik-1}\, q_{ik-1}} \tag{14.1.27}$$

Ein weiterer Vorteil des Kettenindex besteht darin, daß er in der Regel zwischen dem Laspeyres- und Paasche-Index liegt, da sein Warenkorb nicht veraltet und nie zu aktuell ist.

Dagegen liegt sein entscheidender Nachteil darin, daß das "Konzept des reinen Preisvergleichs“ (vgl. v.d. Lippe 1997, S 78 ff.) aufgegeben wird, indem der Warenkorb periodenweise angepaßt wird, so daß nicht mehr am Index die reine Preisentwicklung zu erkennen ist, wie sie mit konstantem Warenkorb beschrieben wird.[2]

(3) Als **Umbasierung** der Indexreihe $P_{0,t}$ (t=1,2,...) auf die neue Basisperiode r wird die Bildung der neuen Reihe $P^*_{r,t}$ bezeichnet:

$$P^*_{r,t} = \frac{P_{0,t}}{P_{0,r}} \tag{14.1.28}$$

Der Vergleich des aufgrund des tatsächlichen Wägungsschemas ermittelten echten Indexwertes $P_{r,t}$ mit $P^*_{r,t}$ zeigt, daß für die Indizes nach Laspeyres und Paasche $P_{r,t} = P^*_{r,t}$ nicht erfüllt ist. Eine Umbasierung dieser Indizes ist also nur approximativ möglich.

(4) Häufig liegen bei längeren Indexreihen Brüche in der Gestalt vor, daß bis zu einem bestimmten Zeitpunkt t die Reihe der Indizes auf der Basis 0 für die folgenden Zeitpunkte auf der Basis r berechnet wurde:

Gegeben seien folgende Reihen von Indexwerten:

Reihe 1: $P_{0,1}, P_{0,2}, P_{0,3}, \ldots, P_{0,t}$

Reihe 2: $P_{r,t}, P_{r,t+1}, \ldots.$

Da sich die beiden Reihen in der Periode t überlappen, sind zur **Verknüpfung** zu einer Reihe zwei Alternativen gegeben:

[2] Um so verblüffender ist es, daß das revidierte System of National Accounts von 1993 (SNA 93) die Verwendung von Kettenindizes empfiehlt.
Würde der deutsche Preisindex für Lebenshaltung aller privaten Haushalte als Kettenindex umgestaltet, so zeigt Schmidt (1997) die quantitativen Unterschiede, die sich im Vergleich zum bisher praktizierten Verfahren ergeben würden.

- Die zweite Reihe wird mit der ersten verknüpft:

$$P_{0,1}, P_{0,2}, P_{0,3}, \ldots, P_{0,t}, \frac{P_{0,t}}{P_{r,t}} P_{r,t+1}, \frac{P_{0,t}}{P_{r,t}} P_{r,t+2}, \ldots$$

- Die erste Reihe wird mit der zweiten verknüpft:

$$\frac{P_{r,t}}{P_{0,t}} P_{0,1}, \ldots, \frac{P_{r,t}}{P_{0,t}} P_{0,t}, P_{r,t+1}, P_{r,t+2}, \ldots$$

(5) Liegen für m Gütergruppen Teilindizes P^h vor und ist der jeweilige Anteil der einzelnen Gütergruppen am Volumen aller Gruppen bekannt, so können **Gesamtindizes** berechnet werden.

Für Laspeyres-Indizes gilt:

$$^{L}P = \sum_{h=1}^{m} P^h g_0^h \qquad (14.1.29)$$

$$^{L}Q = \sum_{h=1}^{m} {}^{L}Q^h g_0^h \qquad (14.1.30)$$

mit:

$$g_0^h = \frac{\sum_{i=1}^{n_h} p_{i0}\, q_{i0}}{\sum_{h=1}^{m} \sum_{i=1}^{n_h} p_{i0}\, q_{i0}} \qquad (14.1.31)$$

Bei den Paasche-Indizes gilt analog:

$$^{P}P = \frac{1}{\sum_{h=1}^{m} \frac{1}{^{P}P^h} g_t^h} \qquad (14.1.32)$$

$$^{P}Q = \frac{1}{\sum_{h=1}^{m} \frac{1}{^{P}Q^h} g_t^h}, \qquad (14.1.33)$$

wobei g_t^h analog g_0^h für die Werte im Berichtsjahr t ermittelt werden.

(6) Tritt ein **neues Gut** auf, das im Warenkorb der Basisperiode nicht existierte, so kann in den Warenkorb eines Preisindex ein neues Gut berücksichtigt werden, ohne daß dieser Warenkorb neu festgelegt werden müßte. Bezeichnet 0 die Basisperiode, T die Periode der Einführung des neuen Gutes und t die Berichtsperiode, so gilt:

$$^{L}P_{0,T} = \frac{\sum_{i=1}^{n} p_{iT}\; q_{i0}}{\sum_{i=1}^{n} p_{i0}\; q_{i0}} \qquad (14.1.34)$$

Dann wird berechnet:

$$P^{*}_{T,t} = \frac{\sum_{i=1}^{n} p_{it}\; q_{i0} + p_{n+1,t}\; q_{n+1,T}}{\sum_{i=1}^{n} p_{iT}\; q_{i0} + p_{n+1,T}\; q_{n+1,T}} \qquad (14.1.35)$$

Der gesuchte Preisindex $^{L}P_{0,t}$ wird durch Verkettung ermittelt:

$$^{L}P_{0,t} \approx {}^{L}P_{0,T}\; P^{*}_{T,t} \qquad (t=T+1,\, T+2,...) \qquad (14.1.36)$$

(7) **Qualitätsänderungen** der Güter im Warenkorb sind häufig mit Preiserhöhungen dieser Güter verbunden. Bei Substitution der Güter würde der durch die Qualitätsverbesserung verursachte Teil der Preiserhöhung fälschlicherweise als Preissteigerung mit verrechnet. Zur Ausschaltung dieser Komponente gibt es mehrere Verfahren (Schaich, Schweitzer 1995, S. 101ff.). Das in der amtlichen Statistik bevorzugte Verfahren geht von hypothetischen Preismeßzahlen für das qualitativ verbesserte Produkt k aus, wobei mit p_{k^*} der Preis des Gutes k nach rechnerischer Elimination der Qualitätsverbesserung bezeichnet wird:

$$\frac{p_{k^*t}}{p_{k^*0}} \approx \frac{_{I}p_{kT}}{_{I}p_{k0}}\;\frac{_{II}p_{kt}}{_{II}p_{kT}} \qquad (14.1.37)$$

Es bezeichnen T die Periode, zu welcher die Substitution vorzunehmen ist, t die Berichtsperiode, $_{I}p_{k}$ bzw. $_{II}p_{k}$ den Preis des Gutes k vor bzw. nach der Substitution. Als gewogener Durchschnitt aus den Preismeßzahlen ergibt sich der Preisindex:

$$ {}^{L}P_{0,t} = \frac{p_{k^*t}}{p_{k^*0}} g_k + \sum_{\substack{i=1 \\ i \neq k}}^{n} \frac{{}_I p_{it}}{{}_I p_{i0}} g_i \qquad (14.1.38) $$

Die Gewichtung g_i bzw. g_k erfolgt nach wie vor mit den Ausgabenanteilen der Basisperiode.

14.2 Ausgewählte Preisindizes

Kaufkraftänderungen des Geldes können an den Veränderungen der Güterpreise gemessen werden. Steigende (sinkende) Güterpreise bedeuten sinkende (steigende) Kaufkraft des Geldes. Da sich die Preise für verschiedene Güterarten nicht einheitlich entwickeln, ergeben sich auch für die Kaufkraft des Geldes unterschiedliche Veränderungen, je nachdem, welche Güter mit dem Geld gekauft werden sollen. Das StBA berechnet eine Reihe von Indizes, die die Preisentwicklung in bestimmten Bereichen und für bestimmte Gütergruppen messen. Ein durchgehend vergleichbarer Index, der alle in der Volkswirtschaft gezahlten Preise für alle nur möglichen Güter umfaßt, wird aus methodischen und praktischen Gründen nicht berechnet.

Von den vielen Preisindizes, die die amtliche Statistik in Deutschland berechnet (vgl. StBA [14.1] 1994), wird auf die folgenden eingegangen:

- Preisindizes für die Lebenshaltung
- Preisindizes für das Produzierende Gewerbe
- Preisindizes für die Landwirtschaft
- Preisindizes für Dienstleistungsbereiche
- Indizes für Außenhandelspreise
- Indizes für Tariflöhne und Effektivverdienste
- Preisindizes in den VGR.

14.2.1 Preisindizes für die Lebenshaltung[3]

Der Preisindex für die Lebenshaltung aller privaten Haushalte wurde 1995 erstmalig nach dem Zweiten Weltkrieg für (Gesamt-) Deutschland berechnet, wobei zunächst weiterhin jener für das frühere Bundesgebiet und jener für die neuen Bundesländer und Berlin-Ost ebenfalls ausgewiesen werden. Außerdem

[3] Zur Frage des ökonomischen Indexkonzeptes und seiner Umsetzung in ein statistisches vgl. Brachinger 1995, S. 49ff.

wurden alle Verbraucherpreisindizes auf das Basisjahr 1991 umgestellt, nachdem die D-Mark am 1. Juli 1990 die Mark-Ost als Zahlungsmittel in den neuen Bundesländern abgelöst hatte. Auf der Basis 1995 = 100 werden Originalwerte ab 1999 ausgewiesen; zurückgerechnete Verbrauchspreisindizes finden sich mit dieser Basis ab 1995.

Um den unterschiedlichen Verbrauchsstrukturen von bestimmten Haushalten Rechnung zu tragen, wurden bis 1998 zusätzliche Preisindizes für die Lebenshaltung spezieller Haushaltstypen berechnet:

- Vierpersonen-Haushalte von Beamten und Angestellten mit höherem Einkommen,
- Vierpersonen-Haushalte von Arbeitern und Angestellten mit mittlerem Einkommen,
- Zweipersonen-Haushalte von Renten- und Sozialhilfeempfängern mit geringem Einkommen.

Der alle privaten Haushalte einbeziehende Preisindex - oft schlechthin als der Preisindex für Lebenshaltung bezeichnet - dient vorwiegend zur Beurteilung der Geldwertstabilität in der allgemeinen Wirtschaftspolitik und zur Absicherung der Wertbeständigkeit geldwerter Forderungen. Nutzer der Ergebnisse sind die Öffentlichkeit, Bundesregierung und Bundesbank, die Tarifparteien, Banken und Finanzdienstleister, Mieter und Vermieter von Wohnungen und Geschäften, ehemalige Betriebsinhaber, die ihren Betrieb auf Rentenbasis verkauft haben u.a.

Die Preisindizes für die Lebenshaltung sollen anzeigen, in welchem Maße sich die Lebenshaltung der Haushalte infolge von Preisänderungen, aber unbeeinflußt von Änderungen im Konsumverhalten, verteuert oder verbilligt hat. Die Preisindizes für die Lebenshaltung sollen also die reinen Preisentwicklungen, isoliert von Mengenänderungen, messen. Sie werden, wie alle anderen in der amtlichen deutschen Preisstatistik berechneten Preisindizes auch, auf der Basis einer **konstanten Verbrauchsstruktur nach der Formel von Laspeyres** (vgl. (14.1.9)) berechnet. Damit stellen sich für die praktische Berechnung zwei Aufgaben:

- Erhebung der Preise ("Preisbeobachtungen") ausgewählter Güter (Warenkorb).
  Da nicht alle Preise der von den privaten Haushalten gekauften Güter und Dienstleistungen "beobachtet" werden können, werden in der Verbraucherpreisstatistik nicht zufällige Stichproben (typische Methode) in Form eines vierstufigen Auswahlverfahrens durchgeführt (vgl. 2.1.2). Quantitativ bedeutet es, daß zur Zeit (1996) in 190 Berichtsgemeinden im Bundesgebiet ca. 400.000 Einzelpreise für etwa 750 verschiedene Waren und Dienstleistungen erhoben werden.
- Aufstellen des Wägungsschemas innerhalb des Warenkorbs (Indexgewichte).

Quantitativ wichtiger als die Auswahl der einzelnen Preisrepräsentanten, also die Festlegung des Warenkorbes, ist die Bestimmung des Gewichts, mit dem die Preisentwicklung einzelner Preisrepräsentanten in die Gesamtindizes eingeht. Das Wägungsschema quantifiziert, welchen Anteil z.B. die Mietausgaben oder andere Ausgabepositionen an den gesamten Verbrauchsausgaben der privaten Haushalte haben (vgl. Übersicht 14.1). Als Datenquelle dienen Wirtschaftsrechnungen privater Haushalte (vgl. 2.2.2).

Übersicht 14.1: *Indexgewichtung des Preisindex für die Lebenshaltung aller Haushalte*

COICOP[1]	Ware, Dienstleistung	Gewicht 1995 in %
01	Nahrungsmittel u. Alkoholfreie Getränke	13,1
02	Alkoholische Getränke, Tabakwaren und Drogen	4,2
03	Bekleidung und Schuhe	6,9
04	Wohnung, Wasser, Strom, Gas und andere Brennstoffe	27,5
05	Hausrat und laufende Instandhaltung des Hauses	7,0
06	Gesundheitspflege	3,4
07	Verkehr	13,9
08	Nachrichtenübermittlung	2,3
09	Freizeit, Unterhaltung, Kultur	10,4
10	Bildungswesen	0,6
11	Beherbergungs- und Gaststättendienstleistungen	4,6
12	Andere Waren und Dienstleistungen	6,1

[1] Classification of Individual Consumption by Purpose

Die Genauigkeit des Preisindex für Lebenshaltung wird aufgrund seiner Bedeutung als Indikator für die Inflationsmessung in bezug auf vier Fehlerquellen diskutiert:[4]

- Fehler wegen der Verwendung einer "falschen" Indexformel (Product-Substitution Bias),
- Fehler bei der Qualitätsbereinigung von Preisänderungen (Quality Change Bias),

[4] Die Diskussion wurde neu durch den "Boskin-Report" (vgl. Advisory Commission to Study the Consumer Price Index, 1996, S. 535ff.) über den Cost of Living Index der USA entfacht.

- Fehler wegen der verspäteten Berücksichtigung neuer Produkte (New Product Bias)Fehler wegen der unzureichenden Berücksichtigung von Strukturänderungen im Handel (Outlet Substitution Bias).

Eine Studie für Deutschland (vgl. Hoffmann 1998) kommt zu dem Ergebnis, daß der amtlich ausgewiesene Anstieg der Verbraucherpreise die tatsächliche Inflationsrate "unter normalen Umständen" in der Größenordnung von ¾ Prozentpunkten pro Jahr überschätzt, wobei der Bias wegen der Schwierigkeiten, die sich der Preismessung bei Qualitätsänderungen stellen, von vergleichsweise großem Gewicht ist.

Auf Vorschlag von Eurostat wurde 1991 von den Leitern der nationalen statistischen Ämter der EU eine Arbeitsgruppe zur Harmonisierung der Verbraucherpreisindizes eingesetzt, die Grundlage für eine Verordnung des Rates lieferte, die im Oktober 1995 erlassen wurde. Die Verordnung verpflichtet die Mitgliedsstaaten zur stufenweisen Entwicklung eines **harmonisierten Verbraucherpreisindex (HVPI)**. Die erste Stufe des Harmonisierungsverfahrens führte bis März 1996 zur Einführung eines Interimsindex als HVPI, der ausgehend von den nationalen VPI auf jene Positionen (Daten) verzichtet, die von den Mitgliedsstaaten nicht erfaßt oder methodisch unterschiedlich behandelt werden. Gegenüber den Interimsindizes wurden in der zweiten Stufe des Harmonisierungsprogramms folgende Fortschritte erreicht (vgl. Elbel 1997, S. 187):

- Der HVPI deckt nun 86% der im nationalen Preisindex für Lebenshaltung erfaßten Ausgaben der privaten Haushalte ab.

- Es werden Mindeststandards zur Anpassung bei Qualitätsveränderungen festgelegt.

- Die Indizes für die kleinsten Bausteine (Elementaraggregate) der HVPI müssen entweder als geometrisches Mittel oder als Relation aus arithmetisch gemittelten Durchschnittspreisen für die Berichtsperiode und die Basisperiode berechnet werden, was für Deutschland erfüllt ist.

- Fehlende Preismeldungen müssen durch die Preisentwicklung des gleichen oder eines möglichst ähnlichen Gutes in einem Geschäft der gleichen Geschäftskategorie, des gleichen Ortes usw. fortgeschrieben werden.

- In dem HVPI sind alle neuen Produkte einzubeziehen, wenn sie einen Verbrauchsanteil von mindestens einem Tausendstel der gesamten Verbrauchsausgaben erreichen. In Deutschland werden die neuen Produkte erst bei der Umstellung auf ein neues Basisjahr einbezogen.

- Die Klassifikation des individuellen Verbrauchs nach Verwendungszwecken wird in einer speziell an den HVPI angepaßten Version eingesetzt.

- Da der HVPI über die Preisentwicklung innerhalb des betroffenen Staatsgebietes berichten soll, wird für seine Berechnung das Inlandskonzept vorgeschrieben. Es wird also neben dem Konsumverhalten inländischer Haushalte (Inländerkonzept) zusätzlich das Konsumverhalten ausländischer Besucher bei der Zusammensetzung des Warenkorbs und der Bestimmung der Gewichte herangezogen. Außerdem werden bei den privaten Haushalten alle Einzelpersonen oder Personengruppen erfaßt, ungeachtet des Landes, in dem sich ihr Wohnsitz befindet; eingeschlossen sind auch in Anstalten lebende Einzelpersonen. Durch die Anwendung des Inlandskonzepts und den erweiterten Haushaltsbegriff wird der Erfassungsbereich jedes Landes durchschnittlich um ca. 4% erweitert.

Der Fortgang der Harmonisierungsarbeiten umfaßt die Erweiterung der Abdekkungsgrade (z.B. Bildung, Gesundheit, Wohnungen), die Aktualisierung der Gewichte (z.B. für bestimmte Güter: jährliche Überprüfung der Gewichte) und Kontrolle der Einhaltung der Vorgaben zum HVPI.

Seit März 1997 veröffentlicht Eurostat für die 15 Mitgliedsstaaten der EU sowie für Norwegen und Island (rückwirkend für die Jahre 1995 und 1996):

- einen HVPI-Gesamtindex.

- 100 Teilindizes für alle Mitgliedsstaaten sowie Norwegen und Island mit gewogenen Mittelwerten für die EU und den Europäischen Wirtschaftsraum. Die in den Teilindizes erfaßten Waren und Dienstleistungen müssen in ihrem Verbrauch so bedeutsam sein, daß der Ausgabenanteil mindestens 1/1.000 der von den HVPI erfaßten Ausgaben enthält.

- einen Europäischen Verbraucherpreisindex (EVPI). Dieser wird als gewichteter Durchschnitt der HVPI aller 15 Mitgliedsstaaten der EU berechnet. Als Gewicht dient der Ausgabenanteil des jeweiligen Staates an den Gesamtausgaben für Konsum der Mitgliedsstaaten des Vorjahres.

14.2.2 Preisindizes für Wirtschaftsbereiche

- **Preisindizes für das Produzierende Gewerbe**

Der **Index der Erzeugerpreise gewerblicher Produkte** (Inlandsabsatz) mißt die durchschnittliche Entwicklung der effektiven Verkaufspreise der vom Bergbau und Verarbeitenden Gewerbe sowie von der Energie- und Wasserversorgung erzeugten und am Inlandsmarkt abgesetzten Waren. Er soll die Preisentwicklung unter der Voraussetzung darstellen, daß die Art und mengenmäßige Zusammensetzung des Güterabsatzes sowie die Vermarktungsbeding-

Die beiden Preisindizes für die Absatzseite des Produzierenden Gewerbes werden bisher ergänzt durch einen Preisindex auf der Bezugsseite dieses Wirtschaftsbereiches, den **Preisindex für den Wareneingang des Produzierenden Gewerbes**. Er mißt die durchschnittliche Preisentwicklung aller von Unternehmen des Baugewerbes und von den Unternehmen des Bergbaus, der Energie- und Wasserversorgung sowie des Verarbeitenden Gewerbes für Zwecke der Produktion gekauften Waren. Unberücksichtigt bleiben die Käufe von Investitionsgütern (Ausrüstungsgütern und Bauten) sowie die Käufe von Dienstleistungen. Dieser Input-Preisindex für das Produzierende Gewerbe hat den bis 1990 berechneten Index der Grundstoffpreise, dessen Erhebungsbereich enger gefaßt war, abgelöst.

Für diesen Index werden keine eigenen Preiserhebungen durchgeführt, es werden vielmehr die Preise aus der Erzeugerpreisstatistik, der Statistik der Großhandelsverkaufspreise sowie aus der Einfuhrpreisstatistik - auf die Einfuhrpreise werden allerdings noch die Verbrauchsteuern und die Zölle sowie die EU-Abschöpfungen und Währungsausgleichsbeträge bei landwirtschaftlichen Erzeugnissen aufgeschlagen - übernommen. Zum großen Teil handelt es sich also nicht um echte Einkaufspreise, sondern um die Verkaufspreise der Lieferbereiche.

- **Preisindizes für die Landwirtschaft**

Neben dem Produzierenden Gewerbe gibt es nur noch einen Wirtschaftsbereich, für den die amtliche deutsche Preisstatistik sowohl Einkaufspreisindizes als auch Verkaufspreisindizes berechnet, nämlich die Landwirtschaft. Der **Index der Erzeugerpreise landwirtschaftlicher Produkte** mißt die Entwicklung der Verkaufspreise der von der Landwirtschaft am Markt verkauften Erzeugnisse. Da in der deutschen Preisstatistik, wie schon erwähnt, durchweg das Bruttoprinzip angewandt wird, werden im Wägungsschema des Erzeugerpreisindex für die Landwirtschaft auch die Verkäufe an andere Landwirte berücksichtigt, was z.B. bei Saatgetreide und Zuchtvieh meist der Fall ist (= Durchschnittshofkonzept). Für die Europäischen Gemeinschaften muß allerdings ein modifizierter Erzeugerpreisindex landwirtschaftlicher Erzeugnisse nach dem Nettoprinzip (= Bundeshofkonzept) berechnet werden, d.h. bei diesem EU-Index bleiben die innerlandwirtschaftlichen Umsätze unberücksichtigt.

Der **Index der Einkaufspreise landwirtschaftlicher Betriebsmittel** dient zur Messung der Preisentwicklung bei den produktionsbezogenen Ausgaben der Landwirtschaft. Mit Ausnahme der Löhne und Gehälter für die Beschäftigten sowie der Steuern und Versicherungsbeiträge sind im Index alle wichtigen Ausgabengruppen erfaßt, z.B. Zuchtvieh, Saatgut, Düngemittel, Futtermittel, Pflanzenschutzmittel ebenso wie die Ausgaben für Investitionsgüter (Ausrüstungsgüter und Bauinvestitionen) und Reparaturen.

- **Preisindizes für Dienstleistungsbereiche**

Aufgabe des **Index der Großhandelsverkaufspreise** ist es, die Entwicklung der Verkaufspreise der von Großhandelsunternehmen im Inland verkauften Waren zu zeigen. Die gesonderte Berechnung von Preisindizes für den Wirtschaftsbereich Großhandel gibt es nur in der deutschen Preisstatistik. Es ist vielmehr üblich, in der Preisstatistik die Bereiche der gewerblichen Produktion und des Großhandels zusammenzufassen.

Während die Verkaufspreisindizes der Landwirtschaft und des Produzierenden Gewerbes nur nach Güterarten gegliedert sind, wird der Index der Großhandelsverkaufspreise sowohl in warensystematischer als auch in institutioneller Gliederung nach Großhandelsbranchen nachgewiesen.

Aus dem Preisindex für die Lebenshaltung werden zwei ebenfalls institutionell abgegrenzte Verkaufspreisindizes abgeleitet, nämlich der **Index der Einzelhandelspreise** sowie der **Preisindex für das Gastgewerbe**. Für beide Indizes werden keine eigenen Preiserhebungen durchgeführt, sondern es werden die entsprechenden Preisreihen aus dem Verbraucherpreisindex übernommen. Die Wägungsschemata werden aus den Umsatzstatistiken sowie aus den Sortimentserhebungen für diese beiden Wirtschaftsbereiche abgeleitet. Der Schwerpunkt der Indexberechnungen liegt auch hier in der institutionellen Gliederung nach Einzelhandelsbranchen bzw. nach Betriebsarten des Gastgewerbes (Hotels, Gasthöfe, Restaurants, Cafés usw.).

Da die Preise für die verschiedenen Transportleistungen in der Vergangenheit mehr oder minder stark staatlich kontrolliert waren und diese Preise in Form von allgemein bekannten Tarifen vorlagen, bestand bisher auch wenig Interesse an der Berechnung von **Verkehrspreisindizes**, was allerdings auch nicht möglich gewesen wäre. Denn für die wichtigsten Verkehrsbereiche wie den Gütertransport auf der Straße und in der Binnenschiffahrt fehlt es an Umsatzstatistiken mit einer detaillierten Aufteilung der Umsätze nach Art der erbrachten Transportleistung. Damit fehlt auch eine Grundlage für die Auswahl typischer Leistungen sowie für die Erstellung der Wägungsschemata (vgl. Szenzenstein 1994, S. 18ff.). Mit den eingeleiteten Deregulierungsmaßnahmen in wichtigen Verkehrszweigen sowie mit der Aufhebung des Monopols bei Leistungen der Post ist allerdings ein dringender Bedarf an einer regelmäßigen preisstatistischen Beobachtung dieser Wirtschaftsbereiche gegeben. Zur Zeit fehlen der amtlichen deutschen Statistik sowohl die notwendigen statistischen Unterlagen, nämlich differenzierte Umsatzstatistiken und aktuelle Unternehmensregister, aber auch die finanziellen Ressourcen, um diese Lücke kurzfristig schließen zu können. Eine Ausnahme bilden die Kommunikationsdienstleistungen.

Was für das Verkehrsgewerbe gesagt wurde, gilt in noch viel stärkerem Maße für alle übrigen Dienstleistungsbereiche. Deren Leistungen werden preisstatistisch nur erfaßt, wenn sie im Verbrauch der privaten Haushalte eine größere Rolle spielen. Dann werden sie nämlich im Rahmen des Preisindex für die Lebenshaltung erfaßt, wie z.B. die Preise der Wohnungsnutzung, die Preise für Leistungen der Körper- und Gesundheitspflege oder die Preise für Kfz-Reparaturen. Für die Berechnung von institutionell abgegrenzten Indizes für ausgewählte wichtige Dienstleistungsbereiche außerhalb des Handels und Gastgewerbes fehlen derzeit die notwendigen statistischen Grundlagen.

- **Indizes der Außenhandelspreise**

Die ab 1999 auf der Basis 1995 berechneten Ein- und Ausfuhrpreisindizes beschreiben die durchschnittliche Preisentwicklung der über die Grenzen Deutschlands ein- bzw. ausgeführten Waren (Dienstleistungen sind nicht enthalten!).

Zu den Erhebungen der Einkaufspreise der vom Ausland hereinkommenden Waren und der Verkaufspreise der aus der deutschen Volkswirtschaft strömenden Waren: Bei den nach der typischen Methode ausgewählten Berichtsstellen (etwa 2.500 Import- und 3.000 Exportfirmen) und internationalen Börsennotierungen werden rund 15.000 typische Einzelpreisreihen monatlich erhoben. Die Preisangaben beziehen sich nicht auf einen Stichtag, sondern sind Durchschnittspreise aller vergleichbaren Vertragsabschlüsse im Berichtsmonat. Die Preisbeobachtungen erfolgen für Preisrepräsentanten, d.h. Gütervarianten von einzelnen Warenpositionen; es handelt sich um 2.000 Warenpositionen, die sich an dem GP 95 orientieren.

Zur Wägungsableitung: Aus der Außenhandelsstatistik liegen für rund 10.000 Warenarten nach dem Warenverzeichnis der Außenhandelsstatistik (WA) Ein- und Ausfuhrwerte jährlich vor. Es werden die Gewichte auf die einzelnen Warenpositionen entsprechend ihrem Anteil an dem Gesamtwert verteilt. Jede Einzelpreisreihe erhält dann den Gewichtsanteil am Gesamtwägungsanteil der Warenposition, der ihr nach dem Außenhandelsanteil der Landesgruppe, deren Preisentwicklung sie repräsentieren soll, zusteht.

Besondere Anwendung der Außenhandelspreisindizes liegen in den Terms of Trade vor, die als Quotient aus Ausfuhrpreisindex und Einfuhrpreisindex $\times$ 100 definiert sind. Sie geben an, inwieweit aufgrund der Entwicklung der Aus- und Einfuhrpreise - ceteris paribus - für den Erlös der in das Ausland gelieferten Waren mengenmäßig mehr oder weniger Waren aus dem Ausland bezogen werden können als im Basisjahr.

- **Indizes der Tariflöhne und Effektivverdienste**

Die Tariflohn- und Gehaltsindizes werden nach der typischen Methode aus ausgewählten Tarifverträgen und Lohn- und Gehaltsgruppen berechnet. Die

Statistik der Tarifverdienste beruht auf den Tarifverträgen, die zwischen Gewerkschaften und Arbeitgebern abgeschlossen worden sind. Aufgrund der Vielfalt der Tarifverträge nach Lohn- und Gehaltsgruppen, Wirtschaftszweigen usw. läßt sich ein absolutes Niveau, das sich auf mehr als eine Tarifgruppe bezieht, nicht laufend feststellen. Wohl lassen sich mit Hilfe von Indizes Globalaussagen über die Änderung der Tarifeinkommen treffen.

Hinsichtlich der Tarifindizes werden neben dem **Index der Tariflöhne in der Landwirtschaft** folgende **Indizes für die gewerbliche Wirtschaft** und für Gebietskörperschaften berechnet:

- Index der tariflichen Stundenlöhne
- Index der tariflichen Wochenlöhne
- Index der tariflichen Monatsgehälter
- Index der tariflichen Wochenarbeitszeit der Arbeiter/Angestellten.

Die **Indizes der Durchschnittsverdienste** zeigen die Entwicklung der Effektivverdienste unter der Annahme einer nach Wirtschaftszweigen, Leistungsgruppen und Geschlecht unverändert zusammengesetzten Arbeitnehmerschaft. In der **Statistik der Effektivverdienste** werden Verdienste nicht auf **geleistete**, sondern auf **bezahlte Zeiten** bezogen; dabei werden neben dem Lohnsatz pro Stunde bzw. Gehaltssatz je Monat auch Zuschläge, Zulagen und Sonderzuwendungen erfaßt. Im Index der durchschnittlichen Bruttomonatsverdienste der Angestellten werden die Bereiche Industrie, Handel, Kreditinstitute und Versicherungen einbezogen; in dem entsprechenden der Arbeiter wird nur das Produzierende Gewerbe erfaßt. Auch bei den Verdienstindizes gibt es verschiedene Ausprägungen: bezahlte Stunden, Stunden- und Wochenverdienste der Arbeiter, Monatsverdienste der Angestellten.

Sowohl die Indizes der Tariflöhne und -gehälter als auch die der durchschnittlichen Effektivverdienste (Bruttoverdienste) werden nach einer Formel vom Laspeyres-Typ berechnet:

$$I_{0,t} = \sum_i \frac{V_{i,t}}{V_{i,0}} g_{i0} \quad \text{mit} \quad g_{i0} = \frac{V_{i,0}\, B_{i,0}}{\sum_i V_{i,0}\, B_{i,0}} \qquad (14.2.1)$$

$I_{0,t}$	=	Indexwert für Berichtszeitraum *t*, bezogen auf den Basiszeitraum 0
i	=	Leistungsgruppe
$V_{i,t}$ *bzw.* $V_{i,0}$	=	tarifliche bzw. Effektiv gezahlte Verdienste (bzw. tariflich vereinbarte bzw. Tatsächlich geleistete Arbeitszeiten) im Berichtszeitraum *t* bzw. Basiszeitraum 0 im Wirtschaftszweig *i*
$B_{i,0}$	=	Anzahl der Beschäftigten im Basiszeitraum

14.2.3 Preisindizes in den Volkswirtschaftlichen Gesamtrechnungen

Die Preisentwicklung nach den VGR ergibt sich implizit durch Division der Berechnungsergebnisse für die Aggregate in Preisen der jeweiligen Berichtsperiode $\sum_{i=1}^{n} p_{it}\, q_{it}$ und in konstanten Preisen des Vorjahres $\sum_{i=1}^{n} p_{i0}\, q_{it}$, was einen **Paasche-Preisindex** liefert. Von den entsprechenden Preisindizes (vgl. Brümmerhoff; Lützel 1994, S. 270ff.) sind besonders wichtig:

- **Preisindex für die Bruttowertschöpfung**

Die zur Division benötigte Bruttowertschöpfung in konstanten Preisen wird nach der Methode der "doppelten" Deflationierung bereichsweise durch Saldierung der preisbereinigten Produktionswerte mit den preisbereinigten Vorleistungen berechnet, wobei die bereichsweise Preisbereinigung mit den entsprechenden Laspeyres-Preisindizes erfolgt (vgl. 14.1.2). Die gütermäßige Aufteilung der Produktionswerte bzw. Vorleistungen der Wirtschaftsbereiche erfolgt mit Hilfe der Input-Output-Tabellen (insbesondere Basistabellen, vgl. 11.2.1), so daß die Angaben in konstanten Preisen durch Deflationierung der gütermäßig tief gegliederten Produktionswerte bzw. Vorleistungen aufgrund geeigneter Preisindizes für einzelne Güter berechnet werden. Eingeschränkt wird der Aussagewert der doppelten Deflationierung dann, wenn sich die Preise der Produktionswerte und der Vorleistungen unterschiedlich verändern. Neubauer (vgl. Neubauer 1994) wendet gegen diese Methode ein, daß reine Preisniveauveränderungen und Preisstrukturveränderungen auf sachlogisch ungerechtfertigte Weise vermischt werden.

- **Preisindex für das Bruttoinlandsprodukt**

Berechnet wird das BIP in konstanten Preisen (als Divisor) wiederum nach der Methode der doppelten Deflationierung sowohl von der Entstehungsseite (Produktionswert abzüglich Vorleistungen) als auch von der Verwendungsseite (letzte Verwendung abzüglich Einfuhr von Gütern). Zur Summe der Bruttowertschöpfung in konstanten Preisen werden die nichtabziehbare Umsatzsteuer (Multiplikation der steuerlichen Bemessungsgrundlage mit den Umsatzsteuersätzen jeweils des Basisjahres) und die Einfuhrabgaben (Multiplikation mit den Zolltarifen und Verbrauchssteuersätzen auf Einfuhren des Basisjahres) in konstanten Preisen addiert.

- **Preisindex der letzten inländischen Verwendung von Gütern**

Dieser Index wird vielfach als genereller Preisindex zur Inflationsbereinigung von Größen des Sozialproduktes bzw. zur Bestimmung des Realwertes des Sozialproduktes herangezogen, da er alle Preise der von Inländer nachgefragten Güter sowohl des letzten Verbrauchs als auch der Anlageinvestitionen, der Vorratsveränderungen und der Ausfuhr enthält. Gegenüber dem Preisindex für das Bruttoinlandsprodukt enthält er auch die Preisentwicklung der für die letzte inländische Verwendung bestimmten eingeführten Güter.

- **Preisindex des Privaten Verbrauchs**

Er mißt die Veränderung der Preise der Waren und Dienstleistungen, die die privaten Haushalte für den Privaten Verbrauch kaufen, gegenüber den entsprechenden Preisen des Basisjahres und ergibt sich als Relation des Privaten Verbrauchs in jeweiligen Preisen durch den Privaten Verbrauch in konstanten Preisen. Der Private Verbrauch in konstanten Preisen wird berechnet, indem der Wert der einzelnen Arten von Waren und Dienstleistungen in möglichst tiefer Gliederung nach Verwendungszwecken mit passenden Laspeyres-Preisindizes (Preisindex der Lebenshaltung, Einzelhandelspreisindex) deflationiert werden und dann zusammengefaßt werden. Damit liegt ein "impliziter" Paasche-Preisindex (vgl. 14.1.2) vor, der sich somit im Aufbau vom Preisindex der Lebenshaltung unterscheidet.

14.3 Internationale Kaufkraftvergleiche

14.3.1 Bedeutung

Kaufkraftparitäten geben an, wieviel ausländische Geldeinheiten erforderlich sind, um die gleiche Gütermenge im Ausland zu erwerben, die man im Inland für eine inländische Geldeinheit erhält. Der Wechselkurs als Alternative bestimmt, wieviele Einheiten inländischer Währung bezahlt werden müssen, um eine Einheit ausländischer Währung zu kaufen. Das Ziel besteht u.a. darin, für die EU-Länder "durch die Verwendung von Kaufkraftparitäten anstelle von Wechselkursen zu internationalen Vergleichen des Bruttoinlandsprodukts (BIP) und seiner Bestandteile zu gelangen" (Eurostat 1988, S. 33). Vor allem das BIP je Einwohner - eine Größe, welche die wirtschaftliche Tätigkeit und den Lebensstandard eines Landes verdeutlicht - entscheidet über die Höhe der von dem betreffenden Land zu leistenden oder zu erhaltenden Zahlung an die Staatengemeinschaft. Allgemein läßt sich dabei feststellen, daß das BIP der weniger entwickelten Länder im Verhältnis zu den besser entwickelten bei Verwendung von Wechselkursen anstatt von KKP unterschätzt wird.

Die quantitative Bedeutung der Kaufkraftparitäten, die Eurostat für das Jahr 1991 berechnet hat (Eurostat 1994, S. 18ff.), wird anhand der ausgewählten Länder Dänemark (DK), Deutschland (D) und Griechenland (G) in nachstehender Tabelle illustriert.

Übersicht 14.2: *Kaufkraft des Bruttoinlandsprodukts (BIP) in ausgewählten EU-Ländern 1991*

Indikatoren	DK	D[1)]	G
BIP (Mrd. Einh.)	834	2.613	12.860
WK (1 ECU = ...)	7,9	2,05	225,2
BIP (Mrd. ECU)	105	1.274	57
KKP	9,8	2,2	171,3
KKP/WK EUR 12 = 100	123	108	76
BIP/Kopf (ECU) EUR 12 = 100	133	129	37
BIP/Kopf (KKP) EUR 12 = 100	108	119	48

[1)] Daten beziehen sich auf den Gebietsstand vor 3. Oktober 1990
Quelle: Eurostat 1994, S. 18

14.3.2 Bilateraler Kaufkraftvergleich

Kaufkraftparitäten sind im Gegensatz zu den bisher behandelten temporären Indizes als räumliche Preisindizes zu verstehen.
Die Laspeyres-Kaufkraftparität ${}^{L}P_{A,B}$ zwischen dem Basisland A und dem Berichtsland B ist bestimmt durch:

$$ {}^{L}P_{A,B} = \frac{\sum_i \frac{p_{iB}}{p_{iA}} (p_{iA}\, q_{iA})}{\sum_i p_{iA}\, q_{iA}} = \frac{\sum_i p_{iB}\, q_{iA}}{\sum_i p_{iA}\, q_{iA}} \qquad (14.3.1) $$

Hierin bedeutet: p_{iB} Preis des Gutes i (i=1,...,n) im Berichtsland B,
p_{iA} Preis des Gutes i (i=1,...,n) im Basisland A.

Aus der harmonischen Mittelung der Preismeßzahlen, gewichtet mit der Ausgabenstruktur des Berichtslandes B, ergibt sich die Paasche-Kaufkraftparität ${}^{P}P_{A,B}$ zwischen den beiden Ländern A und B:

$$ {}^{P}P_{A,B} = \frac{\sum_i p_{iB}\, q_{iB}}{\sum_i p_{iA}\, q_{iB}} \qquad (14.3.2) $$

Durch den Laspeyres-Index wird der gemeinsame Warenkorb auf ein für das Konsumverhalten des Basislandes typisches zusammengesetztes Produkt reduziert. Umgekehrt ist ein mit dem Paasche-Index erstellter Vergleich nur für das Berichtsland charakteristisch. Bei dem ersten Verfahren erfolgt eine Überschätzung des Preisniveaus im Land *A* und eine Unterschätzung des Preisniveaus des Berichtslandes *B* bei unterschiedlichen Preisstrukturen in beiden Ländern. Das umgekehrte gilt für den Paasche-Index.

Einen Ausweg aus dieser Problematik bildet der Fisher-Index als das geometrische Mittel aus den Paritäten nach Laspeyres und Paasche:

$$^{F}P_{A,B} = \sqrt{^{L}P_{A,B}\ ^{P}P_{A,B}} \qquad (14.3.3)$$

Die Auswahl der Güter, für die Preise erhoben und verglichen werden sollen, erfolgt nach zwei Kriterien: Die ausgewählten Güter sollen identisch und charakteristisch sein (vgl. 2.1.2).

Die Identität (Äquivalenz) der ausgewählten Produkte ist gegeben, wenn sie die gleichen Merkmale aufweisen. Man muß über eine tiefgegliederte Erzeugnisnomenklatur mit präzisen Definitionen der einzelnen Erzeugnisse verfügen, um möglichst identische Produkte zu erhalten.

Die Charakteristizität der ausgewählten Produkte ist gegeben, wenn die Produkte typisch sind für:

- die Gesamtheit der Erzeugnisse, die das BIP bilden,
- die einzelne Erzeugnisgruppe (wie Nahrungsmittel, Getränke, Tabakwaren oder Einrichtungsgegenstände),
- die Marke (Modell).

Diese zwei Bedingungen (Äquivalenz und Charakteristizität) sind schwierig miteinander zu vereinbaren. Ein Erzeugnis eines Landes, z.B. eine Käsesorte, kann zwar mit dem Erzeugnis eines anderen Landes identisch sein, ist aber für das Land nicht unbedingt charakteristisch. Es muß bei der Güterauswahl ein Kompromiß aus beiden Bedingungen geschaffen werden. Dazu erfolgt die Aufstellung der Liste der Erzeugnisse und insbesondere die Wahl jedes Landes hinsichtlich der in der Erhebung einzubeziehenden Erzeugnisse auf der Grundlage des binären Prinzips: Jedes Land gibt an, welche Produkte für seine Verbrauchsstruktur charakteristisch sind und welche, der von anderen Ländern vorgeschlagenen Erzeugnisse und zur Einbeziehung in die Preiserhebung von dem gegebenen Land akzeptiert wird. Die relevanten Erzeugnisse und ihre genauen Definitionen stimmt Eurostat mit allen beteiligten Ländern zu einem allgemeingültigen Erzeugniskatalog ab. Diesem Verfahren liegt praktisch der Versuch zugrunde, Nutzenschätzungen im Indexkonzept zu realisieren.[5]

Die nationalen statistischen Einrichtungen erheben nun mit Hilfestellung von Eurostat die Preise. Der Bereich privater Verbrauch wird über Marktpreise bestimmt, die Bruttoanlageinvestitionen können über Preise und Kostenvoranschläge von Ingenieur- und Architektenbüros ermittelt werden. Ein Problem ist der Kollektivverbrauch des Staates, da eine Reihe der Erzeugnisse und Dienstleistungen keinen marktbestimmenden Preis haben und z.B. die Dienstleistungen des sozialen Systems (Krankenversorgung, Rentenversicherung etc.) ein unterschiedliches Qualitäts- und Versorgungsniveau verkörpern. Eurostat hat sich dafür entschieden, die Herstellungs- bzw. Inputkosten für alle Erzeugnisse und Dienstleistungen zu wählen, die keinen Marktpreis haben.

14.3.3 Ansatz von Eurostat

Für zwei Länder A und B wird zunächst eine Parität berechnet, die auf Preisen von Gütern basiert, die charakteristisch für Land A sind. Dabei ist es ausreichend, ein geometrisches Mittel von Preismeßzahlen von für A typische Güter zu bilden (Gewicht Eins), da im Falle von Nichtcharakterizität ein Gewicht Null für die Artikel erscheint.

$$ {}^{L}P_{A,B} = \left(\prod_{i=1}^{n_A} \frac{{}_{A}p_B^i}{{}_{A}p_A^i} \right)^{1/n_A} \tag{14.3.4} $$

n_A Zahl der für A repräsentativen Güter

${}_{A}p_B^i$ Preis des Artikels i in B, repräsentativ für A

${}_{A}p_A^i$ Preis des Artikels i in A, repräsentativ für A

Die Schätzung ist eine vom Laspeyres-Typ mit A als Basisland, der das Preisniveau des Basislandes überschätzt und das des Berichtslandes B unterschätzt.

Eine zweite Parität wird berechnet für das gleiche Länderpaar für die Artikel, die für B repräsentativ sind.

$$ {}^{P}P_{A,B} = \left(\prod_{r=1}^{n_B} \frac{{}_{B}p_B^r}{{}_{B}p_A^r} \right)^{1/n_B} \tag{14.3.5} $$

5 Zum ökonomischen Index und seinen Eigenschaften vgl. Schubert 1995, S. 29ff.

n_B	Zahl der für *B* charakteristischen Güter
${}_B p_B^r$	Preis des Artikels *r* in *B*, repräsentativ für *B*
${}_B p_A^r$	Preis des Artikels *r* in *A*, repräsentativ für *B*

Aus Symmetriegründen könnte diese Parität als vom Paasche-Typ bezeichnet werden, da die repräsentative Erzeugnisse des Berichtslands B als Bezug verwendet werden. Für den Paasche-Index gilt, daß er das Preisniveau des Berichtslandes überschätzt und das des Basislandes unterschätzt.

Die geometrische Mittelung von ${}^L P_{A,B}$ und ${}^P P_{A,B}$ ermöglicht eine Berechnung vom Fisher-Typ, der hinsichtlich der "Unverzerrtheit" als "ideal" zu bezeichnen ist.

Dieses Vorgehen impliziert aber auch, daß in der erstellten Fisher-Matrix für einige Länderpaare aufgrund der Variabilität der Erzeugnisse im Gemeinschaftsrahmen Lücken entstehen. Dies ist immer dann der Fall, wenn für ein Länderpaar keine gemeinsamen Produkte vorhanden sind, auf deren Basis der Fisher-Index ermittelt werden kann, d.h. wenn vergleichbare Spezifikationen fehlen.

Soll sich der Vergleich auf eine größere Anzahl von Ländern beziehen (multilateraler Vergleich), so ist dieses Verfahren wegen der Vielzahl notwendiger Vergleiche aufwendig. Für den Fall von *k* Ländern sind $k \cdot (k-1)$ Paritäten zu berechnen, d.h. für die Sechzehner-EU wären 240 bilaterale Paritäten zu berechnen. Zudem wären die errechneten Werte nur schwer untereinander vergleichbar, da die bilateralen Vergleiche auf jeweils länderspezifische Gewichte zurückgreifen. Die im Rahmen multilateraler Vergleiche des BIP und seiner Verwendung wichtige Bedingung der Transitivität - die im Rahmen bilateraler Vergleiche keine Bedeutung hat - wird somit nicht erfüllt. Die Transitivitätsbedingung gilt dann als erfüllt, wenn aus den Paritäten zwischen einem Land und den anderen am Vergleich teilnehmenden Ländern alle weiteren Paritäten abgeleitet werden können. Schließt der Vergleich die Länder *A*, *B* und *C* ein, so lautet die **Transitivitätsbedingung** für die Paritäten (KKP):

$$P_{A,B} = P_{C,B} \, / \, P_{C,A} = P_{C,B} \; P_{A,C} \qquad (14.3.6)$$

Ergebnis des bilateralen Ansatzes von Eurostat ist eine unvollständige Matrix binärer Indizes des Fisher-Typs, die die Transitivitätseigenschaft nicht besitzen. Eurostat wendet daher eine Methode an, die transitive Matrizen liefert und gleichzeitig die fehlenden Paritäten ersetzt. Die besondere Eigenschaft dieses als EKS[6]-Methode bezeichneten Verfahrens liegt darin, daß die abgeleiteten

6 Genannt nach den Anfangsbuchstaben der Autoren Eltetö, Köves, Sculc.

transitiven Ergebnisse minimal von den ursprünglichen binären "idealen" Fisher-Indizes abweichen. Bezeichnet $EKS_{A,B}$ (bzw. $F_{A,B}$) die KKP vom Typ EKS (bzw. Fisher) zwischen Land *A* und *B*, so ist das folgende Abstandskriterium zwischen den Größen zu minimieren:

$$\sum_A \sum_B (\log EKS_{A,B} - \log F_{A,B})^2 = \min! \tag{14.3.7}$$

Die Minimierung dieses Ausdrucks liefert EKS-Paritäten, die eine Funktion der ursprünglich nicht transitiven Fisher-Paritäten sind, wobei *k* (c=1,...,k) die Zahl der einbezogenen Länder angibt:

$$EKS_{A,B} = \prod_{c=1}^{k} (F_{A,C}\, F_{C,B})^{1/k} = \prod_{c=1}^{k} \left(\frac{F_{A,C}}{F_{B,C}} \right)^{1/k} = \{(F_{A,B})^2 \prod_{\substack{c=1 \\ c \neq A \\ c \neq B}}^{k} (F_{A,C}\, F_{C,B})\}^{1/k} \tag{14.3.8}$$

Für die Berechnung der EKS-Paritäten zweier Länder *A* und *B* wird ein gewichteter geometrischer Mittelwert zwischen je zwei Paritäten gebildet:

- den direkten Fisher-Paritäten $F_{A,B}$ und
- den sich aufgrund der Transitivitätseigenschaft über ein drittes Land ergebenden indirekten Paritäten $F_{A,C}$, $F_{C,B}$.

Dabei wird der direkte Vergleich doppelt und der indirekte Vergleich einfach gewichtet. Ist für ein Länderpaar *A,B* ein direkter Fisher-Index nicht definiert, so berechnet die EKS-Methode den fehlenden Wert aus dem geometrischen Mittel aller möglichen indirekten Fisher-Paritäten (vgl. Krug 1995, S. 289ff.).

Ein wichtiger Nachteil der EKS-Methode liegt im Fehlen der **Additivität**. Diese Eigenschaft betrifft Aussagen zur Stellung vergleichbarer Werte untergeordneter Aggregationsstufen zum Gesamtaggregat, also aller Aggregatsstufen der verwendeten Klassifikation bis zum BIP. Die Additivitätsbedingung ist dann erfüllt, wenn der Realwert oder das Volumen des Gesamtaggregates gleich der Summe der Realwerte bzw. der Volumen der Teilaggregate ist.

Die bisherigen Berechnungen erfolgten auf der Ebene der Einzelpositionen, so daß für jede Einzelposition eine EKS-Parität vorliegt. Außerdem sind die nominalen Ausgaben (aus Erhebungen in den Ländern) für diese Einzelposition bekannt. Durch Division der nominalen Ausgaben durch die EKS-Paritäten für jede zur Hauptgruppe gehörenden Einzelpositionen ergibt sich der Realwert für die Einzelpositionen. Die Addition der Realwerte der Einzelpositionen zum Realwert der Hauptposition ist die Grundlage für die Berechnung der Kaufkraftparitäten der Hauptposition, indem Eurostat aus den nominalen und realen Ausgaben für die Hauptposition die Kaufkraftparitäten berechnet.

14.4 Mengenindizes im Produzierenden Gewerbe

14.4.1 Produktionsindizes

Es handelt sich bei den **Indizes im Produzierenden Gewerbe** um die Auftragseingangs-, Produktions- und Umsatzindizes nach methodisch einheitlichem Konzept für das gesamtdeutsche Wirtschaftsgebiet (vgl. Bald-Herbel; Herbel 1995, S. 181ff.). Die grundlegende Neufassung der Wirtschaftszweig- und Gütersystematik prägen die methodischen Verfahren. Die Indizes im Produzierenden Gewerbe beschränken sich auf die Verwendung von Ergebnissen der Viersteller (= Klassen) der Klassifikation der Wirtschaftszweige, Ausgabe 93 (WZ 93). Da diese Aggregationsstufe identisch ist mit der für 1995 verbindlichen NACE Rev. 1 (vgl. 1.1.1), sind in Zukunft die nationalen Indizes mit denen durch Eurostat publizierten inhaltlich vergleichbar. Auf der Seite der Güterstatistiken wird das Systematische Güterverzeichnis für Produktionsstatistiken, Ausgabe 1995 (GP 95) eingeführt.

Die Berechnung der Produktionsindizes erfolgt in drei Stufen:

Auf der **ersten** Stufe der Indexberechnung werden Meßzahlen für (meistens) Bruttoproduktionswerte von möglichst homogenen Einzelerzeugnissen eines Wirtschaftszweiges herangezogen und einer Preisbereinigung (Deflationierung) unterzogen, um zu Mengenindizes zu kommen.

Im einzelnen gilt für den Bruttoproduktionswert $w_{j(k)}$ der Erzeugnisgruppe j im Wirtschaftszweig k in der Berichtsperiode t:

$$w_{j(k)(t)} = \sum_{i=1}^{nj(k)} p_{ij(k)}\, q_{ij(k)} \qquad (14.4.1)$$

Dem Wirtschaftszweig k sind $j(k)$ Erzeugnisgruppen zugeordnet. Für jede dieser $j(k)$ Erzeugnisgruppen wird die Summe der Produktionswerte von nj einzelnen Erzeugnissen gebildet. Es bedeuten:

$i=1,\dots,nj$	Erzeugnisse in der Erzeugnisgruppe j
$j=1,\dots,nk$	Erzeugnisgruppen im Wirtschaftszweig k
$k=1,\dots,n$	Anzahl der Wirtschaftszweige

Die Meßzahlenbildung zwischen Basisperiode 0 und Berichtsperiode t ergibt die Volumenmeßzahl:

$$W_{j(k)} = \frac{w_{j(k)}(t)}{w_{j(k)}(0)} 100 \tag{14.4.2}$$

Seien die entsprechenden Erzeugerpreisindizes vom Typ Laspeyres ${}^{L}P_{j(k)}$, so ergibt sich durch Deflationierung ein Mengenindex von Typ Paasche (vgl. 14.1.18):

$${}^{P}Q_{j(k)} = \frac{V_{j(k)}}{{}^{L}P_{j(k)}} \tag{14.4.3}$$

Datenquelle für die Bruttoproduktionswerte stellt der Produktions-Eilbericht dar.

Auf der **zweiten** Berechnungsstufe erfolgt die Zusammenfassung der jeder Klasse der WZ 93 zugeordneten Fortschreibungsreihen zu Indizes für Wirtschaftszweige; das bedeutet, daß rund 1.000 Mengenindizes zu 257 Indizes für Wirtschaftszweige zusammengefaßt werden. Hierfür wird jeweils der Produktionswertanteil der einzelnen Fortschreibungsreihen j an der Summe der Produktionswerte aller dem Wirtschaftszweig k zugeordneten $j(k)$ Fortschreibungsreihen im Basisjahr (Jahreswerte) gebildet:

$$g_{j(k)} = \frac{w_{j(k)}(0)}{\sum_{j=1}^{nk} w_{j(k)}(0)} \tag{14.4.4}$$

Der Mengenindex für den Wirtschaftszweig k lautet dann:

$$Q_k = \sum_{j=1}^{nk} g_{j(k)} \; {}^{P}Q_{j(k)} \tag{14.4.5}$$

Die **dritte** Berechnungsstufe verdichtet die Indizes der untersten Gliederungsebene zu den höheren Aggregaten der Gliederung der Wirtschaftszweigklassifikation. Bezeichnet b_k den Anteil der Bruttowertschöpfung zu Faktorkosten eines Wirtschaftszweiges an der entsprechenden Wertschöpfung aller Wirtschaftszweige im Basisjahr, so ergibt sich der Gesamtindex als "Produktionsindex":

$$Q = \sum_{k=1}^{n} b_k \; Q_k \tag{14.4.6}$$

mit

$$b_k = \frac{b_k(0)}{\sum_{k=1}^{n} b_k(0)} \tag{14.4.7}$$

Dieser Produktionsindex wird als kalendermonatlicher Originalindex und in arbeitstäglich bereinigter Form angeboten.

Der Produktionsindex wird in Beziehung zum Arbeitsvolumen gesetzt, um einen **Index der "Arbeitsproduktivität"** zu erhalten. Vier verschiedene Ausprägungen des Arbeitsvolumens werden für die Indexberechnung herangezogen:

- Arbeiter (für fachliche Betriebsteile)
- geleistete Arbeiterstunden (für Betriebe)
- Beschäftigte (für fachliche Betriebsteile)
- geleistete Beschäftigungsstunden (für Betriebe).

Die Produktivitätsentwicklung für die höheren Aggregatsstufen werden gewonnen, indem die Produktivitätsindizes der Wirtschaftszweige mit den Wertschöpfungsgewichten der Produktionsindizes aus dem Basisjahr zusammengefaßt werden ("standardisierte" Produktivität).

14.4.2 Auftragseingangs- und Umsatzindizes

Daten über Auftragseingänge und Umsätze werden im Rahmen des Monatsberichts im Verarbeitenden Gewerbe statistisch erfaßt (vgl. 9.1.2). Auftragseingänge werden nicht in allen Wirtschaftszweigen der WZ 93 erhoben. Um die statistische Vergleichbarkeit der kurzfristigen Indikatoren zu ermöglichen, werden Umsatzindizes auch nur für Wirtschaftszweige berechnet, für die Auftragseingangsindizes vorliegen.

Die Indexbildung erfordert zuerst die Meßzahlenbildung - nach In- und Ausland getrennt - aus den Werten der Umsätze bzw. Auftragseingänge. Die Deflationierung mit Erzeugerpreisindizes und für die Exportindikatoren mit Ausfuhrpreisindizes führt zu Mengenindizes auf der untersten Gliederungsstufe ("Viersteller" der WZ 93). Zur Verdichtung zu höheren Aggregaten werden Gewichtungskoeffizienten verwendet, die den Auftragseingangs- oder Umsatzanteilen des jeweiligen Zweiges am gesamten Wert aller in die Berechnung einbezogenen Wirtschaftszweige im Basisjahr entsprechen.

Der Auftragseingang und der Auftragsbestand im Bauhauptgewerbe (Hoch- und Tiefbau) spielt als Indikator für die Konjunkturentwicklung eine besondere

Rolle. Im Rahmen des Monatsberichts im Bauhauptgewerbe werden diese Merkmale bei den berichtspflichtigen Betrieben erhoben - der Auftragsbestand allerdings nur vierteljährlich. Der Auftragsbestand saldiert die kumulierten Auftragseingangswerte mit den in der Berichtsperiode bereits erbrachten Bauleistungen. Probleme bei der Deflationierung der Wertmeßzahlen bestehen einmal darin, die adäquaten Preisindizes für die Bauarten zu finden und zum anderen darin, die periodengerechte ("Reichweite der Bestände") Abgrenzung der Preisbereinigung zu finden.

Ab April 1998 werden die Produktions-, Produktivitäts-, Auftragseingangs- und Umsatzindizes auf der Basis 1995 berechnet. Ihnen liegt die ab 1995 gültige Wirtschaftszweigklassifikation WZ 1993 zugrunde, deren Anwendung bis Januar 1991 zurückgerechnet wird. Das System der monatlichen Produktionsindizes wird ab1995 durch einen Vierteljährlichen Produktionsindex ergänzt, der die Informationen aus der Vierteljährlichen Produktionserhebung verarbeitet.

Zitierte Literatur (Kapitel 14)

Advisory Commission to Study the Consumer Price Index: Toward a More Accurate Measure of the Cost of Living. Final Report to the Senate Finance Committee. Washington D.C. 1998

Bald-Herbel, C.; Herbel, N.: Die Umstellung der Indizes im Produzierenden Gewerbe auf Basis 1991. Wirtschaft und Statistik, 3/1995

Brachinger, H.W.: Intertemporärer Vergleich von Lebenshaltungskosten: Statistische Adäquation. In: StBA (Hg.): Indizes - Status quo und europäische Zukunft. Forum der Bundesstatistik. Bd. 28 (1995)

Brümmerhoff, D.; Lützel, H.: Lexikon der Volkswirtschaftlichen Gesamtrechnungen. München, Wien 1994

Elbel, G.: Zur Einführung harmonisierter Verbraucherpreisindizes in Europa. Wirtschaft und Statistik, 3/1997

Eurostat: Kaufkraftparitäten und Bruttoinlandsprodukt in realen Werten. Ergebnisse 1985. Luxemburg 1988

Eurostat: Comparison in real terms of the aggregates of ESA. Results for 1990 and 1991. Luxemburg 1994

Hoffmann, J.: Probleme der Inflationsmessung in Deutschland. Diskussionpapier 1/98. Volkswirtschaftliche Forschungsgruppe der Deutschen Bundesbank. 1998

Krug, W.: Der EKS-Index zur Berechnung der Kaufkraftparitäten der EU-Länder. In: Rinne, H.; Rüger, B.; Strecker, H. (Hg.): Grundlagen der Statistik und ihre Anwendungen. Festschrift für K. Weichselberger. Heidelberg 1995

v.d. Lippe, M.: Preisindizes mit dem Kettensatz. Ein Plädoyer für die Abschaffung von Kettenindizes. In: v.d. Lippe, P.; Rehm, N.; Strecker, H.; Wiegert, R. (Hg.): Wirtschafts- und Sozialstatistik heute. Theorie und Praxis. Festschrift für W. Krug. Sternenfels, Berlin 1997

Neubauer, W.: Preisstatistik. München 1996

Neubauer, W.: Stichwort "Deflationierung". In: Brümmerhoff, D.; Lützel, H.: Lexikon der Volkswirtschaftlichen Gesamtrechnungen. München, Wien 1994

Schaich, E.; Schweitzer, W.: Ausgewählte Methoden der Wirtschaftsstatistik. München 1995

Schmidt, B.: Der Preisindex für Lebenshaltung aller privaten Haushalte in Gestalt eines Kettenindex. Spektrum der Bundesstatistik. Bd. 10 (1997).

Schubert, R.: Lebenshaltungskosten im intertemporalen und interregionalen Vergleich: Ein ökonomisches Deutungsmuster. In: StBA (Hg.): Indizes - Status quo und europäische Zukunft. Forum der Bundesstatistik. Bd. 28 (1995)

StBA [14.1]: Preise. Informationen über die Preisstatistik der Bundesrepublik Deutschland. Wiesbaden 1994

Szenzenstein, J.: Preisindizes für industrielle Güter in der amtlichen Statistik. In: Harhoff, D.; Müller, M. (Hg.): Preismessung und technischer Fortschritt. Zentrum für Europäische Wirtschaftsforschung. Bd. 2 (1994)

Anhang

A1 Kontensystem der VGR

Die konsolidierten Konten der VGR der amtlichen Statistik bestehen aus 9 Konten mit folgenden wechselseitigen Buchungen:

Konto 0 — Zusammengefaßtes Güterkonto

0.10 Produktionswert	(1.60)	0.60 Vorleistungen	(1.10)
0.20 Einfuhr	(8.60)	0.70 Letzter Verbrauch	(5.10)
0.30 Nichtabzugsfähige Umsatzsteuer	(4.62)	0.80 Bruttoinvestitionen	(6.20)
0.40 Einfuhrabgaben	(4.63)	0.90 Ausfuhr	(8.10)

Konto 1 — Produktion

1.10 Vorleistungen	(0.60)	1.60 Produktionswert	(0.10)
1.49 Bruttowertschöpfung	(2.50)		

Konto 2 — Einkommensentstehung

2.10 Abschreibungen	(6.70)	2.50 Bruttowertschöpfung	(1.49)
2.20 Geleist. Produktionssteuern	(4.61)	2.70 Empf. Subventionen	(4.10)
2.49 Nettowertschöpfung	(3.50)		

Konto 3 — Einkommensverteilung

3.09 Geleist. Eink. an übrige Welt	(8.70)	3.50 Nettowertschöpfung	(2.49)
3.49 Volkseinkommen	(4.50)	3.59 Empf. Eink. aus übriger Welt	(8.20)

Konto 4 — Einkommensumverteilung

4.10 Geleist. Subventionen	(2.70)	4.50 Volkseinkommen	(3.49)
4.29 Geleist. lfd. Übertragungen an übrige Welt	(8.80)	4.61 Empf. indir. Steuern	(2.20)
4.49 Verfügbares Einkommen	(5.50)	4.62 Nichtabzugsfähige Umsatzsteuer	(0.30)
		4.63 Einfuhrabgaben	(0.40)
		4.69 Empf. lfd. Übertragungen aus der übrigen Welt	(8.30)

Konto 5 — Einkommensverwendung

5.10 Letzter Verbrauch	(0.70)	5.50 Verfügbares Einkommen	(4.49)
5.49 Ersparnis	(6.50)		

Konto 6 **Vermögensänderung**

6.20 Bruttoinvestitionen	(0.80)	6.50 Ersparnis	(5.49)
6.30 Geleist. Vermögensübertragung an die übrige Welt	(8.87)	6.70 Abschreibungen	(2.10)
6.49 Finanzierungssaldo gegenüber der übrigen Welt	(7.50)	6.80 Empf. Vermögensübertragung von der übrigen Welt	(8.37)

Konto 7 **Finanzierung**

7.10 Veränderung der Forderung gegenüber der übrigen Welt	(8.90)	7.50 Finanzierungssaldo gegenüber der übrigen Welt	(6.49)
		7.60 Veränderung der Verbindlichkeiten gegenüber der übrigen Welt	(8.40)
		7.99 Statistische Differenz	(8.99)

Konto 8 **Zusammengefaßtes Konto der übrigen Welt**

8.10 Käufe	(0.90)	8.60 Verkäufe	(0.20)
8.20 Geleist. Erwerbs- und Vermögenseinkommen	(3.59)	8.70 Empf. Erwerbs- und Vermögenseinkommen	(3.09)
8.30 Geleist. lfd. Übertragungen	(4.69)	8.80 Empf. lfd. Übertragungen	(4.29)
8.37 Geleist. Vermögensübertrag.	(6.80)	8.87 Empf. Vermögensübertragungen	(6.30)
8.40 Veränderungen d. Forderungen	(7.60)	8.90 Veränderung d. Verbindlichkeiten	(7.10)
8.99 Statistische Differenz	(7.99)		

A2 Verzeichnisse

A2.1 Literaturverzeichnis

Abels, H.: Wirtschafts- und Bevölkerungsstatistik. 3. Auflage. Wiesbaden 1991

Advisory Commission to Study the Consumer Price Index: Toward a More Accurate Measure of the Cost of Living. Final Report to the Senate Finance Committee. Washington D.C. 1998

Angermann, O.; Polte, V.; Dollt, A.: Überlegungen zur Durchführung der europäischen Verordnungen über die Unternehmensstatistiken in Deutschland. Wirtschaft und Statistik, 7/1998

Appel, G.: Zum Entwurf eines metadatenbasierten statistischen Informationssystems. Allgemeines Statistisches Archiv. Bd. 77 (1993)

Arminger, G.: Pflicht- versus Freiwilligenerhebung im Mikrozensus. Allgemeines Statistisches Archiv. Bd. 74 (1990)

Bald-Herbel, C.; Herbel, N.: Die Umstellung der Indizes im Produzierenden Gewerbe auf Basis 1991. Wirtschaft und Statistik, 3/1995

BBk: Die Zahlungsbilanzstatistik der Bundesrepublik Deutschland. Sonderdruck Nr. 8 der BBk. 2. Auflage. Frankfurt 1992

BBk: Monatsberichte. Änderungen in der Systematik der Zahlungsbilanz. 47. Jg. Nr. 3 Auszug. Frankfurt 1995

BBk: Statistische Sonderveröffentlichung Nr. 4. Ergebnisse der gesamtwirtschaftlichen Finanzierungsrechnung für Deutschland 1990-1994. Frankfurt 1995

BBk: Statistische Sonderveröffentlichung Nr. 9. Wertpapierdepots. Frankfurt 1995

BBk: Statistisches Beiheft zum Monatsbericht Nr. 1. Bankenstatistik. Frankfurt 1996

Bean, J.A.; Burmeister, L.F.: A Review of Optimal Sample Allocation for Multipurpose Surveys. Biometrical Journal, Bd. 20 (1978)

Bechtold, S.; Meyer, K.: Das Europäische Haushaltspanel. Wirtschaft und Statistik, 5/1996

Beuerlein, I.: Flächennutzung in Deutschland - Überblick über die Datenlage. Wirtschaft und Statistik, 7/1991

Bihler, W.: Neuer Stichprobenplan für die Repräsentativstatistiken im Handel- und Gastgewerbe ab 1995. Wirtschaft und Statistik, 2/1995

Bihler, W.; Ehling, M.: Das Stichprobenverfahren in der Zeitbudgeterhebung. Wirtschaft und Statistik, 6/1995

Bihler, W.; Meyer, K.; Schmidt, J.: Zur Zuverlässigkeit von Bevölkerungsstichproben ohne Auskunftspflicht. Ausgewählte Arbeitsunterlagen der Bundesstatistik. Heft 5 (1988)

Bihn, W.: Wirtschaftsstatistik. In: Albers, W.; u.a. (Hg.): Handwörterbuch der Wirtschaftswissenschaft. Bd. 9 (1982)

Bleses, P.: Stichwort „Input-Output-Tabellen des StBA". In: Brümmerhoff, D.; Lützel, H. (Hg.): Lexikon der Volkswirtschaftlichen Gesamtrechnungen. München, Wien 1994

Bolleyer, R.; Räth, M.; Kreitmair, S.: Methoden und Grundlagen der Sozialproduktsberechnungen - Entstehungsrechnung. Ausgewählte Arbeitsunterlagen zur Bundesstatistik. Heft 23 (1992)

Böltken, F.: Auswahlverfahren. Eine Einführung für Sozialwissenschaftler. Stuttgart 1976

Brachinger, H.W.: Intertemporärer Vergleich von Lebenshaltungskosten: Statistische Adäquation. In: StBA (Hg.): Indizes - Status quo und europäische Zukunft. Forum der Bundesstatistik. Bd. 28 (1995)

Braun, M.; Eilinghoff, C.; Gabler, S.; Wiedenbeck, M.: Methodenbericht zur "Allgemeinen Bevölkerungsumfrage der Sozialwissenschaften" (Allbus 1992). ZUMA-Arbeitsbericht Nr. 93/01 (1993)

Brewer, K.R.W.; Hanif, M.: Sampling with Unequal Probabilities. New York; u.a. 1983

Brümmerhoff, D.; Lützel, H.: Lexikon der Volkswirtschaftlichen Gesamtrechnungen. München, Wien 1994

Bürgin, G.; Moore, W.: Leitlinien und Koordinierung der supra- und internationalen Statistik. In: Merk, H.G.; Bürgin, G.; u.a. (Hg.): Statistik 2000 - Zukunftsaufgaben der amtlichen Statistik. Festschrift für Hildegard Bartels. Forum der Bundesstatistik. Bd. 27 (1994)

Chlumsky, J.; Ehling, M.: Grundzüge des künftigen Konzepts der Wirtschaftsrechnungen privater Haushalte. Wirtschaft und Statistik, 7/1997

Cochran, W.G: Sampling Techniques. 3. Auflage. New York; u.a. 1977

Cruse, G.: Methoden und Grundlagen der Sozialproduktsberechnungen. Ausrüstungsinvestitionen, Vorratsveränderungen. Ausgewählte Arbeitsunterlagen zur Bundesstatistik. Heft 24 (1992)

Dalenius, T.: Sampling in Sweden. Contributions to the Methods and Theories of Sample Survey Practice. Uppsala 1957

Dalenius, T.; Hodges, J.L.: The Choice of Stratification Points. Skand. Akt. Tidskrift 1957.

Dandorfer, E.: Die monetären Statistiken der Deutschen Bundesbank. Vortrag auf der STAT-EXPO 1997 (Manuskript unveröffentlicht)

Dresch, A.; Kaukewitsch, P.: Methode und Organisation der Gehalts- und Lohnstrukturerhebung 1990. Wirtschaft und Statistik, 12/1993

Dresch, A.; Söll, H.: Stichprobenverfahren und Ergebnisse der Gehalts- und Lohnstrukturerhebung 1990. Wirtschaft und Statistik, 5/1994

Drew, D.; Hidiroglou, M.A.: Measuring, Preventing and Treating Survey Nonresponse. Statistics in Transition. Journal of the Polish Statistical Association. Bd. 2, Nr. 5 (1995)

Duncan, G.: Houshold Panel Studies: Prospects and Problems. Paper prepared for the International Conference on Social Science Methodology. Trento 1992 (unveröffentlicht)

Efron, B.: The Jackknife, the Bootstrap and other Resampling Plans. Philadelphia 1982

Ehling, M.: Ergebnisse des Pretest der Zeitbudgeterhebung. In: Ehling, M.; u.a. (Hg.): Zeitbudgeterhebungen der amtlichen Statistik. Ausgewählte Arbeitsunterlagen zur Bundesstatistik. Heft 17 (1991)

Ehling, M.: Historische Statistik - Probleme und Perspektiven der internationalen Zusammenarbeit. Wirtschaft und Statistik, 7/1996

Ehling, M.: Pretest - Ein Instrument zur Überprüfung von Erhebungsunterlagen. Wirtschaft und Statistik, 3/1997

Elbel, G.: Zur Einführung harmonisierter Verbraucherpreisindizes in Europa. Wirtschaft und Statistik, 3/1997

Emmerling, D.; Riede, T.: 40 Jahre Mikrozensus. Wirtschaft und Statistik, 3/1997

Engelhardt, B.: Verbesserungsmaßnahmen bei der Erstellung und Verarbeitung von Datenträgern in der Außenhandelsstatistik. Wirtschaft und Statistik, 10/1995

Esenwein-Rothe, I.: Die Methoden der Wirtschaftsstatistik. Bd. 1 u. Bd. 2. Göttingen 1976

Esenwein-Rothe, I.: Wirtschaftsstatistik. Kategorienlehre. 2. Auflage. Wiesbaden 1969

Esser, H.; Grohmann, H.; Müller, W.; Schäffer, K.-A.: Mikrozensus im Wandel. Forum der Bundesstatistik. Bd. 11 (1989)

Eurostat: Kaufkraftparitäten und Bruttoinlandsprodukt in realen Werten. Ergebnisse 1985. Luxemburg 1988

Eurostat: Comparison in real terms of the aggregates of ESA. Results for 1990 and 1991. Brüssel, Luxemburg 1994

Fecht, R.: Anforderungen der Europäischen Zentralbank an die Statistik. Erscheint voraussichtlich im Allgemeinen Statistischen Archiv 1999

Foreman, E.K.: Survey Sampling Principles. New York; u.a. 1991

Fürst, G.: Zum Begriff und zur systematischen Ordnung der Wirtschafts- und Gesellschaftsstatistik. Allgemeines Statistisches Archiv. Bd. 52 (1968)

Fürst, G.: 100 Jahre Reichs- und Bundesstatistik. Gedanken und Erinnerungen. Allgemeines Statistisches Archiv. Bd. 56 (1972)

Ghellini, G.; Panuzzi, N.: Nonresponse in Panel Surveys: a Review of Adjustment Techniques. Statistics in Transition. Journal of the Polish Statistical Association. Bd. 2, Nr. 5 (1995)

Grohmann, H.: Vom theoretischen Konstrukt zum statistischen Begriff. Das Adäquationsproblem. Allgemeines Statistisches Archiv. Bd. 69 (1985)

Grohmann, H.: Die Entwicklung der statistischen Datenproduktion und der amtlichen Statistik. In: Diederich, M.; Hölder, E.; u.a. (Hg.): Historische Statistik in der Bundesrepublik Deutschland. Forum der Bundesstatistik. Bd. 15 (1990)

Groves, R.M.; et al.: Telephone Survey Methodology. New York; u.a. 1988

Günther, A.: Die Geschichte der Statistik - Historische Statistik. In: Burgdörfer, F. (Hg.): Die Statistik in Deutschland nach ihrem heutigen Stand. Ehrengabe für F. Zahn. Bd. 1. Berlin 1940

Hansen, M.H.; Hurwitz, W.N.; Madow, W.G.: Sample Survey Methods and Theory. Bd. 1 u. Bd. 2. New York; u.a. 1953

Hansen, M.H.; Hurwitz, W.N.; Pritzker, L.: The Estimation and Interpretation of Gross Differences and the Simple Response Variance. In: Rao, C.R. (Hg.): Contributions to Statistics. Prof. Mahalanobis on the Occasion of his 70th Birthday. Oxford, Calcutta 1964

Hartwig, H.: Naturwissenschaftliche und sozialwissenschaftliche Statistik. Zeitschrift für die gesamte Staatswissenschaft. Bd. 112 (1956)

Heinelt, P.: Stichwort "Finanzierungsrechnung". In: Brümmerhoff, D.; Lützel, H. (Hg.): Lexikon der Volkswirtschaftlichen Gesamtrechnungen. München, Wien 1994

Heinlein, D.; Söll, H.: Austausch der Berichtsbetriebe bei der laufenden Verdiensterhebung in Industrie und Handel. Wirtschaft und Statistik, 3/1994

Heinze, A.: Material- und Energiefluß-Informationssystem. Wirtschaft und Statistik, 4/1998

Henter, A.: Untersuchung zur Datenqualität und zum Problem der Nichtbeantwortung am Beispiel einer Studie zur Unfallforschung. Diplomarbeit Dortmund 1985

Hoffmann, J.: Probleme der Inflationsmessung in Deutschland. Diskussionpapier 1/98. Volkswirtschaftliche Forschungsgruppe der Deutschen Bundesbank. 1998

Horvitz, D.G.; Thompson, D.J.: A Generalization of Sampling without Replacement from a finite Universe. Journal of the American Statistical Association, 47/1952

Infratest Sozialatlas: Bundesrepublik 1983/84. Bevölkerung und Haushalte. München 1984

Infratest Sozialforschung: Das Sozio-ökonomische Panel. Welle 1. Methodenbericht zur Haupterhebung. München 1985

Internationaler Währungsfonds: Balance of Payments Manual. 5. Auflage. Washington D.C. 1993

Jäger, M.; u.a.: Gedanken zur Weiterentwicklung der Statistik des Produzierenden Gewerbes. Wirtschaft und Statistik, 7/1985

Jessen, R.J.: Statistical Investigation of a Sample Survey for Obtaining Farm Facts. Iowa Agr. Exp. Stat. Res. Bull. 304 (1942)

Kantorowitz, M.: Evaluation of the Census Data. State of Israel Central Bureau of Statistics. Bd. 1. Jerusalem (1969)

Kaukewitsch, P.: Arbeitskosten im Produzierenden Gewerbe. Wirtschaft und Statistik, 5/1995

Kirschner, H.-P.: Zu Stichprobenfehlerberechnungen im Rahmen des ADM-Stichprobenplans. ZUMA-Nachrichten, 15/1984

Kleinjung, G.: Die Umstellung der nationalen Bankenstatistiken auf ein einheitliches europäisches Konzept. Erscheint voraussichtlich im Allgemeinen Statistischen Archiv 1999

Klitsch, W.: Das Europäische Statistische System am Vorabend des Großen Binnenmarktes. Wirtschaft und Statistik, 6/1992

v. Koolwijk, J.: Das Quotenverfahren. In: v. Koolwijk, J.; Wieken-Mayser, M. (Hg.): Techniken empirischer Sozialforschung. Bd. 6. München 1974

Krack-Roberg, E.; Riege-Wcislo, W.; Wirthmann, A.: Konzept einer Gesamtrechnung für Bodennutzung und -bedeckung. UGR-Materialien-Beiträge zur Umweltökonomischen Gesamtrechnung. Heft 4 (1995)

Krug, W.: Quantifizierung des systematischen Fehlers in wirtschafts- und sozialwissenschaftlichen Daten. Volkswirtschaftliche Schriften. Heft 251 (1976)

Krug, W.: Der EKS-Index zur Berechnung der Kaufkraftparitäten der EU-Länder. In: Rinne, H.; Rüger, B.; Strecker, H. (Hg.): Grundlagen der Statistik und ihre Anwendungen. Festschrift für K. Weichselberger. Heidelberg 1995

Krug, W.; Reh, G.: Pflegebedürftige in Heimen. Statistische Erhebungen und Ergebnisse. Schriftenreihe des Bundesministerium für Familie und Senioren. Bd. 4 (1992)

Kuhn, M.; Radermacher, W.; Stahmer, C.: Umweltökonomische Trends. Wirtschaft und Statistik, 8/1994

Kunz, D.: Praktische Wirtschaftsstatistik. Stuttgart; u.a. 1987

Lenz, H. J.: Zum Entwurf statistischer Datenbanken. Allgemeines Statistisches Archiv. Bd. 77 (1993)

Levy, P.; Lemeshow, S.: Sampling of Populations: Methods and Applications. New York; u.a. 1991

v.d. Lippe, M.: Wirtschaftsstatistik. 5. Auflage. UTB Bd. 209. Stuttgart 1996

v.d. Lippe, M.: Preisindizes mit dem Kettensatz. Ein Plädoyer für die Abschaffung von Kettenindizes. In: v.d. Lippe, P.; Rehm, N.; Strecker, H.; Wiegert, R. (Hg.): Wirtschafts- und Sozialstatistik heute. Theorie und Praxis. Festschrift für W. Krug. Sternenfels, Berlin 1997

Little, R.J.A.; Schenker, N.: Missing Data. In: Arminger, G.; Clogg, C.; Sobel, M.E.: Handbook of Statistical Modeling for the Social and Behavioral Sciences. New York, London 1995

Litz, H.P.: Statistische Adäquation und Idealtypus. Allgemeines Statistisches Archiv. Bd. 74 (1990)

Lützel, H.: Das reproduzierbare Anlagevermögen in Preisen von 1962. Wirtschaft und Statistik, 10/1971

Lützel, H.: Ergänzungen der Volkswirtschaftlichen Gesamtrechnungen um die Haushaltsproduktion. In: v. Schweitzer, R.; u.a. (Hg.): Zeitbudgeterhebungen. Ziele, Methoden und neue Konzepte. Forum der Bundesstatistik. Bd. 13 (1990)

Lützel, H.: Registergestützte Datengewinnung - Überlegung zur Umsetzung der EU-Unternehmensstatistik. Vortrag auf dem 7. Wissenschaftlichen Kolloquium des StBA1998. Erscheint demnächst in: Forum der Bundesstatistik. Bd. 33 (1999)

Mai, H.: Intrahandelsstatistik - Eine kritische Betrachtung zu ihrer Entwicklung. Wirtschaft und Statistik, 7/1995

Mai, H.: Intrastat nach 2000 - Optionen und Ausblicke. Wirtschaft und Statistik, 4/1998

Menges, G.: Die Statistik. Zwölf Stationen des statistischen Arbeitens. Wiesbaden 1982

Menges, G.: Die statistische Adäquation. Jahrbücher für Nationalökonomie und Statistik. Bd. 197 (1982)

Menges, G.; Skala, H. J.: Grundriß der Statistik. Teil 2: Daten. Opladen 1973

Merz, J.: Die konsistente Hochrechnung von Mikrodaten nach dem Prinzip des minimalen Informationsverlustes. Allgemeines Statistisches Archiv. Bd. 67 (1983)

Merz, J.: ADJUST: Ein Programmpaket zur Hochrechnung von Mikrodaten nach dem Prinzip des minimalen Informationsverlustes. FFB, Universität Lüneburg. Dokumentation Nr. 1 (1993)

Mohr, D.; Bolleyer, R.: Methoden und Grundlagen der Sozialproduktsberechnungen - Bauinvestitionen. Ausgewählte Arbeitsunterlagen zur Bundesstatistik, 22/1992

Morgenstern, O.: Über die Genauigkeit wirtschaftlicher Beobachtungen. 2. Auflage. Wien, Würzburg 1965

Moser, C.A.; Kalton, G.: Survey Methods in Social Investigation. 2. Auflage. London 1971

Müller, K.: Das Unternehmensregister als Instrument der Intrahandelsstatistik. Wirtschaft und Statistik, 4/1994

Müller-Hagedorn, L.; Schuckel, M.: Der Handel in der amtlichen Statistik. In: v.d. Lippe, P.; Rehm, N.; Strecker, H.; Wiegert, R. (Hg.): Wirtschafts- und Sozialstatistik heute. Theorie und Praxis. Festschrift für W. Krug. Sternenfels, Berlin 1997

Neubauer, W.: Arbeitende Menschen zählen oder menschliche Arbeit messen? Ein Adäquationsproblem. In: Hanau, K.; u.a. (Hg.): Wirtschafts- und Sozialstatistik. Empirische Grundlagen politischer Entscheidungen. Angewandte Statistik und Ökonometrie. Heft 29 (1986)

Neubauer, W.: Stichwort "Deflationierung“. In: Brümmerhoff, D.; Lützel, H.: Lexikon der Volkswirtschaftlichen Gesamtrechnungen. München, Wien 1994

Neubauer, W.: Preisstatistik. München 1996

Neyman, J.: On the two Different Aspects of the Representative Method: The Method of Stratified Sampling and the Method of Purposive Selection. Journal of Royal Statistical Society. Bd. 97 (1934)

Noelle-Neumann, E.: Die Fragebogenkonferenz. In: StBA (Hg.): Pretest und Weiterentwicklung von Fragebogen. Spektrum Bundesstatistik. Bd. 9 (1996)

Nourney, M.: Optimum Stratification with lognormal Distributions. Paper presented to 43rd Session of the International Statistical Institute 1981 (unveröffentlicht)

Pischner, R.: Quer- und Längsschnittgewichtung des Sozio-ökonomischen Panels. In: Gabler, S.; et al. (Hg.): Gewichtung in der Umfragepraxis. Opladen 1994

Pöschl, H.: Unternehmensregistersystem 99. Wirtschaft und Statistik, 4/1997

Radermacher, W.: Das Statistische Informationssystem zur Bodennutzung (STABIS) als Instrument einer Umweltökonomischen Gesamtrechnung. In: Hölder, E.; u.a.: Wege zu einer Umweltökonomischen Gesamtrechnung. Forum der Bundesstatistik. Bd. 16 (1991)

Radermacher, W.; Stahmer, C.: Vom Umwelt-Satellitensystem zur Umweltökonomischen Gesamtrechnung. Zeitschrift für angewandte Umweltforschung. 7. Jg. (1994)

Rahm, H.: Statistik im Internet. Wirtschaft und Statistik, 8/1996

Rendtel, U.: Die Schätzung von Populationswerten in Panelerhebungen. Allgemeines Statistisches Archiv. Bd. 75 (1991)

Rendtel, U.: Lebenslagen im Wandel: Panelausfälle und Panelrepräsentativität. Frankfurt a.M., New York 1995

Rinne, H.: Das Sozialprodukt. Unzulänglichkeiten des Konzepts und Ungenauigkeiten der Schätzung. Diss. Technische Universität Berlin 1967

Rinne, H.: Wirtschafts- und Bevölkerungsstatistik. Erhebungen und Ergebnisse. München, Wien 1994

Rösch, G.: ADM-Design und Einwohnermelderegister. ZUMA-Kolloquium 1984

Rubin, D.B.: Multiple Imputation for Nonresponse in Surveys. New York 1987

Ruppe, H.: Handelspanel. Marketing. Bd. 11 (1989)

Särndal C.-E.; Swensson B.; Wretman J.: Model Assisted Survey Sampling. New York; u.a. 1992

Schach, S.: Methodische Aspekte bei der telefonischen Bevölkerungsbefragung - Grundsätzliche Überlegungen und Ergebnisse einer empirischen Untersuchung. In: Schach, S.; Trenkler G.: Data analysis and statistical inference: Festschrift für Prof. Dr. F. Eicker. Bergisch Gladbach 1992

Schäffer, K.-A.; Konopicky, M.: Planung von Stichprobenstatistiken mit Hilfe elektronischer Rechenanlagen. Jahrbücher für Nationalökonomie und Statistik. Bd. 185 (1971)

Schäffer, K.-A.; Nourney, M.: Abschätzung der Varianz stetiger Merkmale aus Intervallbreite und Mittelwert. Metrika. Bd. 1 (1958)

Schaich, E.; Schweitzer, W.: Ausgewählte Methoden der Wirtschaftsstatistik. München 1995

Schmidt, B.: Der Preisindex für Lebenshaltung aller privaten Haushalte in Gestalt eines Kettenindex. Spektrum der Bundesstatistik. Bd. 10 (1997).

Schneeberger, H.: Optimale Aufteilung des Stichprobenumfangs bei mehreren Merkmalen. Metrika. Bd. 20 (1973)

Schnell, R.; Hill, P. B.; Esser, E.: Methoden der empirischen Sozialforschung. 5. Auflage. München, Wien 1995

Schnorr-Bäcker, S.; Schmidt, P.: Rahmenbedingungen für ein umfassendes statistikinternes Unternehmensregister. Wirtschaft und Statistik, 8/1992

Schoer, K.; Winter, H.: Regionale Erwerbstätigkeitszahlen. Wirtschaft und Statistik, 6/1992

Schubert, R.: Lebenshaltungskosten im intertemporalen und interregionalen Vergleich: Ein ökonomisches Deutungsmuster. In: StBA (Hg.): Indizes - Status quo und europäische Zukunft. Forum der Bundesstatistik. Bd. 28 (1995)

Schupp, J.; Wagner, G.: Die Zuwandererstichprobe des Sozio-ökonomischen Panels (SOEP). Vierteljahreshefte zur Wirtschaftsforschung. Heft 1 (1995)

Smith, F.H.: An Empirical Law Describing Heterogenity in the Yields of Agricultural Crops. Journal of Agricultural Science. Bd. 28 (1938)

Srinath, K.P.; Hidiroglou, M.A.: Estimation of Variance in Multi-Stage Sampling. Metrika. Bd. 27 (1980)

StBA: Stichproben in der amtlichen Statistik. Stuttgart, Mainz 1960

StBA: Entwicklung der Erwerbstätigkeit. Methoden und Ergebnisse des Mikrozensus. Fachserie A. Reihe 6 (1963)

StBA: Methoden, Verfahren, Entwicklungen. Ausgabe 2 (1989)

StBA: Zum Datenangebot über Dienstleistungen. Ausgewählte Arbeitsunterlagen zur Bundesstatistik. Heft 3 (1990)

StBA: Bevölkerung und Erwerbstätigkeit. Erwerbstätigkeit und Arbeitsmarkt. Fachserie 1. Reihe 4.3 (1990)

StBA: Statistische Rechtsgrundlagen. Loseblattsammlung. Stand 1. Januar 1992

StBA: Katalog der Statistiken zum Arbeitsgebiet der Bundesstatistik. Wiesbaden 1992

StBA: Machbarkeitsstudie über Aufbau und Führung harmonisierter umfassender Unternehmensregister für statistische Zwecke in der Bundesrepublik Deutschland. Wiesbaden 1992

StBA: Statistisches Informationssystem des Bundes. Datenbestand 1992/93. Wiesbaden 1992

StBA: Volkszählung vom 25. Mai 1987. Vorbereitung, Durchführung und methodische Untersuchungen zur Volkszählung 1987. Fachserie 1. Heft 12 (1992)

StBA: Preise. Informationen über die Preisstatistik der Bundesrepublik Deutschland. Wiesbaden 1994

StBA: Verzeichnis der Veröffentlichungen 1996/97. Stuttgart 1996

StBA: Außenhandel. Informationen über die Außenhandelsstatistik der Bundesrepublik Deutschland. Wiesbaden 1996

StBA: Das Arbeitsgebiet der Bundesstatistik 1997. Stuttgart 1997

StBA: Wirtschaftsrechnungen. Einkommens- und Verbrauchsstichprobe 1993. Fachserie 15. Heft 7 (1997)

StBA: Das Arbeitsgebiet der Bundesstatistik 1998. Stuttgart 1998

Steger, A.: Die Zahlungsbilanzstatistik der Deutschen Bundesbank. In: Grohmann H. (Hg.): Außenhandels- und Zahlungsbilanzstatistik. Sonderhefte zum Allgemeinen Statistischen Archiv. Heft 27 (1991)

Steger, A.: Perspektiven einer künftigen Zahlungsbilanzstatistik in der EU. Erscheint voraussichtlich in Allgemeinen Statistischen Archiv 1999

Strecker, H.: Moderne Methoden der Agrarstatistik. Würzburg 1957

Strecker, H.: Zur Genauigkeit wirtschaftsstatistischer Größen. Metrika. Bd. 6 (1963)

Strecker, H.: Modell for Decomposition of Errors in Statistical Data into Components and the Ascertainment of Respondent Errors by Means of Accuracy Checks. Jahrbücher für Nationalökonomie und Statistik. Bd. 195 (1980)

Strecker, H.: Ein Beitrag zu Fehlern in statistischen Erhebungen. Der Netto- und Bruttofehler sowie Beispiele für besondere Fehlerursachen. Allgemeines Statistisches Archiv. Bd. 79 (1995)

Strecker, H.: Der Inkonsistenz-Index - Eine Maßzahl zur Fehlermessung bei nach Größenklassen gegliederten Erhebungsergebnissen - Modell und praktische Bestimmung. Jahrbücher für Nationalökonomie und Statistik. Bd. 216 (1997) sowie eine Berichtigung Bd. 217 (1998)

Strecker, H.; Wiegert, R.: Antwortvariabilität und Adjustierung. Allgemeines Statistisches Archiv. Bd. 73 (1989)

Strecker, H.; Wiegert, R.: Wirtschaftsstatistische Daten und ökonomische Realität. Jahrbücher für Nationalökonomie und Statistik. Bd. 206 (1989)

Szenzenstein, J.: Preisindizes für industrielle Güter in der amtlichen Statistik. In: Harhoff, D.; Müller, M. (Hg.): Preismessung und technischer Fortschritt. Zentrum für Europäische Wirtschaftsforschung. Bd. 2 (1994)

Thompson, S.K.: Sampling. New York; u.a. 1992

Tschuprow, A.A.: On the Mathematical Expectation of the Moments of Frequency Distributions in the Case of Correlated Observations. Metron. Bd. 2 (1923)

Vogel, F.; Grünewald, W.: Kleines Lexikon der Bevölkerungs- und Sozialstatistik. München, Wien 1996

Wagenführ, R.: Wirtschafts- und Sozialstatistik. Bd. 1. Freiburg i. Brg. 1970

Weber, H.: Klumpengröße und Varianz beim Klumpenstichprobenverfahren. Diss. Trier 1981, Wiesbaden 1969

Wolter, K.M.: Introduction to Variance Estimation. New York; u.a. 1985

Yates, F.: Sampling Methods for Censuses and Surveys. London 1953

Zarkovich, S.S.: Quality of Statistical Data. Food and Agriculture Organization of the United Nations. Rom 1966

Zarkovich, S.S.: System of Statistical Quality Codes. Bulletin of the International Statistical Institute. Bd. 40 (1967)

Zentralarchiv für empirische Sozialforschung an der Universität zu Köln (ZA): ALLBUS 1994. Codebuch ZA-Nr. 2400

Zindler, H.J.: Die Auswirkung maschineller Korrekturverfahren. Metrika. Bd. 11 (1967)

A2.2 Übersichtenverzeichnis

A2.3 Abkürzungsverzeichnis

ADM	Arbeitskreis Deutscher Markt- und Sozialforschungsinstitute
AKIS	Allgemeiner Katalog der statistischen Informationssysteme des Bundes und der Länder
ALLBUS	Allgemeine Bevölkerungsumfrage der Sozialwissenschaft
AOK	Allgemeine Ortskrankenkassen
ASEAN	Vereinigung südostasiatischer Staaten
ASID	Studie Alterssicherung in Deutschland
AWG	Außenwirtschaftsgesetz
AWV	Außenwirtschaftsverordnung
BBankG	Bundesbankgesetz
BBk	Deutsche Bundesbank
BIP	Bruttoinlandsprodukt
BSP	Bruttosozialprodukt
BStatG	Gesetz über die Statistik für Bundeszwecke
CAPI	Befragungen mit tragbaren Computern
CATI	Computergestützte Telefoninterviews
CBS-IRIS	Dialogdatenerfassungsprogramm in der Intrahandelsstatistik
cif	cost, insurance, freight
COICOP	Classification of Individual Consumption by Purpose
CPA	Statistische Güterklassifikation in Verbindung mit den Wirtschaftszweigen in der EU
DIW	Deutsches Institut für Wirtschaftsforschung
ECE	Economic Commission for Europe
EDI	Electronic Data Interchange
EFTA	Europäische Freihandelszone
EHP	Europäisches Haushaltspanel
ESIS	Europäisches Informationssystem bei Dienstleitungsstatistiken
ESVG	Europäisches System der VGR
EU	Europäische Union
Eurostat	Statistische Amt der Europäischen Gemeinschaften
EVPI	Europäischer Verbraucherpreisindex
EVS	Einkommens- und Verbrauchsstichproben
EWI	Europäisches Währungsinstitut
EWU	Europäische Währungsunion
EZB	Europäische Zentralbank
fob	free-on-bord
GENESIS	Statistisches Informationssystem des Statistischen Bundesamtes und der Statistischen Landesämter
GfK	Gesellschaft für Konsum-, Markt- und Absatzforschung

GG	Grundgesetz
GP	Systematisches Güterverzeichnis für Produktionsstatistiken
GV	Güterverzeichnis für die Verkehrsstatistik
GWZ	Gebäude- und Wohnungszählung
HGZ	Handels- und Gaststättenzählung
HVPI	Harmonisierter Verbraucherpreisindex
HwK	Handwerkskammer
IARIW	International Association for Research in Income and Wealth
ICD	Internationale Klassifikation der Krankheiten, Verletzungen und Todesursachen
IHK	Industrie- und Handelskammer
INTRASTAT	Intrahandelsstatistik
IOT	Input-Output-Tabellen
ISCD	Internationale Standardklassifikantion für das Bildungs-wesen
ISCED	Internationale Standardklassifikation des Bildungswesens
ISCO-88	Internationale Standardklassifikation der Berufe
ISI	Internationales Statistisches Institut
ISIC	Internationale Klassifikationen der Wirtschaftszweige
ISSP	International Social Survey Programm
IWF	Internationaler Währungsfond
KiPG	Kartei im Produzierenden Gewerbe
KKP	Kaufkraftparität
KldB	Klassifizierung der Berufe
KN	Europäische Kombinierte Nomenklatur
LIS	Landesinformationssystem
LStatG	Landesstatistikgesetz
LWR	Laufende Wirtschaftsrechnungen
M 1	Geldmenge 1
M 2	Geldmenge 2
M 3	Geldmenge 3
MEFIS	Material- und Energiefluß-Informationssystem
MSE	Mean Square Error
MZ	Mikrozensus
NACE	Wirtschaftszweigklassifikation in den Europäischen Gemeinschaften
NAFTA	Nordamerikanische Freihandelszone
NUTS	Nomenclature des Unités Territoriales Statistiques / Systematik der statistischen Gebietseinheiten
NZB	Nationale Zentralbank
OECD	Organisation für wirtschaftliche Zusammenarbeit und Entwicklung

PRODCOM	Liste von Produkten für eine europäische Produktionsstatistik
RDD	Random Digit Dialing-Verfahren
RLD	Randomize Last Digit-Verfahren
RWI	Rheinisch-Westfälisches Institut für Wirtschaftsforschung
SEA	Nationale Systematik der Einnahmen und Ausgaben
SEEA	System for Integrated Environmental and Economic Accounting
SNA	Systems of National Accounts
SOEP	Sozioökonomisches Panel
STABIS	Statistisches Informationssystem zur Bodennutzung
STATIS-BUND	Statistisches Informationssystem des Statistischen Bundesamtes
StBA	Statistisches Bundesamt
STIA	Maschinelles Stichprobenauswahlprogramm der amtlichen Statistik
UGR	Umweltökonomische Gesamtrechnung
UN	Vereinte Nationen
UNSTAT	Statistisches Amt der Vereinten Nationen
URS 95/99	Unternehmensregistersystem 95/99
UStatG	Umweltstatistikgesetz
VDA	Verband deutscher Automobilhersteller
VDMA	Verband deutscher Maschinen- und Anlagenbauer
VGR	Volkswirtschaftliche Gesamtrechnungen
VO	Verordnung
VPI	Verbraucherpreisindex
VZ	Volkszählung
WA	Warenverzeichnis für die Außenhandelsstatistik
WB	Warenverzeichnis für die Binnenhandelsstatistik
WE	Warenverzeichnis für den Material- und Wareneingang im Produzierenden Gewerbe
WHO	Weltgesundheitsorganisation
WZ	Klassifikation der Wirtschaftszweige
WZB	Wissenschaftszentrum Berlin für Sozialforschung
ZA	Zentralarchiv für empirische Sozialforschung der Universität zu Köln
ZUMA	Zentrum für Umfragen, Methoden und Analysen

A2.4 Schlagwortverzeichnis

J

K

L

M

N

P

www.ingramcontent.com/pod-product-compliance
Lightning Source LLC
LaVergne TN
LVHW010553300926
849162LV00002B/317